隋唐五代两宋安徽州县官员辑汇

皖淮区

董明 编著

安徽省哲学社会科学规划项目研究成果，项目批准号：AHSKHQ2017D07

全国百佳图书出版单位
时代出版传媒股份有限公司
黄山书社

图书在版编目(CIP)数据

隋唐五代两宋安徽州县官员辑汇. 皖淮区/董明编著.—合肥：
黄山书社,2019.10
ISBN 978-7-5461-8504-0

Ⅰ.①隋… Ⅱ.①董… Ⅲ.①官员-人名录-安徽-隋代-宋代
Ⅳ.①K827=2

中国版本图书馆 CIP 数据核字(2019)第 243339 号

出 品 人　贾兴权
责任编辑　刘　春
装帧设计　钱志刚
责任印制　李　磊
出版发行　时代出版传媒股份有限公司(http://www.press-mart.com)
　　　　　黄山书社(http://www.hspress.cn)
地址邮编　安徽省合肥市蜀山区翡翠路 1118 号出版传媒广场 7 层 230071
印　　刷　安徽联众印刷有限公司
版　　次　2019 年 10 月第 1 版
印　　次　2019 年 10 月第 1 次印刷
开　　本　700mm×1000mm　1/16
字　　数　700 千
印　　张　42
书　　号　ISBN 978-7-5461-8504-0
定　　价　126.00 元

服务热线　0551-63533706
销售热线　0551-63533761
官方直营书店(https://hsss.tmall.com)

前 言

2012 年 9 月至 2015 年 7 月，我在上海师范大学攻读博士学位，师从张剑光教授。在隋唐史领域，张老师造诣颇深，论文著作源源不断。我好生羡慕，并暗下决心，一定要向老师学习，把科研工作做好、做扎实。无奈能力有限，直到博士毕业，也没有几篇像样的文章拿出手。

一转眼，博士毕业已经三个年头了，除了把博士论文整理出版后，便没有什么值得自我高兴的事了。张老师时不时地和我聊聊科研与文章，我都暗自惭愧。2017 年，我试着申报了安徽省的一项哲学社会科学后期资助项目，居然立项了。高兴之余，压力也随之而来。一年的研究与出版周期，着实让我吃不消。还好这个项目的大部分资料是我在撰写博士论文期间就已经搜集好了的，剩下的就是进一步网罗更加广泛的资料。

我博士论文关注的是唐宋时期皖江区域社会经济发展，在搜集资料过程中，将这一时期安徽区域的相关资料都做了收集与整理。其中安徽区域的州县官员信息我多有留意，分别就皖淮地区①和皖江地区的地方官员收集了大量的文献资料。想着博士论文完成后，是否可以从这一领域稍作探究。因此，在申报课题时，我就以“隋唐五代两宋安徽地方官员辑汇（皖淮区）”为题，申报了 2017 年度的安徽省社科规划后期资助项目。关于唐宋时期州县官员的研究，前辈不乏人才，或许我的关注点在安徽境内，因此，课题赢得了本省评委的肯定。

---

① 本书所指皖淮地区，主要指淮河流经的今安徽区域。具体来说，涉及今天行政区划的阜阳、亳州、界首、淮北、宿州、淮南、滁州、徐州、菏泽、商丘等地市的全境或部分县域。

课题立项后，接着就是马不停蹄的资料收集与整理工作。在浩瀚的文献资料中寻找离我们久远的古代官员信息，实在很难，而且其中很多是县级的官员，也很繁琐。随着时间的推移，课题立项已经一年多了，也已经超出了预期的结题时间，有点着急。但同时让我欣慰的是，我的辛苦没白费，仅就皖淮地区的官员信息资料，就收集了近七十万字，皖江地区官员的信息资料近一百一十余万字，这远远超出了我的预期目标。接着，我又以“隋唐五代两宋安徽地方官员辑汇（皖江区）”为题，申报了 2018 年度安徽省高校人文社科重大项目，也立项了。

为了把这两个课题做好、做扎实，我放弃了几乎所有的娱乐活动，除了上课时间外，其他时间基本上都用来搜集、整理这些信息资料。就连 2019 年春节我也是在紧张而繁忙的资料整理中度过的。欣慰的是，到 3 月初，《隋唐五代两宋安徽州县官员辑汇（皖淮区）》的书稿基本完成，终于可以让她付梓问世了，也算完成了这项时间短、任务重的课题研究工作。同时，书中也借用了学界前人的相关研究成果，在此表示由衷的感谢。但我知道，由于能力水平有限，书中还有很多错误，还有许多悬而未决的疑问，这只能留待以后的慢慢学习和纠正以及各位学界前辈和同仁的批评指正了。

作者于 2019 年 3 月 6 日

凡　例

一、本书所指皖淮区，主要指淮河流经的今安徽区域。具体来说，涉及到了今天行政区划的安徽省阜阳市、亳州市、界首市、淮北市、宿州市、淮南市、滁州市，以及江苏省徐州市、山东省菏泽市和河南省商丘市等省部分地市的部分县域。

二、本书辑汇的官员时间跨度为隋唐五代两宋时期的在皖淮区任职的州县官员。以县为基点，延伸至州。如，某州所辖县中仅有一县在皖淮区，那么不仅该县县级官员需要辑汇，州级官员也需辑汇。

三、本书所辑汇的州县官员，主要为特定时期具有一定军事或行政权力的官员，并非所有官员信息。如宋代中后期的团练使、防御使、司马、别驾等不掌实权，故不作辑汇。

四、本书编排按照时间先后和先州官后县官的顺序编排。朝代上按照隋、唐、五代和两宋顺序进行。官员层次上先州官、后县官进行编排。如唐代颍州官员，先州官，顺序按照刺史、别驾、长史、司马、录事参军等顺序编排；后县官，顺序按照县令、县丞、主簿、县尉顺序编排。如果某一级官员佚阙，则直接由上一级跃入下一级。

五、本书将记录州县官员信息的主要文献或重点内容进行辑汇或摘录，限于篇幅容量，部分文献仅列书名、卷次，脚注部分对该文献出版社、册数、页码等有详细说明，供读者参考和查阅文献详情。

六、由于文献记录原因，某一官员信息互有抵牾或错误，书中稍作分析或论证，或直接参考学界现有研究成果，结论仅供参考。

七、书中对官员任职时间或相关信息等的记述，部分采自于明确的文献记载。但更多的官员信息文献没有确切记载，是作者根据文献所做的推测，可能不准确或有错误，因而，结论仅供参考。

目 录

隋 代

唐 代

五代十国

宋　代

隋代

卷一 颍州

隋代的颍州，又称汝阴郡。州治为汝阴县（治今安徽省阜阳市区）、颍阳县（治今安徽省太和县东北）、清丘县（治今安徽省阜阳市口孜镇）、下蔡县（治今安徽省凤台县）、颍上县（治今安徽省颍上县南）。颍州全境均在今皖淮地区境内。

一、州级官员

（一）刺史

李显达 隋文帝开皇中

《白居易集》卷七一《淮南节度使检校尚书右仆射赵郡李公家庙碑铭（并序）》："维开成某年，某月某日，宣武军节度使、检校尚书右仆射、汴州刺史、上柱国、赐紫金鱼袋、赵郡李公……其友居易以李氏宗祖世家名爵，与仆射志行官业，书于丽牲之碑。谨按家略……六代祖显达，隋颍州刺史。"①《道光阜阳县志》卷八《职官》："李显达，阳翟人，开皇间任刺史。"②

薛善会 任职时间不详

《大唐赠户部尚书上柱国曹国公韦公墓志铭并序》："公讳玄晞，字玄奖，京兆杜陵人……夫人芮国夫人，河东薛氏。隋正议大夫、行颍州刺史善会之

---

① （唐）白居易撰：《白居易集》，北京：中华书局，1999 年，第 1490—1491 页。

② （清）刘虎文、周天虎修，（清）李复庆等纂：《道光阜阳县志》，《中国地方志集成 · 安徽府县志辑 23》，南京：江苏古籍出版社，1998 年，第 99 页。

孙，唐朝散大夫、守冀州司马元玚之女。”①

李元长 任职时间不详

《李宠墓志》：“君讳凰，字孝孙，陇西成纪人也……父元长，隋秘书丞、颍州刺史。”②

史　云 任职时间不详

《大唐故宣节校尉史府君墓志铭并序》：“公讳融，字行纯，京兆长安人也。……祖云，隋颍（颍）州刺史。父通，皇朝朝请大夫。”③

（二）郡丞④

齐士幹 约大业中—十二年（约611—616）

《隋故汝阴郡丞齐府君墓志铭》：“君讳士幹，字公济，太原晋阳人也。……大业四年，除汝渍县令。……擢为汝阴县郡丞。……春秋五十有四，大业十二年三月十八日卒于郡舍。”⑤

（三）判司

城局参军事

吴　素 隋文帝开皇初？

《隋故武连县令吴君墓志》：“君讳素，字白兒，蒲州蒲坂人也。……年卌一，除颍（颍）州城局参军事……以开皇六年十月廿三日卒于洛川乡，春秋八十有四。”⑥

---

① 参见郑旭东：《唐韦玄晞墓志释读》，《文博》2016年第2期，第78—83页。

② 倪广龙：《隋代刺史辑补》，《碑林集刊》（十九），西安：三秦出版社，2013年，第254—308页。

③ 毛远明编著：《西南大学新藏墓志集释》，南京：凤凰出版社，2018年，第263页。

④ 秦汉郡置，为郡守（太守）副贰，佐郡守掌众事，后代沿用，唐废。

⑤ 王其祎、周晓薇编著：《隋代墓志铭汇考》，北京：线装书局，2007年，第5册，第367页。

⑥ 王其祎、周晓薇编著：《隋代墓志铭汇考》，北京：线装书局，2007年，第1册，第222页。关于“城局参军事”具体见该书第223页。

二、县级官员

汝阴县

县令

郑孝立　任职时间不详

《唐故朝散郎守太子典设郎荥阳郑府君(阐)墓志铭并序》:"则我列曾孝立,隋洛阳县尉、颍州汝阴县令。"①

李子护　任职时间不详

《唐代墓志汇编续集·总章〇〇八·大唐李夫人墓志之铭》:"(上泐)明□,陇西成纪人也。……父子护,隋汝州汝阴县令,或□猷相府,体方进之通明;或□钧邑中,追仲康之异政。"②案:查汝州并无汝阴县,疑为颍州汝阴县。

① 吴钢主编:《全唐文补遗(千唐志斋新藏专辑)》,西安:三秦出版社,2006年,第183页。

② 周绍良、赵超主编:《唐代墓志汇编续集》,上海:上海古籍出版社,2001年,第176页。

卷二　亳州

亳州，又称谯郡，辖七县。州治谯县（治今安徽省亳州市）、梅城县①（治今安徽省亳州市梅城集）、城父县（治今安徽省亳州市城父镇）、临涣县（治今安徽省濉溪县临涣镇）、山桑县（治今安徽省蒙城县），上述五县在今皖淮地区境内。

一、州级官员

（一）刺史

徐之权　隋文帝开皇初？

《隋仪同三司徐公墓志铭》："公讳之范……开皇四年四月廿六日卒于晋阳县宅，春秋七十有八。……公第四弟之权，谯郡太守、散骑常侍。"②

元景山　隋文帝开皇初

《册府元龟》卷六九四《牧守部·武功第二》："元景山为建州刺史，时高祖为丞相，司马消难之以郧州入陈也……及高祖受禅，拜景山亳州总管。"③卷六九五《牧守部·刺举》："隋元景山为亳州总管。"④案：北周明帝武成元年，改都督诸州军事为总管，隋及唐初各州也置总管。

元　胄　隋文帝开皇中

---

① 隋文帝开皇十六年(596)从谯县析置。

② 王其祎、周晓薇编著：《隋代墓志铭汇考》，北京：线装书局，2007 年，第 1 册，第 138—140 页。

③ （宋）王钦若等编纂：《册府元龟》，南京：凤凰出版社，2006 年，第 8007 页。

④ （宋）王钦若等编纂：《册府元龟》，南京：凤凰出版社，2006 年，第 8023 页。

《隋书》卷四〇《元冑传》："元冑，河南洛阳人也，魏昭成帝之六代孙。……高祖受禅……后数载，出为豫州刺史，历亳、淅二州刺史。"①

刘仁恩 隋文帝开皇中

《册府元龟》卷六八四《牧守部·课最》："刘仁恩为亳州刺史，治绩号天下第一，擢拜刑部尚书。"②

丁书则 隋初

《唐代墓志汇编·天授〇一一·唐故叠州密恭县丞杨公及夫人丁氏墓志文并序》："夫人谯郡丁氏，曾祖泽，周任汝阳郡丞；祖叔则，隋亳州总管、山桑公。"③

唐遐显 任职时间不详

《新唐书》卷七四下《宰相世系四下》："唐遐显，隋邠、亳二州守，安乐公。"④

张慜(敏) 任职时间不详

《唐代墓志汇编·开元三六五·唐故京兆府渭南县尉张府君墓志铭并序》："高祖讳慜，隋亳州刺史。"⑤

马士儒 任职时间不详

《全唐文》卷七一四李宗闵《马公家庙碑》："公之五代祖曰士儒，为隋江、亳二州刺史，亳州生伯达，入唐举进士，为淮河内尉，乐黄老长生之说，弃官从孙思邈游隐于茅山。"⑥

王　端 任职时间不详

《唐代墓志汇编·开元一七五·大唐故中大夫行定州鼓城县令王君墓志铭并序》："君讳玄起，字子升，太原祁人也……曾祖端，周大内史、开府仪同三司，隋商、延、亳、许、郑五州刺史，光禄卿，乐平公兼吏部尚书，改封修武郡开国公，见《周书》《隋史》。"⑦《唐代墓志汇编续集·咸亨〇〇二·大唐故歙州刺史驸马都尉王君墓志铭》："君讳大礼，字仪，河南洛阳人也。……祖

① (唐)魏徵等:《隋书》,北京:中华书局,1973 年,第 1176—1177 页。

② (宋)王钦若等编纂:《册府元龟》,南京:凤凰出版社,2006 年,第 7878 页。

③ 周绍良主编:《唐代墓志汇编》,上海:上海古籍出版社,1992 年,第 800 页。

④ (宋)欧阳修、宋祁:《新唐书》,北京:中华书局,1975 年,第 3212 页。

⑤ 周绍良主编:《唐代墓志汇编》,上海:上海古籍出版社,1992 年,第 1409 页。

⑥ (清)董诰等编:《全唐文》,北京:中华书局,1983 年,第 7334 页。

⑦ 周绍良主编:《唐代墓志汇编》,上海:上海古籍出版社,1992 年,第 1278 页。

端，周上开府、大内史，隋开府仪同三司、商延亳三州刺史、谏议大夫、光禄卿、兼检校吏部尚书、修武容公。”①

李　伯　任职时间不详

《大唐征士陇西李公（文寂）墓铭并序》：“征士李公讳文寂，陇西成纪人也……祖伯，隋中散大夫、沂亳二州刺史。”②

开　靖　任职时间不详

《唐代墓志汇编·开元三八九·唐故溧阳县令赠秘书丞上柱国开府君墓志并序》：“公讳承简，字混成，广陵江都人也。隋亳州刺史靖之曾孙，楚州山阴县令翼之孙，皇朝征君德仁之子。”③

高虔恭　任职时间不详

《大唐潞州刺史湖城府君杨公夫人平原郡太夫人高氏墓志铭并序》：“夫人讳惠，字有则，渤海蓨人也。……王父虔恭，魏长乐郡守卫大将军兼华州刺史，隋使持节都督亳州等诸军事，亳州刺史，姜国忠公。”④

裴龙虔　任职时间不详

《隋故仪同三司王屋郡太守裴公墓志》：“郡讳眺，字子跃，河东闻喜人也。……以开皇十二年三月一日构疾云亡，十年五十一。……第三子龙虔，出身右千牛，早赴义师，备尽名节，器干宏远，德亮有闻，官至左光禄大夫、上柱国、太子左卫率、云旗将军、深贝宗观冀五州诸军事，再临冀州总管，又迁宋亳谯颍沈信涡涂荆九州诸军事亳州总管，痛风枝之弗静，泣霜露之沾濡，惧陵谷之迁，乃镌勒而纪。”⑤

（二）别驾

王令思　任职时间不详

《唐代墓志汇编续集·万岁通天〇〇四·大周故纳言博昌县开国男韦府君夫人琅耶郡王氏墓志铭》：“夫人讳婉，字贞徽，琅耶临沂人。……祖令

---

① 周绍良、赵超主编：《唐代墓志汇编续集》，上海：上海古籍出版社，2001年，第183—184页。

② 吴钢主编：《全唐文补遗（第七辑）》，西安：三秦出版社，2000年，第347页。

③ 周绍良主编：《唐代墓志汇编》，上海：上海古籍出版社，1992年，第1425页。

④ 刘向阳、李小勇：《新见〈唐高惠墓志〉考释》，《文博》2014年第1期，第57—63页。

⑤ 参见魏秋萍：《长安新出土唐武德八年〈裴眺墓志铭〉疏证》，《文博》2012年第3期，第50—52页。

思，隋梁郡圉城县令，吕、亳二州别驾。”①

（三）长史

苏　爽　任职时间不详

《唐代墓志汇编续集·景龙〇一〇·大唐故苏府君墓志铭》：“公讳通，字文达，京兆武功人也。……祖爽，隋任亳州长史。”②

（四）司马

宋　庆　任职时间不详

《唐故宋君墓志铭并序》：“君讳刘师，字弘悊，三辅京兆人也。曾祖庆，隋故亳州司马。”③

二、县级官员

（一）谯县

县令

程　鉴　任职时间不详

《隋故上仪同三司黎阳镇将程府君（钟）墓志铭并序》：“君讳钟，字子通，广平人……祖静，齐广平太守、雍冀二州刺史。……父鉴，谯令。……（君）以大唐贞观元年十月五日，与夫人弘农刘氏合葬洛州邙山，礼也。”④

（二）城父县

县令

杜　举　隋炀帝朝

---

① 周绍良、赵超主编：《唐代墓志汇编续集》，上海：上海古籍出版社，2001年，第349页。

② 周绍良、赵超主编：《唐代墓志汇编续集》，上海：上海古籍出版社，2001年，第432页。

③ 毛阳光、余扶危主编：《洛阳流散唐代墓志汇编》，上册，北京：国家图书馆出版社，2013年，第39页；齐运通、杨建锋编：《洛阳新获墓志（二〇一五）》，北京：中华书局，2017年，第95页。

④ 吴钢主编：《全唐文补遗（第一辑）》，西安：三秦出版社，1994年，第471页。

《唐代墓志汇编·天授○○七·唐故南州刺史杜府君志文并序》:“公讳举,京兆杜陵人也。……隋大业五年对策甲科,解褐授宁州司功参军,从班列也。寻授宋州柘城,又转亳州、城父二县令。……贞观十五年九月廿日薨于荆府,春秋五十有五。”①

① 周绍良主编:《唐代墓志汇编》,上海:上海古籍出版社,1992年,第797页。

卷三　徐州

徐州，又称彭城郡。隋辖十一县，州治在彭城县（治今江苏徐州市）。其中蕲县（治今安徽省宿州市蕲县镇）、临淮县（治今安徽固镇县东南四十里仁和集乡[①]）、萧县（治今安徽省萧县西北）、符离县（治今安徽省宿州市东北灰古镇）四县在今皖淮地区境内。

一、州级官员

（一）刺史

焦子顺（未之任）　隋文帝开皇初

《隋书求是》："开皇初，授焦子顺为徐州刺史，固辞不就。"[②]

尔朱敞　隋文帝开皇二年（582）

《大隋故上开府徐州总管边成郡开国公尔朱公墓志铭》："公讳敞，字乾罗，秀容人也。……（开皇）二年，改封边成郡开国公、都督徐邳兖沂泗海楚宋八州诸军事、徐州总管。"[③]《隋书》卷一《高祖上》："（开皇二年六月辛卯）以上开府尔朱敞为徐州总管。"[④]《隋书》卷五五《尔朱敞传》："尔朱敞字乾罗，秀容契胡人，尔朱荣之族子也。……高祖受禅，改封边城郡公。黔安蛮

---

① 一说在今怀远县西北三十里。

② 岑仲勉：《隋书求是》，北京：商务印书馆，1958 年，第 211 页。

③ 王其祎、周晓薇编著：《隋代墓志铭汇考》，北京：线装书局，2007 年，第 2 册，第 17—18 页。

④ （唐）魏徵等：《隋书》，北京：中华书局，1973 年，第 17 页。

叛,命敞讨平之。师旋,拜金州总管,寻转徐州总管。"[①]《唐代墓志汇编·上元〇三六·大唐故银青光禄大夫定州刺史上柱国尔朱府君墓志》:"公讳义琛,字仲珪,河南洛阳人也。……祖敞,隋藩部尚书,骠骑大将军,开府仪同三司,申陇信临熊潼光胶八州刺史,金徐二州总管、边城郡公。"[②]亦见《唐代墓志汇编·垂拱〇一二·唐故宋州录事尔朱府君墓志铭并序》[③]。

吐万绪 隋文帝开皇五年(585)

《隋书》卷一《高祖上》:"(开皇五年冬十月壬辰)朔州总管吐万绪为徐州总管。"[④]

和 洪 隋文帝开皇中

《隋书》卷五五《和洪传》:"和洪,汝南人也。……高祖以洪有威名,令领冀州事,甚得人和。数岁,征入朝,为漕渠总管监,转拜泗州刺史。属突厥寇边,诏洪为北道行军总管,击走虏,至碛而还。后迁徐州总管,卒,时年六十四。"[⑤]《唐代墓志汇编·贞观一三一·隋故银青光禄大夫殷州刺史志铭》:"君讳师,字大师,河南人也。……夫人北平和氏,徐州总管广武□之女。"[⑥]

房 兆 隋文帝开皇时

《隋书》卷五三《房兆传》:"开皇时,有冯昱、王檦、李充、杨武通、陈永贵、房兆,俱为边将,名显当时。……兆,代人也,本姓屋引氏,刚毅有武略。频为行军总管击胡,以功官至柱国、徐州总管。并史失其事。"[⑦]《唐代墓志汇编·龙朔〇一八·唐故处士房君墓志铭》:"君讳宝子,字子宝,河(南)洛阳人,汉司空植之也。……祖兆,隋使持节莱徐二州刺史、平高公;屡信义以立身,蹈清素以表质,扇仁风于千里,沐甘雨于百城。"[⑧]《唐代墓志汇编·麟德〇三六》:"君讳仁逊,字玄基,清河人也。……祖隋大将军、莱徐二州刺史、梁幽夏朔等州总管、金紫光禄大夫、平高郡公。……大唐麟德二年二月廿五

---

① (唐)魏徵等:《隋书》,北京:中华书局,1973年,第1374—1375页。
② 周绍良主编:《唐代墓志汇编》,上海:上海古籍出版社,1992年,第618页。
③ 周绍良主编:《唐代墓志汇编》,上海:上海古籍出版社,1992年,第737页。
④ (唐)魏徵等:《隋书》,北京:中华书局,1973年,第23页。
⑤ (唐)魏徵等:《隋书》,北京:中华书局,1973年,第1380页。
⑥ 周绍良主编:《唐代墓志汇编》,上海:上海古籍出版社,1992年,第91页。
⑦ (唐)魏徵等:《隋书》,北京:中华书局,1973年,第1358—1359页。
⑧ 周绍良主编:《唐代墓志汇编》,上海:上海古籍出版社,1992年,第348页。

日房君墓志。"①《册府元龟》卷三五七《将帅部·立功第十》:"房兆,开皇中为行军总管,击胡以功官至柱国、徐州总管。"②《册府元龟》卷三八三《将帅部·褒异第九》:"房兆,刚毅有武略。频以行军总管击胡,有功,迁官至柱国、徐州总管。"③《大明一统志》卷一八《徐州》"名宦"条:"房兆,徐州总管,刚毅有武略,著御辱之功。"④

乞伏慧 隋文帝开皇末

《隋书》卷五五《乞伏慧传》:"乞伏慧字令和,马邑鲜卑人也。……高祖受禅,拜曹州刺史。……迁凉州总管。……岁余,转齐州刺史,得隐户数千。迁寿州总管。其年,左转杞州刺史,在职数年,迁徐州总管。"⑤《隋故使持节柱国西河郡开国公乞扶令和墓志铭》:"公名惠,字令和,桑乾马邑人也。……开皇元年,诏授寿州总管、六州诸军事,又除凉州总管,增邑二千五百户。俄转徐州总管,又迁荆州总管,领覃桂二总管,卅一州诸军事。忍受二年,诏授秦州总管。"⑥

董　纯 隋文帝朝

《隋书》卷六五《董纯传》:"董纯字德厚,陇西成纪人也。……开皇末,以劳旧擢拜左卫将军,寻改封顺政县公。……数年,转左骁卫将军、彭城留守。"⑦案:留守一般由地方行政长官兼任。

梁　洋 任职时间不详

《隋书》卷三七《梁睿传》:"(梁睿)子洋嗣官,历嵩、徐二州刺史,武贲郎将。大业六年,诏追改封睿为戴公,命以洋袭焉。"⑧

孙万安 任职时间不详

《新唐书》卷七三下《宰相世系三下》:"孙万安,隋徐、兖、婺三州刺史。"⑨

---

① 周绍良主编:《唐代墓志汇编》,上海:上海古籍出版社,1992年,第419—420页。

② (宋)王钦若等编纂:《册府元龟》,南京:凤凰出版社,2006年,第4025页。

③ (宋)王钦若等编纂:《册府元龟》,南京:凤凰出版社,2006年,第4335页。

④ (明)李贤等:《大明一统志》,西安:三秦出版社,1990年,第279页。

⑤ (唐)魏徵等:《隋书》,北京:中华书局,1973年,第1377—1378页。

⑥ 参见付兵兵:《唐乞扶令和墓志铭考释》,《中国历史文物》2009年第4期,第52—57页。

⑦ (唐)魏徵等:《隋书》,北京:中华书局,1973年,第1539—1540页。

⑧ (唐)魏徵等:《隋书》,北京:中华书局,1973年,第1128页。

⑨ (宋)欧阳修、宋祁:《新唐书》,北京:中华书局,1975年,第2947页。

王 双 任职时间不详

《唐代墓志汇编·圣历〇四八·周故明威将军守右鹰杨卫胄安府折冲都尉上柱国王君墓志铭并序》:“君讳建,字师,并州太原郡人也。……曾祖双,隋任徐州刺史。”①

董 玉 任职时间不详

《唐代墓志汇编·万岁通天〇三二·大周故朝议大夫上柱国行隆州西水县宰董府君墓志铭并序》:“府君讳希令,字淑,陇西狄道人也。……祖玉,隋扬州司马,徐、泗、密三州诸军事,徐州刺史;展骥淮甸,建隼徐方,凝命有成,畏邻无咎。”②

元 乾 任职时间不详

《唐代墓志汇编·垂拱〇一九·大唐故散大夫行洛州偃师县令高安期故妻千乘县君元氏墓志并序》:“夫人讳妃娘,河南人也。……祖乾,隋袭祖广陵王徐州诸军事、徐州刺史。”③

程 超 任职时间不详

《隋书求是》:“程超为徐州刺史。”④

郑 达 任职时间不详

《唐代墓志汇编·开元二一九·唐故朝议郎德州司仓郑君墓志铭并序》:“君讳元璲,字元璲,荥阳开封人也。……盖有隋之彭城太守荥阳候曰达,君之曾也。”⑤

柳 绪 任职时间不详

《柳山涛墓志》:“公讳山涛,字广侯,河东人也……父续,梁举孝廉……梁亡归周……周禅隋,为徐州刺史。”⑥

豆卢通 任职时间不详

《唐故右武卫将军上柱国芮敬公豆卢府君(仁业)碑文》:“曾祖……□□文(缺十八字)通,隋使持节洪夏二州总管、徐沂定相恒五州刺史、左武

① 周绍良主编:《唐代墓志汇编》,上海:上海古籍出版社,1992 年,第 963 页。

② 周绍良主编:《唐代墓志汇编》,上海:上海古籍出版社,1992 年,第 910 页。

③ 周绍良主编:《唐代墓志汇编》,上海:上海古籍出版社,1992 年,第 742 页。

④ 岑仲勉:《隋书求是》,北京:商务印书馆,1958 年,第 213 页。

⑤ 周绍良主编:《唐代墓志汇编》,上海:上海古籍出版社,1992 年,第 1307—1308 页。

⑥ 倪广龙:《隋代刺史辑补》,《碑林集刊》(十九),西安:三秦出版社,2013 年,第 254—308 页。

侯大将军、驸(马)都尉、南陈郡开国公,(缺二十二字)盖之阴。"①

陶 某 任职时间不详

《大唐故幽州德闰府左果毅都尉上柱国陶公之墓志铭并序》:"公韩(讳)通……曾祖(空一格),隋任左监门郎将、徐州刺史、永平郡开国男。"②

(二)长史

卢昌衡 隋文帝朝

《隋书》卷五七《卢思道传》:"(卢思道从父兄)昌衡字子均。父道虔,魏尚书仆射。……开皇初,拜尚书祠部侍郎。……未几,出为徐州总管长史,甚有能名。"③《同治徐州府志》卷二一上《宦绩传》:"卢昌衡,字子均,魏长史渊孙,由尚书祠部郎出为徐州总管长史,甚有能名。"④

刘 粲 约隋文帝朝

《唐代墓志汇编·贞观〇二二·大唐故开府仪同三司刘君墓志铭》:"君讳节,字德操,冀州下博人。……祖伽,蕲春郡守,素履青颜,器镇压俗。父粲,徐州长史,质标玉润,向振金声。"⑤

李 亮 任职时间不详

《唐代墓志汇编·贞元一〇七·唐故左卫率府兵曹参军李府君墓志铭并序》:"公讳进荣,字德昌,本陇西人也,近代徙于汝州叶县,今为县人也。高祖亮,隋徐州长史,肃恭神明,敬事耆老,能训人矣。"⑥

(三)司马

张 恭 任职时间不详

《唐代墓志汇编·贞观一六七·大唐故和州香林府长史张府君墓志铭并序》:"君讳雲,字义雲,南阳白水人也。……祖世,齐兖州刺史;父恭,隋徐

---

① 吴钢主编:《全唐文补遗(第一辑)》,西安:三秦出版社,1994年,第468页。

② 李明等主编:《长安高阳原新出土隋唐墓志》,北京:文物出版社,2016年,第101页。

③ (唐)魏徵等:《隋书》,北京:中华书局,1973年,第1043—1044页。

④ (清)朱忻修、刘庠纂:《同治徐州府志》,《中国地方志集成·江苏府县志辑61》,南京:江苏古籍出版社,1991年,第586页。

⑤ 周绍良主编:《唐代墓志汇编》,上海:上海古籍出版社,1992年,第23页。

⑥ 周绍良主编:《唐代墓志汇编》,上海:上海古籍出版社,1992年,第1914页。

州司马。”①

(四)参军事

李　勖　隋末

《大唐故卫州共城县令李府君(义瑛)墓志铭并序》:“父勖,字玄成,隋徐州参军、济北郡主簿、齐州章丘县令、皇朝谭州总管府长史。”②

(五)判司

1. 司户参军

李君绚　隋炀帝大业初

《唐代墓志汇编·贞观一七九·唐故济州别驾李府君墓志铭并序》:“公讳君绚,陇西狄道人也。……大业之初,任彭城郡司户。属运道销,寇盗蜂起,怀集有方,吏民安息,转任彭城县令。”③

乐　□　任职时间不详

《唐代墓志汇编·上元〇三一·大唐故处士乐君墓志铭并序》:“君讳岿,字举仁,燕国蓟人也。……祖恪,齐邯郸令,休,□隋徐州司户参军;并素履居贞,黄中表德,抑扬终古,□晋生人。”④

杜伽那　任职时间不详

《唐代墓志汇编·开元〇二九·唐中大夫安南都护府长史权摄副都护上柱国杜府君墓志铭并序》:“公讳忠良,字子直,京兆杜陵人也。……公曾祖讳伽那,隋举孝廉擢第,徐州司户、大兴县令、武贲中郎将。”⑤

张□□　任职时间不详

《唐代墓志汇编·开元五一九·唐故绵州涪城县丞吴郡张府君墓志铭并序》:“君讳承祚,字(阙),吴郡嘉兴人也。……曾祖(阙),隋徐州司户。”⑥

2. 司法参军

① 周绍良主编:《唐代墓志汇编》,上海:上海古籍出版社,1992 年,第 115 页。

② 吴钢主编:《全唐文补遗(千唐志斋新藏专辑)》,西安:三秦出版社,2006 年,第 96—97 页。

③ 周绍良主编:《唐代墓志汇编》,上海:上海古籍出版社,1992 年,第 123 页。

④ 周绍良主编:《唐代墓志汇编》,上海:上海古籍出版社,1992 年,第 614 页。

⑤ 周绍良主编:《唐代墓志汇编》,上海:上海古籍出版社,1992 年,第 1172 页。

⑥ 周绍良主编:《唐代墓志汇编》,上海:上海古籍出版社,1992 年,第 1512 页。

杨　安　任职时间不详

《唐代墓志汇编·贞观一一九·大唐故杨君墓志铭并序》:"君讳德,字世师,虢州弘农人也。尔其远祖杨震,是其苗裔。隋徐州司法安之孙。"①

周　虎　任职时间不详

《唐代墓志汇编·圣历〇二四·周故府君墓志之铭》:"君讳素,轩帝之苗裔,姬王之胤胄。……祖虎,隋任徐州司法。"②

3. 司仓参军

乐希有　任职时间不详

《唐代墓志汇编·麟德〇〇九·唐□前朔州善阳县丞乐君墓志铭并序》:"君讳玄德,字宝积,洛州□南县人。……父希有,隋任徐州司仓;禀性淳和,誉隆司□,职人天之出纳,掌国储之周赡。"③

二、县级官员

萧县

县令

刘　高　隋炀帝大业中

《隋书》卷七三《魏德深传》:"时有栎阳令渤海高世衡、萧令彭城刘高、城皋令弘农刘炽,具有恩惠。大业之末,长史多赃污,衡、高及炽清节逾厉,风教大洽,狱无系囚,为吏人所称。"④亦见《同治徐州府志》卷二一上《宦绩传》⑤、《大明一统志》卷一八《徐州》⑥、《嘉庆萧县志》卷一一《名宦》⑦。

---

① 周绍良主编:《唐代墓志汇编》,上海:上海古籍出版社,1992年,第83页。

② 周绍良主编:《唐代墓志汇编》,上海:上海古籍出版社,1992年,第944页。

③ 周绍良主编:《唐代墓志汇编》,上海:上海古籍出版社,1992年,第401页。

④ (唐)魏徵等:《隋书》,北京:中华书局,1973年,第1688页。

⑤ (清)朱忻修、刘庠纂:《同治徐州府志》,《中国地方志集成·江苏府县志辑61》,南京:江苏古籍出版社,1991年,第586页。

⑥ (明)李贤等:《大明一统志》,西安:三秦出版社,1990年,第279页。

⑦ (清)潘镕修,(清)沈学渊、顾翰纂:《嘉庆萧县志》,《中国地方志集成·安徽府县志辑29》,南京:江苏古籍出版社,1998年,第424页。

程　向　任职时间不详

《同治徐州府志》卷六上《职官表》"程向"条①。

卫　瑗　任职时间不详

《大唐故朝散郎行扬州江都县尉李君妻河东卫夫人墓志铭并序》:"祖瑗,隋徐州萧县令。"②

---

① (清)朱忻修、刘庠纂:《同治徐州府志》,《中国地方志集成·江苏府县志辑61》,南京:江苏古籍出版社,1991年,第122页。

② 吴钢主编:《全唐文补遗(第九辑)》,西安:三秦出版社,2007年,第441页。

卷四　宋州

宋州，又称梁郡，隋辖十三县。州治在睢阳（治今河南省商丘市南），仅砀山县（治今安徽省砀山县东）在今皖淮地区境内。

一、州级官员

（一）刺史

杨玄感　隋文帝末

《隋书求是》："郢州刺史杨玄感为宋州刺史，大业二年，以父忧去职。"①

刘　德　约隋文帝仁寿四年—炀帝大业三年（约604—607）

《隋金紫光禄大夫梁郡太守刘府君墓志铭并序》："公讳德，字和义，盐川五原人也。……（仁寿）四年晋阳违逆……授上大将军……诏授宋州刺史。……（大业）三年，朝议改大将军，授金紫光禄大夫。改宋州刺史，授梁郡太守。"②

长孙洪　隋文帝朝

《隋书》卷五一《长孙览传》："（长孙览）子洪嗣。仕历宋、顺、临三州刺史，司农少卿，北平太守。"③

尹文哲　任职时间不详

① 岑仲勉：《隋书求是》，北京：商务印书馆，1958年，第165页。

② 王其祎、周晓薇编著：《隋代墓志铭汇考》，北京：线装书局，第4册，第202—203页。

③ （唐）魏徵等：《隋书》，北京：中华书局，1973年，第1328页。

《隋书求是》:“尹文哲为宋州刺史。”[①]

盖　政　任职时间不详

《盖景昌墓志》:“公讳景昌,字重阳,汉司隶之裔,司隶魏人也。……高祖政,隋通议大夫、郴宋二州刺史、□□国清河公(下阙)。”[②]

郑武叔　任职时间不详

《唐代墓志汇编·开元三六一·大唐故赠博州刺史郑府君墓志并序》:“曾祖武叔,冠军将军、太□□□□道,授隋广陵、下邳二郡守。”[③]

李士操　任职时间不详

《唐代墓志汇编·贞观一七九·唐故济州别驾李府君墓志铭并序》:“公讳君绚,陇西狄道人也。……父士操,安东将军、南兖州刺史、梁郡太守、富平县开国子。……武德五年五月十日构疾,终于官舍,春秋六十有五。”[④]

(二)通守[⑤]

杨　汪　隋炀帝大业十三年(617)[⑥]

《隋书》卷五六《杨汪传》:“杨汪字元度,本弘农华阴人也……及杨玄感反河南,赞治裴弘策出师御之,战不利,弘策出还,遇汪而屏人交语。既而留宁樊子盖斩弘策,以状奏汪,帝疑之,出为梁郡通守。……炀帝崩,王世充推越王侗为主,征拜吏部尚书,颇见亲委。”[⑦]

(三)别驾

卢玄成　任职时间不详

《大周前益州什邡萧主簿夫人卢氏(婉)墓志铭并序》:“夫人讳婉,字妹妹,范阳人也。……曾祖玄成,隋宋州别驾。”[⑧]

---

① 岑仲勉:《隋书求是》,北京:商务印书馆,1958年,第165页。

② 倪广龙:《隋代刺史辑补》,《碑林集刊》(十九),西安:三秦出版社,2013年,第254—308页。

③ 周绍良主编:《唐代墓志汇编》,上海:上海古籍出版社,1992年,第1405页。

④ 周绍良主编:《唐代墓志汇编》,上海:上海古籍出版社,1992年,第123页。

⑤ 隋置,职位仅低于刺史,佐理郡务。宋代通判有时亦称通守。

⑥ 岑仲勉:《隋书求是》,北京:商务印书馆,1958年,第165页。

⑦ (唐)魏徵等:《隋书》,北京:中华书局,1973年,第1393—1394页。

⑧ 吴钢主编:《全唐文补遗(第七辑)》,西安:三秦出版社,2000年,第18页。

（四）长史

组　威　隋初

《唐代墓志汇编续集·仪凤〇〇六·洛州阳翟县组君墓志》："君讳威，字元閬，后稷之苗，组诵之胤。……隋运政隆，任宋州长史。禀秀生知，含华曜彩，褰帷莅政，功济四人。大业之中，授轩辕府队正。"①

（五）司马

乐　绪　任职时间不详

《唐代墓志汇编·调露〇〇二·大唐故左亲卫长上校尉乐府君墓志铭并序》："君讳玉，字善德，河南洛阳人也。……父绪，隋任宋州司马，袭封武康公。赞职梁墟，飞英汴浦，清风埒于千里，令范均于百城，基构克修，弓冶无坠。"②

柏守贞　任职时间不详

《唐代墓志汇编·开元三〇九·大唐故柏府君墓志铭并序》："君讳虔玉，字清务，河南陆浑人也。……曾祖守贞，隋正议大夫，陈、宋二州司马。"③

（六）录事参军事

王　焕　任职时间不详

《唐代墓志汇编·龙朔〇七一·唐故王君墓志铭并序》："君讳楷，字诠芝，洛阳人也。……父讳焕，上轻车都尉，隋任宋州录事参军。"④

（七）参军事

王　灿　任职时间不详

《唐代墓志汇编续集·圣历〇一六·大周故王君墓志之铭》："君讳行，字满仁，上党潞城人也。……祖灿，隋任宋州参军。"⑤

---

① 周绍良、赵超主编：《唐代墓志汇编续集》，上海：上海古籍出版社，2001年，第232页。

② 周绍良主编：《唐代墓志汇编》，上海：上海古籍出版社，1992年，第654页。

③ 周绍良主编：《唐代墓志汇编》，上海：上海古籍出版社，1992年，第1370页。

④ 周绍良主编：《唐代墓志汇编》，上海：上海古籍出版社，1992年，第382页。

⑤ 周绍良、赵超主编：《唐代墓志汇编续集》，上海：上海古籍出版社，2001年，第372页。

(八)判司

司户参军

赵　游　任职时间不详

《大唐故赵府君墓志之铭》:“君讳勖,本南阳人也。……祖游,隋任宋州司户。”①

二、县级官员

砀山县

县令

卢文构　隋文帝开皇中

《卢文构志》:“(卢文构)诏除徐州安阳县令,迁息州长陵县令。”②

---

① 毛阳光、余扶危主编:《洛阳流散唐代墓志汇编》,北京:国家图书馆出版社,2013 年,第 263 页。

② 陈英哲:《隋代县令辑存》,西安:陕西师范大学硕士学位论文,2008 年。

卷五　陈州

陈州，又称淮阳郡，隋辖十县。州治在宛丘（治今河南省周口市淮阳区），仅鲖阳县（治今安徽省阜阳市临泉县鲖城镇）在今皖淮地区境内。

一、州级官员

（一）刺史

侯莫陈颖　隋文帝开皇初

《隋书》卷五五《侯莫陈颖传》："侯莫陈颖字遵道，代人也。……高祖为丞相，拜昌州刺史。会受禅，竟不行，加上开府，进爵升平郡公。俄拜延州刺史。数年，转陈州刺史。"①

徐　岳　任职时间不详

《隋书求是》："陈州刺史徐岳。"②

史　诃　任职时间不详

《唐代墓志汇编·咸亨一〇三·唐故夫人史氏墓志铭并序》："夫人史氏，邺人。……祖诃，隋陈州刺史。"③《隋书求是》："史诃为陈州刺史。"④

张　通　任职时间不详

《唐代墓志汇编·开元〇四六·故右军卫沙州龙勒府果毅都尉上柱国

---

① （唐）魏徵等：《隋书》，北京：中华书局，1973年，第1380—1381页。

② 岑仲勉：《隋书求是》，北京：商务印书馆，1958年，第243页。

③ 周绍良主编：《唐代墓志汇编》，上海：上海古籍出版社，1992年，第584页。

④ 岑仲勉：《隋书求是》，北京：商务印书馆，1958年，第243页。

张公墓志铭并序》:"公讳方,字玄逸,贝郡清河人也。……曾祖通,隋中散大夫、使持节金陈二州刺史,□□揖让,实籍徽猷;郡邑令规,咸谣风化。"①

长孙晟(未之任) 任职时间不详

《隋书》卷五一《长孙览传》:"大业三年……帝闻(长孙览炽弟)晟策,乃益嘉焉。后除淮阳太守,未赴任,复为右骁卫将军。"②

朱 摸 任职时间不详

《隋书求是》:"朱摸为淮阳太守。"③

赵 佗 隋炀帝大业十三年前(617前)

《隋书》卷四《炀帝下》:"(隋炀帝大业十三年夏四月)是月,光禄大夫裴仁基、淮阳太守赵佗等并以众叛归李密。"④《隋书》卷七〇《李密传》:"周法明举江、黄之地以附密,齐郡贼帅徐圆朗、任城大侠徐师仁、淮阳太守赵佗等前后款附,以千百数。"⑤

(二)别驾

李 亮 任职时间不详

《唐代墓志汇编·总章〇一五·大唐故李君墓志铭》:"君讳泰,字友仁,陇西成纪人也。……父亮,隋任陈州别驾;体尚夷简,质怀沉毅,但人伦之风范,实见重于时宜。"⑥

(三)司马

孙士璨 任职时间不详

《唐代墓志汇编·咸亨〇六八·唐故司成孙公墓志铭并序》:"公讳处约,字茂道,本□乘乐安人也。……祖士璨,高齐河间王开府行参军,员外将军,直寝侍御史,武邑太守,隋陈州司马。"⑦

柏守贞 任职时间不详

---

① 周绍良主编:《唐代墓志汇编》,上海:上海古籍出版社,1992年,第1186页。
② (唐)魏徵等:《隋书》,北京:中华书局,1973年,第1336页。
③ 岑仲勉:《隋书求是》,北京:商务印书馆,1958年,第243页。
④ (唐)魏徵等:《隋书》,北京:中华书局,1973年,第92页。
⑤ (唐)魏徵等:《隋书》,北京:中华书局,1973年,第1629页。
⑥ 周绍良主编:《唐代墓志汇编》,上海:上海古籍出版社,1992年,第490页。
⑦ 周绍良主编:《唐代墓志汇编》,上海:上海古籍出版社,1992年,第557页。

《唐代墓志汇编·开元三〇九·大唐故柏府君墓志铭并序》:"君讳虔玉,字清务,河南陆浑人也。……曾祖守贞,隋正议大夫,陈、宋二州司马。"①

二、县级官员

鲖阳县

县令

阴　伯　任职时间不详

《王君夫人阴客墓志》:"(阴客)隋淮阳郡同阳令伯之长女也。"②案:"鲖阳"误为"同阳"。

① 周绍良主编:《唐代墓志汇编》,上海:上海古籍出版社,1992年,第1370页。

② 陈英哲:《隋代县令辑存》,西安:陕西师范大学硕士学位论文,2008年。

卷六　泗州

泗州，又称下邳郡，隋辖七县。州治为宿豫（今江苏省宿迁市宿豫区），仅夏丘县（治今安徽省泗县东）在今皖淮地区境内。

州级官员

（一）刺史

司马幼之　隋文帝开皇七年前后（587 前后）

《文献通考》卷二八《选举考一·举士》："隋文帝开皇七年制：诸州岁贡三人。工商不得入仕……其年九月，泗州刺史司马幼之上表华艳，付所司理罪。"①

和　洪　隋文帝朝

《隋书》卷五五《和洪传》："和洪，汝南人也。少有武力，勇烈过人。……高祖以洪有威名，令领冀州事，甚得人和。数岁，征入朝，为漕渠总管监，转拜泗州刺史。"②

薛文□　约隋炀帝朝

《隋故开府仪同三司使持节齐郡通守河南道讨捕黜陟大使赠金紫光禄大夫荥阳郡守张府君墓志铭并序》："君讳须陀，字果，南阳西鄂人也。……夫人河东薛氏，泗州刺史文□之息女。……即以大唐景云二年岁次辛亥二

---

① （元）马端临：《文献通考》，北京：中华书局，1986 年，第 269 页。

② （唐）魏徵等：《隋书》，北京：中华书局，1973 年，第 1380 页。

月景子朔廿七日壬寅合葬于阌乡县桃林乡之原,礼也。”①

尹文哲 任职时间不详

《隋书求是》:“尹文哲为泗州刺史。”②

崔子博 任职时间不详

《唐代墓志汇编·永徽一三九·大唐故苏州司马轻车都尉崔君墓志铭并序》:“君讳泰,字元平,博陵安平人也。……父子博,隋户部虞部侍郎、四(泗)州刺史。”③《唐代墓志汇编·显庆一二八·大唐故承务郎崔君墓志铭并序》:“君讳诚,字守诚,博陵安平人,太公望之胤。……大父子博,隋虞部侍郎、泗州刺史。”④《大唐故寿州寿春县令崔府君墓志铭》:“君讳行模,字仁则,博陵人也。……祖子博,隋民部侍郎、泗州刺史。”⑤

郭怀道 任职时间不详

《唐代墓志汇编·贞元〇九一·唐前卫尉卿赐紫金鱼袋张公夫人太原郡郭氏墓志铭并序》:“夫人讳仪,字少容,太原介休人也。隋银青光禄大夫,邠、宁二州刺史,黄门侍郎,下邳郡守,封须昌县国子怀道之裔孙也。”⑥

郑道援 任职时间不详

《唐代墓志汇编·咸亨〇三六·大唐朝议郎行周王西合祭酒上柱国程务忠妻郑氏墓志铭并序》:“夫人讳□□,字□□,郑州荥阳人也。……祖道援,密州高密县令、泗州下邳君丞、朗州武陵郡丞。”⑦《唐代墓志汇编续集·开元一〇五·□□□博州刺史郑府君墓志并序》:“曾祖武叔,冠军将军□□□□□道授隋广陵、下邳二郡守;父怀节,皇朝沣州司□□、□州刺史。”⑧案:后志中“授”疑为“援”。

马 惠 任职时间不详

《大唐故右武卫长史绛郡公马府君墓志铭并序》:“公讳太师,字弘众,京

---

① 毛阳光:《河南灵宝新出土〈张须陀墓志〉》,《中原文物》2011年第1期,第69—72页。

② 岑仲勉:《隋书求是》,北京:商务印书馆,1958年,第184页。

③ 周绍良主编:《唐代墓志汇编》,上海:上海古籍出版社,1992年,第222页。

④ 周绍良主编:《唐代墓志汇编》,上海:上海古籍出版社,1992年,第311页。

⑤ 毛阳光主编:《洛阳流散唐代墓志汇编续集》,北京:国家图书馆出版社,2018年,第217页。

⑥ 周绍良主编:《唐代墓志汇编》,上海:上海古籍出版社,1992年,第1901页。

⑦ 周绍良主编:《唐代墓志汇编》,上海:上海古籍出版社,1992年,第535页。

⑧ 周绍良、赵超主编:《唐代墓志汇编续集》,上海:上海古籍出版社,2001年,第526页。

兆扶风人也。……曾祖惠，隋任泗州刺史、广长公。”[1]

魏至伦 任职时间不详

《邵处珣夫人魏氏墓志》：“夫人古城人也……隋泗州刺史。皇将作匠至伦之孙。”[2]

（二）司马

崔公逸 约隋文帝开皇初

《大唐故宣议郎崔君墓志铭》：“君讳敏童，博陵安平人。……曾祖公逸，北齐开府参军，隋兼泗州司马。”[3]《唐代墓志汇编·神龙〇三五·大唐故崔府君墓志铭》：“君讳沉，字处道，博陵安平人，晋吏部尚书洪十一代孙也。……祖公逸，北齐开府参军，隋泗州司马。”[4]

温君悠 约隋炀帝大业三年前（约607前）

《旧唐书》卷六一《温大雅传》：“温大雅字彦弘，太原祁人也。父君悠，北齐文林馆学士，隋泗州司马。”[5]《新唐书》卷七二中《宰相世系二中》“温氏”条：“君攸，隋泗州司马。”[6]隋炀帝大业三年，罢司马、长史。

（三）判司

司户参军

宗崇礼 任职时间不详

《大唐故陪戎校尉陈君（通）妻宗氏墓志铭并序》：“夫人讳字，河南洛阳人也。……祖崇礼，隋泗州司户参军事。”[7]

---

① 赵力光主编：《西安碑林博物馆新藏墓志续编》，西安：陕西师范大学出版社，2014年，第225页。

② 吴钢主编：《全唐文补遗（千唐志斋新藏专辑）》，西安：三秦出版社，2006年，第147页。

③ 毛阳光主编：《洛阳流散唐代墓志汇编续集》，北京：国家图书馆出版社，2018年，第125页。

④ 周绍良主编：《唐代墓志汇编》，上海：上海古籍出版社，1992年，第1065页。

⑤ （后晋）刘昫等：《旧唐书》，北京：中华书局，1975年，第2359页。

⑥ （宋）欧阳修、宋祁：《新唐书》，北京：中华书局，1975年，第2661页。

⑦ 吴钢主编：《全唐文补遗（千唐志斋新藏专辑）》，西安：三秦出版社，2006年，第22页。

卷七 寿州

寿州，又称淮南郡，隋辖四县。州治在寿春（治今安徽省寿县），除长平县（治今河南西华县境内）外，安丰县（治今安徽省寿县戈店乡故安丰城）、霍丘县（治今安徽省霍邱县城关镇）及寿春县均在皖淮地区境内。

一、州级官员

（一）刺史

高　励　隋文帝开皇初

《隋书》卷五五《高励传》："高励字敬德，渤海蓨人也，齐太尉、清河王岳之子也。……高祖甚器之，以励检校扬州事。后拜楚州刺史，民安之。"①此处扬州实为寿州。

元孝矩　隋文帝开皇初

《隋书》卷五〇《元孝矩传》："元孝矩，河南洛阳人也。……及上受禅……俄拜寿州总管……复以孝矩领行军总管，屯兵于江上。"②《册府元龟》卷三〇二《外戚部・委任》："隋元孝矩……及高祖受禅，立为皇太子，令孝矩代镇。……俄拜寿州总管，赐孝矩玺书曰：'杨越氛祲，侵轶边鄙，争桑兴役，不识大猷。'"③

源　雄　隋文帝开皇中

① （唐）魏徵等：《隋书》，北京：中华书局，1973年，第1372—1373页。

② （唐）魏徵等：《隋书》，北京：中华书局，1973年，第1317页。

③ （宋）王钦若等编纂：《册府元龟》，南京：凤凰出版社，2006年，第3408页。

《隋书》卷五二《贺若弼》传:“高祖受禅,阴有并江南之志,访可任者。高颎曰:‘朝臣之内,文武才干,无若贺若弼者。’高祖曰:‘公得之矣。’于是拜弼为吴州总管,委以平陈之事,弼忻然以为己任。与寿州总管源雄并为重镇。”①

乞伏慧 隋文帝开皇中

《隋书》卷五五《乞伏慧传》:“乞伏慧字令和,马邑鲜卑人也。……高祖受禅,拜曹州刺史。……迁凉州总管。……岁余,转齐州刺史,得隐户数千。迁寿州总管。其年,左转杞州刺史,在职数年,迁徐州总管。”②

宇文述 隋文帝开皇中

《隋书》卷六一《宇文述传》:“宇文述字伯通,代郡武川人也。……时晋王广镇扬州,甚善于述,欲述近己,因奏为寿州刺史总管。”③

周 摇 隋文帝开皇十一—十二年(591—592)

《隋书》卷二《高祖下》:“(开皇十一年)三月癸未,以幽州总管周摇为寿州总管,朔州总管吐万绪为夏州总管。”④“(开皇十二年)夏四月辛卯,以寿州总管周摇为襄州总管。”⑤《隋书》卷五五《周摇传》:“周摇字世安,其先与后魏同源,初为普乃氏,及居洛阳,改为周氏。……开皇初……拜为幽州总管六州五十镇诸军事。……后六载,徙为寿州。”⑥

慕容三藏 隋炀帝大业三—九年(607—613)

《隋书》卷六五《慕容三藏传》:“慕容三藏,燕人也。……大业元年,授和州刺史。三年,转任淮南郡太守,所在有惠政。其年,改授金紫光禄大夫。大业七年卒。”⑦《唐代墓志汇编·咸亨〇七五·隋故金紫光禄大夫淮南郡太守河内公慕容府君墓志并序》:“公讳三藏,字悟真,其先昌黎棘城人也。……大业元年,除和州刺史。三年,加金紫光禄大夫,徙淮南郡太守。……大业九年六月十一日,薨于私第,春秋六十有八。”⑧《唐代墓志汇编·咸亨〇七六·唐故三品孙慕容君墓志铭并序》:“君讳知礼,字思恭,其先昌黎棘城

---

① (唐)魏徵等:《隋书》,北京:中华书局,1973年,第1344页。
② (唐)魏徵等:《隋书》,北京:中华书局,1973年,第1377—1378页。
③ (唐)魏徵等:《隋书》,北京:中华书局,1973年,第1463—1464页。
④ (唐)魏徵等:《隋书》,北京:中华书局,1973年,第36页。
⑤ (唐)魏徵等:《隋书》,北京:中华书局,1973年,第37页。
⑥ (唐)魏徵等:《隋书》,北京:中华书局,1973年,第1376页。
⑦ (唐)魏徵等:《隋书》,北京:中华书局,1973年,第1531—1533页。
⑧ 周绍良主编:《唐代墓志汇编》,上海:上海古籍出版社,1992年,第564页。

人也。……祖三藏,隋金紫光禄大夫、淮南太守。”①《唐代墓志汇编·圣历〇三四·大周洺州洺乡县尉慕容君墓志铭并序》:“君讳升字捧日,其先昌黎棘城人也。……曾祖三藏,隋淮南郡太守、和州刺史。”②

杨　绁　隋炀帝大业中

《隋书》卷四三《观德王雄传》:“观德王雄,初名惠,高祖族子也。……子恭仁,位至吏部侍郎。恭仁弟绁,性和厚,颇有文学。历义州刺史、淮南太守。及父薨,起为司隶大夫。辽东之役,帝令绁于临海顿别有所督。”③卷六六《张虔威传》:“张虔威字元敬,清河东武城人也。……炀帝即位,授内史舍人、仪同三司。……淮南太守杨绁,尝与十余人同来谒见,帝问虔威曰:‘其立者为谁?’虔威下殿就视而答曰:‘淮南太守杨绁。’”④

贺若弼　任职时间不详

《册府元龟》卷四一一《将帅部·间谍》:“贺若弼,镇寿州。时江南尚阻,江都人来护儿住白土村,密迩江岸。弼尝令护儿为间谍。授大都督,平陈之役,护儿有功焉。”⑤

(二)长史

赵　轨　隋文帝开皇中

《隋书》卷七三《循吏·赵轨传》:“赵轨,河南洛阳人也。……高祖受禅,转齐州别驾,有能名。……后数年,迁硖州刺史,抚缉萌夷,甚有恩惠。寻转寿州总管长史。”⑥

卢昌衡　隋文帝开皇中

《隋书》卷五七《卢思道》:“(卢思道从父兄)昌衡字子均。……开皇初,拜尚书祠部侍郎。高祖尝大集群下,令自陈功绩,人皆竞进,昌衡独无所言。左仆射高颎目而异之。陈使贺彻、周濆相继来聘,朝廷每令昌衡接对之。未几,出为徐州总管长史,甚有能名。……转寿州总管长史。总管宇文述甚敬

① 周绍良主编:《唐代墓志汇编》,上海:上海古籍出版社,1992年,第565页。
② 周绍良主编:《唐代墓志汇编》,上海:上海古籍出版社,1992年,第951—952页。
③ (唐)魏徵等:《隋书》,北京:中华书局,1973年,第1215—1217页。
④ (唐)魏徵等:《隋书》,北京:中华书局,1973年,第1557—1558页。
⑤ (宋)王钦若等编纂:《册府元龟》,南京:凤凰出版社,2006年,第4654—4655页。
⑥ (唐)魏徵等:《隋书》,北京:中华书局,1973年,第1678页。

之,委以州务。岁余,迁金州刺史。"①《册府元龟》卷七一六《幕府部·倚任》:"卢昌衡为寿州总管宇文述长史,述甚敬之,委以州务。"②

杜延之 任职时间不详

《唐代墓志汇编·永淳〇二六·大唐故房州竹山县主簿杨君夫人杜氏墓志铭并序》:"夫人讳芬,京兆杜陵人也。……祖延之,隋寿州□□长史。"③

(三)司马

王 策 任职时间不详

《唐代墓志汇编·圣历〇二七·大周故沧州东光县丞公士王府君墓志铭并序》:"君讳进,字思俨,并州太原人也。……曾祖策,隋任寿州司马。"④

(四)录事参军事

房 泰 任职时间不详

《大唐故朝散大夫行□州都督府丰城县令上柱国□□□□清河房□□(诞)志铭并序》:"君讳诞,字文绚,魏郡清河人也。……祖泰,隋朝议郎、行寿州录事参军。"⑤

二、县级官员

(一)寿春县

1. 县令

张虔雄 任职时间不详

《隋书》卷六六《张虔威传》:"张虔威(弟虔雄)……后历寿春、阳城二县

① (唐)魏徵等:《隋书》,北京:中华书局,1973 年,第 1403—1404 页。

② (宋)王钦若等编纂:《册府元龟》,南京:凤凰出版社,2006 年,第 8261 页。

③ 周绍良主编:《唐代墓志汇编》,上海:上海古籍出版社,1992 年,第 704 页。

④ 周绍良主编:《唐代墓志汇编》,上海:上海古籍出版社,1992 年,第 946 页。

⑤ 吴钢主编:《全唐文补遗(第五辑)》,西安:三秦出版社,1998 年,第 291—292 页。

令,俱有治绩。”①《全唐文》卷二一六陈子昂《唐故袁州参军李府君妻张氏墓志铭》:“夫人讳某,清河郡东武城人也。……祖某,隋汾阴、寿春、阳城三县令。袭公侯,屈铜墨之班,士元非百里之才,太邱有三台之望。父某,唐户部侍郎,复、亳、建三州刺史。”②墓志主祖应为张虔雄,同时该墓志也补充了《隋书·张虔雄传》所漏载其曾任汾阴县令的重要信息。

孙　某　任职时间不详

《唐代墓志汇编·咸亨〇五七·大唐故朝散大夫尹君墓志铭并序》:“君讳达,字博通,瀛洲乐寿人也。……夫人孙氏……父,隋寿春县令。”③

翟　璇　任职时间不详

《唐故楚州山阳县令安定张府君夫人河南翟氏(庆)墓志铭并序》:“祖璇,隋汾阴、醴阳、寿春三县令。”④

2. **县丞**

刘　琨　任职时间不详

《唐代墓志汇编·总章〇二四·唐故文林郎行洛阳宫青城监监事武骑尉王公墓志铭并序》:“君讳德,字威德,太原人也。……夫人彭城刘氏,隋寿州寿阳县丞琨之孙,唐故儒林郎亮之女。”⑤

(二)霍丘县

县令

柳孝斌　任职时间不详

《大周故前贝州司马柳府君(明逸)墓志铭并序》:“公讳明逸……祖孝斌,秩秩德音,终于令长,为隋霍丘令。”⑥

皇甫珍义　任职时间不详

《皇甫文亮墓志》:“公讳文亮,字孔章,其先安定人。……考珍义,隋右屯卫兵曹、寿州霍丘县令。”⑦

---

① (唐)魏徵等:《隋书》,北京:中华书局,1973年,第1557—1558页。
② (清)董诰等编:《全唐文》,北京:中华书局,1983年,第2181—2182页。
③ 周绍良主编:《唐代墓志汇编》,上海:上海古籍出版社,1992年,第549页。
④ 吴钢主编:《全唐文补遗(第八辑)》,西安:三秦出版社,2005年,第346页。
⑤ 周绍良主编:《唐代墓志汇编》,上海:上海古籍出版社,1992年,第497页。
⑥ 吴钢主编:《全唐文补遗(第七辑)》,西安:三秦出版社,2000年,第326页。
⑦ 赵文成、赵君平编选:《新出唐墓志百种》,杭州:西泠印社出版社,2010年,第50页。

卷八　濠州

濠州，又称钟离郡，隋、唐初又常写作“豪州”，隋辖四县。州治在钟离县（治今安徽省凤阳县东北），其他三县为定远县（治今安徽省定远县东南大桥乡三官集）、化明县（治今安徽省明光市东北六十里女山湖镇）、涂山县（治今安徽省怀远县东南）。濠州全境均在今皖淮地区境内。

一、州级官员

（一）刺史

马　圆　任职时间不详

《全唐文》卷一九四杨炯《唐右将军魏哲神道碑》：“夫人扶风马氏，隋濠州刺史圆之孙也。”①

杨　贵　任职时间不详

《隋书求是》：“杨贵为豪（濠）州刺史。”②《杨至诚碑》：“大王父，隋直阁将军、岷蔚抚豪道五州刺史、邢国公讳贵。”③

钱秀卿　任职时间不详

《隋书求是》：“钱秀卿为钟离守。”④《万姓统谱》卷二七《钱氏》：“隋钱

---

① （清）董诰等编：《全唐文》，北京：中华书局，1983年，第1970页。

② 岑仲勉：《隋书求是》，北京：商务印书馆，1958年，第161页。

③ 倪广龙：《隋代刺史辑补》，《碑林集刊》（十九），西安：三秦出版社，2013年，第254—308页。

④ 岑仲勉：《隋书求是》，北京：商务印书馆，1958年，第161页。

秀卿，长城人，太常博士，迁钟离太守、伏波将军。”[①]

李（子）雄 任职时间不详

《全唐文》卷二〇一李尚一《开业寺碑（并序）》：“开业寺者……公第五子子雄，隋辅国将军、平东将军、左金紫光禄大夫、通直散骑常侍、骠骑大将军、仪同三司、使持节豪（濠）州刺史、鸿胪卿，进爵高都公，河北道行台，兵部尚书。”[②]《册府元龟》卷四二六《将帅部·招降》：“隋李雄，字毗卢。初仕后周，为上仪同从行军总管。韦孝宽略定淮南，雄以轻骑数百至硖口，说下十余城，拜濠州刺史。”[③]

元　胄 任职时间不详

《大明一统志》卷七《中都·凤阳府》：“元胄，濠、豫二州刺史。”[④]

（二）别驾

丁行本 隋末

《唐故叠州密恭县丞杨公（师善）及夫人丁氏墓志文并序》：“夫人谯郡丁氏，祖叔则，隋亳州总管、山桑公。父行本，隋濠州别驾，唐任赵州象城县令。”[⑤]案：《唐代墓志汇编·天授〇一一·唐故叠州密恭县丞杨公及夫人丁氏墓志文并序》载：“父行本，隋濛州别驾，唐任赵州象城县令。”[⑥]“濠”与“濛”形近，此处存疑。

（三）录事参军事

张　业 隋文帝开皇初

《张君墓铭》：“君讳业，字兰晖，南阳白水人也。……公以河清中，解巾奉朝请、荡难将军、豪（濠）州录事参军事、玉州湘阴令。……君以大业六年

---

① 倪广龙：《隋代刺史辑补》，《碑林集刊》（十九），西安：三秦出版社，2013年，第254—308页。

② （清）董诰等编：《全唐文》，北京：中华书局，1983年，第2039页。

③ （宋）王钦若等编纂：《册府元龟》，南京：凤凰出版社，2006年，第4833页。

④ （明）李贤等：《大明一统志》，西安：三秦出版社，1990年，第136页。

⑤ 吴钢主编：《全唐文补遗（第三辑）》，西安：三秦出版社，1996年，第485—486页。

⑥ 周绍良主编：《唐代墓志汇编》，上海：上海古籍出版社，1992年，第800页。

七月十三日薨于洛阳,春秋八十有五。"①

崔文观 任职时间不详

《唐代墓志汇编·开元一四七·大唐故陪戎校尉崔府君墓志铭》:"君讳相,清河人也……隋任豪(濠)州录事参军,或六条布政,扬至德以宣风;或千里辅仁,翊公平以阐化。"②

二、县级官员

涂山县

县令

张守礼 任职时间不详

《全唐文》卷三五五《唐银青光禄大夫岭南五府节度经略采访处置等使摄御史中丞赐紫金鱼袋殿中监南康县开国伯赠扬州大都督长史张公神道碑》:"公讳九皋,其先范阳人也。……高祖守礼,隋钟离郡涂山令。"③

---

① 王其祎、周晓薇编著:《隋代墓志汇考》,北京:线装书局,2007年,第4册,第309—310页。

② 周绍良主编:《唐代墓志汇编》,上海:上海古籍出版社,1992年,第1258页。

③ (清)董诰等编:《全唐文》,北京:中华书局,1983年,第3598页。

卷九 庐州

庐州，又称庐江郡，隋辖七县，均在今安徽境内。州治在庐江县（治今安徽庐江县西），其中襄安县（治今安徽省巢湖市）、慎县（治今安徽肥东县东北梁园镇）在今皖江地区境内，霍山县（治今安徽省霍山县）、开化县（治今安徽省六安市）、滩水县（治今安徽省霍山县地）在今皖淮地区境内。庐江县、襄安县和慎县的县级官员将由《隋唐五代两宋安徽州县官员辑汇（皖江区）》一书辑汇。

一、州级官员

（一）刺史

韩擒虎 隋文帝开皇元年（581）

《隋书》卷一《高祖上》："（开皇元年三月）戊子，驰山泽之禁。以上开府、当亭县公贺若弼为楚州总管，和州刺史、新义县公韩擒虎为庐州总管。"① 卷五二《韩擒虎传》："韩擒虎字子通，河南东垣人也，后家新安。……开皇初，高祖潜有吞并江南之志，以擒有文武才用，夙著声名，于是拜为庐州总管，委以平陈之任，甚为敌人所惮。"②

薛 胄 隋文帝开皇初

《隋书》卷五六《薛胄传》："薛胄字绍玄，河东汾阴人也。……高祖受

① （唐）魏徵等：《隋书》，北京：中华书局，1973年，第14页。

② （唐）魏徵等：《隋书》，北京：中华书局，1973年，第1339—1340页。

禅，擢拜鲁州刺史，未之官，检校庐州总管事。寻除兖州刺史。”①

杨　矩　隋文帝仁寿二年(602)

《隋故通议大夫安陆太守杨府君墓志》：“公讳矩，字文懿，弘农华阴人也。……仁寿二年，授庐州刺史。……大业二年，除安陆太守。”②

杨　荣　任职时间不详

《唐代墓志汇编续集·贞观〇六四·维大唐西州岸头府故果毅都尉上柱国广饶县开国男杨公墓志铭》：“公讳敏，字桃汤，鄜州洛川人也。……祖荣，隋卢泸邛三州刺史、邛州诸军事、凉益二州总管、左骁卫大将军、魏平县开国公、封邑三千户。”③案：隋无卢州，应是庐州之讹。

(二)郡丞

徐仲宗　隋炀帝大业中

《隋书》卷四六《赵芬传》：“赵芬字士茂，天水西人也。……少子元楷与元恪，皆明干世事。元楷，大业中为历阳郡丞，与卢江郡丞徐仲宗，皆竭百姓之产，以贡于帝。仲宗迁南郡丞，元楷超拜江都郡丞，兼领江都宫使。”④案：隋并无“卢江郡”，应为“庐江郡”之讹。

靖　郑　任职时间不详

《唐代墓志汇编·乾封〇四三·搭档故靖府君之墓志铭并序》：“君讳千年，高平人也。……祖馥，齐并州司马；父郑，隋庐江郡丞。”⑤

(三)长史

张　某　约隋代或前？

《唐故隋齐王府司马张君墓志铭》：“君讳通，字达，洛州河南县人也。……曾祖□，□庐州长史。……祖序，隋任溵水县令。”⑥

---

① (唐)魏徵等：《隋书》，北京：中华书局，1973年，第1387页。

② 王其祎、周晓薇编著：《隋代墓志汇考》，北京：线装书局，2007年，第4册，第328—329页。

③ 周绍良、赵超主编：《唐代墓志汇编续集》，上海：上海古籍出版社，2001年，第46页。

④ (唐)魏徵等：《隋书》，北京：中华书局，1973年，第1251—1252页。

⑤ 周绍良主编：《唐代墓志汇编》，上海：上海古籍出版社，1992年，第471页。

⑥ 毛阳光主编：《洛阳流散唐代墓志汇编续集》，北京：国家图书馆出版社，2018年，第21页。

二、县级官员

(一)霍山县

县令

杜　石　任职时间不详

《唐代墓志汇编·景龙〇〇六·大唐故忻州定襄县杜府君墓志铭并序》:"君讳安,字元安,河南洛阳人也。……祖石,隋寿州霍山县令。"①案:隋代霍山属庐州庐江郡。

(二)溧水县

县令

卢赤松　任职时间不详

《卢赤松墓志》:"公讳赤松……在隋历官河南王府掾,溧水、北海令,南乡、河东长。"②

① 周绍良主编:《唐代墓志汇编》,上海:上海古籍出版社,1992年,第1081页。

② 陈英哲:《隋代县令辑存》,西安:陕西师范大学硕士学位论文,2008年。

唐代

卷一　颍州

颍州，又称汝阴郡，唐辖四县。州治在汝阴县(治今安徽省阜阳市)，其他三县为颍上县(治今安徽省颍上县)、下蔡县(治今安徽省凤台县)、沈丘县(治今安徽省临泉县)，颍州全境均在今皖淮地区境内。

一、州级官员

(一)刺史

据郁贤皓所著《唐刺史考全编》(安徽大学出版社2000年版)统计，唐代颍州汝阴郡共有刺史38人，其中3人未赴任即去世。现依据郁著所列颍州刺史信息列表如下：

表1:《唐刺史考全编》所列唐代颍州刺史信息一览表

序号	任职年份	姓名	主要文献来源
1	唐高祖武德二年?(619?)	姜子健①	《太平寰宇记》卷一一《颍州》
2	唐高祖武德三年(620)	田　瓒	《新唐书》卷八五《王世充传》
3	唐高宗永徽中	柳宝积	《新唐书》卷三八《地理志二》
4	唐高宗永徽四年(653)	裴弘献	《全唐文》卷一三六长孙无忌《进律疏议表》

① 信州为唐高祖李渊于武德四年(621)平王世充后于汝阴县西北十里置，武德六年(623)改为颍州，州治移至汝阴县。

序号	任职年份	姓名	主要文献来源
5	约唐高宗咸亨二年(约671)	元怀式	《隋唐五代墓志汇编·洛阳卷》第六册《□□□法曹参军刘君故妻元氏墓志铭并序》
6	武后垂拱中(未任即死)	李　欣	《大唐故濮恭王妃阎氏墓志铭并序》,《文物》1987年第8期
7	武后天授中	王勖(王遂古)	《新唐书》卷八三《诸帝公主》
8	唐睿宗时?	袁忠臣	《元和姓纂》卷四《京兆袁氏》
9	唐睿宗、玄宗间	张廷珪(张庭珪)	《唐故赠工部尚书张公墓志铭并序》,《文物》1980年第3期
10	唐玄宗开元中?	萧德绪	《千唐志·唐故天德军摄团练判官太原府参军萧府君墓志铭并序》
11	唐玄宗天宝八载(749)	萧　炅	《资治通鉴》卷二一六"唐玄宗天宝八载夏四月"条
12	唐玄宗天宝中	苗殆庶	《千唐志·唐故朝议郎守殿中少监兼通事舍人知馆事上柱国赐紫金鱼袋苗公墓志铭》
13	唐玄宗天宝十四载(755)	陈　澍	《太平广记》卷二一七引《定命录》
14	约唐肃宗宝应、代宗广德间	论惟贞	《新唐书》卷一一〇《论惟贞传》
15	唐代宗大历初	徐　向	《新唐书》卷七五下《宰相世系五下·北祖上房徐氏》
16	唐代宗大历三—四年(768—769)	李　岵	《新唐书》卷六《代宗本纪》
17	唐代宗大历三年(768)(未任即死)	姚　奭	《新唐书》卷一四八《令狐彰传》
18	唐代宗大历中	崔　朝	《全唐文》卷六八二牛僧孺《崔相国群家庙碑》
19	唐代宗大历中	韦　允	《元和姓纂》卷二"东眷韦氏郧公房"

序号	任职年份	姓名	主要文献来源
20	唐德宗建中三年(782)	李长卿	《册府元龟》卷一六五
21	约唐德宗贞元初	韦　勺	《全唐文》卷五〇五权德舆《唐故银青光禄大夫守吏部尚书兼御史大夫充诸道盐铁转运等使上柱国赵郡开国公赠尚书右仆射李公墓志铭并序》
22	约唐德宗贞元七年(约791)	裴　泾	《全唐文》卷七八四穆员《河南少尹裴公墓志铭》
23	唐德宗贞元十二年—唐宪宗元和中(796—?)	高彦昭	《新唐书》卷二〇五《烈女·高愍女传》
24	唐宪宗元和、唐穆宗长庆间?	时元佐(时玄佐)	《元和姓纂》卷二“陈留时氏”
25	唐文宗时?	高　证	《芒洛四编》卷六《唐故盐铁河阴院巡官试左武卫兵曹参军彭城刘府君墓志并序》
26	唐宣宗大中末	李　廓	《旧唐书》卷一六七《李廓传》
27	约唐宣宗大中时	陆　绍	《新唐书》卷七三下《表第一三下·陆氏》
28	唐宣宗大中时?	杨元孙	《新唐书》卷七一《杨氏越公房》
29	唐懿宗咸通二年(861)	裴　闵	《旧唐书》卷一九上《懿宗本纪》
30	唐懿宗咸通八年(867)(未任即死)	刘　瞻	《重修承旨学士壁记》
31	唐懿宗咸通十三年(872)	宗　回	《旧唐书》卷一九上《懿宗本纪》
32	唐僖宗乾符四—五年(877—878)	张自勉	《资治通鉴》卷二五三“唐僖宗乾符四年十一月”条
33	唐僖宗中和四年—唐昭宗乾宁四年(884—897)	王敬荛	《旧五代史》卷二〇《王敬荛传》
34	唐昭宗乾宁中	王重师	《旧五代史》卷二二《王重师传》

序号	任职年份	姓名	主要文献来源
35	乾宁三年—光化二年(896—899)	张存敬	《旧五代史》卷二〇《张存敬传》
36	唐昭宗光化三年—天复三年(900—903)	朱友恭	《旧五代史》卷一九《朱友恭传》
37	唐昭宗天祐初	高季兴(高季昌)	《旧五代史》卷一三三《高季兴传》
38	约唐昭宣帝天祐三年—四年(约906—907)	黄文靖	《旧五代史》卷一九《黄文靖传》

以下为增补唐代颍州刺史:

陆子才 唐高祖武德间

《乾隆颍州府志》卷六《名宦志》:“陆子才,吴人,信州刺史,有干略。”①

杨仲达 约唐高祖、太宗朝

《唐故冀州刺史姚府君夫人弘农郡君杨氏墓志铭并序》:“高祖仲达,皇朝金紫光禄大夫、蔡豫陈颍沈道宪息等州刺史、鲁国公。”②案:杨仲达于高祖武德三年(620)任豫州刺史,见《册府元龟》卷一六四《帝王部·招怀》。

谢统师 唐高祖武德五年—太宗贞观元年(622—627)

《唐故使持节士颖(颍)归三州诸军事三州刺史亳州总管湘源郡公谢府君墓志铭并序》:“公讳统师,字统师,陈郡阳夏人也。……(武德)五年,除颍州刺史,拥旄淮泗之地,临民汝颍之乡。”③

卢义恭 约唐高祖武德中

《大唐故监察御史卢君墓志铭并序》:“君讳习善,字子乐,范阳涿人也。……大父恺,隋礼部尚书、摄吏部尚书、容城侯。……父义恭,皇朝工部侍郎、虢光颍三州诸军事三州刺史。……大业十年,授建节尉……武德七年,

① (清)王敛福纂修:《乾隆颍州府志》,《中国地方志集成·安徽府县志辑24》,南京:江苏古籍出版社,1998年,第270页。

② 赵望秦:《〈唐刺史考全编〉补遗》,《碑林集刊》(2010年),西安:陕西人民美术出版社,2011年,第250—289页。

③ 赵力光主编:《西安碑林博物馆新藏墓志续编》,西安:陕西师范大学出版社,2014年,第63—64页。

授齐府右二护军仓曹参军事。……贞观四年十二月遇患,春秋卅七。"①

刘绍策 唐高宗朝

《大唐开府仪同三司紫微令梁国公姚夫人沛国夫人刘氏墓志铭并序》(开元五年二月十三日):"祖绍策,唐云、融、吉、颍四州刺史,藁城县开国公。"②

柳 儒 唐玄宗开元三—四年(715—716)

《大唐故银青光禄大夫行薛王府长史上柱国河东县开国男柳府君(儒)墓志铭并序》:"又改授颍州刺史……改为剑州刺史。"③有学者认为柳儒任颍州刺史时间在睿宗时期④。

崔 尚 约唐玄宗开元末

《大唐故崔府君(尚)墓志铭》(天宝四载十月十三日):"无何,外转竟陵郡太守。……寻授汝阴郡太守,其政化复如竟陵焉。"⑤有学者认为崔尚任颍州刺史在开元十八年(730)⑥。

高五立 约唐德宗朝

《全唐文》卷五二德宗《诛李乃诏》:"宋州刺史兼御史大夫刘逸准、亳州刺史兼御史大夫食封五十户许孝常、颍州刺史兼御史大夫高五立等……仍各赐物二百五十段。"⑦

庚 侹 唐德宗贞元中?

---

① 毛阳光主编:《洛阳流散唐代墓志汇编续集》,北京:国家图书馆出版社,2018年,第19页。

② 毛阳光:《〈唐刺史考全编〉再补订》,《文献》2007年第2期,第53—65页。

③ 赵望秦:《〈唐刺史考全编〉补遗》,《碑林集刊》(2010年),西安:陕西人民美术出版社,2011年,第250—289页。

④ 陈翔:《〈唐刺史考全编〉拾遗、订正》,《唐史论丛》第十四辑,西安:陕西师范大学出版社,2012年,第272—283页。

⑤ 毛阳光:《〈唐刺史考全编〉新补订》,《文献》2006年第1期,第31—40页。

⑥ 客洪刚《〈唐刺史考全编〉拾补》依据《唐故阆州奉国县令郑府君(融)灵志文》(开元十八年六月七日)[吴钢主编《全唐文补遗(第九辑)》,西安:三秦出版社,2007年,第356—357页]云:"毛阳光《〈唐刺史考全编〉新补订》据《大唐故崔府君(尚)墓志铭》(天宝四载十月十三日)已增补《全编》,将崔尚刺颍时间定为开元末,据是志,撰《志》者崔尚,时署颍州刺史,可确知崔尚于开元十八年在颍州刺史任。"(载于《中国国家博物馆馆刊》2014年第1期,第75—83页。)

⑦ (清)董诰等编:《全唐文》,北京:中华书局,1983年,第570—571页。

《唐故朝散大夫行京兆府功曹参军庾府君墓志铭并序》:“唐元和十五年夏六月壬辰,前京兆府功曹参军庾君寝疾,终于长安宣平里第,享年五十有四。……公讳承欢,字会晋,南阳新野人也。……父讳侹,皇金紫光禄大夫,历宋、亳、颍三州刺史,拜鸿胪少卿,兼御史大夫。”①

王某卿 约唐文宗大和三—五年(829—831)

《(上阕)司徒□□□使持节颍州诸军事颍州刺史兼御史大夫上柱国太原王公(□卿)墓志铭并序》〔杨德伦撰此志时署前□州刺史(下阕)〕:“大和三年孟冬月,皇上御正殿,优招我公为金陵营屯马步诸军判官,兼就加使持节颍州诸军事、颍州刺史(下阕)……俄爽□宣,遽缠风恙。(下阕)曾未痊愈,又加授任。至五年仲夏月,诏授行光禄卿(下阕),时将历四秋……针砭无疗。以大和七年终,享年六十有七。”②

张文规 唐武宗会昌三—四年(843—844)

《唐故登仕郎蔡州司士参军上骑都尉范阳卢府君墓志铭并序》:“公讳溥,字子光……今桂管廉使张公文规,时为安陆太守,于公宴内外昆弟也……未几,复从旧府张公于吴兴、汝阴二郡,参铃合之化。”③

魏中庸 唐宣宗大中三—六年(849—852)

《唐故舟济律师墓志铭并叙兄朝散大夫持节颍州诸军事守颍州刺史充本州团练使上柱国赐金鱼袋魏中庸撰》(大中四年仲春十二日卒):“师号舟济,魏氏姓……己巳岁,其兄为汝阴守,师随嫂侄至郡。”④

张文规 唐宣宗朝前

《唐故登仕郎蔡州司士参军上骑都尉范阳卢府君(溥)墓志铭并序》:“公讳溥……今桂管廉使张公文规,时为安陆太守,于公寔内外昆弟也。……未及,复从旧府张公于吴兴、汝阴二郡,参铃合之化。……(公)以大中四年二月九月(日),易箦于颖(颍)州湖上之私第,享年六十有五。”⑤

□长裕 任职时间不详

---

① 参见柯卓英、岳连建:《唐京兆府功曹参军庾承欢墓志考释》,《考古与文物》2006 年第 3 期,第 63—67 页。

② 吴钢主编:《全唐文补遗(第七辑)》,西安:三秦出版社,2000 年,第 187 页。

③ 赵望秦:《〈唐刺史考全编〉补遗》,《碑林集刊》(2010 年),西安:陕西人民美术出版社,2011 年,第 250—289 页。

④ 刘建、任秀珍:《唐魏舟济律师墓志考释》,《书法丛刊》2006 年第 5 期,第 39—43 页。

⑤ 吴钢主编:《全唐文补遗(千唐志斋新藏专辑)》,西安:三秦出版社,2006 年,第 384 页。

《全唐文》卷七八四穆员《相国崔公墓志铭》:“皇唐相国博陵公姓崔氏,讳涣字某。……夫人磁州刺史曾之孙,颍州太守长裕之女,年若干,捐公之馆子曰,实常山公。”①

郑　诚　任职时间不详

《乾隆颍州府志》卷六《名宦志》“唐”条载:“郑诚,颍州刺史,有名于时。”②

李彦威　任职时间不详

《道光阜阳县志》卷八《职官·氏表》:“李彦威,寿州人。”③

(二)别驾

殷　导　约唐初中期

《唐故朝散大夫使持节明州诸军事守明州刺史上柱国陈郡殷府君(文穆)墓志铭并序》:“公□□字文穆,其先陈郡人也。曾祖皇颍州别驾讳导。……(君)以宝历元年九月七日构疾而终,春秋七十有七。”④

韦　岳　约唐玄宗开元中

《旧唐书》卷一八五上《韦机传》:“韦机……子余庆。余庆官至右骁卫兵曹,早卒。余庆子岳。岳亦以吏干著名,则天时,累转汝州司马。……开元中,卒于颍州别驾。”⑤

段　晏　唐代宗大历七年前(771 前)

《唐代墓志汇编续集·大历〇二〇·大唐故段府君墓志铭》:“则我唐故金紫光禄大夫、试光禄卿、兼颍州别驾、上柱国、姑臧县开国侯段公名晏,亦字也。……公春秋卌有七,以大历七年四月十三日终于京兆崇仁里私第。”⑥

王　初　约唐德宗朝

《宝刻丛编》卷七《唐颍州别驾王初墓志》标注:“唐河南主簿马幼昌撰,

---

① (清)董诰等编:《全唐文》,北京:中华书局,1983 年,第 8192 页。

② (清)王敛福纂修:《乾隆颍州府志》,《中国地方志集成·安徽府县志辑 24》,南京:江苏古籍出版社,1998 年,第 271 页。

③ (清)刘虎文、周天虎修,(清)李复庆等纂:《道光阜阳县志》,《中国地方志集成·安徽府县志辑 23》,南京:江苏古籍出版社,1998 年,第 100 页。

④ 吴钢主编:《全唐文补遗(第七辑)》,西安:三秦出版社,2000 年,第 101—102 页。

⑤ (后晋)刘昫等:《旧唐书》,北京:中华书局,1975 年,第 4796—4797 页。

⑥ 周绍良、赵超主编:《唐代墓志汇编续集》,上海:上海古籍出版社,2001 年,第 705 页。

通王府咨议阴冬曦书。初字泰初，新丰人，官至颍州别驾。碑以贞元八年立（《集古录》）。”①

（三）长史

韦　聪　*唐中期*

《唐故试太子文学韦府君（详②）合祔墓志铭并序》：“府君讳祥，字祥，京兆人也。曾祖聪，皇朝散大夫、行颍州长史。祖弘愿，皇朝议郎、行亳州城父县令。……府君高氏之出。外祖正贯，皇颍州录事参军。元和七年十月十一日，府君终于陈州，遂权厝焉。”③

（四）司马

杨德裔　*约唐初*

《全唐文》卷一九五杨炯《常州刺史伯父东平杨公墓志铭》：“公讳德裔，宏农华阴人也……处治中别驾之任，方展其骥足耳，擢拜颍州、幽州二司马。宽以济猛，严而不残。每行县录囚徒，其所平反者十八九。”④

士　嶷　*约唐初*

《唐代墓志汇编·天宝〇四七·大唐故朝散郎试平卢军司马赏绯鱼袋士府君太原郭夫人墓志铭》：“公讳如珪，字琼，其先出自神农，枝叶分散，因官命族，赐姓曰士，今为河内郡人焉。……祖嶷，皇朝散大夫、守大理正、上柱国，哀敬折狱，明启刑书，审不疑之平反，树于公之阴德，出为颍州司马，赞六条而庭闲，佐千里而讼息。”⑤

艾剑客　*约唐初*

《大周故五品孙燕国艾君墓志铭》：“君讳光嗣，字延族，燕国安次人。……祖剑客，襄邑令、颍州司马。……以通天元年终于蓟县，以久视元年五月迁窆于韩城乡之原。”⑥

---

① （宋）陈思：《宝刻丛编》，北京：中华书局，1985 年，第 207 页。

② 标题中为“详”，而志文中墓主名为“祥”，此处存疑。

③ 吴钢主编：《全唐文补遗（千唐志斋新藏专辑）》，西安：三秦出版社，2006 年，第 345 页。

④ （清）董诰等编：《全唐文》，北京：中华书局，1983 年，第 1978 页。

⑤ 周绍良主编：《唐代墓志汇编》，上海：上海古籍出版社，1992 年，第 1562 页。

⑥ 毛阳光主编：《洛阳流散唐代墓志汇编续集》，北京：国家图书馆出版社，2018 年，第 109 页。

王　会　约唐初

《唐故孟州温县令王君墓志铭》:"君讳栩,字庄己,太原人也。……六代祖宾,隋平州刺史。五代祖会,皇颍州司马。"①

韦正履　约武后时

《新唐书》卷七四上《宰相世系四上》"东眷韦氏"条:"正履,颍州司马。"②《大周洛阳县尉尔朱公(杲)夫人韦氏墓志铭》:"夫人韦氏者,京兆人也。……父正履,皇朝散大夫、颍州司马。……(夫人)粤以大周长寿二年八月廿八日,构疾卒于恒州之廨宇,春秋卅有一。……敬以长安三年岁次癸卯十月三日,将迁窆于洛阳县平阴乡奇坍之北原,礼也。"③

段　珂　唐僖宗广明中

《道光阜阳县志》卷八《职官・氏表》:"段珂,汾阳人,广明年任。"④

李思诲　任职时间不详

《唐代墓志汇编续集・元和〇〇八・唐故陇西郡太夫人李氏墓志铭并序》:"夫人太原王氏。……曾祖皇朝散大夫、陇西县开国侯、库部郎中、光州刺史讳玄表,祖妣范阳卢氏。生皇颍州司马讳思诲,祖妣范阳卢氏。"⑤《新唐书》卷七二上《宰相世系二上》"李氏姑臧大房"条:"思诲,颍州司马。"⑥

卢善祚　任职时间不详

《新唐书》卷七三上《宰相世系三上》"卢氏"条:"善祚,颍州司马。"⑦

裴宏献　任职时间不详

《道光阜阳县志》卷八《职官・氏表》"裴宏献"条⑧。

郑趋庭　任职时间不详

---

① 毛阳光主编:《洛阳流散唐代墓志汇编续集》,北京:国家图书馆出版社,2018年,第771页。

② (宋)欧阳修、宋祁:《新唐书》,北京:中华书局,1975年,第3058页。

③ 吴钢主编:《全唐文补遗(第七辑)》,西安:三秦出版社,2000年,第23—24页。

④ (清)刘虎文、周天虎修,(清)李复庆等纂:《道光阜阳县志》,《中国地方志集成・安徽府县志辑23》,南京:江苏古籍出版社,1998年,第99页。

⑤ 周绍良、赵超主编:《唐代墓志汇编续集》,上海:上海古籍出版社,2001年,第806页。

⑥ (宋)欧阳修、宋祁:《新唐书》,北京:中华书局,1975年,第2457页。

⑦ (宋)欧阳修、宋祁:《新唐书》,北京:中华书局,1975年,第2929页。

⑧ (清)刘虎文、周天虎修,(清)李复庆等纂:《道光阜阳县志》,《中国地方志集成・安徽府县志辑23》,南京:江苏古籍出版社,1998年,第99页。

《新唐书》卷七五上《宰相世系五上》“郑氏”条：“趋庭，颍州司马。”①

（五）录事参军事

张 林 约唐玄宗朝？

《唐故扬州大都督府士曹参军张府君合祔墓志铭并序》：“大历九年十月四日范阳张公享年六十，终于扬州海陵县私第。……公讳林，字林……解褐颍州录事参军。”②此墓志亦见《全唐文补遗（第九辑）》③。

郭珽之 唐玄宗开元中

《唐代墓志汇编·开元四四五·唐故颍州录事参军郭府君墓志铭并序》：“公讳珽之，字珽之，其先太原人……无何，加宣德郎骑都尉，授颍州录事参军。……以开元廿四年七月五日，终于官舍，享年五十有八。”④

高正贯 唐中后期

参见颍州长史“韦聪”条。

李 郢 任职时间不详

《新唐书》卷七〇上《宗室世系上》“蔡王房”条：“颍州录事参军郢。”⑤

（六）参军事

桥岳珍 唐太宗朝

《大唐故陈州宛丘县丞桥公（岳珍）墓志铭并序》：“公讳岳珍，字岳珍，京兆万年人也。……准考放选，拜颍州参军，迁松阳尉，又转舞阳主簿。……去官数岁，复改宛丘丞。……遂寝疾公馆，无何而终，春秋五十八。”⑥

（七）判司

1. 司功参军

王思立 约唐玄宗朝？

---

① （宋）欧阳修、宋祁：《新唐书》，北京：中华书局，1975 年，第 3305 页。

② 赵文成、赵君平编选：《新出唐墓志百种》，杭州：西泠印社出版社，2010 年，第 266 页。

③ 吴钢主编：《全唐文补遗（第九辑）》，西安：三秦出版社，2007 年，第 392 页。

④ 周绍良主编：《唐代墓志汇编》，上海：上海古籍出版社，1992 年，第 1464 页。

⑤ （宋）欧阳修、宋祁：《新唐书》，北京：中华书局，1975 年，第 1973 页。

⑥ 吴钢主编：《全唐文补遗（千唐志斋新藏专辑）》，西安：三秦出版社，2006 年，第 1—2 页。

《丰王府户曹陇西李府君(复)故夫人(王氏)墓志铭并序》:"夫人姓王氏,其先太原人也。……父思立,颍州司功参军,秘学幽玄,物无不览。"①

郑令谭 唐宪宗元和八年前(813前)

《唐代墓志汇编续集·元和〇四四·皇唐故太常少卿崔公元妃荥阳郑氏合祔墓志铭》:"夫人讳正,荥阳人也。……曾祖邠卿,皇朝宋州刺史。大父令谭,颍州司功参军。……竟夕终,时元和八年三月六日。"②《新唐书》卷七五上《宰相世系五上》"郑氏"条:"令谭,颍州司功参军。"③

2. 司户参军

侯仁恺 唐太宗贞观二十年前后(646前后)

《大唐故天山县令侯府君墓志铭》:"君讳仁恺,字友悌,上谷人也。……释褐杞州司功,又转颍州司户。……以贞观廿一年二月十三日非命于任,春秋卌有九。"④

3. 司法参军

姚希直 约唐玄宗天宝十二载前(约753前)

《唐代墓志汇编·天宝二三〇·唐故汝阴郡司法参军姚(希直)公墓志铭》(天宝十二载十月卅日):"府君讳希直,陇西人,舜之裔孙也。……顷罢官之后,命驾而游,出门而轩冕未荣,泛梗而膏肓成疾。以天宝十二载八月□日终于酸枣县之旅舍。"⑤

4. 司仓参军

李　洪 唐玄宗朝

《唐文部常选柳氏字岳故陇西李夫人墓志铭并序》:"如彼夫人……皇汝阴郡司仓参军洪之次女。……(夫人)以天宝十二载七月十四日,奄忽终于本家里仁之里第,礼也。"⑥

李文则 任职时间不详

---

① 吴钢主编:《全唐文补遗(第六辑)》,西安:三秦出版社,1999年,第436页。

② 周绍良、赵超主编:《唐代墓志汇编续集》,上海:上海古籍出版社,2001年,第831页。

③ (宋)欧阳修、宋祁:《新唐书》,北京:中华书局,1975年,第3282页。

④ 毛阳光、余扶危主编:《洛阳流散唐代墓志汇编》,北京:国家图书馆出版社,2013年,第7页。

⑤ 周绍良主编:《唐代墓志汇编》,上海:上海古籍出版社,1992年,第1691页。

⑥ 吴钢主编:《全唐文补遗(第八辑)》,西安:三秦出版社,2005年,第66页。

《新唐书》卷七二上《宰相世系二上》"赵郡李氏"条:"文则,颍州司仓参军。"①

(八)推官②

观察推官

崔　镒　唐武宗会昌四年前(844前)

《唐故河南府伊阙县令清河崔府君墓志铭并序(堂弟前郑滑颍等州观察推官朝散郎监察御史里行镒撰)》:"公讳珀,字黄中。……以会昌四年四月廿五日不幸遇疾终于上都靖恭里之私第,享年五十四。其年六月十五日归葬于河南府偃师县亳邑乡之原大茔之左,礼也。"③

二、县级官员

(一)汝阴县

1. 县令

史待宾　约唐玄宗开元十八年前(约730前)

《唐代墓志汇编·开元三〇五·唐故朝散大夫上柱国颍州汝阴县令史(待宾)墓志铭并序》(开元十八年闰六月廿三日):"公讳待宾,字待宾,河间鄚人也。……其后又授颍州汝阴县令。"④

裴　琨　唐玄宗开元二十六年—天宝三载(738—744)

《唐代墓志汇编·天宝〇八〇·大唐故汝阴郡汝阴县令裴(琨)府君之

① (宋)欧阳修、宋祁:《新唐书》,北京:中华书局,1975年,第2515页。

② 节度、观察等都是使职,其官署称之为使府、幕府,其僚属称为幕职。节度使府的幕职主要有节度副使、行军司马、判官、掌书记、巡官、推官、参谋等文职和都知兵马使、都押衙、都虞候、都教练使、都指挥使等武将。观察使府的幕职有副使、支使、判官、掌书记、推官、巡官、衙推、随军、要籍、进奉官等。(参看张国刚《唐代官制研究》,西安:三秦出版社,1987年,第131页。)

③ 毛阳光、余扶危主编:《洛阳流散唐代墓志汇编》,北京:国家图书馆出版社,2013年,第589页。

④ 周绍良主编:《唐代墓志汇编》,上海:上海古籍出版社,1992年,第1367页。

墓志》(天宝四载十月廿五日):“唐天宝三载夏六月廿日,汝阴县令公卒,公时春秋五十有五。公去开元廿六年春授汝阴宰,政声远达,使车考绩,旋已秩满,还坐洛川,终于水南从善私第。”①

崔　谅　约唐玄宗朝或前?

《唐故中书舍人集贤院学士安陆郡太守苑(咸)墓志铭并序》:“夫人汝阴令谅之第二女。……长男籍……不幸早世,亦以今日合祔清河崔夫人于南茔,相远七十丈。”②

源　倚　约唐代宗朝前

《唐故河南府伊阙县源君墓志铭》:“君讳至,字德冲,河南人也。……烈考□(倚),汝阴县令。君即汝阴之元子也。……大历十二年朔十一月廿二日纪。”③《唐故濮州濮阳县丞源公墓志铭》:“君讳通,字灵长,河南人也。……烈考倚,颍州汝阴县令。……奄以大历十二祀孟秋月廿九日终于单父县之官舍,飨龄卌有三。”④

柳　某　约唐德宗贞元中

《柳宗元集》卷一二一《故宏农令柳府君玟前石表辞》:“少陵原柳氏之大墓,唐贞元十九年某月日,孤某奉其先府君洎夫人之丧祔于其位。……府君讳某,字某,由父任为太庙斋郎,更许昌、阳武、伊阙、华原尉,王屋丞,汝阴令。”⑤

毛　言　约唐末

《唐故特进检校太保守左金吾卫上将军兼御史大夫上柱国荥阳郡开国侯食邑一千户毛公》:“府君讳璋,字玉华,其先祖即魏侍中毛玠之祚胤也。……皇祖讳言,任颍州汝阴县令、朝散大夫,赐绯鱼袋。”⑥

刘宝进　任职时间不详

《宋史》卷二六三《刘熙古传》:“刘熙古字义淳,宋州宁陵人,唐左仆射

---

① 周绍良主编:《唐代墓志汇编》,上海:上海古籍出版社,1992年,1588页。

② 吴钢主编:《全唐文补遗(第九辑)》,西安:三秦出版社,2007年,第389—390页。

③ 毛阳光主编:《洛阳流散唐代墓志汇编续集》,北京:国家图书馆出版社,2018年,第435页。

④ 毛阳光主编:《洛阳流散唐代墓志汇编续集》,北京:国家图书馆出版社,2018年,第435页。

⑤ (唐)柳宗元:《柳宗元集》,北京:中华书局,1979年,第320页。

⑥ 周阿根:《五代墓志汇考》,合肥:黄山书社,2011年,第212—213页。

仁轨十一世孙。祖宝进,尝为汝阴令。"①

2. 县丞

卢登(澄) 约唐初中期

《唐太原府司录参军萧遇故夫人范阳卢氏墓志铭并序》:"夫人卢氏,范阳涿人也。曾祖恽,齐州亭山令。祖登,汝阴县丞。……以大历八年夏五月卅日构疾,终于西京兴化里之私第,春秋廿有三。"②案:又《唐太原府司录参军萧遇故夫人范阳卢氏墓志铭并序》载:"祖澄,汝阴县丞。"③"登"与"澄"形近,存疑。

3. 县尉

崔　静 约唐高祖武德末—太宗贞观三年(武德末—629)

《大唐故德州长史崔君墓志铭》:"君讳静,字务道,博陵安平人也。……武德四年,黜陟使柳濬拟君陈州扶乐县尉,任瑰又拟兼颍州汝阴县□。贞观三年,省授始州普安县尉。"④根据官职变迁程序来推断,□处应为"尉"。

(二)颍上县

1. 县令

独孤守义 唐高宗仪凤三年—武后垂拱元年(678—685)

《唐代墓志汇编·垂拱〇一三·大唐故颍州颍上县令独孤府君墓志铭并序》:"君讳守义,河南人也。……又以仪凤三年改授君颍州颍上县令。……垂拱元年岁次乙酉七月乙巳朔廿二日景寅终于神都尊贤里,春秋七十五。"⑤

崔　利 约唐文宗朝前

《唐代墓志汇编·大和〇一三·唐故汴州雍丘县尉清河崔府君墓志铭并序》:"公讳枞,字茂卿,崔姓,清河东武城人也。……烈考颍州颍上县令府君讳利,篇翰政事,闻于当年。公即颍上府君之次子。……享年五十有五。

---

① (元)脱脱:《宋史》,北京:中华书局,1977年,第9100页。

② 赵力光主编:《西安碑林博物馆新藏墓志续编》,西安:陕西师范大学出版社,2014年,第377页。

③ 毛远明编著:《西南大学新藏墓志集释》,南京:凤凰出版社,2018年,第503页。

④ 毛阳光主编:《洛阳流散唐代墓志汇编续集》,北京:国家图书馆出版社,2018年,第123页。

⑤ 周绍良主编:《唐代墓志汇编》,上海:上海古籍出版社,1992年,第737—738页。

时大和元年三月廿五日也。”①

李公度 约唐宣宗大中六年前(约852前)

《唐代墓志汇编·大中〇七三·唐颍州颍上县令李府君墓志铭》:“大中六年八月廿一日,颍州颍上县令陇西李公讳公度,字鼎臣,终于官舍,寿六十九。”②《大中〇九一·唐故颍州颍上县令李府君夫人荥阳郑氏合祔玄堂志》:“当大中六年八月下□□□□考之忧,苟延余息,总终礼制,奉养太夫人未几,其年冬十一月□□□祸再钟艰罚。”③《大中一三四·唐故衡州耒阳县尉陇西李府君墓志铭》:“君讳述,字好古,陇西成纪人也。……祖映,河南府密县令。密县生君先府君讳公度,颍州颍上县令,代为著族,官德相继,纷纶懿行,济世不泯。”④

卢彦方 约唐懿宗咸通中

《唐故河南府福昌县令范阳卢府君(彦方)合祔墓志铭》:“府君讳彦方,字子圭……以荫从宦,调授和州参军。次授隰州、颍(颍)上二令。……以咸通辛卯年七月十二日,大病于河中府永乐县之旧第,享年六十有三。”⑤

2. **县丞**

贾　某 任职时间不详

《大唐颍上县丞贾公故夫人颍川陈氏(小□)墓志铭并序》:“夫人讳字小□,颍川人也。……自从参卿汝阴,随副宰于颍上。”⑥

3. **主簿**

郑　绶 约唐僖宗朝

《唐文拾遗》卷四〇崔致远《前颍上县主簿郑绶摄盛唐县丞舅韦缄评事荐》⑦。

4. **县尉**

朱归浦 约唐玄宗开元五—八年(717—720)

《唐代墓志汇编续集·开元一七四·唐故颍州颍上县尉吴郡朱府君墓

---

① 周绍良主编:《唐代墓志汇编》,上海:上海古籍出版社,1992年,第2104—2105页。
② 周绍良主编:《唐代墓志汇编》,上海:上海古籍出版社,1992年,第2305页。
③ 周绍良主编:《唐代墓志汇编》,上海:上海古籍出版社,1992年,第2320页。
④ 周绍良主编:《唐代墓志汇编》,上海:上海古籍出版社,1992年,第2356页。
⑤ 吴钢主编:《全唐文补遗(第八辑)》,西安:三秦出版社,2005年,第217页。
⑥ 吴钢主编:《全唐文补遗(第七辑)》,西安:三秦出版社,2000年,第433页。
⑦ (清)陆心源辑:《唐文拾遗》,上海:上海古籍出版社,2002年,第545页。

志铭》:“公讳归浦……年廿,以翊卫从调,授颍上县尉。……三载考绩……以开元八年十一月廿一日卒于延福里私第。”①

(三)下蔡县

1.县令

李　信　约唐高宗永徽五年前(约654前)

《唐代墓志汇编·永徽一〇三·唐故颍州下蔡县令李府君墓志铭并序》:“府君讳信,字君谅,陇西城纪人也。……秩满,授颍州下蔡县令。……粤以永徽五年岁次甲寅三月丁未朔八日甲寅,终于德懋里私第,春秋七十七。”②

庞　敬　约唐玄宗开元中

《唐代墓志汇编·开元二八三·唐故朝散大夫行歙州休宁县令上柱庞府君墓志铭并序》:“公讳敬,字仁敬,其先冯翊人也,因官于河南居焉。……俄迁颍州下蔡县令,又迁歙州休宁县令。……以开元十一年二月卒于休宁县之官舍,时年六十七。”③

徐元偕　约唐中期

《唐故朝议郎前行门下省符宝郎上柱国徐府君墓志铭并序》:“君讳履冰,字伯戬,其先高平人也。……祖元偕,皇朝任颍州下蔡县令……粤以贞元廿年六月十一日构疾终于长安永宁里之私第,享龄五十九。”④

郑其荣　约唐德宗贞元五年前(约789前)

《唐故宣州泾县主簿吴兴姚府君故夫人祁县王氏合祔玄堂记》:“颍州下蔡令荥阳郑公其荣之女,赠荥泽县君,君之先妣也。……以贞元五年九月十六日终于润州,其月二十八日权厝于朱方里之东原。”⑤

薛　赞　约唐文宗大和中

《唐代墓志汇编·开成〇四八·唐故绛州翼城县令河东薛公墓铭》:“唐

---

① 周绍良主编:《唐代墓志汇编》,上海:上海古籍出版社,1992年,第571页。

② 周绍良主编:《唐代墓志汇编》,上海:上海古籍出版社,1992年,第197—198页。

③ 周绍良主编:《唐代墓志汇编》,上海:上海古籍出版社,1992年,第1351页。

④ 赵力光主编:《西安碑林博物馆新藏墓志续编》,西安:陕西师范大学出版社,2014年,第451—452页。

⑤ 毛阳光主编:《洛阳流散唐代墓志汇编续集》,北京:国家图书馆出版社,2018年,第615页。

开成五年十一月四日绛州翼城县令薛公寝疾殁于寿州子阳里只私第，享年七十九。公讳赞，字佐尧，其先河东人也。……其后自下蔡、昆山、翼城，三领大邑……异政著信于人。”①

郑其荣 唐宣宗大中四年前(850前)

《唐故通议大夫守夔王傅分司东都上柱国赐紫金鱼袋吴兴姚府君墓志》：“勖本吴兴人，始虞帝生姚墟得姓。……外族祁县王氏……内大外祖，颍川下蔡县令荥阳郑府君，讳其荣。……大中四年受替，遂权居润州别业。”②

郑　恽 任职时间不详

《大明一统志》卷七《中都·凤阳府》“名宦”条：“郑恽，下蔡长，至县，夺民渔猎之具，使务耕桑。”③

2. 县尉

郭珽之 唐玄宗开元中

《唐代墓志汇编·开元四四五·唐故颍州录事参军郭府君墓志铭并序》：“公讳珽之，字珽之，其先太原人，孝子巨之后。……解褐楚州盐城尉。……恩敕特授颍州下蔡尉。……以开元廿四年七月五日，终于官舍，享年五十有八。”④

樊　凑 约唐玄宗、肃宗或代宗朝

《大唐故邢州内丘县令南阳樊府君(凑)墓志铭并序》：“公讳凑，字凑。解褐授颖(颍)州下蔡县尉……邢州内丘县令。以建中元年七月廿有六日，构疾终于内丘县官舍，享年七十二。”⑤

(四)沈丘县

县丞

向　说 约唐宪宗元和十年前后(约815前后)

---

① 周绍良主编：《唐代墓志汇编》，上海：上海古籍出版社，1992年，第2203—2204页。

② 墓志见张应桥：《唐名相姚崇五世孙姚勖自撰墓志简释》，《河南科技大学学报(社会科学版)》2010年第5期，第10—13页。

③ (明)李贤等：《大明一统志》，西安：三秦出版社，1990年，第136页。

④ 周绍良主编：《唐代墓志汇编》，上海：上海古籍出版社，1992年，第1464页。

⑤ 吴钢主编：《全唐文补遗(千唐志斋新藏专辑)》，西安：三秦出版社，2006年，第278页。

《唐代墓志汇编·元和〇八六·大唐故向夫人墓志铭》:"夫人淮阳人也。父说,皇沈丘县丞。夫人则沈丘之次女也。……以元和十年九月十五日终于河南县乐城里之私第,享龄三十六。"①

① 周绍良主编:《唐代墓志汇编》,上海:上海古籍出版社,1992年,第2009页。

卷二　亳州

亳州，又称谯郡，唐辖八县。州治在谯县（治今安徽省亳州市区），其中酂、鹿邑、真源和永城四县在今河南省境内；城父县[①]（治今安徽省亳州市城父镇）、临涣县[②]（治今安徽濉溪县西南七十里古城乡）、蒙城县[③]（治今安徽省蒙城县）在今皖淮地区境内。

一、州级官员

（一）刺史

据郁贤皓所著《唐刺史考全编》统计，唐代亳州谯郡共有刺史70人，其中2人待考。现依据郁著所列亳州刺史信息列表如下：

表2:《唐刺史考全编》所列唐代亳州刺史信息一览表

序号	任职年份	姓名	主要文献来源
1	唐高祖武德初	丁叔则	《旧唐书》卷一八七上《夏侯端传》
2	唐高祖武德五—八年(622—625)	蔺　谟	《册府元龟》卷九九〇《外臣部·备御第三》
3	唐太宗贞观中?	李　檀	《新唐书》卷六二《宰相中》

① 唐昭宣帝天祐二年(905)改为焦夷县。

② 唐宪宗元和九年(814)改属宿州。

③ 唐玄宗天宝元年(742)改山桑县置。

序号	任职年份	姓名	主要文献来源
4	唐太宗贞观中?①	于　哲	《元和姓纂》卷二“河南洛阳于氏”
5	唐太宗贞观中?	杜安期	《元和姓纂》卷六“襄阳杜氏”
6	唐太宗贞观十六年(642)	裴思壮	《册府元龟》卷一四二
7	唐太宗贞观末	张文琮	《旧唐书》卷八五《张文琮传》
8	唐高宗初?	韩　伦	《唐代墓志汇编·圣历〇三〇·大周故中散大夫行泽州长史杨正本妻归义县君韩墓志铭》
9	唐高宗时	权知节	《隋唐五代墓志汇编·洛阳卷》第七册《故袁州刺史右监门卫将军驸马都尉天水权君(毅)墓志铭并序》(神龙元年八月十八日)
10	唐高宗时	郑仁恺	《金石萃编》卷六八崔融《唐故密亳二州刺史赠安州都督郑公(仁恺)碑》、《全唐文》卷七八五穆员《舒州刺史郑公(甫)墓志铭》
11	唐高宗时?	崔仲立②	《新唐书》卷六二《宰相中》
12	唐高宗时?	樊思孝	《元和姓纂》卷四“庐江樊氏”
13	约武后垂拱时	裴　贞	《新唐书》卷七〇上《宗室世系上》
14	武后时③	沈伯仪	《千唐志·唐故中散大夫行汾州长史沈浩丰墓志铭并序》(开元二十九年十月十四日)

① 《唐故使持节亳州诸军事亳州刺史于使君(哲)墓志铭并序》载其卒年在永徽元年(650),卸任亳州刺史不详。(参见赵力光主编:《西安碑林博物馆新藏墓志续编》,西安:陕西师范大学出版社,2014年,第76页。)

② 有学者认为崔仲立可能是崔仲丘的讹误,且任亳州刺史时间应为武则天垂拱时。参见于兆军《〈唐刺史考全编〉订正》,《郑州航空工业管理学院学报(社会科学版)》2014年第2期,第34—38页。

③ 于兆军《〈唐刺史考全编〉订正》认为沈伯仪任亳州刺史在天授元年(690),(载于《郑州航空工业管理学院学报(社会科学版)》2014年第2期,第34—38页。)《唐代墓志汇编·久视〇二〇·大周故左卫翊卫沈君墓志铭并序》:“君讳浩祎,字祎,吴兴武康人也。……祖伯藏,成均祭酒,嘉、婺、亳、许四州刺史,武康县开国男。”(第982页)

序号	任职年份	姓名	主要文献来源
15	武后时?	崔神鼎	《新唐书》卷六二《宰相中》
16	武后时?	崔　揣	《新唐书》卷六二《宰相中》
17	武后长安末—神龙元年(?—705)	李　逊	《唐代墓志汇编·神龙〇二一·大唐故使持节亳州诸军事亳州刺史李府君墓志铭并序》
18	唐中宗神龙元年(705)	姚　崇	《旧唐书》卷七《中宗纪》
19	唐中宗神龙二年(706)	桓彦范	《旧唐书》卷七《中宗纪》
20	唐睿宗时?	韩令英	《元和姓纂》卷四"昌黎棘城县韩氏"
21	约唐玄宗开元初	杨慎交	《全唐文》卷二九二张九龄《故特进赠兖州都督驸马都尉观国公杨公(慎交)墓志铭并序》
22	唐玄宗开元六年(718)	萧　宪	《新唐书》卷七〇下《宗室世系下》
23	唐玄宗开元前期?	裴　恪	《新唐书》卷七〇上《宗室世系上》
24	唐玄宗开元前期①	王同人	《新唐书》卷六二《宰相中》
25	约唐玄宗开元十年(722)	高　惩	《千唐志·唐故银青光禄大夫行光禄少卿上柱国渤海郡开国公高府君(惩)墓志铭并序》(开元十八年)
26	唐玄宗开元十九年(731)	李行正	《金石录》卷六
27	唐玄宗开元二十年(732)	王　某	《千唐志·大唐故亳州谯县令梁府君之墓志》

① 黄楼《〈唐刺史考全编〉订补——以〈大唐西市博物馆藏墓志〉为中心》认为有误。文章指出:"《全编》附于开元前期。《西市墓志》一五五《房先忠墓志》(载初元年,景龙二年合葬):'夫人太原王氏,北齐给事黄门松年之玄孙,随(隋)江都县正大观之孙,皇朝亳州刺史同人之女。'亳州刺史王同人乃章怀太子贤妃房氏之外祖父,《全编》引上图藏拓片《大唐故泗州刺史王(同人)妻裴夫民墓志》,王同人开元十六年七月卒于泗州刺史任上,考其刺亳在开元前期。按《新唐书》卷七二中《宰相世系表》,唐代有两'王同人'。一为武后朝宰相王璇之子,泗州刺史;一为王大观之子,亳州刺史。《房先忠墓志》提及的王同人为章怀太子妃房氏的外祖父,唐初时人,其人亳州刺史约在武德、贞观年间。《裴夫民墓志》提及的王同人为玄宗开元时人,二人前后相去近百年,《全编》误将二人混为一人。"(载于《吐鲁番学研究》2014年第1期,第20—53页。)

序号	任职年份	姓名	主要文献来源
28	唐玄宗开元二十三年前后(753 前后)	李升朝	《全唐文》卷三〇九孙逖《授李升朝等诸州刺史制》
29	唐玄宗开元二十六年(738)	赵冬曦	《赵冬曦墓志铭》,《中原文物》1986 年第 4 期
30	唐玄宗开元二十九年(741)	郑　愿	《册府元龟》卷二四
31	唐玄宗开元、天宝间?	卢重明	《新唐书》卷六三《宰相下》
32	唐玄宗天宝十四载(755)	杨万石	《资治通鉴·至德元载》
33	唐玄宗天宝十五载(756)	李　巨	《旧唐书》卷一一二《李巨传》
34	唐肃宗至德二载(757)	闾丘晓	《资治通鉴》卷二二〇"唐肃宗至德二载冬十月"条
35	唐肃宗至德二载?—乾元中?(757?—759?)	唐　升	《新唐书》卷六四《方镇一》
36	唐代宗大历初	刘　环	《金石录》卷八
37	唐代宗大历中?	张令晖	北图藏拓片《唐故开府仪同三司使持节陇州诸军事行陇州刺史上柱国南阳县开国伯张府君(道升)墓志铭并序》(永贞元年十一月二十五日)
38	唐代宗大历中?	李　瀚	《全唐文》卷四一二常衮《授李瀚宗正少卿制》
39	唐代宗大历中	裴　谞	《旧唐书》卷一二六《裴谞传》
40	唐代宗大历十一年(776)	李　芃	《旧唐书》卷一三二《李芃传》
41	唐代宗大历中?	卢幼卿	《新唐书》卷六三《宰相下》
42	唐代宗大历中?	孙　迈	《古今姓氏书辩证》卷七"孙氏"
43	唐德宗贞元八年(792)	卢　瑗	《太平广记》卷三六三引《通幽记》
44	唐德宗贞元十二年(796)	许孝常	《元和姓纂》卷六"安陆许氏"
45	唐德宗贞元十四—十五年(798—799)	杨　凝	《新唐书》一六〇《杨凝传》

序号	任职年份	姓名	主要文献来源
46	唐宪宗元和十五年—唐穆宗长庆二年（820—822）	田　颖	《白居易集》卷五三《田颖可亳州刺史制》
47	约唐敬宗宝历二年—唐文宗大和元年（约826—827）	张　遵	《旧唐书》卷一七《文宗纪上》
48	唐文宗大和元年—三年（827—829）	李　繁	《旧唐书》卷一三〇《李繁传》
49	唐文宗大和九年—开成元年（835—836）	裴弘泰	《旧唐书》卷一八《文宗纪下》
50	约唐武宗会昌元年—三年（约841—843）①	杨汉公	《新唐书》卷一七五《杨汉公传》
51	唐武宗会昌三—五年（843—845）	孙公乂②	《千唐志·唐故银青光禄大夫工部尚书致仕孙府君（公乂）墓志铭》（大中五年七月三日）
52	唐宣宗大中五年（851）③	李　暨	《全唐文》卷七四八杜牧《李暨除绛州刺史魏中庸除亳州刺史等制》

① 宋谈钥撰《吴兴志》卷一四载："韩泰，太和元年七月三日自睦州刺史拜迁常州刺史；李德修，太和四年五月十日自淮南节度行军司马授后迁楚州刺史；韦珩，太和五年四月自江州刺史拜未视事卒；庾威，太和五年四月自长安县令拜贬吉州刺史；敬昕，太和七年自婺州刺史拜除吏部郎中续加检校本官依前湖州刺史后除常州；裴充，太和元年八月自大理少卿拜卒官；杨汉公，开成三年三月二十自舒州刺史拜迁亳州刺史充本道团练镇遏使统。记云以上七政文宗时。"《吴兴志》作者认为杨汉公是在唐文宗开成三年拜迁为亳州刺史的。

② 《唐代墓志汇编·大中〇五四·唐故银青光禄大夫工部尚书致仕上柱国乐安县开国男食邑五百户孙府君墓志铭》："公讳公乂，字（阙），其先魏之乐安人。……至会昌二年五月，自饶移于睦。……是秋九月，公始如亳，亳人以睦人之故，渴公之政若枯苗之望膏雨焉。时又壶关阻兵，征发方困，亳实军郡，人多告劳。公就理之年，尽去其病，声振河洛。天子知之，不终考，迁合淝郡。……六年五月，征入拜大理卿。"（第2289—2290页）

③ 曾润《〈唐刺史考全编〉正补》云："《全编》推测大中五年在任，但无确据。考《金石录》卷二〇：'《唐重立大飨碑》，大中五年，亳州刺史李暨以旧文刓缺，再刻于石。'可确证李暨大中五年任上。《全编》失检。"（载于《广东技术师范学院学报（社会科学版）》2016年第3期，第53—60页。）

序号	任职年份	姓名	主要文献来源
53	唐宣宗大中六年(852)	魏中庸	《全唐文》卷七四八杜牧《李暨除绛州刺史魏中庸除亳州刺史等制》
54	约唐宣宗大中七年(约853)	韦仕符	《云溪友议》卷下《杂嘲戏》
55	唐宣宗大中十年(856)	李　某	上图藏拓片《唐河南府洛阳县尉孙嗣初妻京兆韦夫人墓志铭并序》(大中十四年二月二十七日)
56	唐宣宗大中时	韩　宾	《新唐书》卷六三《宰相下》
57	唐懿宗咸通十年(869)	辛　谠	《新唐书》卷一九三《辛谠传》
58	唐懿宗咸通中?	韩　憬	《元和姓纂》卷四"南阳堵县韩氏"
59	唐僖宗乾符三年(876)	杨知退	北图藏拓片《唐故范阳卢氏夫人墓志铭并序》
60	唐僖宗广明元年—中和三年(880—883)	潘　稠	《全唐文》卷九三三杜光庭《历代崇道记》
61	唐僖宗光启三年(887)	宋　衮	《新唐书》卷九《僖宗纪》
62	唐僖宗光启中	赵克裕	《旧五代史》卷一五《赵克裕传》
63	唐昭宗龙纪二年(890)	谢　瞳	《旧五代史》卷二〇《谢瞳传》
64	唐昭宗景福年间?	高　劭	《旧五代史》卷二〇《高劭传》
65	唐昭宗乾宁五年(898)	牛存节	《旧五代史》卷二二《牛存节传》
66	唐昭宗光化中	张慎思	《旧五代史》卷一五《张慎思传》
67	唐昭宣帝天祐中	寇彦卿	《旧五代史》卷二〇《寇彦卿传》
68	唐昭宣帝天祐四年(907)	李思安	《旧五代史》卷一九《李思安传》
69	唐太宗贞观中?	徐康(待考)	《新唐书》卷六五《方镇二》
70	不详	郑行之	《新唐书》卷六五《方镇二》

以下为增补唐代亳州刺史：

谢统师　唐高祖武德四—五年(621—622)

《唐故使持节士颖(颍)归三州诸军事三州刺史亳州总管湘源郡公谢府君墓志铭并序》:"公讳统师,字统师,陈郡阳夏人也。……(武德)四年授亳州总管，兼摄宋州刺史。”①

裴龙虔 唐高祖武德八年（625）

《隋故仪同三司王屋郡太守裴公之墓志》：“弟（第）三子龙虔……又迁宋亳谯颍沈信涡涂荆九州诸军事、亳州总管。……大唐武德八年十一月卅日。”②

吉　谦 唐太宗贞观十七年前（643前）

《周故灵武军副使吉公（琯）志文》：“祖谦，唐河兰谯三州诸军事、三州刺史，右骁卫将军，永宁子。”③

沈伯藏 约唐初

《大周故左卫翊卫沈君（浩祎）墓志铭并序》：“君讳浩祎……祖伯藏，成均祭酒、嘉婺亳许四州刺史、武康县开国男。……（君）以圣历元年三月十七日卒，春秋廿有一。”④

颜元孙 约武后时

《全唐文》卷二〇三“颜元孙”：“元孙，琅邪临沂人，垂拱初进士考功员外郎，历官长安尉、太子舍人、亳州刺史。”⑤《旧唐书》卷一八七下《颜杲卿传》：“颜杲卿，琅邪临沂人。……父元孙，垂拱初登进士第，考功员外郎刘奇榜其词策，文瑰俊拔，多士耸观。历官长安尉、太子舍人、亳州刺史卒。”⑥案：《唐故太常寺奉礼郎颜公墓志铭并序》载：“公讳季康，字茂安，琅琊人也。……曾祖元敬，皇太子舍人、掌书令、亳州刺史、秘书监。”⑦此志中的“颜元敬”疑为“颜元孙”。

崔仲丘 约武后时

《唐故中散大夫行晋州司马上柱国崔府君（回）墓志铭并序》：“父仲丘，凤阁舍人，亳州刺史。”⑧墓主崔回卒于开元八年正月，享年六十二。又案：武

---

① 赵力光主编：《西安碑林博物馆新藏墓志续编》，西安：陕西师范大学出版社，2014年，第63—64页。

② 毛远明编著：《西南大学新藏墓志集释》，南京：凤凰出版社，2018年，第164页。

③ 吴钢主编：《全唐文补遗（千唐志斋新藏专辑）》，西安：三秦出版社，2006年，第90页。

④ 吴钢主编：《全唐文补遗（第二辑）》，西安：三秦出版社，1995年，第372页。

⑤ （清）董诰等编：《全唐文》，北京：中华书局，1983年，第2049页。

⑥ （后晋）刘昫等：《旧唐书》，北京：中华书局，1975年，第4896页。

⑦ 赵君平、赵文成编：《河洛墓刻拾零》，北京：北京图书馆出版社，2007年，第511页。

⑧ 吴钢主编：《全唐文补遗（千唐志斋新藏专辑）》，西安：三秦出版社，2006年，第132页。

则天时,改称中书舍人为凤阁舍人。

李　绛　武后时

《李叔徽墓志》(乾元元年):"曾祖玄道,皇朝秦王府文学馆学士,给事中,常州刺史……祖云将,尚书右丞……考绛,河南县令,亳、邓、兖、滑四州刺史。"①

冯履谦　约唐玄宗开元二十四年前(约736前)

《大唐故朝议郎郑州荥泽县令崔府君墓志铭并序》:"公讳茂宗,字季昌,安平博陵人也。……刺史冯履谦独以公名上达,受试于小冢宰,日四判,居甲科。鉴则知音,用非不次。授亳州临涣县令……会廿四年,敕命选曹较善为邑者,席公因首启公,除郑州荥泽县令。……元廿九年五月廿六日终于洛阳会节里第,年六十有九。"②

郑　某　约唐玄宗朝

《全唐文》卷三九三独孤及《唐故亳州刺史郑公故夫人河南独孤氏墓版文》③。

卢　粲　约唐肃宗朝前

《唐银青光禄大夫陈王傅上柱国昌平县男卢府君墓志铭》:"有唐上元二年岁在辛丑秋八月四日,银青光禄大夫、陈王傅、上柱国、昌平县男范阳卢府君感激薨于中京崇贤里。府君讳竦,字成幹,涿郡人也。……故银青光禄大夫、秘书少监、襄陈亳豫四州刺史、邠王傅、上柱国、固安景侯讳粲府君,公之皇考也。"④

樊　系　唐代宗大历十四年(779)

《唐故亳州鹿邑县令韦府君墓志铭(谏议大夫兼亳州刺史樊系撰)》:"公讳攸,其先京兆杜陵人也。……以大历十四年七月廿九日迁葬于东都龙门南归善乡万安之原,礼也。"⑤

---

① 黄楼:《〈唐刺史考全编〉订补——以〈大唐西市博物馆藏墓志〉为中心》,《吐鲁番学研究》2014年第1期,第20—53页。

② 墓志见容轩:《唐王缙撰〈崔茂宗墓志〉》,《书法》2017年第3期,第48—55页。

③ (清)董诰等编:《全唐文》,北京:中华书局,1983年,第3992页。

④ 毛阳光、余扶危主编:《洛阳流散唐代墓志汇编》,北京:国家图书馆出版社,2013年,第457页。

⑤ 毛阳光主编:《洛阳流散唐代墓志汇编续集》,北京:国家图书馆出版社,2013年,第441页。

郭　降　唐德宗贞元七年(791)

《唐故衡王府长史致仕石府君墓志铭并序》:"解字通叔……亳州团练使郭降闻风悦之,辟为从事,试太常寺协律郎。贞元七年夏,鸿胪卿庾侹充册回鹘公主使,奏公为副,授监察御史里行,加章服。"①

庾　侹　唐德宗贞元中?

《唐故朝散大夫行京兆府功曹参军庾府君墓志铭并序》:"唐元和十五年夏六月壬辰,前京兆府功曹参军庾君寝疾,终于长安宣平里第,享年五十有四。……公讳承欢,字会晋,南阳新野人也。……父讳侹,皇金紫光禄大夫,历宋、亳、颍三州刺史,拜鸿胪少卿,兼御史大夫。"②

刘伯英　唐宪宗元和初?

《大唐故怀州司马刘夫人裴氏墓表并序》:"夫人姓裴氏……适于彭城刘氏。……长曰伯英,以门荫早达,迁亳卢(庐)二州刺史。……以元和九年正月廿五日,改卜于万年县平泉乡焦村高原,礼也。"③

杨元卿　约唐文宗大和五—七年中(约831—833中)

《唐故光禄大夫太子太保赠司徒弘农杨公墓志铭》:"公讳元卿,字正臣,弘农人。……大和五年,以本官作宣武军节度、宋亳等州观察使。……七年秋,累有陈,乞随表赴阙,构疾于洛,改太子太保……以七月二十八日薨于河南恭安里第,春秋五十七。……以明年甲寅岁二月三日葬于伊阙县归善乡浥涧之阳,祔大茔也。"④

史孝章　唐文宗大和九年(835)

《唐故宁庆等州节度观察处置等使朝散大夫检校户部尚书兼御史大夫赐紫金鱼袋赠尚书右仆射北海史公墓志铭并序》:"公讳孝章,字得仁,其先北海人。……(大和)九年秋,白麻守本官,授郑、滑、颍等州节度观察处置等

---

① 墓志见龚静:《反映唐代义商与唐人财富观的三方墓志》,《考古与文物》2010年第2期,第96—101页。

② 参见柯卓英、岳连建:《唐京兆府功曹参军庾承欢墓志考释》,《考古与文物》2006年第3期,第63—67页。

③ 毛远明编著:《西南大学新藏墓志集释》,南京:凤凰出版社,2018年,第559页。

④ 墓志见赵振华:《杨元卿墓志与唐平定淮西》,《考古与文物》2002年第4期,第72—78页。

使。……明年，改右金吾卫大将军、充右街使。”①

王玄质 唐文宗开成四—五年(839—840)

《(上阙)崔府君(□伯)墓志铭并序》之撰者署:“亳州刺史兼御史中丞、赐紫金鱼袋王玄质撰。”②案:墓主崔府君卒于文宗开成三年九月，葬于五年十一月。

杜子迁 约唐宣宗大中间

《唐故朝请大夫□□□州诸州事守商州刺史兼御史中丞充本州防御使上柱国赐紫金鱼袋□尚书礼部侍郎杜府君(子迁)墓志》:“除汉州刺史，入拜祠部郎中，改万年县令。复为荆南节度副使，兼御史中丞、赐紫金鱼袋。陟征为刑部郎中，出典杭州，改亳州。未几，除黔中经略观察使。……以咸通四年二月上旬寝疾，至于闰六月廿日终于城□□庄，享年七十一。”③

陈 璠 约唐僖宗朝?

《乾隆颍州府志》卷五《职官表》“陈璠”条④。

张 达 唐末

《全宋文》卷一五五五《太中大夫充集英殿修撰张公行状》:“公讳景宪，字正国，太尉公第二子。其先和朔人，七代祖达，唐末为亳州刺史，遂家于襄邑。”⑤

张 克 任职时间不详

《乾隆颍州府志》卷六《名宦志》:“张克，永州人，唐宋为亳州刺史，有治声。”⑥

李 某 任职时间不详

《全唐文》卷七八一李商隐《为李兵曹祭兄亳州刺史文》:“先除黠吏，且

---

① 墓志见郭茂育、赵振华:《唐〈史孝章墓志〉研究》，《中国边疆史地研究》2007年第4期，第115—121页。

② 吴钢主编:《全唐文补遗(千唐志斋新藏专辑)》，西安:三秦出版社，2006年，第366页。

③ 郁贤皓:《〈唐刺史考全编〉订补》，《南京师大学报(社会科学版)》2001年第3期，第147—155页。

④ (清)王敛福纂修:《乾隆颍州府志》，《中国地方志集成·安徽府县志辑24》，南京:江苏古籍出版社，1998年，182页。

⑤ 曾枣庄、刘琳主编:《全宋文》，上海:上海辞书出版社，2006年，第71册，第305—310页。

⑥ (清)王敛福纂修:《乾隆颍州府志》，《中国地方志集成·安徽府县志辑24》，南京:江苏古籍出版社，1998年，271页。

活疲民。污莱尽辟，邑室重新。”[①]

裴　清　任职时间不详

《乾隆颍州府志》卷五《职官表》“裴清”条[②]。

张思庄　任职时间不详

《乾隆颍州府志》卷五《职官表》“张思庄”条[③]。

裴孝仁　任职时间不详

《乾隆颍州府志》卷五《职官表》“裴孝仁”条[④]。

卢　沇　任职时间不详

《乾隆颍州府志》卷五《职官表》“卢沇”条[⑤]。

王　珣　任职时间不详

《光绪亳州志》卷九《职官表·文职表》：“王珣，并州进士。”[⑥]

（二）别驾

李行止　唐玄宗开元九年前(721 前)

《唐故朝议大夫泉州刺史上柱国鄱阳县开国男云府君墓志铭》：“公讳遂，字勖，河南人。……开元中，移睦州别驾，又转歙州别驾，加朝请大夫。又移台州别驾，加朝议大夫。……制除泉州刺史。……以开元廿六年正月五日终于东京永丰里私第，春秋六十有五。……夫人陇西李氏，隋太保申公穆之曾孙，皇亳州别驾行止之女。”[⑦]《唐故朝议大夫亳州别驾李府君墓志铭并叙》：“府君李氏，讳行止，字行止，陇西人也。……公为亳州别驾……以开

① (清)董诰等编：《全唐文》，北京：中华书局，1983 年，第 8167 页。

② (清)王敛福纂修：《乾隆颍州府志》，《中国地方志集成·安徽府县志辑 24》，南京：江苏古籍出版社，1998 年，182 页。

③ (清)王敛福纂修：《乾隆颍州府志》，《中国地方志集成·安徽府县志辑 24》，南京：江苏古籍出版社，1998 年，182 页。

④ (清)王敛福纂修：《乾隆颍州府志》，《中国地方志集成·安徽府县志辑 24》，南京：江苏古籍出版社，1998 年，182 页。

⑤ (清)王敛福纂修：《乾隆颍州府志》，《中国地方志集成·安徽府县志辑 24》，南京：江苏古籍出版社，1998 年，182 页。

⑥ (清)钟泰、宗能征纂修：《光绪亳州志》，《中国地方志集成·安徽府县志辑 25》，南京：江苏古籍出版社，1998 年，229 页。

⑦ 毛阳光、余扶危主编：《洛阳流散唐代墓志汇编》，北京：国家图书馆出版社，2013 年，第 379 页。

元九年夏构疾归于私第，以其年九月廿四日薨，飨年八十四。”①亦见《河洛墓刻拾零》（第270页）。

郑齐丘 约唐玄宗开元十二年前（724前）

《唐故朝请大夫守都水使者荥阳郑府君（齐丘）墓志铭并序》：“公讳齐丘，字千里，荥阳开封人也。……左迁亳州别驾，非其罪也。……征拜都水使者，加朝请大夫。……春秋卌有五，以开元十二年四月廿五日，构疾终于京兆怀真里第。”②

裴 晟 唐德宗贞元九年（793）

《大唐故仙州方城县尉裴府君墓志铭（男银青光禄大夫行亳州别驾上柱国河东县开国侯晟撰）》：“府君姓裴氏，讳好古，字好古，其先河东闻喜人也。……生子三人……季曰晟，累官汴、亳别驾。……粤以贞元九年岁次癸酉八月丁未朔廿七日癸酉……从周之礼也。”③

田 顼 约唐宪宗朝前

《唐故河南府法曹李府君夫人田氏墓志铭并序》：“夫人京兆田氏……皇考顼，著作郎、亳州别驾。夫人即著作之元女也。……以元和九年八月廿八日终于东都仁风里之私第，享年五十二。”④

石彦辞 唐僖宗光启二年—龙纪元年（886—889）

《梁故武威石公墓志铭》：“公讳彦辞，字匡臣。……光启丙午年，转右千牛卫将军、检校右散骑常侍、亳州别驾。……龙纪乙酉岁，加检校工部尚书、右武卫将军，迁节院使。”⑤

（三）长史

房 融 约武后时

《全唐文》卷二三八卢藏用《陈子昂别传》：“子昂……友人赵贞固、凤阁舍人陆馀庆、殿中侍御史毕构、监察御史王无竞、亳州长史房融、右史崔泰

① 赵文成、赵君平编选：《新出唐墓志百种》，杭州：西泠印社出版社，2010年，第134页。

② 吴钢主编：《全唐文补遗（第八辑）》，西安：三秦出版社，2005年，第20页。

③ 毛阳光主编：《洛阳流散唐代墓志汇编续集》，北京：国家图书馆出版社，2018年，第467页。

④ 毛阳光、余扶危主编：《洛阳流散唐代墓志汇编》，北京：国家图书馆出版社，2013年，第519页。

⑤ 周阿根：《五代墓志汇考》，合肥：黄山书社，2011年，第16—17页。

之、处士太原郭袭徵、道人史怀一,皆笃岁寒之交。"①

郑　某　唐玄宗开元二十三年前(735 前)

《唐代墓志汇编续集·开元一三八·大唐绛州龙门县尉崔温故妻荥阳郑夫人志文》:"夫人姓郑氏,名意,荥阳人。亳州长史府君之第四女,昉之妹也。……以开元廿三年四月九日,终于洛阳进德里第,春秋卅七。"②

张　巡　唐玄宗天宝十五载(756)

《新唐书》卷一九二《张巡传》:"安禄山反,天宝十五载正月,贼酋张通晤陷宋、曹等州,谯郡太守杨万石降贼,逼巡为长史,使西迎贼军。巡率吏哭玄元皇帝祠,遂起兵讨贼,从者千余。"③

杨　进　约唐德宗朝

《元稹集》外集卷五《授杨进亳州长史制》:"敕:杨进……可守亳州长史,仍令宣武军节度收隋要中驱使。"④

孙　构　唐宪宗元和前

《唐代墓志汇编·元和〇五八·唐故滑州白马县令孙府君墓志铭并序》:"府君讳起,字晋卿,乐安人也。……左补阙,亳州长史讳构之第二子也。"⑤《新唐书》卷七三下《宰相世系三下》"孙氏"条:"构,亳州长史。"⑥

赖师贞　约唐后期

《樊川文集》卷二〇《赖师贞除怀州长史周少鄘除虢州司马王桂直除道州长史等制》⑦。

武　恭　唐文宗开成初

《唐故朝散大夫太子率更令武府君墓志铭》:"府君讳恭,字谂,沛国竹邑人也。……遂出为亳州长史。……迁太子率更令。以开成五年十月十二日,终于善和里私第,享年七十二。"⑧

毛伯贞　唐宣宗大中十二年前后(858 前后)

---

① (清)董诰等编:《全唐文》,北京:中华书局,1983 年,第 3413—3414 页。
② 周绍良、赵超主编:《唐代墓志汇编续集》,上海:上海古籍出版社,2001 年,第 547 页。
③ (宋)欧阳修、宋祁:《新唐书》,北京:中华书局,1975 年,第 5535 页。
④ (唐)元稹:《元稹集》,北京:中华书局,1982 年,第 669 页。
⑤ 周绍良主编:《唐代墓志汇编》,上海:上海古籍出版社,1992 年,第 1989 页。
⑥ (宋)欧阳修、宋祁:《新唐书》,北京:中华书局,1975 年,第 2958 页。
⑦ (唐)杜牧:《樊川文集》,上海:上海古籍出版社,1978 年,第 298 页。
⑧ 毛远明编著:《西南大学新藏墓志集释》,南京:凤凰出版社,2018 年,第 614 页。

《大唐故右神策军护军副使朝散大夫行内侍省掖庭局令员外置同正员上柱国赐紫金鱼袋吕府君(知诚)墓志铭并序(翰林待诏朝散大夫守亳州长史上柱国赐绯鱼袋毛伯贞篆盖)》:"公讳知诚……以大中十一年十二月有二日,终于广化里之私第,春秋六十二。即以十二年二月廿一日,龟筮叶从,迁葬于京兆府万年县浐川乡蛇村之原,礼也。"①

姚　镐　约唐末?

《大唐故右军散押衙左天威第七军指挥使银青光禄大夫检校司徒右领军卫将军兼都左巡检使姚府君墓铭并序》:"府君讳嗣骈,字霸臣,其先南安人。……王父讳镐,仕唐行亳州长史,追赠右监门卫将军。……(公)以升元六年闰三月□□日□疾终于东都怀德坊之私第,享年五十。"②

(四)司马

李季英　约唐初

《大唐故景城郡录事参军上柱国陇西李府君(景献)墓志铭并序》:"君讳景献,字景献,陇西人也。……曾祖季英,亳州司马。……(君)春秋六十六,开元七年闰七月廿五日,终于河南思顺里。"③

唐河上　唐太宗贞观二十三年前(649前)

《大唐故殿中少监上柱国唐府君(嘉会)墓志铭并序》:"君讳河上,字嘉会,晋昌人也。……贞观年中,拜交河道行军锴曹,以军功授朝散大夫、行卫州别驾,又迁亳州司马。……至廿三年,转殿中省尚衣奉御,俄授兰州司马、献陵令兼雍州三原县令。"④

谢　某　约武后时

《全唐文》卷二一〇陈子昂《为王美畅谢兄官表》:"臣某言:臣兄某前某官,特蒙恩诏,擢授豫州司马,未及赴任,即以某月日改亳州司马。"⑤《全唐文》卷二四六李峤《为王华畅谢兄授官表》:"臣某言:臣兄某前某官,某月日特蒙恩诏,擢授武州司马,未及赴职,即八月改除亳州司马。"⑥

---

① 吴钢主编:《全唐文补遗(第三辑)》,西安:三秦出版社,1996年,第236—237页。

② 周阿根:《五代墓志汇考》,合肥:黄山书社,2011年,第337—339页。

③ 吴钢主编:《全唐文补遗(第九辑)》,西安:三秦出版社,2007年,第365—366页。

④ 吴钢主编:《全唐文补遗(第二辑)》,西安:三秦出版社,1995年,第269页。

⑤ (清)董诰等编:《全唐文》,北京:中华书局,1983年,第2129页。

⑥ (清)董诰等编:《全唐文》,北京:中华书局,1983年,第2489页。

窦怀贞 *唐睿宗景云初*

《册府元龟》卷四八二《台省部·谄佞》:“窦怀贞,中宗神龙初,为御史大夫兼雍州长史。……韦庶人伏诛,左迁亳州司马,转益州大都督府长史。”①

郑　晞 *约唐玄宗开元中?*

《唐故朝散大夫太常寺恭陵署□□□□□□荥阳县君郑氏□志铭》:“夫人郑氏……王父舒州司马弘励,烈考亳州司马晞。……天宝四载十月十日寝疾终于宣范里第,春秋六十三。”②

王秦客 *唐玄宗开元末—天宝初*

《唐代墓志汇编·天宝〇三四·大唐故朝散大夫谯郡司马琅琊王府君墓志铭并序》:“府君讳秦客,字元兵……外除,补谯郡谯县令……稍迁谯郡司马,寻加朝散大夫。……以天宝二年四月寝疾,归真于洛阳仁风里私第,春秋七十三。”③

崔　综 *约唐玄宗开宝中?*

《大唐同安郡长史郑君(济)故夫人崔氏(悦)墓志铭并序》:“夫人讳悦,字季姜,清河武城人也。……亳州司马综之第四女,今同安郡长史荥阳郑君济之妻也。”④

梁　谊 *唐宪宗元和前*

《唐代墓志汇编续集·元和〇六一·唐故敦煌梁氏夫人墓志铭并序》:“有唐卫尉杨丞夫人梁氏……五代祖谊,皇朝散大夫亳州司马。”⑤

寇　某 *唐文宗大和八年前(834 前)*

《唐代墓志汇编·大和〇七四·故郑氏夫人墓志铭并序》:“唐大和七年闰七月七日,前监察御史里行寇章妻荥阳郑氏夫人殁于潭州,享年五十。夫人无子,有二女。其年十二月,章领二女护夫人灵榇舟行北归,至明年六月,达于东都审教里私第。以其年八月六日,葬于河南县金谷乡之原,迩我先考

---

① (宋)王钦若等编纂:《册府元龟》,南京:凤凰出版社,2006 年,第 5457 页。

② 毛阳光主编:《洛阳流散唐代墓志汇编续集》,北京:国家图书馆出版社,2018 年,第 343 页。

③ 周绍良主编:《唐代墓志汇编》,上海:上海古籍出版社,1992 年,第 1553 页。

④ 吴钢主编:《全唐文补遗(第八辑)》,西安:三秦出版社,2005 年,第 48 页。

⑤ 周绍良、赵超主编:《唐代墓志汇编续集》,上海:上海古籍出版社,2001 年,第 844 页。

亳州司马府君茔，从季子位，礼也。”①

从　晦　唐文宗朝

《新唐书》卷七八《襄邑王神符传》：“（襄邑王神符五世孙）从晦宝历初及进士第，擢累太常博士。甘露之祸，御史中丞李孝本被诛，从晦以族昆弟贬郎州司户参军。改澶王府谘议，分司东都。忌者重发前坐，下迁亳州司马。”②

李共华　唐宣宗朝前

《唐代墓志汇编·大中一一九·李府君墓志》：“公讳，其先陇西郡人也。……曾祖共华，曾任亳州司马。”③

寇　埙　唐宣宗大中三年前（850前）

《唐代墓志汇编·大中〇三一·唐故朝散大夫守陕州大都督府左司马上柱国上谷寇公墓志铭并序》：“皇唐大中三年冬十月十一日，陕州大都督府左司马寇公寝疾，终于官舍，享年七十有五。……公讳章，字身正，其先上谷昌平人。……父埙，读书有智量，丞相张昭献镐器之，邀为宾寮，历温、巩二令，终亳州司马。”④

萧　审　唐懿宗朝前

《唐代墓志汇编续集·咸通〇五六·唐故右金吾引驾游击将军守左卫翊府中郎将上柱国萧府君墓铭》：“府君讳行群，字中逸，兰陵人也。……曾祖审，皇亳州司马赠丹州刺史。……府君……以咸通九年戊子岁秋八月壬戌廿六日丁亥薨于长安延政里之私第，春秋七十有七。”⑤

（五）团练副使

左　师　唐后期或末

《□故金紫光禄大夫检校尚书右仆射守柳州刺史兼御史大夫上柱国丹阳郡左公墓志铭并序》：“公讳环，字表仁，丹阳其郡也。……父师，唐守亳州

① 周绍良主编：《唐代墓志汇编》，上海：上海古籍出版社，1992年，第2150页。

② （宋）欧阳修、宋祁：《新唐书》，北京：中华书局，1975年，第3535页。

③ 周绍良主编：《唐代墓志汇编》，上海：上海古籍出版社，1992年，第2344页。

④ 周绍良主编：《唐代墓志汇编》，上海：上海古籍出版社，1992年，第2273—2274页。

⑤ 周绍良、赵超主编：《唐代墓志汇编续集》，上海：上海古籍出版社，2001年，第1076—1077页。

团练副使。”①

（六）录事参军事

史洪政 *约唐初*

《□□□□□度兵马使特进试大理卿遂安郡王□□□□君墓志铭并序》:“公之得姓……载在史氏。……祖洪政,亳州录事参军。……(公)以贞元九年十一月卅日,寝疾终于密州官舍,享年五十七。”②

冯　本 *约唐高宗朝*

《全唐文》卷二〇七阎朝隐《亳州录事参军事上骑都尉冯府君纪孝碑》:“府君讳本,字□□,长乐信都人也。……寻擢亳州录事参军,如□□□□□□□□,如纲提纲,得鸟期于一目……以咸亨四年□□□□□□,春秋六十有四。”③

崔　征 *约唐玄宗朝或前*

《唐代墓志汇编·开元〇二七·大唐亳州录事参军博陵崔(征)公赵郡李夫人墓志铭》(开元三年十月十二日)④。

张　先 *约唐玄宗朝开元中*

《唐代墓志汇编·开元三四一·唐故括州遂昌县令张府君墓志铭并序》:“公讳先,字普贤,范阳人也。……乃以公为亳州录事参军。……补括州遂昌令。……春秋四百有五十甲子。已年九月,哉生魄,寝疾,终于怀仁坊之私第。……即以开元廿年涒滩岁如月壬寅合葬于平乐乡之原礼也。”⑤

苗嗣宗 *唐玄宗开元中*

《大唐故朝散大夫行太子内直郎上柱国苗府君(嗣宗)墓志铭并序》:“天宝四载五月十四日,太子内直郎苗府君终于洛阳审教里之私第,春秋七十。……公名嗣宗,字承家,上党壶关人也。……公以门荫宿卫出身,解褐卫州卫县主簿、宋州砀山县丞、亳州录事参军……太子内直郎、朝散大夫、上柱国。”⑥

---

① 周阿根:《五代墓志汇考》,合肥:黄山书社,2011年,第140—141页。

② 吴钢主编:《全唐文补遗(第九辑)》,西安:三秦出版社,2007年,第456页。

③ (清)董诰等编:《全唐文》,北京:中华书局,1983年,第2095—2096页。

④ 周绍良主编:《唐代墓志汇编》,上海:上海古籍出版社,1992年,第1170—1171页。

⑤ 周绍良主编:《唐代墓志汇编》,上海:上海古籍出版社,1992年,第1392页。

⑥ 吴钢主编:《全唐文补遗(千唐志斋新藏专辑)》,西安:三秦出版社,2006年,第212页。

任　修　*唐文宗大和二—四年(828—830)*

《唐代墓志汇编·大和〇三六·大唐故亳州录事参军任公墓志铭并序》:"公讳修,字(阙),其先乐安人也。……累迁亳州录事参军。……大和四年秋七月罢秩归闲,逾月构疾,某日终于谯县兴教里之私第,春秋六十八。"①

李夷吾　*约唐中宗朝*

《唐故中散大夫庆王府司马李府君墓志铭并序》:"府君讳夷吾……弱冠以门胄补从文馆生,应明经高第,解褐参亳州军事,满秩,擢左金吾录事参军。"②

李　晶　*约唐玄宗朝开元初或前*

《大唐故饶州司仓参军事李府君(晶)墓志铭并序》:"君讳晶,陇西成纪人也。……公自起家,特拜亳州参军事。……春秋五十有二,开元五年五月廿日,卒于郡之公馆。"③

(七)参军事

李全礼　*唐玄宗开元中*

《大唐故游击将军河南府轘辕府折冲都尉兼横海军副使上柱国赵郡李府君(全礼)墓志铭并序》:"公讳全礼,字具仪……公年十九,斋郎出身。卅,授亳州参军。……开元廿一年,敕简充横海军副使。……生于偃师县官舍,春秋六十,薨于陆浑县北荆里私第。"④

李　韬　*约唐玄宗开元中*

《唐代墓志汇编·天宝一五二·唐故李公崔夫人墓志》:"君讳韬,赵国人也……始以太庙斋郎出参亳州军事,秩满调补徐州司功参军。……天宝七载夏四月昼寝于陕县官舍,奄忽而亡,春秋五十有五。"⑤

殷文穆　*约唐代宗大历三年后(约768后)*

《唐故朝散大夫使持节明州诸军事守明州刺史上柱国陈郡殷府君(文

---

① 周绍良主编:《唐代墓志汇编》,上海:上海古籍出版社,1992年,第2121页。

② 赵君平、赵文成编:《河洛墓刻拾零》,北京:北京图书馆出版社,2007年,第391页。

③ 吴钢主编:《全唐文补遗(第八辑)》,西安:三秦出版社,2005年,第355页。

④ 吴钢主编:《全唐文补遗(第八辑)》,西安:三秦出版社,2005年,第59—60页。

⑤ 周绍良主编:《唐代墓志汇编》,上海:上海古籍出版社,1992年,第1638页。

穆)墓志铭并序》:"公□□字文穆,其先陈郡人也。……始弱冠,明经擢第,释褐授亳州参军。……以宝历元年九月七日构疾而终,春秋七十有七。"①

梁　某　唐德宗贞元十五年前后(799 前后)

《唐代墓志汇编续集·贞元〇五一·淮安郡文学梁公墓志铭》:"公讳守让,字玄德,其先安定人也。……以大力十三年八月九日奄终于私第,享年七十有三。……次子亳州参军等……大唐贞元十五年四月十日纪。"②

曲元缜　约唐文宗大和末、开成初

《唐代墓志汇编·会昌〇一五·唐故河南府河清县丞曲府君墓志铭并序》:"公讳元缜,字知柔,陕府安邑人也。……解褐授亳州参军。秩满,调授衢王府功曹……以会昌元年十二月八日,殁于东都尚贤里之私第,春秋四十八。"③

卢遵方　唐敬宗宝历中

《唐故正议大夫守太子宾客上柱国赐紫金鱼袋赠工部尚书范阳卢府君墓志铭并序》:"公讳士玫,字子珣,范阳人也。……以宝历元祀七月廿二日捐馆于河南府河南县龙门乡之别业,享年六十四。……有子四人……次曰遵方,文林郎守亳州参军。"④

李　偘　任职时间不详

《新唐书》卷七〇上《宗室世系上》:"亳州参军偘。"⑤

(八)判司

1. 司功参军

陈　居　唐玄宗开元中

《大唐故大理评事陈府君(居)墓志铭并序》:"君讳居,字达,颍川人也。……转谯郡送参军,迁大理评事。……天宝四载十一月六日,终于睢阳郡传舍,春秋四十。"⑥

---

① 吴钢主编:《全唐文补遗(第七辑)》,西安:三秦出版社,2000 年,第 101—102 页。

② 周绍良、赵超主编:《唐代墓志汇编续集》,上海:上海古籍出版社,2001 年,第 770 页。

③ 周绍良主编:《唐代墓志汇编》,上海:上海古籍出版社,1992 年,第 2222 页。

④ 参见牛红广:《唐卢士玫墓志及相关问题考释》,《中国国家博物馆馆刊》2012 年第 6 期,第 67—74 页。

⑤ (宋)欧阳修、宋祁:《新唐书》,北京:中华书局,1975 年,第 2032 页。

⑥ 吴钢主编:《全唐文补遗(第八辑)》,西安:三秦出版社,2005 年,第 49 页。

崔　涣　约唐玄宗朝

《新唐书》卷一二〇《崔涣传》:"涣博综经术,长论议。十岁居父丧,毁辟加人,陆元方异之。起家亳州司功参军,还调。……玄宗西狩,迎谒于道。"①

韩敬文　约唐懿宗朝或前

《唐故朝散大夫使持节渭州诸军事守渭州刺史充护塞军使赐紫金鱼袋颍川韩公墓志铭》:"使君讳敬文,字子章。……以荫高授亳州司功参军……寻拜渭州刺史。……先皇帝以公对扬分明……即以乾符三年夏六月十二日终于东都陶化里之私第,享年六十有六。"②

2. 司户参军

韩　琬　唐中宗景龙中

《大唐新语》卷六《举贤第十三》:"韩琬少负才华,长安中为高邮主簿,使于都场,以州县徒劳……景龙中,自亳州司户应制,集于京。"③

崔绛(未之任)　唐玄宗开元末

《唐故朝请大夫河东郡永乐县令崔公墓志铭》:"唐故河东郡永乐令崔公讳绛,字绛,即清河武城人也。……以经明上第,补绛州参军。为水陆运判官,敏于从政故也。改亳州司户,未赴丁艰。……天宝五载七月二日构疾终于河南尊贤里,享年六十九。"④

李　镇　约唐德宗贞元中

《唐故朝议郎行汴州司仓参军员外置同正员陇西李府君(颉)及夫人南阳张氏墓志》:"府君讳颉,皇室之枝。……至贞元十□年□月□日,嗣子亳州司户参军镇,奉灵榇祔于(原志至此无下文)。"⑤

李　抡　任职时间不详

《新唐书》卷七〇下《宗室世系下》"蒋王房"条:"亳州司户参军抡。"⑥

---

① (宋)欧阳修、宋祁:《新唐书》,北京:中华书局,1975年,第4318页。

② 毛阳光主编:《洛阳流散唐代墓志汇编续集》,北京:国家图书馆出版社,2018年,第795页。

③ (唐)刘肃等撰:《大唐新语(外五种)》,上海:上海古籍出版社,2012年,第56页。

④ 毛阳光主编:《洛阳流散唐代墓志汇编续集》,北京:国家图书馆出版社,2018年,第345页。

⑤ 吴钢主编:《全唐文补遗(第七辑)》,西安:三秦出版社,2000年,第405—406页。

⑥ (宋)欧阳修、宋祁:《新唐书》,北京:中华书局,1975年,第2097页。

李行谦 任职时间不详

《新唐书》卷七〇下《宗室世系下》"纪王房"条:"谯郡司户参军行谦。"①

李公召 任职时间不详

《新唐书》卷七二上《宰相世系二上》"赵郡李氏"条:"公召,亳州司户参军。"②

薛 婺 任职时间不详

《新唐书》卷七三下《宰相世系三下》"薛氏"条:"婺,亳州司户参军。"③

袁弘休 任职时间不详

《新唐书》卷七四上《宰相世系四上》"袁氏"条:"弘休,亳州司户参军。"④

郑 琬 任职时间不详

《新唐书》卷七五上《宰相世系五上》"郑氏"条:"琬,亳州司户参军。"⑤

郑虚受 任职时间不详

《乾隆颍州府志》卷五《职官表》:"郑虚受,司户参军。"⑥

3. 司兵参军

薛文休 唐玄宗朝前

《大唐故集州刺史薛府君墓志铭并序》:"公讳文休,字仲良,河东汾阴人也。……制加朝散大夫、行亳州司兵,复加朝请大夫、行宋州司户。……春秋六十有七,以唐开元三年十月十三日薨于集州之官舍。"⑦

尉迟贝(见) 约唐玄宗朝前后

《唐故扬州高邮县尉尉迟府君墓志铭并序》:"有唐扬州高邮尉河南尉迟府君讳恕,字悟,以贞元十四年正月十四日彻琴瑟于洛阳县靖仁里之私第。……春秋适五十一也。……使君生亳州司兵参军讳贝(见)……府君即司兵

---

① (宋)欧阳修、宋祁:《新唐书》,北京:中华书局,1975年,第2118页。

② (宋)欧阳修、宋祁:《新唐书》,北京:中华书局,1975年,第2501页。

③ (宋)欧阳修、宋祁:《新唐书》,北京:中华书局,1975年,第3000页。

④ (宋)欧阳修、宋祁:《新唐书》,北京:中华书局,1975年,第3167页。

⑤ (宋)欧阳修、宋祁:《新唐书》,北京:中华书局,1975年,第3331页。

⑥ (清)钟泰、宗能征纂修:《光绪亳州志》,《中国地方志集成·安徽府县志辑25》,南京:江苏古籍出版社,1998年,229页。

⑦ 毛阳光、余扶危主编:《洛阳流散唐代墓志汇编》,北京:国家图书馆出版社,2013年,第171页。

之幼子也。”①

李　群　约唐敬宗宝历二年前(827前)

《唐代墓志汇编续集·宝历〇〇八·唐故亳州司兵参军赵郡李(群)府君墓志铭》(宝历二年七月一日):“府君讳群,享年四十有九。官历郡掾邑佐,自军民之长者七政,真摄由之。”②

卢慎修　约唐后期

《唐代墓志汇编·咸通〇四四·唐守河南府阳翟县尉崔君故夫人荥阳郑氏墓志铭并序》:“夫人姓郑氏,讳娟,荥阳开封人也。……夫人司庾之次女也,出范阳北祖卢氏司亳州兵事曰慎修,实夫人之外王父也。”③

李　霻　任职时间不详

《新唐书》卷七〇下《宗室世系下》“纪王房”条:“亳州司兵参军霻。”④

4. 司法参军

王　珣　约武后时

《新唐书》卷一一一《王珣传》:“王方翼……子珣,字伯玉……武后召问刑政,嘉之。询其族氏,对曰:‘废后,臣之姑也。’后不悦,左迁亳州司法参军。神龙初,为河南丞,武三思矫制贬临川令。”⑤《光绪亳州志》卷一〇《职官志·名宦》:“王珣,字伯玉,并州人。……后不悦,左迁亳州司法参军,累迁工部侍郎,终右散骑常侍,卒赠户部尚书,谥曰孝,祀名宦。”⑥

崔　谮　约唐代宗大历末

《故苏州司法参军崔君墓志铭并序》:“唐建中二年十有二月甲寅前苏州司法参军崔君终于洛阳利仁里之私馆,春秋七十有一。……君讳谮,字子尚,博陵人也。……调选授亳州司法参军。秩满,改光禄寺主簿,终于苏州司法。”⑦此墓志亦见《河洛墓刻拾零》(第456页)。

---

① 毛阳光主编:《洛阳流散唐代墓志汇编续集》,北京:国家图书馆出版社,2018年,第489页。

② 周绍良、赵超主编:《唐代墓志汇编续集》,上海:上海古籍出版社,2001年,875页。

③ 周绍良主编:《唐代墓志汇编》,上海:上海古籍出版社,1992年,第2412页。

④ (宋)欧阳修、宋祁:《新唐书》,北京:中华书局,1975年,第2113页。

⑤ (宋)欧阳修、宋祁:《新唐书》,北京:中华书局,1975年,第4136页。

⑥ (清)钟泰、宗能征纂修:《光绪亳州志》,《中国地方志集成·安徽府县志辑25》,南京:江苏古籍出版社,1998年,第266页。

⑦ 赵文成、赵君平编选:《新出唐墓志百种》,杭州:西泠印社出版社,2010年,第248页。

李德基 任职时间不详

《新唐书》卷七二上《宰相世系二上》"李氏姑臧大房"条:"德基,亳州法曹参军。"①

唐尚愔 任职时间不详

《新唐书》卷七四下《宰相世系四下》"唐氏"条:"尚愔,亳州司法参军。"②

5. 司士参军

李　祥 武后长安元年前后(701前后)

《大周故朝散大夫行亳州城父县令宋府君(扔)墓志铭并序》:"公讳扔,字去伐……改授亳州城父县令。……圣历二年三月廿六日,构疾终于文献之私第,春秋六十有一。粤若长安元年二月十二日,迁窆于偃县覆舟之南大茔,申陪祔也。……有弟庆州刺史祯、亳州司士祥等……在原靡托。"③

李　璀 约唐玄宗开元末、天宝初

《唐代墓志汇编·永泰〇〇三·大唐故东平郡巨野县令顿丘李府君墓志铭并序》:"公讳璀,字璀。……弱冠以门子宿卫出身,选授右司御率府仓曹参军,中年出摄汉州金堂县丞,又改汝州鲁山县丞,满授亳州司士参军,复改东平郡巨野县令。……以天宝七载九月十六日终于武陵,养年七十有二。"④

权有方 约唐德宗贞元中

《全唐文》卷五〇三权德舆《再从叔故试大理评事兼徐州蕲县令府君墓志铭(并序)》:"府君讳有方,字某,天水略阳人也……曰左清道率府兵曹参军、太子通事舍人、陈州司法参军、亳州司士参军、以大理评事兼徐州蕲县令,满岁南游,构疾于途,以贞元十六年夏五月,殁于楚州之旅馆,春秋若干。"⑤

李　镇 唐德宗贞元中

《唐代墓志汇编·贞元一二九·唐故朝议郎行汴州司仓参军员外置同

---

① (宋)欧阳修、宋祁:《新唐书》,北京:中华书局,1975年,第2459页。

② (宋)欧阳修、宋祁:《新唐书》,北京:中华书局,1975年,第3197页。

③ 吴钢主编:《全唐文补遗(第八辑)》,西安:三秦出版社,2005年,第326页。

④ 周绍良主编:《唐代墓志汇编》,上海:上海古籍出版社,1992年,第1758页。

⑤ (清)董诰等编:《全唐文》,北京:中华书局,1983年,第5117页。

正员陇西李府君及夫人南阳张氏墓志》:“府君讳颉,皇室之枝。……夫人南阳张氏,以建中元年八月十七日终于苏州,享年六十。……至贞元十(阙)年(阙)月(阙)日,嗣子亳州司户参军镇奉。”①

6. 司仓参军

唐昭华 任职时间不详

《新唐书》卷七四下《宰相世系四下》“唐氏”条:“昭华,亳州司仓参军。”②

郑虚心 任职时间不详

《新唐书》卷七五上《宰相世系五上》“郑氏”条:“虚心,亳州仓曹参军。”③又《乾隆颍州府志》卷五《职官表》载:“郑虚受(心),司户参军。”④

●具体判司名称不详者

裴　胤 武后时

《唐代墓志汇编·垂拱〇四五·大唐衡州长史裴君墓志铭》:“君讳胤,河东闻喜人也。……公百代积祉,千□余庆,解褐亳州司□□□□合冀州南宫□□令,除衡州长史□映□□行光半□□□□名棘署……垂拱三年十月廿九日终于□舍,□秋七十。”⑤由于记载缺漏,不知墓主解褐官是何具体名称。

(九)判官

1. 团练判官

孙嗣初 唐宣宗大中十年(856)

《唐代墓志汇编·大中一六一·唐河南府洛阳县尉孙嗣初妻京兆韦夫人墓志铭并序》:“大中十年,余叔父嗣初为今少府李监任亳州刺史日,辟为团练判官,因来谯郡。”⑥

2. 观察判官

---

① 周绍良主编:《唐代墓志汇编》,上海:上海古籍出版社,1992年,第1932页。

② (宋)欧阳修、宋祁:《新唐书》,北京:中华书局,1975年,第3229页。

③ (宋)欧阳修、宋祁:《新唐书》,北京:中华书局,1975年,第3303页。

④ (清)钟泰、宗能征纂修:《光绪亳州志》,《中国地方志集成·安徽府县志辑25》,南京:江苏古籍出版社,1998年,第229页。

⑤ 周绍良主编:《唐代墓志汇编》,上海:上海古籍出版社,1992年,第760页。

⑥ 周绍良主编:《唐代墓志汇编》,上海:上海古籍出版社,1992年,第2376页。

李胤之 唐宣宗大中三年前后(849 前后)

《唐姑臧李氏故第二女(国娘)墓志铭并序(汴宋亳等州观察判官监察御史裹行李胤之撰)》:“余次女十八娘,字国娘,大中三年正月七日,没于东京彰善坊,年十四。”①

姚　荆 唐僖宗乾符二年前后(875 前后)

《唐故宋州谷孰县令渤海吴府君(邵)墓志铭(汴宋亳等州观察判官检校尚书司勋员外郎兼侍御史赐绯鱼袋姚荆撰)》:“君讳邵……以乾符二年五月七日,终于杨(扬)州江阳县界私第,享年六十有一。以其年十月三日,归葬……礼也。”②

(十)推官

军事推官

张文熙 任职时间不详

《乾隆颍州府志》卷五《职官表》:“张文熙,军事推官。”③

二、县级官员

(一)谯县

1. 县令

王令望 约武后或中宗朝

《太平广记》卷一〇三“王令望”条引《报应记》:“唐王令望少持《金刚经》。……后终亳州谯令。”④《唐故朝散大夫新州司户参军王君墓志铭并序》:“君讳令望,字杨名,太原人也。……加朝散大夫,转亳州谯县令……粤景云二年十月构疾卒于韶州之旅次,即以明年十月丁酉朔廿五日庚辰窆于

---

① 吴钢主编:《全唐文补遗(第六辑)》,西安:三秦出版社,1999 年,第 160 页。

② 吴钢主编:《全唐文补遗(千唐志斋新藏专辑)》,西安:三秦出版社,2006 年,第 416—417 页。

③ (清)钟泰、宗能征纂修:《光绪亳州志》,《中国地方志集成·安徽府县志辑 25》,南京:江苏古籍出版社,1998 年,第 229 页。

④ (宋)李昉等编:《太平广记》,北京:中华书局,1961 年,第 697—698 页。

河南县之印山,礼也。"①

梁 玙 唐玄宗开元二十一年前(733 前)

《唐代墓志汇编·开元三六三·大唐故亳州谯令梁府君之墓志》:"公讳玙,字希杭,京兆长安人也。……盘庚理亳,魏主生谯……公习常知命,乐道调补公为邑宰。"②

王秦客 唐玄宗开元中

《唐代墓志汇编·天宝〇三四·大唐故朝散大夫谯郡司马琅琊王府君墓志铭并序》:"府君讳秦客,字元兵……外除,补谯郡谯县令……以天宝二年四月寝疾,归真于洛阳仁风里私第,春秋七十三。"③

卢 颇 任职时间不详

《新唐书》卷七三上《宰相世系三上》"卢氏"条:"颇,谯令。"④

2. 县丞

杨 秀 唐高宗显庆五年—龙朔二年(660—662)

《大唐故绵州魏成县丞杨君(秀)墓志并序》:"君讳秀,字挺,华阴人也。……以显庆二年三月,丁太夫人艰去职。……服缺,又任亳州谯县丞。秩满,又任绵州魏成县丞。……以咸亨五年正月九日,寝疾终于道光坊私第,春秋五十有五。"⑤

郭弘范 唐懿宗咸通八年(867)

《唐代墓志汇编续集·咸通〇四五·唐故郎宁公主墓志铭(翰林待诏朝议郎行亳州谯县丞上柱国臣郭弘范奉敕书)》:"文宗皇帝第四女朗宁公主,咸通七年八月廿九日薨,时年四十。以八年四月十六日葬于万年县崇道乡夏侯村,礼也。"⑥

李 衢 任职时间不详

《新唐书》卷七〇下《宗室世系下》"纪王房"条:"谯丞衢,以姊婿崔敌。子继。"⑦

---

① 齐运通、杨建锋编:《洛阳新获墓志(二〇一五)》,北京:中华书局,2017 年,第 153 页。
② 周绍良主编:《唐代墓志汇编》,上海:上海古籍出版社,1992 年,1407 页。
③ 周绍良主编:《唐代墓志汇编》,上海:上海古籍出版社,1992 年,第 1553 页。
④ (宋)欧阳修、宋祁:《新唐书》,北京:中华书局,1975 年,第 2890 页。
⑤ 吴钢主编:《全唐文补遗(千唐志斋新藏专辑)》,西安:三秦出版社,2006 年,第 37 页。
⑥ 周绍良、赵超主编:《唐代墓志汇编续集》,上海:上海古籍出版社,2001 年,第 1069 页。
⑦ (宋)欧阳修、宋祁:《新唐书》,北京:中华书局,1975 年,第 2110 页。

3. 主簿

张　某　任职时间不详

《孟浩然诗集笺注》卷中《适越留别谯县张主簿申屠少府》①。

4. 县尉

韦　攸　约唐玄宗天宝中

《唐故亳州鹿邑县令韦府君墓志铭(谏议大夫兼亳州刺史樊系撰)》:"公讳攸,其先京兆杜陵人也。……以门荫太庙斋郎出身,调补亳州谯县尉,转城父丞、陈州溵水令、杞王掾,加朝散大夫。……大历八年冬选集……以大历十四年七月廿九日迁葬于东都龙门南归善乡万安之原,礼也。"②

李居敬　约唐代宗大历十一年前(约776前)

《全唐文》卷五二一梁肃《衢州司士参军李君夫人河南独孤氏墓志铭》:"夫人姓独孤氏……享年五十三,大历十一年某月日,寝疾终于常州……嗣子前越州士曹参军居介、南陵尉居佐、谯县尉居敬、孝廉居易等,痛圣善之德,不可追也,俾肃为志。"③《新唐书》卷七〇上《宗室世系上》"毕王房"条:"谯尉居敬。"④

卢　峘　唐敬宗朝前

《唐故安州司法参军郭公(文应)墓志并序》:"公讳文应……不幸以宝历二年五月十六日,构疾终于洛阳县丰财里之私第,享年六十有五。……夫人范阳卢氏,皇朝亳州樵(谯)县尉峘之次女。……先公十年而卒。"⑤

郑抱一　唐敬宗宝历元年前(825前)

《唐故黄冈县丞陈君(雅)夫人诸葛氏墓志铭并序(文林郎前亳州谯县尉郑抱一撰)》:"夫人诸葛氏……以宝历元年五月廿五日,瘅发而卒,春秋六十一。……夫人今坟于子墓之右,卒之年六月十二日窆也。"⑥

---

① (唐)孟浩然著,佟培基笺注:《孟浩然诗集笺注》,上海:上海古籍出版社,2000年,第246页。

② 毛阳光主编:《洛阳流散唐代墓志汇编续集》,北京:国家图书馆出版社,2013年,第441页。

③ (清)董诰等编:《全唐文》,北京:中华书局,1983年,第5299—5300页。

④ (宋)欧阳修、宋祁:《新唐书》,北京:中华书局,1975年,第1986页。

⑤ 吴钢主编:《全唐文补遗(千唐志斋新藏专辑)》,西安:三秦出版社,2006年,第342—343页。

⑥ 吴钢主编:《全唐文补遗(第二辑)》,西安:三秦出版社,1995年,第44—45页。

申屠某　任职时间不详

《孟浩然诗集笺注》卷中《适越留别谯县张主簿申屠少府》①。

李　聿　任职时间不详

《新唐书》卷七〇下《宗室世系下》"蒋王房"条:"谯尉聿。"②

李　应　任职时间不详

《新唐书》卷七〇下《宗室世系下》"纪王房"条:"谯尉应。"③

(二)城父县

1.县令

萧　瑶　约唐高祖武德六年—唐太宗贞观六年(约623—632)

《唐代墓志汇编·永隆〇〇七·大唐故沧州景城县令萧公及夫人杜氏墓志》:"公讳瑶,字达文,东海兰陵人……大唐武德元年,特敕授吏部宣德郎。六年,授亳州城父县令。贞观七年,加通直郎,授沧州景城县令。"④贞观〇六四《大唐沧州景城县令萧府君之铭》:"公姓萧,字瑶,南徐州兰陵人。……大唐任亳州城父县令,治政有闻,改任沧州景城县令。以大唐贞观十二年八月四日构疾,薨于任所;以十三年岁次己亥二月十七日葬于洛州河南县千金乡。"⑤

宋　扐　武后圣历二年前(699前)

《大周唐故朝议郎行洛州密县令上骑都尉宋府君(思真)墓志铭并序》:"夫人博陵崔氏……以永淳二年九月六日,卒于温县之私第。时年六十。长子扐,朝议郎、行亳州城父县令。……即以证圣元年正月廿二日,合祔于偃师县之西、首阳山之南,礼也。"⑥《大周故朝散大夫行亳州城父县令宋府君(扐)墓志铭并序》:"公讳扐,字去伐……改授亳州城父县令。……圣历二年三月廿六日,构疾终于文献之私第,春秋六十有一。"⑦

---

① (唐)孟浩然著,佟培基笺注:《孟浩然诗集笺注》,上海:上海古籍出版社,2000年,第246页。

② (宋)欧阳修、宋祁:《新唐书》,北京:中华书局,1975年,第2094页。

③ (宋)欧阳修、宋祁:《新唐书》,北京:中华书局,1975年,第2109页。

④ 周绍良主编:《唐代墓志汇编》,上海:上海古籍出版社,1992年,第675页。

⑤ 周绍良主编:《唐代墓志汇编》,上海:上海古籍出版社,1992年,第50页。

⑥ 吴钢主编:《全唐文补遗(第八辑)》,西安:三秦出版社,2005年,第307—308页。

⑦ 吴钢主编:《全唐文补遗(第八辑)》,西安:三秦出版社,2005年,第326页。

李 敬 唐玄宗开元中

《唐代墓志汇编·开元二一〇·唐故庄州都督李府君志铭并序》:“君讳敬,字守礼,陇西成纪人也…… 十八应制,八科举擢第,解褐鄜州洛川尉,次迁司仆丞,又徙城父令,寻改洪州司马,无何移洪州长史。……开元十年七月卅日,不禄乎洛阳县通远坊私第,春秋七十四。”①

元玄祐 唐玄宗天宝五载前(746 前)

《唐代墓志汇编续集·天宝〇二八·大唐故通议大夫上柱国剑州刺史晋阳县开国男郭府君夫人新郑郡河南元氏权殡墓志》:“夫人讳婉,字婉,河南元氏。……父玄祐,亳州城父县令。……(夫人)以天宝五载正月三日殁于洛阳里第,春秋六十七。”②

牟知损 唐玄宗天宝八载前(749 前)

《唐代墓志汇编续集·天宝〇五二·大唐故李夫人墓志铭并序》:“夫人赵郡人也。祖父令德,声华远流,夫前谯郡城父县令牟知损。夫人……以天宝八载二月十四日构疾,终于德懋坊私第,春秋卌有一。”③

任行真 唐肃宗至德二载前(757 前)

《唐代墓志汇编续集·圣武〇〇一·大燕故任府君墓志铭》:“公讳金,字子金,华阴人也。因官中都河南府。谯郡成父县令行真之孙,酒泉郡司马守节之子。……享年五十有二,圣武二年四月廿日丁酉,终于河南县洛水之汭道光里之私第也。”④

姚 訚 唐肃宗至德二载前(757 前)

《全唐文》卷三四五“张巡”:“巡字巡,邓州南阳人……安禄山反……与太守许远、城父令姚訚等合,败贼将杨朝宗。”⑤案:姚訚于至德二载(757)战死。

韦弘愿 唐中后期(敬宗朝前)

参见颍州长史“韦聪”条。

李 忲 唐文宗大和六年前后(832 前后)

---

① 周绍良主编:《唐代墓志汇编》,上海:上海古籍出版社,1992 年,第 1303 页。

② 周绍良、赵超主编:《唐代墓志汇编续集》,上海:上海古籍出版社,2001 年,第 600—601 页。

③ 周绍良、赵超主编:《唐代墓志汇编续集》,上海:上海古籍出版社,2001 年,第 618 页。

④ 周绍良、赵超主编:《唐代墓志汇编续集》,上海:上海古籍出版社,2001 年,第 666 页。

⑤ (清)董诰等编:《全唐文》,北京:中华书局,1983 年,第 3499 页。

《唐故河中府士曹参军卢府君(嘉猷)墓志铭并叙》:"大和五年七月一日,范阳卢(庐)府君构疾终于晋州临汾县临普里之私第,享年八十一。……次适亳州成父令陇西李忿。……以明年七月十九日归葬,礼也。"①此墓志亦见《河洛墓刻拾零》(第545页)。

薛怀让 任职时间不详

《唐殿中侍御史王公故夫人河东薛氏墓志铭并序》:"夫人讳廷淑,字子柔,其先河东人。高祖怀让,亳州城父县令,赠秘书丞。"②

李 穌 任职时间不详

《新唐书》卷七二上《宰相世系二上》"赵郡李氏"条:"穌,城父令。"③

2. 县丞

韦 攸 唐玄宗天宝中

见上县尉"韦攸"条。

卢 序 任职时间不详

《韩昌黎文集校注》卷六《扶风郡夫人墓志铭》:"夫人姓卢氏,范阳人,亳州城父丞序之孙,吉州刺史彻之女。"④《唐故吏部尚书赠少保裴府君夫人范阳郡夫人卢氏墓志铭并序》:"夫人姓卢氏,范阳人也。巴州刺史讳子思之曾孙,亳州城父县丞讳序之孙,吉州刺史讳彻之女。……夫大和四年,少保薨后二年八月八日,夫人构疾捐馆,享年六十有二。"⑤

3. 主簿

慕容晓 约唐肃宗至德中

《唐代墓志汇编·乾元〇〇二·河南慕容府君墓志铭并序》:"公讳晓字济……解褐亳州成父主簿。秩满归洛,构游大梁,春秋卌有二,卒于下州里,以大唐乾元元年三月十三日,葬于邙山东陶村东原,祔先人茔礼也。"⑥

---

① 吴钢主编:《全唐文补遗(第八辑)》,西安:三秦出版社,2005年,第149页。

② 毛阳光主编:《洛阳流散唐代墓志汇编续集》,北京:国家图书馆出版社,2018年,第815页。

③ (宋)欧阳修、宋祁:《新唐书》,北京:中华书局,1975年,第2560页。

④ (唐)韩愈著,马其昶校注、马茂元整理:《韩昌黎文集校注》,上海:上海古籍出版社,1986年,第437页。

⑤ 墓志见赵振华:《洛阳出土唐代裴向、卢氏墓志研究》,《洛阳师范学院学报》2009年第1期,第20—23页。

⑥ 周绍良主编:《唐代墓志汇编》,上海:上海古籍出版社,1992年,第1735页。

4. 县尉

王易从　约武后垂拱中

《全唐文》卷二五八苏颋《扬州大都督长史王公神道碑》："霸城王府君，讳易从，字某。……授亳州城父尉，且未光也。无何，枣强府君不禄，毁将形骨，扶杖于家者三载，哀不绝声。"①

冯　异　唐玄宗天宝元年前(742 前)

《大唐故朝议郎行城门郎冯公(贞懿)墓志铭并序》："公讳贞懿，字贞懿……以天宝元年十一月廿五日，与故夫人河东裴氏合祔于芒山平阴里，礼也。嗣子前谯郡城父县尉异……痛天地之早违。"②

卢　复　唐玄宗天宝八载前(749 前)

《唐代墓志汇编·天宝一五四·大唐故谯郡城父县尉卢府君墓志铭》："府君讳复，字子休……起家惠宣太子挽郎，调补城父县尉……天宝八载九月四日暴卒于谯郡鹿邑县里之私舍，春秋卅有六。"③

(三)临涣县

1. 县令

裴　某　约唐初中期

《孟浩然诗集笺注》卷下《临涣裴明府席遇张十一房六》④。

李　寂　唐玄宗开元中

《唐代墓志汇编续集·开元〇六七·唐故朝议大夫守武州别驾上柱国李公墓志》："公讳寂，字萧然，渤海蓨人。……未经考闻，又制授亳州临涣县令。……秩满，制授武州别驾。……春秋六十有五，大唐开元十二年岁次甲子七月戊午朔十六日癸酉寝疾，终于东都道政里之私第。"⑤

崔茂宗　约唐玄宗开元二十一—二十四年(733—736)

《大唐故朝议郎郑州荥泽县令崔府君墓志铭并序》："公讳茂宗，字季昌，安平博陵人也。……授亳州临涣县令。……会廿四年，敕命选曹较善为邑

① (清)董诰等编:《全唐文》,北京:中华书局,1983 年,第 2618 页。

② 吴钢主编:《全唐文补遗(千唐志斋新藏专辑)》,西安:三秦出版社,2006 年,第 188 页。

③ 周绍良主编:《唐代墓志汇编》,上海:上海古籍出版社,1992 年,第 1639 页。

④ (唐)孟浩然著,佟培基笺注:《孟浩然诗集笺注》,上海:上海古籍出版社,2000 年,第 294 页。

⑤ 周绍良、赵超主编:《唐代墓志汇编续集》,上海:上海古籍出版社,2001 年,第 499—500 页。

者，席公因首启公，除郑州荥泽县令。……开元廿九年五月廿六日终于洛阳会节里第，年六十有九。”①

刘　彻　唐玄宗天宝十一载前(752 前)

《唐代墓志汇编·天宝二一二·大唐故刘夫人墓志铭》:“夫人号光赞，太原王人也。……考朝议郎、谯郡临涣县令彻，夫人即征君之长女也。……天宝十一载秋七月十有四日，终于正俗里之私第也，享年六十二载。”②

韦　缜　唐德宗贞元中或后

《全唐文》卷三九〇独孤及《唐故朝议大夫申王府司马上柱国赠太常卿韦公神道碑铭(并序)》:“公讳缜，字某，职方之仲子也。……亲累徙官，再迁至亳州临涣县令。”③

阴弘道　任职时间不详

《新唐书》卷五七《艺文志一》:“阴弘道《周易新传疏》十卷(颢子，临涣令)。”④

李师乔　任职时间不详

《新唐书》卷七二上《宰相世系二上》“赵郡李氏”条:“师乔，临涣令。”⑤

2. 县丞

赵琼琰　唐玄宗开元二十八年前(740 前)

《唐故亳州临涣县丞赵府君(琼琰)墓志铭并序》:“公讳琼琰，字忠，河南人也。……再补淄州高苑丞，又转亳州临涣丞。……以开元廿八年冬，构疾于河南私第，受终正寝，时年六十有八。”⑥

崔　俊　唐代宗大历八年前(773 前)

《全唐文》卷三九一独孤及《唐前楚州司马河南独孤公故夫人博陵崔氏墓志铭》:“夫人讳某，博陵安平人也。……考俊，亳州临涣县丞。夫人少孤，在家以纯孝称。……大历八年十一月某日，享年若干，殁于寿州。”⑦亦见《唐故正议大夫守左散骑常侍致仕上柱国博陵县开国伯食邑七百户赐紫金鱼袋

① 墓志见容轩:《唐王缙撰〈崔茂宗墓志〉》,《书法》2017 年第 3 期，第 48—55 页。

② 周绍良主编:《唐代墓志汇编》,上海:上海古籍出版社，1992 年，第 1679 页。

③ (清)董诰等编:《全唐文》,北京:中华书局，1983 年，第 3970 页。

④ (宋)欧阳修、宋祁:《新唐书》,北京:中华书局，1975 年，第 1426 页。

⑤ (宋)欧阳修、宋祁:《新唐书》,北京:中华书局，1975 年，第 2509 页。

⑥ 吴钢主编:《全唐文补遗(第一辑)》,西安:三秦出版社，1994 年，第 149 页。

⑦ (清)董诰等编:《全唐文》,北京:中华书局，1983 年，第 3978 页。

赠越州都督崔公墓志铭并叙》①。

李　悍　任职时间不详

《新唐书》卷七二上《宰相世系二上》“赵郡李氏”条：“悍，临涣丞。”②

崔　俊　任职时间不详

《新唐书》卷七二下《宰相世系二下》“第二房崔氏”条：“俊，临涣丞。”③

3. 主簿

孙奉璋　唐玄宗开元中

《全唐诗续拾》卷一一《五言晚泛灵溪之作》介绍此诗作者说：“（王）位之，开元二十八年任滑州匡城县主簿。诗一首。”又说：“按：此诗见于石刻《唐开元神武皇帝道德经注碑》右侧，诗题下署：‘□□采访使下都检校官滑州匡城主簿王位之。’诗末有‘自书’二字。诗刻后有题名五行：朝散郎行临涣县尉李嵒；□义□；奉敕修功德□□□□；陈忠盛开□□□□岁次庚辰；临涣主簿孙奉璋因题庙内额至此。另详后跋。”④

赵琼琰　唐玄宗开元二十八年前（740 前）

《唐代墓志汇编·开元五二八·故亳州临涣县丞赵府君墓志铭（开元廿九年三月）》：“公讳琼琰，字忠，河南人也。……初以投笔功拜饶州乐平尉，再补淄州高苑丞，又转亳州临涣尉。……以开元二十八年冬，构疾于河南私第，受终正寝，时年六十有八。”⑤

杨虞卿　唐德宗朝

《新唐书》卷一七五《杨虞卿传》：“杨虞卿字师皋，虢州弘农人。……擢明经，调临涣主簿，弃官还夏，与阳城为莫逆交。德宗以谏议大夫召城，城未拜，诏宁即谕，与俱来。”⑥

4. 县尉

段延福　唐玄宗先天元年后（712 后）

《大唐故武威段府君墓志铭并序》：“君讳延福，字训。……春秋一十八，孝廉擢第……廿二，亳州临涣县尉……春秋六十四，即以天宝十三载七月卒

① 毛远明编著：《西南大学新藏墓志集释》，南京：凤凰出版社，2018 年，第 567 页。

② （宋）欧阳修、宋祁：《新唐书》，北京：中华书局，1975 年，第 2573 页。

③ （宋）欧阳修、宋祁：《新唐书》，北京：中华书局，1975 年，第 2794 页。

④ （清）彭定球等编：《全唐诗》，北京：中华书局，1999 年，第 11057 页。

⑤ 周绍良主编：《唐代墓志汇编》，上海：上海古籍出版社，1992 年，第 1519 页。

⑥ （宋）欧阳修、宋祁：《新唐书》，北京：中华书局，1975 年，第 5247 页。

于浐川乡之私第。”①

申屠液 唐玄宗开元十二年(724)

《全唐文》卷三二九:“液,开元十二年官亳州临涣县尉。”②

赵 恩 唐玄宗天宝十三载前(754前)

《唐故处士赵君(应)墓志铭并序(前谯郡临淮县尉赵恩撰)》:“君讳应……以天宝十三载六月廿九日,寝疾卒于尚贤里之私第,春秋廿有七。至其载七月十二日……袝于先茔,志也。”③

张 巡 唐玄宗朝

《韩昌黎文集校注》卷二《张中丞传后叙》:“张籍曰:‘有于嵩者,少依于巡。及巡起事,嵩常在围中。籍大历中于和州乌江县见嵩,嵩时年六十余矣。以巡初尝得临涣县尉,好学无所不读。籍时尚小,粗问巡远事,不能细也。’”④

毕 坰 约唐宪宗元和中

《韩昌黎文集校注》卷六《唐故河南府王屋县尉毕君墓志铭》:“毕氏出东平……宏死,坰益壮,始自别为毕氏。历尉临涣、安邑、王屋。年六十一,以元和六年二月二日卒于官。初罢临涣,徐州节度张建封慕广平之节死,闻君笃行能官,请相见,署诸从事,摄符离令四年。”⑤《新唐书》卷一二八《毕构传》:“构子炕……炕生坰,始四岁,与弟增以细弱得不杀,为赏口。河北平,宗人宏以财赎出之。后举明经,为临涣尉。徐州节度使张建封高炕节,闻坰笃行,表署幕府,摄符离令。”⑥

张 质 唐德宗贞元中

《太平广记》卷三八〇“张质”条引《续玄怪录》:“张质者,猗氏人。贞元中明经,授亳州临涣尉。”⑦

---

① 齐运通、杨建锋编:《洛阳新获墓志(二〇一五)》,北京:中华书局,2017年,第218页。

② (清)董诰等编:《全唐文》,北京:中华书局,1983年,第3337—3338页。

③ 吴钢主编:《全唐文补遗(第八辑)》,西安:三秦出版社,2005年,第67页。

④ (唐)韩愈著,马其昶校注、马茂元整理:《韩昌黎文集校注》,上海:上海古籍出版社,1986年,第77页。

⑤ (唐)韩愈著,马其昶校注、马茂元整理:《韩昌黎文集校注》,上海:上海古籍出版社,1986年,第379—480页。

⑥ (宋)欧阳修、宋祁:《新唐书》,北京:中华书局,1975年,第4461页。

⑦ (宋)李昉等编:《太平广记》,北京:中华书局,1961年,第3027页。

李　邕　唐玄宗开元中

参见临涣县主簿“孙奉璋”条①。

李　参　唐玄宗天宝四载前(745 前)

《有唐故东阳郡司士参军崔府君(晞)墓志铭并序》:“府君讳晞……与长子婿前临涣县尉陇西李参,以四载十一月廿九日,宅兆于龙门西原,从先志也。”②

李　单　任职时间不详

《新唐书》卷七〇下《宗室世系下》“蒋王房”条:“临涣尉单。”③

于　嵩　任职时间不详

《光绪宿州志》卷一二《官爵志·职官》:“于嵩,为临涣尉,少依张巡,读书好学。”④

左中孚　任职时间不详

《左中孚龙门造像记》:“石龛阿弥陀像者,亳州临涣县尉左中孚为亡妻之所造也。”⑤

(四)蒙城县(山桑县)

1. 县令

李全节　约唐高宗朝

《唐故朝散大夫行常州晋陵县令李公(全节)墓志铭并序》:“公讳全节,字(空一格),赵郡平棘人也。……年十六,高皇帝以弓箭升天,文明去国。……解褐授汝州司户参军。秩满,改常州司兵参军。丁内忧去职……调眉州司仓参军,传泾州临泾、亳州山桑二县令。……神龙元年十一月廿一日,构疾卒于河南嘉善里之私第,春秋八十八。”⑥

乐鉴虚　唐中宗景龙元年前(707 前)

《唐故亳州山桑县令王府主簿乐君墓志铭并序》:“君讳鉴虚,字鉴虚,南

---

① (清)彭定球等编:《全唐诗》,北京:中华书局,1999 年,第 11057 页。

② 吴钢主编:《全唐文补遗(千唐志斋新藏专辑)》,西安:三秦出版社,2006 年,第 203 页。

③ (宋)欧阳修、宋祁:《新唐书》,北京:中华书局,1975 年,第 2094 页。

④ (清)何庆钊修、(清)丁逊之等纂:《光绪宿州志》,《中国地方志集成·安徽府县志辑 28》,南京:江苏古籍出版社,1998 年,第 226 页。

⑤ 吴钢主编:《全唐文补遗(第七辑)》,西安:三秦出版社,2000 年,第 226 页。

⑥ 吴钢主编:《全唐文补遗(千唐志斋新藏专辑)》,西安:三秦出版社,2006 年,第 130 页。

阳人也。……乾封二年受润州丹徒县尉，又转沧州盐山县主簿……旋转卫州汲县丞，又转亳州山桑县令，又转王府主簿……以景龙元年九月廿三日终于洛阳时邕坊之私第，春秋六十七。”①此志亦见《全唐文补遗（第七辑）》②《河洛墓刻拾零》（第194页）。

温　纪　*唐玄宗开元二十二年前(734前)*

《大唐故亳州山桑县令温公墓志铭并序》：“公讳温纪，太原祁人也。……解褐授晋州参军，食我场苗，参卿军事，累迁亳州山桑县令。……以开元廿二年三月八日终于金城县安善里之别业也，时年五十六。”③

卢守默　*唐玄宗开元中*

《大唐故亳州山桑县令卢府君（守默）墓志铭并序》：“君讳守默，字审□，幽州范阳人也。……累迁齐州祝阿、亳州山桑县令。……（君）春秋八十有三，开元十六年十二月七日，卒于河阴里第。”④亦见《大唐故邓州穰县丞卢府君（喦）墓志铭并序》⑤（此墓志亦见《河洛墓刻拾零》第439页）、《唐故太子司议郎兼河中府残念功曹参军邓州穰县丞范阳卢府君（喦）夫人博陵崔氏合袝墓志铭并序》⑥（此墓志亦见《河洛墓刻拾零》第469页）。

阳景昌　*唐玄宗天宝元年前(742前)*

《唐故幽州永清县令阳公墓志铭并序》：“公讳裕，字裕，其先北平无终人也。……曾王父景昌，朝散大夫、亳州山桑令。”⑦

韦元诚　*唐代宗永泰二年前(766前)*

《全唐文》卷三九二独孤及《唐故范阳郡仓曹参军京兆韦公墓志铭》：“永泰二年五月七日，有唐故衢州刺史鲁县子京兆韦璆第三子范阳郡仓曹参军讳元诚葬于少陵原先茔，夫人范阳卢氏袝焉，从周礼也。公少时为坊州参军，历襄州司法，试守枣阳县令，真授蒙城令，凡五迁至范阳仓曹。”⑧

---

① 赵文成、赵君平编选：《新出唐墓志百种》，杭州：西泠印社出版社，2010年，第90页。

② 吴钢主编：《全唐文补遗（第八辑）》，西安：三秦出版社，2005年，第339页。

③ 赵力光主编：《西安碑林博物馆新藏墓志汇编》，北京：线装书局，2007年，第398页。

④ 吴钢主编：《全唐文补遗（千唐志斋新藏专辑）》，西安：三秦出版社，2006年，第155页。

⑤ 吴钢主编：《全唐文补遗（第八辑）》，西安：三秦出版社，2005年，第81页。

⑥ 吴钢主编：《全唐文补遗（第八辑）》，西安：三秦出版社，2005年，第99页。

⑦ 毛阳光主编：《洛阳流散唐代墓志汇编续集》，北京：国家图书馆出版社，2018年，第775页。

⑧ （清）董诰等编：《全唐文》，北京：中华书局，1983年，第3985页。

2. 主簿

徐大亨 唐玄宗开元十一年前(723 前)

《大唐故冀州堂阳县尉杨(琼)墓志铭并序(奉议郎前行亳州山桑县主簿徐大亨撰)》:"君讳琼,字亮,弘农湖人也。……即以开元十一年十月十七日迁葬于河南县河阴乡界邙山伯乐堨之北原博城府君之茔左,礼也。"①

卢 岘 约唐代宗朝

《全唐文》卷五〇三权德舆《润州丹阳县丞卢君墓志铭(并序)》:"君讳岘,字某,范阳人。……筮仕三次,不离州县之职,曰亳州蒙城县主簿、楚州宝应县尉、润州丹阳县丞。……以大历九年七月日,寝疾终于官舍,享年五十五。"②

许 衔 唐昭宣帝天祐初

《册府元龟》卷九二四《总录部·诈伪》:"后唐许光义,自言礼部侍郎孟容之孙也。光义天祐初,将同姓人谯县主簿名衔,选授亳州蒙城簿。累历州县职官。"③

3. 县尉

姚成允 唐德宗贞元十八年前(802 前)

《唐故朝散郎前试詹事府司直兼蕲州黄梅县令姚公(侑)墓志铭并序》:"贞元十八年五月廿二日,有唐试詹事府司直、兼蕲州黄梅县令、赐绯鱼袋姚公,启手足于东都慈善惠里之私第,享年五十有六。……次子成允,前亳州蒙城县尉。"④

---

① 吴钢主编:《全唐文补遗(第一辑)》,西安:三秦出版社,1994 年,第 110 页。

② (清)董诰等编:《全唐文》,北京:中华书局,1983 年,第 5124—5125 页。

③ (宋)王钦若等编纂:《册府元龟》,南京:凤凰出版社,2006 年,第 10719—10720 页。

④ 吴钢主编:《全唐文补遗(千唐志斋新藏专辑)》,西安:三秦出版社,2006 年,第 298—299 页。

卷三　徐州

徐州，又称彭城郡，唐时曾辖八县，后有增废，州治在彭城县（治今江苏省徐州市）。其中彭城县、沛县、滕县、宿迁、下邳五县在今江苏、山东境内；萧县（治今安徽省萧县西北）、符离县（治今安徽省宿州市）、蕲县（治今安徽宿州市南四十里蕲县镇）[①]在今皖淮地区境内。

一、州级官员

（一）刺史

据郁贤皓所著《唐刺史考全编》统计，关于唐代徐州刺史的信息有105条，其中3人未上任，3人待考，其中也包括有些官员二任或三任徐州刺史。可以说，徐州作为名郡、大郡，刺史调任也很频繁，尤其是在军事动荡时期。现依据郁著所列徐州刺史信息列表如下：

表3:《唐刺史考全编》所列唐代徐州刺史信息一览表

序号	任职年份	姓名	主要文献来源
1	唐高祖武德六年（623）	任　瑰	《旧唐书》卷五九《任瑰传》
2	唐太宗贞观中	田留安	《册府元龟》卷六八〇
3	唐太宗贞观七—十年（633—636）	李　贞	《旧唐书》卷七六《李贞传》

① 萧县、符离与蕲县唐初中期属徐州，元和中割属宿州。

序号	任职年份	姓名	主要文献来源
4	唐太宗贞观十一十六年(636—642)	李元礼	《旧唐书》卷六四《李元礼传》
5	唐太宗贞观十六?一二十年(642?—646)	李元轨	《旧唐书》卷六四《李元轨传》
6	约唐高宗显庆初一三年(约656—658)	李　慎	《全唐文》卷一四高宗《册纪王慎泽州刺史文》
7	约唐高宗显庆末	李元庆	《旧唐书》卷六四《李元庆传》
8	唐高宗时	王元揩	《隋唐五代墓志汇编·河南卷·大唐故朝散郎行潞州上党县尉王少府公(嵩)墓志铭并序》(开元十四年四月二十一日)
9	唐高宗仪凤三年前(678前)	李元晓	《旧唐书》卷五《高宗纪下》
10	唐高宗时	李冲寂	《杨炯集》卷九《李怀州(冲寂)墓志铭》
11	唐高宗开耀元年(681)	李子旦	《金石补正》卷三九《开业寺碑》
12	武后永昌元年(689)	李　续	《资治通鉴》卷二〇四"武后永昌元年五月"条
13	约武后时	李　璩	《新唐书》卷七〇上《宗室世系表上》
14	约武后时	郭绍宗	《元和姓纂》卷一〇京兆郭氏
15	约武后时	张道一	《唐代墓志汇编》开元〇二〇《大唐故幽府士曹参军孟府君墓志铭并序》
16	武后万岁通天元年一二年(696—697)	元延寿	《严州图经》卷一"题名"
17	武后长安四年(704)	司马鍠	《资治通鉴》卷二〇七"武后长安四年春正月"条
18	武后神龙元年(705)	杜嗣先	《徐州刺史杜嗣先墓志》,《台大中文学报》1995年第7期叶国良《唐代墓志考释八则》引

序号	任职年份	姓名	主要文献来源
19	唐中宗神龙三年(707)	张合慜	《会籍掇英总集·唐太守题名》
20	唐中宗景龙中	卢齐卿	《旧唐书》卷一九一《孙思邈传》
21	唐睿宗景云中	姚　崇	《新唐书》卷一二四《姚崇传》
22	约唐玄宗先天中	韦岳子 (韦岳、韦嶽)	《全唐文》卷四九七权德舆《糖唐故光禄大夫检校太尉兼中书令成都尹剑南西川节度副大使知节度事韦公(皋)先庙碑铭并序》
23	唐玄宗开元七年前(719前)	苏　诜	《旧唐书》卷八八《苏瓌传》
24	唐玄宗开元前期?	王　罊	《新唐书》卷六二《宰相中》
25	唐玄宗开元十—十一年(722—723)	贾　曾	《旧唐书》卷三〇《音乐志三》
26	约唐玄宗开元十二年(724)	崔玄同	《韩昌黎集》卷二四《崔评事翰墓铭》
27	约唐玄宗开元十三年前后(约725前后)	李　畅	《隋唐五代墓志汇编·洛阳卷》第九册《唐正议大夫使持节相州诸军事守相州刺史上柱国赞皇县开国子李公(畅)墓志铭并序》(开元十八年七月九日)
28	唐玄宗开元十八年(730)	董　娄	《隋唐五代墓志汇编·山西卷·唐故徐州刺史□德记之铭》
29	唐玄宗开元后期	源　复	《全唐文》卷三〇九孙逖《授源复等诸州刺史制》
30	约唐玄宗开元末—天宝元年(?—742)	李少康	《全唐文》卷三九〇独孤及《唐故睢阳太守赠秘书监李公(少康)神道碑铭并序》
31	唐玄宗天宝三载前后(744前后)	李　憕	《新唐书》卷一九一《李憕传》
32	约唐玄宗天宝四—六载(约745—747)	张九皋	《旧唐书》卷九九《张九龄传》

序号	任职年份	姓名	主要文献来源
33	约唐玄宗天宝七载（约748）	路齐晖	《新唐书》卷六五《方镇二》
34	约唐玄宗天宝十载（约751）	王　泰	《千唐志·唐故知盐铁福建院事监察御史里行王府君（师正）墓志铭并序》
35	唐玄宗天宝十一载（752）	郑　济	《严州图经》卷一“题名”
36	唐肃宗至德元载—二载（756—757）	贺兰进明	《旧唐书》卷一八七下《许远传》
37	唐肃宗至德二载（757）	尚　衡	《资治通鉴》卷二一九“唐肃宗至德二载秋七月”条
38	唐肃宗乾元二年（759）	尚　衡	《旧唐书》卷一〇《肃宗纪》
39	唐肃宗时？	武　胜	《全唐文》卷六九一符载《贺州刺史武府君（充）墓志铭》
40	唐肃宗时	论惟贞	《新唐书》卷一一〇《论惟贞传》
41	唐肃宗上元二年—宝应元年（761—762）	田神功	《资治通鉴》卷二二二“唐肃宗上元二年六月”条
42	唐肃宗宝应元年（762）	郑　昈	《全唐文》卷六七九白居易《故滁州刺史赠刑部尚书荥阳郑公墓志铭》
43	唐肃宗宝应元年—二年（762—763）	刘如伶	《旧唐书》卷二〇〇上《史朝义传》
44	唐代宗广德元年（763）	萧　直	《全唐文》卷三九二独孤及《唐故给事中赠吏部侍郎萧公（直）墓志铭》
45	唐代宗永泰元年（765）	曹　升	《旧唐书》卷一九三《烈女·卢甫妻李氏传》
46	唐代宗大历初	贾　深	《元和姓纂》卷七“长乐贾氏”
47	约唐代宗大历初	陆　易	《新唐书》卷六三《宰相下》
48	唐代宗大历中	薛　愉	《新唐书》卷六三《宰相下》
49	约唐代宗大历八—九年（约773—774）	梁　乘	《新唐书》卷六《代宗纪》

序号	任职年份	姓名	主要文献来源
50	唐德宗建中元年—三年(780—782)	李　洧	《旧唐书》卷一二四《李洧传》
51	唐德宗建中三年—兴元元年(782—784)	高承宗	《旧唐书》卷一二《德宗纪上》
52	唐德宗兴元元年—贞元四年(784—788)	高明应	《旧唐书》卷一二《德宗纪上》
53	唐德宗贞元初	独孤华	《旧唐书》卷一四〇《张建封传》
54	唐德宗贞元初	白季庚	《白居易集》卷四六《襄州别驾府君(白季庚)事状》
55	唐德宗贞元四年—十六年(788—800)	张建封	《资治通鉴》卷二三三"唐德宗贞元四年九月"条
56	唐德宗贞元十六年(800)	韦夏卿(未之任)	《新唐书》卷一五八《张建封传》
57	唐德宗贞元十六年	李　谅	《旧唐书》卷一五〇《德宗顺宗诸子·李谅传》
58	唐德宗贞元十六年—唐宪宗元和元年(800—806)	张　愔	《旧唐书》卷一三《德宗纪下》
59	唐宪宗元和元年—六年(806—811)	王　绍	《旧唐书》卷一二三《王绍传》
60	唐宪宗元和六—十三年(811—818)	李　愿	《旧唐书》卷一三三《李愿传》
61	唐宪宗元和十三—十五年(818—820)	李　愬	《旧唐书》卷一三三《李晟愬传》
62	唐宪宗元和十五年—唐穆宗长庆二年(820—822)	崔　群	《旧唐书》卷一五九《崔群传》
63	唐穆宗长庆二年—唐文宗大和六年(822—832)	王智兴	《旧唐书》卷一五六《王智兴传》
64	唐文宗大和六年(832)	李听(未之任)	《旧唐书》卷一三三《李听传》

序号	任职年份	姓名	主要文献来源
65	唐文宗大和六—七年(832—833)	高瑀	《旧唐书》卷一六二《高瑀传》
66	唐文宗大和七年—开成元年(833—836)	崔珙	《旧唐书》卷一七七《崔珙传》
67	唐文宗开成元年—约唐武宗会昌元年(836—约841)	薛元赏	《文苑英华》卷四五五李讷《授薛元赏昭义节度使制》
68	约唐武宗会昌元年—三年(约841—843)	李彦佐	《资治通鉴》卷二四七“唐武宗会昌三年五”月条
69	约唐武宗会昌三年—唐宣宗大中元年(约843—847)	田牟	《旧唐书》卷一四一《田牟传》
70	约唐宣宗大中二年——三年(约848—849)	李廓	《新唐书》卷一三一《李廓传》
71	唐宣宗大中三—四年(849—850)	卢弘止(正)	《旧唐书》卷一六三《卢弘正传》
72	唐宣宗大中四—六年(850—852)	郑涓	《全唐文》卷七八八蒋伸有《授郑涓徐州节度使制》
73	唐宣宗大中六—八年(852—854)	康季荣	《全唐文》卷七六三沈珣《授康季荣徐州节度使郑涓昭义节度使制》
74	约唐宣宗大中八—约十二年(约854—约858)	田牟	《新唐书》卷一四八《田牟传》
75	唐宣宗大中十二—十三年(858—859)	康季荣	《资治通鉴》卷二四九“唐宣宗大中十三年夏四月”条
76	唐宣宗大中十三年—约唐懿宗咸通二年(859—约861)	田牟	《新唐书》卷一四八《田牟传》
77	唐懿宗咸通二—三年(861—862)	温璋	《旧唐书》卷一九上《懿宗纪》
78	唐懿宗咸通三年(862)	王式	《旧唐书》卷一九上《懿宗纪》

序号	任职年份	姓名	主要文献来源
79	约咸通三—五年（约862—864）	曹　庆	《资治通鉴》卷二五〇“唐懿宗咸通四年三月”条
80	唐懿宗咸通五—六年（864—865）	孟　球	《旧唐书》卷一九上《懿宗纪》
81	唐懿宗咸通六—七年（865—866）	薛　绾	《旧唐书》卷一九上《懿宗纪》
82	唐懿宗咸通七—九年（866—868）	崔彦曾	《旧唐书》卷一七七《崔慎由传》
83	唐懿宗咸通九年（868）	庞　勋	《旧唐书》卷一七七《崔慎由传》
84	唐懿宗咸通九年（868）	张玄稔	《资治通鉴》卷二五一“唐懿宗咸通十年七月”条
85	唐懿宗咸通十年（869）	王晏权	《旧唐书》卷一九上《懿宗纪》
86	唐懿宗咸通十年（869）	曹　翔	《旧唐书》卷一九上《懿宗纪》
87	唐懿宗咸通十一年（870）	夏侯瞳	《资治通鉴》卷二五二“唐懿宗咸通十一年夏四月”条
88	约唐懿宗咸通十二—约十三年（约870—约872）	郭　铨	《新唐书》卷六四《方镇一》
89	唐懿宗咸通十四年—约唐僖宗乾符二年（873—约875）	薛　能	《唐诗纪事》卷六〇
90	约唐僖宗乾符三—五年（约876—878）	薛　能	《唐诗纪事》卷六〇、《唐摭言》卷一五
91	唐僖宗乾符五年—中和二年（878—882）	支　详	上图藏拓片《唐故西川少尹支公（讷）墓志铭并序》
92	唐僖宗中和二年—唐昭宗景福二年（882—893）	时　溥	《旧唐书》卷一八二《时溥传》
93	唐昭宗大顺二年（891）	刘崇望（未之任）	《旧唐书》卷二〇上《昭宗纪》
94	唐昭宗景福二年（893）	庞师古	《旧唐书》卷二〇上《昭宗纪》

序号	任职年份	姓名	主要文献来源
95	唐昭宗乾宁元年—三年(894—896)	张廷范	《资治通鉴》卷二五九“唐昭宗景福二年六月”条
96	唐昭宗乾宁四年(897)	庞师古	《旧五代史》卷二一《庞师古传》
97	唐昭宗乾宁四年(897)	朱　瑾	《旧五代史》卷一三《朱瑾传》
98	唐昭宗乾宁四年—天复二年(897—902)	王敬荛	《旧唐书》卷二〇上《昭宗纪》
99	唐昭宗天复二—三年?(902—903?)	冯弘铎	《资治通鉴》卷二六三“唐昭宗天复二年三月”条
100	唐昭宗天复三年—天祐元年(903—904)	朱友恭	《旧唐书》卷二〇上《昭宗纪》
101	唐昭宗天祐元年—唐昭宣帝二年(904—905)	杨师厚	《旧五代史》卷二二《杨师厚传》
102	唐昭宣帝天祐二—四年(905—907)	张慎思	《旧五代史》卷一五《张慎思传》
103	不祥	程超(待考)	《宝刻丛编》卷一封丘县引《访碑录》
104	不祥	高宾(待考)	《九国志·高沣传》
105	不祥	崔敏彀(待考)	《太平广记》卷三〇一引《广异记》

以下为增补唐代徐州刺史：

刘　演　约唐高祖、太宗朝

《刘思贤玄堂记》(天宝四载)：“曾祖演，彭城郡太守。”①案：刘思贤为玄宗朝宦官，但其祖上则为官宦人家。此墓志立时已改州为郡，故追称彭城郡。天宝四载刘思贤卒时五十四岁，当生于武周天授二年。其曾祖约仕宦于高祖太宗时期。

张抱麟　约唐玄宗天宝末—唐代宗朝

《唐故御史大夫张公墓志铭并序》：“贞元三年岁在丁卯闰五月甲寅，清河张公薨于郓州之私第。公讳抱麟，字时遇，春秋六十有九。……天宝中，

① 黄楼：《〈唐刺史考全编〉订补——以〈大唐西市博物馆藏墓志〉为中心》，《吐鲁番学研究》2014年第1期，第20—53页。

元凶乱常……公出处之际，卅年间位至金紫光禄大夫、鸿胪卿、特进、开府仪同三司、侍御史、御史中丞、检校国子祭酒、御史大夫、开国伯、武当郡王，食邑三千户，上柱国兼历淄、海、齐、兖、徐、棣、德、曹等八州刺史，非当世勋贤，孰至于此？公其八州之政，嘉绩乐存，至必来苏，去皆遗爱，事彰谣颂，故不备书。"①案：张抱麟生于玄宗开元七年（719），死于德宗贞元三年（787），其任徐州刺史应在玄宗朝末至代宗朝。

常休明 约唐中期

《故定州安喜县尉常君墓志铭并序》："唐大和六年……河内常氏子殁于东都……年三十五。……君名宗元。其祖曰休明，以勋劳历郑、汴、曹、濮、徐等州刺史，终端王傅。"②

卢士玫 约唐敬宗朝前

《同治徐州府志》卷六上《职官表》"卢士玫"条③。

温庭皓 约唐懿宗咸通中

《大明一统志》卷一八《徐州》："温庭皓，徐州观察使。庞勋反，以刃协之，使为表求节钺，不从，后遇害。"④

刘　柳 任职时间不详

《同治徐州府志》卷六上《职官表》"刘柳"条⑤。

（二）别驾

南□逸 约唐初中期

《大唐故右威卫南中郎（皓）墓志并序》："中郎讳皓，字皓，河南人也。皇朝散大夫、行徐州别驾□逸之孙。……（中郎）以乾元元年二月三日，因归拜省，卒于汴州，时春秋廿九。"⑥

---

① 墓志见李森：《新出土的唐代张抱麟墓志》，《北方文物》2016 年第 2 期，第 97—99 页。

② 毛阳光、余扶危主编：《洛阳流散唐代墓志汇编》，北京：国家图书馆出版社，2013 年，第 557 页。

③ （清）朱忻修、刘庠纂：《同治徐州府志》，《中国地方志集成·江苏府县志辑 61》，南京：江苏古籍出版社，1991 年，第 124 页。

④ （明）李贤等：《大明一统志》，西安：三秦出版社，1990 年，第 279 页。

⑤ （清）朱忻修、刘庠纂：《同治徐州府志》，《中国地方志集成·江苏府县志辑 61》，南京：江苏古籍出版社，1991 年，第 124 页。

⑥ 吴钢主编：《全唐文补遗（千唐志斋新藏专辑）》，西安：三秦出版社，2006 年，第 242 页。

李　祎　约唐玄宗朝前

《全唐文》卷一〇〇："祎，吴王恪孙。嗣江王嚣封嗣江王，为太子仆兼徐州别驾，加银青光禄大夫。历蔡、衢等州刺史。开元后累转蜀、濮等州刺史，入为光禄卿，迁将作大匠。"①

吕　某　唐代宗永泰中(765—766)

《全唐文》卷五二二梁肃《外王父赠秘书少监东平吕公神道表铭》："公讳某，字某……永泰中，嗣子某位朝散大夫右赞善兼陈州刺史，寻迁检校秘书少监兼徐州别驾，因诣阙拜章，乞回所授赐命于先人。"②

白季庚　唐德宗贞元中

《旧唐书》卷一六六《白居易传》："白居易字乐天，太原人。……锽生季庚，建中初为彭城令。时李正己据河南十余州叛。正己宗人洧为徐州刺史，季庚说洧以彭门归国，因授朝散大夫、大理少卿、徐州别驾，赐绯鱼袋，兼徐泗观察判官。"③

刘　滔　任职时间不详

《全唐文》卷七八四穆员《骠骑大将军刘公墓志铭》："公讳海宾，彭城人也。祖滔，皇朝散大夫、徐州别驾。"④

卢士澈　任职时间不详

《新唐书》卷七三上《宰相世系三上》"卢氏"条："士澈，昌乐令、徐州别驾。"⑤

韦　铦　任职时间不详

《新唐书》卷七四上《宰相世系四上》"东眷韦氏"条："铦，徐州别驾。"⑥

(三)长史

李儒懿　唐初

《唐代墓志汇编·圣历〇一一·大周故银青光禄大夫使持节利州诸军事利州刺史上柱国清河县开国子崔公夫人李氏墓志》："夫人讳□……父儒

---

① (清)董诰等编:《全唐文》,北京:中华书局,1983年,第1026页。

② (清)董诰等编:《全唐文》,北京:中华书局,1983年,第5301—5302页。

③ (后晋)刘昫等:《旧唐书》,北京:中华书局,1975年,第4340页。

④ (清)董诰等编:《全唐文》,北京:中华书局,1983年,第8206页。

⑤ (宋)欧阳修、宋祁:《新唐书》,北京:中华书局,1975年,第2927页。

⑥ (宋)欧阳修、宋祁:《新唐书》,北京:中华书局,1975年,第3062页。

懿，唐职方郎中、徐虢二州长史。……夫人……以唐显庆二年十一月二日，终于雍州始平县崇节府官舍，春秋廿有八。”①

江仁友 *唐初*

《唐代墓志汇编·开元三九二·大唐故庆王府典军江府君墓志并序》：“君讳璀，字思庄，济阳金乡人也。……祖仁友，唐徐州长史；元寮任重，半判声高，既作歌于海沂，信不空于邦国也。……（君）粤以开元廿一年秋七月廿有一日构疾，终于洛阳审教里之私第也，时年五十有四。”②

张文叔 *唐初*

《唐代墓志汇编续集·大历○四二·张公墓志》：“公讳嘉庆，字庆，清河人也。……曾祖文叔，任徐州长史。……（公）以大历十四年四月十一日薨于会同里之私第，春秋六十有四。”③《唐代墓志汇编续集·贞元○○三·□□河东节度经略副使九州都知团练兵马使开府仪同三司试太子詹事兼御史中丞建康郡王张公墓志铭》：“公讳嘉宾，字嘉宾，其先清河武城人也。……曾祖文叔，皇徐州长史。”④

成　几 *唐高宗永隆二年前(681 前)*

《唐代墓志汇编续集·永隆○○五·大唐故朝议郎行徐州长史成公府君墓志铭并序》：“公讳几，东郡淄川人也……敕迁徐州长史……永隆二年三月廿一日，终于任所，春秋七十。”⑤

刘怀道 *唐睿宗景云前*

《唐代墓志汇编续集·景云○○四·大唐故蕲州录事参军崔君墓志铭并序》：“君讳素臣，字同丘，博陵安平人也。……夫人沛□刘氏。……父怀道，朝散大夫、徐州长史。”⑥

柳子夏 *约唐中期*

《柳宗元集》卷一二《先侍御史府君神道表》：“先君讳镇，字某。……曾

---

① 周绍良主编:《唐代墓志汇编》,上海:上海古籍出版社,1992 年,第 931 页。

② 周绍良主编:《唐代墓志汇编》,上海:上海古籍出版社,1992 年,第 1428 页。

③ 周绍良、赵超主编:《唐代墓志汇编续集》,上海:上海古籍出版社,2001 年,第 720—721 页。

④ 周绍良、赵超主编:《唐代墓志汇编续集》,上海:上海古籍出版社,2001 年,第 736—737 页。

⑤ 周绍良、赵超主编:《唐代墓志汇编续集》,上海:上海古籍出版社,2001 年,第 249 页。

⑥ 周绍良、赵超主编:《唐代墓志汇编续集》,上海:上海古籍出版社,2001 年,第 444 页。

祖讳子夏,徐州长史。”[1]《新唐书》卷七三上《宰相世系三上》“柳氏”条:“子夏,徐州长史。”[2]

刘　达　约唐后期

《全唐文》卷四九九权德舆《唐故四镇北庭行军兼泾原等州节度支度营田等使开府仪同三司检校尚书右仆射使持节泾原诸军事泾州刺史兼御史大夫上柱国南川郡王赠司空刘公神道碑铭(并序)》:“惟南川郡王讳昌,字公明……公之先彭城人,楚元王交之后,夔国公宏基之族孙也。大王父全庆,皇汴州别驾。王父达,徐州长史。”[3]

徐　敬　约唐末?

《大唐国永贞县徐常侍墓铭》:“公讳延佳,东海郡徐氏之子。祖(敬),守徐州长史。父钦,任吴朝散骑常侍。”[4]

严　延　任职时间不详

《册府元龟》卷七八四《总录部·寿考》:“严善思为左散骑常侍,年八十五卒。善思父延为徐州长史,子向为太常、员外卿,皆年八十五卒。”[5]

(四)司马

刘齐敬　约唐初

《唐故东都安国寺比丘尼刘大德(性忠)墓志铭并序》:“有唐元和十年五月六日,东都安国寺尼大德奄化于伊阙县马迴山居,春秋五十有四。大德俗姓刘氏……曾祖齐敬,徐州司马。”[6]亦见《唐故朝散郎荥阳县令刘府君(从乂)墓志铭并序》[7]。

齐　隆　唐初

《唐代墓志汇编·证圣〇〇七·唐故齐君墓志铭并序》:“君讳朗,字明,河间人也。……祖弘,隋任冀州司户;父隆,唐任徐州司马。……(君)以唐

① (唐)柳宗元:《柳宗元集》,北京:中华书局,1979年,第293—294页。
② (宋)欧阳修、宋祁:《新唐书》,北京:中华书局,1975年,第2841页。
③ (清)董诰等编:《全唐文》,北京:中华书局,1983年,第5087页。
④ 周阿根:《五代墓志汇考》,合肥:黄山书社,2011年,第521—523页。
⑤ (宋)王钦若等编纂:《册府元龟》,南京:凤凰出版社,2006年,第9096页。
⑥ 吴钢主编:《全唐文补遗(第三辑)》,西安:三秦出版社,1996年,第166页。
⑦ 吴钢主编:《全唐文补遗(第八辑)》,西安:三秦出版社,2005年,第111页。

咸亨二年八月廿五日终于南市，春秋七十有八。"①

赵　某　唐中期

《全唐文》卷二九三张九龄《故许州长史赵公墓志铭(并序)》："公讳某，天水陇城人……俄迁徐州司马，未几，转陕州司马许州长史。……开元八年春二月，疾作革，乙丑，终于官舍，春秋若干。"②

魏承休　唐玄宗开元十七年前后(729前后)

《大唐故右监门卫中郎将高府君(嵘)墓志铭并序(朝议大夫行徐州司马撰)》："君讳嵘，字若山……春秋六十，以开元十七年五月廿七日，构疾薨于河南府洛阳县通远坊之私第。……粤以其年十月十六日，迁厝于河南县平乐乡中原，礼也。"③

崔玄泰　唐德宗朝前

《唐代墓志汇编续集·贞元〇六四·大唐故崔府君墓志铭》："府君讳可准，字允中。……曾祖玄泰，徐州司马。"④

赵　辩　唐德宗贞元中或前？

《唐故朝议大夫守殿中监上柱国天水赵公墓志铭并序》："天水赵府君讳计……大父辩，徐州司马。……以贞元十四年九月四日寝疾薨于京兆府万年县安邑里之私第，享年七十五。"⑤

薄　甫　唐宪宗朝前

《唐代墓志汇编·元和〇四九·唐右千牛卫长史王公夫人薄氏墓志》："夫人姓薄氏，雁门郡人也。……祖甫，茂器怀恢恢之量，峻行有落落之节，时无知者，竟否塞焉，而终徐州司马。"⑥

韦知退　唐懿宗咸通十四年前(873前)

《唐代墓志汇编·咸通一〇七·唐故清河张氏墓志铭并序》："清河张氏，号紫虚。……以咸通十四年太岁癸巳十月壬辰朔四日构疾，终于东都殖业里，享年六十有八。……所生三女：长适故徐州司马京兆韦知退。"⑦

---

① 周绍良主编：《唐代墓志汇编》，上海：上海古籍出版社，1992年，第871页。

② (清)董诰等编：《全唐文》，北京：中华书局，1983年，第2969—2970页。

③ 吴钢主编：《全唐文补遗(第三辑)》，西安：三秦出版社，1996年，第61页。

④ 周绍良、赵超主编：《唐代墓志汇编续集》，上海：上海古籍出版社，2001年，第781页。

⑤ 齐运通、杨建锋编：《洛阳新获墓志(二〇一五)》，北京：中华书局，2017年，第249页。

⑥ 周绍良主编：《唐代墓志汇编》，上海：上海古籍出版社，1992年，第1983页。

⑦ 周绍良主编：《唐代墓志汇编》，上海：上海古籍出版社，1992年，第2461页。

李　皋　唐僖宗乾符中

《唐故河阳军节度押衙左厢马步军都虞候银青光禄大夫检校国子祭酒兼御史中丞上柱国陇西郡李公墓铭》:“公讳皋,字子畴,陇西狄道人也。……乾符二年……授殿中侍御史、徐州司马。以招谕殊绩,官不称功,朝廷再升御史中丞、泗州长史,渥泽益厚。”①

王　焘　任职时间不详

《新唐书》卷九八《王珪传》:“(王)珪孙焘、旭。焘,性至孝,为徐州司马。”②

李　棖　任职时间不详

《新唐书》卷七〇上《宗室世系上》“蜀王房,后为渤海王房”条:“徐州司马棖。”③

崔　晊　任职时间不详

《新唐书》卷七二下《宰相世系二下》“蜀第二房崔氏”条:“晊,徐州司马。”④

●佐职名称不详者

郑　谌　唐玄宗开元中

《唐代墓志汇编·开元四一二·唐故大中大夫使持节青州诸军事青州刺史上柱国荥阳郑公墓志铭并序》:“公讳谌,字叔信,荥阳开封人。……佐徐、曹、许三州,守归、楚、莱三郡。……以开元廿二年十一月十五日寝疾,薨于河南洛阳审教里之第。”⑤

(五)团练副使

李　澹　约唐后期

《新唐书》卷七五下《宰相世系五下》“高丽李氏”条:“澹,徐州团练副使。”⑥

---

① 毛阳光主编:《洛阳流散唐代墓志汇编续集》,北京:国家图书馆出版社,2018年,第805页。

② (宋)欧阳修、宋祁:《新唐书》,北京:中华书局,1975年,第3890页。

③ (宋)欧阳修、宋祁:《新唐书》,北京:中华书局,1975年,第2029页。

④ (宋)欧阳修、宋祁:《新唐书》,北京:中华书局,1975年,第2029页。

⑤ 周绍良主编:《唐代墓志汇编》,上海:上海古籍出版社,1992年,第1440页。

⑥ (宋)欧阳修、宋祁:《新唐书》,北京:中华书局,1975年,第3450页。

（六）录事参军事

路　开　*唐初*

《唐代墓志汇编·开元〇一四·大唐阳平郡路府君并夫人陈氏墓志铭》："公讳□，字隐，阳平人，汉丞相舒十八代孙。……父开，朝议郎行徐州录事参军。……（公）以神龙二年十二月十一日卒于河南府之私第。"①

宫令节　*唐玄宗朝？*

《唐故东都畿汝州都防御使押衙中散大夫试太常卿兼监察御史赐紫金鱼袋上柱国宫府君（自劝）墓志铭》："公讳自劝，字有媚……曾祖讳令节，皇徐州录事参军，夫人太原王氏。……时元和二年八月一日，（公）终于洛阳县立行里之私第，享年五十有九。"②

王庭玉　*唐中期*

《唐代墓志汇编·开元一九〇·大唐前徐州录事参军太原王君故夫人博陵崔氏墓志铭并序》："夫人讳金刚，字金刚，博陵安平人也……笄岁归于王君，字庭玉，太原人也。"③

郑　詧　*唐代宗大历十二年前（777 前）*

《唐故杭州余杭县令李公（士式）墓志铭并序（前徐州录事参军郑詧撰）》："公以弱冠参邠州军事。……以大历十一年十一月十四日，构疾终于洛阳县时邕里之私第，春秋若干。明年正月十四日，迁窆于平阴乡北原，礼也。"④

贾　宁　*唐文宗朝前*

《贾氏中殇室女第廿娘墓志》："唐大和三年岁次己酉正月十有三日，武威贾氏中殇室女第廿娘幺于东都康俗里之私第。……祖（贾宁）徐州录事参军，赠工部侍郎。"⑤

---

① 周绍良主编：《唐代墓志汇编》，上海：上海古籍出版社，1992 年，第 1160—1161 页。

② 吴钢主编：《全唐文补遗（千唐志斋新藏专辑）》，西安：三秦出版社，2006 年，第 305—306 页。

③ 周绍良主编：《唐代墓志汇编》，上海：上海古籍出版社，1992 年，第 1289 页。

④ 吴钢主编：《全唐文补遗（千唐志斋新藏专辑）》，西安：三秦出版社，2006 年，第 258—259 页。

⑤ 毛阳光主编：《洛阳流散唐代墓志汇编续集》，北京：国家图书馆出版社，2018 年，第 627 页。

郑仁光 唐昭宗天祐元年(904)

《唐代墓志汇编续集·天祐〇〇一·故唐山阳郡巩氏墓志》云墓志为“摄徐州录事参军将仕郎前守潞州长子县令郑仁光撰”①。

李 朗 任职时间不详

《新唐书》卷七〇上《宗室世系上》“蔡王房”条:“徐州录事参军朗。”②

(七)参军事

李 弘 约唐高宗朝

《唐代墓志汇编·乾封〇四九·唐故巂州录事李君铭》:“公讳弘,陇西成纪人也。……释褐皇朝徐州都督府参军事,又迁任西州交河令,又迁任巂州都督府录事参军事。……以显庆三年九月廿日构疾,薨于巂州官舍礼也。春秋六十有六。”③

王 琦 约唐玄宗开元初

《有唐故宣威将军右清道率府副率上柱国王府君墓志铭并序》:“君讳琦,字光国,北海剧人也。……以外氏肃明皇后诸亲出身,解褐授徐州参军事。……秩满,授徐州司功……以开元廿年十月十四日构疾薨于归德里之私第,春秋七十有五。”④

郑 钜 唐宪宗元和前

《柳宗元集》卷九《唐故朝散大夫永州刺史崔公墓志》:“维元和五年九月十五日壬子,永州刺史崔公薨于位,享年六十八。……公讳某,字某……公前夫人徐州参军荥阳郑钜女,有子曰义和,早夭。”⑤

郑九言 任职时间不详

《新唐书》卷七五上《宰相世系五上》“郑氏”条:“九言,徐州参军。”⑥

---

① 周绍良、赵超主编:《唐代墓志汇编续集》,上海:上海古籍出版社,2001年,第1169页。

② (宋)欧阳修、宋祁:《新唐书》,北京:中华书局,1975年,第1981页。

③ 周绍良主编:《唐代墓志汇编》,上海:上海古籍出版社,1992年,第475页。

④ 墓志见柳金福:《王琦墓志考释》,《洛阳理工学院学报(社会科学版)》2016年第4期,第6—11页。

⑤ (唐)柳宗元:《柳宗元集》,北京:中华书局,1979年,第226—229页。

⑥ (宋)欧阳修、宋祁:《新唐书》,北京:中华书局,1975年,第3331页。

（八）判司

1. 司功参军

张　扈　*约唐初*

《大唐故新城府别将张府君（翼）之墓志铭并序》："君讳翼……祖扈，皇徐州司功参军事。……（君）以开元廿二年十二月十三日，卒于安人军官舍，春秋卅二。"①

王　琦　*约唐玄宗开元初*

见上参军事"王琦"条。

杜　暄　*唐玄宗开元末*

《大唐故濮阳郡临濮县令杜府君墓志铭并序》："公讳暄，字夏日，京兆杜陵人也……弱冠，以宿卫解褐巴西郡巴西县尉。转赵郡元氏县丞，次授彭城郡司功参军。每政理多方，澄清远洽。开元廿九载，皇王下明诏，简贤能。……遂拜淮安郡方城县令。"②

李　韬　*唐玄宗天宝七载前（748 年前）*

《唐代墓志汇编·天宝一五二·唐故李公崔夫人墓志》："君讳韬，赵国人也……始以太庙斋郎出参亳州军事，秩满调补徐州司功参军。……天宝七载夏四月昼寝于陕县官舍，奄忽而亡，春秋五十有五。"③

奚　某　*约唐中期*

《刘禹锡集笺证》卷二《唐故朝议郎守尚书吏部侍郎上柱国赐紫金鱼袋赠司空奚公神道碑》："有唐清臣尚书吏部侍郎奚公，贞元十五年十月甲子薨于位……公讳陟，字殷衡……烈考讳某，有道而尚晦，终徐州司功参军，赠和州刺史，由子贵也。"④

刘仕俌　*约唐懿宗咸通七年前（866 前）*

《全唐文》卷八〇四张象《唐故朝议郎守徐州功曹参军上柱国刘公墓志铭》："公讳仕俌，字元同，彭城人也。……公宝历二年六月五日奏授出身，累

---

① 吴钢主编：《全唐文补遗（第二辑）》，西安：三秦出版社，1995 年，第 496—497 页。

② 墓志见吴鹏：《开元二十九年内举县令考实——以三方唐人墓志为中心》，《唐史论丛》第十四辑，西安：陕西师范大学出版社，2012 年，第 284—295 页。

③ 周绍良主编：《唐代墓志汇编》，上海：上海古籍出版社，1992 年，第 1638 页。

④ （唐）刘禹锡撰，瞿蜕园笺证：《刘禹锡集笺证》，上海：上海古籍出版社，1989 年，第 61—62 页.

参选序,数授令丞。后任徐州功曹参军,公纪纲一郡,掾理六联。……公咸通七年十二月一日,终于辅兴里,春秋八十矣。”①亦见《唐代墓志汇编·咸通〇五五·唐故朝议郎守徐州功曹参军上柱国刘公墓志铭》②。

2. 司户参军

李仁纬 *唐初*

《唐代墓志汇编·神龙〇三七·大唐故朝议郎行益州大都督府士曹参军事李君墓志铭并序》:“君讳延祐,字同心,赵国赞皇人也。……祖素王,隋左亲侍。……父仁纬,徐州司户、苏州司功、相州临漳、沧州东光二县令。”③

柳　雄 *唐太宗贞观十二年前(638 前)*

《贞观政要》卷二《纳谏第五》:“贞观十二年……徐州司户柳雄于隋资妄加阶级。”④

于　贲 *武后垂拱四年前后(688 前后)*

《大唐故游骑将军守永嘉府右果毅都尉上柱国于府君(贲)墓志铭并序》:“公讳贲,字履谦,东海郯人也。……解褐调拟徐州司户参军事。……以圣历元年十月构疾,七月廿七日奄终官舍,春秋五十有三。”⑤《大唐中大夫守延州刺史上柱国东海郡开国公(于公)故夫人胡氏(贞范)墓志铭并序》:“夫人讳贞范,安定人。……粤以垂拱四年十二月一日,葬于河南县之北邙山,礼也。……第三子贲,徐州司户参军事。”⑥后志亦见《河洛墓刻拾零》(第 129 页)。

姜　挺 *唐宪宗元和十年前(815 前)*

《唐故宋州司法参军翟府君夫人天水姜氏墓志》:“元和岁乙未,故宋州司法参军翟府君夫人姜氏殁,明年五月甲申安宅兆于河南县委粟乡之原。……夫人之先……同安郡太守赠秘书监讳神翊之孙。徐州司户参军赠左散骑常侍讳挺之次女。”⑦

---

① (清)董诰等编:《全唐文》,北京:中华书局,1983 年,第 8456 页。

② 周绍良主编:《唐代墓志汇编》,上海:上海古籍出版社,1992 年,第 2420 页。

③ 周绍良主编:《唐代墓志汇编》,上海:上海古籍出版社,1992 年,第 1067 页。

④ (唐)吴兢撰:《贞观政要》,上海:上海古籍出版社,2008 年,第 54—55 页。

⑤ 吴钢主编:《全唐文补遗(第三辑)》,西安:三秦出版社,1996 年,第 44 页。

⑥ 吴钢主编:《全唐文补遗(第八辑)》,西安:三秦出版社,2005 年,第 4—5 页。

⑦ 毛阳光主编:《洛阳流散唐代墓志汇编续集》,北京:国家图书馆出版社,2018 年,第 575 页。

李　昂　任职时间不详

《新唐书》卷七〇上《宗室世系上》“蜀王房，后为渤海王房”条：“徐州司户参军昂。”①

朱　庆　任职时间不详

《新唐书》卷七四下《宰相世系四下》“朱氏”条：“存古，谷熟令，生颍、华、坤。颍，涟水令，生庆，徐州户曹参军。”②

3. 司法参军

路励节　约唐太宗贞观末或高宗初

《大唐故洛州巩县令路府君墓志铭并序》：“公讳励节，阳平清泉人也。……累迁徐州司法参军、益州大都督府录事参军。……以总章二年十二月廿七日寝疾终于洛州私第，春秋五十一。”③

徐　瑾　任职时间不详

《新唐书》卷七五下《宰相世系五下》“徐氏”条：“瑾字德玉，徐州司法参军。”④

4. 司士参军

李　济　唐玄宗天宝初

《唐代墓志汇编·天宝一五一·大唐故国子监丞□李公墓志铭并序》：“公讳济，字济，陇西成纪人也。……解褐鄱阳郡参军事，黄绶之屈，青云之资，转鹿邑县丞、彭城郡司士。……享龄七十四。天宝八载闰六月十日，终于东京嘉庆里之私第。”⑤

宋　光　唐德宗贞元十七年前(801 前)

《唐代墓志汇编续集·贞元〇六一·大唐故朝议郎行大理评事上柱国西河宋府君墓志铭并序》：“公讳顺，字察，西河人也。……曾祖樽……生承务郎、守徐州司士参军讳光，挺风云之资，兼文武之用，大名盛位，家牒存焉。……以贞元十六年五月十七日终于河南府河南县修善里□□，春秋五十四。……婚弘农杨氏。……以贞元十七年岁次辛巳二月癸巳朔四日景申奉窆于

---

① (宋)欧阳修、宋祁：《新唐书》，北京：中华书局，1975 年，第 2045 页。

② (宋)欧阳修、宋祁：《新唐书》，北京：中华书局，1975 年，第 3197 页。

③ 齐运通、杨建锋编：《洛阳新获墓志(二〇一五)》，北京：中华书局，2017 年，第 147 页。

④ (宋)欧阳修、宋祁：《新唐书》，北京：中华书局，1975 年，第 3429 页。

⑤ 周绍良主编：《唐代墓志汇编》，上海：上海古籍出版社，1992 年，第 1637 页。

河南郡河南县毕闺乡西原，礼也。”①

5. 司仓参军

许行师 约唐高宗朝

《唐代墓志汇编·显庆一五六·许行师墓志》：“公讳行师，字孝□，高阳郡人。……释褐通直郎行符王府户曹兼徐州仓曹。”②

李 晃 唐宪宗元和前？

《萧君妻张氏墓志》：“唐元和六年十月十二日，华州参军萧君夫人敦煌张氏，春秋卅一，疾终长安兴化里。卜得明年正月廿四日吉，将祔葬于京兆府万年县少陵原。……夫人即……徐州司仓参军陇西李晃之外孙。”③

●具体判司名称不详者

李 志 唐后期

《新五代史》卷六二《李升传》：“徐氏诸子请升复姓，升廉抑不敢忘徐氏恩，下其议百官，百官皆请，然后复姓李氏，改名曰升。自言唐宪宗子建王恪生超，超生志，为徐州判司；志生荣。”④

（九）观察支使

杨行本 约唐文宗大和八年前后（约854前后）

《唐故光禄大夫太子太保赠司徒弘农杨公墓志铭》：“公讳元卿，字正臣，弘农人。……大和五年，以本官作宣武军节度，宋、亳等州观察使。……七年秋，累有陈，乞随表赴阙，构疾于洛，改太子太保……以七月二十八日薨于河南恭安里第，春秋五十七。……以明年甲寅岁二月三日葬于伊阙县归善乡浥涧之阳，祔大茔也。……次子行本，徐泗观察支使、侍御史。”⑤

王师闵 约唐宪宗或穆宗朝

---

① 周绍良、赵超主编：《唐代墓志汇编续集》，上海：上海古籍出版社，2001年，第778—779页。

② 周绍良主编：《唐代墓志汇编》，上海：上海古籍出版社，1992年，第327页；樊波、张彦：《唐初低级功臣子弟仕途走向——以新见〈钱仁昉墓志〉为中心》，《唐都学刊》2010年第6期，第33—38页。

③ 吴钢主编：《全唐文补遗（第七辑）》，西安：三秦出版社，2000年，第87页。

④ （宋）欧阳修：《新五代史》，北京：中华书局，1974年，第769页。

⑤ 墓志见赵振华：《杨元卿墓志与唐平定淮西》，《考古与文物》2002年第4期，第72—78页。

《白居易集》卷五二《王师闵可检校水部员外郎徐泗濠等州观察判官制》①。

(十)判官

1. 观察判官

王师闵 约唐宪宗或穆宗朝

见上“王师闵”条。

苗　恽 唐武宗朝前

《唐代墓志汇编·会昌〇〇三·唐故太原府参军赠尚书工部员外郎苗府君夫人河内县太君玄堂墓志铭并序》:“维会昌元年岁次辛酉三月壬申朔十三日甲申,河内县太君捐养于江州刺史之官舍,享年六十七。……孤子前徐、泗、宿、濠等州观察判官,将仕郎,监察御史里行恽书。”②

李　棁 唐懿宗咸通十年前(869 前)

《唐代墓志汇编续集·咸通〇六二·唐故徐宿濠泗观察判官试大理评事兼监察御史李府君墓志铭》:“君讳棁,字卿材,陇西成纪人也。……徐州失守。故崔公幕客监军使同殒于寇手,时咸通十年四月五日也,君享年五十七。”③

崔　郧 唐昭宗乾宁三年前(897 前)

《唐代墓志汇编续集·乾宁〇〇三·故博陵崔府君墓志铭》:“公讳凝,字得之,博陵人也。……祖讳郧,皇任徐泗等州观察判官、监察御史、赠吏部郎中。……(公)以乾宁二年八月廿五日终于郡舍,享年五十有八。以来年八月十八日窆于河南府偃师县亳邑乡土娄管姜村,祔于先茔,礼也。”④

刘专经 任职时间不详

《新唐书》卷七一上《宰相世系一上》“曹州南华刘氏”条:“专经字仲纯,侍御史、徐州观察判官。”⑤

2. 节度判官

---

① (唐)白居易撰:《白居易集》,北京:中华书局,1999 年,第 1095 页。

② 周绍良主编:《唐代墓志汇编》,上海:上海古籍出版社,1992 年,第 2211—2212 页。

③ 周绍良、赵超主编:《唐代墓志汇编续集》,上海:上海古籍出版社,2001 年,第 1081 页。

④ 周绍良、赵超主编:《唐代墓志汇编续集》,上海:上海古籍出版社,2001 年,第 1160—1161 页。

⑤ (宋)欧阳修、宋祁:《新唐书》,北京:中华书局,1975 年,第 2260 页。

李　枫　任职时间不详

《新唐书》卷七〇上《宗室世系上》“蜀王房，后为渤海王房”条：“徐泗节度判官枫。”①

王仲鸾　任职时间不详

《新唐书》卷七二中《宰相世系二中》“王氏”条：“仲鸾，徐州节度判官。”②

（十一）推官

韩　愈　唐德宗时

《全宋文》卷二三七三吕南公《重修韩退之传》：“韩愈，字退之，邓州南阳人。……郑余庆颇称之，稍渐有闻。董晋镇汴州，辟为推官。晋卒，又为徐州张建封推官，一府言其鲠亮。”③《同治徐州府志》卷二一上《宦绩传》：“韩愈，字退之，邓州南阳人。张建封辟府推官，操行坚正，鲠言无所忌。”④

二、县级官员

（一）符离县

1. 县令

赵山松　唐初

《唐代墓志汇编·先天〇〇四·大唐故青州司仓参军上柱国天水赵府君墓志铭并序》：“君讳克廉，字，其先出于天水，后迁颍川，长社人也。……祖山松，皇苏州司法参军、符离县令……（君）延和元年八月六日，亦终于官舍焉，春秋六十一。”⑤

綦毋项　唐玄宗开元六年前后（718 前后）

---

① （宋）欧阳修、宋祁：《新唐书》，北京：中华书局，1975 年，第 2032 页。

② （宋）欧阳修、宋祁：《新唐书》，北京：中华书局，1975 年，第 2612 页。

③ 曾枣庄、刘琳主编：《全宋文》，上海：上海辞书出版社，2006 年，第 109 册，第 325 页。

④ （清）朱忻修、刘庠纂：《同治徐州府志》，《中国地方志集成·江苏府县志辑 61》，南京：江苏古籍出版社，1991 年，第 587 页。

⑤ 周绍良主编：《唐代墓志汇编》，上海：上海古籍出版社，1992 年，第 1145—1146 页。

《新唐书》卷二〇一《刘延祐传》:“(刘延祐)子知柔……开元六年,河南大水,诏知柔驰驿察民疾苦及吏善恶,所表陈州刺史韦嗣立、汝州刺史崔日用、兖州刺史韦元珪、符离令綦毋顼等,止二十七人有治状。”①《册府元龟》卷六五八《奉使部·论荐》:“刘知柔,开元中为河南道巡察使,奏陈州刺史韦嗣立……符离县令綦毋顼……等清白可陟之状。”②

魏　靖　唐玄宗开元中

《唐代墓志汇编·开元二四一·大唐故右金吾将军魏公墓志铭并序》:“公讳靖,字昭绪,巨鹿曲阳人……又贬为温州岳城主簿,苻(符)离令……以开元十四年八月廿四日构疾,终于邠州□定驿,春秋六十有八。”③

毕　坰　唐宪宗朝前

《韩昌黎文集校注》卷六《唐故河南府王屋县尉毕君墓志铭》:“毕氏出东平……家破时,坰生始四岁……宏死,坰益壮,始自别为毕氏。历尉临涣、安邑、王屋。年六十一,以元和六年二月二日卒于官。初罢临涣,徐州节度张建封慕广平之节死,闻君笃行能官,请相见,署诸从事,摄符离令四年。”④

崔如璋　唐宪宗元和四年前(809 前)

《唐代墓志汇编续集·元和〇三二·大唐故崔府君墓志铭》:“公讳纮,字子纲,博陵人也。……祖如璋,皇徐州符离县令,赠兵部尚书;皆有馨德懿行,庆传于子孙。”⑤案:元和四年前,符离县在徐州管制下,后划至宿州管制下。

2. 县丞

李　準　任职时间不详

《新唐书》卷七二上《宰相世系二上》“赵郡李氏”条:“準,符离丞。”⑥

3. 主簿

杜　遵　唐玄宗开元中

《唐代墓志汇编·开元四九五·唐故朝议郎行通事舍人京兆杜公讳元

---

① (宋)欧阳修、宋祁:《新唐书》,北京:中华书局,1975 年,第 5733 页。

② (宋)王钦若等编纂:《册府元龟》,南京:凤凰出版社,2006 年,第 7593 页。

③ 周绍良主编:《唐代墓志汇编》,上海:上海古籍出版社,1992 年,第 1323 页。

④ (唐)韩愈著,马其昶校注、马茂元整理:《韩昌黎文集校注》,上海:上海古籍出版社,1986 年,第 379—480 页。

⑤ 周绍良、赵超主编:《唐代墓志汇编续集》,上海:上海古籍出版社,2001 年,第 823 页。

⑥ (宋)欧阳修、宋祁:《新唐书》,北京:中华书局,1975 年,第 2574 页。

颍夫人临清县君崔氏墓志铭并序》:“夫人博陵安平人也。……以开元廿七年七月十二日终于洛阳尊贤里之私第……男遵,符离主簿,于惟令胤,载诞硕人,辅佐君子,克懋贞淳。”①

4. 县尉

郑　戎　唐玄宗朝

《唐代墓志汇编·开元二二九·唐故潭州衡山县令郑府君墓志铭并序》:“君讳戎,字思训,本家于荥阳,因莅仕洛京,今为河南偃师人也。……转徐州符离县尉。驭下以仁,休风载路,以丁内忧去职。……以开元十二年闰十二月十七日终于江州之官舍,春秋七十有一。”②

严挹之　约唐代宗朝前

《元稹集》卷五五《故金紫光禄大夫检校司徒兼太子少傅赠太保郑国公食邑三千户严公行状》:“祖挹之,皇徐州符离县尉。”③《旧唐书》卷一四六《严绶传》:“严绶,蜀人。曾祖方约,利州司功。祖挹之,符离尉。父丹,殿中侍御史。绶,大历中登进士第,累佐使府。”④

裴　涚　唐德宗建中元年前(780 前)

《唐故正议大夫守郑州长史裴公(遂)墓志铭并序》:“公胤三子……次子涚,前徐州符离县尉。……以建中元年十□月廿四日,迁于城西原,礼也。”⑤

诸葛僎　唐德宗贞元六年(790)

《故将仕郎试徐州符离县尉诸葛府君墓记并序》:“府君讳僎,其先琅琊人,因事迁移,今为洛阳人。……以贞元六年七月十四日寝疾终于洛阳崇明之里旧业,春秋五十有五。”⑥

---

① 周绍良主编:《唐代墓志汇编》,上海:上海古籍出版社,1992 年,第 1496—1497 页。

② 周绍良主编:《唐代墓志汇编》,上海:上海古籍出版社,1992 年,第 1315 页。

③ (唐)元稹:《元稹集》,北京:中华书局,1982 年,第 591 页。

④ (后晋)刘昫等:《旧唐书》,北京:中华书局,1975 年,第 3959—3960 页。

⑤ 吴钢主编:《全唐文补遗(千唐志斋新藏专辑)》,西安:三秦出版社,2006 年,第 262—263 页。

⑥ 毛阳光、余扶危主编:《洛阳流散唐代墓志汇编》,北京:国家图书馆出版社,2013 年,第 449 页。

（二）蕲县

1. 县令

段文政 唐高宗显庆三年前（658 前）

《唐代墓志汇编续集·显庆〇二七·大唐故白水县令段文政墓志并序》："段（阙）字文政，青州北海人也。……释褐任骁骑尉，未足酬庸。荷祖祢之余徽，光阴竟远，俄迁徐州蕲县令。……公春秋八十有七，夫人春秋七十，卒于私第。即以显庆三年十一月五日合葬于京兆栾里村之原，礼也。"①

朱庭瑾 约唐玄宗开元六年前后（718 前后）

《唐代墓志汇编·开元三〇七·唐故朝散大夫守巴州别驾上柱国朱公墓志铭并序》："公讳庭瑾，字庭瑾，吴郡人……解褐陇州司仓……制授徐州蕲县令。……秩满，转舒州司马。……开元十七年四月廿六日构疾，终巴郡之官舍，享年六十六。"②《册府元龟》卷六五八《奉使部·论荐》："刘知柔，开元中为河南道巡察使，奏陈州刺史韦嗣立……蕲县令朱庭瑾……等清白可陟之状。"③

卫　凭 唐玄宗天宝中

《唐代墓志汇编·天宝二四〇·唐故彭城郡蕲县令安邑卫府君墓志铭并序》："公讳凭，字佳祖，河东安邑人也……迁彭城郡蕲县令……执恭敬以尽其力。"④

李　澜 唐代宗永泰元年（765）

《旧唐书》卷一九三《卢甫妻李氏》："原武尉卢甫妻李氏，陇西成纪人也。父澜，永泰元年春任蕲县令。……时曹升任徐州刺史，知贼降，领兵掩袭。"⑤

权有方 唐德宗贞元十六年前（800 前）

《全唐文》卷五〇三权德舆《再从叔故试大理评事兼徐州蕲县令府君墓志铭（并序）》："府君讳有方，字某，天水略阳人也……以大理评事兼徐州蕲

---

① 周绍良、赵超主编：《唐代墓志汇编续集》，上海：上海古籍出版社，2001 年，第 101—102 页。

② 周绍良主编：《唐代墓志汇编》，上海：上海古籍出版社，1992 年，第 1368—1369 页。

③ （宋）王钦若等编纂：《册府元龟》，南京：凤凰出版社，2006 年，第 7593 页。

④ 周绍良主编：《唐代墓志汇编》，上海：上海古籍出版社，1992 年，第 1698 页。

⑤ （后晋）刘昫等：《旧唐书》，北京：中华书局，1975 年，第 5148 页。

县令，满岁南游，构疾于途，以贞元十六年夏五月，殁于楚州之旅馆，春秋若干。”①

萧元晃 唐顺宗朝前

《唐代墓志汇编·元和〇〇二·唐故天德军摄团练判官太原府参军萧府君墓志铭并序》：“公姓萧，讳炼，字惟柔……祖元晃，皇徐州蕲县令。父凝，皇信州录事参军……公则录事先府君之次子也。……以永贞元年八月三日构疾，终于丰州之官舍，商贾缀市，将校失声。”②

吴　遂 唐懿宗朝前

《唐故陕虢等州都防御判官文林郎试大理司直兼殿中侍御史渤海吴公墓志铭并序》：“大父遂，仕至徐州蕲县令。……不幸以咸通五年六月廿三日苦痢疾终于河南县尚贤里之私第，春秋六十一。”③

2. 县丞

赵　曾 任职时间不详

《全唐文》卷七四五叔孙矩《大唐扬州六合县灵居寺碑》：“邑客前徐州蕲县丞赵曾、士林馆（阙一字）知官同十将王从一、邑人处士吕鉴、前杭州富阳□主簿吕康武、前试左卫率府兵曹参军胡复言、□□嘉王府主簿胡正言、齐州录事参军胡审言等，□瑰意琦，当代乏偶，德行高敏，与日而升。”④

3. 主簿

杨仲雅 唐宪宗元和十三年前(818 前)

《唐代墓志汇编·元和一一七·唐故盐铁转运等使河阴留后巡官前徐州蕲县主簿弘农杨君墓志铭并序》：“元和十有三岁夏四月九日，有唐文士弘农杨君以地官属终于平阴连司，享年六十。……君讳仲雅，字继周，弘农华阴人。”⑤

---

① (清)董诰等编：《全唐文》，北京：中华书局，1983 年，第 5118 页。

② 周绍良主编：《唐代墓志汇编》，上海：上海古籍出版社，1992 年，第 1949—1950 页。

③ 齐运通、杨建锋编：《洛阳新获墓志(二〇一五)》，北京：中华书局，2017 年，第 348 页。

④ (清)董诰等编：《全唐文》，北京：中华书局，1983 年，第 7715 页。

⑤ 周绍良主编：《唐代墓志汇编》，上海：上海古籍出版社，1992 年，第 2031 页。

（三）萧县

1. 县令

韦　宾　*约唐初*

《故洺州司马陇西辛公夫人扶风郡君韦氏（宪英）墓志铭并序》："夫人讳宪英……曾祖隋中书舍人福嗣，生烈祖唐刑部郎中璟。璟生烈考故徐州萧县令宾。……（夫人）以开元十六年十二月九日，寝疾卒于万年县兰陵里之私第，春秋七十有五。"①

姚德敏　*约唐玄宗开元初？*

《大唐故朝请大夫齐州临淄县令吴兴姚府君（辩义）墓志铭并序》："父德敏，朝散大夫、徐州萧县令。……（君）开元五年十一月六日，卒于官舍，春秋六十有六。……以六年十月廿五日，窆于河南府河南县万安乡之原，礼也。"②

袁光庆　*唐玄宗开元十四年前后（726 前后）*

《唐故朝议郎守梓州长史陈郡袁府君墓志铭并序》："公名延祚，字子延祚……开元十三年八月十九日，春秋□十六，终于梓州之公馆。呜呼！嗣子徐州萧县令光庆，次曰光廙、光庑等……即以开元十四年十一月廿八日安厝于洛阳之北原，陪先茔也。"③

崔諒（谅）　*唐玄宗开元中*

《唐代墓志汇编·开元五〇一·大唐故朝散大夫检校尚书比部员外郎博陵崔府君墓志铭并序》："公讳玄隐，字少微，博陵安平人也。……长子諒，朝散大夫徐州萧县令；次子誧，华州司法参军。"④案：《大唐故朝散大夫检校尚书比部员外郎博陵崔府君（玄隐）墓志铭并序》载："长子谅，朝散大夫、徐州萧县令。"⑤"諒"或"谅"有待考证。

李　并　*唐玄宗开元中*

---

① 吴钢主编：《全唐文补遗（第五辑）》，西安：三秦出版社，1998 年，第 350 页。

② 吴钢主编：《全唐文补遗（第八辑）》，西安：三秦出版社，2005 年，第 352—353 页。

③ 赵文成、赵君平编选：《新出唐墓志百种》，杭州：西泠印社出版社，2010 年，第 126 页。

④ 周绍良主编：《唐代墓志汇编》，上海：上海古籍出版社，1992 年，第 1500 页。

⑤ 吴钢主编：《全唐文补遗（第六辑）》，西安：三秦出版社，1999 年，第 429 页。

《同治徐州府志》卷六上《职官表》“李并”条①。

刘　泰　唐后期

《旧五代史》卷一〇八《刘鼎传》：“刘鼎，字公度，徐州萧县人。祖泰，萧县令。父崇，梁太祖微时，常佣力崇家。”②

韩宗古　任职时间不详

《嘉庆萧县志》卷八《职官表》“韩宗古”条③。

2. 县丞

孙　溥　唐中宗景龙中

《旧唐书》卷一九一《孙思邈传》：“太子詹事卢齐卿童幼时，请问人伦之事，思邈曰：‘汝后五十年位登方伯，吾孙当为属吏，可自保也。’后齐卿为徐州刺史，思邈孙溥果为徐州萧县丞。”④

3. 主簿

宋思礼　任职时间不详

《新唐书》卷一九五《宋思礼传》：“宋思礼字过庭，事继母徐为闻孝。补萧县主簿。”⑤

郑立言　任职时间不详

《新唐书》卷七五上《宰相世系五上》“郑氏”条：“立言，萧主簿。”⑥

4. 县尉

刘　某　唐玄宗开元末、天宝初

《唐代墓志汇编·天宝二六〇·□□□□□朔方郡朔方县令刘府君墓志铭并序》：“□□□□，本□□丰人也。……制授宋州宋城尉。执德不回，为群邪所忌，贬授徐州萧县尉，□迁颍川郡临颍县丞。……以天宝四载授朔方郡朔方县令。”⑦

---

① （清）朱忻修、刘庠纂：《同治徐州府志》，《中国地方志集成·江苏府县志辑61》，南京：江苏古籍出版社，1991年，第125页。

② （宋）薛居正等：《旧五代史》，北京：中华书局，1976年，第1429页。

③ （清）潘镕修，（清）沈学渊、顾翰纂：《嘉庆萧县志》，《中国地方志集成·安徽府县志辑29》，南京：江苏古籍出版社，1998年，第358页。

④ （后晋）刘昫等：《旧唐书》，北京：中华书局，1975年，第5096页。

⑤ （宋）欧阳修、宋祁：《新唐书》，北京：中华书局，1975年，第5581页。

⑥ （宋）欧阳修、宋祁：《新唐书》，北京：中华书局，1975年，第3320页。

⑦ 周绍良主编：《唐代墓志汇编》，上海：上海古籍出版社，1992年，第1713页。

敬　沼　唐昭宣帝天祐中

《全唐文》卷九四哀帝《贬敬沼敕》:"卫尉少卿敬沼,是裴贽之甥,常累于舅。……可贬徐州萧县尉。"①

柳　晃　任职时间不详

《新唐书》卷一九五《宋思礼传》:"宋思礼字过庭,事继母徐为闻孝。补萧县主簿。……县人异之,尉柳晃为刻石颂其孝感。"②《嘉庆萧县志》卷一一《名宦》:"柳晃为县尉,主簿宋思礼孝感异泉,晃刻石颂其事,萧县尉柳晃耿介之士也。"③

陆馀庆　任职时间不详

《嘉庆萧县志》卷一一《名宦》:"陆馀庆,吴县人,举制策甲科补萧县尉,累迁太子右庶子。馀庆以道自将,虽仕不赫赫,讫无悔尤。"④

---

① (清)董诰等编:《全唐文》,北京:中华书局,1983年,第974页。

② (宋)欧阳修、宋祁:《新唐书》,北京:中华书局,1975年,第5581页。

③ (清)潘镕修,(清)沈学渊、顾翰纂:《嘉庆萧县志》,《中国地方志集成·安徽府县志辑29》,南京:江苏古籍出版社,1998年,第424页。

④ (清)潘镕修,(清)沈学渊、顾翰纂:《嘉庆萧县志》,《中国地方志集成·安徽府县志辑29》,南京:江苏古籍出版社,1998年,第424页。

卷四　宋州

宋州，又称梁郡、睢阳郡，唐辖十县，州治在宋城县（治今河南省商丘南），仅砀山县[1]（治今砀山县城关镇东）在今皖淮地区境内。

一、州级官员

（一）刺史

据郁贤皓所著《唐刺史考全编》统计，关于唐代宋州睢阳郡刺史的信息有78条，其中1人未上任，2人待考。现依据郁著所列宋州刺史信息列表如下：

表4:《唐刺史考全编》所列唐代宋州刺史信息一览表

序号	任职年份	姓名	主要文献来源
1	唐高祖武德元年(618)	郭孝恪	《旧唐书》卷八三《郭孝恪传》
2	约唐高祖武德二、三年(约619、620)	陈宾遇	《旧唐书》卷六九《盛彦师传》
3	唐高祖武德四—五年(621—622)	盛彦师	《旧唐书》卷六九《盛彦师传》
4	约唐太宗贞观中	破六韩蕃	《元和姓纂》卷八“河南破六韩氏”

① 唐昭宗末光化二年(899)，朱全忠以宋州的砀山、虞城、单父及曹州的成武县组建辉州，治所在砀山县。

序号	任职年份	姓名	主要文献来源
5	唐太宗贞观十一年(637)	房玄龄(未之任)	《旧唐书》卷六六《房玄龄传》
6	约唐太宗贞观中	崔　幹	《册府元龟》卷六七七
7	唐太宗贞观中	封言道	《旧唐书》卷六三《封言道传》
8	唐太宗贞观二十一年(647)	王波利	《资治通鉴》卷一九八“唐太宗贞观二十一年八月”条
9	唐太宗贞观二十一—二十三年(647—649)	李元名	《册府元龟》卷二八一
10	唐高宗永徽中?	皇甫烜	《全唐文》卷三六〇杜甫《唐故德仪赠淑妃皇甫氏神道碑》
11	唐高宗显庆三年—龙朔三年(658—663)	李　凤	拓本《大唐故使持节青州诸军事青州刺史虢庄王(凤)墓志铭并序》,《考古》1977 年第 5 期
12	唐高宗时①	房先忠	《大唐故雍王赠章怀太子并妃清河房氏墓志铭》,《文物》1972 年第 7 期
13	唐高宗时?	韦　颖	《新唐书》卷六四《方镇一》
14	唐高宗时	权怀恩	《旧唐书》卷一八五上《权怀恩传》
15	唐高宗末	高　昱	上图藏拓片《唐故朝散大夫行洛州偃师县令高府君(安期)墓志铭并序》(光宅元年)
16	约武后垂拱中	王　璿	《太平广记》卷四五一引《广异记》
17	武后时	史晡(晡?)	《元和姓纂》卷六“河南史氏”
18	武后时	李　琨	《旧唐书》卷七六《吴王恪传》
19	约武后时	李　庄	《新唐书》卷七〇下《宗室世系下》

① 黄楼《〈唐刺史考全编〉订补——以〈大唐西市博物馆藏墓志〉为中心》认为房先忠任宋州刺史时间在咸亨三年—上元二年。(载于《吐鲁番学研究》2014 年第 1 期,第 20—53 页。)

序号	任职年份	姓名	主要文献来源
20	武后长安中	郭待聘	《旧唐书》卷八三《郭孝恪传》
21	唐中宗神龙中①?	郑邠卿	《新唐书》卷六五《方镇二》
22	唐中宗神龙末—景龙元年(约706—707)	姚　崇	《新唐书》卷一二四《姚崇传》
23	约唐中宗景龙初—三年(约707—709)	尹正义	《元和姓纂》卷六"河间尹氏"
24	唐中宗景龙四年(710)	韦嗣立	《旧唐书》卷七《睿宗纪》
25	唐睿宗景云元年(710)	赵彦昭	《旧唐书》卷七《睿宗纪》
26	唐玄宗先天二年(713)	刘知柔	《旧唐书》卷一〇二《刘子玄传》
27	约唐玄宗开元三、四年(约715、716)	萧　嵩	《旧唐书》卷九九《萧嵩传》
28	约唐玄宗开元五、六年(约717、718)	崔慎先	《册府元龟》卷六五八《奉使部·才学论荐举劾才学》
29	唐玄宗开元七年(719)	张廷珪(张庭珪)	《旧唐书》卷一〇一《张廷圭传》
30	唐玄宗开元十三—十五年(725—727)	寇　泚	《新唐书》卷一二八《许景先传》
31	唐玄宗开元十七年(729)	司马铨(司马诠)	《千唐志·大唐故薛王傅上柱国司马府君墓志铭并序》(开元十九年十一月二十七日)
32	唐玄宗开元二十七年(739)	刘　彤	拓本《唐故镇军大将军行右卫大将军赠户部尚书广平公(程伯献)墓志铭并序》
33	约唐玄宗开元二十九年(约741)	赵冬曦	《赵冬曦墓志铭》,《中原文物》1986年第4期
34	唐玄宗开元末—天宝初?	马光淑	《元和姓纂》卷七"京兆马氏"

① 于兆军《〈唐刺史考全编〉订正》认为郑邠卿任宋州刺史在神龙元年(705)。[载于《郑州航空工业管理学院学报(社会科学版)》2014年第2期,第34—38页。]

序号	任职年份	姓名	主要文献来源
35	唐玄宗天宝元年—三载(742—744)	李少康	《旧唐书》卷一二六《李涵传》
36	唐玄宗天宝三—五载(744—746)	裴　宽	《旧唐书》卷一〇〇《裴宽传》
37	唐玄宗天宝中	姚　弈	《新唐书》卷一二四《姚弈传》
38	约唐玄宗天宝八载(约749)	张九皋	《旧唐书》卷九九《张九龄传》
39	唐玄宗天宝八—十载(749—751)	路齐晖	《新唐书》卷六五《方镇二》
40	唐玄宗天宝十二—十四载(753—755)	李　峘	《旧唐书》卷一一二《李峘传》
41	唐玄宗天宝十四载—至德二载(755—757)	许　远	《旧唐书》卷一八七下《张巡传》
42	唐玄宗天宝十四载(755)	张通晤	《资治通鉴》卷二一八"唐玄宗天宝十四载十二月"条
43	唐肃宗乾元中	李　岑	《旧唐书》卷一五二《刘昌传》
44	唐肃宗乾元二年—上元元年(759—760)	刘　展	《旧唐书》卷一一二《李峘传》
45	唐代宗大历初期	郑　崟	《新唐书》卷六五《方镇二》
46	唐代宗大历六年前(771前)	萧　定	《旧唐书》卷一八五下《萧定传》
47	唐代宗大历七年(772)	徐　向	《新唐书》卷六五《方镇二》
48	约唐代宗大历九—十一年(约774—776)	长孙全绪	《元和姓纂》卷七"河南洛阳长孙氏"
49	唐代宗大历十一年(776)	李僧惠	《旧唐书》卷一三四《马燧传》
50	唐代宗大历十二年—唐德宗兴元元年(777—784)	刘玄佐(刘洽)	《旧唐书》卷一一《代宗纪》

序号	任职年份	姓名	主要文献来源
51	唐德宗贞元初	范阳君	《全唐文》卷五二九顾况《宋州刺史厅壁记》
52	唐德宗贞元七年(791)	元　俯	《元和姓纂》卷四“太原元氏”
53	唐德宗贞元八年(792)	翟良佐	《资治通鉴》卷二三四“唐德宗贞元八年三月”条
54	唐德宗贞元八—十五年(792—799)	刘全谅(刘逸淮)	《旧唐书》卷一四五《刘全谅传》
55	唐德宗贞元十五年?(799?)	崔　颙	《新唐书》卷六二《宰相中》
56	唐德宗贞元中	汤贲(汤桑)①	《新唐书》卷六〇《艺文志四》
57	唐德宗贞元中	庾　侹	《元和姓纂》卷六“新野庾氏”
58	唐宪宗元和二年(807)	李　铦	《旧唐书》卷一五上《宪宗纪上》
59	唐宪宗元和中?	韦　屺	《元和姓纂》卷二“京兆杜陵西眷韦氏”
60	唐穆宗长庆二年(822)	高承简	《旧唐书》卷一五一《高承简传》
61	唐穆宗长庆二年(822)	田　颖	《册府元龟》卷一二八
62	唐文宗大和中?	于季友	《新唐书》卷六二《宰相中》
63	唐文宗开成三年(839)	唐弘实	《旧唐书》卷一七下《文宗纪下》
64	唐文宗大中三—六年(849—852)	崔　倬	《中州金石记》卷三《重刻颜真卿宋州官吏八关斋会报德记》
65	唐宣宗大中十二年(858)	温　璋	《新唐书》卷九一《温璋传》
66	唐宣宗大中十三年(859)	李　琢	《全唐文》卷八〇六张云《复论令狐滈疏》
67	唐懿宗咸通九—十一年(868—870)	郑处冲	《新唐书》卷一四八《康承训传》

① 据《唐故宣武军节度副使正议大夫检校尚书户部郎中兼御史中丞上柱国赐紫金鱼袋赠汝州刺史范阳汤公墓志铭并序》《唐故宋州刺史汤府君夫人荥阳郡君河南侯莫陈氏归祔志》(齐运通、杨建锋编:《洛阳新获墓志(二〇一五)》,北京:中华书局,2017年,第240页、294页),墓主名应为汤贲。

68	唐僖宗乾符中?	郑允谟	《新唐书》卷六五《方镇二》
69	唐僖宗文德初	高　途	《册府元龟》卷六七七
70	唐昭宗景福元年—乾宁元年(892—894)	张廷范	《资治通鉴》卷二五九"唐昭宗景福二年二月"条
71	唐昭宗时?	张　蕤	《北梦琐言》卷一七
72	唐昭宗光化元年(898)	袁象先	《宋高僧传》卷一三《唐东京封禅寺圆绍传》
73	唐昭宗光化三年—天复元年(900—901)	张存敬	《旧五代史》卷二〇《张存敬传》
74	唐昭宗天复三年(903)	高季兴(高季昌)	《旧五代史》卷一三三《高季兴传》
75	唐昭宣帝天祐三—四年(906—907)	刘　捍	《旧五代史》卷二〇《刘捍传》
76	唐昭宣帝天祐四年(907)	王　皋	《旧五代史》卷三《梁太祖纪三》
77	不祥	丁某(待考)	《唐摭言》卷一二
78	不祥	郑某(待考)	《全唐诗》卷八七五《任叟书授刘生》序

以下为唐代宋州刺史增补信息:

谢统师　唐高祖武德四—五年(621—622)

《唐故使持节士颖(颍)归三州诸军事三州刺史亳州总管湘源郡公谢府君墓志铭并序》:"公讳统师。字统师,陈郡阳夏人也。……(武德)四年授亳州总管,兼摄宋州刺史。"①

封言道　武后长寿三年—证圣元年(694—695)

《周故宋州刺史驸马都尉上柱国蓨县开国子封公墓志铭并序》:"公讳言道,字让,渤海蓨人。……长寿三年,加朝议大夫,守宋州刺史。证圣元年,悬车告老,朝朔望。"②

梁　某　约唐玄宗朝初

---

① 赵力光主编:《西安碑林博物馆新藏墓志续编》,西安:陕西师范大学出版社,2014年,第63—64页。

② 墓志见岳连建、柯卓英:《唐淮南大长公主驸马封言道墓志考释》,《考古与文物》2004年第4期,第66—72页。

《唐故河南采访汴州刺史徐公夫人嘉兴县君墓志铭并序》:“及梁公之出牧宋州也,以宁陵丞徐公为贤,当既笄之岁……官至御史中丞、河南采访、汴州刺史。天宝五载先夫人而薨。”①

李　某　约唐玄宗开元中

《余姚县主墓志铭》:“太祖皇帝之曾孙,太宗文皇帝之孙,开元神武皇帝之堂姑,豫宋二州刺史、越王第五女也。”②

赫连钦若　唐玄宗开元中

《皇唐故坊州刺史赫连府君墓志铭并序》:“君讳钦若,字惟臣,本河南人……陈州、宋州刺史。入为庆王府长史,复除坊州刺史。……春秋六十七。以开元十七年十二月十四日薨于坊州公馆。”③

程　悦　约唐玄宗朝

《程惟诚墓志》(元和二年):“公讳惟诚,太原人也。曾祖莹,杨府司马。祖胤,洺州刺史。先府君悦,宋州刺史。”④

李伯成　唐肃宗至德二载(757)

《唐故宋州刺史清河郡公李府君(伯成)墓志铭并序(贞元十三年五月二十九日)》⑤。

李　鶇　唐肃宗上元元年(760)

《唐故中大夫泽州刺史赠光禄卿工部尚书太子少傅李府君(鶇)墓志铭并序》:“天宝之难,东土流血……皇途虽阻,国章粲然。洎天人嗣位,上皇克复,擢拜郢州刺史。无几,累转朗辟归巴等四州刺史……乾元中,稍迁宋州刺史。”⑥有学者认为李鶇任宋州刺史时间在乾元元年至二年(758—759)⑦。

谢玄佐　唐德宗建中二年前后(781前后)

---

① 赵文成、赵君平编选:《新出唐墓志百种》,杭州:西泠印社出版社,2010年,第240页。

② 赵力光主编:《西安碑林博物馆新藏墓志续编》,西安:陕西师范大学出版社,2014年,第279页。

③ 赵文成、赵君平编选:《新出唐墓志百种》,杭州:西泠印社出版社,2010年,第132页。

④ 黄楼:《〈唐刺史考全编〉订补——以〈大唐西市博物馆藏墓志〉为中心》,《吐鲁番学研究》2014年第1期,第20—53页。

⑤ 毛阳光:《〈唐刺史考全编〉新补订》,《文献》2006年第1期,第31—40页。

⑥ 赵君平、赵文成编:《河洛墓刻拾零》,北京:北京图书馆出版社,2007年,第549页。

⑦ 陈翔:《〈唐刺史考全编〉拾遗、订正》,《唐史论丛》第十四辑,西安:陕西师范大学出版社,2012年,第272—283页。

《册府元龟》卷三八五《将帅部·褒异第十一》:“谢玄佐为宋州刺史。德宗建中二年,加兼御史中丞、宋亳节度等使。”①

刘　逸　约唐德宗贞元中

《太平广记》卷二八〇“麻安石”条引《祥异集验》:“麻安石,唐贞元中至寿春,谒太守杨承恩。……是年,武成刺史三人,安州伊公慎、宋州刘公逸、寿州杨公淮并加散骑常侍。”②

杨　某　唐宪宗元和中

《唐故中散大夫守太子宾客上柱国弘农县开国男食邑三百户赐紫金鱼袋杨府君墓志铭并序》(长庆二年二月):“维唐长庆元年八月廿五日,公亮于京兆府万年县长兴里第……转中垂,刺邓、宋二州。再为大理少卿、宫相、卫尉卿、太子宾客……所从者何?”③

杨元卿　约唐文宗大和五—七年(约851—853)

《唐故光禄大夫太子太保赠司徒弘农杨公墓志铭》:“公讳元卿,字正臣,弘农人。……大和五年,以本官作宣武军节度、宋亳等州观察使。……七年秋,累有陈,乞随表赴阙,构疾于洛,改太子太保……以七月二十八日薨于河南恭安里第,春秋五十七。……以明年甲寅岁二月三日葬于伊阙县归善乡浥涧之阳,祔大茔也。”④

田　肇　唐文宗大和中

《唐故朝散大夫前守同州长史上柱国敦煌令狐公墓志铭并序》(堂侄乡贡进士温撰):“世父名览,字玄观,其先敦煌人也。……秩满,宋州刺史田肇举茂材,辟为团练副使,迁宋州司马,加朝散大夫,旋领汝州别驾。大和九年春,除替归城。”⑤案:其刺宋当在大和初年。

刘彦谋　约唐宣宗大中十二、十三年前(约858、859前)

《唐故彭城郡刘夫人墓志》:“夫人列考讳彦谋,大和年捷进士第,累登南

---

① (宋)王钦若等编纂:《册府元龟》,南京:凤凰出版社,2006年,第4353页。

② (宋)李昉等编:《太平广记》,北京:中华书局,1961年,第2234页。

③ 陈翔:《〈唐刺史考全编〉拾遗、订正》,《唐史论丛》第十四辑,西安:陕西师范大学出版社,2012年,第272—283页。

④ 墓志见赵振华:《杨元卿墓志与唐平定淮西》,《考古与文物》2002年第4期,第72—78页。

⑤ 参见马志祥:《〈唐令狐览墓志〉考释——兼谈令狐氏之衍变》,《中国国家博物馆馆刊》2016年第9期,第75—83页。

北省。剖濠、宋二符。……夫人年享卅一。……咸通十一年正月下旬寝疾于太原府寿阳县馆。”①

崔　锣　唐懿宗咸通三年前(862 前)

《唐故朝请大夫使持节宋州诸军事守宋州刺史兼御史中丞充本州团练镇遏使上柱国博陵县开国男食邑三百户赠左散骑常侍崔府君(锣)墓志铭并叙》:“府君讳锣,字节卿,其先博陵安平人也。……授宋州刺史,非所求也。……无何构疾,以咸通三年正月廿九日,终于官舍,享年四十七。”②

(二)别驾

阳里卿　约唐初

《唐故工部员外郎阳府君墓志铭并叙》:“公讳修己,字仲容,右北平无络人也。……皇朝宋州别驾讳里卿,公之大父也。……粤以年六月廿九日构疾,终于里之第……今以天宝四载孟冬十月改窆于河南府清县温泉乡之原故夫人旧茔,礼也。”③

王波利　唐太宗贞观十一年(637)

《唐代墓志汇编·麟德〇二六·□□□□□□□轻车都尉强君墓志铭并序》:“君讳伟,字玄英,扶风人也。……贞观七年任国子生。……至十八年,将作大匠阎立德江南造船,召为判佐。十一年副虞部员外郎唐逊造海舷一千艘。其年敕差副宋州刺史王波利更造海船。”④

武文谦　约唐初

《唐故深州司户参军武府君(幼範)墓志》:“府君讳幼範,字少真,其先沛人。……曾祖文谦,陵、宋二州别驾。……(府君)以开元廿五年四月十六日,终于河南修义里之私第,享年五十。”⑤

裴　朗　唐玄宗开元二十四年前(736 前)

《唐代墓志汇编续集·开元一四八·唐故尚乘直长裴公墓志铭并序》:

---

① 毛阳光主编:《洛阳流散唐代墓志汇编续集》,北京:国家图书馆出版社,2018 年,第 779 页。

② 吴钢主编:《全唐文补遗(千唐志斋新藏专辑)》,西安:三秦出版社,2006 年,第 403—404 页。

③ 赵文成、赵君平编选:《新出唐墓志百种》,杭州:西泠印社出版社,2010 年,第 186 页。

④ 周绍良主编:《唐代墓志汇编》,上海:上海古籍出版社,1992 年,第 413 页。

⑤ 吴钢主编:《全唐文补遗(第二辑)》,西安:三秦出版社,1995 年,第 514—515 页。

“公讳瑾，河东闻喜人也。……以暨我王大父曰朗；朗，宋州别驾，生我大父曰晟，复州司马；晟生我烈考曰顺，濮州长史……公即濮州长史之元子也。……春秋五十六，以开元廿四年七月十三日终于长安之私第，复以其年十月廿四日殡于万年县崇道乡所，龟筮从也。”①

袁建康 约唐玄宗天宝中

《唐故银青光禄大夫太府卿南阳郡开国公袁府君墓志铭》：“公讳建康，字建康，汝南人也。……宋州别驾。虽或散秩，居必有闻。累迁普、鄂、陈、潭、复、莱等七州刺史……广德初，西郊不虞，大驾东狩。”②

史訾 约唐玄宗朝

《□□□□□度兵马使特进试大理卿遂安郡王□□□□君墓志铭并序》：“公之得姓……载在史氏。……祖洪政，亳州录事参军。父讳訾，宋州别驾……（公）以贞元九年十一月卅日，寝疾终于密州官舍，享年五十七。”③

（三）长史

卢承基 约武后时或前？

《唐故扬府功曹卢公（元衡）墓志铭并序》：“公讳元衡，字□□，范阳人也。……父承基，襄宋二州长史、郢州刺史。……（公）□□年十月廿日，终于岭外，春秋□一。……即以景龙三年十月廿六日，葬于洛州永昌县□阴乡之北原。”④

韦　岳 武后时

《旧唐书》卷一八五上《韦机传》：“子余庆。余庆官至右骁卫兵曹，早卒。余庆子岳。岳亦以吏干著名，则天时，累转汝州司马。……由是忤旨，左迁宋州长史，历海、虢二州刺史，所在皆著威名。”⑤

卢承恩 唐初

《唐代墓志汇编·开元〇二八·大唐处士范阳卢府君墓志铭并序》：“君讳调，字子通，范阳涿人，神农姜姓之后也。……祖赤松，皇朝太子率更令、

---

① 周绍良、赵超主编：《唐代墓志汇编续集》，上海：上海古籍出版社，2001年，第555页。

② 毛阳光主编：《洛阳流散唐代墓志汇编续集》，北京：国家图书馆出版社，2018年，第431页。

③ 吴钢主编：《全唐文补遗（第九辑）》，西安：三秦出版社，2007年，第456页。

④ 吴钢主编：《全唐文补遗（第七辑）》，西安：三秦出版社，2000年，第347—348页。

⑤ （后晋）刘昫等：《旧唐书》，北京：中华书局，1975年，第4796页。

范阳郡开国公……父承恩，宋州长史。……（君）以神龙元年十月一十三日构疾，终于东都隆化坊之私第，春秋六十有八。”①

倪　泉　约唐玄宗开元初

《唐代墓志汇编续集·开元〇二八·大唐故尚书右丞倪公墓志铭并序》：“公讳泉，字若水，中山稿城人也。……以公事出为宋州长史，稍迁慈州刺史，征拜中书舍人，无何，拜尚书右丞。……以开元七年正月廿六日，薨于京水永嘉里之私第，春秋五十有九。”②

袁　复　约唐玄宗开元中？

《袁氏孝女（梵仙）墓志铭并叙》：“孝女袁氏，字梵仙……有唐……朝议郎、上柱国、著作佐郎、睢阳郡长史复之中女……洎天宝五载秋七月三日，因母氏殁后旬有九日，示越孝典，哀号而卒，表龄一十有八。”③

郑　杳　唐玄宗开元中

《故银青光禄大夫使持节婺州诸军事守婺州刺史上柱国荥阳县开国男郑府君墓志铭》：“君讳杳，字玄邈，荥阳郡县人也。……服阕，除宋州长史，累迁密州、庐州、饶州刺史。……迁婺州刺史，进封荥阳县开国男，食邑三百户。……以开元廿六年四月廿三日薨于本郡荥泽县之里第，享年七十有五。”④

李恭仁　约唐宣宗朝

《唐故赵郡李氏夫人墓志铭》：“夫人姓李氏，赵郡人也。……祖矩，庐州录事参军。父恭仁，皇宋州长史。……大中九年六月廿四日终于山阳县之私第，享年卌九。”⑤《唐故朝散大夫使持节沁州诸军事守沁州刺史柱国清河崔府君墓志铭》：“公讳璹，字元辉，清河人也。……公始任邓州参军，娶夫人

① 周绍良主编：《唐代墓志汇编》，上海：上海古籍出版社，1992 年，第 1171—1172 页。

② 周绍良、赵超主编：《唐代墓志汇编续集》，上海：上海古籍出版社，2001 年，第 470—471 页。

③ 吴钢主编：《全唐文补遗（千唐志斋新藏专辑）》，西安：三秦出版社，2006 年，第 205 页。

④ 毛阳光、余扶危主编：《洛阳流散唐代墓志汇编》，北京：国家图书馆出版社，2013 年，第 277 页。

⑤ 毛阳光主编：《洛阳流散唐代墓志汇编续集》，北京：国家图书馆出版社，2018 年，第 727 页。

赵郡李氏，故宋州长史恭仁之长女。”①

石彦辞　唐僖宗中和五年(885)

《梁故武威石公墓志铭》：“公讳彦辞，字匡臣。……公中和乙巳，职宣武军，同节度副使兼御史司宪。……其年迁首列，授宋州长史兼御史大夫。”②

李　兼　任职时间不详

《新唐书》卷七〇上《宗室世系上》“蔡王房”条：“宋州长史兼。”③

杨崇本　任职时间不详

《新唐书》卷七一下《宰相世系一下》“杨氏”条：“崇本，宋州长史。”④

(四)司马

萧　缮　唐高宗龙朔中—麟德中

《唐代墓志汇编续集·圣历〇一一·大周古衢州刺史兰陵萧府君墓志之铭》：“公讳缮，字懿宗，兰陵人也。……龙朔中，迁宋州司马。……麟德中，左迁雅州司马，又迁永州长史。”⑤

刘藏器　唐高宗朝

《全唐文》卷一六三“刘藏器”：“藏器，徐州彭城人。高宗时为侍御史，稍迁比部员外郎监察御史，出为宋州司马，卒。”⑥

曹元本　武后时

《太平广记》卷二四九“元晋”条引《御史台记》：“唐曹怀舜，金乡人。……则天云：‘怀舜久历文资，而屈于武职。’自左鹰扬卫郎将拜右玉钤卫将军。有宋州司马曹元本，父名乞伯。”⑦

卢元应　约唐初

《大唐朝议郎前行郑州司兵参军清河张休故妻范阳卢夫人墓志铭》：“夫

---

① 毛阳光主编：《洛阳流散唐代墓志汇编续集》，北京：国家图书馆出版社，2018年，第743页。

② 周阿根：《五代墓志汇考》，合肥：黄山书社，2011年，第16—17页。

③ (宋)欧阳修、宋祁：《新唐书》，北京：中华书局，1975年，第1969页。

④ (宋)欧阳修、宋祁：《新唐书》，北京：中华书局，1975年，第2365页。

⑤ 周绍良、赵超主编：《唐代墓志汇编续集》，上海：上海古籍出版社，2001年，第368—369页。

⑥ (清)董诰等编：《全唐文》，北京：中华书局，1983年，第1668页。

⑦ (宋)李昉等编：《太平广记》，北京：中华书局，1961年，第1930页。

人第十二，范阳涿人也。……祖元应，唐宋州司马。……以开元二年六月十二日终于东都慈惠坊里也，春秋二十有五。”①

崔元静 唐玄宗开元初或前

《户部郎中韦氏妻崔氏墓志铭并序》：“夫人崔氏……父元静，宋州司马、虢州长史，寻转密、蓬二州刺史……（夫人）以开元七年岁在己未五月廿七日乙卯终于休详李之私第，春秋廿有九。”②

朱崇庆 约唐玄宗开元初

《唐代墓志汇编·开元二二〇·大唐故银青光禄大夫湖州刺史朱公墓志铭并序》：“君讳崇庆，字绍隆，吴郡钱塘人也。……起家调选授绵州西昌县丞，非其好也。……转迁宋州司马，寻拜魏、汴二州长史。……以开元十三年八月三日薨于汴州龙兴寺之净宇，享年六十有六。”③

郑崇顺 唐玄宗开元中

《册府元龟》卷六五八《奉使部·论荐》：“刘知柔，开元中为河南道巡察使，奏陈州刺史韦嗣立……宋州司马郑崇顺……等清白可陟之状。”④

孙嘉之 约唐玄宗开元中

《唐丞相梁司空致仕赠司徒乐安孙公墓志铭并序》：“讳偓，字龙光……光禄玄孙之孙嘉之，开元年宋州司马致仕。”⑤《全唐文》卷三一三孙逖《宋州司马先府君墓志铭》：“府君讳嘉之，字某，魏郡武水人也……天册中以进士擢第……皇上以府君在义方之训，特授朝散大夫宋州司马，仍听致仕。”⑥卷三三七颜真卿《尚书刑部侍郎赠尚书右仆射孙逖文公集序》：“公讳逖，河南巩人。其先自乐安武水，寓于涉而徙焉。父嘉之，以词学登科，官至宋州司马。”⑦又见《唐代墓志汇编·贞元〇二六·唐故中大夫守桂州刺史兼御史中丞充桂州本管都防御经略招讨观察处置等使上柱国乐安县开国男赐紫金鱼

---

① 毛阳光主编：《洛阳流散唐代墓志汇编续集》，北京：国家图书馆出版社，2018年，第147页。

② 李明等主编：《长安高阳原新出土隋唐墓志》，北京：文物出版社，2016年，第151页。

③ 周绍良主编：《唐代墓志汇编》，上海：上海古籍出版社，1992年，第1308—1309页。

④ （宋）王钦若等编纂：《册府元龟》，南京：凤凰出版社，2006年，第7593页。

⑤ 毛阳光主编：《洛阳流散唐代墓志汇编续集》，北京：国家图书馆出版社，2018年，第821页。

⑥ （清）董诰等编：《全唐文》，北京：中华书局，1983年，第3182页。

⑦ （清）董诰等编：《全唐文》，北京：中华书局，1983年，第3415页。

袋孙府君墓志铭并序》[①]、《贞元一一三·唐故乐安孙府君墓志》[②]、《元和〇五八·唐故滑州白马县令孙府君墓志铭并序》[③]、《大中〇六五·唐故乐安孙廿九女墓志》[④]、《大中一二〇·唐故天平军节度赠兵部尚书乐安孙府君墓志铭》[⑤]。

沈浩丰 约唐玄宗开元末

《唐故中散大夫行汾州长史沈府君(浩丰)墓志铭并序》:"公讳浩丰,字宽饶,吴兴武康人也。……加朝议大夫,除宋州司马。……加中散大夫,除汾州□□□□□□□道……□廿八年三月□日,终于东都毓德里,春秋六十有五。"[⑥]

孙视中 约唐玄宗朝或后

《唐代墓志汇编·会昌〇一〇·唐故汝州司马孙府君墓志铭并序》:"公讳审象,字近初,行孙氏,其先乐安人也。……曾祖府君讳嘉之,皇朝天册中,举进士,擢高第;父视中,应拔萃,登甲科,累迁宋州司马赠秘书监。"[⑦]

卢　谦 唐德宗贞元前

《唐代墓志汇编·贞元一三三·大唐故银青光禄大夫检校太子宾客上柱国范阳郡开国子兼监察御史卢公墓志铭并序》:"公姓卢氏,讳翊。……父谦,正议大夫、宋州司马兼左赞善大夫。"[⑧]

令狐览 唐文宗大和九年前(835 前)

参见上司马"令狐览"条。

冯　某 任职时间不详

《全唐文》卷二二九张说《故括州刺史赠工部尚书冯公神道碑》:"公即昭成皇帝之十代孙也……入计会府,仇家横讼,明敕杖其愬者,迁公宋州司马,朝廷翕然,知有王法。"[⑨]

---

① 周绍良主编:《唐代墓志汇编》,上海:上海古籍出版社,1992 年,第 1855 页。

② 周绍良主编:《唐代墓志汇编》,上海:上海古籍出版社,1992 年,第 1920 页。

③ 周绍良主编:《唐代墓志汇编》,上海:上海古籍出版社,1992 年,第 1989 页。

④ 周绍良主编:《唐代墓志汇编》,上海:上海古籍出版社,1992 年,第 2300 页。

⑤ 周绍良主编:《唐代墓志汇编》,上海:上海古籍出版社,1992 年,第 2344—2345 页。

⑥ 吴钢主编:《全唐文补遗(第二辑)》,西安:三秦出版社,1995 年,第 525—526 页。

⑦ 周绍良主编:《唐代墓志汇编》,上海:上海古籍出版社,1992 年,第 2218 页。

⑧ 周绍良主编:《唐代墓志汇编》,上海:上海古籍出版社,1992 年,第 1935 页。

⑨ (清)董诰等编:《全唐文》,北京:中华书局,1983 年,第 2316 页。

（五）团练副使

令狐览　唐文宗大和九年前(835 前)

《唐故朝散大夫前守同州长史上柱国敦煌令狐公墓志铭并序》（堂侄乡贡进士温撰）："世父名览，字玄观，其先敦煌人也。……秩满，宋州刺史田肇举茂材，辟为团练副使，迁宋州司马，加朝散大夫，旋领汝州别驾。大和九年春，除替归城。"①

（六）录事参军事

尔朱旻　唐高宗咸亨四年前(673 前)

《唐代墓志汇编·垂拱〇一二·唐故宋州录事尔朱府君墓志铭并序》："公讳旻，字玄靖，河南洛阳人也。……于是授公宋州录事参军事。……以咸亨四年七月廿三日终于宋州宁陵县，春秋五十有三。"②

宋　林　约唐初

《大唐宋府君（师）墓志铭》："君讳师，字老师，其先出自广平郡人也。……曾祖期，隋任绵州龙安县□。祖粲，隋任荆州司马。……父林，皇朝任宋州录事参军事。……（君）载初元年正月一日……以其年六月二日，终于私第。"③

薛　珙　约唐初

《唐代墓志汇编·开元四三四·唐故宁远将军庆王府左典军上柱国尹府君墓志铭并序》："夫人河东薛氏，周随州刺史映之曾孙，绵州司马芬之孙，宋州录事参军珙之女也。"④

卢利贞　约唐玄宗开元初?

《故卫州刺史韦府君夫人范阳郡君卢氏墓志铭并序》："夫人讳□，字□，其先范阳涿人也。……皇宋州录事参军利贞第二女也。……（夫人）以开元十八年正月廿四日寝疾终于河南府尚贤里私第，春秋五十。"⑤

---

① 赵力光主编：《西安碑林博物馆新藏墓志续编》，西安：陕西师范大学出版社，2014 年，第 568 页。

② 周绍良主编：《唐代墓志汇编》，上海：上海古籍出版社，1992 年，第 737 页。

③ 吴钢主编：《全唐文补遗（千唐志斋新藏专辑）》，西安：三秦出版社，2006 年，第 60 页。

④ 周绍良主编：《唐代墓志汇编》，上海：上海古籍出版社，1992 年，第 1456 页。

⑤ 齐运通、杨建锋编：《洛阳新获墓志（二〇一五）》，北京：中华书局，2017 年，第 179 页。

张景先　唐玄宗开元十四年前(726 前)

《大唐故朝散大夫行莫州文安县令上柱国张公墓志铭》:“公讳景先,字绍先,清河人也。……转宋州录事参军,纠正六曹,威名肃于梁国。秩满,调补莫州文安县令。……以开元十四年七月廿□日构疾终于河南府洛阳县□德里之私第,春秋七十一。”①

元黄中　唐玄宗开元末

《元黄中墓志》:“公讳黄中,字黄中,河南人也。……公明经擢第,解褐眉州参军。历河间县丞、睢阳郡录事参军、冯翊郡司户参军,所涖皆有清白进。……天宝三载六月十二日寝疾怛化于履信之里第,春秋六十三。”②

魏　防　唐玄宗天宝末

《唐代墓志汇编·贞元〇八七·唐故宋州录事参军巨鹿魏君墓志铭》:“□□□唐贞元十四年□冬十一月四日东洛之汭,北邙之阳,悬棺而合葬者,有魏氏焉。魏氏之先大矣,其胤宋州录事参军防,克荷前人之烈,故以能入官。天宝末,终于秩。”③

李　恬　约唐德宗贞元八—十五年中(约 792—799 中)

《大唐故银青光禄大夫翼王府长史李公墓志铭并序》:“公讳恬,字全真。……任宋州录事参军日,遇刺史刘逸淮与节制李万荣蓄机交恶,方将出兵。……大中三年八月四日薨于河南府从善里,享年八十有五。”④

薛弘远　任职时间不详

《新唐书》卷七三下《宰相世系三下》“薛氏”条:“弘远,宋州录事参军。”⑤

(七)参军事

袁　德　约唐高祖、太宗朝

---

① 毛阳光主编:《洛阳流散唐代墓志汇编续集》,北京:国家图书馆出版社,2018 年,第 207 页。

② 毛阳光主编:《洛阳流散唐代墓志汇编续集》,北京:国家图书馆出版社,2018 年,第 319 页。

③ 周绍良主编:《唐代墓志汇编》,上海:上海古籍出版社,1992 年,第 1898 页。

④ 毛阳光、余扶危主编:《洛阳流散唐代墓志汇编》,北京:国家图书馆出版社,2013 年,第 595 页。

⑤ (宋)欧阳修、宋祁:《新唐书》,北京:中华书局,1975 年,第 3014 页。

《唐故渭州白马县令袁公墓志铭并序》:“公讳德……唐初从秦府左右,释褐宋州参军……粤以显庆元年四月六日终于私第,春秋八十有六。”①

刘祎之 *约唐太宗贞观十八年(644)*

《大唐故中书侍郎同书门下三品昭文馆学士临淮县开国男赠中书令刘氏先府君墓志铭并序》:“先夫君讳祎之,字希美,临淮阳乐人。……年甫十五,言诋上京。燕公于志宁、河南公褚遂良素闻府君高名,特加表荐。寻授宋州参军,转左率府仓曹参军、昭文官直学士,又转内直丞。……以垂拱二年八月十二日薨于河南崇业里之私第,春秋五十七。”②

陈　如 *唐初*

《唐代墓志汇编·万岁通天〇一六·周故上柱国陈府君墓志铭并序》:“君讳玄,字懿,其先颍川人也。……祖如,唐任宋州参军……以万岁通天二年二月十九日,终于永昌县嘉善里之私第,春秋五十有二。”③

韦　鹏 *约武后末*

《大唐故朝散大夫守延安郡都督府司马韦府君墓志铭并序》:“公讳鹏,字图南,姓韦氏,京兆万年人也。……弱冠,以乡贡明经擢第,调补睢阳郡参军事……以天宝元年八月构疾终于郡之官舍,春秋六十有五。”④

崔　羡 *唐玄宗开元初?*

《唐代墓志汇编·开元三〇二·大唐故魏州冠氏县令清河崔君墓志并序》:“君讳羡,字幼卿,清河东武城人也。……解褐宋州参军事……春秋六十九,以开元十七年三月六日构疾,终于魏州冠氏县之官舍,呜呼哀哉!”⑤

孔齐参 *唐玄宗开元中*

《唐代墓志汇编·天宝〇四八·唐故河东郡宝鼎县令会稽孔府君墓志文并序》:“公讳齐参,字齐参……弱冠孝廉擢第,解褐行宋州参卿事。……春秋五十有二,以天宝三载三月十一日盖寝疾,七日而终于官舍。”⑥

---

① 赵君平、赵文成编:《河洛墓刻拾零》,北京:北京图书馆出版社,北京:2007 年,第 96 页。

② 毛阳光、余扶危主编:《洛阳流散唐代墓志汇编》,北京:国家图书馆出版社,2013 年,第 151 页。

③ 周绍良主编:《唐代墓志汇编》,上海:上海古籍出版社,1992 年,第 899 页。

④ 李明等主编:《长安高阳原新出土隋唐墓志》,北京:文物出版社,2016 年,第 181 页。

⑤ 周绍良主编:《唐代墓志汇编》,上海:上海古籍出版社,1992 年,第 1363—1364 页。

⑥ 周绍良主编:《唐代墓志汇编》,上海:上海古籍出版社,1992 年,第 1563 页。

李承嗣 唐玄宗开元二十五年前(737 前)

《册府元龟》卷三九《帝王部·睦亲》:“(开元)二十五年五月辛丑,命有司选宗子有才者。宗正荐……五从侄前宋州参军承嗣,皆授台省官及法官、京县官。”①

崔 备 约唐德宗朝?

《唐故汴宋观察支使朝请郎殿中侍御史内供奉赐绯鱼袋崔府君(备)墓铭并序》:“吾兄讳备,字茂宣,博陵人也。……遂以门子补宣德郎、宋州参军。……以永贞元年正月廿七日,终于河南府河南县行修里之私第,时享年五十二。”②

陈 竦 唐德宗贞元中

《唐前知度支陕州院事殿中侍御史内供奉卢公亡妣陈氏归葬墓志铭》:“陈氏……竦亡父,贞元中,始参宋之军事。贤和家于宋,遂因卜吉,和鸣归占。”③

裴 兼 唐宪宗元和二—四年(807—809)

《唐故宋州参军河东裴府君(兼)墓志铭并序》:“府君讳兼,字从初,元和五年七月十七日,终于宋州之私第。……府君以门子出身,元和二年调选授宋州参军。满秩而卒,享年不永厥寿。”④

卢 殷 唐宪宗元和八年前(813 前)

《唐故陕州平陆县尉卢府君(殷)荥阳郑夫人合祔墓志铭并序》:“府君讳殷,字鼎臣,其先涿郡范阳人。……释褐参宋州军事,再调陕州平陆尉。……以元和八年八月一日,殁于安邑县寓居之官舍。”⑤此墓志亦见《洛阳新获墓志(二〇一五)》(第 333 页)。

韦 某 唐后期

《全唐诗补编·补全唐诗》:“李昂《睢阳送韦参军还汾上(此公元昆任睢阳参军)》:‘世业重籝金,青春映士林。文华两孙楚,兄弟二曾参。竹抱卢

---

① (宋)王钦若等编纂:《册府元龟》,南京:凤凰出版社,2006 年,第 416 页。

② 吴钢主编:《全唐文补遗(第九辑)》,西安:三秦出版社,2007 年,第 386—387 页。

③ 毛阳光主编:《洛阳流散唐代墓志汇编续集》,北京:国家图书馆出版社,2018 年,第 711 页。

④ 吴钢主编:《全唐文补遗(千唐志斋新藏专辑)》,西安:三秦出版社,2006 年,第 314 页。

⑤ 吴钢主编:《全唐文补遗(第八辑)》,西安:三秦出版社,2005 年,第 183 页。

门暗，山衔晋国深。预知汾水上，一雁有遗音。’”①

李公倍 任职时间不详

《新唐书》卷七〇上《宗室世系上》“蜀王房，后为渤海王房”条：“宋州参军公倍。”②

李　倜 任职时间不详

《新唐书》卷七二上《宰相世系二上》“赵郡李氏”条：“倜，宋州参军。”③

王　沓 任职时间不详

《新唐书》卷七二中《宰相世系二中》“王氏”条：“沓，宋州参军。”④

（八）判司

1. 司功参军

李　海 约唐高祖或太宗朝?

《唐代墓志汇编·证圣〇一六·李君墓志铭并序》：“君讳瓛，字义真，陇西成纪人也。……祖海，皇朝宋州司功……（君）乃以垂拱二年岁次景戌七月丁卯朔廿九日景申，卒于私第，比未及葬，春秋五十有九。”⑤

郑　䜣 唐高宗仪凤三年前后（678 前后）

《全唐文》卷二七五薛稷《唐故洛州洛阳县令郑府君碑》：“公讳敞，字仲高，荥阳开封人。……春秋六十九，仪凤三年十一月十七日，终于万年县之来庭里第。……第五子宋州司功参军䜣等，罄节励行，彦士高其式模。”⑥《唐代墓志汇编·开元四四〇·唐故通议大夫使持节开州诸军事开州刺史上柱国荥阳郑公墓志铭并序》：“公讳䜣，字季庆，荥阳开封人也。……解褐鸿州参军，历宋州司功参军、荆州录事参军、卫王府属、太子舍人……开元廿三年四月七日，终于故任之公第，春秋七十有六。”⑦

姚　异 约唐玄宗开元初

《大唐银青光禄大夫许州诸军事许州刺史上柱国郑县开国伯姚府君志

---

① （清）彭定球等编：《全唐诗》，北京：中华书局，1999 年，第 10314 页。

② （宋）欧阳修、宋祁：《新唐书》，北京：中华书局，1975 年，第 2046 页。

③ （宋）欧阳修、宋祁：《新唐书》，北京：中华书局，1975 年，第 2574 页。

④ （宋）欧阳修、宋祁：《新唐书》，北京：中华书局，1975 年，第 2574 页。

⑤ 周绍良主编：《唐代墓志汇编》，上海：上海古籍出版社，1992 年，第 876—877 页。

⑥ （清）董诰等编：《全唐文》，北京：中华书局，1983 年，第 2799—2801 页。

⑦ 周绍良主编：《唐代墓志汇编》，上海：上海古籍出版社，1992 年，第 1459—1460 页。

铭并序》："公讳异，字谦光，本吴兴人也。……公弱冠以资补怀州参军、蒲州司士、太子典膳郎。贬沣州司仓，常、宋二州司功。寻又还资……出牧坊、许二州。……以开元廿一年闰三月廿三日构疾薨于许州之官舍，春秋五十有二。"①

高　琛　唐玄宗天宝八载前(749 前)

《唐代墓志汇编·天宝一四八·唐故南充郡司马高府君墓志铭并序》："公讳琛，字琛，渤海蓨人也。……累迁睢阳司功、荥阳司兵，又改南充郡司马，皆恩命也。……天宝八载七月十六日终于东京尚善里所，享年七十二。"②

苗含液　任职时间不详

《唐代墓志汇编·残志〇六三》："故河南府法曹参军上党郡开国男讳含液，苗氏之冢胤。……公由大学士进士受杨府□军、睢阳郡司功、阳翊士曹掾，莅历清贯，四及神州，人无闲言，物饱其论，君子以为盛德之后善善也，乐其终。"③

卢元亮　任职时间不详

《新唐书》卷七三上《宰相世系三上》"卢氏"条："元亮，宋州司功参军。"④

2. 司户参军

李　信　约唐太宗朝

《唐代墓志汇编·永徽一〇三·唐故颍州下蔡县令李府君墓志铭并序》："府君讳信，字君谅，陇西成纪人也。……俄除宋州司户参军事。"⑤

许敬宗　唐太宗朝

《全唐文》卷四李世民《置文馆学士教》："宋州总管府户曹许敬宗、太学助教盖文达、谘议典签苏勖等……是用嘉焉。"⑥

王行果　约唐高宗总章、咸亨间

① 毛阳光、余扶危主编：《洛阳流散唐代墓志汇编》，北京：国家图书馆出版社，2013 年，第 255 页。

② 周绍良主编：《唐代墓志汇编》，上海：上海古籍出版社，1992 年，第 1635 页。

③ 周绍良主编：《唐代墓志汇编》，上海：上海古籍出版社，1992 年，第 2572 页。

④ (宋)欧阳修、宋祁：《新唐书》，北京：中华书局，1975 年，第 2909 页。

⑤ 周绍良主编：《唐代墓志汇编》，上海：上海古籍出版社，1992 年，第 197 页。

⑥ (清)董诰等编：《全唐文》，北京：中华书局，1983 年，第 49 页。

《唐代墓志汇编·景龙〇二七·唐故王府君墓志铭并序》:"君讳行果,太原人。……解褐润州司兵参军。……秩满,宋州司户参军事。……咸亨三年六月十八日构疾,终于□□,春秋卌有七。"①《全唐文》卷二六四李邕《长安县尉赠陇州刺史王府君神道碑》:"府君讳行果,字某,太原晋阳人也。……外除宋州司户参军……总章岁……是役也依公,迁长安尉。"②

李　谦　约唐中宗朝

《唐代墓志汇编·开元三〇三·唐大中大夫行定州长史上柱国李府君墓志铭并序》:"公讳谦,字虚己,赵郡赞皇人也。……解褐易州司户参军事……转齐州司士参军事……转宋州司户参军事……以景云二年九月廿六日终于河南府康俗之里第,春秋五十九。"③

李　振　约唐初

《唐故都苑总监副监李公墓志铭》:"公讳道亮,字怀德,陇西成纪人也。……祖振,皇朝宋州司户。……(公)以长安四年九月八日终于洛阳敦厚里之第,春秋五十有三。"④

薛文休　唐玄宗朝前

《大唐故集州刺史薛府君墓志铭并序》:"公讳文休,字仲良,河东汾阴人也。……制加朝散大夫、行亳州司兵,复加朝请大夫、行宋州司户。……春秋六十有七,以唐开元三年十月十三日薨于集州之官舍。"⑤

柴　阅　约唐玄宗天宝初

《唐故贬邵阳郡邵阳县尉开国伯平阳柴府君墓志铭》:"君讳阅,字子文,平阳临汾人也。……秩满,拜睢阳郡司户参军。……天宝十一载八月三日构疾终于邵阳官舍,春秋卅五。"⑥

白季庚　约唐肃宗朝

---

① 周绍良主编:《唐代墓志汇编》,上海:上海古籍出版社,1992年,第1099页。

② (清)董诰等编:《全唐文》,北京:中华书局,1983年,第2682—2683页。

③ 周绍良主编:《唐代墓志汇编》,上海:上海古籍出版社,1992年,第1364页。

④ 毛阳光主编:《洛阳流散唐代墓志汇编续集》,北京:国家图书馆出版社,2018年,第299页。

⑤ 毛阳光、余扶危主编:《洛阳流散唐代墓志汇编》,北京:国家图书馆出版社,2013年,第171页。

⑥ 毛阳光主编:《洛阳流散唐代墓志汇编续集》,北京:国家图书馆出版社,2018年,第391页。

《白居易集》卷四六《襄州别驾府君事状》:“公讳季庚,字(子申),巩县府君之长子。天宝末,明经出身,解褐,授萧山县尉,历左武卫兵曹参军、宋州司户参军。”①

3. 司兵参军

郑　翊　任职时间不详

《新唐书》卷七五上《宰相世系五上》“郑氏”条:“翊,宋州司兵参军。”②

4. 司法参军

王　基　唐高宗咸亨元年—四年(670—673)

《唐代墓志汇编续集·长寿〇〇五·大周故前尚方监兼检校司府少卿中山县开国伯王公墓志铭并序》:“府君讳基,并州太原人也。……以咸亨元年授宋州司法参军事。……以四年制除□事郎,守司府寺主簿,寻加宣义郎……公其大矣。”③

李无亏　约唐高宗总章二年—永淳元年间(约669—682间)

《大周故太中大夫使持节沙洲诸军事守沙洲刺史兼豆庐经略使上柱国长城县开国公赠使持节嘉州诸军事嘉州刺使李府君墓志铭并序》:“公讳无亏,字有待,本陇西成纪人……总章二年,授定州北平县丞,寻迁许州司兵,又改宋州司法。……永淳元年,除并州阳曲县令。”④

田宏敏　约唐高宗永淳元年前(682前)

《全唐文》卷九九三阙名《宋州司法田君宏敏墓石》:“君讳宏敏,其先北平人也。……以永淳元年九月十二日殁于私第,春秋六十有四。”⑤《唐代墓志汇编·嗣圣〇〇一·唐宋州司法田君墓志铭》:“君讳宏敏,其先北平人也。……以永淳元年九月十二日殁于私第,春秋六十有四。”⑥

李待文　唐玄宗朝前

《唐代墓志汇编·大历〇七一·唐故陇西郡李君墓志铭并序》:“君讳嘉珍,陇西成纪人也。……祖讳待文,皇朝任宋州司法参军、邠州长史。……

---

① (唐)白居易撰:《白居易集》,北京:中华书局,1999年,第983页。

② (宋)欧阳修、宋祁:《新唐书》,北京:中华书局,1975年,第3269页。

③ 周绍良、赵超主编:《唐代墓志汇编续集》,上海:上海古籍出版社,2001年,第323页。

④ 墓志见王团战:《大周沙州刺史李无亏墓及征集到的三方唐代墓志》,《考古与文物》2004年第1期,第20—26页。

⑤ (清)董诰等编:《全唐文》,北京:中华书局,1983年,第10293页。

⑥ 周绍良主编:《唐代墓志汇编》,上海:上海古籍出版社,1992年,第711页。

（君）去天宝七年正月五日终于官舍，春秋六十有七。”①

杨　岌　唐玄宗开元中

《唐代墓志汇编·天宝一〇〇·故河内郡武德县令杨公墓志铭并序》：“公讳岌，字顺，弘农华阴人也。……宋州司法参军……秩满，授郓州巨野县令，加朝散大夫、怀州武德县令。……以天宝五载八月十九日卒于武德县之官舍，春秋六十有七。”②

翟　某　唐宪宗元和十年前(815前)

《唐故宋州司法参军翟府君夫人天水姜氏墓志》：“元和岁乙未，故宋州司法参军翟府君夫人姜氏殁，明年五月甲申安宅兆于河南县委粟乡之原。”③

5. 司士参军

高怀义　唐高宗上元二年(675)

《大唐故绵州万安县令高府君墓志铭并序》：“公讳怀义，字仙客，渤海蓨人也。……以上元二年授宋州司士参军，俄迁潞州司户参军。”④

李　晃　唐德宗贞元十七年前(801前)

《唐代墓志汇编续集·贞元〇六三·故蔚州刺史张府君夫人李氏墓志铭并序》：“呜呼，李氏之淑女，张氏之孀妻，大唐贞元十七年四月十日卒于太原福昌里之第。……祖晃，故宋州司士参军。”⑤

梁宗师　唐文宗开成三年前后(838前后)

《唐故安定梁公墓记铭》：“公讳守志，字行实。……开成三年三月十二日，薨于华原之镇，享年五十四。……厥有爱子曰宗师，右神策军押衙、宋州司士参军。”⑥

刘彦纯　任职时间不详

《新唐书》卷七一上《宰相世系一上》“曹州南华刘氏”条：“彦纯，宋州司

---

① 周绍良主编：《唐代墓志汇编》，上海：上海古籍出版社，1992年，第1811页。

② 周绍良主编：《唐代墓志汇编》，上海：上海古籍出版社，1992年，第1601页。

③ 毛阳光主编：《洛阳流散唐代墓志汇编续集》，北京：国家图书馆出版社，2018年，第575页。

④ 毛远明编著：《西南大学新藏墓志集释》，南京：凤凰出版社，2018年，第300页。

⑤ 周绍良、赵超主编：《唐代墓志汇编续集》，上海：上海古籍出版社，2001年，第780页。

⑥ 赵力光主编：《西安碑林博物馆新藏墓志续编》，西安：陕西师范大学出版社，2014年，第547—548页。

士参军。"①

郑喜见 任职时间不详

《新唐书》卷七五上《宰相世系五上》"南祖郑氏"条:"喜见,宋州司士参军。"②

6. 司田参军

魏 抚 唐德宗贞元十四年前(798 前)

《唐代墓志汇编·贞元〇八七·唐故宋州录事参军巨鹿魏君墓志铭》:"□□□唐贞元十四年□冬十一月四日东洛之汭,北邙之阳,悬棺而合葬者,有魏氏焉。魏氏之先大矣,其胤宋州录事参军防,克荷前人之烈,故以能入官。天宝末,终于秩。……犹子前宋州司田参军抚。"③

7. 司仓参军

颜万石 约唐高宗朝

《唐代墓志汇编·调露〇二二·大唐故桂州始安县丞云骑尉颜府君墓志铭并序》:"府君讳万石,字子舆,琅琊人也。……君出身任右率府兵曹参军,又转济州司法参军、宋州司仓参军,丁内艰去职,□□授雍州渭南县丞。"④

关 俭 武后长安三年前(703 前)

《唐代墓志汇编·长安〇四五·大周故朝议郎行宋州司仓参军上柱国关君墓志铭并序》:"公讳俭,字守道,河南洛阳人也。……起家武选,授右卫长上。南郊及神岳辇脚,制除左卫仓曹参军。秩满,授宋州司仓参军。……以长安三年五月十六日构疾……"⑤

李 松 约唐玄宗开元中

《大唐皇四从叔故朝请大夫行太常寺恭陵令上柱国魏郡开国公李公墓志文并序》:"公讳松,字康寿,陇西成纪人也。……转宋州司仓,除卫尉主簿。以能迁荥泽令。……粤以开元廿一年龙集作噩,秋八月八日终于东都

---

① (宋)欧阳修、宋祁:《新唐书》,北京:中华书局,1975 年,第 2269 页。

② (宋)欧阳修、宋祁:《新唐书》,北京:中华书局,1975 年,第 3336 页。

③ 周绍良主编:《唐代墓志汇编》,上海:上海古籍出版社,1992 年,第 1898 页。

④ 周绍良主编:《唐代墓志汇编》,上海:上海古籍出版社,1992 年,第 666 页。

⑤ 周绍良主编:《唐代墓志汇编》,上海:上海古籍出版社,1992 年,第 1023 页。

恭安里宅。”①

裴光宗 约唐德宗贞元—宪宗元和初

《唐故大理司直润州金坛县令河东裴公(深)墓志铭并序》:“司直讳深……宋州司仓参军光宗志次子。……(司直)以建中元年十月六日殁于位,春秋卌有一。”②

(九)判官

观察判官

李胤之 唐宣宗大中三年前后(849前后)

《唐姑臧李氏故第二女(国娘)墓志铭并序(汴宋亳等州观察判官监察御史裹行李胤之撰)》:“余次女十八娘,字国娘,大中三年正月七日,没于东京彰善坊,年十四。”③

姚　荆 唐僖宗乾符二年前后(875前后)

《唐故宋州谷孰县令渤海吴府君(邵)墓志铭(汴宋亳等州观察判官检校尚书司勋员外郎兼侍御史赐绯鱼袋姚荆撰)》:“君讳邵……以乾符二年五月七日,终于杨(扬)州江阳县界私第,享年六十有一。以其年十月三日,归葬……礼也。”④

(十)推官

观察推官

王　真 唐德宗贞元八年前后(792前后)

《唐故宣武军节度副使正议大夫检校尚书户部郎中兼御史中丞上柱国赐紫金鱼袋赠汝州刺史范阳汤公墓志铭并序(汴宋等州观察推官登仕郎试太常寺协律郎王真撰)》:“公讳贲……以贞元八年正月十八日奉迁神宫将赴洛汭以从权也,以其年二月廿七日葬于历山之原,礼也。”⑤

---

① 赵力光主编:《西安碑林博物馆新藏墓志续编》,西安:陕西师范大学出版社,2014年,第286—287页。

② 吴钢主编:《全唐文补遗(千唐志斋新藏专辑)》,西安:三秦出版社,2006年,第332页。

③ 吴钢主编:《全唐文补遗(第六辑)》,西安:三秦出版社,1999年,第160页。

④ 吴钢主编:《全唐文补遗(千唐志斋新藏专辑)》,西安:三秦出版社,2006年,第416—417页。

⑤ 齐运通、杨建锋编:《洛阳新获墓志(二〇一五)》,北京:中华书局,2017年,第240页。

二、县级官员

砀山县

(一)县令

李文愬 *唐初*

《唐故冠军大将军左武卫大将军兼御史大夫和政郡王赠使持节汾州诸军事汾州刺史赵郡李公墓志铭并序》:“圣朝掌武执宪近侍盖臣讳包,字。……曾祖讳文愬,皇任朝议郎、宋州砀山县令。”①

王　通 *唐高宗永徽六年前(655前)*

《唐代墓志汇编续集·永徽〇二九·大唐高士明君妻故王氏墓志铭并序》:“夫人讳净,字金素,并州太原人也。……父通,抱质怀文,蕴珍待价,弹冠入仕,遂宰砀山。……以永徽六年岁次乙卯正月壬申朔五日景子,瘗于邙山之阳。”②

李义琳 *武则天垂拱二年前(686前)*

《唐代墓志汇编续集·长安〇〇三·周故宋州砀山县令李府君神道铭并序》:“君讳义琳,字□□,陇西成纪人也……累迁赵州赞皇、宋州砀山二县令……以垂拱二年十月三日迈疾,终于怀州河内县之私第。”③亦见《河洛墓刻拾零》(第160页)。

王行俭 *约唐初*

《唐故右武卫兵曹参军王府君(泠然)墓志铭并序》:“公讳泠然,字仲清,太原人也。……公之父曰义谌,皇博州清平先主簿。主簿之父曰行俭,皇宋州砀山县令。……(公)以开元十二年十二月十八日不禄于位,享年卅

---

① 李明等主编:《长安高阳原新出土隋唐墓志》,北京:文物出版社,2016年,第233页。

② 周绍良、赵超主编:《唐代墓志汇编续集》,上海:上海古籍出版社,2001年,第71—72页。

③ 周绍良、赵超主编:《唐代墓志汇编续集》,上海:上海古籍出版社,2001年,第389页。

有三。”①

韦　恒　*唐玄宗开元初*

《全唐文》卷三三〇“韦恒”：“恒，赠兵部尚书嗣立子。开元初为砀山令，擢殿中侍御史，历度以支、左司员外、太常少卿，转给事中。”②《旧唐书》卷八八《韦思谦传》：“恒，开元初为砀山令，为政宽惠，人吏爱之。”③

崔处真　*约唐玄宗开元中*

《唐代墓志汇编·天宝二三九·大唐故襄阳郡襄阳县令荥阳郑府君墓志铭并序》：“公讳逞，字逞，荥阳原武人也。……开元十五载四月构疾，其月廿六日终于襄阳官舍，享年七十。……继室清河崔氏，故宋州砀山县令处真之女也。”④

李景舒　*唐玄宗开元中*

《唐故朝散大夫守济王府咨议陇西李府君墓志铭》：“公讳景舒，陇西成纪人也。……又授京兆府金城县丞，出为宋州砀山宰。……以天宝四载十月廿八日寝疾终于政俗坊私第，春秋六十二载矣。”⑤

刘　某　*约唐玄宗朝*

《李白集校注》卷二一李白《秋夜与刘砀山泛宴喜亭池》⑥。

张　诚　*唐肃宗朝*

《全唐诗·全唐诗续拾》卷一五：“诚，字老莱，吴郡人。……肃宗时授密县主簿，迁砀山县令。岭南节度使李勉奏授试大理评事，充岭南观察推官。未赴而卒，时为大历三年十一月，卒年五十五。”⑦《白居易集》卷四一《唐赠尚书工部侍郎吴郡张公神道碑铭（并序）》云：“有唐岭南观察推官、试大理评事、吴郡张公，大历三年，十一月八日，终于伊川别墅。……公讳诚，字老莱，

---

① 吴钢主编：《全唐文补遗（第二辑）》，西安：三秦出版社，1995年，第527页。

② （清）董诰等编：《全唐文》，北京：中华书局，1983年，第3347页。

③ （后晋）刘昫等：《旧唐书》，北京：中华书局，1975年，第2874页。

④ 周绍良主编：《唐代墓志汇编》，上海：上海古籍出版社，1992年，第1697页。

⑤ 毛阳光、余扶危主编：《洛阳流散唐代墓志汇编》，北京：国家图书馆出版社，2013年，第331页。

⑥ （唐）李白撰，瞿蜕园、朱金城校注：《李白集校注》，上海：上海古籍出版社，1980年，第1160页。

⑦ （清）彭定球等编：《全唐诗》，北京：中华书局，1999年，第11111页。

吴郡人。……及肃宗嗣位……未周岁,迁宋州砀山县令。”①

郑　纪　唐文宗开成末—会昌元年(开成末—841)

《唐代墓志汇编·会昌〇一六·故宋州砀山县令荥阳郑府君墓志铭并序》:“公讳纪,字龟年……弱冠以荫补太庙斋郎,释褐授洪州参军,转陕州芮城县尉、河南府长水县主簿、宋州砀山县令。……秩满归长水别墅,以会昌元年十一月廿一日寝疾,终于上洛里私第,享年五十有三。”②亦见《唐代墓志汇编·咸通〇〇六·唐故宋州砀山县令荥阳郑府君故范阳卢氏夫人墓志铭并序》③。

刘晋卿　约唐德宗朝前后

《唐故朝议郎国子毛诗博士上柱国刘君墓志铭并序》:“公讳行馀,字子郁,彭城人也。……父晋卿,皇宋州砀山县令。……以大中四年六月十一日捐馆于东都依仁里,享年七十四。”④

戴　政　约唐末

《唐故谯郡戴公墓志铭》:“公讳思远,字克宽,其先谯郡人。……曾祖讳政,皇任砀山县令,夫人吴郡朱氏。……(公)以清泰二年八月十七日薨于洛京惠和坊之私第,享年七十有六。”⑤

(二)县丞

郑　琇　唐玄宗开元十七年前(729前)

《大唐故寿春郡霍丘县令郑公(琇)墓志铭并序》:“公讳琇,字适,荥阳开封人。……补睢阳郡砀山县丞。……秩满,加寿春郡霍丘县令。……开元二十载,使营敦行。”⑥《大唐故范阳卢夫人(郑琇妻)墓志铭并序》:“皇唐前宋州砀山县丞荥阳郑琇故妻范阳卢氏……以开元十有七载八月廿九日,奄忽终于河南敦行里,春秋五十有六。即以其年十月三日,权殡于定鼎门外

---

① (唐)白居易撰:《白居易集》,北京:中华书局,1999年,第909—910页。

② 周绍良主编:《唐代墓志汇编》,上海:上海古籍出版社,1992年,第2223页。

③ 周绍良主编:《唐代墓志汇编》,上海:上海古籍出版社,1992年,第2383页。

④ 毛阳光、余扶危主编:《洛阳流散唐代墓志汇编》,北京:国家图书馆出版社,2013年,第601页。

⑤ 周阿根:《五代墓志汇考》,合肥:黄山书社,2011年,第268—270页。

⑥ 吴钢主编:《全唐文补遗(第八辑)》,西安:三秦出版社,2005年,第58页。

西南原,礼也。”①亦见《大唐故寿州霍丘县令郑府君(琇)墓志铭并序》②。

苗嗣宗 唐玄宗开元中

《大唐故朝散大夫行太子内直郎上柱国苗府君(嗣宗)墓志铭并序》:“天宝四载五月十四日,太子内直郎苗府君终于洛阳审教里之私第,春秋七十。……公名嗣宗,字承家,上党壶关人也。……公以门荫宿卫出身,解褐卫州卫县主簿、宋州砀山县丞、亳州录事参军……太子内直郎、朝散大夫、上柱国。”③

卢 滉 唐玄宗开元二十四年(733)

《唐代墓志汇编续集·贞元〇六六·唐故河南府伊阙县丞卢公墓志铭并序》:“君讳甫,字甫,其先食菜于卢,因以氏焉,则今之范阳也。……生宋州砀山县丞滉,生公。……寝疾,以贞元十七年九月十七日终于会节之私第,享年七十有五。”④《大唐故京兆府云阳县令卢府君墓志铭并序》:“公讳巽,字巽,范阳涿人也。……宋州砀山县丞滉之长子。……年仅十三,皇考即世,未逾五稔,复钟内艰。……以贞元七年九月廿六日卒于会节之私第,享年七十有一。”⑤

(三)主簿

张 敞 唐玄宗开元初

《大唐故张君(敞)墓志铭并序》:“君讳敞,字子开,南阳人也。……解褐卫州共城尉……迁宋州砀山主簿。……又迁并州阳曲主簿。……春秋六十有一,终于私第。开元十一年十月十七日,与夫人太原王氏合葬于邙山之阳。”⑥

(四)县尉

卞奉先 唐玄宗开元五年前(717前)

---

① 吴钢主编:《全唐文补遗(第八辑)》,西安:三秦出版社,2005年,第360页。

② 吴钢主编:《全唐文补遗(第八辑)》,西安:三秦出版社,2005年,第378页。

③ 吴钢主编:《全唐文补遗(千唐志斋新藏专辑)》,西安:三秦出版社,2006年,第212页。

④ 周绍良、赵超主编:《唐代墓志汇编续集》,上海:上海古籍出版社,2001年,第782页。

⑤ 毛阳光、余扶危主编:《洛阳流散唐代墓志汇编》,北京:国家图书馆出版社,2013年,第462—463页。

⑥ 吴钢主编:《全唐文补遗(第二辑)》,西安:三秦出版社,1995年,第455页。

《故睢阳郡砀山县尉卞公(奉先)墓志铭并序》:“公讳奉先,字叔英,安定人也。……始以孝廉登科发迹,授宋州砀山尉。……以开元五年二月廿日,终于绛郡稷山县夫人河东薛氏之私馆。”①

崔　某　唐玄宗天宝中

《唐代墓志汇编·天宝一四九·下殇崔氏墓志铭并序》:“伊殇子名之曰系孩,而又字曰伊奴,祥其谱籀,博陵之大族也。我叔父睢阳郡砀山县尉之冢子,叔王父广陵郡大都督府功曹之元孙。”②

薛　某　约唐代宗大历三年、四年前(约768、769前)

《全唐文》卷四九一权德舆《送薛十九丈授将作主簿分司东都序》:“丈人罢砀山尉之岁,德舆年既龀,寓居南徐。拜手之初,就傅未足以逊志,歌诗未足以类事,嬉于砚席,不知包羞,会离之际,亦命之赋,尔来向三十年矣。”③案:“既龀”意为乳齿换尽,相当于现在孩子八九岁的年纪。权德舆,字载之,天水略阳(今甘肃省秦安县)人,出生于759年,死于818年。其在八九岁的年纪,约是在唐代宗大历三年—四年(768—769),据此推测薛某任职砀山县尉约是在768、769年前。

武　恭　唐德宗朝?

《唐故朝散大夫太子率更令武府君墓志铭》:“府君讳恭,字谂,沛国竹邑人也。……遂出为亳州长史。……迁太子率更令。以开成五年十月十二日,终于善和里私第,享年七十二。”④

崔　铦　唐武宗会昌前后

《唐代墓志汇编·会昌○○九·唐故河南府司录李君墓志铭》:“赵郡李君讳璆,字子辒……以会昌元年闰九月十一日终于永崇里第,享年四十二。……六女:长适宋州砀山尉崔铦。”⑤

李　峦　任职时间不详

《新唐书》卷七二上《宰相世系二上》“赵郡李氏”条:“峦,砀山尉。”⑥

---

① 吴钢主编:《全唐文补遗(千唐志斋新藏专辑)》,西安:三秦出版社,2006年,第199—200页。

② 周绍良主编:《唐代墓志汇编》,上海:上海古籍出版社,1992年,第1636页。

③ (清)董诰等编:《全唐文》,北京:中华书局,1983年,第5017页。

④ 毛远明编著:《西南大学新藏墓志集释》,南京:凤凰出版社,2018年,第614页。

⑤ 周绍良主编:《唐代墓志汇编》,上海:上海古籍出版社,1992年,第2217—2218页。

⑥ (宋)欧阳修、宋祁:《新唐书》,北京:中华书局,1975年,第2518页。

卷五　泗州

泗州，又称临淮郡，唐曾辖六县，州治在宿迁县（今江苏省宿迁市），其中仅虹县①（治今安徽固镇县东南仁和集乡）在今皖淮地区境内。

一、州级官员

（一）刺史

据郁贤皓所著《唐刺史考全编》统计，关于唐代泗州临淮郡刺史的信息有61条，其中1人未上任，3人待考。现依据郁著所列泗州刺史信息列表如下：

表5:《唐刺史考全编》所列唐代泗州刺史信息一览表

序号	任职年份	姓名	主要文献来源
1	唐高祖武德四年（621）	夏侯雄	《太平寰宇记》卷一六《泗州招信县》
2	唐太宗贞观中	薛大鼎	《旧唐书》卷一九一《乙弗弘礼传》
3	约贞观中	崔公礼	《唐代墓志汇编·开元二四〇·大唐故太原王晓故夫人崔氏墓志》

① 虹县本唐武德四年（621）析夏丘县置，为仁州治，唐太宗贞观八年（634）改属泗州，唐宪宗元和四年（809）又属宿州。

序号	任职年份	姓名	主要文献来源
4	唐太宗贞观二十二年(648)	魏　伦	《隋唐五代墓志汇编·陕西卷》第三册《大唐故使持节泗州诸军事泗州刺史魏府君(伦)墓志铭并序》(显庆三年十一月二十三日)
5	唐高宗时?	元乾直	北图藏拓片《大唐京兆府美原县丞元府君(复业)墓志铭并序》(广德元年八月十四日)
6	武后天授元年—二年(690—691)	赵本质	《唐代墓志汇编·天授〇三七·大周故泗州刺史赵府君墓志铭并序》
7	约武后证圣元年—神功元年(约695—697)	许　枢	《唐代墓志汇编·久视〇〇五·大周故正议大夫使持节嶲州诸军事守嶲州刺史上柱国高阳县开国男许君墓志铭并序》
8	约武后圣历间(约698—700)	李　逊	《唐代墓志汇编·神龙〇二一·大唐故使持节亳州诸军事亳州刺史李府君墓志铭并序》
9	唐中宗时?	张继本	《新唐书》卷六二《宰相中》
10	唐中宗景龙中	杜惟孝	《全唐文》卷二六三李邕《大唐泗州临淮县普光王寺碑》
11	唐中宗景云中	裴　抟	《唐代墓志汇编·开元一二九·大唐故通议大夫使持节宁州诸军事宁州刺史上柱国裴公墓志铭并序》
12	唐玄宗先天中?	杨元祎	曲石藏《唐故盐铁转运使河阴留后巡官前徐州蕲县主簿弘农杨君(仲雅)墓志铭并序》(元和十三年七月三日)
13	约唐玄宗开元三、四年(约715、716)	郭　某	《隋唐五代墓志汇编·河南卷·大唐故通议大夫上柱国剑州刺史晋阳县开国男郭府君夫人新郑郡河南元氏权殡墓志》(天宝五载二月三日)

序号	任职年份	姓名	主要文献来源
14	唐玄宗开元四—六年(716—718)	苏　晋	《旧唐书》卷一〇〇《苏晋传》
15	唐玄宗开元十六年(728)	王同人	《新唐书》卷六二《宰相中》
16	约唐玄宗开元十六年—十九年(约728—731)	李孟犨	《全唐文》卷三七一李昣《泗州刺史李君(孟犨)神道碑》
17	唐玄宗开元中?	冯　某	《全唐诗》卷一三一祖咏《泗上冯使君南楼作》
18	唐玄宗开元二十六年(738)	王　弼	《宋高僧传》卷一四《唐越州法华山寺玄俨传》
19	唐玄宗开元中	韦　绳	《新唐书》卷一一八《韦绳传》
20	唐玄宗开元中	李　裕	《全唐文》卷三一〇孙逖《授李裕邓州别驾魏滉德州别驾制》
21	唐玄宗开元中	魏　晃	《元和姓纂》卷八"宋城魏氏"
22	唐玄宗开元中?	于光嗣	上图藏拓片《唐故洪州都督府武宁县令于府君(季文)墓志铭并序》(元和九年十月二十九日)
23	约唐玄宗开元末	郭敬之	《旧唐书》卷一二〇《郭子仪传》
24	唐玄宗天宝初?	宋　珣	《隋唐五代墓志汇编·陕西卷》第一册《唐故殿中省进马宋公(应)墓志铭并序》(天宝十四载四月十一日)
25	唐玄宗天宝中	权寅献	《新唐书》卷一九九《马怀素传》
26	唐玄宗天宝中	范冬芬	上图藏拓片《唐故桂州临桂县令范府君(弈)墓志铭并序》(永贞元年十一月一日)
27	唐肃宗至德二载(757)	贺兰进明	《资治通鉴》卷二一九"唐肃宗至德二载八月"条
28	唐肃宗乾元中	李　某	《宋高僧传》卷一八《唐泗州普光王寺僧伽传》

序号	任职年份	姓名	主要文献来源
29	唐肃宗上元元年(760)	张崇晖	《严州图经》卷一《题名》
30	唐肃宗上元元年(760)	李　晃	《资治通鉴》卷二二一“唐肃宗上元元年十二月”条
31	约唐肃宗上元中—宝应中	韦幼章	《全唐文》卷三九〇独孤及《唐故朝议大夫申王府司马上柱国赠太常卿韦公(缜)神道碑铭并序》
32	唐代宗时	李秀璋	《全唐文》卷四一三常衮《授李秀璋开府仪同三司制》
33	唐代宗大历四年前(769前)	刘好顺	《韩昌黎集》卷二五《唐河中府法曹张君(圆)墓碣铭》
34	约唐德宗兴元元年(约784)	张万福	《旧唐书》卷一五二《张万福传》
35	唐德宗贞元八年—二十一年(792—805)	张　伾	《旧唐书》卷一八七下《张伾传》、《全唐文》卷四一八吕周任《泗州大水记》
36	唐宪宗元和五年—八年(810—813)	薛　謇	《资治通鉴》卷二三八“唐宪宗元和六年夏四月”条
37	约唐宪宗元和八年—九年(约813—814)	田景度	《全唐文》卷六〇宪宗《贬路恕田景度等诏》
38	唐宪宗元和九年(814)	令狐通	《旧唐书》卷一二四《令狐通传》
39	唐宪宗元和中?	刘　某	《全唐诗补逸》卷一〇张祜《泗州刘中丞郡中新楼》
40	唐宪宗元和末(820)①	李进贤	《白居易集》卷五三《前河阳节度使魏义通授右龙武统军前泗州刺史李进贤授右骁卫将军并检校常侍兼御史大夫制》

① 李进贤任泗州刺史至少应唐宪宗元和十二年前后(817前后)。据《唐故侍御史内供奉知盐铁埇桥院赵府君墓志铭》载:“元和九年,元洪守泗州。……至元和十二年,刺史李进贤复□团练副使。”(毛远明编著:《西南大学新藏墓志集释》,南京:凤凰出版社,2018年,第589页。)

序号	任职年份	姓名	主要文献来源
41	唐穆宗长庆元年(821)	苏 遇	《白居易集》卷六九《大唐泗州开元寺临坛律德徐泗濠三州僧正明远大师塔碑铭》
42	唐穆宗长庆元年(821)	李谅(未之任)	《白居易集》卷五〇《李谅除泗州刺史兼团练使当道兵马留后兼侍御史赐紫金鱼袋张愉可岳州刺史同制》
43	唐穆宗长庆元年(821)	薛公幹	《白居易集》卷五〇《李谅授寿州刺史薛公幹授泗州刺史制》
44	唐穆宗长庆三年(823)	李宜臣	《册府元龟》卷六五八《奉使部·才学论荐举劾才学》
45	唐文宗大和初	崔 珙	《旧唐书》卷一七七《崔珙传》
46	约唐文宗开成、会昌间	韦正贯	《全唐文》卷七六四萧邺《岭南节度使韦公(正贯)神道碑》
47	约唐宣宗大中初	郑 助	《千唐志·唐故国子助教范阳卢公(当)墓志铭并序》
48	约唐宣宗大中时	郭 圆	《云溪友议》卷中《苗夫人》
49	约唐宣宗大中末	徐 鄑	《新唐书》卷六五《方镇二》
50	约唐懿宗咸通前期	穆栖梧	《元和姓纂》卷一〇“河南穆氏”
51	唐懿宗咸通九—十一年(868—870)	杜 慆	《新唐书》卷一六六《杜慆传》
52	唐懿宗咸通末—唐僖宗乾符初	辛 谠	《新唐书》卷一九三《辛谠传》
53	唐僖宗乾符二—三年(875—876)	韦 岫	《旧唐书》卷一九下《僖宗纪》
54	唐僖宗中和四年(884)	刘 让	《宋高僧传》卷一八《唐泗州普光王寺僧伽传附木叉传》
55	约唐僖宗中和间	郑廉(郑庾)	《桂苑笔耕集》卷七《泗州郑庾常侍别纸》
56	约唐僖宗光启中	于 涛	《新安志》卷九《牧守》

序号	任职年份	姓名	主要文献来源
57	唐昭宗大顺二年—乾宁元年(891—894)	张　谏	《资治通鉴》卷二五八“唐昭宗大顺二年秋七月”条
58	唐昭宗乾宁元年—二年(894—895)	台　濛	《宋高僧传》卷一八《唐泗州普光王寺僧伽传》
59	不祥	郑某(待考)	《白居易集》卷四二《故滁州刺史赠刑部尚书荥阳郑公墓志铭并序》
60	不祥	李茂复(待考)	《全唐诗》卷七六八“李茂复小传”
61	不祥①	郑言思(待考)	《新唐书》卷六五《方镇二》

以下为增补唐代泗州刺史信息：

郑言思　*唐初*

《大唐故寿春郡霍丘县令郑公(琇)墓志铭并序》:“公讳琇,字适,荥阳开封人。……父言思,唐临淮郡太守。”②亦见《大唐故寿州霍丘县令郑府君(琇)墓志铭并序》③、《唐故越州剡县尉卢府君(广)夫人陇西李氏合祔墓志铭并序》④。

许思言　*唐初*

《故范阳郡良乡县主簿许府君(澄)墓志》:“君讳澄,字重光,高阳新城人也。……祖思言,皇正议大夫、龙泗二州刺史、嶲州诸军事守嶲州都督、上柱国、高阳县开国男。……(君)以天宝二年七月十九日,寝疾于官舍,其日夜迁殡,春秋五十有二。”⑤亦见《河洛墓刻拾零》(第349页)。

韦知人　*约唐高宗时*

---

① 赵望秦《〈唐刺史考全编〉补例订正》云:“《唐故越州剡县尉卢府君(广)夫人陇西李氏合拊墓志铭并序》:‘妣荥阳郑氏。【郑氏】曾祖【郑】言思,泗州刺史。’(《千唐志斋新藏专辑》第331页)按‘妣荥阳郑氏’乃墓主之一李氏之母,而李氏卒于宪宗元和十四年享年七十七。又按《全编》附列‘郑言思’于‘待考录’中,其任泗州刺史的时间不明,而综合此志所记,可约略推定在高宗时,当据移正。”参见赵望秦:《〈唐刺史考全编〉补例订正》,《唐史论丛》第十四辑,西安:陕西师范大学出版社,2012年,第218—253页。

② 吴钢主编:《全唐文补遗(第八辑)》,西安:三秦出版社,2005年,第58页。

③ 吴钢主编:《全唐文补遗(第八辑)》,西安:三秦出版社,2005年,第378页。

④ 吴钢主编:《全唐文补遗(千唐志斋新藏专辑)》,西安:三秦出版社,2006年,第331页。

⑤ 吴钢主编:《全唐文补遗(第八辑)》,西安:三秦出版社,2005年,第389页。

《光绪泗虹合志》卷九《名宦》："韦知人，泗州刺史，政尚平易，以恤民为务。"①

窦怀让 武后时

《大唐故太中大夫使持节德州诸军事守德州刺史上护军窦公(怀让)墓志铭并序》："公讳怀让，字怀让，扶风平陵人也。……迁密、泗二州刺史。……除德州刺史……神龙二年四月十一日制听致仕。"②

李　先 唐玄宗天宝元年—二年(742—743)

《唐故通议大夫使持节东阳郡诸军事守东阳郡太守上柱国李府君(先)墓志铭》："祖义琛，皇朝工部侍郎，兼牧梁岐秦雍。皇帝旰食苍生，俾择良牧，刑部尚书崔隐甫素知政绩，特表荐公。其时对策上第，试蕲州刺史，蕲州便之。采访使复以名闻迁杨府司马，临淮太守，又换东阳郡，加通议大夫。天宝二年疾于东阳公馆，秋九月廿二薨。历官十有三载，享年六十八。"③马建红认为，墓主担任的是临淮太守，去世的时间是天宝二年，临淮郡是天宝元年才由泗州改称，故推测其任临淮太守在天宝元年至二年之间④。

李齐之 唐玄宗开元末

《唐故银青光禄大夫延王傅上柱国李公墓志文并序》："公讳齐之，字齐之，陇西人。……除泗州刺史。……春秋六十九。以天宝八载闰六月十四日永宴息于京兆府咸宁县平康里之私第。"⑤

薛　晋 唐德宗建中初

《光绪泗虹合志》卷八《文职表上》："薛晋，蓝田人，建中任。"⑥

范　某 约德宗贞元初？

《唐故桂州临桂县令范府君(弈)墓志铭并序》："公讳弈，字少迥，南阳

① (清)方瑞兰修，(清)江殿飏、许湘甲纂：《光绪泗虹合志》，《中国地方志集成·安徽府县志辑30》，南京：江苏古籍出版社，1998年，第507页。

② 赵文成、赵君平编选：《新出唐墓志百种》，杭州：西泠印社出版社，2010年，第74页。

③ 吴钢主编：《全唐文补遗(第八辑)》，西安：三秦出版社，2005年，第46页。

④ 马建红：《〈唐刺史考全编〉拾补》，《唐史论丛》第十二辑，西安：三秦出版社，2010年，第215—219页。

⑤ 齐运通、杨建锋编：《洛阳新获墓志(二〇一五)》，北京：中华书局，2017年，第211页。

⑥ (清)方瑞兰修，(清)江殿飏、许湘甲纂：《光绪泗虹合志》，《中国地方志集成·安徽府县志辑30》，南京：江苏古籍出版社，1998年，第489页。

人也。烈考（空一格），皇临淮宣城二郡太守。公即宣城府君第四子也。”①

元　洪　唐宪宗元和九年(814)

《唐故侍御史内供奉知盐铁埇桥院赵府君墓志铭》：“元和九年，元洪守泗州。”②

（二）别驾

卢　暕　唐玄宗开元二十七年(739)

《唐故朝请大夫守泗州别驾卢府君（暕）墓志铭并序》：“开元廿七年秋七月廿有八日，范阳卢公即世于泗州别驾。”③

韦表玘　约唐玄宗朝

《全唐文》卷二五三苏颋《授韦表玘泗州别驾制》：“黄门：朝议大夫前行襄州司马员外置同正员韦表玘……可守泗州别驾，散官如故，主者施行。”④

李士倩　唐代宗大历三年前后(768 前后)

《唐故彭州刺史兼太子仆李府君颇夫人河南于氏墓志铭》：“夫人讳固敏……以大历三年五月十七日归葬于河南府洛阳县北邙山，礼也。……有子六人：长曰士倩，泗州别驾……次曰士斡，京兆府奉天县主簿。”⑤

李羽客　唐德宗贞元十六年前(800 前)

《唐代墓志汇编·贞元一〇一·大唐故李府君墓志铭》：“维唐贞元庚辰岁冬十二月乙丑朔十一日乙亥，兴元元从云麾将军、右神威军将军知军事兼御史中丞、上柱国、顺政郡王李公薨于位，春秋六十有四。……烈考羽客，泗州别驾。公即泗州之仲子。”⑥

（三）长史

赵　畠　约唐初

《唐故亳州临涣县丞赵府君（琼琰）墓志铭并序》：“公讳琼琰，字忠，河

---

① 吴钢主编：《全唐文补遗（第六辑）》，西安：三秦出版社，1999 年，第 474 页。

② 毛远明编著：《西南大学新藏墓志集释》，南京：凤凰出版社，2018 年，第 589 页。

③ 吴炯炯：《〈唐刺史考全编〉补正（四）》，《敦煌学辑刊》2013 年第 2 期，第 162—173 页。

④ （清）董诰等编：《全唐文》，北京：中华书局，1983 年，第 2554 页。

⑤ 毛阳光主编：《洛阳流散唐代墓志汇编续集》，北京：国家图书馆出版社，2018 年，第 417 页。

⑥ 周绍良主编：《唐代墓志汇编》，上海：上海古籍出版社，1992 年，第 1909—1910 页。

南人也。……祖畠，泗州长史。……（公）以开元廿八年冬，构疾于河南私第，受终正寝，时年六十有八。”①

王弘纳 约唐高宗朝

《大唐故正议大夫廓州刺史积石军大使上柱国襄陵县男王公墓志铭》：“公讳仲玄，字知道，琅耶临沂人。……父弘纳，泗泗州长史、任存道总管。……以神龙二年八月廿八日薨于军府，春秋五十有八。”②

王　晖 唐玄宗开元初？

《唐代墓志汇编·开元三四五·唐故左卫伊川府长史太原王府君墓志铭并序》：“公讳希俊，字希俊，太原晋阳人……父晖，皇泗州长史。”③

徐　秀 唐玄宗天宝六—九载（747—750）

《全唐文》卷三四三颜真卿《朝议大夫赠梁州都督上柱国徐府君神道碑铭》：“君讳秀（《唐书·宰相世系表》作‘琇’），东海郯人也。……天宝二载春二月加朝散大夫……六载秋七月拜临淮郡长史，加朝请大夫。九载夏四月除济南郡司马，加朝议大夫。”④

独孤玙 唐玄宗天宝十四载（755）

《全唐文》卷三九一独孤及《唐故大理寺少卿兼侍御史河南独孤府君墓志铭》：“府君讳玙，河南洛阳人……天宝十四年，安禄山反，朝廷以淮淝海沂三吴咽喉，宜择良佐以贰藩镇，命府君为泗州长史。无何，换滁濠二州，倅戎备，参吏职，忠敏肃给，所涖繄赖。”⑤

朱光朝 唐代宗大历六年前（771前）

《唐代墓志汇编续集·大历〇一六·大唐故朱府君墓志铭》：“太君字定真，中部人也。……大历五年五月十日终于细柳里，春秋六十有七。明年十月九日，合祔于折冲府君之旧茔，细柳原也。长子光朝，朝散大夫、前行泗州长史。”⑥

---

① 吴钢主编：《全唐文补遗（第一辑）》，西安：三秦出版社，1994年，第149页。

② 毛阳光主编：《洛阳流散唐代墓志汇编续集》，北京：国家图书馆出版社，2018年，第127页。

③ 周绍良主编：《唐代墓志汇编》，上海：上海古籍出版社，1992年，第1394页。

④ （清）董诰等编：《全唐文》，北京：中华书局，1983年，第3480—3481页。

⑤ （清）董诰等编：《全唐文》，北京：中华书局，1983年，第3980页。

⑥ 周绍良、赵超主编：《唐代墓志汇编续集》，上海：上海古籍出版社，2001年，第702—703页。

田　佺　唐贞元三年前(787 前)

《唐代墓志汇编 · 贞元〇六七 · 唐故泗州长史试殿中监京兆田府君墓志铭并序》:"府君讳佺,京兆泾阳人也……寻拜泗州长史试殿中监,又历诸府幕,权总职司,则翰墨不能缕载……贞元三年七月七日寝疾,殁于扬州江都县赞贤坊之私第也,享年五十。"①《唐代墓志汇编 · 贞元〇一三 · 田府君墓志铭》②。

毕　某　唐德宗贞元五年前(789 前)

《唐代墓志汇编 · 元和〇四〇 · 唐故深州下博县尉承务郎试泗州长史高平毕府君夫人天水赵氏墓志铭并序》:"长史先夫人捐馆十一年矣……(夫人)元和五年七月十三日终于定府崇业里之私第,享年卌有六。"③

董昌龄　约唐宪宗或穆宗朝

《白居易集》卷五一《董昌龄可许州长史制》:"敕:将仕郎、权知泗州长史兼殿中侍御史、赐绯鱼袋董昌龄……可许州长史兼侍御史,散官、勋如故。"④

蔡儒(未之任)　约唐宣宗朝或前

《唐代墓志汇编 · 咸通〇八九 · 唐故蔡府君墓志铭并序》:"府君讳儒,登仕郎试泗州长史上柱国,道高不仕,毓性故圆,春秋七十有七,洎大中八年正月五日终于其家。"⑤

李　皋　唐僖宗乾符中

《唐故河阳军节度押衙左厢马步军都虞候银青光禄大夫检校国子祭酒兼御史中丞上柱国陇西郡李公墓铭》:"公讳皋,字子畴,陇西狄道人也。……乾符二年……授殿中侍御史、徐州司马。以招谕殊绩,官不称功,朝廷再升御史中丞、泗州长史,渥泽益厚。"⑥

李　瞉　任职时间不详

---

① 周绍良主编:《唐代墓志汇编》,上海:上海古籍出版社,1992 年,第 1884—1885 页。

② 周绍良主编:《唐代墓志汇编》,上海:上海古籍出版社,1992 年,第 1846 页。

③ 周绍良主编:《唐代墓志汇编》,上海:上海古籍出版社,1992 年,第 1978 页。

④ (唐)白居易撰:《白居易集》,北京:中华书局,1999 年,第 1067 页。

⑤ 周绍良主编:《唐代墓志汇编》,上海:上海古籍出版社,1992 年,第 2448 页。

⑥ 毛阳光主编:《洛阳流散唐代墓志汇编续集》,北京:国家图书馆出版社,2018 年,第 805 页。

《新唐书》卷七〇下《宗室世系下》“纪王房”条:“泗州长史骰。”①

(四)司马

赵　敏　唐太宗贞观二十一—二十三年(647—649)

《大周故泗州司马赵府君(敏)墓志并序》:“君讳敏,字博,陇西天水人也。……廿一年,泗州司马。……以贞观廿三年正月四日,终于海陵之宾馆。”②

张律师　唐高宗朝

《全唐文》卷一五三李义府《大唐故礼部尚书张府君碑》:“第五子律师泗州司马。”③

张玄封　武后长寿中

《唐代墓志汇编·长寿〇三四·大周故朝议大夫上轻车都尉行泽州司马清河张府君墓志铭并序》:“君讳玄封,字毓德,汝州梁县梁川乡丰乐里人也。……除泗州司马,寻迁泽州司马。……粤以长寿三年岁次甲午一月乙酉朔癸巳薨于泽州官舍,春秋七十有一。”④

边　惠　武后万岁通天元年—圣历元年(696—698)

《唐代墓志汇编·圣历〇〇九·大周故朝散大夫泗州司马上柱国边君墓志铭并序》:“君讳惠,字处泰,陈留人也……解褐任隰州司法参军事……万岁通天元七月十三日,授朝散大夫,改泗州司马。……春秋六十有一,终于廨宇……圣历二年十一月五日,迁窆于北邙之原平洛乡之界礼也。”⑤

独孤畠　武后时

《唐代墓志汇编续集·神龙〇〇五·陇西郡君独孤夫人墓志铭》:“夫人独孤氏,其先河南人也。……父畠,周任泗州司马;高赞六条,德光千里。”⑥

韩　素　约唐睿宗文明元年前后(约684前后)

---

① (宋)欧阳修、宋祁:《新唐书》,北京:中华书局,1975年,第2105页。

② 吴钢主编:《全唐文补遗(千唐志斋新藏专辑)》,西安:三秦出版社,2006年,第63—64页。

③ (清)董诰等编:《全唐文》,北京:中华书局,1983年,第1563页。

④ 周绍良主编:《唐代墓志汇编》,上海:上海古籍出版社,1992年,第857—858页。

⑤ 周绍良主编:《唐代墓志汇编》,上海:上海古籍出版社,1992年,第928—929页。

⑥ 周绍良、赵超主编:《唐代墓志汇编续集》,上海:上海古籍出版社,2001年,第409—410页。

《大唐上柱国孙君(通)墓志并序》:"夫人韩氏,河南人也。父素,泗州司马。……春秋五十有二,以文明元年六月十四日,卒于立行私第。以其年七月十二日合葬于邙山平阴乡之原,礼也。"①

卢　翊　约唐玄宗开元初

《唐代墓志汇编·开元三七九·唐故通议大夫鄂州刺史上柱国卢府君墓志铭并序》:"公讳翊,字子鸾,涿郡范阳人也。……又以亲累出为滁州司马,复历泗、齐、汴三州……时开元十九年……乃授鄂州刺史。"②

苗善物　唐玄宗开元中

《唐代墓志汇编·开元三五五·大唐故泗州司马叔苗善物墓志铭并序》:"寻擢拜泗州司马。……以开元十四年十二月五日倾逝于汴州私第,春秋八十有二。"③

于　某　约唐玄宗朝

《全唐文》卷四九七权德舆《唐金紫光禄大夫守司空同中书门下平章事充太微宫使上柱国燕国公于公先庙碑铭并序》:"公姓于氏,河南人……起家益州东阳主簿,四徙官至宁州真宁县令,又再转至泗州司马……天宝末,宰执擅朝,恶其刚介不附已,故官止郡佐。"④

穆　质　唐德宗贞元十二年前(796前)

《唐故大理司直兼监察御史河东裴府君(曼)墓志铭并序(文林郎前守泗州司马穆质撰)》:"府君,河东闻喜人也。……以贞元十一年……明年正月廿二日,终于东都仁和里……以其年十月廿七日,迁窆于河南县伊洛乡万安山之北趾。"⑤

诸葛万　约唐敬宗朝或前

《唐代墓志汇编·宝历〇〇六·唐故黄冈县丞陈君夫人诸葛氏墓志铭并序》:"夫人诸葛氏,其先琅琊人也。……父万,泗州司马。夫人……以宝历元年五月廿五日痒发而卒,春秋六十一。"⑥

夏侯昇　唐宪宗元和中

---

① 吴钢主编:《全唐文补遗(第三辑)》,西安:三秦出版社,1996年,第458页。

② 周绍良主编:《唐代墓志汇编》,上海:上海古籍出版社,1992年,第1418页。

③ 周绍良主编:《唐代墓志汇编》,上海:上海古籍出版社,1992年,第1401—1402页。

④ (清)董诰等编:《全唐文》,北京:中华书局,1983年,第5065页。

⑤ 吴钢主编:《全唐文补遗(第九辑)》,西安:三秦出版社,2007年,第380页。

⑥ 周绍良主编:《唐代墓志汇编》,上海:上海古籍出版社,1992年,第2085页。

《唐故银青光禄大夫检校太子詹事陈州长史兼侍御史食邑三百户谯郡开国男夏侯公墓志铭并序》:“公讳昇,字昇,谯郡人也。……表公银青光禄大夫、泗州司马,寻复少保。李公节度徐州,嘉公之能,又奏迁宿州长史、兼充甬口镇遏副使、兼管内营田都知兵马使、并茶酒涡口六渡及馆驿等兼中军兵马使。……元和末,郓人不率,皇帝震怒。”①此墓志亦收录在《洛阳新获墓志(二〇一五)》(第285页)和《河洛墓刻拾零》(第520页)。

边　儹　唐懿宗咸通十一年前(870前)

《唐代墓志汇编续集·咸通〇七〇·故弘农杨氏夫人墓志铭并序》:“夫人杨氏,世居弘农。……以至和归于光州长史、检校国子祭酒、上柱国边公诚。……继子四人:曰儹,前泗州司马、兼殿中侍御史……夫人咸通十一年六月三日卒于道政里第,享年卅有六。”②

李　谣　任职时间不详

《新唐书》卷七〇下《宗室世系下》“纪王房”条:“泗州司马谣。”③

于　敻　任职时间不详

《新唐书》卷七二下《宰相世系二下》“于氏”条:“敻字叔遐,泗州司马。”④

(五)团练副使

柳　经　约唐宪宗或穆宗朝

《白居易集》卷五一《柳经李褒并泗州判官制》⑤。

(六)录事参军事

李义璋　唐高祖调露元年前(679前)

《唐故泗州录事参军李君(义璋)墓志铭并序》:“公讳义璋,字琬,陇西成纪人也。……俄而秩满,除泗州录事参军。……去调露元年四月七日寝疾,春秋八十四,终于洛州合宫县崇业里私第。”⑥亦见《唐故汝州司兵参军新

---

① 赵文成、赵君平编选:《新出唐墓志百种》,杭州:西泠印社出版社,2010年,第286页。

② 周绍良、赵超主编:《唐代墓志汇编续集》,上海:上海古籍出版社,2001年,第1087页。

③ (宋)欧阳修、宋祁:《新唐书》,北京:中华书局,1975年,第2118页。

④ (宋)欧阳修、宋祁:《新唐书》,北京:中华书局,1975年,第2821页。

⑤ (唐)白居易撰:《白居易集》,北京:中华书局,1999年,第1067—1068页。

⑥ 吴钢主编:《全唐文补遗(千唐志斋新藏专辑)》,西安:三秦出版社,2006年,第103页。

授幽州大都督府士曹参军李府君(潜)墓志》[1]。

束　液　约武后前后

《唐代墓志汇编·景龙〇一五·大唐永州刺史束君墓志铭并序》:“君名良,字嘉庆,魏郡元城人也。……父液,唐泗州录事参军。”[2]

李　诒　唐玄宗天宝十—十三载(752—754)

《大唐故临淮郡录事参军李君(詒)墓志铭并序》:“君讳诒,字从训,赵郡平棘人也。……天宝十一载,调授临淮郡录事参军事。……方冀考绩三载……以天宝十三载,构疾终于官,春秋卌四。”[3]

崔　收　唐玄宗天宝末

《大燕故詹事府丞清河崔府君墓志铭并序》:“公讳收,字子贞,其先清河人也。……公自弘文明经,历泗州录事、右内帅府胄曹……以圣武二年□月廿九日寝疾终于河南陶化里之私第,春秋六十七。”[4]

卢　寂　约唐德宗朝初

《唐代墓志汇编·贞元〇五六·唐故太子司议郎卢府君墓志铭并序》:“府君讳寂,字子静,范阳涿人也。……自太庙斋郎,历济、泗、台三州录事参军,转嘉兴、常山二县令,次授城门郎、司农寺丞、太子司议郎,诏命致仕,凡八迁焉。……以贞元九年五月八日终于河南县道光里,享年八十一。”[5]

(七)参军事

姚　畹　任职时间不详

《新唐书》卷七四下《宰相世系四下》“姚姓”条:“畹,泗州参军。”[6]

(八)判司

1.司士参军

萧元福　约唐玄宗开元中

---

① 吴钢主编:《全唐文补遗(千唐志斋新藏专辑)》,西安:三秦出版社,2006年,第96页。

② 周绍良主编:《唐代墓志汇编》,上海:上海古籍出版社,1992年,第1088页。

③ 吴钢主编:《全唐文补遗(第三辑)》,西安:三秦出版社,1996年,第98页。

④ 毛阳光、余扶危主编:《洛阳流散唐代墓志汇编》,北京:国家图书馆出版社,2013年,第395页。

⑤ 周绍良主编:《唐代墓志汇编》,上海:上海古籍出版社,1992年,第1877页。

⑥ (宋)欧阳修、宋祁:《新唐书》,北京:中华书局,1975年,第3170页。

《唐故管城主簿萧公墓志铭》:“君讳让,字让,兰陵人也。……憬生泗州司士元福。……公则泗州府君之元子也。……春秋卌八,即以开元廿二年终于河南正俗里之客舍。”①

2. 司仓参军

刘茂贞 唐文宗大和中

《唐代墓志汇编·大和〇三一·唐故泗州司仓参军诸道盐铁转运等使巡覆官刘府君墓志》:“公讳茂贞,字子松,彭城人也……大和春初,虽再调泗州司仓参军事……以大和四年六月十一日迈暴疾,启手足于河阴院之馆舍,享年四十有四。”②亦见《唐代墓志汇编·大中一三六·唐故泗州司仓参军彭城刘府君夫人吴郡张氏墓志铭并序》③。

尚明礼 唐懿宗咸通三年前(862 前)

《唐代墓志汇编续集·咸通〇四一·大唐故道州长史汲郡尚府君墓志铭并序》:“公讳弘简,字长卿,卫州汲郡人也。……先考讳明礼,泗州司仓参军。……公即司仓之次子也。……以咸通三年四月十二日终于道州官舍,春秋六十有七。”④

李　钧 任职时间不详

《新唐书》卷七二上《宰相世系二上》“赵郡李氏”条:“钧,泗州司仓参军。”⑤

(九)观察支使

杨行本 约唐文宗大和八年前后(约 854 前后)

《唐故光禄大夫太子太保赠司徒弘农杨公墓志铭》:“公讳元卿,字正臣,弘农人。……大和五年,以本官作宣武军节度、宋亳等州观察使。……七年秋,累有陈,乞随表赴阙,构疾于洛,改太子太保……以七月二十八日薨于河南恭安里第,春秋五十七。……以明年甲寅岁二月三日葬于伊阙县归善乡

① 毛阳光主编:《洛阳流散唐代墓志汇编续集》,北京:国家图书馆出版社,2018 年,第 255 页。

② 周绍良主编:《唐代墓志汇编》,上海:上海古籍出版社,1992 年,第 2118 页。

③ 周绍良主编:《唐代墓志汇编》,上海:上海古籍出版社,1992 年,第 2357 页。

④ 周绍良、赵超主编:《唐代墓志汇编续集》,上海:上海古籍出版社,2001 年,第 1066 页。

⑤ (宋)欧阳修、宋祁:《新唐书》,北京:中华书局,1975 年,第 2511 页。

浥涧之阳，祔大茔也。……次子行本，徐泗观察支使、侍御史。”①

（十）判官

1. 节度判官

李　枫　任职时间不详

《新唐书》卷七〇上《宗室世系上》“蜀王房，后为渤海王房”条：“徐泗节度判官枫。”②

2. 观察判官

王师闵　约唐宪宗或穆宗朝

《白居易集》卷五二《王师闵可检校水部员外郎徐泗濠等州观察判官制》③。

苗　恽　唐武宗朝前

《唐代墓志汇编·会昌〇〇三·唐故太原府参军赠尚书工部员外郎苗府君夫人河内县太君玄堂墓志铭并序》：“维会昌元年岁次辛酉三月壬申朔十三日甲申，河内县太君捐养于江州刺史之官舍，享年六十七。……孤子前徐、泗、宿、濠等州观察判官，将仕郎，监察御史里行恽书。”④

李　棁　唐懿宗咸通十年前（869 前）

《唐代墓志汇编续集·咸通〇六二·唐故徐宿濠泗观察判官试大理评事兼监察御史李府君墓志铭》：“君讳棁，字卿材，陇西成纪人也。……徐州失守。故崔公幕客监军使同殒于寇手，时咸通十年四月五日也，君享年五十七。”⑤

3. 团练判官

陆　耽　唐宪宗元和末

《唐故四镇北庭行军经原渭武等州节度营田观察处置等使中散大夫检校左散骑常侍使持节泾州诸军事兼泾州刺史御史大夫上柱国赐紫金鱼袋赠工部尚书吴郡陆公墓志铭》：“公讳耽，字载之……辇下益乏资，李进贤为泗

---

① 墓志见赵振华：《杨元卿墓志与唐平定淮西》，《考古与文物》2002 年第 4 期，第 72—78 页。

② （宋）欧阳修、宋祁：《新唐书》，北京：中华书局，1975 年，第 2032 页。

③ （唐）白居易撰：《白居易集》，北京：中华书局，1999 年，第 1095 页。

④ 周绍良主编：《唐代墓志汇编》，上海：上海古籍出版社，1992 年，第 2211—2212 页。

⑤ 周绍良、赵超主编：《唐代墓志汇编续集》，上海：上海古籍出版社，2001 年，第 1081 页。

州团练使,愿公为佐……比秋至,李把手坚留,遂表授团练判官。徐将王智兴,喜公伟士,闻李罢,即走币马,辟为观察推官,奏授兼监察御史。"①

裴 诰 唐宣宗大中四年前(850 前)

《唐故泗州团练判官朝议郎试秘书郎柱国裴君(诰)墓志铭并序》:"君裴氏,讳诰,字子深。……既而从今前南宫郎郑公助守泗上……有岁庚午六月恙,盖二翌日而殒于丁卯。"②亦见《唐故泗州团练判官殿中侍御史内供奉裴君(诰)夫人弘农杨氏墓铭》③。案:《唐故朝议大夫检校左散骑常侍河南少尹上柱国赐紫金鱼袋裴公(谣)墓铭并序》载:"公讳谣,字承化……烈考告,皇殿中侍御史、泗州团练判官。"④此志中的"告"疑为"诰"之误。

4. 留后判官

李 褒 约唐宪宗或穆宗朝

《白居易集》卷五一《柳经李褒并泗州判官制》:"敕:征事郎前河南县尉柳经、儒林郎试太子通事舍人李褒等……褒可试太常寺协律郎充武宁军节度泗州兵马留后判官,仍改名言,散官、勋如故。"⑤

●具体判官名称不详者

于 渍 任职时间不详

《新唐书》卷七二下《宰相世系二下》"于氏"条:"渍字子漪,泗州判官。"⑥

(十一)推官

团练推官

李 某 唐文宗大和九年前(835 前)

《唐代墓志汇编续集·大和〇三九·唐李公夫人范阳卢氏墓志铭》:"夫人……以大和六年九月十日,终于解县之官舍,享龄一十有九。……前泗州团练推官、奉议郎、试太常寺协律郎李(下泐)乡贡进士姑臧李婴篆盖。匠韩

---

① 墓志见李宗俊:《唐陆耽墓志考释》,《中国边疆史地研究》2014 年第 4 期,第 125—133 页。

② 吴钢主编:《全唐文补遗(第八辑)》,西安:三秦出版社,2005 年,第 181 页。

③ 吴钢主编:《全唐文补遗(第八辑)》,西安:三秦出版社,2005 年,第 205 页。

④ 吴钢主编:《全唐文补遗(第八辑)》,西安:三秦出版社,2005 年,第 234 页。

⑤ (唐)白居易撰:《白居易集》,北京:中华书局,1999 年,第 1067—1068 页。

⑥ (宋)欧阳修、宋祁:《新唐书》,北京:中华书局,1975 年,第 2825 页。

（下泐）。”[①]

二、县级官员

虹县

（一）县令

郑孝本　约宋高宗朝初

《全唐文》卷三一三孙逖《沧州刺史郑公墓志铭》：“有唐之德让君子曰原武男郑公，讳孝本，字某，荥阳开封人也。……授泗州虹县令。……以开元十八年五月，终于东都怀仁里，享年八十有四。”[②]《光绪泗虹合志》卷八《文职表上》：“郑孝本，荥阳开封人，授虹令，新增。”[③]

（二）县尉

李　援　约唐德宗贞元中

《全唐文》卷六八三李艺《唐故宁远将军守左金吾卫大将军陇西李公墓志铭（并序）》：“公讳宗卿，字同系，临汝郡人。曾祖兰州刺史日（阙）州龙游县（阙），考朝议郎、泗州虹县尉援。”[④]《全唐文》卷六八三题记说李艺为贞元时人。亦见《唐代墓志汇编·贞元〇七七·唐故宁远将军守左金吾卫大将军陇西李公墓志铭并序》[⑤]。

---

① 周绍良、赵超主编：《唐代墓志汇编续集》，上海：上海古籍出版社，2001年，第911—912页。

② （清）董诰等编：《全唐文》，北京：中华书局，1983年，第2180—2181页。

③ （清）方瑞兰修，（清）江殿飏、许湘甲纂：《光绪泗虹合志》，《中国地方志集成·安徽府县志辑30》，南京：江苏古籍出版社，1998年，第488页。

④ （清）董诰等编：《全唐文》，北京：中华书局，1983年，第6980页。

⑤ 周绍良主编：《唐代墓志汇编》，上海：上海古籍出版社，1992年，第1892页。

卷六　宿州

宿州，唐宪宗元和四年（809）析徐州之符离县、蕲县、泗州之虹县置。文宗大和三年（829）州废，七年（832）复置。初治虹县（治今安徽固镇县东南仁和集乡），后徙治符离（治今安徽宿州市北二十里老符离集）。唐代宿州先后辖五县，其中符离、蕲和虹随着宿州的废置，其县也先后归属或脱离原先州郡。唐宪宗元和九年（814），原属亳州的临涣县（治今濉溪县西南临涣集）划归宿州，大和三年，宿州州废后又回归亳州，大和七年又回归宿州。

一、州级官员

（一）刺史

据郁贤皓所著《唐刺史考全编》统计，唐代宿州共有刺史 24 人，其中 1 人未到任即死。现依据郁著所列宿州刺史信息列表如下：

表 6:《唐刺史考全编》所列唐代宿州刺史信息一览表

序号	任职年份	姓名	主要文献来源
1	唐宪宗元和四—七年（809—812）	李彙（汇）	《新唐书》卷一三六《李彙传》
2	唐宪宗元和八年（813）	令狐通	《旧唐书》卷一二四《令狐通传》
3	唐穆宗长庆元年（821）	李直臣	《旧唐书》卷一七二《牛僧孺传》
4	唐敬宗宝历、唐文宗大和间？	裴鲁顾	《新唐书》卷七〇上《宗室世系上》

序号	任职年份	姓名	主要文献来源
5	唐文宗大和七—八年(833—834)	吴季真	《旧唐书》卷一七下《文宗纪下》
6	唐宣宗大中三年(849)	李　某	《唐语林》卷七
7	唐宣宗大中九年(855)	权審(审)	《东观奏记》卷上
8	唐懿宗咸通九年(868)	焦璐(潞)	《旧唐书》卷一九上《懿宗纪》
9	唐懿宗咸通十年(869)	李　播	《旧唐书》卷一九上《懿宗纪》
10	唐僖宗广明元年(880)	刘汉宏	《资治通鉴》卷二五三“唐僖宗广明元年秋七月”条
11	唐僖宗中和元年(881)	陈　璠	《资治通鉴》卷二五三“唐僖宗中和元年八月”条
12	唐僖宗中和二年—文德元年(882—888)	张　友	《资治通鉴》卷二五三“唐僖宗中和元年八月”条
13	唐僖宗文德元年—唐昭宗大顺元年(888—890)	张绍光	《新唐书》卷一〇《昭宗纪》
14	唐昭宗大顺元年—二年(890—891)	张　筠	《旧五代史》卷一《梁太祖纪一》
15	唐昭宗大顺二年—景福二年(891—893)	郭　言	《旧五代史》卷二一《郭言传》
16	唐昭宗乾宁中	葛从周	《旧五代史》卷一六《葛从周传》
17	唐昭宗乾宁中—光化元年(?—898)	氏叔琮	《新唐书》卷二二三下《氏叔琮传》
18	唐昭宗光化元年—二年(898—899)	牛存节	《旧五代史》卷二二《牛存节传》
19	唐昭宗光化二年—天复二年(899—902)	袁象先	《旧五代史》卷五九《袁象先传》
20	唐昭宗天复二年(902)	康怀英	《旧五代史》卷二三《康怀英传》
21	唐昭宗天复三年(903)	高季兴	《旧五代史》卷一三三《高季兴传》
22	唐昭宣帝天祐中	阎　宝	《旧五代史》卷五九《阎宝传》
23	唐昭宣帝天祐四年(907)	王　儒	《旧五代史》卷三《梁太祖纪三》

序号	任职年份	姓名	主要文献来源
24	不详	卢蔚(未之任)	《云笈七签》卷一二〇《范阳卢蔚酌本命验》

(二)长史

夏侯昇 唐宪宗元和中

参见泗州司马“夏侯昇”条。

崔　璆 唐穆宗长庆四年(824前)

《唐代墓志汇编·长庆〇二七·唐故宿州长史博陵崔君墓志铭并序》:“长庆四年正月廿一日,前宿州长史博陵崔君终于河阳,享年七十二……君讳璆,字叔度,博陵人也。”①

李孟皋 唐武宗会昌中

《唐代墓志汇编·会昌〇二三·唐故洪州武宁县令于君夫人陇西李氏墓志铭并序》:“夫人姓李氏……女适李孟皋,守宿州长史。……夫人以会昌三年冬十月十七日,终于立德里私第,享年六十四。”②

(三)司马

阎好问 唐咸通十四年前(873前)

《唐代墓志汇编·咸通一〇六·(上缺)前守宿州司马妫瀛莫三州刺史银青光禄大夫检校太子宾客御史中丞河南阎府君墓志铭并序》:“中丞讳好问,字子裕,其先河南人也。以咸通十四年仲夏月二十五日即世于妫州官舍,寿六十有四……会昌中……授宿州司马……乃遵旧政,遐归故里,署为幽都县令。”③

(四)录事参军事

辛　璥 唐宣宗大中七年前(853前)

《唐故右龙武军兵曹参军辛府君清河崔氏墓志铭(侄朝请郎前宿州录事

① 周绍良主编:《唐代墓志汇编》,上海:上海古籍出版社,1992年,第2078页。
② 周绍良主编:《唐代墓志汇编》,上海:上海古籍出版社,1992年,第2227页。
③ 周绍良主编:《唐代墓志汇编》,上海:上海古籍出版社,1992年,第2460页。

参军瞰书)》:“夫人姓崔氏……大中七年二月三日甲子卒于长安荣贤(下残缺)。”①

(五)参军事

张保乂 唐昭宗光化元年前(898前)

《唐故朝议郎行洺州临洺县令柱国严府君墓志铭(文林郎前守宿州参军张保乂撰)》:“君姓严氏,讳逢,字播业。……以乾宁三年三月廿四日殁于齐州之私舍,享年七十有五。……即以光化元年十月自齐州启护于河南府河南县龙门乡先茔之次平原,礼也。”②

(六)判官

1. 观察判官

苗　恽 唐唐武宗朝前

《唐代墓志汇编·会昌〇〇三·唐故太原府参军赠尚书工部员外郎苗府君夫人河内县太君玄堂墓志铭并序》:“维会昌元年岁次辛酉三月壬申朔十三日甲申,河内县太君捐养于江州刺史之官舍,享年六十七。……孤子前徐、泗、宿、濠等州观察判官,将仕郎,监察御史里行恽书。”③

李　棁 唐懿宗咸通十年前(869前)

《唐代墓志汇编续集·咸通〇六二·唐故徐宿濠泗观察判官试大理评事兼监察御史李府君墓志铭》:“君讳棁,字卿材,陇西成纪人也。……徐州失守。故崔公幕客监军使同殒于寇手,时咸通十年四月五日也,君享年五十七。”④

2. 军事判官

如剧诲 约唐懿宗朝或前

《唐故如夫人渤海史氏墓志铭并序》:“如夫人姓史氏……以咸通七年岁在丙戌六月廿三日易箦于河南府道化里之税舍,享年五十。……良人剧诲,

---

① 陕西省考古研究院编:《陕西省考古研究院新入藏墓志》,上海:上海古籍出版社,2019年,第116页。

② 毛阳光主编:《洛阳流散唐代墓志汇编续集》,北京:国家图书馆出版社,2018年,第811页。

③ 周绍良主编:《唐代墓志汇编》,上海:上海古籍出版社,1992年,第2211—2212页。

④ 周绍良、赵超主编:《唐代墓志汇编续集》,上海:上海古籍出版社,2001年,第1081页。

前郊州录事参军、宿州军事判官。”①

二、县级官员

(一)符离县

1. 县令

崔　宁　约唐玄宗、肃宗朝

《旧唐书》卷一一七《崔宁传》:“崔宁,卫州人,本名旰。虽儒家子,喜纵横之术。卫州刺史茹璋授旰符离令,既罢,久不调,遂客游剑南,从军为步卒,事鲜于仲通。……宝应初,蜀中乱,山贼拥绝县道,代宗忧之。”②

郑令从　任职时间不详

《新唐书》卷七五上《宰相世系五上》“郑氏”条:“令从,苻(符)离令。”③

2. 县尉

裴　格　唐昭宣帝天祐二年(905)

《旧唐书》卷二〇下《哀帝纪》:“(天祐二年)长安尉、直史馆裴格符离尉。”④

(二)虹县

1. 县令

白季康　约唐宣宗朝或前

《白居易集》卷七〇《唐故溧水县令太原白府君墓志铭并序》:“公讳季康,字某,太原人……公即录事府君次子。历华州下邽尉、怀州河内丞、徐州彭城令、江州浔阳令、宿州虹县令、宣州溧水令。殁于官舍。明年某月某日,归葬于华州下邽县某乡某原,享年若干。”⑤

---

① 毛阳光主编:《洛阳流散唐代墓志汇编续集》,北京:国家图书馆出版社,2018年,第755页。

② (后晋)刘昫等:《旧唐书》,北京:中华书局,1975年,第3397—3398页。

③ (宋)欧阳修、宋祁:《新唐书》,北京:中华书局,1975年,第3281页。

④ (后晋)刘昫等:《旧唐书》,北京:中华书局,1975年,第796页。

⑤ (唐)白居易撰:《白居易集》,北京:中华书局,1999年,第1473页。

2. 主簿

李　项　唐懿宗咸通中

《全唐文》卷八〇三李磎《授张晌端陵丞李项虹县主簿裴升新井县尉等制》①。《全唐文》卷八〇三介绍李磎:"磎字景望,江夏人。大中十三年进士,累迁吏部郎中,拜翰林学士中书舍人。"②《光绪泗虹合志》卷八《文职表上》:"李项,咸通中为虹主簿。"③

3. 县尉

陈　某　唐宣宗大中四年前(850 前)

《唐故凤翔节度使银青光禄大夫检校兵部尚书右卫上将军兼御史大夫赠太子少保上柱国陈府君室女三人墓志铭并序[从(侄)给事郎前行宿州虹县尉撰并书]》:"室女三人,大中四年五月廿三日、六月二日、三日相次终于京兆府万年县开化里之私第。……以其年七月十日吉辰,归葬于长安县高阳原邓村之礼也。"④

向　鄂　唐懿宗咸通二年前(861 前)

《唐河内向府君(群)丹阳甘氏夫人合祔墓志铭并序》:"有子一人鄂,以门荫出身,前授宿州虹县尉。……至咸通二年二月十六日,窆于河南县平乐乡杜翟村,合祔先夫之墓,礼也。"⑤

李　援　任职时间不详

《光绪泗虹合志》卷八《文职表上》:"李援,陇西人,为虹县尉,新增。"⑥

(三)蕲县

原属徐州。元和四年,改属宿州。大和三年,复属徐州。大和七年,复属宿州。治今宿州市蕲县镇。

1. 县令

---

① (清)董诰等编:《全唐文》,北京:中华书局,1983 年,第 8437—8438 页。

② (清)董诰等编:《全唐文》,北京:中华书局,1983 年,第 8439 页。

③ (清)方瑞兰修,(清)江殿飏、许湘甲纂:《光绪泗虹合志》,《中国地方志集成·安徽府县志辑 30》,南京:江苏古籍出版社,1998 年,第 488 页。

④ 李明等主编:《长安高阳原新出土隋唐墓志》,北京:文物出版社,2016 年,第 263 页。

⑤ 吴钢主编:《全唐文补遗(第八辑)》,西安:三秦出版社,2005 年,第 199—200 页。

⑥ (清)方瑞兰修,(清)江殿飏、许湘甲纂:《光绪泗虹合志》,《中国地方志集成·安徽府县志辑 30》,南京:江苏古籍出版社,1998 年,第 488 页。

李损(捐) 约唐宣宗大中十三年前(859 前)

《唐代墓志汇编·大中〇九四·唐故江夏李氏室女墓志铭并序》:"有唐大中岁在乙亥五月戊申朔,三十日丁丑,江夏李氏室女遇疾夭于洛京建春里之别墅,享二十六年。……父损,皇宿州蕲县令。女即蕲县公之长女也。"①

权有方 任职时间不详

《新唐书》卷七五下《宰相世系五下》"权氏"条:"有方,蕲令。"②

2. 县尉

郑 宪 唐宣宗大中十二年前(858 前)

《唐代墓志汇编续集·大中〇六七·唐故曹府君夫人荥阳郑氏墓志铭并序》:"夫人郑氏,其先荥阳人也。父讳宪,皇任宿州蕲县尉。……荥阳夫人……以大中十二年五月六日殒于北市之私第,享年六十有二。"③

(四)临涣县

县令

王 某 唐宣宗大中中

《唐代墓志汇编续集·景福〇〇一·唐郑州原武县令京兆王公墓志铭并序》:"□□□□□□□先文王少子高之后也。……父巘,任河南府密县令。有子五人:公处其长……公自唐大中中,以文章□□,乡里见推,匪□□鹄之科,传□□鸾之袟,初任宿州临涣县主簿,三年佐理,阖境安宁……赫尔嘉猷。"④

---

① 周绍良主编:《唐代墓志汇编》,上海:上海古籍出版社,1992 年,第 2322 页。案:吴钢《全唐文补遗(第一辑)》第 364 页作"捐"。

② (宋)欧阳修、宋祁:《新唐书》,北京:中华书局,1975 年,第 3393 页。

③ 周绍良、赵超主编:《唐代墓志汇编续集》,上海:上海古籍出版社,2001 年,第 1019 页。

④ 周绍良、赵超主编:《唐代墓志汇编续集》,上海:上海古籍出版社,2001 年,第 1157 页。

卷七　寿州

寿州，又称寿春郡，本为隋淮南郡，唐玄宗天宝元年(742)更名寿州。唐辖五县，州治寿春县(治今安徽省寿县)、安丰县①(治今安徽省霍邱县西南)、霍丘县②(治今安徽省霍邱县)、盛唐县③(治今安徽省六安市)、霍山县④(治今安徽霍山县)，唐代寿州全境均在今皖淮地区。

一、州级官员

(一)刺史

据郁贤皓所著《唐刺史考全编》统计，唐代寿州共有刺史 75 人，其中 1 人未之任、3 人待考。现依据郁著所列寿州刺史信息列表如下：

表 7:《唐刺史考全编》所列唐代寿州刺史信息一览表

序号	任职年份	姓名	主要文献来源
1	唐高祖武德七年(624)	张镇周	《资治通鉴》卷一九一"高祖武德八年春正月"条
2	唐高祖武德八年(625)	卢祖尚	《旧唐书》卷六九《卢祖尚传》
3	唐太宗贞观七年(633)	李元轨	《旧唐书》卷六四《李元轨传》

① 唐代宗广德二年(764)置县，大历十三年(778)废。

② 唐高祖武德四年(621)以松滋、霍丘二县置蓼州。七年(624)州废，霍丘县归属寿州。

③ 唐玄宗开元二十七年(739)改霍山县置。

④ 唐玄宗开元二十七年(739)废入盛唐县，天宝元年(742)复置。

序号	任职年份	姓名	主要文献来源
4	唐太宗贞观十年—十六年(636—642)	李元名	《旧唐书》卷六四《李元名传》
5	唐高宗永徽五年—显庆三年(654—658)	李元裕	《旧唐书》卷六四《李元裕传》
6	唐高宗龙朔三年(663)	李　凤	《大唐故使持节青州诸军事行青州刺史虢庄王(凤)墓志铭并序》,《考古》1997年第5期《唐李凤墓发掘简报》
7	唐高宗乾丰元年(666)	李上金	《旧唐书》卷八六《李上金传》
8	唐高宗总章、咸亨间	高智周	《旧唐书》卷一八五上《高智周传》
9	约唐高宗上元中	李元婴	《旧唐书》卷六四《滕王元婴传》
10	唐高宗时①?	李　询	《旧唐书》卷六四《李元庆传》
11	约唐高宗末	李　冲	《册府元龟》卷二六六
12	约武后光宅元年(约684)	邓玄挺(邓元挺)	《封氏闻见记》卷三
13	约武后垂拱元年—四年(约685—688)	赵　环	《新唐书》卷八〇《李贞传》
14	约武后时	姚慎盈	《新唐书》卷七四下《宰相世系四下》
15	武后时	徐　湘	《新唐书》卷七五下《宰相世系五下》
16	唐中宗神龙中?	张敬之	《朝野佥载》卷五
17	约唐中宗、唐睿宗间	辛怡谏	《新唐书》卷七三上《宰相世系三上》

① 王双怀《唐〈李询墓志〉考释》:《大唐故使持节郓寿二州诸军事二州刺史东安郡公李君墓志铭并序》:"公讳询,字问道,陇西狄道人也。……仪凤四年,应诏朝堂,试杂文,擢拜朝请大夫、行郓州长史。俄升郓州刺史。寻转寿州刺史。公妙优从政,深善调俗。历选九河之地,光迁八井之乡。……奄以垂拱元年四月三日暴疾,终于寿州官舍,春秋三十有四。"可见,李询刺寿州时间在唐高宗仪凤四年—武则天垂拱元年(679—685)。

序号	任职年份	姓名	主要文献来源
18	唐玄宗开元中	卢成务	《新唐书》卷七三上《宰相世系三上》
19	约唐玄宗开元中	崔湛(未之任)	《文苑英华》卷八八一牛僧孺《相国崔群家庙碑》
20	约唐玄宗开元中	元　寄	《元和姓纂》卷四"河南洛阳元氏"
21	唐玄宗天宝初	郭敬之	《旧唐书》卷一二〇《郭子仪传》
22	唐玄宗天宝中	李容成	《新唐书》卷七二上《宰相世系二上》
23	约唐玄宗天宝九—十二载(约750—753)	韦　斌	《全唐文》卷三二六王维《大唐故临汝郡太守赠秘书监京兆韦公(斌)神道碑铭》
24	约唐玄宗天宝十二—十三载(约753—754)	李　峒	《嘉泰吴兴志》卷一四《郡守题名》
25	唐肃宗时?	元　从	《全唐文》卷六三九李翱《故歙州长史陇西李府君(则)墓志铭》
26	约唐肃宗乾元元年—上元元年(约758—760)	崔　昭	《太平广记》卷一〇五引《广异记》
27	唐肃宗上元元年—二年(760—761)	王仲升	《资治通鉴》卷二二一"唐肃宗乾元二年九月"条
28	唐代宗初	张万福	《旧唐书》卷一五二《张万福传》
29	约唐代宗大历元年—三年(约766—768)	独孤问俗	《全唐文》卷三一六李华《寿州刺史厅壁记》
30	约唐代宗大历四—六年(约769—771)	张纬之	《全唐文》卷三一六李华《寿州刺史厅壁记》
31	约唐代宗大历七、八年(约772、773)	韦延安	《全唐文》卷三一六李华《寿州刺史厅壁记》
32	约唐代宗大历八、九年(约773、774)	裴　谞	《宋高僧传》卷一〇《唐洪州开元寺道一传》
33	唐代宗大历十年前(775前)	张公度	《舆地碑记目》卷二《安丰军碑记》之《寿州刺史张公度去思颂》

序号	任职年份	姓名	主要文献来源
34	唐代宗大历十二—十四年(777—779)	张　镒	《旧唐书》卷一二五《张镒传》
35	唐德宗建中时	崔　昭	《旧唐书》卷一四〇《张建封传》
36	约唐德宗建中四年—贞元四年(约783—788)	张建封	《旧唐书》卷一四〇《张建封传》
37	唐德宗贞元初期	李规	《新唐书》卷七一上《宰相世系二上》
38	唐德宗贞元前期?	许子馀	《元和姓纂》卷六"安陆许氏"
39	唐德宗贞元十五年(799)	杨承恩	《册府元龟》卷七一九
40	唐德宗贞元十五年(799)	王　宗	《册府元龟》卷七一九
41	唐德宗贞元十八年(802)	罗　珦	《全唐文》卷四七九杨凭《唐庐州刺史本州团练使罗珦德政碑》
42	唐德宗贞元中	李　通	《唐代墓志汇编》大中〇五七《唐故陇西郡夫人(李氏)墓志铭并序》
43	唐宪宗元和初?	张士平	《太平广记》卷七五引《神仙感遇传》
44	唐宪宗元和四年(809)	李　湘	《太平广记》卷三〇八引《博异志》
45	唐宪宗元和中?	王宗儒	上图藏拓片《唐故滑州匡城县令王公(虔畅)墓志铭并序》
46	唐宪宗元和九年(814)	令狐通①	《旧唐书》卷一二四《令狐通传》
47	唐宪宗元和十—十二年(815—817)	李文通	《全唐文》卷七三七沈亚子《霍丘县万胜冈新城录》
48	唐宪宗元和末	张植(张直)	《白居易集》卷五一《张植李翱等二十人亡母追赠郡县夫人制》
49	唐穆宗长庆元年(821)	李　谅	《白居易集》卷五〇《李谅授寿州刺史薛公幹授泗州刺史制》

① 《唐寿州□□□□严公(密)墓志》载:"公讳密,字元之,其先天水严氏之后。……大中七年,寿牧敦煌令狐公别奏公,用答劳效,则团练押衙管右一(下阙)……咸通四年秋九月,疾于春申坊私第。"(吴钢主编:《全唐文补遗(第七辑)》,西安:三秦出版社,2000年,第140页)据此可测:令狐绪任寿州刺史疑在唐宣宗大中七年前后(853前后)。

序号	任职年份	姓名	主要文献来源
50	唐穆宗长庆中	唐庆	《册府元龟》卷七○○
51	唐穆宗长庆四年(824)	杨规厚	《册府元龟》卷七○○
52	唐敬宗宝历中?	韦審规	《新唐书》卷七四上《宰相世系四上》
53	约唐文宗大和二—三年(约828—829)	裴墉	《新唐书》卷七一上《宰相世系一上》
54	唐文宗大和四—七年(830—833)	李绅	《新唐书》卷一八一《李绅传》
55	约唐文宗大和七、八年(约833、834)	贾直言	《太平御览》卷四一四引《续定命录》
56	约唐文宗大和九年—开成元年(约835—836)	高承恭	《旧唐书》卷一七下《文宗纪下》
57	唐文宗开成元年—三年(836—838)	浑鐬	《旧唐书》卷一三四《浑鐬传》
58	唐文宗开成三、四年?(838、839?)	刘某	《全唐诗》卷四九六姚合《送刘詹事赴寿州》
59	唐武宗会昌五年(845)	王镇	《旧唐书》卷一八上《武宗纪》
60	唐武宗会昌六年—唐宣宗大中二年(846—848)	裴识	《旧唐书》卷一七○《裴识传》
61	唐宣宗大中六—九年(852—855)	卢简求	《旧唐书》卷一六三《卢简辞传》
62	唐宣宗大中十年(856)	令狐绪	《旧唐书》卷一七二《令狐绪传》
63	唐宣宗大中十一年(857)	李玄	《旧唐书》卷一八下《宣宗纪下》
64	唐宣宗大中十三年(859)	李琢	《新唐书》卷一○一《萧仿传》
65	约唐懿宗咸通中	辛晦	《旧唐书》卷一八七下《辛谠传》
66	唐懿宗咸通九年(855)	杨某	《南部新书》戊部
67	唐僖宗中和时—光启三年(?—887)	张翱(张傲)	《新唐书》卷一八八《杨行密传》
68	唐昭宗景福元年(892)	江儒	《旧五代史》卷二○《马嗣勋传》

序号	任职年份	姓名	主要文献来源
69	唐昭宗乾宁元年(894)	江彦温	《北梦琐言》卷一六
70	唐昭宗乾宁元年—二年(894—895)	江从勗	《新唐书》卷一〇《昭宗皇帝纪》
71	唐昭宗乾宁二年—天祐元年(895—904)	朱延寿	《旧五代史》卷一七《朱延寿传》
72	唐昭宣帝天祐中	朱　瑾	《旧唐书》卷一八二《朱瑾传》
73	待考	魏承休	《元和姓纂》卷八"东祖魏氏"
74	待考	裴　通	《新唐书》卷七一上《宰相世系一上》
75	待考	尹　耀	《太平广记》卷二七〇

以下为寿州增补刺史信息：

乌重玘　约唐中期？

《唐故乌府君墓志铭并序》："祖讳重玘，检校工部尚书、寿州刺史。……(乌公)以中和六年正月七日终于太原郡王氏夫人之私第。"[①]

马　浩　约唐德宗贞元初？

《唐故扶风马府君墓志》："维贞元八年四月廿五日，金紫光禄大夫、行潭州别驾、上柱国、扶风郡开国公薨于位，享年七十四。……公讳浩，字灵长，本扶风人也。……出典颍川，兼领亳社。……又总寿春牧。才经考秩，改四镇节度参谋。后以权臣不德，执柄协私，除寿王府长史。……今以贞元十四年十一月十五日迁窆于万年县高平乡凤栖原之礼也。"[②]

刘元鼎　约唐穆宗长庆中

《唐故朝请大夫守卫尉卿柱国分司东都赐紫金鱼袋刘公(略)墓志铭并序》(咸通九年闰十二月一日)："少师生我先公尚书讳元鼎……历官大理卿兼御史大夫，慈、蔡、寿、绛四郡，赠兵部尚书。……贞元十七年生公于潞尚书公从事之府也。"[③]

---

① 赵力光主编：《西安碑林博物馆新藏墓志汇编》，北京：线装书局，2007年，第915页。

② 赵力光主编：《西安碑林博物馆新藏墓志汇编》，北京：线装书局，2007年，第579页。

③ 郁贤皓：《〈唐刺史考全编〉订补》，《南京师大学报(社会科学版)》2001年第3期，第147—155页。

卢简辞　唐文宗大和中

《唐故中散大夫守给事中柱国赐紫金鱼袋赠刑部侍郎皇甫公(钰)墓志铭并序》:“睿文天子嗣位之四年,纪号咸通之三祀太岁直壬午四月孟夏廿有一日,给事中皇甫公薨于位。……寿州刺史卢公简辞,遽表请为团练判官,转太常寺协律郎。卢中丞迁镇潭州,又随为观察推官。”①

刘嗣之　约唐文宗大和前

《大明一统志》卷七《中都·凤阳府》“宫室”条:“四望亭,在旧府城,本唐刺史刘嗣之建,李绅记云……后人因名‘短李亭’。”②

韦正贯　约唐宣宗大中间

《全唐文》卷七六四萧邺《岭南节度使韦公神道碑》:“公讳正贯,字公理。……长庆初,遂弃官改名,对贤良极谏策,登乙卯科,授太子校书。敬宗朝又以华原县尉再登详闲吏理科,迁万年主簿。……升寿州团练使。……今上初即位,以理行征,拜京兆尹。……实大中五年七月二十三日,享年六十有八。”③《新唐书》卷一五八《韦正贯传》:“(韦皋弟)平子正贯,字公理……久之,进寿州团练使。宣宗立,以治当最,拜京兆尹、同州刺史。”④

孟　珏　约唐宣宗大中十二年后(约858后)

《唐故朝散大夫使持节都督寿州诸军事守寿州刺史充本州团练使兼御史中丞柱国赐紫金鱼袋孟公墓志铭》:“公讳珏,字廷硕,德州平昌人。……拜寿州刺史兼御史中丞充本州团练使,寿春剧郡,江淮奥壤,公用二郡之政,岁余称理。……以咸通七年八月七日遇疾薨于郡邸,享年六十有三。”⑤

皇甫政　唐懿宗咸通三年前(862前)

《唐故中散大夫守给事中柱国赐紫金鱼袋赠刑部侍郎皇甫公(钰)墓志铭并序》:“睿文天子嗣位之四年,纪号咸通之三祀太岁直壬午四月孟夏廿有一日,给事中皇甫公薨于位。……生左散骑常侍讳政,即公之大王父也,历

---

① 吴钢主编:《全唐文补遗(千唐志斋新藏专辑)》,西安:三秦出版社,2006年,第405—406页。

② (明)李贤等:《大明一统志》,西安:三秦出版社,1990年,第132页。

③ (清)董诰等编:《全唐文》,北京:中华书局,1983年,第7943—7944页。

④ (宋)欧阳修、宋祁:《新唐书》,北京:中华书局,1975年,第4937页。

⑤ 毛阳光、余扶危主编:《洛阳流散唐代墓志汇编》,北京:国家图书馆出版社,2013年,第625页。

寿州刺史、兵部郎中、御史大夫、宣越观察使，夫人河东薛氏。”①

崔 述 任职时间不详

《光绪寿州志》卷一三《职官志·文职表》“崔述”条②。

承 思 任职时间不详

《光绪寿州志》卷一三《职官志·文职表》“承思”条③。

张 蟠 任职时间不详

《光绪寿州志》卷一三《职官志·文职表》“张潘”条④。

浑 侃 任职时间不详

《光绪寿州志》卷一三《职官志·文职表》“浑侃”条⑤。

（二）别驾

于 哲 唐太宗贞观初

《唐故使持节亳州诸军事亳州刺史于使君墓志铭并序》：“公讳哲，字通照，冯翊华池人也。……贞观初……吴王……以公为王府长史，兼行寿州别驾。十年，加员外郎散骑常侍、使持节、亳州诸军事、亳州刺史。……以永徽元年二月八日构疾，终于兴宁私第，春秋七十三。”⑥

郑 瀚 唐德宗贞元七年前（791 前）

《唐代墓志汇编续集·贞元〇二二·唐故寿州别驾郑瀚亡女十三（阙）女墓志铭》：“维大唐贞元七年岁次辛未五月甲申朔十二日辛未亡□故寿州别驾瀚第十三女终于坊州中部县官舍，年廿三，以六月七日景申权殡于中部县永安乡□□里开元寺东原，礼也。”⑦

---

① 吴钢主编：《全唐文补遗（千唐志斋新藏专辑）》，西安：三秦出版社，2006 年，第 405—406 页。

② （清）曾道唯等修，（清）葛荫南等纂：《光绪寿州志》，《中国地方志集成·安徽府县志辑 21》，南京：江苏古籍出版社，1998 年，第 171 页。

③ （清）曾道唯等修，（清）葛荫南等纂：《光绪寿州志》，《中国地方志集成·安徽府县志辑 21》，南京：江苏古籍出版社，1998 年，第 171 页。

④ （清）曾道唯等修，（清）葛荫南等纂：《光绪寿州志》，《中国地方志集成·安徽府县志辑 21》，南京：江苏古籍出版社，1998 年，第 171 页。

⑤ （清）曾道唯等修，（清）葛荫南等纂：《光绪寿州志》，《中国地方志集成·安徽府县志辑 21》，南京：江苏古籍出版社，1998 年，第 171 页。

⑥ 毛远明编著：《西南大学新藏墓志集释》，南京：凤凰出版社，2018 年，第 194 页。

⑦ 周绍良、赵超主编：《唐代墓志汇编续集》，上海：上海古籍出版社，2001 年，第 748 页。

周　谞　约唐宪宗朝或前

《唐故江陵府功曹汝南周君墓志铭并序》:"君周姓,谞讳,敬字……王考公琰,试寿州别驾。……(君)元和十二年,年六十六,以疾,十二月十六日卒于安定里私第,其明年正月遂葬于国南门之毕原。"①

苏大庄　约唐武宗会昌四年前(约 845 前)

《唐代墓志汇编·会昌〇三三·唐故常州武进县尉王府君夫人武功苏氏墓志铭并序》:"夫人曾祖大庄,皇朝散大夫寿州别驾……夫人……会昌四年八月七日寝疾,终于河南县杜翟里之别墅,享龄七十九。"②

(三)长史

邵　承　唐玄宗开元二十五年前(737 前)

《唐代墓志汇编·开元四六三·唐故朝散大夫寿州长史安阳邵府君墓志铭并序》:"君讳承,字乾,邺郡安阳人也。……俄除寿州长史。……以开元廿五年十一月九日构疾,终于官舍,春秋七十有二,即以年六年正月廿七日归窆于邙山平乐原之礼也。"③

贾　某　约唐玄宗天宝初

《唐代墓志汇编·天宝二一七·唐故高士通直郎贾府君并夫人京兆杜氏墓志铭并序》:"公讳隐,字思敬,平阳人也。……天宝初,少子转寿春郡长史……以天宝十一载岁在壬辰冬十一月廿二日,终于新安县之穀川里之别业,享年八十八。"④

崔　雍　约唐玄宗朝前后

《唐故银青光禄大夫太府卿汝南袁府君夫人博陵郡郡崔氏墓志铭》:"夫人……以贞元七年岁次辛未十一月丁巳朔廿七日癸未合祔于河南府河南县龙门乡全安原……隋定州都尉府君巨实,生贝州青阳令实智,青阳府君生寿州长史府君雍。夫人即长史府君第六女也。"⑤

---

① 陕西省考古研究院编:《陕西省考古研究院新入藏墓志》,上海:上海古籍出版社,2019 年,第 100 页。

② 周绍良主编:《唐代墓志汇编》,上海:上海古籍出版社,1992 年,第 2234 页。

③ 周绍良主编:《唐代墓志汇编》,上海:上海古籍出版社,1992 年,第 1476 页。

④ 周绍良主编:《唐代墓志汇编》,上海:上海古籍出版社,1992 年,第 1682—1683 页。

⑤ 毛阳光主编:《洛阳流散唐代墓志汇编续集》,北京:国家图书馆出版社,2018 年,第 463 页。

吴　某　唐德宗兴元元年(784)

《唐代墓志汇编·兴元〇〇一·唐故彭城刘夫人墓志铭并序》:“兴元元年秋九月三日哉生明,试寿州长史吴君夫人刘氏,终于扬州江都县长寿里之私第,春秋卌有六。”①

韦　伦　约唐文宗大和元年前(约827前)

《唐代墓志汇编·大和〇一〇·唐故朝散大夫守汝州长史上柱国清河崔公夫人陇西县君李氏墓志铭并序》:“维皇唐大和元年岁次丁未冬十月廿三日故汝州长史清河崔公之妻陇西县君李氏构疾终于东都审教里之私第,现年卌八……县君讳贞,字齐壹,其先陇西人也。……外祖寿州长史京兆韦伦。”②

张元洌　约唐懿宗咸通中

《唐代墓志汇编续集·咸通〇九五·唐故中大夫前洪州都督府司马上柱国清河张府君墓志铭并序》:“府君讳元洌,字德润,清河人也。……开成中……荐遂州司马,历潭州司马,寻命为朝散大夫,累加中大夫。青云自叙,朱绂斯皇。转寿州长史,迁洪州司马,靖恭既久,底绩弥彰。……以咸通十四年二月廿七日寿终于私第,享年九十,得武王之梦焉。”③

李　樛　任职时间不详

《新唐书》卷七〇上《宗室世系上》“蜀王房,后为渤海王房”条:“寿州长史樛。”④

(四)司马

王　荣　约唐初

《唐代墓志汇编·长安〇〇一·大周故永州司仓王君墓志铭并序》:“君讳思,字惠,太原人也。……祖荣,唐任寿州司马。……(君)以长安元年十一月十六日,归葬北邙山原礼也。”⑤

柳　玢　约唐初

---

① 周绍良主编:《唐代墓志汇编》,上海:上海古籍出版社,1992年,第1836页。

② 周绍良主编:《唐代墓志汇编》,上海:上海古籍出版社,1992年,第2101页。

③ 周绍良、赵超主编:《唐代墓志汇编续集》,上海:上海古籍出版社,2001年,第1107—1108页。

④ (宋)欧阳修、宋祁:《新唐书》,北京:中华书局,1975年,第2038页。

⑤ 周绍良主编:《唐代墓志汇编》,上海:上海古籍出版社,1992年,第991页。

《大唐故吏部常选柳府君(若丝)墓志铭并序》:“唐宝应初七月四日,吏部常选柳府君讳若丝,终于横木之右,享年六十有二。……曾祖讳玢,皇任朝议大夫、试寿州司马。”①

李思贞 约唐初

《唐代墓志汇编·贞元〇二四·大周故李府君墓志铭》:“曾祖思贞,延王友、寿州司马。”②

崔元绪 约唐玄宗开元前

《唐代墓志汇编·开元四四九·故河南府新安县丞清河崔公墓志铭并序》:“公讳谌,字贸本,清河人也。……考元绪,寿州司马……(公)以开元廿五年四月五日,殁于东都择善里之私第,春秋五十有九。”③

席子产 约唐玄宗天宝末、肃宗初

《大唐故申州长史上柱国袭乌氏郡公安定席公志石文》:“公讳子产,本安定乌氏人也。……公皇朝进士及第,解褐授郑州荥泽县丞、许州临颍县令、寿州司马,转申州长史、上柱国,袭乌氏郡公。……以上元二年四月六日终于河阳之第里,春秋七十有二。”④《唐故卫州共城县令席府君墓志铭》:“公讳庭训,字罗汉,泾郡安定人也。……父子产,皇朝许州临颍县令、寿州司马、申州长史,上柱国,袭乌氏郡开国公。……辛巳岁……是岁正月九日终于共城县公舍,春秋七十有五。”⑤亦见《大唐安定席君(庭诲)墓志铭并序》《安定席君(庭诫)墓志铭并序》⑥。

王 钧 约唐代宗大历初

《唐代墓志汇编续集·大历〇二七》:“唐故遂州长史王公名钧,太原祁人也。……补绛州曲沃主簿,转宋王府参军、虢州主吏掾、仙州方城长、寿州司马,恩贬夷州诃曹掾、蜀州廪曹掾、利州司马,诏加朝散大夫,领长史。享

---

① 吴钢主编:《全唐文补遗(第四辑)》,西安:三秦出版社,1997年,第470页。

② 周绍良主编:《唐代墓志汇编》,上海:上海古籍出版社,1992年,第1854页。

③ 周绍良主编:《唐代墓志汇编》,上海:上海古籍出版社,1992年,第1467页。

④ 毛阳光主编:《洛阳流散唐代墓志汇编续集》,北京:国家图书馆出版社,2018年,第287页。

⑤ 毛阳光主编:《洛阳流散唐代墓志汇编续集》,北京:国家图书馆出版社,2018年,第301页。

⑥ 吴钢主编:《全唐文补遗(千唐志斋新藏专辑)》,西安:三秦出版社,2006年,第178—179页。

年八十一，以大历十一年岁次丙辰二月己未朔十五日癸酉窆于东都北邙原牛保旧茔东三里。”①

裴　单　唐德宗贞元元年前（785 前）

《唐故朝散大夫兼滁州别驾裴公（单）墓志并序》：“公讳单，字单，河东人也。……乃求转秘书郎、兼寿州司马。又转滁州别驾。……贞元元年十一月十七日，□疾薨于官舍，春秋七十。”②

崔　植　唐宣宗大中八—九年（855—856）

《唐代墓志汇编·乾符〇二一·唐故寿州司马清河崔府君墓志铭并序》：“府君讳植，字固本，清河东武城人也。……府君即长嫡，弱冠资荫出身，历官七任，宰三邑。大中乙亥岁，自郓州須昌县令迁寿州司马。明年五月，寝疾，以十九日启手足于官舍，享年六十六。”③

（五）团练副使

王　宗　唐德宗贞元十五年（799）

《册府元龟》卷七一九《幕府部·公正》：“王宗为寿州团练副使。贞元十五年，寿州刺史杨承恩老耄多病……故授宗权知寿州刺史事，扆、侃等得罪，寻加宗御史中丞。”④

韦　武　唐宪宗元和中

《全唐文》卷七三六沈亚之《寿州团练副使厅壁记》：“元和中，韦公武以殿中侍御史为之。九年秋，蔡州叛，寿春守令狐通引兵屯霍邱，副使得孱卒百馀人留郡中。”⑤

马　植　唐宪宗元和十四年（819）

《旧唐书》卷一七六《马植传》：“植，元和十四年进士擢第，又登制策科，释褐寿州团练副使。得秘书省校书郎，三迁饶州刺史。开成初，迁安南都护、御史中丞、安南招讨使。”⑥《白居易集》卷四九《杨景复可检校膳部员外郎郓州观察判官李缓可监察御史天平军判官卢载可协律郎天平军巡官独孤

① 周绍良、赵超主编：《唐代墓志汇编续集》，上海：上海古籍出版社，2001 年，第 710 页。
② 吴钢主编：《全唐文补遗（千唐志斋新藏专辑）》，西安：三秦出版社，2006 年，第 269 页。
③ 周绍良主编：《唐代墓志汇编》，上海：上海古籍出版社，1992 年，第 2487 页。
④ （宋）王钦若等编纂：《册府元龟》，南京：凤凰出版社，2006 年，第 8293 页。
⑤ （清）董诰等编：《全唐文》，北京：中华书局，1983 年，第 7602 页。
⑥ （后晋）刘昫等：《旧唐书》，北京：中华书局，1975 年，第 4565 页。

泾可监察御史寿州团练副使马植可试校书郎泾原掌书记程昔范可试正字泾原判官六人同制》①。

(六)录事参军事

赵处仁 唐玄宗朝前

《大唐越州剡县令赵府君(慈劼)墓志铭并序》:"君讳慈劼,字冬日,陇西天水人也。……父处仁,皇朝大理评事、水衡监丞、寿州录事参军。……(君)以先天二年五月十九日,染疾而终,春秋六十。"②

陈 某 约唐代宗朝前后

《全唐诗》卷二四四韩翃《送寿州陈录事》③。

李 宷 唐宪宗元和九年前(814前)

《唐故殿中侍御史李公(举)墓志铭》:"皇五从曾叔祖毕王裔孙讳举……于(元和)九年甲午岁闰八月构疾,廿七日辛未卒于滑州龙兴寺官署,享年六十有五。以十月廿七日庚午,归葬于洛阳县北原青风乡,祔于先茔。……有子男六人……宷,前寿州录事参军。"④

李藻文 约唐文宗朝或前

《唐故朝散大夫司农寺丞上柱国李府君墓志铭有序》:"公讳(字笔画不全),字藻文……寿州录事参军……荐授扬州天长县令……大中首载仲冬廿五日……寿六十有二。"⑤

李 遂 约唐宣宗朝或前

《白居易集》卷六八《海州刺史裴君夫人李氏墓志铭(并序)》:"夫人讳娥,相国长女也,适河东裴君克谅,今为海州刺史。一子曰锣,左卫骑曹参军;一女适陇西李遂,遂为寿州录事参军。"⑥

---

① (唐)白居易撰:《白居易集》,北京:中华书局,1999年,第1038页。

② 吴钢主编:《全唐文补遗(千唐志斋新藏专辑)》,西安:三秦出版社,2006年,第124页。

③ (清)彭定球等编:《全唐诗》,北京:中华书局,1999年,第2732页。

④ 吴钢主编:《全唐文补遗(千唐志斋新藏专辑)》,西安:三秦出版社,2006年,第321—322页。

⑤ 赵君平、赵文成编:《河洛墓刻拾零》,北京:北京图书馆出版社,2007年,第577页。

⑥ (唐)白居易撰:《白居易集》,北京:中华书局,1999年,第1426—1427页。

(七)参军事

郑　铁　约唐德宗朝前

《唐故右金吾卫录事参军郑府君墓志铭并序》:“公讳铁,字公度……解褐寿春府参军……以贞元十三年十月廿一日终于长安光福里之私第。”①

杜词立　唐宪宗元和中

《韩昌黎文集校注》卷六《故中散大夫河南尹杜君墓志铭》:“公讳兼,字某,郎中第三子,举进士第。……元和四年十一月二十二日,无疾暴薨,年六十。明年二月甲午,从葬怀州。……生子男三人:柔立为天长主簿,词立为寿州参军,谊立为顺宗挽郎。”②《新唐书》卷七二上《宰相世系二上》“洹水杜氏”条:“词立,寿州参军。”③

(八)判司

1. 司户参军

崔　某　武后时

《唐故朝散大夫行豫州司功参军崔府君墓志铭》:“公讳□□,博陵安平人也。……始拜寿州司户,转凉州录事参军。以亲累左转眉州司户。寻加朝散大夫,除豫州司功。……春秋五十三,万岁通天元年六月廿二日终于豫州之官舍。”④

张季卿　唐德宗贞元元年前(785前)

《唐故朝散大夫前行寿州都督府户曹参军张府君墓志铭》:“府君讳季卿,南阳白水人也。……享年六十。以贞元元年八月卅日终于洛阳里第。”⑤

2. 司兵参军

傅元直　唐文宗开成四年前(839前)

---

① 赵君平、赵文成编:《河洛墓刻拾零》,北京:北京图书馆出版社,2007年,第481页。

② (唐)韩愈著,马其昶校注、马茂元整理:《韩昌黎文集校注》,上海:上海古籍出版社,1986年,第389页。

③ (宋)欧阳修、宋祁:《新唐书》,北京:中华书局,1975年,第2437页。

④ 毛阳光、余扶危主编:《洛阳流散唐代墓志汇编》,北京:国家图书馆出版社,2013年,第169页。

⑤ 毛阳光主编:《洛阳流散唐代墓志汇编续集》,北京:国家图书馆出版社,2018年,第459页。

《唐故通直郎行寿州都督府司兵参军上轻车都尉傅府君墓志铭并序》："公讳元直，字正夫，雍州京兆人也。……后为户部侍郎宇文公鼎所重，特奏寿州司兵参军。而皆尽夙夜之劳，贞廉终其考秩。……开成四年五月九日……以其年七月六日迁窆于长安县之西南义阳乡高阳原邓村，礼也。"①

3. 司法参军

王　给　任职时间不详

《新唐书》卷七二中《宰相世系二中》"王氏"条："给字执中，寿州法曹参军。"②

4. 司士参军

韦　浦　约唐文宗大和中或前

《太平广记》卷三四一《鬼二十六》"韦浦"条引《河东记》："韦浦者，自寿州士曹赴选，至阌乡逆旅，方就食，忽有一人前拜曰：'客归元昶，常力鞭辔之任，愿备门下厮养卒。'"③

5. 司仓参军

朱　弁　唐代宗大历中

《全唐文》卷三三九颜真卿《湖州乌程县杼山妙喜寺碑铭》："大历壬子岁，真卿叨刺于湖。公务之隙，乃与金陵沙门法海……寿州仓曹朱弁，后进周愿、颜暄、沈殷、李莆亦尝同修，未毕，各以事去。"④

韦　署　约唐宪宗元和初

《唐代墓志汇编·长庆〇〇四·唐故朝议郎行扬州大都督府法曹参军京兆韦府君墓志文》："府君讳署，字公致，其先京兆杜陵人也。……解褐奏授将仕郎，试恒王府仓曹参军，赐上柱国勋，选授朝议郎、行寿州都督府仓曹参军……以长庆元年八月十三日暴降气疾，奄弃背于扬州法云寺之官舍，享年七十有四。"⑤案：李鄘约在唐宪宗元和五—十二年（810—817）为扬州刺史，推测韦署为寿州仓曹参军大约在唐宪宗元和初。

---

① 李明等主编：《长安高阳原新出土隋唐墓志》，北京：文物出版社，2016年，第257页。

② （宋）欧阳修、宋祁：《新唐书》，北京：中华书局，1975年，第2609页。

③ （宋）李昉等编：《太平广记》，北京：中华书局，1961年，第2704页。

④ （清）董诰等编：《全唐文》，北京：中华书局，1983年，第3436页。

⑤ 周绍良主编：《唐代墓志汇编》，上海：上海古籍出版社，1992年，第2060页。

（九）判官

1. 团练判官

裴　均　约唐德宗建中四年—贞元四年（约783—788）

《光绪寿州志》卷一三《职官志》："裴均，绛州闻喜人，张建封镇濠寿，表为团练判官。"①

萧　泳　约唐穆宗长庆二年前后（822前后）

《唐故扬州录事参军河东裴府君夫人河东柳氏墓志铭并序（摄寿州团练判官朝散郎前行左武卫仓曹参军兰陵萧泳撰）》："夫人讳某，字内则……乃归于裴氏裴公丞相之犹子……夫人以长庆元年十一月五日弃是子而化，享年七十三，录事仰苍旻而哀……遂以二年二月十日权卜宅于寿州寿春县崇义乡泥涧村。"②

皇甫铚　唐文宗大和中

参见寿州刺史"卢简辞"条。

孙　玩　约唐懿宗咸通八年前（约867前）

《唐代墓志汇编·咸通〇六〇·唐监察御史里行孙君侧室杜氏墓志铭（前寿州团练判官宣义郎侍御使内供奉孙玩述）》："知盐铁汴州院事监察御史里行孙虬丧杜氏姬人于宣城之官舍……以咸通八年正月二十七日构疾而卒，年四十有三。"③

李茂昌　唐僖宗广明元年前（880前）

《唐故寿州团练判官试太常寺协律郎陇西李府君（茂昌）墓志铭并序》："公讳结，字明中，举进士，易名茂昌。……公享年五十，广明元年七月六日，捐馆于许州。"④

2. 防御判官

张　裼　唐武宗会昌四年（844）

《旧唐书》卷一七八《张裼传》："张裼字公表，河间人。……会昌四年进

---

① （清）曾道唯等修，（清）葛荫南等纂：《光绪寿州志》，《中国地方志集成·安徽府县志辑21》，南京：江苏古籍出版社，1998年，第171页。

② 赵文成、赵君平编选：《新出唐墓志百种》，杭州：西泠印社出版社，2010年，第268页。

③ 周绍良主编：《唐代墓志汇编》，上海：上海古籍出版社，1992年，第2425页。

④ 吴钢主编：《全唐文补遗（第八辑）》，西安：三秦出版社，2005年，第227—228页。

干擢第，释褐寿州防御判官。……裼累辟太原掌书记。”①

●具体判官名称不详者

齐　抗　唐代宗大历十二—十四年中(777—779 中)

《光绪凤阳府志》卷一七《宦绩传》：“齐抗，字遐举，大历中寿州刺史张镒辟为判官，明闲吏事，敏于文学，镒甚重之。”②

卿　侃　唐德宗贞元十五年(799)

《册府元龟》卷七三〇《幕府部·贪纵》：“卿侃为寿州刺史杨承恩判官。侃擅行威令，贪冒货财，多欲枉法，贞元十五年七月，命权知寿州刺史王宗集众决杀。”③

罗　某　约唐德宗朝或前

《全唐诗》卷八一九皎然《送罗判官还寿州幕》④。

崔彦冲　约唐宣宗或懿宗朝

《唐故通议大夫检校工部尚书守太子宾客上柱国赐紫金鱼袋赠兵部尚书清河崔公墓志铭》：“公讳彦冲，字友胜，清河武城人。……久之，寿州团练使奏试大理评事兼监察御史，为判官。……乾符五年春……其年八月廿四日以疾薨于长安城南方桥别墅，享龄七十二。”⑤

(十)推官

团练推官

崔道雅　任职时间不详

《新唐书》卷七二下《宰相世系二下》“博陵安平崔氏”条：“道雅，寿州团练推官。”⑥

---

① (后晋)刘昫等：《旧唐书》，北京：中华书局，1975 年，第 4623 页。

② (清)冯煦修，(清)魏家骅等纂：《光绪凤阳府志(二)》，《中国地方志集成·安徽府县志辑 33》，南京：江苏古籍出版社，1998 年，第 52 页。

③ (宋)王钦若等编纂：《册府元龟》，南京：凤凰出版社，2006 年，第 8409 页。

④ (清)彭定球等编：《全唐诗》，北京：中华书局，1999 年，第 9313 页。

⑤ 毛阳光主编：《洛阳流散唐代墓志汇编续集》，北京：国家图书馆出版社，2018 年，第 803 页。

⑥ (宋)欧阳修、宋祁：《新唐书》，北京：中华书局，1975 年，第 2776 页。

二、县级官员

(一)寿春县

1. 县令

李仲邕 约唐初

《唐故(刘略妻)荥阳郑氏夫人(恂)墓铭并序》:“夫人讳恂……外祖李公仲邕,寿州寿春县令,申公房也。……(夫人)以大中元年五月十七日,薨于浙西盐铁院,享年四十九。”①

崔行模 约唐玄宗开元初

《大唐故寿州寿春县令崔府君墓志铭》:“君讳行模,字仁则,博陵人也。……转授寿州寿春县令。……春秋七十有四,终于寿春之官舍。……以开元十五年岁次丁卯十月己巳朔十四日壬午合葬于□□之北原,礼也。”②

刘 某 约唐玄宗开元中

《太平广记》卷二一六《卜筮一》“李老”条引《原化记》:“开元中,有一人姓刘不得名。假荫求官,数年未捷。忽一年铨试毕,闻西市有李老善卜,造而问之。……还乡居数年,又调集,复诣李老。李老曰:‘今当得一邑,不可妄动也,固宜慎之。’生果授寿春宰。至官未暮,坐赃免。”③

贾崇璋 约唐玄宗天宝十载前(约751前)

《唐代墓志汇编·天宝二〇〇·唐缙云郡司马贾崇璋夫人陆氏墓志铭并序》:“夫人讳字英,吴郡人也。……及家君作宰寿春,夫人殆将笄岁,强黜无生之业,令从有行之礼,适郡长史平阳贾崇璋。……以天宝十载秋八月一日终于官舍,春秋一百有八十甲子。”④

郑仁俭 任职时间不详

---

① 吴钢主编:《全唐文补遗(第六辑)》,西安:三秦出版社,1999年,第159页。

② 毛阳光主编:《洛阳流散唐代墓志汇编续集》,北京:国家图书馆出版社,2018年,第217页。

③ (宋)李昉等编:《太平广记》,北京:中华书局,1961年,第1656页。

④ 周绍良主编:《唐代墓志汇编》,上海:上海古籍出版社,1992年,第1671页。

《新唐书》卷七五上《宰相世系五上》“郑氏”条:“仁俭,寿春令。”①

2. 县丞

阴冬曦 唐代宗大历四年(769)

《大唐故河东县太君薛氏墓志铭并序(朝议郎行寿州寿春县丞直集贤殿上柱国阴冬曦书)》:“太君河东薛氏……大历四年十月三日忽构疠终于万年县广化里之私第,春秋六十五。哀哉,其月廿七日,权厝于城南凤栖原,与先茔次列。”②

郑 洁 约唐文宗开成中

《太平广记》卷三八〇《再生六》“郑洁”条引《广异记》:“郑洁,本荥阳人,寓于寿春郡,尝以假摄丞尉求食。婚李氏,则善约之犹子也。洁假摄停秩,寄迹安丰之里。开成五年四月中旬,日向暮,李氏忽得心痛疾,乃如狂言,拜于空云:‘且更乞。’须臾间而卒,唯心尚暖耳。”③

郑乾福 任职时间不详

《新唐书》卷七五上《宰相世系五上》“南祖郑氏”条:“乾福,寿春丞。”④

3. 县尉

南 某 约唐代宗朝前后

《全唐诗》卷二四三韩翃《送南少府归寿春》⑤。

郑 洁 约唐文宗开成中

见上“郑洁”条。

(二)安丰县

1. 县令

张 沘 约唐高宗朝

《唐代墓志汇编·天宝〇八四·大唐故吴郡常熟县令上柱国张公墓志铭并序》:“公讳沘,范阳方城人……起家拜南海郡参军,转豫章郡兵曹参军,授寿春郡安丰令,复改吴郡常熟令。……青龙甲申岁在大梁十一月一日,终

① (宋)欧阳修、宋祁:《新唐书》,北京:中华书局,1975年,第3277页。

② 赵力光主编:《西安碑林博物馆新藏墓志续编》,西安:陕西师范大学出版,2014年,第364页。

③ (宋)李昉等编:《太平广记》,北京:中华书局,1961年,第3028—3029页。

④ (宋)欧阳修、宋祁:《新唐书》,北京:中华书局,1975年,第3336页。

⑤ (清)彭定球等编:《全唐诗》,北京:中华书局,1999年,第2719页。

于位，时年五十五。……以天宝四载十一月十九日，举先代奉宁神于平阴之南原，成遗志也。”①

敬　庄　唐德宗贞元中？

《平阳郡故敬府君（太芝）墓志铭并序》：“敬府君字兴，讳太芝……父庄，皇寿州安丰县令。……贞元（下阙）二月廿二日合（下阙）。”②

郑之俊　任职时间不详

《光绪寿州志》卷一三《职官志·文职表》“郑之俊”条③。

2. 县丞

卢　滔　约唐德宗贞元六年前（约790前）

《唐代墓志汇编·元和一四六·唐故大理评事赐绯鱼袋范阳卢府君墓志》：“府君讳倜，字倜，望高旧燕，族分北祖。……烈考滔，皇朝任寿州安丰县丞……（府君）以贞元六年十二月十九日，启手足于楚州之私第，享年六十有四。”④

郑之峻　任职时间不详

《新唐书》卷七五上《宰相世系五上》“郑氏”条：“之峻，安丰丞。”⑤

3. 主簿

崔　杲　唐武宗会昌元年前（841前）

《唐故歙县尉博陵崔府君夫人巨鹿魏氏墓志》：“太夫人实以会昌元年闰九月十七日弃代，年止五十五。……仲子杲，前寿州安丰县主簿。”⑥

4. 县尉

裴　翾　唐玄宗朝后

《酉阳杂俎》前集卷八《雷》：“安丰县尉裴翾，士淹孙也。言玄宗尝冬月召山人包超，令致雷声，超对曰：‘来日及午有雷。’遂令高力士监之。”⑦

陈　汭　唐德宗兴元元年（784）

---

① 周绍良主编：《唐代墓志汇编》，上海：上海古籍出版社，1992年，第1591页。

② 吴钢主编：《全唐文补遗（第八辑）》，西安：三秦出版社，2005年，第112页。

③ （清）曾道唯等修，（清）葛荫南等纂：《光绪寿州志》，《中国地方志集成·安徽府县志辑21》，南京：江苏古籍出版社，1998年，第170页。

④ 周绍良主编：《唐代墓志汇编》，上海：上海古籍出版社，1992年，第2052页。

⑤ （宋）欧阳修、宋祁：《新唐书》，北京：中华书局，1975年，第3286页。

⑥ 吴钢主编：《全唐文补遗（千唐志斋新藏专辑）》，西安：三秦出版社，2006年，第368页。

⑦ （唐）段成式撰：《酉阳杂俎》，上海：上海古籍出版社，2012年，第46页。

《唐代墓志汇编·开成〇一五·唐故处士颍川陈府君墓志铭并序》:“开成二年七月廿日,有唐处士陈府君享年八十,终于家……府□讳汭……府君年才弱冠,兴元中,季父允众佐太尉李公复京邑,以勋授寿州安丰尉。旋丁家艰……敬事尽和乐之道。”①

郑　洁　约唐武宗会昌元年(841)

《太平广记》卷三八〇《再生六》“郑洁”条引《广异记》:“郑洁,本荥阳人,寓于寿春郡,尝以假摄丞尉求食。……又郑君自云:‘某即合得摄安丰尉。’至明年正月三日,果为崔中丞邀摄安丰县尉,皆其妻素知之。自正月已后,更免其追呼矣。郑君自有记录四十余纸,此略而言也。”②

韦询美　约唐懿宗咸通七年前(约866前)

《唐代墓志汇编·咸通〇五六·唐故滑州匡城县令王公墓志铭并序》:“公讳虔畅,字承休,其先琅耶人。……六月廿二日,殁于官,即咸通七年六月廿二日也,享年六十六。……女二人……次适京兆韦询美,前任寿州安丰尉。”③

(三)霍山县

1. 县令

李　才　约唐初

《唐代墓志汇编续集·景龙〇〇六·大唐故李处士墓志铭并序》:“君讳本,其先陇西狄道人也。……父才,任寿州霍山县令;政术无遗,清白有闻,返风于神水之湄,制锦于仙山之曲。……(君)或以景龙二年九月十七日终于永泰里私第。”④

倪　其　约唐初

《大唐故中大夫守晋陵郡别驾千乘倪府君(彬)墓志铭并序》:“公讳彬,字子文,常山藁城人也。……曾祖范,隋齐州录事参军。……祖其,皇朝寿州霍山县令。……(公)以天宝九载十月十日,终于晋陵官舍,春秋六十

---

① 周绍良主编:《唐代墓志汇编》,上海:上海古籍出版社,1992年,第2178页。

② (宋)李昉等编:《太平广记》,北京:中华书局,1961年,第3028—3029页。

③ 周绍良主编:《唐代墓志汇编》,上海:上海古籍出版社,1992年,第2421—2422页。

④ 周绍良、赵超主编:《唐代墓志汇编续集》,上海:上海古籍出版社,2001年,第430页。

有六。”①

郑　适　唐玄宗开元中

《大唐故寿春郡霍丘县令郑公(琇)墓志铭并序》:“公讳琇,字适,荥阳开封人。……补睢阳郡砀山县丞。……秩满,加寿春郡霍丘县令。……开元二十载,使营敦行。……以开元廿三载十二月廿二日,终于敦行里之私第,春秋七十五。”②

姚　珙　任职时间不详

《新唐书》卷七四下《宰相世系四下》“陕郡姚氏”条:“珙,霍山令。”③

2. 县丞

卢不勤　约唐玄宗朝前后

《全唐文》卷五〇四权德舆《洛阳县尉何君夫人范阳卢氏墓志铭(并序)》:“夫人姓卢氏,范阳人。曾祖仁,皇相州录事参军。祖不勤,皇寿州霍山县丞。”④《新唐书》卷七三上《宰相世系三上》:“卢氏”条:“不勤,霍山丞。”⑤

3. 县尉

范　弈　约唐德宗朝初?

《唐故桂州临桂县令范府君(弈)墓志铭并序》:“公讳弈,字少迴,南阳人也。……起家拜寿州霍山县尉。……以贞元十一年五月三日,终于交州龙兴精舍,享年五十有七。”⑥

史处玚　唐德宗贞元十二年前(796前)

《故大理司直杜陵史公墓志铭并序》:“公讳承式,字遵度,其先本居杜陵。……至唐越王府东合祭酒仲谟,即公之高祖。仲谟生务本,务本道高行高,不羁于时……务本生公烈祖曰处玚,任寿州唐山县尉。……春秋卅九,以贞元十二年九月廿八日终于京兆招国里之私第。”⑦案:唐寿州并无唐山

---

① 吴钢主编:《全唐文补遗(第二辑)》,西安:三秦出版社,1995年,第550页。

② 吴钢主编:《全唐文补遗(第八辑)》,西安:三秦出版社,2005年,第58页。

③ (宋)欧阳修、宋祁:《新唐书》,北京:中华书局,1975年,第3173页。

④ (清)董诰等编:《全唐文》,北京:中华书局,1983年,第532—533页。

⑤ (宋)欧阳修、宋祁:《新唐书》,北京:中华书局,1975年,第2925页。

⑥ 吴钢主编:《全唐文补遗(第六辑)》,西安:三秦出版社,1999年,第474页。

⑦ 墓志见张安兴、李雪芳:《唐〈史承式墓志〉考释》,《文博》2006年第6期,第62—64页。

县,疑“唐”为“霍”之之误。

孙　章　任职时间不详

《新唐书》卷七三下《宰相世系三下》“孙氏”条:“章,霍山尉。”①

(四)霍丘县

1. 县令

郑　琇　唐玄宗开元二十三年前(735 前)

《大唐故寿春郡霍丘县令郑公(琇)墓志铭并序》:“公讳琇,字适,荥阳开封人。……补睢阳郡砀山县丞。……秩满,加寿春郡霍丘县令。……开元二十载,使营敦行。”②《大唐故范阳卢夫人(郑琇妻)墓志铭并序》:“皇唐前宋州砀山县丞荥阳郑琇故妻范阳卢氏……以开元十有七载八月廿九日,奄忽终于河南敦行里,春秋五十有六。即以其年十月三日,权殡于定鼎门外西南原,礼也。”③《新唐书》卷七五上《宰相世系五上》“郑氏”条:“琇,霍丘令。”④。亦见《大唐故寿州霍丘县令郑府君(琇)墓志铭并序》⑤、《唐故越州剡县尉卢府君(广)夫人陇西李氏合祔墓志铭并序》⑥。

韦　浦　约唐文宗大和中

《太平广记》卷三四一《鬼二十六》“韦浦”条引《河东记》:“韦浦者,自寿州士曹赴选,至阌乡逆旅,方就食,忽有一人前拜曰……浦其年选授霍丘令,如其言。及赴官至此,虽无所睹,肸蚃如有物焉。”⑦

李　复　唐宣宗大中中?

《唐知盐铁陈许院事朝议郎侍御史上柱国范阳卢方回妻陇西李夫人墓志铭并序》:“夫人姓李氏,其先陇西成纪人也。……大王父讳复,皇寿州霍丘县令。……(夫人)以大中七年十一月五日,终于埇桥官舍,享年卅九。”⑧

2. 县尉

---

① (宋)欧阳修、宋祁:《新唐书》,北京:中华书局,1975 年,第 2962 页。

② 吴钢主编:《全唐文补遗(第八辑)》,西安:三秦出版社,2005 年,第 58 页。

③ 吴钢主编:《全唐文补遗(第八辑)》,西安:三秦出版社,2005 年,第 360 页。

④ (宋)欧阳修、宋祁:《新唐书》,北京:中华书局,1975 年,第 3269 页。

⑤ 吴钢主编:《全唐文补遗(第八辑)》,西安:三秦出版社,2005 年,第 378 页。

⑥ 吴钢主编:《全唐文补遗(千唐志斋新藏专辑)》,西安:三秦出版社,2006 年,第 331 页。

⑦ (宋)李昉等编:《太平广记》,北京:中华书局,1961 年,第 2704—2705 页。

⑧ 吴钢主编:《全唐文补遗(第八辑)》,西安:三秦出版社,2005 年,第 188—189 页。

曹　师　约唐高宗显庆二年前后(657 前后)

《唐代墓志汇编·显庆〇六四·大唐故慕容夫人墓志铭》:“夫人讳丽,字仙娥,相州邺县人也。……虽复□公守职,曹氏先亡,自誓之信逾明,守操之心弥洁。……以大唐显庆二年七月十六日卒于思顺里第,春秋六十有五。……孝子寿州霍丘县尉师……遽勒佳城之记。”①

卢　玠　约唐宪宗朝或前

《全唐文》卷四九七权德舆《唐故剑南东川节度副大使知节度事管内支度营田观察处置等使正议大夫持节梓州诸军事守梓州刺史兼御史大夫护军赐紫金鱼袋赠礼部尚书卢公神道碑铭(并序)》:“惟卢公讳坦,字保衡,涿郡范阳人也。……长子玠,寿州霍邱尉。”②《新唐书》卷七三上《宰相世系三上》“卢氏”条:“玠,霍丘尉。”③

侯　丕　约唐宪宗或穆宗朝

《全唐文》卷六五七白居易《侯丕可霍邱县尉制》:“敕:赐太常寺奉礼郎翰林待诏上护军侯丕……可守寿州霍邱县尉,依前翰林待诏,勋如故。”

(五)盛唐县

1. 县令

卫　棻　唐玄宗天宝六载前(747 前)

《大唐故朝请大夫行寻阳郡司马上柱国摄豫章郡司马程府君墓志铭并序(朝议郎前行寿春郡盛唐县令卫棻撰)》:“府君讳玄封……以天宝六载岁次丁亥三月廿日庚申终于洛阳县北部乡之别馆,春秋八十有五。……粤以其载七月廿八日壬寅合葬于洛阳城东北部乡之原水土在辰,礼也。”④

李　鹏　约唐德宗朝

《太平广记》卷七六《方士一》“桑道茂”条引《剧谈录》;“唐盛唐令李鹏遇桑道茂。……建中元年,道茂请城奉天为王者居。列象龟别,内分六街,德宗素神道茂言,遂命京尹严郢发众数千,与六军士杂往城之。”⑤《新唐书》

---

① 周绍良主编:《唐代墓志汇编》,上海:上海古籍出版社,1992 年,第 270 页。

② (清)董诰等编:《全唐文》,北京:中华书局,1983 年,第 5068—5069 页。

③ (宋)欧阳修、宋祁:《新唐书》,北京:中华书局,1975 年,第 2936 页。

④ 赵文成、赵君平编选:《新出唐墓志百种》,杭州:西泠印社出版社,2010 年,第 190 页。

⑤ (宋)李昉等编:《太平广记》,北京:中华书局,1961 年,第 480—481 页。

卷七〇上《宗室世系上》“大郑王房”条:“盛唐令鹏。”①卷二〇四《桑道茂传》:“德宗见泌不能步,诏归第,卒。……李鹏为盛唐令,道茂曰:‘君位止此,而冢息位宰相,次息亦大镇,子孙百世。’”②

刘　詠　约唐文宗朝前

《唐华州华阴县李主簿墓志并铭》:“君讳宗本,字子源,陇西成纪人也。……君即少卿之第三子也,出彭城刘氏夫人。故寿州盛唐县令詠,其外祖也。……开成五年七月十一日竟终于和平里,享年廿四。”③

裴　莘　唐宣宗大中十二年前后(858 前后)

《唐故汴州开封县令裴公(谦)墓志铭并序》:“公讳谦……长子莘,寿州盛唐县丞。……(公)以大中十二年二月廿一日,归葬于万安山南伊汭乡尹樊村先茔,礼也。”④

郑　咸　任职时间不详

《新唐书》卷七五上《宰相世系五上》“郑氏”条:“咸,盛唐令。”⑤

2. 县尉

谢良器　唐德宗建中元年前后(780 前后)

《唐故左步军使兼左八营使特进试太常卿刘府君墓志铭并序(将仕郎前寿州盛唐县尉谢良器撰)》:“府君讳广……以建中元年四月八日疾终于河阳丰平乡之私第,春秋五十有一。……以七年四月廿七日权窆于亳邑乡北邙之原,礼也。”⑥

---

① (宋)欧阳修、宋祁:《新唐书》,北京:中华书局,1975 年,第 2020 页。

② (宋)欧阳修、宋祁:《新唐书》,北京:中华书局,1975 年,第 5813 页。

③ 毛阳光主编:《洛阳流散唐代墓志汇编续集》,北京:国家图书馆出版社,2018 年,第 683 页。

④ 吴钢主编:《全唐文补遗(第八辑)》,西安:三秦出版社,2005 年,第 193—194 页。

⑤ (宋)欧阳修、宋祁:《新唐书》,北京:中华书局,1975 年,第 3298 页。

⑥ 毛阳光、余扶危主编:《洛阳流散唐代墓志汇编》,北京:国家图书馆出版社,2013 年,第 425 页。

卷八　濠州

濠州，又称“豪州”、钟离郡，领钟离（州治，治今安徽省凤阳县东北）、定远（治今安徽定远县东南大桥乡三官集）、招义（治今安徽明光市东北六十里女山湖镇）三县。濠州全境均在今皖淮地区。

一、州级官员

（一）刺史

据郁贤皓所著《唐刺史考全编》统计，唐代濠州共有刺史 51 人，其中 1 人未之任。现依据郁著所列濠州刺史信息列表如下：

表 8:《唐刺史考全编》所列唐代濠州刺史信息一览表

序号	任职年份	姓名	主要文献来源
1	唐高宗显庆五年—乾封元年（660—666）	武元爽	《旧唐书》卷一八三《武承嗣传》
2	约唐高宗乾封、总章中	封安寿	《全唐文》卷二一五陈子昂《临邛县令封君遗爱碑》
3	唐高宗开耀二年（682）	李子碓	《金石补正》卷三九《开耀寺碑》
4	唐中宗时	员半千	《旧唐书》卷一九〇中《员半千传》
5	唐玄宗开元初	郑慈明	《新唐书》卷七五上《宰相世系五上》
6 7	唐玄宗开元中？	卢　某	《全唐文》卷三二七王维《唐故潞州刺史王府君夫人荣国夫人墓志铭》

序号	任职年份	姓名	主要文献来源
8	唐玄宗开元十年(722)	颜元孙	《新唐书》卷一九二《颜杲卿传》
9	约唐玄宗开元二十一年前后(约733前后)	齐浣	《新唐书》卷一二八《齐浣传》
10	唐玄宗开元二十三、二十四年(735、736)	王弼	《全唐文》卷二六一李邕《为濠州刺史王弼谢上表》
11	唐玄宗开元中?	高利	《封氏闻见记》卷九《推让》
12	约唐玄宗天宝八载前后(约749前后)	韦陟	《旧唐书》卷九二《韦陟传》
13	唐肃宗乾元元年(758)	张休	《全唐文》卷四〇九崔祐甫《卫尉卿洪州都督张公(休)遗爱碑颂并序》
14	唐代宗大历三年(768)	张万福	《旧唐书》卷一五二《张万福传》
15	唐代宗大历三—五年(768—770)	独孤及	《新唐书》卷一六二《独孤及传》
16	约唐代宗大历六年前后(约771前后)	卢沆	上图藏拓片《唐故朝散大夫豪郢二州刺史上柱国卢府君夫人陇西李氏墓志铭并序》(永贞元年十月二十日)
17	唐代宗大历中?	韦某	《全唐诗》卷二〇六李嘉祐《司勋王郎中宅送韦九郎中往濠州》
18	唐代宗大历中?	诸葛澄	《千唐志·唐故黄冈县丞陈君夫人诸葛氏墓志铭并序》(宝历元年六月十二日)
19	约唐代宗大历十—十二年(约775—777)①	张镒	《旧唐书》卷一二五《张镒传》
20	约唐代宗大历末	樊系	《嘉泰吴兴志》卷一四《郡守题名》

① 关于任职时间,《光绪凤阳府志(二)》卷一七《宦绩传》载:"张镒,苏州人,大历五年除濠州刺史,为政清净,州事大理。乃招经术之士讲训生徒,比去郡,升明经者四十余人。"[(清)冯煦修,(清)魏家骅等纂:《光绪凤阳府志(二)》,《中国地方志集成·安徽府县志辑33》,南京:江苏古籍出版社,1998年,第52页。]

序号	任职年份	姓名	主要文献来源
21	唐德宗建中二年—兴元元年(781—784)	张万福	《旧唐书》卷一五二《张万福传》
22	约唐德宗贞元六年前后(约790前后)	许孟容	《旧唐书》卷一五四《许孟容传》
23	约唐德宗贞元七—八年(约791—792)	孙公器	《隋唐五代墓志汇编·洛阳卷》第十三册《孙简墓志》(宝历二年十一月二十六日)
24	唐德宗贞元十年(794)	李　敷	《严州图经》卷一“题名”
25	唐德宗贞元十六年(800)	杜　兼	《旧唐书》卷一四六《杜兼传》
26	约唐德宗贞元末	李　逊	《旧唐书》卷一五五《李逊传》
27	约唐宪宗元和元年(约806)	崔　清	《太平广记》卷二四二引《嘉话录》
28	唐宪宗元和七年?(812?)	韦乾度	《元和姓纂》卷二“京兆杜陵东眷韦氏”
29	唐宪宗元和中?	李　丹	《新唐书》卷七二上《宰相世系二上》
30	唐宪宗元和十二年(817)	张宿(未之任)	《旧唐书》卷一五四《张宿传》
31	唐穆宗长庆二年(822)	侯弘度	《旧唐书》卷一五六《王智兴传》
32	唐穆宗长庆二年(822)	史　备	《白居易集》卷四八《杨潜可洋州刺史李繁可遂州刺史史备可濠州刺史制》
33	唐敬宗宝历二年(826)	陈　岵	《旧唐书》卷一五三《刘宽夫传》
34	唐文宗大和六年(832)	刘茂复	《全唐文》卷七四六卢子骏《彭城公写经书四方像记》
35	约唐文宗开成中	李从简	《新唐书》卷七〇下《宗室世系下》
36	唐文宗时?	田　某	《全唐诗补逸》卷九张祜《观濠州田中丞出猎》
37	约唐宣宗大中七—十年(约853—856)	李文举	《樊南文集》卷六《为李兵曹祭兄濠州刺史文》

序号	任职年份	姓名	主要文献来源
38	唐宣宗大中十一年(857)	侯　固	《舆地碑记目》卷二《濠州碑记》之《唐劝栽桑碑》
39	唐宣宗大中十二、十三年?(858、859?)	刘彦谋	《南部新书》癸部
40	唐懿宗咸通前期?	郑允谟	《旧唐书》卷一五八《郑允谟传》
41	唐懿宗咸通九年(868)	卢望回	《旧唐书》卷一九上《懿宗纪》
42	唐懿宗咸通九年(868)	刘行及	《新唐书》卷一四八《康承训传》
43	唐懿宗咸通十年(869)	秦匡谟	《旧唐书》卷一九上《懿宗纪》
44	唐懿宗咸通十年(869)	吴　迥	《新唐书》卷一四八《康承训传》
45	唐懿宗咸通十一年(870)	刘　昉	朱玉麒云,唐沈汾撰《续仙传》卷中叶千韶
46	唐僖宗乾符末	崔　锴	《吴越备史》卷一《武肃王》
47	唐僖宗文德元年(888)	魏　勋	《旧五代史》卷一六《葛从周传》
48	唐昭宗景福元年—乾宁二年(892—895)	张璲(张遂)	《新唐书》卷一〇《昭宗皇帝纪》
49	唐昭宗光化元年(898)	赵　珝	《资治通鉴》卷二六一"唐昭宗光化元年六月"条
50	约唐昭宗天复中—天祐二年(?—905)	刘　金	《新五代史》卷三二《王彦章传》
51	唐昭宣帝天祐二年(905)	刘仁规	《太平广记》卷八五引《稽神录》

以下为增补濠州刺史:

尹元绛　约武后初

《唐故魏州刺史金城公尹府君神道志铭并序》:"府君讳元绛,字亶,天水人也。……历城门郎、绛州司马、郑州长史、豪(濠)州刺史。……未几,除乾封令。……二载,擢大理少卿。……出拜宜州刺史。……迁魏州刺史。……以延载元年六月十七日薨于洛阳乐城里之私第,时春秋六十有六。"①

吴扬吾　唐中宗景龙三年前(709 前)

① 毛阳光主编:《洛阳流散唐代墓志汇编续集》,北京:国家图书馆出版社,2018 年,第 225 页。

《大唐故国子博士豪(濠)州诸军事豪州刺史吴君墓志铭并序》:"君讳扬吾,字顾名,渤海安陵人也。……故以博士者,入平尚书,出部刺史。俄迁豪(濠)州诸军事豪(濠)州刺史……以大唐景龙三年十月一日,构疾薨于洛阳尊贤里之私第,春秋八十九。"①

恒彦范 唐中宗朝

《光绪凤阳府志》卷六上《职官表》:"恒彦范,润州曲阿人,中宗时濠州刺史。"②

郭敬之 约唐玄宗朝前

《光绪凤阳府志》卷六上《职官表》"郭敬之"条③。案:文献未见其刺濠州,此处存疑。

王 琦 约唐玄宗开元中

《有唐故宣威将军右清道率府副率上柱国王府君墓志铭并序》:"君讳琦,字光国,北海剧人也。……累迁恒州司马、襄州长史、豪(濠)州刺史、闽府都督。……以开元廿年十月十四日构疾薨于归德里之私第,春秋七十有五。"④

董 翍 唐玄宗天宝十载前后(751 前后)

《唐故银青光禄大夫北海郡太守窦成公夫人成安郡夫人墓志铭》:"夫人姓苏氏……天宝八载七月十九日感疾薨于西京亲仁里之肃明观,春秋七十有九。粤十载岁次辛卯八月廿二日壬申迁窆于河南府偃师县首阳乡成公之旧茔,礼也。……长女适钟离太守董翍……小女适朝请大夫、渭南令李戒之。"⑤

闾邱晓 唐肃宗至德二载(757)

---

① 毛阳光、余扶危主编:《洛阳流散唐代墓志汇编》,北京:国家图书馆出版社,2013 年,第 155 页。

② (清)冯煦修,(清)魏家骅等纂:《光绪凤阳府志(一)》,《中国地方志集成·安徽府县志辑 32》,南京:江苏古籍出版社,1998 年,第 154 页。

③ (清)冯煦修,(清)魏家骅等纂:《光绪凤阳府志(一)》,《中国地方志集成·安徽府县志辑 32》,南京:江苏古籍出版社,1998 年,第 155 页。

④ 墓志见柳金福:《王琦墓志考释》,《洛阳理工学院学报(社会科学版)》2016 年第 4 期,第 6—11 页。

⑤ 毛阳光、余扶危主编:《洛阳流散唐代墓志汇编》,北京:国家图书馆出版社,2013 年,第 363 页。

《册府元龟》卷四〇一《将帅部·行军法》:"张镐为河南道节度使,都统河南淮南等诸军事。镐既发,会张巡宋州围急,倍道兼进,传檄濠州刺史闾邱晓引兵出救。晓素愎戾,驭下少恩,好独任,及镐信至,略无禀命之意,又虑兵败,祸及于已,遂逗留不进。镐至淮口,宋州已陷。镐怒,即日杖杀。"①

张建封 唐德宗兴元元年(784)

《光绪凤阳府志》卷六上《职官表》"张建封"条②。

崔　中 唐宪宗元和中

《光绪凤阳府志》卷六上《职官表》:"崔中,元和中濠州刺史。"③

独孤泾 约唐宪宗或穆宗朝?

《光绪凤阳府志》卷六上《职官表》"独孤泾"条④。

刘嗣之 唐文宗大和中

《光绪凤阳府志》卷六上《职官表》:"刘嗣之,太和中濠州刺史。"⑤

卢义高 约唐宣宗朝前

《范阳卢府君墓志铭》:"府君讳蘋,字子瑞,范阳人也。……祖群,郑、花节度使。父义高,濠州刺史。……年三十七,大中九年三月九日终于曹之官舍。"⑥

张　翱 唐懿宗咸通中

《光绪凤阳府志》卷六上《职官表》"张翱"条⑦。

温　璋 唐懿宗咸通中

---

① (宋)王钦若等编纂:《册府元龟》,南京:凤凰出版社,2006年,第4555页。

② (清)冯煦修,(清)魏家骅等纂:《光绪凤阳府志(一)》,《中国地方志集成·安徽府县志辑32》,南京:江苏古籍出版社,1998年,第155页。

③ (清)冯煦修,(清)魏家骅等纂:《光绪凤阳府志(一)》,《中国地方志集成·安徽府县志辑32》,南京:江苏古籍出版社,1998年,第154页。

④ (清)冯煦修,(清)魏家骅等纂:《光绪凤阳府志(一)》,《中国地方志集成·安徽府县志辑32》,南京:江苏古籍出版社,1998年,第155页。

⑤ (清)冯煦修,(清)魏家骅等纂:《光绪凤阳府志(一)》,《中国地方志集成·安徽府县志辑32》,南京:江苏古籍出版社,1998年,第155页。

⑥ 毛阳光主编:《洛阳流散唐代墓志汇编续集》,北京:国家图书馆出版社,2018年,第721页。

⑦ (清)冯煦修,(清)魏家骅等纂:《光绪凤阳府志(一)》,《中国地方志集成·安徽府县志辑32》,南京:江苏古籍出版社,1998年,第155页。

《光绪凤阳府志》卷六上《职官表》："温璋，濠州刺史。"①

李实□ 约唐懿宗朝或前

《唐代墓志汇编续集·咸通〇九九·唐故银青光禄大夫检校司空兼太子少师东都上柱国乐安县开国侯食邑一千户赠太师孙公墓志铭并序》："公讳简，字枢中，其先有妫之后。……今夫人陇西李氏，讳宗衡，皇濠州刺史实□帝之近曹。"②

牛存节 唐昭宗乾宁五年(898)

《册府元龟》卷三四六《将帅部·佐命第七》："牛存节，青州博昌人也。本名礼，太祖改而字之。……乾宁三年夏，太祖东讨郓州，存节领军次故乐亭，扼其要路……五年，除濠州刺史，俄迁宣武军都指挥使，改宿州刺史。"③

蒋　济 约唐末

《光绪凤阳府志》卷一七《宦绩传》："蒋济，濠州守，捐赋以济，岁旱敕书奖谕。"④

张公度 任职时间不详

《光绪凤阳府志》卷六上《职官表》"张公度"条⑤。

徐　湘 任职时间不详

《光绪凤阳府志》卷六上《职官表》"徐湘"条⑥。

张子平 任职时间不详

《光绪凤阳府志》卷六上《职官表》："张子平，濠州刺史。"⑦

卢简求 任职时间不详

---

① (清)冯煦修，(清)魏家骅等纂：《光绪凤阳府志(一)》，《中国地方志集成·安徽府县志辑32》，南京：江苏古籍出版社，1998年，第155页。

② 周绍良、赵超主编：《唐代墓志汇编续集》，上海：上海古籍出版社，2001年，第1110—1111页。

③ (宋)王钦若等编纂：《册府元龟》，南京：凤凰出版社，2006年，第3900—3901页。

④ (清)冯煦修，(清)魏家骅等纂：《光绪凤阳府志(二)》，《中国地方志集成·安徽府县志辑33》，南京：江苏古籍出版社，1998年，第54页。

⑤ (清)冯煦修，(清)魏家骅等纂：《光绪凤阳府志(一)》，《中国地方志集成·安徽府县志辑32》，南京：江苏古籍出版社，1998年，第155页。

⑥ (清)冯煦修，(清)魏家骅等纂：《光绪凤阳府志(一)》，《中国地方志集成·安徽府县志辑32》，南京：江苏古籍出版社，1998年，第155页。

⑦ (清)冯煦修，(清)魏家骅等纂：《光绪凤阳府志(一)》，《中国地方志集成·安徽府县志辑32》，南京：江苏古籍出版社，1998年，第155页。

《光绪凤阳府志》卷六上《职官表》“卢简求”条①。

郑玄之 任职时间不详

《光绪凤阳府志》卷六上《职官表》“郑玄之”条②。

杨　胜 任职时间不详

《光绪凤阳府志》卷六上《职官表》“杨胜”条③。

李从简 任职时间不详

《光绪凤阳府志》卷六上《职官表》“李从简”条④。

郑慈明 任职时间不详

《光绪凤阳府志》卷六上《职官表》“郑慈明”条⑤。

(二)别驾

李　诞 约唐高宗朝

《唐代墓志汇编·开元二〇六·大唐故敷成公豪(濠)鄂二州别驾赠徐州刺史李君墓志铭并序》:“公讳诞,字大方,今上叔祖也。……以垂拱四年十有二月一日薨于尊贤里之私第,春秋廿有九。”⑥

裴翁庆 约唐玄宗开元二十二年前(约734前)

《唐代墓志汇编续集·开元一三六·(上泐)州别驾闻喜县开国公裴府君墓志铭并序》:“(上泐)翁庆,字茂先,河东闻喜人也。……制除豪(濠)州别驾。……以开元廿二年七月五日(下残)舍,春秋六十有八。”⑦

---

① (清)冯煦修,(清)魏家骅等纂:《光绪凤阳府志(一)》,《中国地方志集成·安徽府县志辑32》,南京:江苏古籍出版社,1998年,第155页。

② (清)冯煦修,(清)魏家骅等纂:《光绪凤阳府志(一)》,《中国地方志集成·安徽府县志辑32》,南京:江苏古籍出版社,1998年,第155页。

③ (清)冯煦修,(清)魏家骅等纂:《光绪凤阳府志(一)》,《中国地方志集成·安徽府县志辑32》,南京:江苏古籍出版社,1998年,第155页。

④ (清)冯煦修,(清)魏家骅等纂:《光绪凤阳府志(一)》,《中国地方志集成·安徽府县志辑32》,南京:江苏古籍出版社,1998年,第155页。

⑤ (清)冯煦修,(清)魏家骅等纂:《光绪凤阳府志(一)》,《中国地方志集成·安徽府县志辑32》,南京:江苏古籍出版社,1998年,第155页。

⑥ 周绍良主编:《唐代墓志汇编》,上海:上海古籍出版社,1992年,第1300页。

⑦ 周绍良、赵超主编:《唐代墓志汇编续集》,上海:上海古籍出版社,2001年,第546页。

（三）长史

独孤玙 约唐玄宗朝后

《全唐文》卷三九一独孤及《唐故大理寺少卿兼侍御史河南独孤府君墓志铭》："府君讳玙，河南洛阳人……天宝十四年，安禄山反……命府君为泗州长史。无何，换滁濠二州。倅戎备，参吏职，忠敏肃给，所涖繄赖。御史中丞崔公昭之尹河南也，盛选僚佐，表府君为太常丞兼殿中侍御史营田判官。"①

朱　玘 唐武宗会昌元年(841)

《唐故中大夫内侍省掖庭局丞员外置同正员上柱国摄奚官局令彭城郡刘公墓志铭并序（翰林待诏朝散大夫守濠州长史上柱国吴县开国男食邑三百户赐绯鱼袋朱玘书）》："公讳文遂，字成之，其先彭城人也。……以会昌元年六月十三日殁于京师颁政里第，享年五十。"②

温　罗 约唐宣宗朝或后

《全唐文》卷八〇三李磎《授虞岫常州别驾温罗濠州长史制》③。

叶　愿 唐僖宗乾符六年前(879 前)

《唐故银青光禄大夫检校太子宾客守泾州长史兼侍御史上柱国赐紫金鱼袋王公（季初）墓志铭并序（前摄濠州长史银青光禄大夫检校太子宾客兼侍御史上柱国叶愿书并篆盖）》："公讳季初……以乾符六年二月七日，终于兴宁里创修之第，享年五十有四。以其年八月廿七日，迁窆于京兆府万年县洪固乡上傅村之北原……礼也。"④

赵　迺 约唐末

《唐故度支勾押官朝议郎守饶州长史上柱国天水郡赵府君墓志铭并序》："府君讳恭，字定思，昔世天水郡秦晋之裔。……父㧑讳迺，端庄廪性，勤恪居官，皇任濠州长史。……以咸通十五年六月廿四日，终于永兴里之私

---

① （清）董诰等编：《全唐文》，北京：中华书局，1983 年，第 3980—3981 页。

② 赵力光主编：《西安碑林博物馆新藏墓志续编》，西安：陕西师范大学出版社，2014 年，第 558 页。

③ （清）董诰等编：《全唐文》，北京：中华书局，1983 年，第 8437 页。

④ 吴钢主编：《全唐文补遗（第三辑）》，西安：三秦出版社，1996 年，第 284—285 页。

第，享年五十有一。”①

（四）司马

唐河上 唐太宗贞观中

《唐代墓志汇编续集·仪凤〇〇八·大唐故殿中少监上柱国唐府君墓志铭并序》：“君讳河上，字嘉会，晋昌人也。……贞观年中，拜交河道行军锴曹，以军功授朝散大夫、行卫州别驾，又迁豪（濠）州司马。……至廿三年，转殿中省尚衣奉御，俄授兰州司马、献陵令兼雍州三原县令。”②

赵　德 约唐高宗朝前后

《大唐正议大夫使持节鄂州诸军事上柱国行鄂州刺史赵公墓志铭》：“公姓赵，天水人也，讳玄本，字玄本。祖秘，银青光禄大夫，隋行兰州刺史。……父德，朝请大夫，唐行豪（濠）州司马。……则天大圣皇后表公忠列，召预军谋。……以开元十年闰五月十九日终于洛阳县毓德坊之里第也，春秋九十有一。”③

贺兰元瑜 约武后前

《大周坊州司法李君夫人贺兰氏墓志》：“夫人讳调，字调，河南人也。……父元瑜，濮阳县令、大中大夫、豪（濠）州司马。……□以久视元年十一月十六日迁袝□高阳原之茔，礼也。”④

窦怀贞（窦从一?） 唐睿宗景云元年（710）

《资治通鉴》卷二〇九“唐睿宗景云元年五月”条：“贬窦从一为濠州司马。”⑤《册府元龟》卷一五二《帝王部·明罚》：“玄宗平韦庶人，以左御史大夫窦怀贞谄事逆徒，贬授濠州司马员外郎。”⑥

毕元亮 唐宪宗元和五年前后（810前后）

---

① 赵力光主编：《西安碑林博物馆新墓志续编》，西安：陕西师范大学出版社，2014年，第644页。

② 周绍良、赵超主编：《唐代墓志汇编续集》，上海：上海古籍出版社，2001年，第233页。

③ 毛阳光主编：《洛阳流散唐代墓志汇编续集》，北京：国家图书馆出版社，2018年，第187页。

④ 赵力光主编：《西安碑林博物馆新藏墓志续编》，西安：陕西师范大学出版社，2014年，第217页。

⑤ （宋）司马光编著：《资治通鉴》，北京：中华书局，1956年，第6648页。

⑥ （宋）王钦若等编纂：《册府元龟》，南京：凤凰出版社，2006年，第1700页。

《唐代墓志汇编·元和〇四〇·唐故深州下博县尉承务郎试泗州长史高平毕府君夫人天水赵氏墓志铭并序》:"长史先夫人捐馆十一年矣……(夫人)元和五年七月十三日终于定府崇业里之私第,享年卌有六。有子三人:长曰元亮,将仕郎、试豪(濠)州司马。"①

李　建　唐敬宗宝历二年前后(826前后)

《大唐故陈公(嗣通)夫人(王氏)墓志铭并序(将仕郎试濠州司马李建□)》:"夫人王氏……以宝历二年五月廿八日,寝疾终于京兆府万年县宣阳里之私第。……以其年景午七月一日景寅,卜兆于京兆府万年县洪古乡王岳村东北一里之原,礼也。"②

郭　琼　约唐宣宗朝前

《唐故正议大夫使持节渠州诸军事守渠州刺史兼侍御史上柱国太原郡郭府君墓志铭并序(翰林待诏朝请大夫守舒州长史上柱国赐绯鱼袋毛伯贞篆盖)》:"公讳琼,字韫之,其先出周文王弟虢叔。……又转濠州司马,又转庐州长史,又转衢王府长史,又转袁王傅。……以大中七年癸酉岁二月八日终于郡城官舍,享年六十有六。"③

李钦锷　任职时间不详

《新唐书》卷七〇下《宗室世系下》"蒋王房"条:"濠州司马钦锷。"④

(五)录事参军事

萧韶章　唐玄宗开元二十四年前(736前)

《唐故豪(濠)州录事参军萧公(韶章)墓志铭并序》:"公讳韶章,字浩然,东海兰陵人也。……始以门荫,调豪(濠)州录事参军。……开元廿四年七月二十一日,终于汴州里仁里之私第,春秋五十有七。"⑤

杨遗直　约唐德宗贞元中

《唐故特进门下侍郎兼尚书右仆射同中书门下平章事弘文馆大学士太清太微宫使晋阳县开国男食邑三百户冯翊杨公墓志铭并序》:"公讳收,字成

---

① 周绍良主编:《唐代墓志汇编》,上海:上海古籍出版社,1992年,第1978页。

② 吴钢主编:《全唐文补遗(第七辑)》,西安:三秦出版社,2000年,第100—101页。

③ 毛阳光主编:《洛阳流散唐代墓志汇编续集》,北京:国家图书馆出版社,2018年,第715页;齐运通、杨建锋编:《洛阳所获墓志(二〇一五)》,北京:中华书局,2017年,第338页。

④ (宋)欧阳修、宋祁:《新唐书》,北京:中华书局,1975年,第2088页。

⑤ 吴钢主编:《全唐文补遗(第八辑)》,西安:三秦出版社,2005年,第77页。

之。……是生皇考讳遗直。贞元中献封章，拜婺州兰溪县丞，转濠州录事参军，累赠尚书工部侍郎。”[①]《新唐书》卷七一下《宰相世系一下》“杨氏越公房”条：“遗直，濠州录事参军。”[②]

韦　赏　唐德宗贞元十六年(800)

《册府元龟》卷九三三《总录部·诬构第二》：“杜兼为濠州刺史。兼常怒录事参军韦赏、团练判官陆楚守职论事忤己之意，密诬奏二人通谋，扇动军中。”[③]

(六)判司

司法参军

梁　皎　约唐高宗朝

《唐代墓志汇编·开元一三三·大唐赠怀州河内县令梁公石志哀□》：“公讳皎，字元亮，安定乌氏人。……以明经秘书校书，历嘉州参军、豪(濠)州司法、润州司士、鄜州司功。……天授二年八月廿九日终。”[④]

郑　纬　任职时间不详

《新唐书》卷七五上《宰相世系五上》“郑氏”条：“纬，豪(濠)州法曹参军。”[⑤]

(七)判官

1.观察判官

王师闵　约唐宪宗或穆宗朝

《白居易集》卷五二《王师闵可检校水部员外郎徐泗濠等州观察判官制》[⑥]。

苗　恽　唐武宗朝以前

《唐代墓志汇编·会昌〇〇三·唐故太原府参军赠尚书工部员外郎苗

---

① 毛阳光、余扶危主编：《洛阳流散唐代墓志汇编》，北京：国家图书馆出版社，2013年，第636页。

② (宋)欧阳修、宋祁：《新唐书》，北京：中华书局，1975年，第2365页。

③ (宋)王钦若等编纂：《册府元龟》，南京：凤凰出版社，2006年，第10809页。

④ 周绍良主编：《唐代墓志汇编》，上海：上海古籍出版社，1992年，第1248页。

⑤ (宋)欧阳修、宋祁：《新唐书》，北京：中华书局，1975年，第3294页。

⑥ (唐)白居易撰：《白居易集》，北京：中华书局，1999年，第1095页。

府君夫人河内县太君玄堂墓志铭并序》:“维会昌元年岁次辛酉三月壬申朔十三日甲申,河内县太君捐养于江州刺史之官舍,享年六十七。……孤子前徐、泗、宿、濠等州观察判官,将仕郎,监察御史里行恽书。”①

李　棁　唐懿宗咸通十年前(869 前)

《唐代墓志汇编续集·咸通〇六二·唐故徐宿濠泗观察判官试大理评事兼监察御史李府君墓志铭》:“君讳棁,字卿材,陇西成纪人也。……徐州失守。故崔公幕客监军使同殒于寇手,时咸通十年四月五日也,君享年五十七。”②

2. 团练判官

陆　楚　唐德宗贞元十六年(800)

见上录事参军事“韦赏”条。

二、县级官员

(一)钟离县

1. 县令

强　伟　唐太宗贞观十四—十八年(640—644)

《唐代墓志汇编·麟德〇二六·□□□□□□□轻车都尉强君墓志铭并序》:“君讳伟,字玄英,扶风人也。……贞观七年任国子生,应诏举,除贞州宗城县丞。至十四年,复应诏举,授豪(濠)州钟离县令。至十八年,将作大匠阎立德江南造船,召为判佐。”③王智杰《新出土唐扶风强君墓志》亦有强伟任濠州钟离县令的记述④。

裴嗣宗　约唐高宗显庆—麟德中

《唐代墓志汇编·乾封〇二一·唐故潞州襄垣县令裴君墓志铭》:“君讳嗣宗,字希文,河东闻喜人。……解巾为右领军锴曹,累迁豪(濠)州钟离县

① 周绍良主编:《唐代墓志汇编》,上海:上海古籍出版社,1992 年,第 2211—2212 页。

② 周绍良、赵超主编:《唐代墓志汇编续集》,上海:上海古籍出版社,2001 年,第 1081 页。

③ 周绍良主编:《唐代墓志汇编》,上海:上海古籍出版社,1992 年,第 413 页。

④ 王智杰:《新出土唐扶风强君墓志》,《中国书法》2016 年第 4 期,第 1498—199 页。

令、果州朗池县令、潞州襄垣县令。……粤以乾封元年十月,卒于洛阳县之私第,春秋六十三。”①

郑　某　约武后时

《全唐文》卷二二八张说《大唐中散大夫行淄州司马郑府君神道碑》:“公讳某,荥阳人也……初以门子宿卫,解褐凉州参军,转嘉州司士,又宰钟离、当阳二县,皆秩满,兼摄江陵期月。……享年七十有九,神龙二年夏六月十五日,终于洛阳之私第;冬十月一日,归葬于荥阳之旧原,成先志也。”②

朱巨川　唐代宗大历三—五年中(768—770 中)

《全唐文》卷三九五刘太真《故中书舍人吴郡朱府君神道碑》:“吴郡朱君,其君子欤! 讳巨川,字德源,嘉兴人也。……濠州独孤及悬托文契,举授钟离县令兼大理评事;沔鄂联帅独孤问俗忻慕士程,表为从事,授监察、殿中等御史。”③

韦　适　约唐德宗贞元六年前后(约 790 前后)

《唐代墓志汇编续集·贞元〇一七·柳氏江夏李夫人墓志》:“有唐故大理司直(下泐)讳均,夫人江夏李氏……春秋五十有五,贞元二年九月廿八日终私第。六年岁次庚午十月廿八日,改厝芜城蜀岗之原。……次女适豪(濠)州钟离县令韦适。”④

卢　某　唐德宗贞元十六年前后(800 前后)

《柳宗元集》卷一四《杜兼对》:“或问曰:‘朝廷以公且明,进善、退不肖,未尝不当。然否有一疑焉,愿有闻于子以释予也。’曰:‘何哉?’曰:‘杜兼为濠州,幸兵之乱,杀无罪士二人。……’曰:‘……吾闻兼在濠州,有钟离令卢某者,宰相戚也,而谗且谀,日状其僚之过恣以致于兼,且曰:‘是过是愆,我独无有。’……或者曰:‘兼,凶狡人也。恣杀以充己,其为过章章者,凡天下儿童,(后阙)。’”⑤

□　宁　约唐后期

《大唐故河东薛府君墓志铭并序》:“公讳伟……外祖宁,濠州钟离县令、

① 周绍良主编:《唐代墓志汇编》,上海:上海古籍出版社,1992 年,第 455—456 页。
② (清)董诰等编:《全唐文》,北京:中华书局,1983 年,第 2308 页。
③ (清)董诰等编:《全唐文》,北京:中华书局,1983 年,第 4019—4020 页。
④ 周绍良、赵超主编:《唐代墓志汇编续集》,上海:上海古籍出版社,2001 年,第 745 页。
⑤ (唐)柳宗元:《柳宗元集》,北京:中华书局,1979 年,第 363—364 页。

监察御史裹行、赐绯鱼袋、宣歙支使。……以大中十年三月十四日疾殁□□私第,享年七十四。”①

2. 县丞

程思义 约唐高宗末—武后初

《唐代墓志汇编·长安〇三〇·唐故朝议大夫行兖州龚丘县令上柱国程府君墓志并序》:“□曰东平程君名思义,字思义,南兖州刺史楼之孙也。……久之,擢授峡州远安县丞豪(濠)州钟离县丞怀州河内县丞。……出为兖州龚丘县令,十有余年。……春秋七十五,长安三年正月廿四日卒于洛阳县德懋里私第。”②

卢习训 约唐玄宗天宝三载前(744前)

《唐代墓志汇编·天宝〇四五·唐故司农主簿范阳卢府君墓志铭并序》:“公讳友度,字友度,范阳人也。……公隋吏部尚书凯之曾孙,千牛备身义丘之孙,豪(濠)州钟离县丞习训之仲子。……以天宝三载闰二月将既寝疾,终于道政里之私第,春秋五十有八。”③

刘德昌 约唐德宗贞元中

《唐刘府君墓志》:“府君讳訾,彭城人也。父讳德昌,终豪(濠)州钟离县丞。……三十三构疾。贞元十九年三月廿七日终于太和私第,殡于县之北原。”④

3. 县尉

郑玄之 约唐宪宗元和三年—唐懿宗咸通四年前(约808—863前)

《新唐书》卷七五上《宰相世系五上》“郑氏”条:“玄之,钟离尉,以弟子继。”⑤《唐代墓志汇编·咸通〇三三·亡妻荥阳郑氏夫人墓志铭》:“夫人姓郑氏,荥阳开封人也。高祖讳玄之,皇濠州钟离县尉……(夫人)以咸通四年闰六月十九日终于上都永崇里之私第,春秋卅有五。”⑥

---

① 赵君平、赵文成编:《河洛墓刻拾零》,北京:北京图书馆出版社,2007年,第608页。

② 周绍良主编:《唐代墓志汇编》,上海:上海古籍出版社,1992年,第1012页。

③ 周绍良主编:《唐代墓志汇编》,上海:上海古籍出版社,1992年,第1561页。

④ 毛阳光、余扶危主编:《洛阳流散唐代墓志汇编》,北京:国家图书馆出版社,2013年,第539页。

⑤ (宋)欧阳修、宋祁:《新唐书》,北京:中华书局,1975年,第3314页。

⑥ 周绍良主编:《唐代墓志汇编》,上海:上海古籍出版社,1992年,第2403—2404页。

（二）定远县

1. 县令

杨高仁 唐玄宗开元十五年前（727前）

《唐代墓志汇编·开元二七一·巨唐故朝议郎上柱国豪（濠）州定远县令杨府君墓志铭并序》："故豪（濠）州定远县令弘农杨府君讳高仁，字子音……罢职选补豪（濠）州定远县令。……以开元十五年七月廿八日终于豪（濠）州之墀，人吏哭送，朋寮涕零，魂归故乡，葬卜新域，以其年十月廿三日迁窆于北邙之田也。"①

韩　乂 任职时间不详

《新唐书》卷七三上《宰相世系三上》"韩氏"条："乂，定远令。"②

2. 县丞

施　若 约唐德宗朝后或前

《韩昌黎文集校注》卷六《施先生墓铭》："贞元十八年十月十一日，太学博士施先生士丐卒。……祖曰旭，袁州宜春尉；父曰若，豪（濠）州定远丞。"③

3. 主簿

李　汗 唐宪宗元和五年前（810前）

《唐故河南伊阙县令李府君墓志铭并序（侄文林郎前守濠州定远主簿汗撰）》："府君讳偘，字彦之，享年七十六。元和五年十二月廿二日终于伊阙县公第，以六年四月九日葬于县南卅里女儿原，祔夫人杨氏。"④此墓志亦见《洛阳新获墓志（二〇一五）》，其载墓志撰者为"李汗"⑤，疑有误。

4. 县尉

李　则 约唐宪宗或穆宗朝

《全唐文》卷六三九李翱《故歙州长史陇西李府君墓志铭》："府君讳则，

---

① 周绍良主编：《唐代墓志汇编》，上海：上海古籍出版社，1992年，第1344页。

② （宋）欧阳修、宋祁：《新唐书》，北京：中华书局，1975年，第2871页。

③ （唐）韩愈著，马其昶校注、马茂元整理：《韩昌黎文集校注》，上海：上海古籍出版社，1986年，第350—352页。

④ 毛阳光主编：《洛阳流散唐代墓志汇编续集》，北京：国家图书馆出版社，2018年，第541页。

⑤ 齐运通、杨建锋编：《洛阳新获墓志（二〇一五）》，北京：中华书局，2017年，第269页。

字某,凉武昭王十三世孙。……既冠,得濠州定远尉。假令他县,令严而行,吏急民宽,富豪并贫民之产而不税者,尽以法治之,贫民用安。……宝历三年三月,克恭奉府君、夫人之丧,归葬于郑州某县冈原。”①

乐　繁　约唐武宗会昌三年前后(约843前后)

《唐代墓志汇编·会昌〇二〇·唐赵夫人故河内张氏墓志铭并序》:“夫人河内郡□□云阳人也。……时春秋五十□□以会昌三年岁次癸亥正月廿四日终于长安延寿坊之私第。……长女幼适河内张宥正,定远将军、前光王府曲军;次女早适乐繁,任濠州定远县尉。”②

(三)招义县

县令

杨玄肃　武后垂拱二年(686)

《大唐故承议郎行豪(濠)州招义县令杨君(玄肃)墓志铭并序》:“君讳玄肃,弘农临高人也……至垂拱二年,又转豪(濠)州招义县令。……春秋六十有六,构疾于招义县官舍,奄然长夜。”③

王　伦　约唐宪宗元和中

《唐故海州东海县令王公玄堂记铭》:“王氏之先出齐田和……公生是也,讳宗本,字道先。……父伦,濠州招义县令。……弱冠,荫调唐州桐柏县主簿。……公大中十一年三月十八日终于海州之私第,享龄甲子周之壹。”④

姚　某　任职时间不详

《全唐诗》卷八一四无可《送姚明府赴招义县》⑤。

---

① (清)董诰等编:《全唐文》,北京:中华书局,1983年,第6454—6455页。

② 周绍良主编:《唐代墓志汇编》,上海:上海古籍出版社,1992年,第2225页。

③ 吴钢主编:《全唐文补遗(千唐志斋新藏专辑)》,西安:三秦出版社,2006年,第57—58页。

④ 毛阳光主编:《洛阳流散唐代墓志汇编续集》,北京:国家图书馆出版社,2018年,第735页。

⑤ (清)彭定球等编:《全唐诗》,北京:中华书局,1999年,第9248页。

卷九　扬州

扬州，又称广陵郡，大都督府，本隋江都郡。唐辖七县，其中仅天长县[①]（治今安徽天长市）在今皖淮地区境内。

一、州级官员

（一）刺史

据郁贤皓所著《唐刺史考全编》统计，唐代天宝元年后扬州共有刺史55任，其中2人未之任、1人待考，此外有3人二度任职。郁著所列天宝元年后的刺史信息列表如下：

表9:《唐刺史考全编》所列唐代扬州天宝元年后刺史信息一览表

序号	任职年份	姓名	主要文献来源
1	约唐玄宗开元末天宝初	皇甫翼	《册府元龟》卷八六二
2	约唐玄宗天宝初	李遇（李遇及）	《千唐志大唐故广陵郡海陵县丞张府君（俊）墓志铭并序》（天宝四载十月二十五日）
3	唐玄宗天宝二年（743）	班景倩	（日）真人元开《唐大和上东征传》
4	约唐玄宗天宝二、三载（约743、744）	李　憕	《新唐书》卷一九一《李憕传》

① 由于天长县始置于唐玄宗天宝元年（742），因而此表仅列郁著中天宝元年后的扬州刺史信息。

序号	任职年份	姓名	主要文献来源
5	唐玄宗天宝九载前(750前)	赵居贞	《全唐文》卷二九六赵居贞《新修春申君庙记》
6	唐玄宗天宝十二载(753)	魏方进	《千唐志·唐故淮南道采访支使河东郡河东县尉荥阳郑府君(宇)墓志铭并序》(天宝十二载十二月二十四日)
7	唐玄宗天宝中	窦崇道	《新唐书》卷七一下《宰相世系一下》
8	约唐玄宗天宝中	卢　翘	《新唐书》卷七三上《宰相世系三上》
9	约唐玄宗天宝中	窦庭蕙	《新唐书》卷七一下《宰相世系一下》
10	唐玄宗天宝中?	来　瑱	《全唐文》卷三一五李华《赠礼部尚书清河孝公崔沔集序》
11	唐玄宗时?	张　宥	《新唐书》卷七二下《宰相世系二下》
12	唐玄宗天宝十五载(756)	李　琦	《旧唐书》卷九《玄宗纪下》
13	唐玄宗天宝十五载(756)	李成式	《册府元龟》卷一二二《帝王部·征讨第二》
14	唐肃宗至德元载—二载(756—757)	高　適	《旧唐书》卷一〇《肃宗纪》
15	唐肃宗至德二载—上元二年(757—761)	邓景山	《旧唐书》卷一一〇《邓景山传》
16	唐肃宗上元二年(761)	王　玙	《旧唐书》卷一三〇《王玙传》
17	唐肃宗上元二年—唐代宗大历三年(761—768)	崔　圆	《旧唐书》卷一〇《肃宗纪》
18	唐代宗大历三年—六年(768—771)	韦元甫	《旧唐书》卷一一五《韦元甫传》
19	唐代宗大历六年—八年(771—773)	张延赏	《旧唐书》卷一一《代宗纪》

序号	任职年份	姓名	主要文献来源
20	唐代宗大历八年—唐德宗兴元元年(773—784)	陈少游	《旧唐书》卷一一《代宗纪》
21	唐德宗建中四年—兴元元年(783—784)	李谊(李谟)	《旧唐书》卷一五〇《李谊传》
22	唐德宗兴元元年—贞元五年(784—789)	杜　亚	《旧唐书》卷一二《德宗纪上》
23	唐德宗贞元五年(789)	窦　觎	《旧唐书》卷一三《德宗纪下》
24	唐德宗贞元五年—十九年(789—803)	杜佑(杜祐)	《旧唐书》卷一三《德宗纪下》
25	唐德宗贞元十九年—唐宪宗元和三年(803—808)	王　锷	《旧唐书》卷一三《德宗纪下》
26	唐宪宗元和三年—五年(808—810)	李吉甫	《旧唐书》卷一五上《宪宗纪上》
27	唐宪宗元和五年—十二年(810—817)	李　鄘	《旧唐书》卷一五上《宪宗纪上》
28	唐宪宗元和十二年—十三年(817—818)	卫次公	《旧唐书》卷一五下《宪宗纪下》
29	唐宪宗元和十三年—唐穆宗长庆二年(818—822)	李夷简	《旧唐书》卷一五下《宪宗纪下》
30	唐穆宗长庆二年(822)	裴度(未之任)	《旧唐书》卷一六《穆宗纪》
31	唐穆宗长庆二年—唐文宗大和元年(822—827)	王　播	《旧唐书》卷一六《穆宗纪》
32	唐文宗大和元年—四年(827—830)	段文昌	《旧唐书》卷一七上《文宗纪上》
33	唐文宗大和四—六年(830—832)	崔　从	《旧唐书》卷一七下《文宗纪下》
34	唐文宗大和六年—开成二年(832—837)	牛僧孺	《旧唐书》卷一七下《文宗纪下》

序号	任职年份	姓名	主要文献来源
35	唐文宗开成二—五年(837—840)	李德裕	《旧唐书》卷一七下《文宗纪下》
36	唐文宗开成五年—唐武宗会昌二年(840—842)	李　绅	《旧唐书》卷一八上《武宗纪》
37	唐武宗会昌二—四年(842—844)	杜　悰	《新唐书》卷一六六《杜悰传》
38	唐武宗会昌四—六年(844—846)	李　绅	《新唐书》卷一八一《李绅传》
39	唐武宗会昌六年—唐宣宗大中元年(846—847)	李让夷	《新唐书》卷一八一《李让夷传》
40	唐宣宗大中元年—三年(847—849)①	崔　郸	《新唐书》卷一六三《崔郸传》
41	唐宣宗大中三—六年(849—852)	李　珏	《旧唐书》卷一七三《李珏传》
42	约唐宣宗大中六年—九年(约852—855)	杜　悰	《新唐书》卷一六六《杜悰传》
43	唐宣宗大中九年—唐懿宗咸通三年(855—862)	崔　铉	《旧唐书》卷一六三《崔铉传》
44	唐懿宗咸通三年—九年(862—868)	令狐绹	《旧唐书》卷一七二《令狐绹传》
45	唐懿宗咸通九年—十一年(868—870)	马　举	《旧唐书》卷一七二《令狐绹传》
46	唐懿宗咸通十一年—唐僖宗乾符元年(870—874)	李　蔚	《旧唐书》卷一九上《懿宗纪》
47	唐僖宗乾符元年—六年(874—879)	刘　邺	《南部新书》癸部
48	唐僖宗乾符六年—光启三年(879—887)	高　骈	《旧唐书》卷一九上《僖宗纪》

① 杨晓、吴炯炯《〈唐刺史考全编〉补正(三)》认为崔郸任扬州刺史时间应为唐宣宗大中元年至四年(847—850)(载于《敦煌研究》2012年第3期,第97—103页。)

序号	任职年份	姓名	主要文献来源
49	唐僖宗光启三年(887)	秦　彦	《旧唐书》卷一九上《僖宗纪》
50	唐僖宗光启三年—龙纪元年(887—889)	朱全忠(未之任)	《旧唐书》卷一九上《僖宗纪》
51	唐僖宗光启三年—文德元年(887—888)	杨行密	《旧唐书》卷一九上《僖宗纪》
52	唐僖宗文德元年—唐昭宗景福元年(888—892)	孙　儒	《旧唐书》卷二〇上《昭宗纪》
53	唐昭宗景福元年—唐昭宣帝天祐二年(892—905)	杨行密	《新唐书》卷一八八《杨行密传》
54	唐昭宣帝天祐二年—四年(905—907)	杨　渥	《新唐书》卷一〇《哀帝纪》
55	待考	褚仁规	《太平广记》卷一二四引《稽神录》

以下为增补唐代扬州刺史(大都督府长史):

李知柔　*唐玄宗天宝初?*

《唐故朝大夫行尚书膳部员外郎上柱国崔府君(藏之)墓志铭并序》:“君讳藏之,字含光。……换扬州大都督府兵曹参军。长史李知柔决狱多僻,颂言载路。……以天宝九载十一月廿日,构疾终于京兆怀真私第。春秋五十七。”①

韦　某　*唐代宗大历三年前后(768 前后)*

《唐故北海郡守赠秘书监江夏李公(邕)墓志铭并序》:“戊申之年,葬者通岁。御史大夫、扬州长史韦公,遇公从子暄,谋葬有阙,以钱廿万……夫人太原郡温氏,以大历三年十一月廿日,同窆于洛阳之北原,从兆顺也。”②

司徒佑　*约唐德宗贞元后—宪宗元和初*

《唐故河南府士曹彭城刘君(胜孙)墓铭并序》:“君讳胜孙,字尚嗣,彭城严亭里人也。……君用名家子入弘文馆为诸生,以父任参杨(扬)州大都督府军事。司徒公佑镇扬州,爱君年少有立,署节度巡官。……元和十三年

① 吴钢主编:《全唐文补遗(千唐志斋新藏专辑)》,西安:三秦出版社,2006 年,第 224—225 页。

② 吴钢主编:《全唐文补遗(第一辑)》,西安:三秦出版社,1994 年,第 198 页。

六月十二日，终于归仁里之私第，享年五十有三。"①

孟　某　任职时间不详

《亡妻平昌孟氏墓志铭》："夫人姓孟氏，有唐大理□□□之次女也。曾祖，河南府密县尉。祖，荆扬两州□（长）史。"②

李上义　任职时间不详

《唐故太原府祁县丞李公（士华）墓铭并序》："公讳士华，曾祖皇左庶子、杨（扬）州长史陇西公讳上义……（公）以元和十一年正月廿六日，卒于官舍，享年六十三。"③

（二）别驾

李　甹　约唐玄宗朝

《新唐书》卷七二上《宰相世系二上》"赵郡李氏"条："甹，扬州别驾。"④

袁光裔　任职时间不详

《新唐书》卷七四上《宰相世系四上》"袁氏"条："光裔，扬府别驾。"⑤

（三）司马

薛郑宾　唐玄宗天宝中

《大唐故通议大夫守道州刺史上柱国河东薛府君墓志铭》："府君讳郑宾，字珉，河东人也。……扬州仓曹参军。……寻改扬州司马。……遂为乐安郡太守……贬道州刺史……以至德二年闰八月廿九日寝疾，薨于江陵龙兴寺，年六十七。"⑥亦见《河洛墓刻拾零》（第421页）。

赵　邕　约唐玄宗天宝中或后？

《唐前太原县尉故夫人天水赵氏墓铭》："夫人……考邕，皇职方郎中，兼扬州大都督府司马。……兴元甲子岁七月十一日终疾于学舍，享年卌一

---

① 吴钢主编：《全唐文补遗（千唐志斋新藏专辑）》，西安：三秦出版社，2006年，第329页。

② 吴钢主编：《全唐文补遗（第七辑）》，西安：三秦出版社，2000年，第127页。

③ 吴钢主编：《全唐文补遗（第八辑）》，西安：三秦出版社，2005年，第125页。

④ （宋）欧阳修、宋祁：《新唐书》，北京：中华书局，1975年，第2523页。

⑤ （宋）欧阳修、宋祁：《新唐书》，北京：中华书局，1975年，第3167页。

⑥ 毛阳光主编：《洛阳流散唐代墓志汇编续集》，北京：国家图书馆出版社，2018年，第413页。

……祔先茔也。”①

李并(未之任) 唐代宗广德二年(764)

《全唐文》卷三二一李华《扬州司马李公墓志铭》:“公讳并,字某,赵郡高邑人也。……淮南节度故相崔尚书圆表公为扬州右司马,将任以州政。方祖道,构厉而终,享年六十六,广德二年六月十三日也。”②《新唐书》卷七二上《宰相世系二上》“赵郡李氏”条:“并,扬州左司马。”③

吴 赍 唐代宗永泰元年前后(765前后)

《大唐朝散大夫守扬州大都督府司马吴赍故夫人颍川县君韩氏墓志铭并序》:“夫人……以广德二年十一月十一日,终于光州官舍,春秋卅有八。……即以永泰元年九月十三日,卜吉葬于信义里之铜人原也。”④

柴少儒 唐代宗大历四年前(769前)

《全唐文》卷四五七“柴少儒”:“少儒,大历四年自扬州司马除括州刺史。”⑤

韩志清 约唐德宗贞元十四年前(约798前)

《唐代墓志汇编续集·贞元〇四二·唐故法云寺内外临坛律大德超寂墓》:“大师字超寂,俗姓韩,昌黎人也。归依释氏六十年矣。……扬州大都督府左司马兼侍御史志清之长女。……以贞元十四年构疾,终于当寺院,时年六十九。”⑥

崔 抗 约唐文宗朝前

《白居易集》卷七〇《唐故虢州刺史赠礼部尚书崔公墓志铭(并序)》:“公讳玄亮,字晦叔。……考抗,扬州司马、兼通事舍人,赠太子少师。……太和七年七月十一日,遇疾薨于虢州廨舍。”⑦

崔 伋 约唐文宗大和九年前(约835前)

《唐代墓志汇编·大和〇八五·唐故朝散郎行河中府虞乡县尉李公墓

---

① 毛阳光主编:《洛阳流散唐代墓志汇编续集》,北京:国家图书馆出版社,2018年,第453页。

② (清)董诰等编:《全唐文》,北京:中华书局,1983年,第3252页。

③ (宋)欧阳修、宋祁:《新唐书》,北京:中华书局,1975年,第2478页。

④ 吴钢主编:《全唐文补遗(第一辑)》,西安:三秦出版社,1994年,第195—196页。

⑤ (清)董诰等编:《全唐文》,北京:中华书局,1983年,第4674页。

⑥ 周绍良、赵超主编:《唐代墓志汇编续集》,上海:上海古籍出版社,2001年,第763页。

⑦ (唐)白居易撰:《白居易集》,北京:中华书局,1999年,第1469—1470页。

志铭并序》："大和六年壬子十月十五日甲戌，朝散郎行河中府虞乡县尉李府君启手足于京兆府鄠县之别业，享年七十有一。至九年乙卯正月十五日辛酉，嗣子章等……之礼也。……夫人博陵崔氏，父伋，通事舍人、扬州司马。"①

辅氏元述 约唐文宗开成四年前（约839前）

《唐代墓志汇编·开成〇三〇·唐左春坊太子典膳郎河东卫府君夫人扶风辅氏墓志铭并序》："夫人姓辅氏，字德一，其先茂陵人也。……父元述，扬州右司马……夫人即司马之长女也。……以开成四年八月十五日终于亲仁里之私第。"②

卢　蕃 约唐武宗会昌四年前（约844前）

《唐乡贡进士卢府君墓志文并序》："君第二房，名厚德。祖广，道举出身，剡县尉。皇先考，蕃，进士登第，扬州司马。……君则司马之幼子。……以其年即会昌四载二月廿日祔于先茔河南府河南县毕圭乡望春村东原，如生侍立之位，葬礼也。"③

裴　寰 唐文宗开成五年前（840前）

《大唐故杨（扬）州大都督府右司马护军河东县开国男食邑三百户裴公（寰）墓志铭并序》："公讳寰，河东闻喜人也。……遂转为扬州右司马。……以开成五年七月十八日，启手足于官舍，享年六十有九。"④

李存实 约唐宣宗大中十一年前后（约857前后）

《唐代墓志汇编·大中一三一·唐故乡贡进士陇西李君墓志铭》："君讳眈，字遐威，景皇帝七代孙。……次兄存实，膳部员外郎、扬州左司马……取大中十一年岁次丁丑五月丁酉朔，廿四日庚申，卜兆吉辰，自京兆新店归祔大茔邙山之右。"⑤

李德茂 约唐懿宗朝或前

《唐故京兆府醴泉县丞李府君墓铭》："府君姓李……皇考德茂……出为明州司马，复移扬州司马，卒官。……（君）咸通十五年……夏六月廿五日终

① 周绍良主编：《唐代墓志汇编》，上海：上海古籍出版社，1992年，第2157页。

② 周绍良主编：《唐代墓志汇编》，上海：上海古籍出版社，1992年，第2189—2190页。

③ 墓志见刘小磊：《河南博物院新藏唐代墓志》，《中原文物》2000年第6期，第62—68页。

④ 吴钢主编：《全唐文补遗（第八辑）》，西安：三秦出版社，2005年，第414页。

⑤ 周绍良主编：《唐代墓志汇编》，上海：上海古籍出版社，1992年，第2353—2354页。

于上都延福里,飨年五十三。"[①]

马　举　唐懿宗咸通十年(869)

《旧唐书》卷一九上《懿宗纪》:"(咸通十年)春正月……将军马举为扬州都督府司马,充淮南行营招讨使。"[②]

郑　祥　唐僖宗乾符三年前(876前)

《旧唐书》卷一九下《僖宗纪》:"(乾符三年)十一月……扬州左司马郑祥为澧州刺史,度支分巡院使李仲章为建州刺史。"[③]

柳茂春　约唐僖宗广明元年前(约880前)

《唐代墓志汇编·广明〇〇四·唐宣武军节度押衙兼侍御史河东柳府君墓志并序》:"公河东人,讳延宗,字昌艺。曾祖茂春,扬州左司马赠工部尚书……(公)广明元年七月十三日终于宿州平山,公卽享年卌一。"[④]

李　永　任职时间不详

《全唐文》卷四一二常衮《授李永秘书少监制》:"敕:朝散大夫前守绛州别驾本州团练守捉副使李永……可检校秘书少监兼扬州大都督府司马,散官如故。"[⑤]

王知节　任职时间不详

《新唐书》卷七二中《宰相世系二中》"河东王氏"条:"知节,扬州司马。"[⑥]

崔　眘　任职时间不详

《新唐书》卷七二下《宰相世系二下》"第二房崔氏"条:"眘,扬州司马。"[⑦]

崔　抗　任职时间不详

《新唐书》卷七二下《宰相世系二下》"第三房崔氏"条:"抗,扬府司马、

---

① 陕西省考古研究院编:《陕西省考古研究院新入藏墓志》,上海:上海古籍出版社,2019年,第136页。

② (后晋)刘昫等:《旧唐书》,北京:中华书局,1975年,第665页。

③ (后晋)刘昫等:《旧唐书》,北京:中华书局,1975年,第697页。

④ 周绍良主编:《唐代墓志汇编》,上海:上海古籍出版社,1992年,第2502页。

⑤ (清)董诰等编:《全唐文》,北京:中华书局,1983年,第4222—4223页。

⑥ (宋)欧阳修、宋祁:《新唐书》,北京:中华书局,1975年,第2642页。

⑦ (宋)欧阳修、宋祁:《新唐书》,北京:中华书局,1975年,第2799页。

兼通事舍人、将作少监。”①

浑　宰　任职时间不详

《新唐书》卷七五下《宰相世系五下》“浑氏”条：“宰，扬州司马。”②

徐弘仁　任职时间不详

《新唐书》卷七五下《宰相世系五下》“徐氏”条：“弘仁，扬州司马。”③

(四)录事参军事

韦　聿　约唐玄宗天宝中

《全唐文》卷五〇六权德舆《唐故朝议大夫太子右庶子上柱国赐紫金鱼袋韦君墓志铭(并序)》：“君讳聿，字某，京兆杜陵人。……天宝中以门子奉清庙斋祠，试言会府，补宣州南陵尉，历扬州天长丞越州兵曹掾，泾原节将表为参军，以廷尉平摄监察御史，未及行，授扬州录事参军……皆为淮南从事。贞元十二年征为水部员外，转比部郎中。”④

王　浦　约唐玄宗朝天宝后

《唐故朝议郎使持节湖州诸军事守湖州刺史太原王府君墓志铭》：“贞元丙子岁夏四月己丑，诏以建州刺史太原王公领湖州，理行闻也。明年二月丙戌薨于位。……公讳浦，字巨源……由是授扬汝二州录事参军……年享六十六，非不寿也。”⑤

韩绅卿　约唐肃宗上元二年—代宗大历三年间(约761—768间)

《韩昌黎文集校注》卷七《虢州司户韩府君墓志铭》：“安定桓王五世孙素，为桂州长史，化行南方。有子四人，最季曰绅卿。文而能官，尝为扬州录事参军，事故宰相崔圆。……以元和元年六月十四日卒，年五十七。”⑥

李　论　约唐代宗大历四年前后(770前后)

《唐代墓志汇编·大历〇二一·唐苏州别驾李公故夫人蒋氏墓志铭并

① (宋)欧阳修、宋祁：《新唐书》，北京：中华书局，1975年，第2812页。

② (宋)欧阳修、宋祁：《新唐书》，北京：中华书局，1975年，第3380页。

③ (宋)欧阳修、宋祁：《新唐书》，北京：中华书局，1975年，第3428页。

④ (清)董诰等编：《全唐文》，北京：中华书局，1983年，第5147页。

⑤ 毛阳光主编：《洛阳流散唐代墓志汇编续集》，北京：国家图书馆出版社，2018年，第485页。

⑥ (唐)韩愈著，马其昶校注、马茂元整理：《韩昌黎文集校注》，上海：上海古籍出版社，1986年，第556—557页。

序》:“庚戌岁八月甲子,苏州别驾李公葬故夫人蒋氏于河南县平乐原,礼也。夫人……天宝四年二月十八日,终于幽州,夫子之幽府兵曹参军故也。……长子曰论,扬州录事参军;次子曰谂,前润州参军。”①

裴　宜　唐代宗大历十年前(775 前)

《唐故杨(扬)府录事参军裴府君(宜)墓志铭并序》:“有唐大历十年岁在乙卯建辰月甲午朔五日戊戌,故杨(扬)州大都督府录事参军裴府君,终于洛阳崇让里私第,享年卌有八。”②亦见《河洛墓刻拾零》(第 436 页)。

李　铝　约唐德宗朝前

《全唐文》卷五〇二权德舆《金紫光禄大夫司农卿邵州长史李公墓志铭(并序)》:“公讳铝,字某,不书州里,尊宗室也。……是岁天宝十四载也,虢州捐馆,幽陵兵起,茹毒违难,南浮江淮,既除丧,宣州观察使郑炅之表为广德令。时刘展阻命……后历扬州太原二纪纲掾,府之损益,皆所关决,执法殿中,佐戎北门。……贞元二年真拜右庶子,三年复以本官兼御史中丞充入蕃使……以十三年十一月寝疾,终于所莅之官舍,春秋若干。”③

裴　某　约唐穆宗长庆二年前后(822 前后)

《唐故扬州录事参军河东裴府君夫人河东柳氏墓志铭并序》:“夫人讳某,字内则……乃归于裴氏裴公丞相之犹子……夫人以长庆元年十一月五日弃是子而化,享年七十三,录事仰苍旻而哀……遂以二年二月十日权卜宅于寿州寿春县崇义乡泥涧村。”④此墓志亦见《河洛墓刻拾零》(第 510 页)。

崔　敏　约唐宪宗朝前

《柳宗元集》卷九《唐故朝散大夫永州刺史崔公墓志》:“维元和五年九月十五日壬子,永州刺史崔公薨于位,享年六十八。……公讳某(敏),字某。……迁扬州录事参军,实吴楚之大都会也。”⑤

白潾(辚、璘)　约唐宪宗朝或前

《新唐书》卷七五下《宰相世系五下》“白氏”条:“潾,扬州录事参军。”⑥《白居易集》卷七〇《唐故溧水县令太原白府君墓志铭(并序)》:“公讳季康,

---

① 周绍良主编:《唐代墓志汇编》,上海:上海古籍出版社,1992 年,第 1773 页。
② 吴钢主编:《全唐文补遗(第八辑)》,西安:三秦出版社,2005 年,第 408 页。
③ (清)董诰等编:《全唐文》,北京:中华书局,1983 年,第 5111—5112 页。
④ 赵文成、赵君平编选:《新出唐墓志百种》,杭州:西泠印社出版社,2010 年,第 268 页。
⑤ (清)董诰等编:《全唐文》,北京:中华书局,1983 年,第 227—228 页。
⑥ (宋)欧阳修、宋祁:《新唐书》,北京:中华书局,1975 年,第 3414 页。

字某，太原人。……父讳辚，扬州录事参军。公即录事府君次子。”①《皇甫氏（炜）夫人（白氏）墓铭并序》：“夫人姓白氏，其先代太原人也。……曾祖辚，皇扬州录事参军，累赠至尚书左仆射。”②《大唐故白府君（公济）墓志铭并序》：“府君讳公济，字子捷，本太原人也……行年六十五，大和五年辛亥岁五月十八日终于私第。曾祖讳璘，皇扬州录事参军。”③案：“潾”“辚”“璘”音同形近，疑抄传有误。

苗　颖　约唐宣宗大中九年前后（855 前后）

《唐故朝议郎守华州别驾上柱国赐绯鱼袋上当苗公墓志铭》：“呜呼甚鲁讳恽，姓苗氏。生于贞元十三年丁丑，终于大中九年乙亥，凡初秋五十有九，以其年五月十三日葬。……大父讳颖，扬州录事参军。”④《韩昌黎文集校注》卷六《太原府参军苗君墓志铭》：“君讳蕃，字陈师。……父颖，扬州录事参军。君少丧父，受业母夫人，举进士第。……年四十有二，元和二年六月辛巳，暴病卒。”⑤《唐代墓志汇编·咸通一〇〇·唐故上党苗君墓中哀词并序》：“君讳景符，字祯运，上党人也。……唐扬州录事参军讳颖，即君曾大父也。”⑥

韦　瑛　唐懿宗咸通九年前（868 前）

《唐代墓志汇编续集·咸通〇五二·大唐登仕郎行内侍省掖庭局宫教博士员外置同正员上柱国□□魏公夫人韦氏墓志铭并序》：“夫人韦氏，京兆人也。……祖瑛，皇任扬州录事参军。……夫人享年五十有四，以咸通九年正月十九日寝疾，终于长安街西脩德坊之私第也。”⑦

李光绍　任职时间不详

《新唐书》卷七二上《宰相世系二上》“赵郡李氏”条：“光绍，扬州

① （唐）白居易撰：《白居易集》，北京：中华书局，1999 年，第 1473 页

② 吴钢主编：《全唐文补遗（第七辑）》，西安：三秦出版社，2000 年，第 134 页。

③ 吴钢主编：《全唐文补遗（第五辑）》，西安：三秦出版社，1998 年，第 435 页。

④ 毛阳光主编：《洛阳流散唐代墓志汇编续集》，北京：国家图书馆出版社，2018 年，第 725 页。

⑤ （唐）韩愈著，马其昶校注、马茂元整理：《韩昌黎文集校注》，上海：上海古籍出版社，1986 年，第 384—385 页。

⑥ 周绍良主编：《唐代墓志汇编》，上海：上海古籍出版社，1992 年，第 2456 页。

⑦ 周绍良、赵超主编：《唐代墓志汇编续集》，上海：上海古籍出版社，2001 年，第 1073—1074 页。

录事。”①

于　容　任职时间不详

《新唐书》卷七二下《宰相世系二下》“于氏”条：“容，扬州录事参军。”②

郑世翼　任职时间不详

《新唐书》卷七五上《宰相世系五上》“郑氏”条：“世翼，扬州录事参军。”③

（五）参军事

张贞沓　约唐玄宗开元末、天宝初

《唐代墓志汇编·天宝一六九·唐故邺郡司仓参军张公墓志铭并序》：“公讳真沓，清河武城人也。……少以门荫补德州长河县尉，转扬州大都督府参军……迁广平郡司户、邺郡司仓……以天宝九载八月九日寝疾终于丰财里之私第，享年七十四，即以其载十一月十七日卜兆于首阳山之南原礼也。”④

李守泰　唐玄宗天宝三载(744)

《太平广记》卷二三一《器玩三》“李守泰”条引《异闻录》：“唐天宝三载五月十五日，扬州进水心镜一面。纵横九寸，青莹耀日。背有盘龙长三尺四寸五分，势如生动。玄宗览而异之。进镜官扬州参军李守泰曰……帝诏集贤待诏吴道子，图写镜龙，以赐法善。”⑤

苏　某　唐肃宗乾元二年前后(759 前后)

《唐扬州参军苏公故妻河东裴夫人墓志铭并序》：“以乾元二年正月四日终于河南政平里之私第，春秋二十一。”⑥

刘胜孙　约唐德宗贞元后—宪宗元和初

参见增补扬州刺史“司徒佑”条。

李　践　唐宪宗元和二年(807)

---

① （宋）欧阳修、宋祁：《新唐书》，北京：中华书局，1975 年，第 2559 页。

② （宋）欧阳修、宋祁：《新唐书》，北京：中华书局，1975 年，第 2822 页。

③ （宋）欧阳修、宋祁：《新唐书》，北京：中华书局，1975 年，第 3314 页。

④ 周绍良主编：《唐代墓志汇编》，上海：上海古籍出版社，1992 年，第 1649 页。

⑤ （宋）李昉等编：《太平广记》，北京：中华书局，1961 年，第 1771—1772 页。

⑥ 毛阳光、余扶危主编：《洛阳流散唐代墓志汇编》，北京：国家图书馆出版社，2013 年，第 401 页。

《唐故杭州余杭县尉范阳卢公墓志铭并序(宣义郎扬州大都督府参军李践撰)》:“公讳士举,字子翔……以元和二年岁次丁亥夏四月十五日薨于旅馆……公哀恸一发……以其年六月十四日亦终于州之大云之佛寺,享年五十有三。”①

王　蒙　唐宪宗元和十一年前(816前)

《唐故将仕郎守扬州参军太原王公墓志铭并序》:“公讳蒙,字方策,霸陵人也。……以元和十一年七月廿二日终于长安县崇贤之里也,享龄五十有三。”②此墓志亦收录在《洛阳新获墓志(二〇一五)》(第277页)。

杜式方　约唐宪宗元和中

《新唐书》卷一六六《杜式方传》:“(杜佑子)式方字考元,以荫授扬州参军事。再迁太常寺主簿,考定音律,卿高郢称之。”③《唐故正议大夫使持节都督桂州诸军事守桂州刺史兼御史中丞充桂州本管都防御观察处置等使上柱国南阳县开国男食邑三百户赐紫金鱼袋赠礼部尚书京兆杜公墓铭》:“公讳式方……释褐参杨(扬)州大都督府军事。……长庆二年三月二十九日薨于位。”④

杜　铨　约唐文宗朝前后

《樊川文集》卷九杜牧《唐故复州司马杜君墓志铭(并序)》:“公讳铨,字谨夫……公以岐公荫,调授扬州参军、同州冯翊县丞、卫尉寺主簿、鄂州江夏县令、复州司马。”⑤

郑　嵎　约唐宣宗大中九年前(约855前)

《唐代墓志汇编·大中〇九一·唐故颍州颍上县令李府君夫人荥阳郑氏合祔玄堂志》:“以大中九年□□十七日,合祔于河南府河南县金谷乡焦古里之南原先府君旧茔。……太夫人讳琯……有弟曰嵎,少耽经史,长而能文,举进士高第,历名使幕扬州大都督府参军;堂叔碣,亦以进士擢第……必

---

① 毛阳光主编:《洛阳流散唐代墓志汇编续集》,北京:国家图书馆出版社,2018年,第530—531页。

② 赵力光主编:《西安碑林博物馆新藏墓志续编》,西安:陕西师范大学出版社,2014年,第482页。

③ (宋)欧阳修、宋祁:《新唐书》,北京:中华书局,1975年,第5090页。

④ 毛远明编著:《西南大学新藏墓志集释》,南京:凤凰出版社,2018年,第575页。

⑤ (唐)杜牧:《樊川文集》,上海:上海古籍出版社,1978年,第142页。

振大名。"①

卢季方 任职时间不详

《唐故朝议郎行宣州当涂县令上柱国范阳卢府君(季方)墓志铭》:"公讳季方,字子稚,其先涿郡人也。……公始以门荫授扬州参军……权知当涂县令。……以大中二年十二月六日,归全于汴州旅馆,享年六十七。"②

李 珮 任职时间不详

《新唐书》卷七二上《宰相世系二上》"赵郡李氏"条:"绡,江西观察判官。生珮,扬州参军。"③

卢仲宗 任职时间不详

《新唐书》卷七三上《宰相世系三上》"卢氏"条:"仲宗,扬州参军。"④

唐践贞 任职时间不详

《新唐书》卷七四下《宰相世系四下》"唐氏"条:"践贞,扬州都督府参军。"⑤

郑 岌 任职时间不详

《新唐书》卷七五上《宰相世系五上》"郑氏"条:"岌,扬州参军。"⑥

苗含液 任职时间不详

《唐代墓志汇编·残志〇六三》:"故河南府法曹参军上党郡开国男讳含液,苗氏之冢胤。……公由大学士进士受杨府□军、睢阳郡司功、阳翊士曹掾,莅历清贯,四及神州,人无闲言,物饱其论,君子以为盛德之后善善也,乐其终。"⑦

(六)判司

1.功曹

萧颖士 *唐肃宗乾元初(758)*

《全唐文》卷三二二"萧颖士":"颖士字茂挺,梁鄱阳王恢七世孙。……

---

① 周绍良主编:《唐代墓志汇编》,上海:上海古籍出版社,1992年,第2320页。

② 吴钢主编:《全唐文补遗(第八辑)》,西安:三秦出版社,2005年,第176页。

③ (宋)欧阳修、宋祁:《新唐书》,北京:中华书局,1975年,第2528—2529页。

④ (宋)欧阳修、宋祁:《新唐书》,北京:中华书局,1975年,第2887页。

⑤ (宋)欧阳修、宋祁:《新唐书》,北京:中华书局,1975年,第3219页。

⑥ (宋)欧阳修、宋祁:《新唐书》,北京:中华书局,1975年,第3309页。

⑦ 周绍良主编:《唐代墓志汇编》,上海:上海古籍出版社,1992年,第2572页。

乾元初授扬州功曹参军,至官信宿去。客死汝南,年五十二,门人共谥曰文。"①卷三一五李华《扬州功曹萧颖士文集序》:"开元天宝间词人……以文学著于时者,曰兰陵萧君颖士字茂挺……淮南节度使表君为扬州功曹参军,相国诸道租庸使第五琦请君为介,君以先世寄殡嵩条,因之迁终事,至汝南而殁。呜呼!春秋若干。"②卷三二一李华《祭萧颖士文》:"维乾元三年二月十日,孤子赵郡李华,以清酌之奠,敬祭于亡友故扬州功曹兰陵萧公之灵……"③

2. 户曹

万　某　约唐玄宗天宝后

《全唐诗》卷二七三戴叔伦《送万户曹之任扬州便归旧隐》④。

许　某　唐代宗大历前

《全唐文》卷三八七独孤及《送广陵许户曹充召募判官赴淮南序》⑤。

裴　翯　唐德宗贞元九年前(793 前)

《大唐故扬府户曹参军河东裴君墓志铭并序》:"君讳翯……以贞元九年七月廿二日殁于汴州浚仪县利仁坊私第,春秋五十八。"⑥

韦　儆　唐德宗贞元十四年前(798 前)

《唐故扬州江阳县令韦公墓志铭并序》:"京兆韦公,宰江阳二年,遇疾终于官舍,享年六十有六。……时贞元十六年也。后廿六年……礼也。公讳儆,字德防,京兆人。……弱冠以明经擢第,授河南府参军、京兆府盩厔尉、楚州录事参军、扬府户曹、江阳县令。"⑦

窦　邈　任职时间不详

《新唐书》卷七一下《宰相世系一下》"窦氏"条:"邈,扬州户曹参军。"⑧

王　达　任职时间不详

---

① (清)董诰等编:《全唐文》,北京:中华书局,1983 年,第 3259 页。

② (清)董诰等编:《全唐文》,北京:中华书局,1983 年,第 3197—3198 页。

③ (清)董诰等编:《全唐文》,北京:中华书局,1983 年,第 3257 页。

④ (清)彭定球等编:《全唐诗》,北京:中华书局,1999 年,第 3082 页。

⑤ (清)董诰等编:《全唐文》,北京:中华书局,1983 年,第 3930 页。

⑥ 赵君平、赵文成编:《河洛墓刻拾零》,北京:北京图书馆出版社,2007 年,第 467 页。

⑦ 赵力光主编:《西安碑林博物馆新藏墓志续编》,西安:陕西师范大学出版社,2014 年,第 511 页。

⑧ (宋)欧阳修、宋祁:《新唐书》,北京:中华书局,1975 年,第 2312 页。

《新唐书》卷七二中《宰相世系二中》“太原王氏”条：“达，扬州司户参军。”①

张　宇　任职时间不详

《新唐书》卷七二下《宰相世系二下》“清河东武张氏”条：“宇，扬州户曹参军。”②

3. 兵曹

崔藏之　唐玄宗天宝初？

参见长史“李知柔”条。亦见《唐三原县尉韩暈妻范阳卢氏墓志铭并序》③。

萧惟明　约唐玄宗天宝后

《全唐文》卷五〇三权德舆《扬州兵曹参军萧府君墓志铭（并序）》：“君讳惟明，字某，南兰陵人。……天宝中举秀才……否不可久，后累为知己所荐，自明州参军事至扬州兵曹掾，凡四更官……以建中二年四月某日，所疾沈痼，终于丹阳私第，享年若干。”④

元伯和　唐代宗大历十二年前（777 前）

《旧唐书》卷一一八《元载传》：“载长子伯和，先是贬在扬州兵曹参军，载得罪，命中使驰传于扬州赐死。”⑤《新唐书》卷一四五《元载传》：“元载，字公辅，凤翔岐山人。……帝积怒，大历十二年三月庚辰，仗下，帝御延英殿……乃下诏赐载自尽，妻王及子扬州兵曹参军伯和、祠部员外郎仲武、校书郎季能并赐死……披东都第助治禁苑。”⑥

崔　述　约唐德宗朝

《全唐文》卷五〇三权德舆《唐故给事郎使持节房州诸军事守房州刺史赐绯鱼袋崔公墓志铭（并序）》：“公讳述，字元明，博陵安平人。……始自官卫试守，未弱冠而为蓝田尉，已有嘉闻。寻转婺州浦阳令扬州兵曹参军，皆以吏理著称，故辟书交委，命书随之。……贞元十二年出为房州刺史……十

---

① （宋）欧阳修、宋祁：《新唐书》，北京：中华书局，1975 年，第 2640 页。

② （宋）欧阳修、宋祁：《新唐书》，北京：中华书局，1975 年，第 2711 页。

③ 毛远明编著：《西南大学新藏墓志集释》，南京：凤凰出版社，2018 年，第 533 页。

④ （清）董诰等编：《全唐文》，北京：中华书局，1983 年，第 5123—5124 页。

⑤ （后晋）刘昫等：《旧唐书》，北京：中华书局，1975 年，第 3414 页。

⑥ （宋）欧阳修、宋祁：《新唐书》，北京：中华书局，1975 年，第 4711—4714 页。

七年秋九月辛酉，感疾捐馆舍，春秋五十七。”①

卢　责　约唐德宗或宪宗元和初？

《唐故河南府士曹彭城刘君（胜孙）墓铭并序》：“君讳胜孙，字尚嗣，彭城严亭里人也。……元和十三年六月十二日，终于归仁里之私第，享年五十有三。初娶范阳卢氏责女。责为扬州大都督府兵曹。”②

王　济　唐文宗开成元年前（836 前）

《唐故王兵曹墓志》：“故扬州大都督府兵曹参军王公济……年始六十四，开成初岁正月十一日卒于扬州官舍。”③

贾公轸　约唐文宗开成元年前后（约 836 前后）

《唐代墓志汇编续集·开成〇〇五·唐故昭武校尉守朔州尚德府折冲都尉上柱国贾府君墓志铭并序》：“公讳雄，字（阙）。……公以开成元年夏末构疾。……以七月一日殁于兴平县延寿乡临泉里之别业，享龄八十有一。……有子三人：长曰公轸，翰林杜知兼扬州大都督府兵曹，赐绯鱼袋。”④

卢　计　唐宣宗大中十二年前（858 前）

《新唐书》卷七三上《宰相世系三上》“卢氏”条：“计，扬州兵曹参军。”⑤《唐范阳卢夫人（李归厚妻）墓志铭》：“夫人姓卢氏……以大中十二年六月廿一日，终于家，享年卌八。……以其年十一月廿七日，祔葬先人墓。……父讳计，皇扬州大都督府兵（曹）参军，赠吏部尚书。”⑥

陆　駉　任职时间不详

《新唐书》卷七三下《宰相世系三下》“陆氏”条：“駉，扬州兵曹参军。”⑦

4. 法曹

韦　署　约唐宪宗元和十四年—唐穆宗长庆元年（约 819—821）

《唐代墓志汇编·长庆〇〇四·唐故朝议郎行扬州大都督府法曹参军京兆韦府君墓志文》：“府君讳署，字公致，其先京兆杜陵人也。……元和十

① （清）董诰等编：《全唐文》，北京：中华书局，1983 年，第 5120 页。

② 吴钢主编：《全唐文补遗（千唐志斋新藏专辑）》，西安：三秦出版社，2006 年，第 329 页。

③ 毛阳光、余扶危主编：《洛阳流散唐代墓志汇编》，北京：国家图书馆出版社，2013 年，第 571 页。

④ 周绍良、赵超主编：《唐代墓志汇编续集》，上海：上海古籍出版社，2001 年，第 927 页。

⑤ （宋）欧阳修、宋祁：《新唐书》，北京：中华书局，1975 年，第 2891 页。

⑥ 吴钢主编：《全唐文补遗（第八辑）》，西安：三秦出版社，2005 年，第 195—196 页。

⑦ （宋）欧阳修、宋祁：《新唐书》，北京：中华书局，1975 年，第 2969 页。

四年秋……诏授扬州大都督府法曹参军,会府殷繁,事多冗仗,府君度而行之,物得其所。……以长庆元年八月十三日暴降气疾,奄弃背于扬州法云寺之官舍,享年七十有四。”①

徐幼文 约唐文宗大和二年前后(约828前后)

《唐内学士广平宋氏墓志铭并序(女婿朝散大夫行扬州大都督府法曹参军翰林学士院待诏上柱国赐鱼袋徐幼文书)》:“有唐内学士,字若昭……春秋六十八,大和戊申岁七月廿七日属纩于大明宫,就殡于永穆道观,以其年十一月八日祔葬于年县风栖原先茔,礼也。”②

韦　某 唐文宗大和八年前(834前)

《唐代墓志汇编续集·大和〇四九·唐故扬州大都督府法曹参军京兆韦府君故夫人荥阳郑氏墓记》:“夫人第十五,姓郑氏,其先荥阳人也。大和八年九月十六日,暴染气疾,奄弃背于扬州江都县来凤里之私第,享年五十八。以其年十一月廿日,权祔于先府君旧茔,从时礼也。”③

朱　涧 约唐僖宗广明元年或前

《唐应拔萃前明经支公谟夫人吴郡朱氏墓志铭并序》:“夫人字子威……父涧,皇杨府法曹参军。……广明元年七月十五日合祔,礼也。”④

徐　憬 任职时间不详

《新唐书》卷七五下《宰相世系五下》“徐氏”条:“憬字元士,扬州法曹参军。”⑤

5. 士曹

张　林 唐代宗大历九年前(774前)

《唐故扬州大都督府士曹参军张府君合祔墓志铭并序》:“大历九年十月四日范阳张公享年六十,终于扬州海陵县私第。……公讳林,字林……除扬

---

① 周绍良主编:《唐代墓志汇编》,上海:上海古籍出版社,1992年,第2060页。

② 墓志见赵力光、王庆卫:《新见唐代内学士尚宫宋若昭墓志考释》,《考古与文物》2014年第5期,第102—108页。

③ 周绍良、赵超主编:《唐代墓志汇编续集》,上海:上海古籍出版社,2001年,第918页。

④ 毛阳光主编:《洛阳流散唐代墓志汇编续集》,北京:国家图书馆出版社,2018年,第809页。

⑤ (宋)欧阳修、宋祁:《新唐书》,北京:中华书局,1975年,第3426页。

州士曹参军。”[1]此墓志亦见《全唐文补遗(第九辑)》[2]。

骆　峻　唐宪宗元和元年前(806 前)

《樊川文集》卷九《唐故灞陵骆处士墓志铭》:“灞陵骆处士名峻,字肃之,华州华阴人也。……后四迁至扬州士曹参军。至元和初,以母丧去职,哀哭滨死,终丧,因曰:‘污吾迹二十馀年者,食丰衣鲜,以有养也,今可以行吾志也。’”[3]

薛元造　唐宪宗元和二年前(807 前)

《全唐文》卷七〇四李德裕《前试宣州溧水县尉胡震状》:“臣伏以元和二年,前扬州士曹参军薛元造,缘与臣亡父授经,具表论荐,宪宗授越州诸暨县令。”[4]

韦　粲　唐宣宗大中十一年前(857 前)

《唐故岭南节度使银青光禄大夫检校右散常侍兼广州刺史御史大夫龙门县开国伯食邑七百户上柱国赠工部尚书韦府君墓志铭并序》:“大中十一年十一月(下阙)之所(下阙)惊嗟辍。……次三弟粲,终扬州士曹。”[5]

6. 仓曹

薛郑宾　唐玄宗天宝中

参见扬州司马“薛郑宾”条。

王士宽　唐德宗建中元年—兴元元年(780—784)

《白居易集》卷四二白居易《唐扬州仓曹参军王府君墓志铭(代裴颋舍人作)》:“公讳某,字士宽。……建中初选授扬州仓曹参军。至四年,七月二十六日,疾殁于江都县之私第,春秋六十二。”[6]

王　恕　唐德宗贞元前

《新唐书》卷一六七《王播传》:“王播字明敭,其先太原人,父恕为扬州仓曹参军,遂家焉。播,贞元中与弟炎、起皆有名,并擢进士,而播、起举贤良

---

① 赵文成、赵君平编选:《新出唐墓志百种》,杭州:西泠印社出版社,2010 年,第 266 页。

② 吴钢主编:《全唐文补遗(第九辑)》,西安:三秦出版社,2007 年,第 392 页。

③ (唐)杜牧:《樊川文集》,上海:上海古籍出版社,1978 年,第 140 页。

④ (清)董诰等编:《全唐文》,北京:中华书局,1983 年,第 7223 页。

⑤ 赵力光主编:《西安碑林博物馆新墓志续编》,西安:陕西师范大学出版社,2014 年,第 610—611 页。

⑥ (唐)白居易撰:《白居易集》,北京:中华书局,1999 年,第 927—928 页。

方正异等。”①

姚　伦　任职时间不详

《新唐书》卷七四下《宰相世系四下》“陕郡姚氏”条：“伦，扬州大都督府仓曹参军。”②

卢从贽　任职时间不详

《唐故陇西李公(杍)范阳卢氏夫人墓志》：“卢氏为山东鼎族……夫人即其后也。……烈考从贽，皇杨(扬)州都督府仓曹参军。……(夫人)即以广明二年五月十二日，薨于汴州宣歙院前官舍，享年六十四。”③

(七)判官

节度判官

董　晋　唐肃宗上元二年(761)

《韩昌黎文集校注》卷八《故金紫光禄大夫检校尚书左仆射同中书门下平章事兼汴州刺史充宣武军节度副大使知节度事管内支度营田汴宋亳颍等州观察处置等使上柱国陇西郡开国公赠太傅董公行状》：“公讳晋，字混成……崔圆为扬州，诏以公为圆节度判官，摄殿中侍御史。”④

●具体判官名称不详者

韩　绰　约唐宣宗朝或前

《樊川文集》卷四《寄扬州韩绰判官》⑤。

---

① (宋)欧阳修、宋祁：《新唐书》，北京：中华书局，1975年，第5115页。

② (宋)欧阳修、宋祁：《新唐书》，北京：中华书局，1975年，第3172页。

③ 吴钢主编：《全唐文补遗(第八辑)》，西安：三秦出版社，2005年，第228—229页。

④ (唐)韩愈著，马其昶校注、马茂元整理：《韩昌黎文集校注》，上海：上海古籍出版社，1986年，第576—577页。

⑤ (唐)杜牧：《樊川文集》，上海：上海古籍出版社，1978年，第73页。

二、县级官员

天长县

(一)县令

李□古 约唐代宗或德宗朝

《陇西李府君墓志》:"祖登仕郎、守扬州天长县令□古。……府君……即天长县令第八子也。……元和十年三月十五日卒于私第。"①

张不忒 约唐德宗朝

《全唐文》卷五〇六权德舆《唐故中大夫守尚书工部侍郎兼御史大夫史馆修撰上柱国赐紫金鱼袋充吊赠吐蕃使赠礼部尚书张公墓志铭(并序)》:"有唐博物通理之君子常山张君,讳荐字孝举。……贞元甲申岁夏六月,出车国门,在途被病。……烈考不忒,扬州天长县令,赠睦州刺史,代名儒学。"②亦见《唐故女道士常山张氏墓志》③。

葛元方 唐文宗大和二年前(828 前)

《全唐文》卷七四〇刘宽夫《汴州纠曹厅壁记》:"郡府之有录事参军,犹文昌之有左右辖,南台之有大夫中丞也。……大梁当天下之要,总舟车之繁,控河朔之咽喉,通淮湖之运漕。……太和二年,琅琊郡葛公元方由天长令而莅焉。至则以为当今圣上务治,丞相镇静,以至清肃群下,以至公奉朝廷,凡所建启,惟道是适。"④

李藻文 约唐武宗朝或前

《唐故朝散大夫司农寺丞上柱国李府君墓志铭有序》:"公讳(字笔画不全),字藻文……荐授扬州天长县令……大中首载仲冬廿五日……寿六十有二。"⑤

---

① 毛阳光主编:《洛阳流散唐代墓志汇编续集》,北京:国家图书馆出版社,2018 年,第 573 页。

② (清)董诰等编:《全唐文》,北京:中华书局,1983 年,第 5144 页。

③ 齐运通、杨建锋编:《洛阳新获墓志(二〇一五)》,北京:中华书局,2017 年,第 297 页。

④ (清)董诰等编:《全唐文》,北京:中华书局,1983 年,第 7649 页。

⑤ 赵君平、赵文成编:《河洛墓刻拾零》,北京:北京图书馆出版社,2007 年,第 577 页。

张(宏)思　唐宣宗大中三年前后(849前后)

《全唐文》卷九六八阙名《据三司推勘吴湘狱罪状奏(大中三年十一月御史台)》:"扬州都虞候卢行立、刘群,于会昌二年五月十四日于阿颜家吃酒,与阿颜母阿焦同坐。…………天长县令张宏思……伏候敕旨。"①《旧唐书》卷一八下《宣宗下》:"天长县令张思……伏候敕旨。"②

徐昌时　任职时间不详

《新唐书》卷七五下《宰相世系五下》"徐氏"条:"昌时,天长令。"③

(二)县丞

韦　聿　约唐玄宗天宝中

《全唐文》卷五〇六权德舆《唐故朝议大夫太子右庶子上柱国赐紫金鱼袋韦君墓志铭(并序)》:"君讳聿,字某,京兆杜陵人。……天宝中以门子奉清庙斋祠,试言会府,补宣州南陵尉,历扬州天长丞越州兵曹掾……贞元十二年征为水部员外,转比部郎中。"④

王　潜　唐宪宗朝或前

《刘禹锡集笺证》外集卷九《唐故宣歙池等州都团练观察处置使宣州刺史兼御史中丞赠左散骑常侍王公神道碑》:"常侍讳质,字华卿。……考讳潜,扬州天长县丞,赠尚书吏部郎中。公其季子也。"⑤《旧唐书》卷一六三《王质传》:"王质字华卿,太原祁人。……怡生潜,扬州天长丞。质则潜之第五子。"⑥

韦　署　约唐宪宗元和中

《唐代墓志汇编·长庆〇〇四·唐故朝议郎行扬州大都督府法曹参军京兆韦府君墓志文》:"府君讳署,字公致……转扬州天长县丞。故相国李公鄘镇淮南五年,以贼捕邮驿委府君,时属军兴,辞不获免,投会箕敛,日当万数。府君静以理之,一无差厘。元和十四年秋……以长庆元年八月十三日

① (清)董诰等编:《全唐文》,北京:中华书局,1983年,第10049页。
② (后晋)刘昫等:《旧唐书》,北京:中华书局,1975年,第619页。
③ (宋)欧阳修、宋祁:《新唐书》,北京:中华书局,1975年,第3429页。
④ (清)董诰等编:《全唐文》,北京:中华书局,1983年,第5147页。
⑤ (唐)刘禹锡撰,瞿蜕园笺证:《刘禹锡集笺证》,上海:上海古籍出版社,1989年,第89页。
⑥ (后晋)刘昫等:《旧唐书》,北京:中华书局,1975年,第4267页。

暴降气疾,奄弃背于扬州法云寺之官舍,享年七十有四。"[①]案:李鄘约在唐宪宗元和五年—十二年(810—817)为扬州刺史,故推测韦署为天长县丞也大约在此期间。

(三)主簿

杜柔立 约唐宪宗元和五年前后(约810前后)

《全唐文》卷五六六韩愈《中散大夫河南尹杜君墓志铭》:"公讳兼,字某,郎中第三子,举进士第。……元和四年十一月二十二日,无疾暴薨,年六十。明年二月甲午,从葬怀州。……生子男三人:柔立为天长主簿,词立为寿州参军,谊立为顺宗挽郎;女一人。"[②]《新唐书》卷七二上《宰相世系二上》"洹水杜氏"条:"柔立,天长主簿。"[③]

郑 遵 任职时间不详

《新唐书》卷七五上《宰相世系五上》"郑氏"条:"遵,天长主簿。"[④]

(四)县尉

卢士準 唐代宗大历四年前(769前)

《大唐故魏州元城县尉卢府君(涚)夫人清河崔氏合祔铭并序》:"夫人……以大历四年岁次己酉九月甲戌朔七日壬申,启府君旧茔合祔,礼也。嗣子三人:士準,前扬州天长县尉。"[⑤]

源 通 唐代宗大历中

《唐故濮州濮阳县丞源公墓志铭》:"君讳通,字灵长,河南人也。……君妙年勤学,道举擢第。授天长尉,转濮阳丞。……奄以大历十二祀孟秋月廿九日终于单父县之官舍,飨龄卌有三。"[⑥]

孙公乂 约唐武宗会昌二年前(约842前)

---

① 周绍良主编:《唐代墓志汇编》,上海:上海古籍出版社,1992年,第2060页。

② (唐)韩愈著,马其昶校注、马茂元整理:《韩昌黎文集校注》,上海:上海古籍出版社,1986年,第389页。

③ (宋)欧阳修、宋祁:《新唐书》,北京:中华书局,1975年,第2437页。

④ (宋)欧阳修、宋祁:《新唐书》,北京:中华书局,1975年,第3316页。

⑤ 吴钢主编:《全唐文补遗(千唐志斋新藏专辑)》,西安:三秦出版社,2006年,第250页。

⑥ 毛阳光主编:《洛阳流散唐代墓志汇编续集》,北京:国家图书馆出版社,2018年,第435页。

《唐代墓志汇编·大中〇五四·唐故银青光禄大夫工部尚书致仕上柱国乐安县开国男食邑五百户孙府君墓志铭》:"公讳公乂,字(阙)……遂即以前明经调补扬州天长县尉。有替,校考不足,重任江阳主簿,由主簿授婺州录事参军。……至会昌二年五月自饶移于睦。"①

郑 洧 任职时间不详

《新唐书》卷七五上《宰相世系五上》"郑氏"条:"洧,天长尉。"②

徐 縠 任职时间不详

《新唐书》卷七五下《宰相世系五下》"徐氏"条:"縠字良孺,天长尉。"③

---

① 周绍良主编:《唐代墓志汇编》,上海:上海古籍出版社,1992年,第2289—2290页。

② (宋)欧阳修、宋祁:《新唐书》,北京:中华书局,1975年,第3309页。

③ (宋)欧阳修、宋祁:《新唐书》,北京:中华书局,1975年,第3426页。

五代十国

卷一　颍州

颍州，五代十国时期主要归属北方政权，辖有四县，分别为州治汝阴县（治今安徽省阜阳市）、颍上县（治今安徽省颍上县城关镇）、沈丘县（治今安徽省临泉县）、下蔡县（治今安徽省凤台县，后周显德四年，划为寿州治）。五代十国时期，颍州全境均在今皖淮地区。

一、州级官员

（一）刺史、团练使、防御使

张　实　*后梁太祖开平元年（907）*

《资治通鉴》卷二六六“后梁太祖开平元年十一月”条：“淮南右都押牙米志诚等将兵渡淮袭颍州，克其外郭。刺史张实据子城拒守。”[①]《册府元龟》卷二〇二《闰位部·祥瑞第二》：“（后梁太祖开平元年）四月乙丑，颍州刺史张实进白兔一。”[②]

王重师　*后梁太祖开平中*

《梁故昌黎韩夫人王氏墓志铭并序》：“夫人姓王氏……父重师……及太祖抚运中原，亟迁颍州防御使，寻又除拜青州节度使，旋迁雍州佑国军节度使，加平章事。”[③]《道光阜阳县志》卷八《职官》：“王重师，许州长社人，开平

---

① （宋）司马光编著：《资治通鉴》，北京：中华书局，1956年，第8687页。

② （宋）王钦若等编纂：《册府元龟》，南京：凤凰出版社，2006年，第2278页。

③ 周阿根：《五代墓志汇考》，合肥：黄山书社，2011年，第38页。

年任。"[1]

张廷蕴　后唐庄宗同光元年(923)或明宗长兴三年前后?(432前后?)

《道光阜阳县志》卷八《职官》:"张廷蕴,襄邑人,同光元年任。"[2]《大唐颍州开元寺新钟铭并序》作者之一为张廷蕴,注有"竭忠建荣兴复功臣、金紫光禄大夫、检校太保、使持节颍州诸军事、守颍州刺史、充本州团练使、兼御史大夫、上柱国、清河县开国男、食邑三百户"字样[3]。

李承约　后唐明宗天成元年前(926前)

《资治通鉴》卷二七五"后唐明宗天成元年冬十月"条:"静难节度使毛璋,骄僭不法,训卒缮兵,有跋扈之志,诏以颍州团练使李承约为节度副使以察之。"[4]《册府元龟》卷六五三《奉使部·称旨》:"李承约,仕后唐为颍州团练使。天成中,以邠州节度使毛璋将图不轨,乃命为泾州节度副使,且承密旨往侦之。……明宗赏其能,加检校太保。"[5]

朱　罕　后唐明宗天成元年(926)

《旧五代史》卷三七《明宗本纪第三》:"(天成元年十一月壬戌)以前房州刺史朱罕为颍州团练使。"[6]

孙　岳　后唐明宗天成二年(927)

《旧五代史》卷三八《明宗本纪第四》:"(天成二年壬辰)以颍州刺史孙岳为耀州团练使。"[7]《册府元龟》卷六七七《牧守部·能政》:"孙岳,明宗天成初为颍州刺史。"[8]

高行周　后唐明宗天成中

《全唐文》卷八五六"高行周":"行周字尚质,幽州人。……天成中迁颍州团练使。长兴初改振武军节度使,历镇彰武、昭义。"[9]《册府元龟》卷八四

① (清)刘虎文、周天虎修,(清)李复庆等纂:《道光阜阳县志》,《中国地方志集成·安徽府县志辑23》南京:江苏古籍出版社,1998年,第100页。

② (清)刘虎文、周天虎修,(清)李复庆等纂:《道光阜阳县志》,《中国地方志集成·安徽府县志辑23》,南京:江苏古籍出版社,1998年,第100页。

③ 吴钢主编:《全唐文补遗(第七辑)》,西安:三秦出版社,2000年,第186页。

④ (宋)司马光编著:《资治通鉴》,北京:中华书局,1956年,第8994页。

⑤ (宋)王钦若等编纂:《册府元龟》,南京:凤凰出版社,2006年,第7536页。

⑥ (宋)薛居正等:《旧五代史》,北京:中华书局,1976年,第512页。

⑦ (宋)薛居正等:《旧五代史》,北京:中华书局,1976年,第520页。

⑧ (宋)王钦若等编纂:《册府元龟》,南京:凤凰出版社,2006年,第7806页。

⑨ (清)董诰等编:《全唐文》,北京:中华书局,1983年,第8980页。

六《总录部·善射》:“高行周,初在后唐,迁颍州团练使。”①

高行珪 约后唐明宗时

《新五代史》卷四八《高行周传》:“(高行珪)明宗时,从平朱守殷,克王都,迁颍州团练使、振武军节度使。历镇彰武、昭义。”②

孙　铎 后唐潞王清泰元年(934)

《册府元龟》卷八一《帝王部·庆赐第三》:“(后唐潞王清泰元年七月)诏……颍州团练使孙铎……示新恩也。”③

苌从简 约后唐潞王清泰中

《新五代史》卷四七《苌从简传》:“明宗时,历麟、汝、汾、金四州防御使。……废帝释之,拜颍州团练使。晋高祖起兵太原,废帝将亲征,召为招讨副使,从至河阳,拜河阳三城节度使。废帝还洛阳,从简即降晋。”④《册府元龟》卷七六六《总录部·攀附第二》:“苌从简,初仕后唐为颍州团练使。高祖举义清泰末,诏赴阙,充副招讨使,随驾至孟津,除河阳节度使。”⑤

何福进 后晋出帝天福—开运中

《旧五代史》卷一二四《何福进传》:“何福进,字善长,太原人。……开运中,由颍州团练使入拜左骁卫大将军。”⑥《资治通鉴》卷二八七“后汉高祖天福十二年秋七月”条:“前颍州防御使何福进,控鹤指挥使太原李荣,潜结军中壮士数十人谋攻契丹,然畏契丹尚强,犹豫未发。”⑦《道光阜阳县志》卷八《职官·氏表》:“何福进,天福年任颍州防御使。”⑧

冯　玉 后晋出帝开运中

《新五代史》卷五六《冯玉传》:“冯玉字璟臣,定州人也。……顷之,玉出为颍州团练使,拜端明殿学士、户部侍郎。……是时,出帝童昏,冯皇后用

---

① (宋)王钦若等编纂:《册府元龟》,南京:凤凰出版社,2006年,第9841页。

② (宋)欧阳修:《新五代史》,北京:中华书局,1974年,第549页。

③ (宋)王钦若等编纂:《册府元龟》,南京:凤凰出版社,2006年,第889—890页。

④ (宋)欧阳修:《新五代史》,北京:中华书局,1974年,第521页。

⑤ (宋)王钦若等编纂:《册府元龟》,南京:凤凰出版社,2006年,第8861—8862页。

⑥ (宋)薛居正等:《旧五代史》,北京:中华书局,1976年,第1627页。

⑦ (宋)司马光编著:《资治通鉴》,北京:中华书局,1956年,第9371页。

⑧ (清)刘虎文、周天虎修,(清)李复庆等纂:《道光阜阳县志》,《中国地方志集成·安徽府县志辑23》,南京:江苏古籍出版社,1998年,第100页。

事，军国大务，一决于玉。”①

窦贞固 后晋出帝开运中

《道光阜阳县志》卷八《职官》：“窦贞固，字□任，同州白水人，开运年任颍州团练使，历汉、周入宋。”②

郭 琼 后汉隐帝乾祐三年(950)

《资治通鉴》卷二八九“后汉隐皇帝乾祐三年五月”条：“辛亥，以(郭)琼为颍州团练使。”③《旧五代史》卷一一三《太祖本纪第四》：“广顺三年……冬十月……以前颍州防御使郭琼为权宗正卿。”④《乾隆颍州府志》卷六《名宦志》：“郭琼，庐州人，亳州团练使。入汉改颍州团练使，又加防御使。”⑤

王 祚 后周世宗显德中

《宋史》卷二四九《王溥传》：“王溥字齐物，并州祁人。父祚……显德初，置华州节度，以祚为刺史。未几，改镇颍州。……历郑州团练使。宋初，升宿州为防御，以祚为使。”⑥《乾隆颍州府志》卷六《名宦志》：“王祚，并州人，显德初为华州刺史，改镇颍州。”⑦《曾巩集》卷四九《本朝政要策·赋税》：“周世宗尝患赋税之不均，诏长吏重定。颍州刺史王祚躬行部县，均其轻重……百姓诣阙称颂焉。”⑧

(二)司马

郭在微 约后晋除帝天福八年前后(约943前后)

《晋故承务郎守耀州富平县令太原郭公墓志》：“则有故富平宰郭公……颍州司马在微，公之次兄也。……公以疾疹弥留，以天福八年十一月十六日殁于富平任所，春秋七十矣，以明年十一月十五日归葬于雍州万年县义善乡

① (宋)欧阳修：《新五代史》，北京：中华书局，1974年，第642页。

② (清)刘虎文、周天虎修，(清)李复庆等纂：《道光阜阳县志》，《中国地方志集成·安徽府县志辑23》，南京：江苏古籍出版社，1998年，第100页。

③ (宋)司马光编著：《资治通鉴》，北京：中华书局，1956年，第9424页。

④ (宋)薛居正等：《旧五代史》，北京：中华书局，1976年，第1499页。

⑤ (清)王敛福纂修：《乾隆颍州府志》，《中国地方志集成·安徽府县志辑24》，南京：江苏古籍出版社，1998年，第272页。

⑥ (元)脱脱等：《宋史》，北京：中华书局，1977年，第8799页。

⑦ (清)王敛福纂修：《乾隆颍州府志》，《中国地方志集成·安徽府县志辑24》，南京：江苏古籍出版社，1998年，第272页。

⑧ (宋)曾巩：《曾巩集》，北京：中华书局，1984年，第671页。

凤栖原之旧茔焉。”①

（三）推官

观察推官

余　谈　后晋高祖天福五年前（940 前）

《晋故银青光禄大夫检校右散骑常侍右内帅府率同正兼御史大夫上柱国郭府君墓志铭并序（前摄宋亳颍等州观察推官将仕郎试大理评事余谈撰）》：“公讳彦琼……即以天福五年岁次庚子二月丁酉朔十一日丁未启葬于河南府河南县平乐乡杜翟村里之平原，礼也。”②

二、县级官员

（一）颍上县

县令

高　弼　约后汉—后周显德三年前（约后汉—953 前）

《大周故开府仪同三司太子太师致仕蔡国公赠侍中宋公墓志铭并序（前摄颍州颍上县令高弼撰）》：“公讳彦筠，其先河南人也……于显德三年□月十日薨于伊川之别墅，享年七十有八。”③

（二）下蔡县

县令

刘　昭　后唐

《宋史》卷二六二《刘载传》：“刘载字德兴，涿州范阳人。唐卢龙节度济之六世孙。父昭，下蔡令。唐清泰中举进士。”④

---

① 墓志见郭永淇：《新出土郭子仪五代孙郭在岩墓志考》，《文博》2014 年第 2 期，第 65—69 页。

② 周阿根：《五代墓志汇考》，合肥：黄山书社，2011 年，第 312—315 页。

③ 周阿根：《五代墓志汇考》，合肥：黄山书社，2011 年，第 611—613 页。

④ （元）脱脱等：《宋史》，北京：中华书局，1977 年，第 9081 页。

卷二　亳州

亳州，五代十国时期先后归属北方政权，辖有七县，其中州治谯县（治今亳州市区）、城父县[①]（治今安徽省亳州市城父镇）、蒙城县（治今安徽省蒙城县）在今皖淮地区境内。

一、州级官员

（一）刺史、团练使、防御使

李思安　后梁太祖开平元年（907）

《册府元龟》卷四四五《将帅部·军不整》："梁李思安为检校左仆射、亳州刺史，为性不勇悍，每每统戎临敌，不大胜必大败。开平元年春，率兵伐幽州，营于桑乾河，虏获甚众，燕人大惧。及军回伐潞，累月不克，师人多逸。太祖怒甚，诏疏其罪，尽夺其官爵，委本郡以民户系焉。"[②]卷一九九《闰位部·选将》："梁太祖开平元年八月……于是以亳州刺史李思安充潞州行营都统。"[③]

张归厚　后梁太祖开平二年—乾化元年（908—911）

《旧五代史》卷一六《张归厚传》："张归厚，字德坤……开平二年夏，刘知俊以同州叛，归厚副杨师厚、刘鄩等讨平之。秋，军还，授亳州团练使。乾

---

① 后梁龙德元年（921）改为夷父县，后唐同光初复为城父县

② （宋）王钦若等编纂：《册府元龟》，南京：凤凰出版社，2006年，第5024页。

③ （宋）王钦若等编纂：《册府元龟》，南京：凤凰出版社，2006年，第2235页。

化元年,拜镇国军节度使、陕虢等州观察处置等使。”①

谢　瞳　后梁太祖时

《册府元龟》卷七二九《幕府部·辟署第四》:“谢瞳,字子明,为亳州团练使。太祖征淮南,过郡,因求侍府幕,表为宣义节度副使,充两使留后。”②

刘　鄩　后梁末帝贞明三年(917)

《旧五代史》卷二三《刘鄩传》:“贞明二年……九月,落平章事,授亳州团练使。”③《册府元龟》卷四一七《将帅部·引咎》:“梁刘鄩……贞明三年二月,晋王悉众来攻黎阳,鄩拒之而退。……九月,落平章事,授亳州团练使。”④

刘　玘　后梁时

《光绪亳州志》卷九《职官志》“刘玘”条⑤。

朱汉宾　后梁时

《光绪亳州志》卷九《职官志》“朱汉宾”条⑥。

张慎思　后梁时

《光绪亳州志》卷九《职官志》“张慎思”条⑦。

史　懿　后唐庄宗时

《光绪亳州志》卷九《职官志·文职表》“史懿”条⑧。

张继业　后唐同光中

《唐故河阳节度观察留后清河公墓志》:“公讳继业,字光绪,清河人……改亳州团练使,俗富土饶,地雄财厚。……即以同光三年二月二十一日归于

---

① (宋)薛居正等:《旧五代史》,北京:中华书局,1976年,第225—226页。

② (宋)王钦若等编纂:《册府元龟》,南京:凤凰出版社,2006年,第8399页。

③ (宋)薛居正等:《旧五代史》,北京:中华书局,1976年,第312页。

④ (宋)王钦若等编纂:《册府元龟》,南京:凤凰出版社,2006年,第4742页。

⑤ (清)钟泰、宗能征纂修:《光绪亳州志》,《中国地方志集成·安徽府县志辑25》,南京:江苏古籍出版社,1998年,第229页。

⑥ (清)钟泰、宗能征纂修:《光绪亳州志》,《中国地方志集成·安徽府县志辑25》,南京:江苏古籍出版社,1998年,第229页。

⑦ (清)钟泰、宗能征纂修:《光绪亳州志》,《中国地方志集成·安徽府县志辑25》,南京:江苏古籍出版社,1998年,第229页。

⑧ (清)钟泰、宗能征纂修:《光绪亳州志》,《中国地方志集成·安徽府县志辑25》,南京:江苏古籍出版社,1998年,第229页。

河南县徐娄村先郡夫人茔之南隅，礼也。”①

李　邺　后唐明宗天成二年前(927前)

《旧五代史》卷三八《明宗本纪第四》：“天成二年……冬十月……癸未，亳州刺史李邺贬郴州司户，又贬崖州长流百姓，所在赐自尽。”②卷七三《李邺传》：“李邺，魏州人也。幼事杨师厚，及庄宗入魏，渐转裨将，历数郡刺史，后迁亳州。”③《北梦琐言》卷一八《明宗恶贪吏》：“明宗皇帝尤恶贪货……亳州刺史李邺以赃秽赐自尽。”④

淳于晏　后唐明宗天成二年(927)

《旧五代史》卷三八《明宗本纪第四》：“天成二年……九月……以青州节度副使淳于晏为亳州团练使。”⑤

郭　琼　后唐明宗天成中

《宋史》卷二六一《郭琼传》：“郭琼，平州卢龙人。……后唐天成中，挈其族来归，明宗以为亳州团练使，改刺商州，迁原州。”⑥

张延贵　后唐明宗天成中

《大唐故内枢密使清河郡张公墓志铭》：“公讳居翰，字德卿……有子四人……次子延贵……授刑部尚书、亳州团练副使。间岁殊尤，诏知军州事。……天成三年岁次戊子八月癸酉朔十日壬午志，安敬宝镌字。”⑦

高汉筠　后唐明宗长兴中

《旧五代史》卷九四《高汉筠传》：“高汉筠，字时英，齐州历山人也。……长兴中，历曹、亳二州刺史，秩满，加检校司徒，行左金吾卫大将军。”⑧《册府元龟》卷六七五《牧守部·仁惠》：“晋高汉筠为亳州刺史。……汉筠在任三年，以己俸输之。”⑨《光绪亳州志》卷一〇《职官志》：“高汉筠，字时

① 周阿根：《五代墓志汇考》，合肥：黄山书社，2011年，第157—160页。

② (宋)薛居正等：《旧五代史》，北京：中华书局，1976年，第528页。

③ (宋)薛居正等：《旧五代史》，北京：中华书局，1976年，第965页。

④ (五代)孙光宪：《北梦琐言》，《唐五代笔记小说大观2》，上海：上海古籍出版社，2000年，第1948页。

⑤ (宋)薛居正等：《旧五代史》，北京：中华书局，1976年，第528页。

⑥ (元)脱脱等：《宋史》，北京：中华书局，1977年，第9032页。

⑦ 周阿根：《五代墓志汇考》，合肥：黄山书社，2011年，第187—192页。

⑧ (宋)薛居正等：《旧五代史》，北京：中华书局，1976年，第1253页。

⑨ (宋)王钦若等编纂：《册府元龟》，南京：凤凰出版社，2006年，第7779页。

英，历山人。长兴中为亳州刺史，在亳三年，岁以己俸百千代纳逋租。”①

李重吉　后唐闵帝时

《旧五代史》卷四六《末帝本纪上》：“闵帝即位，加兼侍中。既而帝子重吉出刺亳州，女尼入宫，帝方忧不测。”②《唐故陇西李公墓志铭》：“公讳重吉，字保荣，今皇帝之长子也，母皇后刘氏……遂以公为亳州团练使、检校司徒，充太清宫副使。”③

康文审　后唐潞王清泰元年(934)

《册府元龟》卷八一《帝王部・庆赐第三》：“后唐潞王清泰元年七月”条：“诏……亳州团练使康文审……示新恩也。”④

郎万全　后晋高祖天福三年(938)

《册府元龟》卷一六九《帝王部・纳贡献》“晋高祖天福二年九月”条：“亳州团练使郎万全直进马二十五匹。”⑤

孙汉威　后晋高祖天福三年(938)

《册府元龟》卷九三《帝王部・赦宥第十二》“后晋高祖天福三年九月”条：“亳州团练使、金紫光禄大夫、检校司徒、贝州刺史孙汉威可检校太保。”⑥

王令温　后晋高祖天福中

《旧五代史》卷八〇《高祖本纪第六》：“天福七年……三月……以前亳州防御使王令温为贝州节度使。”⑦《册府元龟》卷三八七《将帅部・褒异第十三》：“王令温，晋初为洺州团练使。及安重荣称兵于镇州，晋祖以令温为营马军都指挥使，与都帅杜重威败贼于宗城，以功授亳州防御使。”⑧

李建崇　后晋出帝天福七年(942)

《册府元龟》卷三八七《将帅部・褒异第十三》：“李建崇，仕晋为申州刺史。天福七年冬，襄州安从进构逆，建崇拒贼，至湖阳县之花山接战，大败

---

① (清)钟泰、宗能征纂修：《光绪亳州志》，《中国地方志集成・安徽府县志辑25》，南京：江苏古籍出版社，1998年，第267页。

② (宋)薛居正等：《旧五代史》，北京：中华书局，1976年，第628页。

③ 周阿根：《五代墓志汇考》，合肥：黄山书社，2011年，第259页。

④ (宋)王钦若等编纂：《册府元龟》，南京：凤凰出版社，2006年，第889—890页。

⑤ (宋)王钦若等编纂：《册府元龟》，南京：凤凰出版社，2006年，第1881页。

⑥ (宋)王钦若等编纂：《册府元龟》，南京：凤凰出版社，2006年，第1031页。

⑦ (宋)薛居正等：《旧五代史》，北京：中华书局，1976年，第1058页。，

⑧ (宋)王钦若等编纂：《册府元龟》，南京：凤凰出版社，2006年，第4371页。

之，以功授亳州团练使。襄阳平，迁安州防御使。”①《旧五代史》卷一二九《李建崇传》：“李建崇，潞州人。……天福七年冬……以功授亳州团练。襄阳平，迁安州防御使。”②

李　萼　后晋出帝天福九年（944）

《册府元龟》卷一一八《帝王部·亲征第三》：“（后晋出帝天福九年正月）丙申，虏以偏师黎阳，遣右武卫上将军张彦泽、亳州防御使李萼、坊州刺史陈思让率劲骑三千拒之。”③

边　蔚　后晋出帝开运三年前（946前）

《旧五代史》卷八四《少帝本纪第四》：“开运三年……八月……以前亳州防御使边蔚为户部侍郎。”④卷一二八《边蔚传》：“边蔚，字得升，长安人。……开运初，出为亳州防御使。”⑤《册府元龟》卷六七七《牧守部·能政》：“周边蔚初仕晋，开运初为亳州防御使。”⑥

唐景思　后晋出帝末

《旧五代史》卷一二四《唐景思传》：“唐景思，秦州人也。幼以屠狗为业，善角觝戏。……开运末，契丹据中原，以景思为亳州防御使。”⑦

司徒诩　后晋时

《光绪亳州志》卷九《职官志·文职表》“司徒诩”条⑧。

薛　琼　后汉高祖天福十二年（947）

《旧五代史》卷九九《高祖本纪上》：“天福十二年……夏四月……以辽州刺史薛琼为亳州防御使。”⑨

王重裔　后汉中—后周太祖广顺元年（后汉中—951）

《旧五代史》卷一一一《太祖本纪第二》：“广顺元年……夏四月……丙

---

① （宋）王钦若等编纂：《册府元龟》，南京：凤凰出版社，2006年，第4371页。

② （宋）薛居正等：《旧五代史》，北京：中华书局，1976年，第1701—1702页。

③ （宋）王钦若等编纂：《册府元龟》，南京：凤凰出版社，2006年，第1287页。

④ （宋）薛居正等：《旧五代史》，北京：中华书局，1976年，第1116页。

⑤ （宋）薛居正等：《旧五代史》，北京：中华书局，1976年，第1692—1693页。

⑥ （宋）王钦若等编纂：《册府元龟》，南京：凤凰出版社，2006年，第7807页。

⑦ （宋）薛居正等：《旧五代史》，北京：中华书局，1976年，第1635—1636页。

⑧ （清）钟泰、宗能征纂修：《光绪亳州志》，《中国地方志集成·安徽府县志辑25》，南京：江苏古籍出版社，1998年，第229页。

⑨ （宋）薛居正等：《旧五代史》，北京：中华书局，1976年，第1328页。

午，亳州防御使王重裔卒。”[①]卷一二九《王重裔传》：“王重裔，陈州宛邱人。……汉初，仍典禁军，从征邺都平，迁深州刺史。淮夷以李守贞故，数侵边地，以重裔为亳州防御使，又令于徐州巡检，兼知军州，就加检校太傅。……广顺元年夏，以疾卒，年五十三。”[②]

李　琼　后周广顺初(951)

《宋史》卷二六一《李琼传》：“李琼字子玉，幽州人。……广顺初，拜将作监，充内作坊使，赐金紫。连知亳、陕二州，改济州刺史。”[③]《光绪亳州志》卷一〇《职官志》：“李琼……历知陕、亳二州，治郡宽简，民皆德之。”[④]

张　铎　后周太祖广顺元年—三年(951—953)

《宋史》卷二六一《张铎传》：“张铎，河朔人……广顺初……是冬，出为密州防御使，改亳州。三年，授镇国节度。”[⑤]《旧五代史》卷一一三《太祖本纪第四》：“广顺三年春三月庚辰朔……以亳州防御使张铎为同州节度使。”[⑥]

李万金　后周世宗显德元年前(954前)

《旧五代史》卷一一四《世宗本纪第一》：“显德元年……秋七月……以前亳州防御使李万金为鄜州留后。”[⑦]

陈思让　后周世宗显德元年—二年(954—955)

《宋史》卷二六一《陈思让传》：“陈思让字后己，幽州卢龙人。……显德元年九月，改亳州防御使，充昭义军兵马钤辖，屡败并人及契丹援兵，迁安国军节度观察留后，充北面行营马步军排阵使。”[⑧]《旧五代史》卷一一五《世宗本纪第二》：“显德二年……六月……丙辰，以亳州防御使陈思让为邢州留后。”[⑨]

---

① (宋)薛居正等:《旧五代史》,北京:中华书局,1976年,第1472页。

② (宋)薛居正等:《旧五代史》,北京:中华书局,1976年,第1702—1703页。

③ (元)脱脱等:《宋史》,北京:中华书局,1977年,第9031—9032页。

④ (清)钟泰、宗能征纂修:《光绪亳州志》,《中国地方志集成·安徽府县志辑25》,南京:江苏古籍出版社,1998年,第268页。

⑤ (元)脱脱等:《宋史》,北京:中华书局,1977年,第9047页。

⑥ (宋)薛居正等:《旧五代史》,北京:中华书局,1976年,第1495页。

⑦ (宋)薛居正等:《旧五代史》,北京:中华书局,1976年,第1518页。

⑧ (元)脱脱等:《宋史》,北京:中华书局,1977年,第9038—9039页。

⑨ (宋)薛居正等:《旧五代史》,北京:中华书局,1976年,第1531页。

王全斌　后周世宗显德三年(956)

《旧五代史》卷一一六《世宗本纪第三》:“显德三年……六月……以亳州防御使王全斌为陇州防御使。”①

郭廷谓　后周世宗显德四年(957)

《旧五代史》卷一一七《世宗本纪第四》:“显德四年……十二月……丙寅,以郭廷谓为亳州防御使。”②《册府元龟》卷一六七《帝王部·招怀第五》:“(后周世宗显德四年十一月)丙寅,制以伪濠州团练使郭廷谓为亳州防御使。”③

韩　伦　后周显德中

《乾隆颍州府志》卷五《职官表》:“韩伦,亳州团练使。”④

(二)团练副使

高　劭　后梁太祖时

《光绪亳州志》卷九《职官志》:“高劭,亳州团练副使。”⑤

张延贵　后唐明宗天成中

见上团练使“张延贵”条。

(三)判官

团练判官

乐文纪　后唐明宗天成二年前(927 前)

《册府元龟》卷七三〇《幕府部·连累》:“后唐乐文纪为亳州判官。刺史李邺为政贪秽,长流崖州百姓,文纪坐昧于赞佐,配祁州长流百姓。”⑥

---

① (宋)薛居正等:《旧五代史》,北京:中华书局,1976 年,第 1547 页。

② (宋)薛居正等:《旧五代史》,北京:中华书局,1976 年,第 1564 页。

③ (宋)王钦若等编纂:《册府元龟》,南京:凤凰出版社,2006 年,第 1863 页。

④ (清)王敛福纂修:《乾隆颍州府志》,《中国地方志集成·安徽府县志辑 24》,南京:江苏古籍出版社,1998 年,183 页。

⑤ (清)钟泰、宗能征纂修:《光绪亳州志》,《中国地方志集成·安徽府县志辑 25》,南京:江苏古籍出版社,1998 年,第 229 页。

⑥ (宋)王钦若等编纂:《册府元龟》,南京:凤凰出版社,2006 年,第 8407 页。

(四)推官

(一)防御推官

刘熙古 后周太祖广顺中

《宋史》卷二六三《刘熙古传》:“刘熙古字义淳,宋州宁陵人……周广顺中,改亳州防御推官,历澶州支使。”①《光绪亳州志》卷一〇《职官志·名宦》:“刘熙古,字义淳,宋州宁陵人。……周广顺中为亳州防御官。”②

(二)观察推官

余 谈 后晋高祖天福五年前(940 前)

《晋故银青光禄大夫检校右散骑常侍右内帅府率同正兼御史大夫上柱国郭府君墓志铭并序(前摄宋亳颍等州观察推官将仕郎试大理评事余谈撰)》:“公讳彦琼,字隐光,京兆府万年县洪固乡胄贵里人也。……即以天福五年岁次庚子二月丁酉朔十一日丁未启葬于河南府河南县平乐乡杜翟村里之平原,礼也。”③

二、县级官员

谯县

(一)县令

严译(泽?) 后唐明宗长兴三年(932)

《册府元龟》卷一六六《帝王部·招怀第四》:“(后唐明宗长兴三年三

① (元)脱脱等:《宋史》,北京:中华书局,1977 年,第 9100 页。

② (清)钟泰、宗能征纂修:《光绪亳州志》,《中国地方志集成·安徽府县志辑 25》,南京:江苏古籍出版社,1998 年,第 268 页。

③ 周阿根:《五代墓志汇考》,合肥:黄山书社,2011 年,第 312—315 页。

月)辛丑,以淮南降人润州观察巡官严泽为亳州谯县令,仍赐绯。"[1]卷八〇五《总录部·弃官》:"后唐严译为亳州谯县令,母病笃,陈假告即时去之。"[2]

(二)主簿

卢茂谦 后唐明宗长兴二年前(931 前)

《全唐文》卷九七一阙名《请申定官民丧葬仪制奏(长兴二年十二月御史台)》:"先奉敕前守亳州谯县主簿卢茂谦进策内已事。"[3]

---

① (宋)王钦若等编纂:《册府元龟》,南京:凤凰出版社,2006 年,第 1851 页。

② (宋)王钦若等编纂:《册府元龟》,南京:凤凰出版社,2006 年,第 9366 页。

③ (清)董诰等编:《全唐文》,北京:中华书局,1983 年,第 10076 页。

卷三　徐州

徐州，五代十国时期先后归属北方政权，辖五县，治彭城（治今江苏省徐州市），仅萧县（治安徽省今萧县西北十里）在今皖淮地区境内。

一、州级官员

（一）刺史、节度使

寇彦卿　后梁太祖开平中

《同治徐州府志》卷六上《职官表》："寇颜卿，梁太祖初感化军节度使。"[①]案：感化军节度使、武宁军节度使、徐州节度使，均治徐州。

尹　皓　后梁太祖开平中

《同治徐州府志》卷六上《职官表》："尹皓，梁感化军节度使。"[②]

康怀英　后梁太祖开平中

《同治徐州府志》卷六上《职官表》："康怀英，梁感化军节度使。"[③]

刘　玘　后梁太祖开平中

---

① （清）朱忻修、刘庠纂：《同治徐州府志》，《中国地方志集成·江苏府县志辑61》，南京：江苏古籍出版社，1991年，第127页。

② （清）朱忻修、刘庠纂：《同治徐州府志》，《中国地方志集成·江苏府县志辑61》，南京：江苏古籍出版社，1991年，第127页。

③ （清）朱忻修、刘庠纂：《同治徐州府志》，《中国地方志集成·江苏府县志辑61》，南京：江苏古籍出版社，1991年，第127页。

《同治徐州府志》卷六上《职官表》:"刘玘,开平时徐州节度使。"[①]

蒋 殷 后梁中

《同治徐州府志》卷六上《职官表》:"蒋殷,梁徐州节度使。"[②]

王 殷 后梁太祖乾化二—末帝贞明元年(912—915)[③]

《旧五代史》卷八《末帝本纪上》:"乾化四年……九月,徐州节度使王殷反。"[④]

朱友璋 后梁末帝贞明二年—龙德二年(916—922)[⑤]

《同治徐州府志》卷六上《职官表》:"朱友璋,梁徐州节度使。"[⑥]

元行钦 后唐庄宗同光元年(923)

《同治徐州府志》卷六上《职官表》:"元行钦,同光元年徐州节度使。"[⑦]

李绍荣 后唐庄宗同光元年—二年(923—924)

《旧五代史》卷三〇《庄宗本纪第四》:"同光元年……十一月……以杂指挥散员都部署、特进、检校太傅、忻州刺史李绍荣为徐州节度使。"[⑧]

李绍真 后唐庄宗同光二年—明宗天成元年(924—926)[⑨]

《旧五代史》卷三二《庄宗本纪第六》:"同光二年……六月……丙戌……以前保义军留后李绍真为徐州节度使,以徐州节度使李绍荣为宋州节度使。"[⑩]

霍彦威 后唐明宗天成元年(926)

《旧五代史》卷六四《霍彦威传》:"霍彦威,字子重……明年,从明宗平

---

① (清)朱忻修、刘庠纂:《同治徐州府志》,《中国地方志集成·江苏府县志辑61》,南京:江苏古籍出版社,1991年,第127页。

② (清)朱忻修、刘庠纂:《同治徐州府志》,《中国地方志集成·江苏府县志辑61》,南京:江苏古籍出版社,1991年,第127页。

③ 朱玉龙编著:《五代十国方镇年表》,北京:中华书局,1997年,第44页。

④ (宋)薛居正等:《旧五代史》,北京:中华书局,1976年,第119页。

⑤ 朱玉龙编著:《五代十国方镇年表》,北京:中华书局,1997年,第44页。

⑥ (清)朱忻修、刘庠纂:《同治徐州府志》,《中国地方志集成·江苏府县志辑61》,南京:江苏古籍出版社,1991年,第127页。

⑦ (清)朱忻修、刘庠纂:《同治徐州府志》,《中国地方志集成·江苏府县志辑61》,南京:江苏古籍出版社,1991年,第127页。

⑧ (宋)薛居正等:《旧五代史》,北京:中华书局,1976年,第417—418页。

⑨ 朱玉龙编著:《五代十国方镇年表》,北京:中华书局,1997年,第45页。

⑩ (宋)薛居正等:《旧五代史》,北京:中华书局,1976年,第437页。

潞州，授徐州节度使。”[①]《册府元龟》卷三八七《将帅部·褒异第十三》：“霍彦威为陕州留后，从明宗平潞州，授徐州节度使。天成初，改平卢军节度，至镇擒王公俨，斩之。”[②]

安元信 后唐明宗天成元年—二年（926—927）

《旧五代史》卷三八《明宗本纪第四》：“天成二年……秋七月……壬申，兖州节度使房知温移镇徐州，徐州节度使安元信移镇襄州，沧州节度使赵在礼移镇兖州。”[③]《同治徐州府志》卷六上《职官表》：“安元信，天成元年武宁军节度使。”[④]

房知温 后唐明宗天成二年—长兴元年（927—930）[⑤]

《旧五代史》卷九一《房知温传》：“房知温，字伯玉，兖州瑕丘人也。……明宗即位……俄改徐州节度使，加兼侍中。”[⑥]《同治徐州府志》卷六上《职官表》：“房知温，天成二年武宁军节度使。”[⑦]

张虔钊 后唐明宗长兴元年—二年（930—931）[⑧]

《旧五代史》卷七四《张虔钊传》：“张虔钊，辽州人也。……天成中……以功授沧州节度使。移镇徐州。长兴中，为山南西道节度使兼西面马步军都部署。”[⑨]《同治徐州府志》卷六上《职官表》：“张虔钊，长兴元年武宁军节度使。”[⑩]

李敬周 后唐明宗长兴二—四年（931—933）[⑪]

《旧五代史》卷四二《明宗本纪第八》：“长兴二年……二月……癸丑，邠

---

① （宋）薛居正等：《旧五代史》，北京：中华书局，1976年，第852页。

② （宋）王钦若等编纂：《册府元龟》，南京：凤凰出版社，2006年，第4369页。

③ （宋）薛居正等：《旧五代史》，北京：中华书局，1976年，第525页。

④ （清）朱忻修、刘庠纂：《同治徐州府志》，《中国地方志集成·江苏府县志辑61》，南京：江苏古籍出版社，1991年，第128页。

⑤ 朱玉龙编著：《五代十国方镇年表》，北京：中华书局，1997年，第46页。

⑥ （宋）薛居正等：《旧五代史》，北京：中华书局，1976年，第1196页。

⑦ （清）朱忻修、刘庠纂：《同治徐州府志》，《中国地方志集成·江苏府县志辑61》，南京：江苏古籍出版社，1991年，第128页。

⑧ 朱玉龙编著：《五代十国方镇年表》，北京：中华书局，1997年，第46页。

⑨ （宋）薛居正等：《旧五代史》，北京：中华书局，1976年，第973页。

⑩ （清）朱忻修、刘庠纂：《同治徐州府志》，《中国地方志集成·江苏府县志辑61》，南京：江苏古籍出版社，1991年，第128页。

⑪ 朱玉龙编著：《五代十国方镇年表》，北京：中华书局，1997年，第47页。

州节度使李敬周移镇徐州。”①

李　周　后唐明宗长兴中

《旧五代史》卷九一《李周传》：“李周，字通理，邢州内丘人也，唐潞州节度使抱真之后。……长兴、清泰中，历徐、安、雍、汴四镇，所至无苛政，人皆乐之。”②

张敬达　后唐明宗长兴四年—潞王清泰二年(933—935)

《旧五代史》卷四四《明宗本纪第一》：“长兴四年……冬十月……戊辰……以前云州节度使张敬达为徐州节度使。”③《旧五代史》卷四七《末帝本纪中》：“清泰二年……秋七月……乙巳，以徐州节度使张敬达充北面行营副总管。”④

赵延寿　后唐明宗时

《旧五代史》卷九八《赵延寿传》：“延寿，本姓刘氏。……初为汴州司马，明宗即位，授汝州刺史，历河阳、宋州节度使，入为上将军。充宣徽使，迁枢密使，兼镇徐州。”⑤

韦　坚　后梁末帝贞明五年(919)或后唐中？

《旧五代史》卷九《末帝本纪中》：“贞明五年……二月乙巳，以宣徽院副使韦坚权知徐州军事。”⑥《册府元龟》卷六九九《牧守部·枉滥》：“后唐韦坚知徐州事，百姓杨知元诣阙讼坚。”⑦

安彦威　后晋高祖天福元年—二年(936—937)⑧

《同治徐州府志》卷六上《职官表》：“宋(安)彦威，天福二年徐州节度使。”⑨

苌从简　后晋高祖天福二—四年(937—939)⑩

---

① (宋)薛居正等：《旧五代史》，北京：中华书局，1976年，第576页。

② (宋)薛居正等：《旧五代史》，北京：中华书局，1976年，第1202—1204页。

③ (宋)薛居正等：《旧五代史》，北京：中华书局，1976年，第608页。

④ (宋)薛居正等：《旧五代史》，北京：中华书局，1976年，第650页。

⑤ (宋)薛居正等：《旧五代史》，北京：中华书局，1976年，第1311页。

⑥ (宋)薛居正等：《旧五代史》，北京：中华书局，1976年，第138页。

⑦ (宋)王钦若等编纂：《册府元龟》，南京：凤凰出版社，2006年，第8075页。

⑧ 朱玉龙编著：《五代十国方镇年表》，北京：中华书局，1997年，第47页。

⑨ (清)朱忻修、刘痒纂：《同治徐州府志》，《中国地方志集成·江苏府县志辑61》，南京：江苏古籍出版社，1991年，第128页。

⑩ 朱玉龙编著：《五代十国方镇年表》，北京：中华书局，1997年，第47页。

《旧五代史》卷九四《苌从简传》："苌从简，陈州人也。……天福元年十二月，授许州节度使，改赐推忠佐运保国功臣。二年秋，移镇徐州。三年，加开府仪同三司、检校太尉，进封开国公，食邑至一千五百户。"①

侯　益　后晋高祖天福四—五年(939—940)

《旧五代史》卷七八《高祖本纪第四》："天福四年……秋七月……甲辰……以潞州节度使侯益为徐州节度使。"②卷七九《高祖本纪第五》："天福五年……三月……以徐州节度使侯益为秦州节度使。"③《宋史》卷二五四《侯益传》："侯益，汾州平遥人。……天福四年，晋祖追念虎牢之功，迁武宁军节度、同平章事……明年，徙镇秦州，克西面都部署。"④

吴　峦　后晋高祖天福中

《旧五代史》卷九五《吴峦传》："吴峦，字宝川，汶阳卢县人也。……高祖建号……召峦归阙，授徐州节度使，再迁右谏议大夫，为复州防御使，数年罢归。"⑤

李从温　后晋高祖天福五年—出帝天福八年(940—943)⑥

《旧五代史》卷八一《少帝本纪第一》："(天福七年)秋七月……乙巳，徐州节度使李从温、宋州节度使安彦威并加兼中书令。"⑦《同治徐州府志》卷六上《职官表》："李从温，天福五年徐州节度使。"⑧

赵在礼　后晋出帝天福八年—开运二年(943—945)⑨

《旧五代史》卷八三《少帝本纪第三》："开运元年……八月辛丑……徐州节度使赵在礼充马步军都虞候。"⑩卷九〇《赵在礼传》："赵在礼，字干臣，涿州人也。……天福六年……八年四月，移镇徐州，进封楚国公。"⑪

---

① (宋)薛居正等：《旧五代史》，北京：中华书局，1976年，第1241—1242页。

② (宋)薛居正等：《旧五代史》，北京：中华书局，1976年，第1030页。

③ (宋)薛居正等：《旧五代史》，北京：中华书局，1976年，第1039页。

④ (元)脱脱等：《宋史》，北京：中华书局，1977年，8880页。

⑤ (宋)薛居正等：《旧五代史》，北京：中华书局，1976年，第1267页。

⑥ 朱玉龙编著：《五代十国方镇年表》，北京：中华书局，1997年，第47—48页。

⑦ (宋)薛居正等：《旧五代史》，北京：中华书局，1976年，第1070页。

⑧ (清)朱忻修、刘痒纂：《同治徐州府志》，《中国地方志集成·江苏府县志辑61》，南京：江苏古籍出版社，1991年，第128页。

⑨ 朱玉龙编著：《五代十国方镇年表》，北京：中华书局，1997年，第48页。

⑩ (宋)薛居正等：《旧五代史》，北京：中华书局，1976年，第1094页。

⑪ (宋)薛居正等：《旧五代史》，北京：中华书局，1976年，第1177—1178页。

符彦卿 后晋出帝开运二年—后汉天福十二年(945—947)①

《旧五代史》卷八三《少帝本纪第三》:"开运二年……夏四月……许州节度使符彦卿加同平章事,移镇徐州。"②

王 周 后汉高祖天福十二年—乾祐元年(947—948)③

《旧五代史》卷一〇〇《高祖本纪下》:"天福十二年……秋七月……庚子,以徐州节度使、检校太师、同平章事、岐国公符彦卿为兖州节度使,加兼侍中;以邓州节度使、检校太师王周为徐州节度使,加同平章事。"④

刘 赟 后汉高祖乾祐元年—隐帝乾祐三年(948—950)⑤

《同治徐州府志》卷六上《职官表》:"刘赟,乾祐元年徐州节度使。"⑥

王重裔 后汉末

《同治徐州府志》卷六上《职官表》:"王重裔,汉末徐州巡检兼知军事。"⑦

王彦超 后周太祖广顺元年(951)

《新五代史》卷一八《刘赟传》:"(周)太祖拜王彦超徐州节度使,下诏谕庭美等,许以刺史,并诏赟赦庭美等。广顺元年三月,彦超克徐州,庭美等皆见杀。"⑧《册府元龟》卷三二三《宰辅部·总兵》:"广顺元年冬,河东刘崇与契丹围晋州,(周王)峻请行应援。太祖用峻为行营都部署,以徐州节度使王彦超为副……随行将吏得自选择。"⑨

王 晏 后周太祖广顺元年—世宗显德元年(951—954)

《旧五代史》卷一一四《世宗本纪第一》:"显德元年……冬十月……丙午……以徐州节度使王晏为西京留守。"⑩《宋史》卷二五二《王晏传》:"王

---

① 朱玉龙编著:《五代十国方镇年表》,北京:中华书局,1997年,第49页。

② (宋)薛居正等:《旧五代史》,北京:中华书局,1976年,第1104页。

③ 朱玉龙编著:《五代十国方镇年表》,北京:中华书局,1997年,第49页。

④ (宋)薛居正等:《旧五代史》,北京:中华书局,1976年,第1334页。

⑤ 朱玉龙编著:《五代十国方镇年表》,北京:中华书局,1997年,第49页。

⑥ (清)朱忻修、刘庠纂:《同治徐州府志》,《中国地方志集成·江苏府县志辑61》,南京:江苏古籍出版社,1991年,第128页。

⑦ (清)朱忻修、刘庠纂:《同治徐州府志》,《中国地方志集成·江苏府县志辑61》,南京:江苏古籍出版社,1991年,第128页。

⑧ (宋)欧阳修:《新五代史》,北京:中华书局,1974年,第192页。

⑨ (宋)王钦若等编纂:《册府元龟》,南京:凤凰出版社,2006年,第3653页。

⑩ (宋)薛居正等:《旧五代史》,北京:中华书局,1976年,第1521页。

晏,徐州滕人,家世力田。……广顺元年……八月来朝,周祖以晏家彭城,授武宁军节度,俾荣其乡里。三年,周祖征兖州,次张康镇,晏来朝,献马七匹,赐袭衣、金带。亲郊毕,封滕国公,加开府阶。世宗即位,加兼中书令。……世宗初,复请立德政碑。"①

武行德 后周世宗显德元年—三年(954—956)

《旧五代史》卷一一四《世宗本纪第一》:"显德元年……冬十月……丙午……以徐州节度使王晏为西京留守,以西京留守武行德为徐州节度使。"②卷一一六《世宗本纪第三》:"显德三年……夏四月甲子,以徐州节度使武行德为濠州城下行营都部署。"③《册府元龟》卷四九七《邦计部·河渠第二》:"(显德)五年三月,世宗在淮南,会浚汴口,导其流而达于淮、汴。……帝于二年冬,将议南征,即诏徐州节度使武行德,发其部内丁夫,因其古堤,疏而导之,东至于泗上。"④

向 训 后周世宗显德四年(957)

《旧五代史》卷一一七《世宗本纪第四》:"显德四年……三月……戊戌,授宣徽南院使、淮南节度使向训为徐州节度使,充淮南道行营都监,即命屯镇淮上。"⑤"冬十月……壬午……以前郓州节度使郭从义为徐州节度使,以徐州节度使向训为宋州节度使。"⑥

郭从义 后周世宗显德四年—恭帝显德六年(957—959)

《旧五代史》卷一二〇《恭帝本纪》:"显德六年……八月……徐州节度使、检校太师、兼中书令郭从义加开府仪同三司。"⑦

高 锡 后周世宗显德初(954)

《同治徐州府志》卷六上《职官表》:"高锡,显德初武宁军节度使。"⑧

向 珙 后周世宗时

---

① (元)脱脱等:《宋史》,北京:中华书局,1977年,第8847—8849页。

② (宋)薛居正等:《旧五代史》,北京:中华书局,1976年,第1521页。

③ (宋)薛居正等:《旧五代史》,北京:中华书局,1976年,第1546页。

④ (宋)王钦若等编纂:《册府元龟》,南京:凤凰出版社,2006年,第5652页。

⑤ (宋)薛居正等:《旧五代史》,北京:中华书局,1976年,第1557页。

⑥ (宋)薛居正等:《旧五代史》,北京:中华书局,1976年,第1562页。

⑦ (宋)薛居正等:《旧五代史》,北京:中华书局,1976年,第1593页。

⑧ (清)朱忻修、刘庠纂:《同治徐州府志》,《中国地方志集成·江苏府县志辑61》,南京:江苏古籍出版社,1991年,第128页。

《同治徐州府志》卷六上《职官表》:“向珙,周世宗时武宁节度使。”①

(二)节度副使

李承权 后梁中

《同治徐州府志》卷六上《职官表》:“李承权,梁武宁军节度副使。”②

李 存 后梁末帝贞明四年(918)

《旧五代史》卷九《末帝本纪中》:“贞明四年……八月……戊申,以武宁军节度副使李存权知宿州事。”③

李绍文 后唐庄宗同光三年(925)

《同治徐州府志》卷六上《职官表》:“李绍文,同光三年徐州节度副使。”④

李建崇 后唐庄宗同光中

《同治徐州府志》卷六上《职官表》:“李建崇,同光中节度副使。”⑤

安审晖 后唐明宗天成初

《同治徐州府志》卷六上《职官表》:“安审晖,天成初徐州节度副使。”⑥

张可复 后汉乾祐中

《同治徐州府志》卷六上《职官表》:“张可复,乾祐时武宁军节度副使。”⑦

---

① (清)朱忻修、刘痒纂:《同治徐州府志》,《中国地方志集成·江苏府县志辑61》,南京:江苏古籍出版社,1991年,第128页。

② (清)朱忻修、刘痒纂:《同治徐州府志》,《中国地方志集成·江苏府县志辑61》,南京:江苏古籍出版社,1991年,第127页。

③ (宋)薛居正等:《旧五代史》,北京:中华书局,1976年,第135页。

④ (清)朱忻修、刘痒纂:《同治徐州府志》,《中国地方志集成·江苏府县志辑61》,南京:江苏古籍出版社,1991年,第127页。

⑤ (清)朱忻修、刘痒纂:《同治徐州府志》,《中国地方志集成·江苏府县志辑61》,南京:江苏古籍出版社,1991年,第127页。

⑥ (清)朱忻修、刘痒纂:《同治徐州府志》,《中国地方志集成·江苏府县志辑61》,南京:江苏古籍出版社,1991年,第127页。

⑦ (清)朱忻修、刘痒纂:《同治徐州府志》,《中国地方志集成·江苏府县志辑61》,南京:江苏古籍出版社,1991年,第128页。

（三）观察支使

姚　勍　后梁中

《同治徐州府志》卷六上《职官表》："姚勍，梁感化军节度观察支使。"①

（四）判司

司法参军

剧可久　后唐同光元年（923）

《宋史》卷二七〇《剧可久传》："剧可久字尚贤，涿州范阳人。沉毅方正，明律令。与冯道、赵凤为友。后唐同光初，凤荐于朝，补徐州司法，以干职闻。召为大理评事，赐绯。逾年，迁大理正，坐误治狱责授登州司户。"②

（五）判官

1. 节度判官

董　裔　后汉中

《同治徐州府志》卷六上《职官表》："董裔，汉武宁节度判官。"③

2. 观察判官

武若讷　后周太祖广顺二年前后（952 前后）

《大周故宿州苻（符）离县令武府君（敏）墓志》："公讳敏……仲子若讷，任徐宿等州观察判官。……以大周广顺二年十一月三日，卜葬于……礼也。"④

（六）推官

节度推官

康　琳　后周太祖显德元年前（954 前）

《大周故护国军节度行军司马金紫光禄大夫检校司徒兼御史大夫上柱

---

① （清）朱忻修、刘庠纂：《同治徐州府志》，《中国地方志集成·江苏府县志辑 61》，南京：江苏古籍出版社，1991 年，第 127 页。

② （元）脱脱等：《宋史》，北京：中华书局，1977 年，第 9255 页。

③ （清）朱忻修、刘庠纂：《同治徐州府志》，《中国地方志集成·江苏府县志辑 61》，南京：江苏古籍出版社，1991 年，第 127 页。

④ 吴钢主编：《全唐文补遗（千唐志斋新藏专辑）》，西安：三秦出版社，2006 年，第 430 页。

国武威县开国男食邑三百户安公(重遇)墓志铭并序》:"次女见侍康氏前摄徐州节度推官琳。……即显德元年十一月八日也。"①

●具体推官名称不详者

贾昭度 后汉

《同治徐州府志》卷六上《职官表》:"贾昭度,汉徐州推官。"②

郭忠恕 任职时间不详

《同治徐州府志》卷六上《职官表》:"郭忠恕,徐州推官。"③

---

① 吴钢主编:《全唐文补遗(第一辑)》,西安:三秦出版社,1994年,第450—451页。

② (清)朱忻修、刘庠纂:《同治徐州府志》,《中国地方志集成·江苏府县志辑61》,南京:江苏古籍出版社,1991年,第128页。

③ (清)朱忻修、刘庠纂:《同治徐州府志》,《中国地方志集成·江苏府县志辑61》,南京:江苏古籍出版社,1991年,第127页。

卷四　宿州

宿州，五代十国先后归属北方政权，辖有四县：州治符离县（治今安徽省宿州市区）、虹县（治今安徽泗县）、蕲县（治今安徽省宿州市蕲县镇）、临涣县（治今安徽省濉溪县临涣镇）均在今皖淮地区境内。

一、州级官员

（一）刺史、团练使

王　儒　后梁太祖开平元年（907）

《册府元龟》卷二〇二《闰位部·祥瑞第二》：“（后梁开平元年）五月……是月宿州刺史王儒进白兔一。”①

赵　霖　后梁太祖开平三年（909）

《旧五代史》卷一四《赵犨传》：“赵犨……次子霖，改名岩……开平……三年七月，出为宿州团练使，旋移州刺史。”②

韩恭（二度之任）　后梁太祖开平三—四年（909—910）

《梁故陇西县郡李氏墓志铭并序》：“韩公恭。……开平三年，遂拜宿州牧。四年，又除绛州刺史，加司徒，疏封爵。”③《大唐故兴国推忠功臣光禄大夫检校太保守左金吾卫大将军致仕兼御史大夫上柱国昌黎县开国伯食邑七百户韩公墓志铭》：“公是昌黎郡京兆人也，讳恭，字智谦……公初任梧州刺

---

① （宋）王钦若等编纂：《册府元龟》，南京：凤凰出版社，2006年，第2278页。

② （宋）薛居正等：《旧五代史》，北京：中华书局，1976年，第195页。

③ 周阿根：《五代墓志汇考》，合肥：黄山书社，2011年，第35—36页。

史、检校尚书右仆射……次任宿州刺史、检校司徒，次任绛州刺史，次再任宿州刺史……次任守左金吾卫大将军致仕。……公洎乎天成四年十月十七日薨于寝室，年六十七也。”①

康怀英　后梁太祖时

《光绪宿州志》卷一一《官爵志》：“康怀英，事梁太祖，累立战功，杨行密攻宿州，怀英击走之。太祖表为宿州刺史，迁保义军节度使，有政绩。”②

李　存　后梁末帝贞明四年(918)

《旧五代史》卷九《末帝本纪中》：“贞明四年……八月……戊申，以武宁军节度副使李存权知宿州事。”③

袁象先　后梁时

《光绪宿州志》卷一二《官爵志·职官》：“袁象先，为宿州刺史。”④

朱保谭　后唐庄宗同光元年前后(923 前后)

《册府元龟》卷一六九《帝王部·纳贡献》：“(后唐庄宗同光元年十一月)是月，宿州朱保谭进本朝十二列圣写真及玄宗封泰山图。”⑤

薛敬忠　约后唐庄宗同光至明宗天成初

《新五代史》卷七四《四夷附录第三·达靼》：“同光中……明宗诏达靼入契丹界，以张军势，遣宿州刺史薛敬忠以所获契丹团牌二百五十及弓箭数百赐云州生界达靼，盖唐常常役属之。”⑥

周知裕　后唐明宗天成初(926)

《旧五代史》卷六四《周知裕传》：“周知裕，字好问，幽州人也。……明宗时为总管……明宗即位，移刺绛州，改淄州刺史、宿州团练使。”⑦《册府元龟》卷六七八《牧守部·劝课》：“周知裕，明宗朝历绛州淄州刺史、宿州团

---

① 周阿根：《五代墓志汇考》，合肥：黄山书社，2011 年，第 198—200 页。

② (清)何庆钊修、(清)丁逊之等纂：《光绪宿州志》，《中国地方志集成·安徽府县志辑28》，南京：江苏古籍出版社，1998 年，第 213 页。

③ (宋)薛居正等：《旧五代史》，北京：中华书局，1976 年，第 135 页。

④ (清)何庆钊修、(清)丁逊之等纂：《光绪宿州志》，《中国地方志集成·安徽府县志辑28》，南京：江苏古籍出版社，1998 年，第 226 页。

⑤ (宋)王钦若等编纂：《册府元龟》，南京：凤凰出版社，2006 年，第 1878 页。

⑥ (宋)欧阳修：《新五代史》，北京：中华书局，1974 年，第 911 页。

⑦ (宋)薛居正等：《旧五代史》，北京：中华书局，1976 年，第 859—860 页。

练使。”①

谢　洪　后唐明宗天成二年(927)

《旧五代史》卷三八《明宗本纪第四》:“天成二年……秋七月……甲子,以检校工部尚书谢洪为宿州团练使。”②

康思立　后唐明宗天成三年(928)

《旧五代史》卷七〇《康思立传》:“康思立,晋阳人也。……天成元年,授应州刺史,寻移岚州,充北面诸蕃部族都监。三年,迁宿州团练使。四年,领昭武军节度、利巴集等州观察处置等使,改赐耀忠保节功臣。”③

潘　环　后唐明宗—潞王清泰中

《旧五代史》卷九四《潘环传》:“潘环,字楚奇,洛阳人也。……天成初,授棣州刺史……明宗召对,顾侍臣曰:‘此人勇敢,少能偕者。’寻除宿州团练使。清泰中,移耀州。”④《册府元龟》卷八一《帝王部·庆赐第三》“后唐潞王清泰元年七月”条:“诏郑州防御使宋敬塘、宿州团练使潘环……示新恩也。”⑤卷四五五《将帅部·贪黩》:“潘环为宿州团练使,后为金州、澶州节度使。”⑥

周令武　后唐明宗长兴元年—闵帝应顺元年(930—934)

《晋故竭忠建策兴复功臣光禄大夫检校太傅使持节行蔡州诸军事蔡州刺史兼御史大夫上柱国汝南郡开国伯食邑七百户周公墓志铭并序》:“公讳令武,字允和,涿州范阳人也……天成元年,除蔚州刺史……长兴元年中……转检校太保、宿州刺史兼本州团练使……应顺元祀,除绛州刺史。”⑦

武从谏　后唐潞王清泰三年(936)

《册府元龟》卷四八五《邦计部·济军》:“(后唐潞王清泰三年)八月丙寅,宿州刺史武从谏献助军钱五百缗。”⑧

孔知濬　后晋高祖天福中

---

① (宋)王钦若等编纂:《册府元龟》,南京:凤凰出版社,2006年,第7819页。
② (宋)薛居正等:《旧五代史》,北京:中华书局,1976年,第525页。
③ (宋)薛居正等:《旧五代史》,北京:中华书局,1976年,第932页。
④ (宋)薛居正等:《旧五代史》,北京:中华书局,1976年,第1243页。
⑤ (宋)王钦若等编纂:《册府元龟》,南京:凤凰出版社,2006年,第889—890页。
⑥ (宋)王钦若等编纂:《册府元龟》,南京:凤凰出版社,2006年,第5119页。
⑦ 周阿根:《五代墓志汇考》,合肥:黄山书社,2011年,第342—343页。
⑧ (宋)王钦若等编纂:《册府元龟》,南京:凤凰出版社,2006年,第5501页。

《旧五代史》卷一二五《孔知濬传》:"孔知濬,字秀川,徐州滕县人。……晋高祖即位,用为奉国右厢都指挥使,领舒州刺史,从征范延光于鄴,迁宿州团练使,俄改陇州防御使。开运中,移刺凤州,累官至检校太傅。"①

薛怀让 后晋高祖或出帝天福中

《宋史》卷二五四《薛怀让传》:"薛怀让,其先戎人,徙居太原。……明宗时,改神武右厢都校、领奖州刺史。……晋天福中……又历沂、辽、密、怀四州刺史……以功改宿州团练使。……命怀让为洺州团练使。"②

梁进明 后晋出帝天福九年前后(944 前后)

《册府元龟》卷一二〇《帝王部·选将第二》:"天福九年,契丹入侵,命宋州节度使高行周为北面行营都部署,河阳节度使符彦卿为骑军右排阵使,宿州刺史梁进明副之。"③

赵 凤 后晋出帝开运末

《旧五代史》卷一二九《赵凤传》:"赵凤,冀州枣强县人……晋末,契丹入洛,凤从至东京,授宿州防御使。汉祖即位,受代归阙,寻授河卫行军司马。"④

安 真 后汉高祖天福十二年(947)

《旧五代史》卷九九《高祖本纪上》:"天福十二年……夏四月……庚申……以前辽州刺史安真为宿州团练使。"⑤

薛 琼 后周太祖广顺中(951—953)

《册府元龟》卷八二〇《总录部·立祠》:"薛琼,广顺中为宿州团练使。宿州民吏诣阙上言,请为琼立碑颂美,太祖从之。"⑥

赵 砺 后周世宗显德二—五年(955—958)

《全唐文》卷八五九"赵砺":"砺,汉乾祐二年为西京留台侍御史。周显德初为知杂侍御史,二年以太常博士权知宿州军州事,坐推劾弛慢除名。"⑦《旧五代史》卷一一八《世宗本纪第五》:"(显德五年夏四月丙辰)太常博士、

---

① (宋)薛居正等:《旧五代史》,北京:中华书局,1976 年,第 1642 页。

② (元)脱脱等:《宋史》,北京:中华书局,1977 年,第 8887—8888 页。

③ (宋)王钦若等编纂:《册府元龟》,南京:凤凰出版社,2006 年,第 1314 页。

④ (宋)薛居正等:《旧五代史》,北京:中华书局,1976 年,第 1704 页。

⑤ (宋)薛居正等:《旧五代史》,北京:中华书局,1976 年,第 1327 页。

⑥ (宋)王钦若等编纂:《册府元龟》,南京:凤凰出版社,2006 年,第 9547 页。

⑦ (清)董诰等编:《全唐文》,北京:中华书局,1983 年,第 9010 页。

权知宿州军州事赵砺除名,坐推勀弛慢也。”①

范再遇 后周世宗显德四年后(957 后)

《旧五代史》卷一一七《世宗本纪第四》:“显德四年……十二月乙卯,泗州守将范再遇以其城降,授再遇宿州团练使。”②《册府元龟》卷一六七《帝王部·招怀第五》:“(后周世宗显德四年)十二月,泗州守将范再遇以其城降,寻授再遇检校太保、宿州团练使,赐推诚化功臣,仍厚赐加赉。”③

王 祚 后周

《光绪宿州志》卷一二《官爵志·职官》:“王祚,祁人,为宿州团练使。”④

(二)团练副使

郭从义 后晋高祖天福初

《宋史》卷二五二《郭从义传》:“郭从义,其先沙陀部人。……晋天福初,始复姓郭氏。坐事出为宿州团练副使。丁内艰北归,遂家太原。”⑤

(三)判官

观察判官

武若讷 后周太祖广顺二年前后(952 前后)

《大周故宿州苻(符)离县令武府君(敏)墓志》:“公讳敏……仲子若讷,任徐宿等州观察判官。……以大周广顺二年十一月三日,卜葬于……礼也。”⑥

---

① (宋)薛居正等:《旧五代史》,北京:中华书局,1976 年,第 1572 页。

② (宋)薛居正等:《旧五代史》,北京:中华书局,1976 年,第 1563 页。

③ (宋)王钦若等编纂:《册府元龟》,南京:凤凰出版社,2006 年,第 1863 页。

④ (清)何庆钊修、(清)丁逊之等纂:《光绪宿州志》,《中国地方志集成·安徽府县志辑 28》,南京:江苏古籍出版社,1998 年,第 226 页。

⑤ (元)脱脱等:《宋史》,北京:中华书局,1977 年,第 8850 页。

⑥ 吴钢主编:《全唐文补遗(千唐志斋新藏专辑)》,西安:三秦出版社,2006 年,第 430 页。

二、县级官员

符离县

县令

张洙业 后唐潞王清泰二年前(935 前)

《册府元龟》卷九三三《总录部·诬构第二》:“王昶者,宿州符离县民也。清泰二年,昶诉县令张洙业因检民田受赃。法司推劾,乃是县典韩师练取赃,诬洙业以失检辖。遇赦放,师练杖杀之。”①

向 瑀 后汉中

《宋史》卷二八二《向敏中传》:“向敏中字常之,开封人。父瑀,仕汉符离令,性严毅。惟敏中一子,躬自教督,不假颜色。”②《全宋文》卷三六三祖士衡《大宋故推忠协谋守正佐理功臣开府仪同三司行尚书左仆射兼门下侍郎同中书门下平章事充玉清昭应宫使昭文馆大学士监修国史上柱国河内郡开国公食邑一万二千七百户食实封五千一百户赠太师谥曰文简向公神道碑铭(天禧四年)》:“公讳敏中,字常之,其先宋左师之裔也。……考曹国公讳瑀。……始,令君罢符离邑宰,丁许公之忧,生计屡空,僦居辇下,惟公一子,旁无近亲,偶得鲜原,以营真宅。”③

武 敏 后汉隐帝乾祐三年前(950 前)

《大周故宿州符离县令武府君墓志》:“公讳敏,字德美,太原晋阳人也。……授宿州符离县令。……以汉乾祐三年七月十一日启手足□符离县之私第,享年六十有六岁。”④

---

① (宋)王钦若等编纂:《册府元龟》,南京:凤凰出版社,2006 年,第 10811 页。

② (元)脱脱等:《宋史》,北京:中华书局,1977 年,第 9553 页。

③ 曾枣庄、刘琳主编:《全宋文》,上海:上海辞书出版社,2006 年,第 17 册,第 367—373 页。

④ 周阿根:《五代墓志汇考》,合肥:黄山书社,2011 年,第 503—504 页。

卷五　寿州

寿州，五代十国时期先后归属南北方政权，辖六县：州治下蔡县[①]（治今安徽省凤台县）、寿春县（治今安徽寿县）、安丰县（治今安徽寿县南安丰铺）、盛唐县[②]（治今安徽省六安市）、霍丘县（治今安徽省霍邱县）、霍山县（治集安徽省霍山县）。五代十国时期寿州全境均在今皖淮地区。

一、州级官员

（一）刺史、节度使、团练使

朱友璋　约后梁太祖初

《新五代史》卷一三《梁家人传第一》："（开平元年五月乙酉）封友文为博王、友珪郢王、友璋福王……友璋初为寿州团练使、押左右番殿直、监丰德库。"[③]

张昌孙　后梁末帝贞明四年(918)

《旧五代史》卷九《梁书九·末帝本纪中》："（贞明四年九月乙未）起复云麾将军、检校太保、寿州团练使张昌孙落起复，授光禄大夫、检校太傅。"[④]

卢文进　后唐庄宗时

《新五代史》卷四八《卢文进传》："卢文进，字大用，范阳人也。为刘守

---

① 后周显德四年(957)从颍州割来属。

② 五代梁改名潜山县，后唐同光初复名盛唐县，晋天福中又改来化县，寻复为盛唐县。

③ (宋)欧阳修：《新五代史》，北京：中华书局，1974年，第132页。

④ (宋)薛居正等：《旧五代史》，北京：中华书局，1976年，第136页。

光骑将，唐庄宗攻范阳，文进以先降，拜寿州刺史，庄宗以属其弟存拒。”①《资治通鉴》卷二六九“后梁贞明三年二月”条：“存矩得五百骑，自部送之，以寿州刺史卢文进为裨将。”②

朱延寿 杨吴初

《光绪寿州志》卷一三《职官志》：“朱延寿，庐州舒城人。”③

柴再用 杨吴初

《光绪寿州志》卷一三《职官志表》“柴再用”条④。

崔太初 杨吴顺义元年前(921 前)

《资治通鉴》卷二七一“后梁龙德元年十月”条：“徐温闻寿州团练使崔太初苛察失民心，欲征之，徐知诰曰……温怒曰：‘一崔太初不能制，如他人何！’征为右雄武大将军。”⑤

钟泰章 杨吴顺义三年(923)

《资治通鉴》卷二七二“后唐同光元年冬十月”条：“吴人有告寿州团练使钟泰章侵市官马者，徐知诰以吴王之命，遣滁州刺史王稔巡霍丘，因代为寿州团练使，以泰章为饶州刺史。”⑥

王 稔 杨吴顺义三年—大和元年(923—929)⑦

见上“钟泰章”条。

周 本 杨吴大和二年—天祚二年(930—936)⑧

《南唐书》卷九《周本传》：“周本，舒州宿松人，汉南郡太守瑜之后。……庄宗问吴之名将存否，而本预焉。由是召入，为雄武统军。出为寿州节度使，移镇庐州，拜太尉、中书令，封西平王。”⑨

---

① (宋)欧阳修：《新五代史》，北京：中华书局，1974 年，第 539 页。

② (宋)司马光编著：《资治通鉴》，北京：中华书局，1956 年，第 8811—8812 页。

③ (清)曾道唯等修，(清)葛荫南等纂：《光绪寿州志》，《中国地方志集成·安徽府县志辑 21》，南京：江苏古籍出版社，1998 年，第 172 页。

④ (清)曾道唯等修，(清)葛荫南等纂：《光绪寿州志》，《中国地方志集成·安徽府县志辑 21》，南京：江苏古籍出版社，1998 年，第 172 页。

⑤ (宋)司马光编著：《资治通鉴》，北京：中华书局，1956 年，第 8870 页。

⑥ (宋)司马光编著：《资治通鉴》，北京：中华书局，1956 年，第 8903 页。

⑦ 朱玉龙：《五代十国方镇年表》，北京：中华书局，1997 年，第 385 页。

⑧ 朱玉龙：《五代十国方镇年表》，北京：中华书局，1997 年，第 385—386 页。

⑨ (宋)马令：《南唐书》，南京：南京出版社，2010 年，第 75—76 页。

高审思 杨吴天祚二年—南唐烈祖升元六年(936—942)[①]

《南唐书》卷一《先主书第一》:"(升元六年)寿州高审思卒。"[②]卷九《高审思传》:"高审思……烈祖奇之,常使总领亲兵。拜寿州节度使,增修城隍,守备甚严。……显德之役,寿州城隍最坚,亦审思之遗绩尔。"[③]

姚 景 南唐烈祖升元六年—元宗保大二年(942—944)[④]

《南唐书》卷二《嗣主书第二》:"(保大二年秋七月)寿州姚景卒,以濠州刘崇俊代,以楚州刺史刘彦贞为濠州观察使。"[⑤]

刘崇俊 南唐保大二—四年(942—946)

《南唐书》卷二《嗣主书第二》:"(保大二年秋七月)寿州姚景卒,以濠州刘崇俊代,以楚州刺史刘彦贞为濠州观察使。"[⑥]"(保大四年)六月,寿州刘崇俊卒。以濠州观察使刘彦贞为清淮军节度使,侍卫诸军都虞候郭全义出为濠州观察使,以刘崇俊子范为滁州刺史。"[⑦]《徐铉集校注》卷一一《大唐故匡时启运功臣清淮军节度寿州观察处置等使特进检校太傅使持节都督寿州诸军事寿州刺史御史大夫上柱国彭城威侯赠太尉刘公神道碑》:"公讳崇俊,字德修。……改寿州刺史,充清淮军节度使。……春秋四十,保大四年夏六月十有六日,薨于寿春公署。"[⑧]

刘彦贞 南唐元宗保大四—十三年(946—955)

《南唐书》卷三《嗣主书第三》:"(保大六年)以润州李金全为西面行营招抚使,寿州刘彦贞为副。"[⑨]"(保大十三年)夏四月,以寿州刘彦贞为神武统军侍卫都指挥使,以刘仁瞻为清淮军节度使。"[⑩]卷一七《刘彦贞传》:"刘彦贞,吴功臣信之子也。……拜濠州节度使,承刘崇俊虎政之后,裁以法度,吏民颇服。及移镇寿春,渐自衿大,务为聚敛,以夺民利。"[⑪]

---

① 朱玉龙:《五代十国方镇年表》,北京:中华书局,1997 年,第 387—388 页。

② (宋)马令:《南唐书》,南京:南京出版社,2010 年,第 23 页。

③ (宋)马令:《南唐书》,南京:南京出版社,2010 年,第 79 页。

④ 朱玉龙:《五代十国方镇年表》,北京:中华书局,1997 年,第 388 页。

⑤ (宋)马令:《南唐书》,南京:南京出版社,2010 年,第 27 页。

⑥ (宋)马令:《南唐书》,南京:南京出版社,2010 年,第 27 页。

⑦ (宋)马令:《南唐书》,南京:南京出版社,2010 年,第 28 页。

⑧ (宋)徐铉著,李振中校注:《徐铉集校注》,北京:中华书局,2018 年,第 590—594 页。

⑨ (宋)马令:《南唐书》,南京:南京出版社,2010 年,第 31 页。

⑩ (宋)马令:《南唐书》,南京:南京出版社,2010 年,第 35 页。

⑪ (宋)马令:《南唐书》,南京:南京出版社,2010 年,第 126 页。

刘仁赡　南唐元宗保大十三—五年(955—957)

《江南野史》卷五《刘仁赡》:"刘仁赡者,濠州刺史金之次子也。……保大十三年出镇寿春。未数月,会前监军使奏罢。"①卷二《嗣主》:"是岁周世宗嗣位。明年夏,授天威军都虞候刘仁赡为寿州节度使。"②《南唐书》卷二《元宗本纪第二》:"保大十五年……三月,诛朱元妻子。丁未,寿州刘仁赡病革。"③

杨　信　后周世宗显德四—六年(957—959)

《旧五代史》卷一一七《周书八·世宗本纪第四》:"(后周显德四年三月辛亥)以伪命清淮军节度使、检校太尉、兼侍中刘仁赡为特进、兼中书令、郓州节度使,以右羽林统军杨信为寿州节度使。是日,刘仁赡卒。"④卷一二〇《周书一一·恭帝本纪》:"(后周显德六年八月甲申)寿州节度使、检校太师、同平章事、韩国公杨信封鲁国公。"⑤《册府元龟》卷四一〇《将帅部·壁垒》:"杨信,为寿州节度使。显德四年四月,奉诏发部内丁夫广寿州新城。"⑥

王令谋　后周世宗显德五年(958)⑦

《徐铉集校注》卷一七《唐故太原府君夫人彭城刘氏墓铭》:"君讳承进,寿州节度使、相国公第三子也。"⑧

(二)司马

高逸休　南唐烈祖保大元年(943)

《徐铉集校注》卷七《高逸休寿州司马制》⑨。

---

① (宋)龙衮:《江南野史》,《全宋笔记第一编(三)》,郑州:大象出版社,2003年,第187页。
② (宋)龙衮:《江南野史》,《全宋笔记第一编(三)》,郑州:大象出版社,2003年,第165页。
③ (宋)陆游:《南唐书》,南京:南京出版社,2010年,第231页。
④ (宋)薛居正等:《旧五代史》,北京:中华书局,1976年,第1557页。
⑤ (宋)薛居正等:《旧五代史》,北京:中华书局,1976年,第1594页。
⑥ (宋)王钦若等编纂:《册府元龟》,南京:凤凰出版社,2006年,第4646页。
⑦ 南唐元宗交泰元年(958),南唐臣服于后周,使用后周显德年号,显德五年即为958年。
⑧ (宋)徐铉著,李振中校注:《徐铉集校注》,北京:中华书局,2018年,第802—803页。
⑨ (宋)徐铉著,李振中校注:《徐铉集校注》,北京:中华书局,2018年,第448页。

（三）判官

节度判官

郑　牧　后周世宗显德四年(957)

《旧五代史》卷一一七《周书八·世宗本纪第四》：“（显德四年三月）壬子，以寿州节度判官郑牧为鸿胪卿，赏归顺也。”①

二、县级官员

（一）寿春县

主簿

樊　潜　南唐中

徐铉《故唐大理司直鄂州汉阳令赠卫尉少卿樊公神道碑》：“公讳潜，字仲明，京兆万年人也。……迁寿州寿春县主簿。”②

（二）霍丘县

县令

周　洁　南唐元宗保大二年(944)

《稽神录》卷三《周洁》：“霍丘令周洁，甲辰岁罢任，客游淮上。”③

宋　耀　后周

《全宋文》卷八七二范镇《宋景文公祁神道碑（元丰三年）》：“公讳祁，字子京。……祖耀，周寿州霍丘令。”④《华阳集》卷三六《宋元宪公庠神道碑铭》：“公讳庠，字公序，开封雍丘人。……祖耀，为周寿州霍丘县令。”⑤

---

① （宋）薛居正等：《旧五代史》，北京：中华书局，1976年，第1557—1558页。

② （宋）徐铉著，李振中校注：《徐铉集校注》，北京：中华书局，2018年，第1187—1188页。

③ （宋）徐铉：《稽神录》，《宋元笔记小说大观1》，上海：上海古籍出版社，2007年，第169页。

④ 曾枣庄、刘琳主编：《全宋文》，上海：上海辞书出版社，2006年，第40册，第292页。

⑤ （宋）王珪：《华阳集》，北京：中华书局，1985年，第463页。

卷六　濠州

濠州，五代十国时期先后归属南北方政权，辖四县，分别为州治钟离县（治今安徽省凤阳县东北）、定远县（治今安徽省定远县东南大桥乡三官集）、招义县（治今安徽省明光市东北六十里女山湖镇）。五代十国时期濠州全境均在今皖淮地区。

州级官员

（一）刺史、节度使、观察使

刘仁规　杨吴天祐十四年—乾贞元年（917—927）[①]

《资治通鉴》卷二八四“后晋开运元年八月”条：“初，吴濠州刺史刘金卒，子仁规代之；仁规卒，子崇俊代之。唐烈祖置定远军于濠州，以崇俊为节度使。会清淮节度使姚景卒，崇俊厚赂权要，求兼领寿州。唐主阳为不知其意，徙崇俊为清淮节度使，以楚州刺史刘彦贞为濠州观察使，驰往代之；崇俊悔之。彦贞，信之子也。”[②]《南唐书》卷一一《刘崇俊传》：“刘崇俊，字德修，楚州山阳人。祖金，事吴有功，为濠州刺史，振威名于境上，世典濠梁。崇俊弱冠，嗣父仁规为濠州刺史。仁规苛酷，崇俊初立，颇务仁惠。”[③]

刘崇俊　杨吴乾贞元年—南唐元宗保大二年（917—944）[④]

---

① 朱玉龙：《五代十国方镇年表》，北京：中华书局，1997 年，第 392—393 页。

② （宋）司马光编著：《资治通鉴》，北京：中华书局，1956 年，第 9275 页。

③ （宋）马令：《南唐书》，南京：南京出版社，2010 年，第 91 页。

④ 朱玉龙：《五代十国方镇年表》，北京：中华书局，1997 年，第 393—395 页。

《南唐书》卷一《先主书第一》:"(保大二年秋七月)寿州姚景卒,以濠州刘崇俊代,以楚州刺史刘彦贞为濠州观察使。"[①]卷二《嗣主书第二》:"(保大四年)六月,寿州刘崇俊卒。"[②]卷一二《刘崇俊传》:"刘崇俊,字德修,楚州山阳人。……会寿州姚景卒,崇俊厚赂权贵,求兼领寿州,元宗乃阳若不解其意,命移镇寿州,而遣楚州刺史刘彦贞驰入濠州代之,崇俊自悼失计,颇革心循法度,未几得疾,卒年四十,赠太尉,谥曰威。"[③]

刘彦贞 南唐元宗保大二—四年(944—946)

《南唐书》卷二《嗣主书第二》:"(保大二年秋七月)寿州姚景卒,以濠州刘崇俊代,以楚州刺史刘彦贞为濠州观察使"[④]"(保大四年)六月,寿州刘崇俊卒。以濠州观察使刘彦贞为清淮军节度使,侍卫诸军都虞候郭全义出为濠州观察使,以刘崇俊子范为滁州刺史。"[⑤]卷一七《刘彦贞传》:"刘彦贞,吴功臣信之子也。……拜濠州节度使,承刘崇俊虐政之后,裁以法度,吏民颇服。"[⑥]

郭全义 南唐元宗保大四—八年(946—950)[⑦]

《全唐文》卷八七四陈致雍《濠州团练观察使郭全义谥议》:"濠州郡团练观察等使郭全义薨。"[⑧]《宋史》卷二七一《郭廷谓传》:"郭廷谓,字信臣,徐州彭城人。父全义,仕南唐为濠州观察使。"[⑨]《大明一统志》卷七《中都·凤阳府》:"郭全义,南唐濠州观察使,有能名。"[⑩]

何敬洙 南唐元宗保大九—十一年(951—953)

《南唐书》卷三《嗣主书第三》:"(保大十一年)秋七月,以鄂州刘仁瞻为神武统军侍卫都指挥使,以濠州观察使何敬洙为武清军节度使。"[⑪]

唐景思 后周世宗显德三—四年(956—957)

---

① (宋)马令:《南唐书》,南京:南京出版社,2010年,第27页。

② (宋)马令:《南唐书》,南京:南京出版社,2010年,第28页。

③ (宋)陆游:《南唐书》,南京:南京出版社2010年,第326—327页。

④ (宋)马令:《南唐书》,南京:南京出版社,2010年,第27页。

⑤ (宋)马令:《南唐书》,南京:南京出版社,2010年,第28页。

⑥ (宋)马令:《南唐书》,南京:南京出版社,2010年,第126页。

⑦ 朱玉龙:《五代十国方镇年表》,北京:中华书局,1997年,第395页。

⑧ (清)董诰等编:《全唐文》,北京:中华书局,1983年,第9148页。

⑨ (元)脱脱等:《宋史》,北京:中华书局,1977年,第9295页。

⑩ (明)李贤等:《大明一统志》,西安:三秦出版社,1990年,第136页。

⑪ (宋)马令:《南唐书》,南京:南京出版社,2010年,第34页。

《旧五代史》卷一二四《唐景思传》:“(显德)三年春,世宗亲征淮甸,景思继有战功,乃命遥领饶州刺史。未几,改授濠州行刺史,令帅众攻围濠州。四年冬,因力战,为贼锋所伤,数日而卒。”①

齐藏珍 后周世宗显德四年(957)

《旧五代史》卷一二九《齐藏珍传》:“齐藏珍,少历内职,累迁诸卫将军。……世宗俯而从之,时濠梁未下,即命为濠州行州刺史。”②卷一一七《世宗本纪第四》:“(后周显德四年六月丁巳)前濠州刺史齐藏珍以罪弃市。”③《宋史》卷四八四《李重进传》:“李重进,其先沧州人。……时行濠州刺史齐藏珍亦说重进,世宗知之,假他事诛藏珍。”④

郭廷谓 南唐元宗保大十五年(957)

《旧五代史》卷一一七《世宗本纪第四》:“(显德四年十一月丙申夜)伪濠州团练使郭廷谓上表陈情,且言家在江南,欲遣人禀命于李景,从之。”⑤《南唐书》卷四《嗣主书第四》:“(保大十五年)冬十月,天子复来伐,围濠州,濠州刺史郭廷谓降周,泗州守将范再遇叛降周。”⑥《大明一统志》卷七《中都·凤阳府》:“郭全义,南唐濠州观察使,有能名。子廷谓,仕为濠州监军,后加本州团练使,周师两至,不能下。”⑦

舒　元 后周世宗显德中

《宋史》卷四七八《南唐李氏》:“舒元,颍州沈丘人。……元听之,将其众归世宗,景尽诛其妻子。世宗素知元骁果,得之甚喜,以为检校太保、蔡州防御使。淮南平,改濠州防御使。宋初,从平李重进,改沂州防御使。”⑧

白延遇 后周

《册府元龟》卷四二五《将帅部·死事第二》:“白延遇,为濠州刺史。帅众从侍卫使李重进攻围濠州,力战,为贼所伤,数日而卒。”⑨

---

① (宋)薛居正等:《旧五代史》,北京:中华书局,1976年,第1637页。
② (宋)薛居正等:《旧五代史》,北京:中华书局,1976年,第1705—1706页。
③ (宋)薛居正等:《旧五代史》,北京:中华书局,1976年,第1560页。
④ (元)脱脱等:《宋史》,北京:中华书局,1977年,第13975—13977页。
⑤ (宋)薛居正等:《旧五代史》,北京:中华书局,1976年,第1563页。
⑥ (宋)马令:《南唐书》,南京:南京出版社,2010年,第38页。
⑦ (明)李贤等:《大明一统志》,西安:三秦出版社,1990年,第136页。
⑧ (元)脱脱等:《宋史》,北京:中华书局,1977年,第13864页。
⑨ (宋)王钦若等编纂:《册府元龟》,南京:凤凰出版社,2006年,第4823页。

（二）推官

军事推官

沈廷苹 南唐中

《王安石全集》卷九〇《贵池主簿沈君墓表》："予先君女子三人，其季嫁沈子也。……昭义生丹，为舒州团练判官。舒州生牢，江南李氏时为饶州刺史。饶州生廷苹，为濠州军事推官。"①

① （宋）王安石：《王安石全集》，长春：吉林人民出版社，1996年，第928—929页。

卷七　单州

单州，唐光启中置，治所在单父县（今山东单县南）。朱全忠奏改为辉州，移治砀山（治今安徽省砀山县东里许旧城基）。后唐同光二年（924）复改单州，仍治单父县。五代十国时期先后归属北方政权，辖四县，仅砀山县在今皖淮地区境内。

州级官员

（一）刺史、防御使、团练使

韩　恭　*后梁开平初*

《韩恭妻李氏墓志》："韩公恭。……开平三年，遂拜宿州牧。四年，又除绛州刺史，加司徒，疏封爵。"①《大唐故兴国推忠功臣光禄大夫检校太保守左金吾卫大将军致仕兼御史大夫上柱国昌黎县开国伯食邑七百户韩公墓志铭》："公是昌黎郡京兆人也，讳恭，字智谦，故前汉齐王之苗裔也。……公初任梧州刺史、检校尚书右仆射……次任单州刺史、检校司空……公洎乎天成四年十月十七日薨于寝室，年六十七也。"②

尹　皓　*后梁太祖开平二年(908)*

《旧五代史》卷四《太祖本纪第四》："开平二年……十月己亥……以左天武军夹马指挥使尹皓为辉州刺史。"③

---

① 周阿根：《五代墓志汇考》，合肥：黄山书社，2011 年，第 35—36 页。

② 周阿根：《五代墓志汇考》，合肥：黄山书社，2011 年，第 198—200 页。

③ （宋）薛居正等：《旧五代史》，北京：中华书局，1976 年，第 65 页。

段知新 后梁末帝乾化元年前后(913 前后)

《册府元龟》卷二一四《闰位部·权略》:"乾化元年,以权知辉州事,前郓州支使检校金部郎中段知新为辉州刺史。"①

王晏球 后梁末帝中—后唐明宗同光初

《册府元龟》卷三六〇《将帅部·立功第十三》:"王晏球初仕梁,末帝初,为龙骧四军都指挥使。时汴州捉生都作乱……晏球尽败乱军,全营族诛,以功授单州刺史。明宗时,为宋州节度使。"②《旧五代史》卷三〇《庄宗本纪第四》:"同光元年……以金紫光禄大夫、检校司空、守辉州刺史杜晏球为检校司徒,依前辉州刺史,仍赐姓,名绍虔。"③

安审通 后唐明宗天成初

《旧五代史》卷六一《安审通传》:"审通,金全之犹子也。……天成初,授单州刺史,改齐州防御使,兼诸道先锋马军都指挥使。"④

郭延鲁 后晋高祖天福元年(936)

《旧五代史》卷九四《郭延鲁传》:"郭延鲁,字德兴,沁州绵上人也。……清泰中,迁复州刺史……高祖即位,迁单州刺史,加检校太保,赐输诚奉义忠烈功臣,到任逾月,以疾卒于理所,时四十七。"⑤《新五代史》卷四六《郭延鲁传》:"郭延鲁……天福中,拜单州刺史,卒于官。"⑥

李　肃 后晋高祖天福元年(936)

《旧五代史》卷七六《高祖本纪第二》:"天福元年十二月……遣前单州刺史李肃部署归葬本国。"⑦

刘在明 后晋高祖天福初

《旧五代史》卷一〇六《刘在明传》:"刘在明,幽州人。……应顺初,为贝州刺史。……清泰末……晋祖至,乃迎之,京都事定,出为单州刺史。"⑧

李继忠 后晋高祖天福二—三年(937—938)

---

① (宋)王钦若等编纂:《册府元龟》,南京:凤凰出版社,2006 年,第 2405 页。

② (宋)王钦若等编纂:《册府元龟》,南京:凤凰出版社,2006 年,第 4064 页。

③ (宋)薛居正等:《旧五代史》,北京:中华书局,1976 年,第 416 页。

④ (宋)薛居正等:《旧五代史》,北京:中华书局,1976 年,第 816 页。

⑤ (宋)薛居正等:《旧五代史》,北京:中华书局,1976 年,第 1247—1248 页。

⑥ (宋)欧阳修:《新五代史》,北京:中华书局,1974 年,第 516 页。

⑦ (宋)薛居正等:《旧五代史》,北京:中华书局,1976 年,第 994 页。

⑧ (宋)薛居正等:《旧五代史》,北京:中华书局,1976 年,第 1396 页。

《册府元龟》卷四八《帝王部·从人欲》："晋高祖天福二年，以沂州刺史李继忠为单州刺史。帝以继忠勋旧之后，数月之中连改三郡，从其欲也。"①《旧五代史》卷九一《李继忠传》："李继忠，字化远，后唐昭义军节度使、兼中书令嗣昭之第二子。……天成中……高祖即位，二年三月，授沂州刺史，加检校太保，寻移棣州刺史；继忠旧苦风痺，皆辞以地远，乃授单州刺史，仍加输忠奉国功臣。三年，入为右神武统军。"②

杨承祚 后晋出帝天福八年(943)

《册府元龟》卷一七九《帝王部·姑息第四》："是年，以单州刺史杨承祚为登州刺史，其官告遣前华州节度副使周光逊送之。"③《旧五代史》卷八二《少帝本纪第二》："天福八年……十一月……庚子，单州军事判官赵岳奏，刺史杨承祚初夜开门出城，称为母病，往青州宁亲，于孔目官齐琪处留下牌印，臣已行用权知州事。"④

刘　喜 后晋出帝天福九年前(944前)

《册府元龟》卷一二〇《帝王部·选将第二》："天福九年契丹入侵……又以前单州刺史刘喜为都壕寨使，前阶州刺史姚武为都桥道使。"⑤

尚　洪 后汉高祖天福十二年(947)

《旧五代史》卷九九《高祖本纪上》："天福十二年……三月……以兴捷右厢都指挥使尚洪迁为单州刺史、检校司徒。"⑥

刘　禧 后周太祖广顺元年—三年(951—953)

《册府元龟》卷一〇六《帝王部·惠民第二》："(广顺三年十一月)丙午，单州刺史刘禧言仓州充给岁余军粮外，有大麦六万石，欲开仓官粜以济贫民，从之。"⑦卷六九二《牧守部·招辑》："周刘禧，广顺初为单州刺史，自之任，招复逃户二千四百六十七。"⑧

赵　凤 后周太祖广顺三年前(953前)

---

① (宋)王钦若等编纂：《册府元龟》，南京：凤凰出版社，2006年，第519页。
② (宋)薛居正等：《旧五代史》，北京：中华书局，1976年，第1205页。
③ (宋)王钦若等编纂：《册府元龟》，南京：凤凰出版社，2006年，第1986页。
④ (宋)薛居正等：《旧五代史》，北京：中华书局，1976年，第1083页。
⑤ (宋)王钦若等编纂：《册府元龟》，南京：凤凰出版社，2006年，第1314页。
⑥ (宋)薛居正等：《旧五代史》，北京：中华书局，1976年，第1326页。
⑦ (宋)王钦若等编纂：《册府元龟》，南京：凤凰出版社，2006年，第1161页。
⑧ (宋)王钦若等编纂：《册府元龟》，南京：凤凰出版社，2006年，第7985页。

《旧五代史》卷一二九《赵凤传》:“赵凤,冀州枣强县人,幼读书,举童子。……太祖闻其干事,用为单州刺史,既刚忿不仁,得位逾炽,刑狱之间,尤为不道。尝掠夺人之妻女,又以进奉南郊为名,率敛部民财货,为人所讼。广顺三年十二月,诏削夺凤在身官爵,寻令赐死。”①《五代墓志汇考》卷二〇二《大周故金紫光禄大夫检校司徒使持节单州诸军事单州刺史兼御史大夫上柱国天水郡开国候食邑一千户赵公墓志铭并序》载:“公讳凤,字国祥,冀州枣强县人也……除单州刺史。早明政术,惟务清通,或峻法深文,或劝善惩恶,其俗也劲,其民也顽,急之则例抱□□,□之则自□□败。既当重位,岂惬高怀,寻得替人见,因□□不药,于广顺三年十二月五日终于旅馆,享年四十有一。”②两则史料对赵凤的评价不一,甚至观点相反,关于赵凤的为官事迹及相关评价有待进一步探讨。

许　迁　后周太祖时

《册府元龟》卷六九七《牧守部·酷虐》:“许迁为单州刺史,切于除盗,嫉恶过当。或钉磔贼人,令部下脔割。”③卷九二〇《总录部·仇怨第二》:“周许迁为单州刺史,误断不合死罪人。”④

(二)判官

军事判官

陶　谷　约后晋高祖天福六年(941)⑤

《宋史》卷二六九《陶谷传》:“陶谷字秀实,邠州新平人。……十余岁,能属文,起家校书郎、单州军事判官。”⑥

窦　称　后周广顺元年(951)

《宋史》卷二六三《窦仪传》:“窦仪字可象。蓟州渔阳人。……周广顺初,补单州军事判官,迁秘书郎,出为绛州防御判官。”⑦

---

① (宋)薛居正等:《旧五代史》,北京:中华书局,1976年,第1704—1705页。

② 周阿根:《五代墓志汇考》,合肥:黄山书社,2011年,第546—548页。

③ (宋)王钦若等编纂:《册府元龟》,南京:凤凰出版社,2006年,第8051页。

④ (宋)王钦若等编纂:《册府元龟》,南京:凤凰出版社,2006年,第10680页。

⑤ 参见辛毅:《陶谷研究》,沈阳:辽宁大学硕士学位论文,2015年。

⑥ (元)脱脱等:《宋史》,北京:中华书局,1977年,第9235页。

⑦ (元)脱脱等:《宋史》,北京:中华书局,1977年,第9092—9097页。

卷八　扬州

唐天复二年(902),杨行密建立吴国,天长县(治今安徽省天长市)属吴国范围,直到南唐升元元年(937)。

一、州级官员

刺史

杨　渥　杨吴天祐四—五年(907—908)

《五代十国方镇年表》“杨渥”条①。

杨隆演　杨吴天祐五年—顺义元年(908—919)

《五代十国方镇年表》“杨隆演”条②。

二、县级官员

天长县

县令

江梦孙　南唐时

《玉壶清话》卷一〇《江南遗事》:“庐山布衣江梦孙,浔阳人,博综经史,孝弟介洁,不妄语,不隐己过。李主召置门下,为国子司业……补天长县令,

---

① 朱玉龙编著:《五代十国方镇年表》,北京:中华书局,1997年,第370页。

② 朱玉龙编著:《五代十国方镇年表》,北京:中华书局,1997年,第370—371页。

以官诰示之曰：'授告罢，与君无宾友之容。'"①《大明一统志》卷七《中都·凤阳府》："江梦孙，南唐天长县令，民有争马，讼久不决，梦孙令纵马于郊，马奔入主家，其讼遂决。"②

易文赟 南唐中

《徐铉集校注》卷二七《大宋天雄军节度行军司马易府君神道碑(并序)》："府君讳文赟，字广美，豫章高安人也。……其所理即广陵之天长县也。据冲要之地，有士民之众，绥怀训练，其俗用和。"③

① (宋)文莹：《玉壶清话》，《宋元笔记小说大观2》，上海：上海古籍出版社，2007年，第1525—1526页。

② (明)李贤等：《大明一统志》，西安：三秦出版社，1990年，第136页。

③ (宋)徐铉著，李振中校注：《徐铉集校注》，北京：中华书局，2018年，第1183—1184页。

卷九　建武军

南唐升元元年(937),吴亡,天长县属南唐,设为建武军。南唐保大十五年(957),割六合、天长置雄州。未几,以六合还隶扬州,以天长为雄州。后周显德五年(958),南唐献江北泗、滁、濠等14州给后周,天长(雄州)一带在内。

州级官员

知军

李景遂　南唐烈祖升元元年—元宗保大元年(937—943)

《五代十国方镇年表》扬州"李景遂"条①。

李弘冀　南唐元宗保大元年—八年(943—950)

《五代十国方镇年表》扬州"李弘冀"条②。

周　宗　南唐元宗宝大八—十三年(950—955)

《五代十国方镇年表》扬州"周宗"条③。

冯延鲁　南唐元宗保大十三—十四年(955—956)

《五代十国方镇年表》扬州"冯延鲁"条④。

向　训　南唐元宗保大十四(956)

《五代十国方镇年表》扬州"向训"条⑤。

---

① 朱玉龙编著:《五代十国方镇年表》,北京:中华书局,1997年,第372—373页。

② 朱玉龙编著:《五代十国方镇年表》,北京:中华书局,1997年,第373—374页。

③ 朱玉龙编著:《五代十国方镇年表》,北京:中华书局,1997年,第374页。

④ 朱玉龙编著:《五代十国方镇年表》,北京:中华书局,1997年,第374页。

⑤ 朱玉龙编著:《五代十国方镇年表》,北京:中华书局,1997年,第374页。

韩令坤　后周世宗显德五年(958)

《旧五代史》卷一一八《周书九·世宗本纪第五》:“(显德五年春正月己丑)诏侍卫马军都指挥使韩令坤权知扬州军府事。”①《宋史》卷二五一《韩令坤传》:“韩令坤,磁州武安人。……世宗乃复幸淮右,次楚州,遣令坤率兵先入扬州,命权知军府事。扬州城为吴人所毁,诏发丁壮别筑新城,命令坤为修城都部署。”②

易　赟　后周世宗显德五年(958)

《册府元龟》卷一一八《帝王部·亲征第三》:“(后周世宗显德五年二月)天长军使易赟以城归顺。”③卷一六七《帝王部·招怀第五》:“(后周世宗显德五年二月)辛酉,伪天长军使兼雄州刺史易赟及监军使周晖已下诣行宫见。寻以赟为天雄军节度行军司马,以晖为莱州团练副使,咸加赐赉焉。”④

慕容彦钊　后周世宗显德六年(959)

《五代十国方镇年表》扬州“慕容彦钊”条⑤。

李重进　后周世宗显德六年(959)

《五代十国方镇年表》扬州“李重进”条⑥。

王继涛　后周世宗显德中

《宋史》卷二五五《王继涛传》:“王继涛,河朔人,少给事汉祖左右。乾祐初,补供奉官,历诸司副使。仕周,为右武卫大将军。淮南平,为天长军使。显德五年,迁和州刺史。”⑦

---

① (宋)薛居正等:《旧五代史》,北京:中华书局,1976年,第1567页。

② (元)脱脱等:《宋史》,北京:中华书局,1977年,第8831—8832页。

③ (宋)王钦若等编纂:《册府元龟》,南京:凤凰出版社,2006年,第1295页。

④ (宋)王钦若等编纂:《册府元龟》,南京:凤凰出版社,2006年,第1863页。

⑤ 朱玉龙编著:《五代十国方镇年表》,北京:中华书局,1997年,第375页。

⑥ 朱玉龙编著:《五代十国方镇年表》,北京:中华书局,1997年,第375页。

⑦ (元)脱脱等:《宋史》,北京:中华书局,1977年,第8928页。

宋代

卷一　颍州

颍州，又称汝阴郡，宋徽宗政和六年（1116）正月，升为顺昌府。旧为防御州，后为团练州。宋辖四县，州治汝阴县（治今安徽省阜阳市区）、颍上县（治今安徽省颍上县）、沈丘县（治今安徽省临泉县）、泰和县①（治今安徽省太和县东北四十六里原墙镇）均在今皖淮地区境内。

一、州级官员

（一）知州

范再遇　宋太祖建隆二年前（961前）

《续资治通鉴长编》卷二"宋太祖建隆二年夏四月"条："颍州团练使范再遇请老，授左金吾卫大将军致仕，别降玺书劳问之。再遇，故唐将，以泗州降者也。"②

张　颙　约宋太祖乾德中

《宋史》卷二《太祖本纪二》："（开宝三年三月丙辰）殿中丞张颙坐先知颍州政不平，免官。"③《续资治通鉴长编》卷一一"宋太祖开宝三年三月"条："丙辰，免殿中侍御史张禹官，坐先知颍州政治不平允，为人所诉也。"④《道

① 宋太祖开宝六年（973）析汝阴县北万寿等五乡置万寿县，属颍州，宋徽宗宣和元年（1119），改为泰和县。

② （宋）李焘：《续资治通鉴长编》，北京：中华书局，2004年，第43页。

③ （元）脱脱等：《宋史》，北京：中华书局，1977年，第31页。

④ （宋）李焘：《续资治通鉴长编》，北京：中华书局，2004年，第244页。

光阜阳县志》卷八《职官》："张颙，乾德年任。"①

常　晖　宋太祖开宝二年前(969 前)

《宋史》卷二七三《李进卿传》："开宝二年，太祖亲征河东，留进卿为在京都巡检，颍州刺史常晖、淄州刺史韩光愿分为河南、北巡检。"②

潘　美　宋太祖开宝中

《道光阜阳县志》卷八《职官》："潘美，大名人，开宝年任颍州团练。"③

仇　兴　宋太祖开宝中

《道光阜阳县志》卷八《职官》："仇兴，开宝年任颍州指挥使。"④

曹　翰　宋太宗开宝五年前—雍熙初(约 972 前—984)

《宋史》卷九一《河渠一・黄河上》："(开宝五年)五月，河大决濮阳，又决阳武。诏发诸州兵及丁夫凡五万人，遣颍州团练曹翰护其役。"⑤卷二六〇《曹翰传》："曹翰，大名人。……开宝二年，从征太原，复为行营都壕砦使。……录功迁桂州观察使、判颍州。……(太平兴国)五年，从幸大名，拜威塞军节度，仍判颍州……翰在郡岁久……雍熙二年，起为右千牛卫大将军、分司西京。"⑥案：曹翰是以四品官临五品州，故曰"判"。

孔守正　宋太宗端拱中

《道光阜阳县志》卷八《职官》："孔守正，浚仪人，端拱年任颍州防御使。"⑦

郑文宝　宋太宗淳化元年(990)⑧

《宋史》卷二七七《郑文宝传》："郑文宝字仲贤……太平兴国八年，登进士第，除修武主簿。……改著作佐郎，通判颍州。丁外艰，起知州事。召拜

---

① (清)刘虎文、周天虎修，(清)李复庆等纂：《道光阜阳县志》，《中国地方志集成・安徽府县志辑 23》，南京：江苏古籍出版社，1998 年，第 100 页。

② (元)脱脱等：《宋史》，北京：中华书局，1977 年，第 9324 页。

③ (清)刘虎文、周天虎修，(清)李复庆等纂：《道光阜阳县志》，《中国地方志集成・安徽府县志辑 23》，南京：江苏古籍出版社，1998 年，第 100 页。

④ (清)刘虎文、周天虎修，(清)李复庆等纂：《道光阜阳县志》，《中国地方志集成・安徽府县志辑 23》，南京：江苏古籍出版社，1998 年，第 100 页。

⑤ (元)脱脱等：《宋史》，北京：中华书局，1977 年，第 2258 页。

⑥ (元)脱脱等：《宋史》，北京：中华书局，1977 年，第 9013—9015 页。

⑦ (清)刘虎文、周天虎修，(清)李复庆等纂：《道光阜阳县志》，《中国地方志集成・安徽府县志辑 23》，南京：江苏古籍出版社，1998 年，第 100 页。

⑧ 参见毕琳琳：《郑文宝及所著南唐二史研究》，上海：复旦大学硕士学位论文，2012 年。

殿中丞,使川、陕均税。”[①]

毕士安 宋太宗淳化三年(992)

《武夷新集》卷一一《宋故推忠协谋佐理功臣金紫光禄大夫行尚书礼部侍郎同中书门下平章事兼修国史上柱国太原郡开国公食邑二千户食实封四百户赠太傅中书令谥曰文简毕公墓志铭》:“公讳士安,字舜举。……知颍州……民实受赐。”[②]《忠肃集》卷一一《毕文简神道碑》:“公讳士安,字仁叟,以学行为名进士。……淳化二年,召为翰林学士。……明年,知贡举,转主客郎中,以疾外请,改谏议大夫、知颍州。”[③]《宋史》卷二八一《毕士安传》:“毕士安字仁叟,代州云中人。……(淳化)三年,与苏易简同知贡举,加主客郎中,以疾请外,改右谏议大夫、知颍州。真宗以寿王尹开封府,召为判官。”[④]

张　秉 宋真宗咸平初

《宋史》卷三〇一《张秉传》:“张秉字孟节,歙州新安人。……真宗嗣位,进秩兵部郎中、判昭文馆。……遂除秉左谏议大夫,连知颍、襄二州。”[⑤]

李建中 宋真宗咸平中

《宋史》卷四四一《李建中传》:“李建中字得中,其先京兆人。……历通判河南府,知曹、解、颍、蔡四州。景德中,以久次进金部员外郎。”[⑥]亦见《武夷新集》卷五《集贤李金部知颍州》[⑦]。

张茂直 宋真宗咸平二—四年(999—1001)

《宋会要辑稿·职官三·舍人院》:“咸平二年四月,以度支郎中、知制诰张茂直授秘书少监,罢职,出知颍州。茂直以年老罢职。”[⑧]《宋史》卷二九六《张茂直传》:“张茂直字林宗,兖州瑕丘人。……改秘书少监,出知颍州。咸平四年,卒,年七十五。”[⑨]

---

① (元)脱脱等:《宋史》,北京:中华书局,1977年,第9425页。

② (宋)杨亿:《武夷新集》,《宋集珍本丛刊002—6》,北京:线装书局,2004年,第293—294页。

③ (宋)刘挚:《忠肃集》,北京:中华书局,1985年,第145—146页。

④ (元)脱脱等:《宋史》,北京:中华书局,1977年,第9517—9519页。

⑤ (元)脱脱等:《宋史》,北京:中华书局,1977年,第9995—9996页。

⑥ (元)脱脱等:《宋史》,北京:中华书局,1977年,第13055—13056页。

⑦ (宋)杨亿:《武夷新集》,《宋集珍本丛刊002—6》,北京:线装书局,2004年,第235页。

⑧ (清)徐松辑:《宋会要辑稿》,上海:上海古籍出版社,2014年,第3030页。

⑨ (元)脱脱等:《宋史》,北京:中华书局,1977年,第9861—9862页。

桑　赞　宋真宗景德二年(1005)

《续资治通鉴长编》卷五九"宋真宗景德二年春正月"条:"乙巳,步军副都指挥使、河西节度使桑赞罢军职,判颍州。"①

王　旭　约宋真宗大中祥符初

《宋朝事实类苑》卷二一《官政治绩·和买绢》:"祥符初,王旭知颍州……谓之和买绢,或曰预买,始于旭也。"②《大明一统志》卷七《中都·凤阳府》:"王旦,通判濠州,以贤达著名。弟旭亦尝知颍州,卓有政绩。"③《乾隆颍州府志》卷六《名宦志》④。

俞献卿　宋真宗大中祥符中

《续资治通鉴长编》卷八六"宋真宗大中祥符九年二月"条:"(癸未)诏御史台推直官自今以二年为满,不举职者换它官,依资外任。……献卿累更任使,得知颍州。"⑤

刁　衎　宋真宗大中祥符六年前(1013前)

《宋史》卷四四一《刁衎传》:"刁衎字元宾,升州人。……真宗即位,迁比部员外郎。……代还,献所著《本说》十卷,得以本官充秘阁校理,出知颍州。……大中祥符六年,书成,授兵部郎中。"⑥《武夷新集》卷一《行次颍州值雨留驻数日因贻郡守秘阁刁公》⑦。

样　丹　宋真宗大中祥符八年(1015)

《王临川全集》卷九〇《彰武军节度使侍中曹穆公行状》:"大中祥符元年……八年,迁英州团练使,知秦州。……公即诱样丹捕斯敦,而许以一州。样丹终杀斯敦,公遂奏以为颍州刺史,而样丹亦举南市城以献。"⑧

张师德　宋真宗天禧四—五年前后(1020—1021前后)

《宋史》卷三〇六《张去华传》:"师德,字尚贤。……天禧初……顷之,

---

① (宋)李焘:《续资治通鉴长编》,北京:中华书局,2004年,第1320页。

② (宋)江少虞:《宋朝事实类苑》,上海:上海古籍出版社,1981年,第247页。

③ (明)李贤等:《大明一统志》,西安:三秦出版社,1990年,第137页。

④ (清)王敛福纂修:《乾隆颍州府志》,《中国地方志集成·安徽府县志辑24》,南京:江苏古籍出版社,1998年,第277页。

⑤ (宋)李焘:《续资治通鉴长编》,北京:中华书局,2004年,第1972页。

⑥ (元)脱脱等:《宋史》,北京:中华书局,1977年,第13051—13054页。

⑦ (宋)杨亿:《武夷新集》,《宋集珍本丛刊002—6》,北京:线装书局,2004年,第205页。

⑧ (宋)王安石:《王临川全集》,上海:世界书局,1935年,第565—566页。

出知颍州,迁刑部员外郎、判大理寺,为群牧使、景灵宫判官,再迁吏部郎中。"[①]《续资治通鉴长编》卷九五"宋真宗天禧四年夏四月"条:"先是,左正言、知制诰张师德移病出守颍州。"[②]卷九七"宋真宗天禧五年二月"条:"壬子……师德时知颍州,令就赐之。"[③]

张　咏　宋真宗朝

《嘉庆重修一统志》卷一二九《颍州府二》:"张咏,鄄城人。真宗时知颍州。"[④]

周　起　宋仁宗天圣初

《宋史》卷二八八《周起传》:"周起……起素善寇准。……以疾请知颍州,徙陈州、汝州。"[⑤]《王临川全集》卷九〇《赠礼部尚书安惠周公神道碑》:"仁宗即位,稍迁秘书监,知杭、扬二州。……乃请知颍州。自颍徙陈,自陈徙汝,至汝若干年,以某年某月某日甲子卒,春秋五十九。"[⑥]

刘　筠　宋仁宗天圣二年(1024)[⑦]

《宋史》卷三〇五《刘筠传》:"刘筠字子仪,大名人。……知天圣二年贡举,数以疾告,进尚书礼部侍郎、枢密直学士、知颍州。"[⑧]《乾隆颍州府志》卷六《名宦志》:"刘筠,字子仪,大名人……天圣中以礼部侍郎知颍州……与杨亿齐名宦。"[⑨]

李士衡　约宋仁宗天圣六年前后(1028 前后)

《范文正公文集》卷一三《宋故同州观察使李公神道碑铭》:"天禧三年七月甲戌,制曰:枢密直学士、刑部侍郎士衡可三司使。……公字天均,陇西成纪人也。……改颍州,复莅陈州。……以天圣十年五月二十六日薨,享年七十四。"[⑩]

---

① (元)脱脱等:《宋史》,北京:中华书局,1977 年,第 10110—10111 页。

② (宋)李焘:《续资治通鉴长编》,北京:中华书局,2004 年,第 2191 页。

③ (宋)李焘:《续资治通鉴长编》,北京:中华书局,2004 年,第 2241 页。

④ (清)穆彰阿、潘锡恩等纂修:《嘉庆重修一统志》,北京:中华书局,1986 年,第 5661 页。

⑤ (元)脱脱等:《宋史》,北京:中华书局,1977 年,第 9672—9673 页。

⑥ (宋)王安石:《王临川全集》,上海:世界书局,1935 年,第 563—564 页。

⑦ 参见权雪琴:《刘筠及其诗文研究》,西安:西北大学硕士学位论文,2014 年。

⑧ (元)脱脱等:《宋史》,北京:中华书局,1977 年,第 10088—10089 页。

⑨ (清)王敛福纂修:《乾隆颍州府志》,《中国地方志集成·安徽府县志辑 24》,南京:江苏古籍出版社,1998 年,第 274 页。

⑩ (宋)范仲淹:《范仲淹全集》,成都:四川大学出版社,2007 年,第 304—309 页。

李　垂　约宋仁宗天圣中

《河南先生文集》卷一七《故朝散大夫尚书司封郎中充秘阁校理知均州军事兼管内劝农事上柱国李公墓志铭并序（庆历五年十二月）》："公讳垂，字舜工，博州聊城人。……咸平中举进士……出知亳、颍、晋、绛、均五州事。年六十九，以明道二年六月二十五日终于武当。"①《宋史》卷二九九《李垂传》："李垂字舜工，聊城人。咸平中，登进士第……罢知亳州，迁颍、晋、绛三州。明道中，还朝。"②

夏　竦　宋仁宗明道二年—景祐元年（1033—1034）

《续资治通鉴长编》卷一一二"宋仁宗明道二年夏四月"条："（乙未）枢密副使、尚书左丞夏竦罢为礼部尚书、知襄州，寻改颍州。"③《文庄集》卷五《颍州到任谢上表》："臣某言：伏奉敕命差知颍州军州事，已于今月十二日到任礼上讫。"④《宋史》卷二八三《夏竦传》："夏竦字子乔，江州德安人。……太后崩，罢为礼部尚书、知襄州，改颍州。"⑤《华阳集》卷三五《夏文庄公竦神道碑铭》："太后上仙，两府大臣皆罢，公为礼部尚书、知襄州，未行，改颍州。景祐元年，徙青州。"⑥

杨　察　宋仁宗景祐中

《宋史》卷二九五《杨察传》："杨察字隐甫。……景祐元年，举进士甲科，除将作监丞、通判宿州。迁秘书省著作郎、直集贤院，出知颍、寿二州……历江南东路转运使。"⑦《大明一统志》卷七《中都·凤阳府》："景祐中通判宿州，后又历知颍、寿二州，遇事明决，勤于吏职。"⑧

蔡　齐　宋仁宗宝元元年（1038）

《乐全先生文集》卷三七《推诚保德守正功臣正奉大夫尚书户部侍郎知颍州军州事管内劝农使上柱国汝南郡开国公食邑二千户实封四百户赐紫金

---

① （宋）尹洙：《河南先生文集》，《宋集珍本丛刊 003—4》，北京：线装书局，2004 年，第 442—443 页。

② （元）脱脱等：《宋史》，北京：中华书局，1977 年，第 9931—9932 页。

③ （宋）李焘：《续资治通鉴长编》，北京：中华书局，2004 年，第 2612 页。

④ （宋）夏竦：《文庄集》，《宋集珍本丛刊 002—8》，北京：线装书局，2004 年，第 477 页。

⑤ （元）脱脱等：《宋史》，北京：中华书局，1977 年，第 9571—9572 页。

⑥ （宋）王珪：《华阳集》，北京：中华书局，1985 年，第 449—451 页。

⑦ （元）脱脱等：《宋史》，北京：中华书局，1977 年，第 9855 页。

⑧ （明）李贤等：《大明一统志》，西安：三秦出版社，1990 年，第 137 页。

鱼袋赠兵部尚书谥文忠蔡公神道碑铭并序》:“阅四岁罢,以户部侍郎知颍州,薨于郡,享年五十二。公字子思。……宝元初,夏戎叛命,公在颍州,闻之以为戚。”①《宋史》卷二八六《蔡齐传》:“蔡齐字子思,其先洛阳人也。……寻出知颍州,卒,年五十二,赠兵部尚书,谥曰文忠。”②

程　琳　宋仁宗宝元二年(1039)

《居士集》卷二三《镇安军节度使同中书门下平章事赠太师中书令程公神道碑铭(嘉祐四年)》:“惟公字天球,姓程氏。……是时,元昊叛河西……坐贬为光禄卿,知颍州。已而徙知青州,又徙大名府。”③《续资治通鉴长编》卷一二五“宋仁宗宝元二年十一月”条:“(丁酉)尚书左丞、参知政事程琳为光禄卿、知颍州。”④《宋史》卷二八八《程琳传》:“程琳字天球,永宁军博野人。……已而吏以赃败,御史按劾得状,降光禄卿、知颍州。”⑤

陆　经　宋仁宗宝元中

《道光阜阳县志》卷八《职官・氏表》:“陆经,字子履,宝元间以学士知颍州。”⑥

柳　植　宋仁宗庆历四年前(1044前)

《续资治通鉴长编》卷一四七“宋仁宗庆历四年三月”条:“庚辰,降知颍州、翰林侍读学士、给事中柳植为右谏议大夫、知黄州,坐不能察军贼张海发所部也。”⑦《宋史》卷二九四《柳植传》:“柳植字子春,真州人。……迁给事中、移颍州。”⑧

晏　殊　宋仁宗庆历四—六年(1044—1046)

《续资治通鉴长编》卷一五二“宋仁宗庆历四年九月”条:“庚午,刑部尚书、平章事兼枢密使晏殊罢为工部尚书、知颍州。”⑨《宋史》卷二一一《宰辅

---

① (宋)张方平:《乐全先生文集》,《宋集珍本丛刊006—1》,北京:线装书局,2004年,第183页。

② (元)脱脱等:《宋史》,北京:中华书局,1977年,第9636—9638页。

③ (宋)欧阳修:《欧阳修全集》,北京:中华书局,2001年,第361—363页。

④ (宋)李焘:《续资治通鉴长编》,北京:中华书局,2004年,第2939页。

⑤ (元)脱脱等:《宋史》,北京:中华书局,1977年,第9673—9675页。

⑥ (清)刘虎文、周天虎修,(清)李复庆等纂:《道光阜阳县志》,《中国地方志集成・安徽府县志辑23》,南京:江苏古籍出版社,1998年,第102页。

⑦ (宋)李焘:《续资治通鉴长编》,北京:中华书局,2004年,第3566页。

⑧ (元)脱脱等:《宋史》,北京:中华书局,1977年,第9819页。

⑨ (宋)李焘:《续资治通鉴长编》,北京:中华书局,2004年,第3699页。

二》："（庆历四年九月庚午）同中书门下平章事晏殊为孙甫、蔡襄所论，以工部尚书知颍州。"[①]《梅尧臣集编年校注》卷一六《早至颍上县》《依韵和晏相公》[②]。

李　愿　约宋仁宗庆历后

《西台集》卷一六《尚书郎赠金紫光禄大夫毕从古行状（代陈知默撰）》："公讳从古，字几道……会颍上亦大饥……其后太守李愿反用法，日诛数人以止其盗，盗终不止，而被诛者数十人。……公年五十有八，以嘉祐四年七月四日卒于寿阳。"[③]

欧阳修　宋仁宗皇佑元年—二年（1049—1050）[④]

《全宋文》卷一六九八吴充《故推诚保德崇仁翊戴功臣观文殿学士特进太子太师致仕上柱国乐安郡开国公食邑四千三百户食实封一千二百户赠太子太师欧阳公行状》："公讳修，字永叔，天圣中进士甲科，补西京留守推官。……左迁知制诰、知滁州，改起居舍人、知扬州，徙知颍州。"[⑤]《安阳集》卷五〇《故观文殿学士太子少师致仕赠太子太师欧阳公墓志铭》："公讳修，字永叔。……八年春，就改起居舍人、知扬州事。逾年，徙知颍州事。皇祐初，复龙图阁直学士。"[⑥]《宋史》卷三一九《欧阳修传》："欧阳修字永叔，庐陵人。……左迁知制诰、知滁州。居二年，徙扬州、颍州。"[⑦]《欧阳修全集》卷九〇《表奏书启四六集》卷一《颍州谢上表〈皇祐元年三月十三日〉》[⑧]。《宋会要辑稿·崇儒五·编纂书籍》："（熙宁五年八月十一日）诏颍州，令欧阳修家上修所撰《五代史》。"[⑨]

孙祖德　宋仁宗皇祐三年前（1051 前）

《宋史》卷二九九《孙祖德传》："孙祖德字延仲，潍州北海人。……以疾

---

① （元）脱脱等：《宋史》，北京：中华书局，1977 年，第 5467—5468 页。

② （宋）梅尧臣撰，朱东润校注：《梅尧臣集编年校注》，上海：上海古籍出版社，2006 年，第 363、368 页。

③ （宋）毕仲游：《西台集》，郑州：中州古籍出版社，2005 年，第 263—268 页。

④ 参见蔡世明：《欧阳修的生平与学术》，台北：文史哲出版社，1980 年，第 29 页。

⑤ 曾枣庄、刘琳主编：《全宋文》，上海：上海辞书出版社，2006 年，第 78 册，第 75—83 页。

⑥ （宋）韩琦：《安阳集》，《宋集珍本丛刊 006—3》，北京：线装书局，2004 年，第 610—611 页。

⑦ （元）脱脱等：《宋史》，北京：中华书局，1977 年，第 10375—10381 页。

⑧ （宋）欧阳修：《欧阳修全集》，北京：中华书局，2001 年，第 1327 页。

⑨ （清）徐松辑：《宋会要辑稿》，上海：上海古籍出版社，2014 年，第 2849 页。

得颍州，除吏部侍郎致仕，卒。”①《欧阳修全集》卷五六《居士外集》卷六《酬孙延仲龙图》②。《宋会要辑稿·仪制一〇·陈请封赠》：“（皇祐三年八月十四日）龙图阁直学士、前知颍州孙祖德上言……诏特赠太子中允。”③。

范仲淹（未之任） 宋仁宗皇佑四年（1052）

《宋史》卷三一四《范仲淹传》：“范仲淹字希文，唐宰相履冰之后。……会病甚，请颍州，未至而卒，年六十四。”④《范文正公集》卷二〇《陈乞颍亳一郡状》⑤。

裴德舆 约宋仁宗朝前期

《全宋文》卷一六二七沈构《洛苑使英州刺史裴公墓志铭（嘉祐二年十月）》：“至和元年秋七月乙亥，洛苑使、英州刺史裴公卒于晋州。……公讳德舆，字载之。……迁国子监博士、虞部员外郎，入权开封府推官，出知颍州。”⑥

李端愿 宋仁宗至和二年（1055）

《欧阳修全集》卷八四《内制集》卷三《赐镇东军节度观察留后知颍州李端愿赴阙茶药诏（至和二年四月八日）》⑦。《全宋文》卷四五四《赐镇东军观察节度留后知颍州李端愿口宣》⑧。

章衡（一知） 宋仁宗嘉祐初

《宋史》卷三四七《章衡传》：“章衡字子平，浦城人。嘉祐二年，进士第一。……三司使忌其能，出知汝州、颍州。熙宁初，还判太常寺。”⑨《道光阜阳县志》卷八《职官·氏表》：“章衡，字子平，嘉祐初以进士第一出知颍州，元祐间复以待制再任。”⑩

---

① （元）脱脱等：《宋史》，北京：中华书局，1977年，第9928页。

② （宋）欧阳修：《欧阳修全集》，北京：中华书局，2001年，第809页。

③ （清）徐松辑：《宋会要辑稿》，上海：上海古籍出版社，2014年，第2508页。

④ （元）脱脱等：《宋史》，北京：中华书局，1977年，第10275页。

⑤ （宋）范仲淹撰：《范文正公集》，成都：四川大学出版社，2007年，第453页。

⑥ 曾枣庄、刘琳主编：《全宋文》，上海：上海辞书出版社，2006年，第74册，第340—343页。

⑦ （宋）欧阳修：《欧阳修全集》，北京：中华书局，2001年，第1232页。

⑧ 曾枣庄、刘琳主编：《全宋文》，上海：上海辞书出版社，2006年，第21册，第418页。

⑨ （元）脱脱等：《宋史》，北京：中华书局，1977年，第11007—11008页。

⑩ （清）刘虎文、周天虎修，（清）李复庆等纂：《道光阜阳县志》，《中国地方志集成·安徽府县志辑23》，南京：江苏古籍出版社，1998年，第102页。

钱象先 宋仁宗嘉祐中

《宋史》卷三三〇《钱象先传》："钱象先字资元，苏州人。……复知许、颍、陈三州，以吏部侍郎致仕。"[①]《乐全先生文集》卷四〇《宋故朝散大夫守尚书吏部侍郎致仕上柱国彭城郡开国公食邑三千一百户实封四百户赐紫金鱼袋钱公墓志铭并序》："公讳某，字资元，世家吴郡。……就徙颍州，再改陈州。"[②]

徐宗况 宋仁宗嘉祐二年(1057)

《欧阳修全集》卷八六《内制集》卷五《赐知颍州徐宗况进奉贺兖国公主出降银绢马等敕书(嘉祐二年)》[③]。

田京(未之任) 宋仁宗嘉祐三年(1058)

《郧溪集》卷一九《右谏议大夫充天章阁待制知沧州兼驻泊马步军部署田公行状》："公讳京，字简之，其先盖出于陈氏。……嘉祐二年，迁谏议大夫。明年以疾求便郡，除知颍州，乃赐太医护行，未拜命而薨，三月二十二日也，享年六十七。"[④]

赵宗道 宋仁宗嘉祐四—五年(1059—1060)

《安阳集》卷四九《故尚书祠部郎中集贤校理致仕赵君墓志铭(熙宁四年十一月)》："熙宁四年夏六月，赵君子渊自管勾西京留司御史台引年得谢，退处于修缮坊之私第。……嘉祐四年，京西大饥，转运使请择列郡守以济灾馑，子渊被选知颍州。"[⑤]《梅尧臣集编年校注》卷三〇《送赵子渊知颍州》[⑥]。案：赵宗道字子渊。

苏　颂 宋仁宗嘉祐六—八年(1061—1063)[⑦]

---

① (元)脱脱等：《宋史》，北京：中华书局，1977年，第10630页。

② (宋)张方平：《乐全先生文集》，《宋集珍本丛刊006—1》，北京：线装书局，2004年，第256—257页。

③ (宋)欧阳修：《欧阳修全集》，北京：中华书局，2001年，第1252页。

④ (宋)郑獬：《郧溪集》，《宋集珍本丛刊015—1》，北京：线装书局，2004年，第174—177页。

⑤ (宋)韩琦：《安阳集》，《宋集珍本丛刊006—3》，北京：线装书局，2004年，第607—608页。

⑥ (宋)梅尧臣撰，朱东润校注：《梅尧臣集编年校注》，上海：上海古籍出版社，2006年，第1137页。

⑦ 苏克福等主编：《苏颂与〈本草图经〉研究》，长春：长春出版社，1991年，第10页。

《苏魏公文集》卷四八《颍州到任谢二府》①,卷六一《少府监致仕王君墓志铭》:"由京师舟行东南五百里而近郡曰汝阴……嘉祐中,予忝麾守。"②《曾文昭公集》卷三《赠苏司空墓志铭(崇年元年十一月)》:"公讳颂,字子容……乃以知颍州。"③《道乡先生邹忠公文集》卷三九《故观文殿大学士苏公行状》:"公机警夙成,性知礼义。……惟力求外,以便亲养,遂除知颍州。……英宗即位,迁度支员外郎。"④《宋史》卷三四〇《苏颂传》:"富弼尝称(苏)颂为古君子,及与韩琦为相,同表其廉退,以知颍州。"⑤

张 纶 宋仁宗朝初中朝

《宋史》卷四二六《张纶传》:"张纶字公信,颍州汝阴人。……契丹隆绪死,为吊慰副使。……徙知颍州,卒。"⑥

张 环 宋仁宗朝后期

《宋史》卷三三〇《张环传》:"张环字唐公,洎之孙也。……仁宗使问状……徙两浙转运使,加直史馆、知颍州扬州,即拜淮南转运使。"⑦

吕公孺 宋仁宗朝

《宋史》卷三一一《吕夷简传》:"公孺字稚卿。……知泽、颍、庐、常四州,提点福建、河北路刑狱,入为开封府推官。"⑧

燕 肃 宋英宗治平中

《宋史》卷二九八《燕肃传》:"燕肃字穆之,青州益都人。……进龙图阁直学士、知颍州,徙邓州。官至礼部侍郎致仕,卒。"⑨《道光阜阳县志》卷八《职官》:"燕肃,治平年任。"⑩

---

① (宋)苏颂:《苏魏公文集》,北京:中华书局,1988 年,第 715 页。

② (宋)苏颂:《苏魏公文集》,北京:中华书局,1988 年,第 935—936 页。

③ (宋)曾肇:《曾文昭公集》,《宋集珍本丛刊 026—5》,北京:线装书局,2004 年,第 716—717 页。

④ (宋)邹浩:《道乡先生邹忠公文集》,《宋集珍本丛刊 031—1》,北京:线装书局,2004 年,第 292—303 页。

⑤ (元)脱脱等:《宋史》,北京:中华书局,1977 年,第 10860 页。

⑥ (元)脱脱等:《宋史》,北京:中华书局,1977 年,第 12694—12695 页。

⑦ (元)脱脱等:《宋史》,北京:中华书局,1977 年,第 10625 页。

⑧ (元)脱脱等:《宋史》,北京:中华书局,1977 年,第 10215 页。

⑨ (元)脱脱等:《宋史》,北京:中华书局,1977 年,第 9909—9910 页。

⑩ (清)刘虎文、周天虎修,(清)李复庆等纂:《道光阜阳县志》,《中国地方志集成·安徽府县志辑 23》,南京:江苏古籍出版社,1998 年,第 102 页。

陆　经　宋英宗治平中—神宗熙宁二年(1064—1069)[①]

《欧阳修全集》卷一四《居士集》卷一四《闻颍州通判国博与知郡学士唱和颇多因以奉寄知郡陆经通判杨褒(治平二年)》[②]。

吕夏卿　宋神宗熙宁二—三年(1069—1070)[③]

《宋史》卷三三一《吕夏卿传》:"吕夏卿字缙叔,泉州晋江人。……出知颍州,得奇疾,身体日缩,卒时才如小儿,年五十三。"[④]

吕公著　宋神宗熙宁三年(1070)

《宋史》卷三三六《吕公著传》:"吕公著字晦叔……熙宁初,知开封府。……二年……帝以语安石,安石益怒,诬以恶语,出知颍州。"[⑤]《宋会要辑稿·食货五·青苗下》:"(熙宁三年四月八日)御史中丞吕公著罢知颍州。"[⑥]《苏魏公文集》卷五一《龙图阁直学士修国史宋公神道碑》:"熙宁三年四月,今枢密副使吕公以言事罢御史中丞,出知颍州。"[⑦]

李　珣　约宋神宗熙宁四—五年中(1071—1072 中)

《宋史》卷四六四《李珣》:"珣字公粹,以荫为阁门祇候。……熙宁中,迁宣州观察使,知颖(颍)州。哲宗初,进泰宁军留后、提举万寿观。"[⑧]

宋敏求　宋神宗熙宁六年前(1073 前)

《宋史》卷二九一《宋绶传》:"徐国公主以夫兄为侄奏官,敏求疏其乱天伦,执正之。王安石恶吕公著,诬其言韩琦欲因人心,如赵鞅兴晋阳之甲,以逐君侧之恶,出之颍州。"[⑨]《全宋文》卷八七三范镇《宋谏议敏求墓志》:"元丰二年四月甲辰……宋公终于位。……公讳敏求,字次道。……治平元年……今上即位,迁兵部。……今枢密吕公为御史中丞,以言事罢知颍州,公当制,执政改其词以进,寻乞解职,不报。"[⑩]

---

① 参见王福利:《陆经事迹诗文钩沉》,《中国诗歌研究》(第七辑),北京:中华书局,2010年,146—159 页。

② (宋)欧阳修:《欧阳修全集》,北京:中华书局,2001 年,第 234 页。

③ 参见刘丽:《吕夏卿与〈唐书直笔〉》,上海:上海师范大学硕士学位论文,2008 年。

④ (元)脱脱等:《宋史》,北京:中华书局,1977 年,第 10658 页。

⑤ (元)脱脱等:《宋史》,北京:中华书局,1977 年,第 10772—10774 页。

⑥ (清)徐松辑:《宋会要辑稿》,上海:上海古籍出版社,2014 年,第 6059 页。

⑦ (宋)苏颂:《苏魏公文集》,北京:中华书局,1988 年,第 771—773 页。

⑧ (元)脱脱等:《宋史》,北京:中华书局,1977 年,第 13567 页。

⑨ (元)脱脱等:《宋史》,北京:中华书局,1977 年,第 9736 页。

⑩ 曾枣庄、刘琳主编:《全宋文》,上海:上海辞书出版社,2006 年,第 40 册,第 310 页。

孙　永　宋神宗熙宁七—八年(1074—1075)

《苏魏公文集》卷五三《资政殿学士通议大夫孙公神道碑铭》:“公讳永,字曼叔。……(熙宁)七年春,降授龙图阁直学士,提举中太一宫兼集禧观公事。再以亲疾求外补,出知颍州。”①《续资治通鉴长编》卷二五八“宋神宗熙宁七年十二月”条:“龙图阁直学士孙永提举中太乙宫,寻出知颍州。”②卷二六一“宋神宗熙宁八年三月”条:“龙图阁直学士、提举中太一宫孙永知颍州。”③卷二六四“宋神宗熙宁八年五月”条:“御史蔡承禧言:‘闻知颍州孙永以马一匹入市骐骥院,元直六十千,而请官直百六十千。’”④卷二六九“宋神宗熙宁八年冬十月”条:“丙申,知颍州、龙图阁直学士孙永权判北京留司御史台。”⑤

高遵裕　宋神宗熙宁十年(1077)

《续资治通鉴长编》卷二八四“宋神宗熙宁十年八月”条:“岷州团练使、知颍州高遵裕知庆州。”⑥

元　绛　宋神宗元丰二年(1079)⑦

《宋史》卷三四三《元绛传》:“元绛字厚之,其先临川危氏。……数请老,神宗命其子耆宁校书崇文院,慰留之。……绛谢罪,愿得颍,即以为颍州。明年,加资政殿学士、知青州……绛所至有威名,而无特操,少仪矩。”⑧《续资治通鉴长编》卷三〇五“宋神宗元丰三年六月”条:“知颍州、工部侍郎,元绛为资政殿学士、知青州。”⑨《苏魏公文集》卷五二《太子少保元章简公神道碑》:“公讳绛,字厚之。……元丰二年春……遂以本官出知亳州。……即命改知颍州,明年,加资政殿学士、知青州。”⑩《王魏公集》卷八《资政殿学士太子少保致仕赠太子少师谥章简元公墓志铭》:“元公,讳绛,字厚之

---

① (宋)苏颂:《苏魏公文集》,北京:中华书局,1988年,第798—801页。
② (宋)李焘:《续资治通鉴长编》,北京:中华书局,2004年,第6305页。
③ (宋)李焘:《续资治通鉴长编》,北京:中华书局,2004年,第6360页。
④ (宋)李焘:《续资治通鉴长编》,北京:中华书局,2004年,第6479页。
⑤ (宋)李焘:《续资治通鉴长编》,北京:中华书局,2004年,第6596页。
⑥ (宋)李焘:《续资治通鉴长编》,北京:中华书局,2004年,第6948页。
⑦ 杨忠民、段绍镒主编:《抚州人物》,北京:方志出版社,2002年,第21页。
⑧ (元)脱脱等:《宋史》,北京:中华书局,1977年,第10905—10907页。
⑨ (宋)李焘:《续资治通鉴长编》,北京:中华书局,2004年,第7416页。
⑩ (宋)苏颂:《苏魏公文集》,北京:中华书局,1988年,第780—784页。

……公顿首谢：‘臣罪大……使臣得小州如颍足矣。’上许之，赐坐，使服金带如旧，慰劳倍厚。明年，以资政殿学士知青州，并京东东路安抚使。”①

罗　拯　宋神宗元丰二年(1079)

《续资治通鉴长编》卷二九九“宋神宗元丰二年八月”条：“诏以颍州为顺昌军节度。颍故团练州，因知州事、天章阁待制罗拯以上旧封为言，故下是诏。”②《宋史》卷三三一《罗拯传》：“罗拯字道济，祥符人。……居职七年，徙知永兴军、青颍秦三州，卒，年六十五。”③

薛　向　宋神宗元丰三年(1080)

《宋史》卷一六《神宗三》：“(元丰三年)九月……薛向罢知颍州。”④卷三二八《薛向传》：“薛向字师正。……元丰元年，召同知枢密院。……于是舒亶论向反覆无大臣体，斥知颍州，又改随州，卒，年六十六。”⑤《续资治通鉴长编》卷三〇八“宋神宗元丰三年九月”条：“正议大夫、同知枢密院薛向本官知颍州。”⑥卷三〇九“宋神宗元丰三年闰九月”条：“辛卯，改正议大夫、知颍州薛向知随州。”⑦

吕希绩　宋神宗元丰八年(1085)

《续资治通鉴长编》卷三五九“宋神宗元丰八年九月”条：“(乙巳)希绩亦出知颍州。”⑧

陈师锡　宋神宗元丰中

《宋史》卷三四六《陈师锡传》：“陈师锡字伯修，建州建阳人。熙宁中，游太学，有儁声。神宗知其材……于是出知颍、庐、滑三州。”⑨

顾　临　宋神宗朝

《宋史》卷三四四《顾临传》：“顾临字子敦，会稽人。……初命都副承旨

---

① (宋)王安礼：《王魏公集》，《宋集珍本丛刊017—2》，北京：线装书局，2004年，第232—234页。

② (宋)李焘：《续资治通鉴长编》，北京：中华书局，2004年，第7288页。

③ (元)脱脱等：《宋史》，北京：中华书局，1977年，第10645—10646页。

④ (元)脱脱等：《宋史》，北京：中华书局，1977年，第303页。

⑤ (元)脱脱等：《宋史》，北京：中华书局，1977年，第10585—10588页。

⑥ (宋)李焘：《续资治通鉴长编》，北京：中华书局，2004年，第7489页。

⑦ (宋)李焘：《续资治通鉴长编》，北京：中华书局，2004年，第7493页。

⑧ (宋)李焘：《续资治通鉴长编》，北京：中华书局，2004年，第8596页。

⑨ (元)脱脱等：《宋史》，北京：中华书局，1977年，第10971—10974页。

提举,神宗谓临馆职,改提举曰馆干。……请知颍州。……元祐二年,擢给事中,朝廷方事回河,拜临天章阁待制、河北都转运使。"①

黄好谦(未任即死)　宋哲宗元祐二年(1087)②

《栾城集》卷二九《黄好谦知颍州》③。《南涧甲乙稿》卷二〇《中奉大夫直敷文阁黄公墓志铭》:"龙图之父讳好谦,为朝散郎、知颍州,赠通议大夫。"④《庐陵周益国文忠公集》卷三三《朝请大夫致仕赐紫金鱼袋黄公子游墓志铭(淳熙五年)》:"公讳子游,字叔言……银青生朝散郎、知颍州、赠通议大夫好谦,与二苏同登科,通婚姻,苏公谓孝友如曾闽者。"⑤

崔公度　宋哲宗元祐二年(1087)⑥

《栾城集》卷三〇《崔公度知颍州》⑦。《宋史》卷三五三《崔公度传》:"崔公度字伯易,高邮人。……元祐、绍圣之间,历兵礼部郎中、国子司业,除秘书少监、起居郎,皆辞不受。知颍、润、宣、通四州,以直龙图阁卒。"⑧

楚　佃　宋哲宗元祐中

《家世旧闻》卷上《楚公梅花诗》:"楚公(佃)自元祐中出守汝阴,历绍圣、元符十余年,常补外,尝赋梅花诗云:'与春不入都因淡,教雪难如只为香。'盖以自况也。"⑨

李　抨　宋哲宗元祐中

《道光阜阳县志》卷八《职官·氏表》:"李抨,字持正,元祐年任,见《宦业》。"⑩

曾　肇　宋哲宗元祐四年(1089)

《宋史》卷三一九《曾巩传》:"(元祐)四年……以宝文阁待制知颍州,徙

---

① (元)脱脱等:《宋史》,北京:中华书局,1977年,第10939页。

② 参见韩会凡主编:《中华书话》,郑州:中州古籍出版社,2010年,第233页。

③ (宋)苏辙:《苏辙集》,北京:中华书局,1990年,第494页。

④ (宋)韩元吉:《南涧甲乙稿》,北京:中华书局,1985年,第392—393页。

⑤ (宋)周必大:《庐陵周益国文忠公集》,《宋集珍本丛刊051—2》,北京:线装书局,2004年,第390—391页。

⑥ 李剑国:《宋代志怪传奇叙录》,天津:南开大学出版社,1997年,第131页。

⑦ (宋)苏辙:《苏辙集》,北京:中华书局,1990年,第516页。

⑧ (元)脱脱等:《宋史》,北京:中华书局,1977年,第11152—11153页。

⑨ (宋)陆游:《家世旧闻》,北京:中华书局,1993年,第185页。

⑩ (清)刘虎文、周天虎修,(清)李复庆等纂:《道光阜阳县志》,《中国地方志集成·安徽府县志辑23》,南京:江苏古籍出版社,1998年,第103页。

邓齐陈州、应天府。”[①]《续资治通鉴长编》卷四三六“宋哲宗元祐四年十二月”条:“甲子,宝文阁待制、知颍州曾肇知邓州。”[②]《杨龟山集》卷六《曾文昭公行述》:“公讳肇,字子开,建昌军南丰人。……除宝文阁待制、知颍州。明年徙齐州,未至,改陈州。”[③]

陆　佃　宋哲宗元祐五年(1090)

《续资治通鉴长编》卷四四三“宋哲宗元祐五年六月”条:“乙酉……佃乞补外,乃以佃为龙图阁待制、知颍州。”[④]《全宋文》卷二二〇七陆佃《颍州到任谢二府启》《颍州到任谢蔡州王左丞启》[⑤]。

苏　轼　宋哲宗元祐六—七年(1091—1092)

《续资治通鉴长编》卷四六三“宋哲宗元祐六年八月”条:“壬辰,翰林学士承旨兼侍读苏轼为龙图阁学士、知颍州,侍御史贾易本官知庐州。”[⑥]卷四六九“宋哲宗元祐七年春正月”条:“丁未……知颍州、龙图阁学士苏轼知郓州。”[⑦]《宋史》卷三三八《苏轼传》:“(元祐)六年……乃以龙图阁学士出颍州。……七年,徙扬州。”[⑧]《升庵全集》卷七八《苏堤始末》:“东坡先生在杭州、颍州、许州,皆开西湖,而杭湖之功尤伟。”[⑨]

韩　川　宋哲宗元祐七年(1092)

《续资治通鉴长编》卷四七四“宋哲宗元祐七年六月”条:“甲子,礼部侍郎韩川为龙图阁待制、知颍州。”[⑩]《宋史》卷三四七《韩川传》:“韩川字元伯,陕人。……元祐初……张舜民论西夏事……焘等去,川亦改太常少卿,不拜,加集贤校理、知颍州。”[⑪]

章衡(二知)　宋哲宗元祐中

---

① (元)脱脱等:《宋史》,北京:中华书局,1977年,第10393—10394页。

② (宋)李焘:《续资治通鉴长编》,北京:中华书局,2004年,第10508页。

③ (宋)杨时:《杨龟山集》,北京:中华书局,1985年,第98—102页。

④ (宋)李焘:《续资治通鉴长编》,北京:中华书局,2004年,第10665页。

⑤ 曾枣庄、刘琳主编:《全宋文》,上海:上海辞书出版社,2006年,第101册,第192—193页。

⑥ (宋)李焘:《续资治通鉴长编》,北京:中华书局,2004年,第11060页。

⑦ (宋)李焘:《续资治通鉴长编》,北京:中华书局,2004年,第11204页。

⑧ (元)脱脱等:《宋史》,北京:中华书局,1977年,第10814—10815页。

⑨ (明)杨慎:《升庵全集》,上海:商务印书馆,1937年,第1034页。

⑩ (宋)李焘:《续资治通鉴长编》,北京:中华书局,2004年,第11303页。

⑪ (元)脱脱等:《宋史》,北京:中华书局,1977年,第11011页。

《续资治通鉴长编》卷五一四“宋哲宗元符二年八月”条:“癸巳,左朝议大夫、宝文阁待制、知颍州章衡卒。”[①]《宋史》卷三四七《章衡传》:“章衡字子平,浦城人。嘉祐二年,进士第一。……出知汝州、颍州。……元祐中……复以待制知扬、庐、宣、颍州,卒,年七十五。”[②]《嘉泰会稽志》卷二:“章衡,绍圣元年七月以左朝议大夫、集贤院学士知,二年十一月复宝文阁待制,移扬州。”[③]《道光阜阳县志》卷八《职官》:“章衡,字子平,嘉祐初以进士第一出知颍州,元祐间复以待制再任。”[④]

盛　陶　约宋哲宗绍圣末

《宋史》卷三四七《盛陶传》:“盛陶字仲叔,郑州人。……宜准熙宁、元丰之法。……进权礼部侍郎、中书舍人,以龙图阁待制知应天府、顺昌府、瀛州。元符中,例夺职,卒,年六十七。”[⑤]

赵令铄　宋哲宗绍圣四年(1097)

《续资治通鉴长编》卷四九〇“宋哲宗绍圣四年八月”条:“己亥,左中散大夫、知颍州赵令铄为太仆卿。”[⑥]

丰　稷　约宋哲宗绍圣—元符中

《宋史》卷三二一《丰稷传》:“丰稷字相之,明州鄞人。……帝亲政,召内侍居外者乐士宣等数人……以集贤院学士知颍州、江宁府……徽宗立,以左谏议大夫召,道除御史中丞。”[⑦]《道光阜阳县志》卷一〇《宦业》:“丰稷字相之,鄞人。哲宗时以集贤学士知颍州……所至有声。”[⑧]

王　几　宋哲宗元符二年(1099)

《续资治通鉴长编》卷五一五“宋哲宗元符二年九月”条:“权开封府推

---

① (宋)李焘:《续资治通鉴长编》,北京:中华书局,2004年,第12227页。

② (元)脱脱等:《宋史》,北京:中华书局,1977年,第11007—11008页。

③ (宋)沈作宾等修,(清)施宿等纂:《嘉泰会稽志》,《宋元方志丛刊7》,北京:中华书局,1990年,第6755页。

④ (清)刘虎文、周天虎修,(清)李复庆等纂:《道光阜阳县志》,《中国地方志集成·安徽府县志辑23》,南京:江苏古籍出版社,1998年,第102页。

⑤ (元)脱脱等:《宋史》,北京:中华书局,1977年,第11006—11007页。

⑥ (宋)李焘:《续资治通鉴长编》,北京:中华书局,2004年,第11638页。

⑦ (元)脱脱等:《宋史》,北京:中华书局,1977年,第10424—10425页。

⑧ (清)刘虎文、周天虎修,(清)李复庆等纂:《道光阜阳县志》,《中国地方志集成·安徽府县志辑23》,南京:江苏古籍出版社,1998年,第158页。

官王几权知颍州。”①

张　耒　宋徽宗建中靖国元年(1101)②

《宋史》卷四四四《张耒传》:“张耒字文潜,楚州淮阴人。……徽宗立,起为通判黄州……复出知颍、汝二州。崇宁初,复坐党籍落职,主管明道宫。”③《能改斋漫录》卷一四《劾张文潜谢表不钦》:“张文潜崇宁元年复直龙图阁,知颍州。”④

吕希纯　宋徽宗建中靖国元年(1101)

《大明一统志》卷七《中都·凤阳府》:“吕公著通判颍州……子希纯亦尝知是州。”⑤《道光阜阳县志》卷一〇《宦业》:“吕希纯,字子进,官起居舍人……建中靖国元年以待制出知瀛洲,改颍州,与希绩俱公著子,能推广父政,教化大行。”⑥

林　摅　宋徽宗建中靖国元年(1101)

《宋史》卷三五一《林摅传》:“林摅字彦振,福州人,徙苏。……徽宗喜曰……既而辽人以失礼言,出知颍州。寻召为开封尹。”⑦《道光阜阳县志》卷八《职官》:“林摅,苏州人,建中靖国间以礼部尚书任。”⑧

向　纠　宋徽宗崇宁元年(1102)

《宋会要辑稿·选举三三·特恩除职一》:“(崇宁元年八月十五日)以光禄卿向纠直龙图阁、知颍州。”⑨

王　襄　宋徽宗崇宁二年(1103)

《宋史》卷三五二《王襄传》:“王襄初名宁,邓州南阳人,擢进士第。崇宁二年……召为礼部尚书,移兵部,出知颍州,改永兴军。……大观三年,以

---

① (宋)李焘:《续资治通鉴长编》,北京:中华书局,2004年,第12243页。

② 参见湛芬:《张耒学术文化思想与创作》附一《张耒谱系及生平事迹概述》,成都:巴蜀书社,2004年,第449页。

③ (元)脱脱等:《宋史》,北京:中华书局,1977年,第13113—13114页。

④ (宋)吴曾:《能改斋漫录》,上海:上海古籍出版社,1979年,第409页。

⑤ (明)李贤等:《大明一统志》,西安:三秦出版社,1990年,第138页。

⑥ (清)刘虎文、周天虎修,(清)李复庆等纂:《道光阜阳县志》,《中国地方志集成·安徽府县志辑23》,南京:江苏古籍出版社,1998年,第158页。

⑦ (元)脱脱等:《宋史》,北京:中华书局,1977年,第11110—11111页。

⑧ (清)刘虎文、周天虎修,(清)李复庆等纂:《道光阜阳县志》,《中国地方志集成·安徽府县志辑23》,南京:江苏古籍出版社,1998年,第103页。

⑨ (清)徐松辑:《宋会要辑稿》,上海:上海古籍出版社,2014年,第5893页。

集贤殿修撰知潭州,改兵部侍郎,使高丽。”①

郑居中 宋徽宗崇宁间

《宋史》卷三五一《郑居中传》:“郑居中字达夫,开封人。登进士第。崇宁中,为都官礼部员外郎、起居舍人,至中书舍人、直学士院……罢知和州,徙颍州。明年,归故官,迁给事中、翰林学士。大观元年,同知枢密院。”②

王　宁 宋徽宗大观元年(1107)

《北宋经抚年表》卷三:“出知杭州,未至,改海州,又改应天,徙郓州。召为礼部尚书,移兵部。出知颍州,改永兴军。”③

刘嗣明 宋徽宗政和五年(1115)

《宋史》卷三五六《刘嗣明传》:“刘嗣明,开封祥符人。……黜知颍州。未几,入为工部侍郎、翰林学士、工部尚书。”④《宋会要辑稿·职官二八·国子监》:“(政和五年二月一日)诏……大司成刘嗣明……各降三官,嗣明知颍州,询送吏部。”⑤

彭　诉 宋徽宗政和中

《乾隆颍州府志》卷六《名宦志》:“彭诉,字乐道,江西庐陵人。政和中知顺昌府,有惠政。”⑥

周邦彦 宋徽宗重和元年(1118)⑦

《宋史》卷四四四《周邦彦》:“周邦彦字美成,钱塘人。……徽宗欲使毕礼书……未几,知顺昌府,徙处州。”⑧

李　夔 宋徽宗朝

《杨龟山集》卷六《李修撰墓志铭(宣和四年)》:“公讳夔,字斯和,其先江南人。……朝廷意公惮安抚一路之劳,除知颍州。”⑨

---

① (元)脱脱等:《宋史》,北京:中华书局,1977年,第11126—11127页。

② (元)脱脱等:《宋史》,北京:中华书局,1977年,第11103页。

③ 吴廷燮:《北宋经抚年表南宋制抚年表》,北京:中华书局,1984年,第194页。

④ (元)脱脱等:《宋史》,北京:中华书局,1977年,第11210—11211页。

⑤ (清)徐松辑:《宋会要辑稿》,上海:上海古籍出版社,2014年,第3770页。

⑥ (清)王敛福纂修:《乾隆颍州府志》,《中国地方志集成·安徽府县志辑24》,南京:江苏古籍出版社,1998年,第279页。

⑦ 参见白敦仁:《周邦彦及其〈清真词〉(上)》,《成都大学学报(社会科学版)》1982年第2期,第33—40页。

⑧ (元)脱脱等:《宋史》,北京:中华书局,1977年,第13126页。

⑨ (宋)杨时:《杨龟山集》,北京:中华书局,1985年,第111—114页。

赵　遹　宋徽宗朝末

《宋史》卷三四八《赵遹传》："赵遹，开封人。……政和……六年，出知成德军……起知中山、顺昌、应昌府。金人举兵，召遹赴阙，寻卒。"①

叶少蕴　北宋朝

《韵语阳秋》卷一二："欧阳永叔素不信释氏之说……叶少蕴守汝阴，谒见永叔趾子棐，久之不出。"②

薛仲儒　北宋朝

《全宋文》卷三八四七刘才邵《太硕人薛氏墓志铭（绍兴十六年）》："夫人绛州人也，曾祖奎，资政殿学士，累赠太尉，谥简肃公，在仁宗朝实参大政，明谟成绩，载在信史。祖仲儒，大理卿，累赠金紫光禄大夫。知颍州。"③

陈　宝　宋高宗绍兴二年（1132）

《建炎以来系年要录》卷五三"绍兴二年夏四月"条："壬戌朔，借补敦武郎、合门祗候、权寿春府兵马钤辖陈宝为合门宣赞舍人、知顺昌府。"④

陈　规　宋高宗绍兴九—十年（1139—1140）

《建炎以来系年要录》卷一二七"宋高宗绍兴九年夏四月"条："癸丑……龙图阁直学士、提举江州太平观陈规知顺昌府。"⑤卷一三六"宋高宗绍兴十年闰六月"条："戊子，龙图阁直学士、知顺昌府陈规充枢密直学士，录守城之劳也。"⑥《独醒杂志》卷七《刘锜大败金师》："绍兴九年，金人归河南之地，欲讲和罢兵，朝廷许之。明年春，蓝公佐使金回，和议颇变。朝廷遂命骑帅刘锜信叔为东京副留守，节制军马。锜至顺昌，方与郡守陈规相见，忽报金师入寇，已抵泰和县，警书还至。"⑦《苕溪集》卷四〇《陈规知顺昌府制》⑧。《挥麈后录》卷七："建炎初……后十年，元则以阁学士来守顺昌，亦保城无

---

① （元）脱脱等：《宋史》，北京：中华书局，1977年，第11043—11046页。

② （宋）葛立方：《韵语阳秋》，北京：中华书局，1985年，第93页。

③ 曾枣庄、刘琳主编：《全宋文》，上海：上海辞书出版社，2006年，第176册，第75—76页。

④ （宋）李心传编撰：《建炎以来系年要录》，北京：中华书局，2013年，第1085页。

⑤ （宋）李心传编撰：《建炎以来系年要录》，北京：中华书局，2013年，第2401页。

⑥ （宋）李心传编撰：《建炎以来系年要录》，北京：中华书局，2013年，第2555页。

⑦ （宋）曾敏行：《独醒杂志》，《宋元笔记小说大观3》，上海：上海古籍出版社，2007年，第3261页。

⑧ （宋）刘一止：《苕溪集》，《宋集珍本丛刊034—2》，北京：线装书局，2004年，第298页。

虞，先祖汝阴旧藏书犹存，又为元则所掩有。”[①]《宋史》卷三七七《陈规传》：“陈规字元则，密州安丘人。……金人归河南地，改知顺昌府，葺城壁，招流亡，立保伍。”[②]

刘　锜　宋高宗绍兴十年(1140)

《建炎以来系年要录》卷一三六“宋高宗绍兴十年闰六月”条：“己亥，枢密直学士、知顺昌府陈规知卢州，武泰军节度使、沿淮制置使刘锜兼权知顺昌府。”[③]卷一三七“宋高宗绍兴十年秋七月”条：“癸丑……武泰军节度使、沿淮制置使、兼权知顺昌府刘锜为淮北宣抚判官。”[④]《宋史》卷三六六《刘锜传》：“刘锜字信叔，德顺军人……(绍兴)十年……捷闻，帝喜甚，授锜武泰军节度使、侍卫马军都虞候、知顺昌府、沿淮制置使。”[⑤]《鹤林玉露》甲编卷一《守城》：“守城必劫寨。刘信叔守顺昌，以数千人摧兀术数十万众，是劫寨之力也。”[⑥]

熊彦诗　宋高宗绍兴十三年(1143)

《宋会要辑稿·职官二八·国子监》：“(绍兴十三年十二月)十一日，诏国子监、太学生并给绫纸监帖。知颍州熊彦诗言……彦诗所请，宜从之。”[⑦]

王　某　宋高宗绍兴中

《全宋文》卷三八六一沈与求《代颍州王待制谢执政启》[⑧]。

王　山　宋高宗绍兴中

《建炎以来系年要录》卷一三五“宋高宗绍兴十年五月”条：“壬寅……又有王山者，旧为宗弼所用，尝知顺昌府。至是复来城下，宗弼欲再令守顺昌。锜虑有苟全性命者卖己于外，故顺昌官吏军民皆不许登城，以所部兵守之。”[⑨]

---

① (宋)王明清：《挥麈录》，上海：上海书店出版社，2001年，第136页。

② (元)脱脱等：《宋史》，北京：中华书局，1977年，第11642—11644页。

③ (宋)李心传编撰：《建炎以来系年要录》，北京：中华书局，2013年，第2558页。

④ (宋)李心传编撰：《建炎以来系年要录》，北京：中华书局，2013年，第2575页。

⑤ (元)脱脱等：《宋史》，北京：中华书局，1977年，第11399—11404页。

⑥ (宋)罗大经：《鹤林玉露》，《宋元笔记小说大观5》，上海：上海古籍出版社，2007年，第5162页。

⑦ (清)徐松辑：《宋会要辑稿》，上海：上海古籍出版社，2014年，第3773—3774页。

⑧ 曾枣庄、刘琳主编：《全宋文》，上海：上海辞书出版社，2006年，第176册，第317页。

⑨ (宋)李心传编撰：《建炎以来系年要录》，北京：中华书局，2013年，第2531—2532页。

蔡安持　宋高宗绍兴中

《南涧甲乙稿》卷二〇韩元吉《中奉大夫直敷文阁黄公墓志铭》："公讳任荣，字择之。……以大父恩，补假承务郎。蔡安持知顺昌府，公始为太和县主簿，甚器之，俾摄府掾，平决咸尽理。"①

孟　昭　宋高宗绍兴三十二年前后（1162前后）

《宋史》卷三二《高宗本纪九》："（绍兴三十二年五月）乙卯，知顺昌军孟昭率部曲来归。"②

樊　辛　宋理宗端平中

《后村先生大全集》卷一四一《杜尚书神道碑》："公讳杲，字子昕。……杜氏本京兆万年，至提举公始居邵武。……命属顺昌守樊辛率死士劫虏帐，俘获万计，夺马四百匹。……虏遁去，端平丙申冬也。"③

（二）通判

郑文宝　宋太宗雍熙三年（986）④

《宋史》卷二七七《郑文宝传》："郑文宝，字仲贤……太平兴国八年，登进士第……献所著文，召试翰林，改著作佐郎，通判颍州。"⑤

魏廷式　宋太宗端拱元年—淳化二年（988—991）

《宋史》卷三〇七《魏廷式传》："魏廷式字君宪，大名宗城人。……端拱初，改著作佐郎、通判颍州。淳化二年，始命李昌龄判审刑院，以廷式明练刑章，奏为详议官。"⑥

黄宗旦　宋真宗咸平六年（1003）

《续资治通鉴长编》卷五四"宋真宗咸平六年三月"条："初，大理寺丞黄宗旦言颍州陂塘、荒地凡千五百顷……甲午，以宗旦通判颍州。"⑦《武夷新

---

①　（宋）韩元吉：《南涧甲乙稿》，北京：中华书局，1985年，第392—393页。

②　（元）脱脱等：《宋史》，北京：中华书局，1977年，第610页。

③　（宋）刘克庄：《后村先生大全集》，《宋集珍本丛刊082—1》，北京：线装书局，2004年，第421—423页。

④　参见毕琳琳：《郑文宝及所著南唐二史研究》，上海：复旦大学硕士学位论文，2012年。

⑤　（元）脱脱等：《宋史》，北京：中华书局，1977年，第9425页。

⑥　（元）脱脱等：《宋史》，北京：中华书局，1977年，第10124—10125页。

⑦　（宋）李焘：《续资治通鉴长编》，北京：中华书局，2004年，第1184页。

集》卷三《大理黄丞宗旦使颍州(募民垦田)》①、《大理丞黄宗旦通判颍州》②。

刘 平 宋真宗大中祥符中

《淮海集》卷三四《录壮愍刘公遗事》:"壮愍刘公未显时……雍帅寇莱公表其事,诏迁官知泸川,后移倅汝阴。……真宗曰:'是人为郡守,而止有一砣石带,廉可知也。'遂除公。"③《道光阜阳县志》卷一〇《宦业》:"刘平,大中祥符间倅汝阴,后赵元昊反,战杀延州。"④

王拱辰 宋仁宗天圣九或十年(1031或1032)

《全宋文》卷一六七八刘挚《王开府行状》:"天圣八年举进士,仁宗廷试,以为天下第一,时年十九。拜将作监丞、同判怀州、改颍州,以吴兴忧去官。继丁韩国公忧,居丧摧棘,杖乃能起。景祐二年,服除,改秘书省著作郎、直集贤院。……公初名拱寿,唱第日,仁宗面赐今名。"⑤

王 素 约宋仁宗天圣中

《乐全先生文集》卷三七《宋故端明殿学士金紫光禄大夫行工部尚书致仕上柱国太原郡开国公食邑三千八百户实封一千二百户谥懿敏王公神道碑铭并序》:"公讳素,字某。……章圣问诸孤,公犹未官,更以嗟恻,始授太常寺太祝。……复召试,擢通判颍州,更怀州、许州。"⑥《华阳集》卷三七《王懿敏公素墓志铭》:"公讳素,字仲义……天圣五年,召试学士院,赐进士出身。又召试,得通判颍州,更怀州、许州,累迁太常博士。"⑦

钱象先 约宋仁宗庆历中

《乐全先生文集》卷四〇张方平《宋故朝散大夫守尚书吏部侍郎致仕上柱国彭城郡开国公食邑三千一百户实封四百户赐紫金鱼袋钱公墓志铭并

---

① (宋)杨亿:《武夷新集》,《宋集珍本丛刊002—6》,北京:线装书局,2004年,第218页。

② (宋)杨亿:《武夷新集》,《宋集珍本丛刊002—6》,北京:线装书局,2004年,第221页。

③ (宋)秦观:《淮海集》,《宋集珍本丛刊027—2》,北京:线装书局,2004年,第382—383页。

④ (清)刘虎文、周天虎修,(清)李复庆等纂:《道光阜阳县志》,《中国地方志集成·安徽府县志辑23》,南京:江苏古籍出版社,1998年,第156页。

⑤ 曾枣庄、刘琳主编:《全宋文》,上海:上海辞书出版社,2006年,第77册,第107—114页。

⑥ (宋)张方平:《乐全先生文集》,《宋集珍本丛刊006—1》,北京:线装书局,2004年,第189页。

⑦ (宋)王珪:《华阳集》,北京:中华书局,1985年,第498页。

序》:"公讳某,字资元,世家吴郡。……公天禧二年擢进士高第……当宝元中……晏丞相为言其亲老,愿得近陈一官,徙通判颍州。……皇祐初召还,详定一路敕。"①

王定国 宋仁宗庆历中

《道光阜阳县志》卷八《职官》:"王定国,庆历年任颍州通判。"②

杨 备 宋仁宗庆历末

《欧阳修全集》卷九六《表奏书启四六集》卷七《回颍州通判杨虞部书》③。案:杨备字修之,建平人,北宋名臣杨亿之弟,庆历时以尚书虞部员外郎分司南京,故称杨虞部。

吕公著 宋仁宗皇祐中

《宋史》卷三三六《吕公著传》:"吕公著字晦叔……通判颍州,郡守欧阳修与为讲学之友。……判吏部南曹,仁宗奖其恬退,赐五品服。"④《宋人轶事汇编》卷八《欧阳修》:"公知颍州时,吕公著为通判,为人有贤行,而深自晦默,时人未甚知,公后还朝力荐之,由是渐见进用。"⑤

勾 谌 宋仁宗嘉祐四年(1059)

《梅尧臣集编年校注》卷二九《送勾谌太丞通判颍州》⑥。

赵至忠 宋仁宗嘉祐中

《宋史》卷三四〇《苏颂传》:"通判赵至忠本边徼降者,所至与守竞,颂待之以礼,具尽诚意。"⑦

朱彦博 宋仁宗嘉祐中

《道光阜阳县志》卷八《职官》:"朱彦博,萍乡人,嘉祐年任颍州通判。"⑧

---

① (宋)张方平:《乐全先生文集》,《宋集珍本丛刊006—1》,北京:线装书局,2004年,第256—257页。

② (清)刘虎文、周天虎修,(清)李复庆等纂:《道光阜阳县志》,《中国地方志集成·安徽府县志辑23》,南京:江苏古籍出版社,1998年,第101页。

③ (宋)欧阳修:《欧阳修全集》,北京:中华书局,2001年,第1468页。

④ (元)脱脱等:《宋史》,北京:中华书局,1977年,第10772页。

⑤ 丁傅靖辑:《宋人轶事汇编》,北京:中华书局,1981年,第383页。

⑥ (宋)梅尧臣撰,朱东润校注:《梅尧臣集编年校注》,上海:上海古籍出版社,2006年,第1079页。

⑦ (元)脱脱等:《宋史》,北京:中华书局,1977年,第10860页。

⑧ (清)刘虎文、周天虎修,(清)李复庆等纂:《道光阜阳县志》,《中国地方志集成·安徽府县志辑23》,南京:江苏古籍出版社,1998年,第101页。

鲜于某 约宋仁宗朝

《苏魏公文集》卷七一《祭故颍州通判鲜于都官》[1]。

杨 褒 宋英宗治平中

《欧阳修全集》卷一四《居士集》卷一四《闻颍州通判国博与知郡学士唱和颇多因以奉寄知郡陆经通判杨褒(治平二年)》[2]。

黄好谦 宋神宗熙宁五年(1072)

《续资治通鉴长编》卷二三三"宋神宗熙宁五年五月"条:"太常丞、权监察御史里行黄好谦权通判颍州,以母老自请故也。"[3]

周 约 宋神宗熙宁七年(1074)

《续资治通鉴长编》卷二五八"宋神宗熙宁七年十二月"条:"比部员外郎、通判颍州周约。"[4]

曹 评 宋哲宗元祐九年前后(1094 年前后)

《太史范公文集》卷五一《右监门卫大将军妻仁和县君曹氏墓志铭(元祐九年二月)》:"君曹氏,京师人。父评,右奉议郎、通判颍州。"[5]

叶 助 约宋徽宗大观三年前后(1109 年前后)[6]

叶助为叶梦得之父。

汪若海 宋高宗绍兴九年(1139)

《全宋文》卷四四二七汪若容《朝请大夫直秘阁汪公若海行状》:"公讳若海,字东叟,新安歙人。……绍兴九年复三京,预祗谒陵寝事,还以前功旬月四迁至承议郎,通判顺昌府。"[7]《建炎以来系年要录》卷一三七"宋高宗绍兴十年秋七月"条:"庚午,右承议郎、通判顺昌府汪若海特迁一官。"[8]

---

① (宋)苏颂:《苏魏公文集》,北京:中华书局,1988 年,第 1074 页。

② (宋)欧阳修:《欧阳修全集》,北京:中华书局,2001 年,第 234 页。

③ (宋)李焘:《续资治通鉴长编》,北京:中华书局,2004 年,第 5654 页。

④ (宋)李焘:《续资治通鉴长编》,北京:中华书局,2004 年,第 6299 页。

⑤ (宋)范祖禹:《太史范公文集》,《宋集珍本丛刊 024—2》,北京:线装书局,2004 年,第 470 页。

⑥ 参见潘殊闲:《叶梦得研究》,成都:四川大学博士学位论文,2005 年。

⑦ 曾枣庄、刘琳主编:《全宋文》,上海:上海辞书出版社,2006 年,第 200 册,第 296—299 页。

⑧ (宋)李心传编撰:《建炎以来系年要录》,北京:中华书局,2013 年,第 2580 页。

(三)团练副使

刘永恭 宋太宗雍熙四年(987)

《咸平集》卷二八《如京副使刘永德可濠州团练副使崇仪副使刘永恭可颍州团练副使供奉官刘永和可武骑尉唐州长史制》①。

(四)长史

陈 渐 宋真宗咸平中

《宋史》卷二八四《陈尧佐传》:“(陈尧佐)从子渐字鸿渐,少以文学知名于蜀。……至咸平初,渐始仕,为天水县尉。……即召渐至京师,授颍州长史。丁谓等知其无他,得改凤州团练推官,迁耀州节度推官。”②

(五)录事参军事

嵇 适 宋仁宗景祐中

《乐全先生文集》卷四〇《赠赞善大夫嵇府君墓志铭并序(景祐六年四月)》:“府君讳适,字利往,实睢阳人。……越、颍、庐三郡纪纲掾。”③

(六)判司

1. 司法参军

楚建中 宋仁宗景祐元年(1034)

《欧阳修全集》卷一〇《居士集》卷一〇《送楚建中颍州法曹(景祐元年)》④。

王代恕 宋仁宗景祐中

《居士集》卷二八《江宁府句容县令赠尚书兵部员外郎王公代恕墓志铭〈庆历四年〉》:“公讳某,字某。……改颍州司法参军,州民药氏为盗,会赦,出入里闾,操弓矢,为民害。”⑤《道光阜阳县志》卷八《职官》:“王代恕,景祐

---

① (宋)田锡:《咸平集》,成都:巴蜀书社,2008年,第326页。

② (元)脱脱等:《宋史》,北京:中华书局,1977年,第9589—9590页。

③ (宋)张方平:《乐全先生文集》,《宋集珍本丛刊006—1》,北京:线装书局,2004年,第240页。

④ (宋)欧阳修:《欧阳修全集》,北京:中华书局,2001年,第163页。

⑤ (宋)欧阳修:《欧阳修全集》,北京:中华书局,2001年,第425—426页。

间任司法参军。"①

刘　彝　宋仁宗皇祐三年后(1051后)

《古灵先生文集》卷七《与两浙安抚陈舍人书》:"今年过六十而进德未已有舒州通判王安石者,才性贤明,笃于古学,文辞政事已著闻于时。有颍州司法参军刘彝者,其人长于才而笃于义,其政与学皆通达于体要。"②

2. 司理参军③

李惇裕　宋仁宗天圣九年前(1031前)

《宋会要辑稿·选举一〇·书判拔萃科》:"(天圣九年五月十三日)诏:'应书判拔萃科人第四等前颍州司理参军李惇裕为大理寺丞、知秀州华亭县。'"④

(七)判官

1. 团练判官

冯承叙　约宋仁宗时

《华阳集》卷二八《颍州团练判官冯承序等并转官致仕制》⑤。

2. 签判

王　镃　约宋仁宗或英宗朝

《全宋文》卷二〇〇九张起《宋故朝奉郎尚书虞部员外郎通判滁州军州兼管内劝农事护军赐绯鱼袋王府君墓志铭并序(元祐二年十一月)》:"公讳镃,字待用,以熙宁三年九月二十一日之官滁州通判,道由京师,因感疾而终,年四十八。……签书道州判官,复为颍州签判、知蓬州军州事、通判房州。"⑥

---

① (清)刘虎文、周天虎修,(清)李复庆等纂:《道光阜阳县志》,《中国地方志集成·安徽府县志辑23》,南京:江苏古籍出版社,1998年,第101页。

② (宋)陈襄:《古灵先生文集》,《宋集珍本丛刊008—4》,北京:线装书局,2004年,第702页。

③ 程彩利《宋代司理参军制度研究》指出:"司理参军是宋代州级属官中的专职司法官,主要负责初审本州刑事案件和管理司理院羁押囚犯的工作。这一官职的设置及其职能的有效发挥,是宋代地方司法制度的一大进步。它最早出现于北宋初期,是有宋一代一直设置的地方属官。基本上每州设置一员,为六曹参军之一。"(开封:河南大学硕士学位论文,2009年。)

④ (清)徐松辑:《宋会要辑稿》,上海:上海古籍出版社,2014年,第5454页。

⑤ (宋)王珪:《华阳集》,北京:中华书局,1985年,第355页。

⑥ 曾枣庄、刘琳主编:《全宋文》,上海:上海辞书出版社,2006年,第92册,第349—350页。

赵令时　宋哲宗元祐中

《乾隆颍州府志》卷六《名宦志》："赵令时字德麟，元祐中签书颍州，时苏子瞻守颍……子瞻次韵答之。"①

黄师禧　宋高宗建炎二年前后（1128 前后）

《全宋文》卷二九七一姚舜明《文安县开国男黄君墓志铭（建炎二年十二月）》："公讳彦，字子实，其先浦阳人。……以建炎二年十一月廿八日卒，神识不乱，享年八十有一。……子男五……次师禧，颍州签判……次克义，宣议郎。"②

（八）推官

1. 团练推官

姚揆（未之任）　宋太宗端拱二年（989）

《宋会要辑稿·选举二·贡举二》："（端拱二年）四月初八日，以新及第进士第一人陈尧叟、第二人曾会并为光禄寺丞、直史馆，第三人姚揆为颍州团练推官。后数日，以揆恩命未优，改曹州观察推官。"③

江　楫　宋仁宗庆历中

《欧阳修全集》卷七九《外制集》卷一《颍州推官江楫可大理寺丞制》④。《乾隆颍州府志》卷六《名宦志》："江楫，庆历初为颍州团练推官，有称于时，迁大理寺丞。"⑤

邵　亢　宋仁宗庆历四年（1044）

《华阳集》卷三七《邵安简公亢墓志铭》："公讳亢，字兴宗，丹阳人。……授颍州团练推官。"⑥《宋史》卷三一七《邵亢传》："邵亢字兴宗，丹阳人。

---

① （清）王敛福纂修：《乾隆颍州府志》，《中国地方志集成·安徽府县志辑24》，南京：江苏古籍出版社，1998 年，第 278 页。

② 曾枣庄、刘琳主编：《全宋文》，上海：上海辞书出版社，2006 年，第 138 册，第 64—65 页。

③ （清）徐松辑：《宋会要辑稿》，上海：上海古籍出版社，2014 年，第 5266 页。

④ （宋）欧阳修：《欧阳修全集》，北京：中华书局，2001 年，第 1146 页。

⑤ （清）王敛福纂修：《乾隆颍州府志》，《中国地方志集成·安徽府县志辑24》，南京：江苏古籍出版社，1998 年，第 274 页。

⑥ （宋）王珪：《华阳集》，北京：中华书局，1985 年，第 489 页。

……召试秘阁，授颍州团练推官。晏殊为首，一以事诿之。”①

邵雍(未之任)　宋神宗熙宁初

《太史范公文集》卷三六《康节先生传》：“邵雍，字尧夫，卫州人。……熙宁初，以为颍州团练推官，与常秩同召，雍卒不起。卒年六十七。”②《全宋文》卷一七三六程颢《邵尧夫先生墓志铭(熙宁十年十月)》：“熙宁丁巳孟秋癸丑，尧夫先生疾终于家。……雍，先生之名，而尧夫其字也。……先生之官，初举遗逸，试将作监主簿，后又以为颍州团练推官，辞疾不赴。”③

吕大临　宋神宗熙宁七年前后(1074前后)

《北宋故朝奉郎守尚书比部郎中致仕轻车都尉赐绯鱼袋吕府君墓志铭》：“公讳蕡……(熙宁)七年六月十四日卒于家，享年七十有五。……子男六人……次大临，颍州团练推官。”④

杨环(瓌)　约宋神宗熙宁六—九年前后(1073—1076前后)

《沈括全集》卷一六《尚书职方郎中通判西京留守司兼畿内牧劝农事专切提举西京内园司课等事上护军赐绯鱼袋杨君墓志铭》：“君讳构，字起宗……熙宁六年十一月望日……明日……则盖已逝矣。……子男五人：……曰环，颍州团练推官、知襄州中庐县。”⑤《文思副使张君墓志铭(熙宁九年正月)》：“君讳克俭，字约之。……卒之日，熙宁六年三月丙午也。……女子之嫁者三人，其婿曰颍州团练推官杨瓌，左侍禁姚舜举，太庙斋郎晏时。”⑥

薛昌图　约宋神宗熙宁末

《全宋文》卷二六三〇李复《颍州团练推官将仕郎试秘书省校书郎知河中府虞乡事薛君墓志铭》：“讳昌图，字纯之。……元丰元年闰月十七日以疾终于官舍，享年四十有七。”⑦

---

① (元)脱脱等：《宋史》，北京：中华书局，1977年，第10335—10336页。

② (宋)范祖禹：《太史范公文集》，《宋集珍本丛刊024—2》，北京：线装书局，2004年，第370—371页。

③ 曾枣庄、刘琳主编：《全宋文》，上海：上海辞书出版社，2006年，第79册，第360页。

④ 陕西省考古研究院编：《陕西省考古研究院新入藏墓志》，上海：上海古籍出版社，2019年，第153页。

⑤ (宋)沈括：《沈括全集》，杭州：浙江大学出版社，2011年，第1册，第117—118页。

⑥ (宋)沈括：《沈括全集》，杭州：浙江大学出版社，2011年，第1册，第115—116页。

⑦ 曾枣庄、刘琳主编：《全宋文》，上海：上海辞书出版社，2006年，第122册，第106—107页。

蔡　硕　宋神宗元丰元年前(1078 前)

《续资治通鉴长编》卷二九〇“宋神宗元丰元年六月”条:“颍州团练推官、武学教授蔡硕为大理评事,展磨堪二年。”①

陈祐甫　宋神宗元丰元年(1078)

《续资治通鉴长编》卷二八七“宋神宗元丰元年春正月”条:“大理寺丞、权外都水监丞陈祐甫为颍州团练推官。”②

郭时亮　宋神宗元丰四年前后(1081 前后)

《续资治通鉴长编》卷三一二“宋神宗元丰四年条夏四月”条:“诏前追官勒停人越州山阴县主簿、太原府教授余行之陵迟处死。……定州教授、颍州团练推官郭时亮诣阙告之,知定州韩绛即收行之付狱。”③

游师雄　约宋神宗元丰元年—三年(1078—1080)

《全宋文》卷一八二〇张舜民《游公墓志铭》:“公讳师雄,字景叔,姓游氏,世居京兆之武功。……熙宁七年……八年,王师征安南……公丐以终丧,凡三被诏,恳辞乃免。……服除,升颍州团练推官。……元丰四年,王师问罪夏人,转运副使李察辟公句当公事。”④

李　坚　宋神宗元丰四年前(1081 前)

《全宋文》卷一五五五《太中大夫充集英殿修撰张公行状》:“公讳景宪,字正国……元丰三年,徙知同州……逾岁,上惜其才,复太中大夫、知兖州。未赴,感疾,以是年十月十五日考终于房陵之正寝,享年六十有七。……女六人……次适前颍州团练推官李坚……二女在室。”⑤

贾正之　约宋神宗元丰末

《贾正之及其妻蔡氏墓志》:“文正哀而怜之,移任子恩授以官,得试将作监主簿。……初调卫州汲县主簿,中进士第,以颍州团练推官充府界提点司

---

① (宋)李焘:《续资治通鉴长编》,北京:中华书局,2004 年,第 7086 页。

② (宋)李焘:《续资治通鉴长编》,北京:中华书局,2004 年,第 7019 页。

③ (宋)李焘:《续资治通鉴长编》,北京:中华书局,2004 年,第 7565 页。

④ 曾枣庄、刘琳主编:《全宋文》,上海:上海辞书出版社,2006 年,第 83 册,第 361—368 页。

⑤ 曾枣庄、刘琳主编:《全宋文》,上海:上海辞书出版社,2006 年,第 71 册,第 305—310 页。

勾当公事,改著作佐郎,知开封府阳武县。”①

2. 节度推官

陈 旸 宋哲宗绍圣元年后(1094后)

《淳熙三山志》卷二七《人物类二·科名》“绍圣元年制科”:“陈旸,祥道之弟,字晋之,是年九月应贤良方能直言极谏科,授节度推官、签判顺昌府,终礼部侍郎、显谟阁待制。”②《宋史》卷四三二《陈旸传》:“陈旸字晋之……中绍圣制科,授顺昌军节度推官。”③

●具体推官名称不详者

吕夷简 宋真宗咸平三年—大中祥符元年(1000—1008)

《宋史》卷二六五《吕蒙正传》:“大中祥符而后,上朝永熙陵,封泰山,祠后土,过洛,两幸其第,锡赉有加。上谓蒙正曰:‘卿诸子孰可用?’对曰:‘诸子皆不足用。有侄夷简,任颍州推官,宰相才也。’夷简由是见知于上。”④

张 洞 宋仁宗皇祐初

《全宋文》卷二七四〇晁补之《张洞传》:“张洞,字仲通,开封祥符人。……仁宗旰食太息,思闻中外之谋。而洞以布衣求上方略……遭亲丧去,再调颍州推官。”⑤《宋史》卷二九九《张洞传》:“张洞字仲通,开封祥符人。……再调颍州推官。”⑥

马 某 约宋仁宗朝后

《直讲李先生文集》卷三〇《宋故朝散大夫守尚书屯田郎中上轻车都尉赐绯鱼袋江公墓碑铭并序》:“公讳镐,字某。祥符五年进士及第……三女,嫁进士毛某、程某、颍州推官马某皆良奥也。”⑦

---

① 信应君、信宇鹏:《郑州黄岗寺北宋贾正之及其妻蔡氏墓志考》,《中原文物》2013年第1期,第88—90页。

② (宋)梁克家纂修:《淳熙三山志》,《宋元方志丛刊8》,北京:中华书局,1990年,第8019页。

③ (元)脱脱等:《宋史》,北京:中华书局,1977年,第12848页。

④ (元)脱脱等:《宋史》,北京:中华书局,1977年,第9148页。

⑤ 曾枣庄、刘琳主编:《全宋文》,上海:上海辞书出版社,2006年,第127册,第51—54页。

⑥ (元)脱脱等:《宋史》,北京:中华书局,1977年,第9932—9933页。

⑦ (宋)李觏:《直讲李先生文集》,《宋集珍本丛刊007—1》,北京:线装书局,2004年,第220—221页。

二、县级官员

(一)汝阴县

1.知县

孙崇望 宋太宗太平兴国末

《宋史》卷二六〇《曹翰传》:"曹翰,大名人。……(太平兴国)五年,从幸大名,拜威塞军节度,仍判颍州……会汝阴令孙崇望诣阙,诉翰私市兵器,所为多不法。"①

谢 绛 宋真宗大中祥符间

《欧阳修全集》卷二六《居士集》卷二六《尚书兵部员外郎知制诰谢公墓志铭(康定元年)》:"谢公讳绛,字希深。……公年十五起家,试秘书省校书郎,复举进士中甲科,以奉礼郎知颍州汝阴县,迁光禄寺丞。"②《宋史》卷二九五《谢绛传》:"谢绛字希深,其先阳夏人。……绛以父任试秘书省校书郎,举进士中甲科,授太常寺奉礼郎、知汝阴县。……天禧中,上疏谓宋当以土德王天下。"③

董 传 宋仁宗皇祐五年(1053)

《梅尧臣集编年校注》卷二三《送董传秀才之汝阴》④。

李孝基 宋仁宗朝

《宋史》卷三一〇《李孝基传》:"(李迪孙)孝基字伯始。进士高第,唱名至墀下,仁宗顾侍臣曰:'此李迪孙邪? 能世其家,可尚也。'……知汝阴、雍丘县,通判阆州、舒州,知随州。"⑤

韩宗道 宋仁宗嘉祐四年前(1059前)

《全宋文》卷二三八四曾肇《宋故通议大夫充宝文阁待制上柱国南阳郡

---

① (元)脱脱等:《宋史》,北京:中华书局,1977年,第9013—9015页。

② (宋)欧阳修:《欧阳修全集》,北京:中华书局,2001年,第406—407页。

③ (元)脱脱等:《宋史》,北京:中华书局,1977年,第9842—9843页。

④ (宋)梅尧臣撰,朱东润校注:《梅尧臣集编年校注》,上海:上海古籍出版社,2006年,第699页。

⑤ (元)脱脱等:《宋史》,北京:中华书局,1977年,第10179页。

开国侯食邑一千三百户致仕韩公墓志铭并序(元符二年七月)》:“韩公,讳宗道,字持正,年七十有一……会汝阴缺县令,号多职田,前摄事者得所入,而州俾公代。公辞不得,则过职田期而后往代。时公年尚少,众伏其廉。嘉祐四年,鑠其厅,中进士第,知越州余姚县。”①

黄子游 宋高宗建炎中

《庐陵周益国文忠公集》卷三三《朝请大夫致仕赐紫金鱼袋黄公子游墓志铭(淳熙五年)》:“公讳子游,字叔言,系出浦城黄氏……建炎初客南京……未几,版授颍州汝阴令。”②

2. 主簿

张孝孙 宋仁宗天圣九年前(1031 前)

《宋会要辑稿·选举一〇·书判拔萃科》:“(天圣九年五月十三日)诏:‘颍州汝阴县主簿张孝孙为忠武军节度推官、家地知县。’”③

常谔臣 约宋英宗或神宗朝

《全宋文》卷二七四三晁补之《朝奉大夫常君墓志铭(建中靖国元年九月)》:“君讳谔臣,字彦辅,其系盖出于唐相国衮。……嘉祐中,视进士。……再调汝阴县主簿,用举者充国子书库官,又权主簿。……元符三年秋八月癸亥也,年六十有五。”④

3. 县尉

裴仲孺 宋仁宗朝

《乾隆颍州府志》卷五《职官表》“裴仲孺”条⑤。

刘唐聪 约宋哲宗元祐三年前(约 1088 前)

《范忠宣公集》卷一四《朝请大夫陈公墓志铭》:“公讳安仁,字公寿,其先安阳人。……某年某月某日终于某里之第,享年六十有七。……女三人

---

① 曾枣庄、刘琳主编:《全宋文》,上海:上海辞书出版社,2006 年,第 110 册,第 136—137 页。

② (宋)周必大:《庐陵周益国文忠公集》,《宋集珍本丛刊 051—2》,北京:线装书局,2004 年,第 390—391 页。

③ (清)徐松辑:《宋会要辑稿》,上海:上海古籍出版社,2014 年,第 5454 页。

④ 曾枣庄、刘琳主编:《全宋文》,上海:上海辞书出版社,2006 年,第 127 册,第 93—96 页。

⑤ (清)王敛福纂修:《乾隆颍州府志》,《中国地方志集成·安徽府县志辑 24》,南京:江苏古籍出版社,1998 年,第 185 页。

……次适(原缺)阴县尉刘唐聪。”[①]《宋故通议大夫致仕上柱国彭城郡开国公食邑二千六百户食实封四百户刘公墓志铭并序》:“公讳几,字伯寿,河南人也。……元祐三年正月六日无疾而薨,享年八十一。……子男五人……唐聪,颍州汝阴县尉……唐夫、唐民、唐聪先卒。”[②]

李直方 宋哲宗元祐六年前后(1091前后)

《宋史》卷三三八《苏轼传》:“(苏)轼召汝阴尉李直方曰:‘君能禽此,当力言于朝,乞行优赏;不获,亦以不职奏免君矣。’”[③]

江瞻道 约宋徽宗朝

《张耒集》卷二三《送江瞻道之汝阴尉》[④]。

王 铸 宋徽宗宣和六年前后(1124前后)

《全宋文》卷三三四九梅执礼《吴彦成墓志铭》:“宣和二年冬,承信郎吴翁待次京师……居家仅一舍许,卒遇盗,不得归,盖三年二月庚午也。五年,其孤驰介乞铭于滁,不果作,明年又以书来曰……春秋五十有四。卜以六年二月丙午葬县东缙云乡永昌村前山之阳。娶陈氏。……女四:适太医助教宗公璋、顺昌府汝阴尉王铸,余皆在室。”[⑤]

李仲舒 任职时间不详

《鸡肋编》卷上《虱沾露化青虫》:“汝阴尉李仲舒汉臣,山阳人,生平戒杀。云释教令置虱于绵絮筒中,久亦饥死。有人教使置青草叶上,经宿沾露,则化为青虫飞去。尝试之信然,皆背坼而化。”[⑥]

(二)颍上县

1.知县

刘 涣 宋仁宗天圣八年(1030)[⑦]

---

① (宋)范纯仁:《范忠宣公集》,《宋集珍本丛刊015—3》,北京:线装书局,2004年,第475—476页。

② 墓志见张应桥:《北宋刘几墓志考释》,《四川文物》2011年第3期,第67—73页。

③ (元)脱脱等:《宋史》,北京:中华书局,1977年,第10814—10815页。

④ (宋)张耒:《张耒集》,北京:中华书局,1998年,第412页。

⑤ 曾枣庄、刘琳主编:《全宋文》,上海:上海辞书出版社,2006年,第156册,第63—65页。

⑥ (宋)庄绰:《鸡肋编》,北京:中华书局,1983年,第19页。

⑦ 参见王水照、崔铭著:《欧阳修传》,天津:天津人民出版社,2008年,第211页。

《宋史》卷四四四《刘恕传》："刘恕字道原，筠州人。父涣字凝之，为颍上令，以刚直不能事上官，弃去。……欧阳修与涣，同年进士也，高其节，作《庐山高》诗以美之。"[①]《全宋文》卷一五七六李常《尚书屯田员外郎致仕刘凝之府君墓志铭并序（元丰三年十二月）》："皇祐之庚寅，有洁身不辱之士，姓刘氏，讳涣，字凝之，行年五十，致其仕而归。……少举进士第，历官至颍上县令。"[②]

雷　详　约宋仁宗庆历后

《西台集》卷一六《尚书郎赠金紫光禄大夫毕从古行状（代陈知默撰）》："公讳从古，字几道……会颍上亦大饥，民亦发富人之仓而攘其粟，得数人，其县令雷详议曰：'岁饥取粟，姑以免死，殆可悯。'……公年五十有八，以嘉祐四年七月四日卒于寿阳。"[③]

孙　某　宋仁宗皇祐五年前后（1053 前后）

《梅尧臣集编年校注》卷二三《送汝阴宰孙寺丞》[④]。

王涣之　宋神宗元丰八年（1085）

《北山小集》卷三〇《宝文阁直学士中大夫致仕太原郡开国侯食邑一千四百户食实封一百户赠正议大夫王公墓志铭（宣和七年）》："公讳涣之，字彦舟，姓王氏……元丰八年，迁宣议郎、知颍州颍上县事。改越州教授，再移杭州教授。"[⑤]《宋史》卷三四七《王汉之》："涣之字彦舟。未冠，擢上第……以为杭州教授，知颍上县。元祐中，为太学博士，校对黄本秘书。"[⑥]

2. 主簿

田　洵　宋仁宗庆历五年前后（1045 前后）

《范文正公文集》卷一四《太子右卫帅府率田公墓志铭》："公讳绍方……公以庆历五年乙酉孟秋月壬子不起，享年七十有四。……生八男……

---

① （元）脱脱等：《宋史》，北京：中华书局，1977 年，第 13118 页。

② 曾枣庄、刘琳主编：《全宋文》，上海：上海辞书出版社，2006 年，第 72 册，第 258—259 页。

③ （宋）毕仲游：《西台集》，郑州：中州古籍出版社，2005 年，第 263—268 页。

④ （宋）梅尧臣撰，朱东润校注：《梅尧臣集编年校注》，上海：上海古籍出版社，2006 年，第 656 页。

⑤ （宋）程俱：《北山小集》，《宋集珍本丛刊 033—4》，北京：线装书局，2004 年，第 564 页。

⑥ （元）脱脱等：《宋史》，北京：中华书局，1977 年，第 11001 页。

次曰洵，颍上主簿。”①

万　适　任职时间不详

《乾隆颍州府志》卷六《名宦志》：“万适，颍上簿，有惠政，祀名宦。”②

3. 县尉

沈士先　约宋仁宗朝初中期

《全宋文》卷二二七〇王固《奉议郎致仕沈公墓志铭》：“奉议郎致仕沈公……娶王氏夫人，生□子：长曰士元，季曰士先，公即□次子也。讳士□，字景之，幼而喜学……年二十三以同出身调颍州颍上县尉，移同州白水主簿。……嘉祐元年，转□书丞，□通宜县，差知益州□事。”③

黄任荣　宋高宗绍兴中

《南涧甲乙稿》卷二〇韩元吉《中奉大夫直敷文阁黄公墓志铭》：“公讳任荣，字择之。……以大父恩，补假承务郎。蔡安持知顺昌府，公始为太和县主簿……移颍上尉，太和乡胥裒白金以贶，公笑而斥之。”④

（三）沈丘县

1. 知县

辛有终　约宋仁宗朝

《苏魏公文集》卷五八《职方郎中辛公墓志铭（熙宁元年八月）》：“（公）讳有终，字成之。……公以景祐元年擢第，补汝州团练推官、知颍州沈丘县。”⑤

张　某　宋仁宗朝

《王临川全集》卷九二《秘书丞张君墓志铭》：“君讳某，字某……用举者令颍州之沈丘县……以嘉祐二年十二月某甲子卒于州寝，是时君年四十七，天子官其一子师轲太庙斋郎。⑥

---

① （宋）范仲淹：《范仲淹全集》，成都：四川大学出版社，2007年，第344—346页。

② （清）王敛福纂修：《乾隆颍州府志》，《中国地方志集成·安徽府县志辑24》，南京：江苏古籍出版社，1998年，第272页。

③ 曾枣庄、刘琳主编：《全宋文》，上海：上海辞书出版社，2006年，第104册，第53—57页。

④ （宋）韩元吉：《南涧甲乙稿》，北京：中华书局，1985年，第392—393页。

⑤ （宋）苏颂：《苏魏公文集》，北京：中华书局，1988年，第880—881页。

⑥ （宋）王安石：《王临川全集》，上海：世界书局，1935年，第584页。

汪　齐　宋仁宗朝

《嘉庆宁国府志》卷二七《人物志》："汪齐……庆历丙戌进士，初任岳州平江簿，历洪州靖安、颍州沈邱令，所至有惠政。"①

毕仲衍　宋神宗熙宁三年(1070)②

《宋史》卷二八一《毕仲士安衍传》："仲衍，字夷仲，以荫为阳翟主簿。……举进士中第，调沈丘令。欧阳修、吕公著荐之，入司农为主簿，升丞。"③《西台集》卷一六《起居郎毕公夷仲行状》："君字夷仲，以卫尉恩补太庙斋郎，调许州阳翟主簿。……举进士就中第，补颍州沈丘县令。"④

田　衍　约宋神宗元丰末

《增广司马温公全集》卷一〇〇司马光《书田谏议碑阴》："光自始学未冠，闻故谏议大夫田公……熙宁中，识公之曾孙偃师尉衍，因就求观公之遗文。后十余年，衍为武胜军节度推官、知沈丘县事，以公文集及相示，且命光为神道碑。"⑤

晁端中(未之任)　宋哲宗元符三年(1100)

《全宋文》卷二七四六晁补之《雄州防御推官晁君墓志铭》："府君晁氏，讳端中，字元升，汉大夫错之后。……迁雄州防御推官，知颍州沈丘县事，将行而以疾卒。享年五十，元符三年四月庚子也。"⑥

2. 主簿

章　恺　宋神宗元丰四年前(1081前)

《续资治通鉴长编》卷三一一"宋神宗元丰四年三月"条："癸卯……大理寺劾惇父太子宾客致仕俞及弟颍州沈邱(丘)县主簿恺占民田，开封府官各怀观望，畏避佥书。"⑦

---

① (清)鲁铨、钟英修，(清)洪亮吉、施晋纂：《嘉庆宁国府志(二)》，《中国地方志集成·安徽府县志辑44》，南京：江苏古籍出版社，1998年，第245页。

② 参见(宋)毕仲游：《西台集》，郑州：中州古籍出版社，2005年，第269页；马玉臣：《北宋毕仲衍论略》，《华北水利水电院学报(社科版)》2007年第5期，第98—101页。

③ (元)脱脱等：《宋史》，北京：中华书局，1977年，第9522—9523页。

④ (宋)毕仲游：《西台集》，郑州：中州古籍出版社，2005年，第268—269页。

⑤ (宋)司马光：《增广司马温公全集》，《宋集珍本丛刊012—1》，北京：线装书局，2004年，第15页。

⑥ 曾枣庄、刘琳主编：《全宋文》，上海：上海辞书出版社，2006年，第127册，第141—142页。

⑦ (宋)李焘：《续资治通鉴长编》，北京：中华书局，2004年，第7551页。

穆　度　宋徽宗政和四年(1114)

《夷坚志》癸卷二《穆次裴斗鸡》:“穆度字次裴,青州人。政和四年,为颍州沈丘主簿,赴同官宴集。”①

3. 县尉

崔　宪　宋太宗祖开宝末—太宗太平兴国中

《徐铉集校注》卷三〇《故唐朝散大夫尚书睡不郎中崔君墓志铭并序》:“公讳致尧,字用之……子宪、寔、定等……宪在旧国以进士擢第,入朝为颍州沈丘尉。”②

李虚己　宋太宗雍熙二年(985)③

《宋史》卷三〇〇《李虚己传》:“李虚己字公受,五世祖盈,自光州从王潮徙闽,遂家建安。……虚己亦中进士第,历沈丘县尉,知城固县,改大理评事,累迁殿中丞,提举淮南茶场。召知荣州,未行,改遂州。”④

(四)泰和县(万寿县)

1. 知县

戚　纶　宋太宗时

《嘉庆重修一统志》卷一二九《颍州府二》:“戚纶,楚邱人,太宗时知泰和县。”⑤

黄　梱　宋仁宗嘉祐中

《乾隆颍州府志》卷五《职官表》:“黄梱,知万寿县。”⑥

张斯立　约宋仁宗嘉祐四年后—英宗治平二年(约1059后—1065)

《苏魏公文集》卷五八《颍州万寿县张君墓志铭(熙宁二年十月)》:“斯立,名挺卿……斯立以嘉祐四年三月擢第,补遂州司理参军。上官荐其才,

---

① (宋)洪迈:《夷坚志》,北京:中华书局,1981年,第1234页。

② (宋)徐铉著,李振中校注:《徐铉集校注》,北京:中华书局2018年,第1256—1257页。

③ 参见刘建:《建阳历代名人著录述略》,《书香建阳》编委会编:《书香建阳:中国闽北千年古县建阳历史文化》,福州:海峡文艺出版社,2008年,第178页。

④ (元)脱脱等:《宋史》,北京:中华书局,1977年,第9973页。

⑤ (清)穆彰阿、潘锡恩等纂修:《嘉庆重修一统志》,北京:中华书局,1986年,第5661页。

⑥ (清)王敛福纂修:《乾隆颍州府志》,《中国地方志集成·安徽府县志辑24》,南京:江苏古籍出版社,1998年,第186页。

徙颍州万寿县令，遂举诏科。以治平二年六月三十日卒。”[①]卷六二《万寿县令张君夫人苏氏墓志铭（元丰八年正月）》：“西出广陵故城十三里所，有大墓在蜀岗之南曰冯家原，集贤张公之所宅也。集贤之次子曰颍州万寿县令挺卿斯立……苏氏，予长妹也。”[②]梅尧臣有《张斯立遂州司理》诗，写于嘉祐四年[③]。

满执中　约宋英宗朝

《王临川全集》卷九九《扬州进士满夫人杨氏墓志铭》：“扬州进士满泾之夫人杨氏者……以治平四年十月庚戌卒，而以熙宁二年八月庚申葬。……有子七人……执中颍州万寿县令，居中举进士。”[④]《民国太和县志》卷七《秩官》：“满执中，扬州人，治平中除万寿令……立言必信。”[⑤]

叶唐稽　约宋神宗元丰中或哲宗元祐、绍圣中

《北山小集》卷三〇《宋故朝议大夫新知秀州军州事兼管内劝农使武功县开国男食邑三百户赐紫金鱼袋叶公墓志铭（建炎三年）》：“宣和七年夏四月，诏以朝议大夫叶公唐稽知秀州事。……公字顺孺……弱冠，与其兄唐懿同登熙宁六年进士第……迁颍州万寿县令，祥定省曹寺监条贯所删定官。……元符三年，覃恩转朝奉郎，赐五品服，差管淮南转运司文字。”[⑥]

皇甫某　约宋徽宗建中靖国元年前后（1101 前后）

《柯山集》卷四二《万寿县学记》：“万寿令皇甫君，治县有余力，吏之常职无不举矣。……余守颍时，则闻君之兴学。辛巳之冬，予移官临汝，道邑中，君馆我于新学，而属予记之。”[⑦]

刘献臣　任职时间不详

《古灵先生文集》卷一五《乞原免张尧夫等检断不当状》：“臣伏见转运

---

① （宋）苏颂：《苏魏公文集》，北京：中华书局，1988 年，第 887—888 页。

② （宋）苏颂：《苏魏公文集》，北京：中华书局，1988 年，第 951 页。

③ （宋）梅尧臣撰，朱东润校注：《梅尧臣集编年校注》，上海：上海古籍出版社，2006 年，第 1123 页。

④ （宋）王安石：《王临川全集》，上海：世界书局，1935 年，第 626 页。

⑤ 丁炳烺修，吴承志纂：《民国太和县志》，《中国地方志集成・安徽府县志辑 27》，南京：江苏古籍出版社，1998 年，第 435—436 页。

⑥ （宋）程俱：《北山小集》，《宋集珍本丛刊 033—4》，北京：线装书局，2004 年，第 569—570 页。

⑦ （宋）张耒：《张耒集》，北京：中华书局，1998 年，第 778—779 页。

司差官置院，取勘本州宛丘县令张尧夫、司法参军周琳，为检断颍州万寿县令刘献臣等……偷盗入己。”①

2. 主簿

黄任荣　宋高宗绍兴中

《南涧甲乙稿》卷二〇《中奉大夫直敷文阁黄公墓志铭》：“公讳任荣，字择之。……以大父恩，补假承务郎。蔡安持知顺昌府，公始为太和县主簿，甚器之，俾摄府掾，平决咸尽理。”②

3. 县尉

吴待问　约宋真宗朝

《武夷新集》卷二《戏赠颍州万寿尉吴待问（待问余之故人值雨留憩数日）》③。

---

① （宋）陈襄：《古灵先生文集》，《宋集珍本丛刊 008—4》北京：线装书局，2004 年，第 773 页。

② （宋）韩元吉：《南涧甲乙稿》，北京：中华书局，1985 年，第 392—393 页。

③ （宋）杨亿：《武夷新集》，《宋集珍本丛刊 002—6》，北京：线装书局，2004 年，第 206 页。

卷二 亳州

亳州,又称谯郡,宋真宗大中祥符七年(1014),建为集庆军节度。宋辖七县,治谯县(治今安徽省亳州市区),除鄼县、永城县、卫真县和鹿邑四县在今河南省境内外,城父县(治今安徽省亳州市城父镇)、蒙城县(治今安徽省蒙城县)及谯县均在今皖淮地区境内。

一、州级官员

(一)知州

张　克　宋太祖初

《全宋文》卷四三六赵概《金紫光禄大夫太子少师张化生墓志》:"睢阳有隐君子清河张公,世家宋人。……公曾祖克以材略仕归德军,显名东诸侯,节度使皆倚以自重。领亳州刺史、行州事。"①

张廷翰　宋太祖乾德二年前(964 前)

《宋史》卷二七一《张廷翰传》:"张廷翰,冀州信都人。……宋初,又历冀、亳二州。乾德二年,卒,年四十七。"②

郭廷谓　宋太祖乾德二年前(964 前)

《宋史》卷二七一《郭廷谓传》:"郭廷谓,字信臣,徐州彭城人。……宋初,从征上党,再知亳州。乾德二年,代还,改降州防御使。"③《乾隆颍州府

---

① 曾枣庄、刘琳主编:《全宋文》,上海:上海辞书出版社,2006 年,第 21 册,第 106 页。

② (元)脱脱等:《宋史》,北京:中华书局,1977 年,第 9285 页。

③ (元)脱脱等:《宋史》,北京:中华书局,1977 年,第 9295—9296 页。

志》卷六《名宦志》："郭廷谓，字信臣……归宋复知亳州，性恭谦，事母以孝闻。"①

韩 伦 宋太祖乾德四年前(966 前)

《宋史》卷二五一《韩令坤传》："韩令坤，磁州武安人。父伦……宋初，拜磁州刺史，转亳州团练使。乾德四年，改本州防御使，卒。"②

周光逊 宋太祖朝

《宋史》卷四八四《李筠传》："执监军亳州防御使周光逊、闲厩使李廷玉，遣判官孙孚、衙校刘继忠送于刘钧求济师。"③

蔡 玉 约宋太宗太平兴国五年前—雍熙二年后(约 980 前—985 后)

《续资治通鉴长编》卷二一"宋太宗太平兴国五年冬十月"条："戊寅，命……亳州刺史蔡玉、济州刺史上党陈廷山屯定州……备契丹也。"④《宋大诏令集》卷九四《推治曹彬等失律罪诏(雍熙二年六月戊午)》："亳州刺史蔡玉……宜令翰林学士贾黄中、右谏议大夫雷德骧、知杂李巨源诣尚书省推治之。"⑤

周 渭 宋太宗雍熙后

《宋史》卷三〇四《周渭传》："周渭字得臣，昭州恭城人。……开宝三年……就加监察御史，在岭南凡六年。……迁侍御史，历判户部、度支二勾院，出知亳州，赐金紫，俄换宋州。"⑥

谭延美 宋太宗雍熙四年—端拱元年(987—988)

《宋史》卷二七五《谭延美传》："谭延美，大名朝城人。……雍熙三年……以功擢本州防御史。逾年，改亳州，出为镇州钤辖。端拱元年，徙知宁远军。"⑦

刘知信 宋太宗端拱二年(989)

《咸淳临安志》卷四六《秩官四》："(端拱二年己丑)四月以亳州观察使

---

① (清)王敛福纂修：《乾隆颍州府志》，《中国地方志集成·安徽府县志辑 24》，南京：江苏古籍出版社，1998 年，第 272 页。

② (元)脱脱等：《宋史》，北京：中华书局，1977 年，第 8831 页。

③ (元)脱脱等：《宋史》，北京：中华书局，1977 年，第 13973 页。

④ (宋)李焘：《续资治通鉴长编》，北京：中华书局，2004 年，第 479 页。

⑤ (宋)佚名：《宋大诏令集》，北京：中华书局，1962 年，第 345 页。

⑥ (元)脱脱等：《宋史》，北京：中华书局，1977 年，第 10055—10056 页。

⑦ (元)脱脱等：《宋史》，北京：中华书局，1977 年，第 9372 页。

知(临安)。”①

曹　璨　约宋太宗至道后—景德二年后(约995后—1005后)

《宋史》卷二五八《曹彬传》:“璨字韬光……至道初……入为枢密都承旨,改领亳州团练使。”②《续资治通鉴长编》卷六一“宋真宗景德二年十二月”条:“而枢密都承旨、亳州团练使曹璨自镇、定、高阳三路行营都钤辖,就拜殿前都虞候、康州防御使,谦慨叹形于颜色。”③

李　防　宋真宗景德中

《宋史》卷三〇三《李防传》:“李防字智周,大名内黄人。……景德初,江南旱……后起通判河南府,徙知宿、延、亳三州……更耀、潞二州,卒。”④

徐　泌　宋真宗大中祥符四年(1011)

《宋史》卷六三《五行二上·火》:“(大中祥符四年)七月,知亳州徐泌、知江州王文震并献芝草。”⑤

高汉英　宋真宗大中祥符六年(1013)

《宋史》卷六三《五行二上·火》:“(大中祥符六年七月)亳州团练使高汉英献芝八本。”⑥《宋会要辑稿·礼五一·朝谒太清宫》:“(真宗大中祥符六年七月十九日)亳州团练使高汉英遣判官李好问与父老、僧道、举人赵永等三千三百六十人诣阙,请车驾朝谒太清宫。”⑦

丁　谓　宋真宗大中祥符六—七年(1013—1014)⑧

《宋史》卷八《真宗本纪三》:“(大中祥符)七年……判亳州丁谓献白鹿一,芝九万五千本。”⑨《宋会要辑稿·礼五一·朝谒太清宫》:“(真宗大中祥符六年八月八日)以参知政事丁谓为奉祀经度制置使、判亳州……太常博士刘楚、殿中丞集贤校理宋绶,并签署亳州判官公事,绶兼掌表奏。”⑩

---

① (宋)潜说友:《咸淳临安志》,台北:成文出版社,1970年,第443页。

② (元)脱脱等:《宋史》,北京:中华书局,1977年,第8983—8984页。

③ (宋)李焘:《续资治通鉴长编》,北京:中华书局,2004年,第1377—1378页。

④ (元)脱脱等:《宋史》,北京:中华书局,1977年,第10038—10039页。

⑤ (元)脱脱等:《宋史》,北京:中华书局,1977年,第1390页。

⑥ (元)脱脱等:《宋史》,北京:中华书局,1977年,第1391页。

⑦ (清)徐松辑:《宋会要辑稿》,上海:上海古籍出版社,2014年,第1879页。

⑧ (日)池泽滋子:《丁谓年谱》,《宋代文化研究》(第六辑),成都:四川大学出版社,1996年,第266—305页。

⑨ (元)脱脱等:《宋史》,北京:中华书局,1977年,第155页。

⑩ (清)徐松辑:《宋会要辑稿》,上海:上海古籍出版社,2014年,第1880页。

李迪(一知) 宋真宗大中祥符七年(1014)

《宋史》卷六四《五行二下·火》:“(大中祥符七年)八月,知亳州李迪献禾一茎三穗至十穗。”①《乐全先生文集》卷三六张方平《大宋故推诚保德崇仁守正翊戴功臣开府仪同三司太子太傅致仕上柱国陇西郡开国公食邑八千一百户实封二千四百户赠司空诗中谥文定李公神道碑并序(庆历八年闰正月)》:“公讳迪,字复古。……车驾祠濑乡,升亳为集庆军,以公领州事。”②《光绪亳州志》卷一〇《职官志》:“李迪……真宗幸亳,为留守判官,遂知亳州……景祐中再知亳州。”③

燕　肃 宋真宗大中祥符中④

《宋史》卷二九八《燕肃传》:“燕肃字穆之,青州益都人。……累迁左谏议大夫、知亳州,徙青州。”⑤

上官佖 约宋真宗天禧中

方健《范仲淹评传》云:“仲淹在亳州任幕职官四年有余。当时知亳州为上官佖,其子上官融侍行,‘秀出流辈’,仲淹十分器重他。”⑥

张知白 宋真宗天禧五年(1021)⑦

《续资治通鉴长编》卷九七“宋真宗天禧五年十二月”条:“壬戌,徙知应天府、翰林侍读学士、兵部侍郎张知白知亳州。”⑧《宋史》卷三一〇《张知白传》:“张知白字用晦,沧州清池人。……宰相丁谓素恶钦若,徙知白南京留守……谓怒,复徙知白亳州,迁兵部。”⑨《宋史》卷四四二《穆修传》:“穆修字伯长,郓州人。……张知白守亳,亳有豪士作佛庙成,知白使人召修作记,记

---

① (元)脱脱等:《宋史》,北京:中华书局,1977年,第1403页。

② (宋)张方平:《乐全先生文集》,《宋集珍本丛刊006—1》,北京:线装书局,2004年,第164—165页。

③ (清)钟泰、宗能征纂修:《光绪亳州志》,《中国地方志集成·安徽府县志辑25》,南京:江苏古籍出版社,1998年,第269—270页。

④ 孙玮、常松木主编:《历代名人与嵩山》,郑州:河南人民出版社,2009年,第83页。

⑤ (元)脱脱等:《宋史》,北京:中华书局,1977年,第9909—9910页。

⑥ 方健:《范仲淹评传》,南京:南京大学出版社,2001年,第39页。

⑦ (日)池泽滋子:《丁谓年谱》,《宋代文化研究》(第六辑),成都:四川大学出版社,1996年,第266—305页。

⑧ (宋)李焘:《续资治通鉴长编》,北京:中华书局,2004年,第2257页。

⑨ (元)脱脱等:《宋史》,北京:中华书局,1977年,第10187—10188页。

成，不书士名。”[①]

钱惟演 宋仁宗天圣元年（1023）

《续资治通鉴长编》卷一〇〇“宋仁宗天圣元年六月”条：“丙申，徙河阳保大节度使钱惟演知亳州。”[②]

马　亮 宋仁宗天圣三—五年（1025—1027）

《全宋文》卷三九八晏殊《马忠肃公亮墓志铭（天圣九年十一月）》：“惟仆射扶风忠肃公讳亮，字叔明。……（天圣）三年，加工部尚书、知亳州。……后二岁，移知江宁军府。”[③]《乾道临安志》卷三《牧守》：“天圣四年三月庚辰，徙知亳州工部尚书集贤院学士马亮知杭州。未行，复知亳州。是年四月戊午，徙周起知应天府兼南京留守司。”[④]《宋史》卷二九八《马亮传》：“马亮字叔明，庐州合肥人。……仁宗初……迁工部尚书、知亳州，又迁江宁府……赠尚书右仆射。”[⑤]《文恭集》卷三二《贺马尚书再任亳州》[⑥]。

乐黄目 宋仁宗天圣五年（1027）

《宋史》卷三〇六《乐黄目传》：“乐黄目字公礼，抚州宜黄人。……仁宗升储……五年，代还，知审官院。……数月，求外任，得知亳州。”[⑦]

杨大雅 宋仁宗天圣八年—明道二年（1030—1033）

《居士外集》卷一二《谏议大夫杨公墓志铭（景祐二年）》：“府君，杭州钱塘人。……天圣四年……六年，年六十五，老矣，始召以知制诰……居二岁，拜右谏议大夫、集贤院学士、出知亳州。于州封虢略县男，食邑三百户。明道二年四月十日，以疾卒于州之正寝，年六十有九。”[⑧]《宋史》卷三〇〇《杨大雅传》：“杨大雅字子正……大雅初名侃，至是，避真宗藩邸讳，诏改之。居二岁，拜右谏议大夫、集贤院学士、知亳州，卒。”[⑨]

---

① （元）脱脱等：《宋史》，北京：中华书局，1977年，第13069页。

② （宋）李焘：《续资治通鉴长编》，北京：中华书局，2004年，第2324页。

③ 曾枣庄、刘琳主编：《全宋文》，上海：上海辞书出版社，2006年，第19册，第234—239页。

④ （宋）周淙：《乾道临安志》，上海：商务印书馆，1937年，第67页。

⑤ （元）脱脱等：《宋史》，北京：中华书局，1977年，第9915—9917页。

⑥ （宋）胡宿：《文恭集》，北京：中华书局，1985年，第387页。

⑦ （元）脱脱等：《宋史》，北京：中华书局，1977年，第10111—10114页。

⑧ （宋）欧阳修：《欧阳修全集》，北京：中华书局，2001年，第909—910页。

⑨ （元）脱脱等：《宋史》，北京：中华书局，1977年，第9979—9980页。

李　垂　约宋仁宗天圣末

《河南先生文集》卷一七《故朝散大夫尚书司封郎中充秘阁校理知均州军事兼管内劝农事上柱国李公墓志铭并序(庆历五年十二月)》:“公讳垂,字舜工……咸平中举进士……出知亳、颍、晋、绛、均五州事。年六十九,以明道二年六月二十五日终于武当。”[①]《宋史》卷二九九《李垂传》:“李垂字舜工,聊城人。咸平中,登进士第……罢知亳州,迁颍、晋、绛三州。明道中,还朝。”[②]

晏　殊　宋仁宗明道二年—景祐初(1033—1034)

《宋史》卷三一一《晏殊传》:“晏殊字同叔,抚州临川人。……太后崩,以礼部尚书罢知亳州,徙陈州,迁刑部尚书,以本官兼御史中丞,复为三司使。”[③]《景文集》卷四〇《代晏尚书亳州谢上表》[④]。《续资治通鉴长编》卷一一二“宋仁宗明道二年夏四月”条:“(乙未)尚书右丞、参知政事晏殊罢为礼部尚书、知江宁府,寻改亳州。”[⑤]

李迪(二知)　宋仁宗景祐二年(1035)

《宋史》卷二一一《宰辅二》:“(景祐二年)二月戊辰,李迪自集贤殿大学士、工部尚书、平章事以刑部尚书知亳州。”[⑥]《续资治通鉴长编》卷一一六“宋仁宗景祐二年二月”条:“戊辰,工部尚书、平章事李迪罢为刑部尚书、知亳州。……己巳,改新知亳州李迪知相州,庚午,复改授资政殿大学士、兼翰林侍读学士,留京师,仍班三司使上。”[⑦]《大明一统志》卷七《中都·凤阳府》:“真宗时知亳州。”[⑧]

杨崇勋　宋仁宗景祐二—五年(1035—1038)

《景文集》卷五七《杨太尉神道碑》:“庆历二年春二月甲子诏书:故太子

---

① (宋)尹洙:《河南先生文集》,《宋集珍本丛刊 003—4》,北京:线装书局,2004 年,第 442—443 页。

② (元)脱脱等:《宋史》,北京:中华书局,1977 年,第 9931—9932 页。

③ (元)脱脱等:《宋史》,北京:中华书局,1977 年,第 10195—10196 页。

④ (宋)宋祁:《景文集》,北京:中华书局,1936 年,第 499 页。

⑤ (宋)李焘:《续资治通鉴长编》,北京:中华书局,2004 年,第 2612 页。

⑥ (元)脱脱等:《宋史》,北京:中华书局,1977 年,第 5459 页。

⑦ (宋)李焘:《续资治通鉴长编》,北京:中华书局,2004 年,第 2722—2723 页。

⑧ (明)李贤等:《大明一统志》,西安:三秦出版社,1990 年,第 137 页。

太保致仕、赠太尉崇勋……守陈、寿、亳、镇、定五州。”①卷六一《杨太尉行状》:“杨崇勋,字宝臣,年七十。……景祐元年八月……二年十一月,加特进,食邑七百户,食实封三百户。十二月,移知亳州。……五年四月,移知陈州。”②《宋史》卷二九〇《杨崇勋传》:“杨崇勋字宝臣,蓟州人。……景祐初,怀政家人讼冤,遂罢同平章事,知寿州,徙亳州,复知陈州。”③卷三〇三《张昷之传》:“杨崇勋知亳州,恃恩为不法,诬蒙城知县王申罪,械送狱。”④

王惟正 约宋仁宗景祐—宝元中

《蔡襄集》卷三八《尚书主客郎中王君墓志铭(庆历四年九月)》:“君讳惟正,字晦蒙,太原人。……入判三司凭由司,出领亳州、密州,最后再为绛州。庆历二年七月二十日,终于廨,寿年七十一。”⑤

韩亿(一知) 宋仁宗宝元元年(1038)

《乐全先生文集》卷三七《推诚保德功臣正奉大夫守太子少傅致仕上柱国昌黎郡开国公食邑三千三百户实封八百户赐紫金鱼袋累赠太师中书令尚书令许国公谥忠宪韩公神道碑铭并序》:“公讳亿,字宗魏,真定灵寿人。……久之,出典亳州,未几,召领审刑。”⑥《苏舜钦集》卷一六《推诚保德功臣正奉大夫守太子少傅致仕上柱国开国公食邑三千三百户实封八百户赐紫金鱼袋赠太子太保韩公行状》:“公讳某,字宗魏……既而出知亳州,未几,上以审刑案牍之繁,召公领之。”⑦《光绪亳州志》卷一〇《职官志》:“韩亿……知亳州,后于宝元元年以资政殿学士知成德军,复知亳州。”⑧

夏守斌 宋仁宗康定元年(1040)⑨

《宋史》卷二九〇《夏守恩传》:“守斌字子美。……元昊反……及守斌

---

① (宋)宋祁:《景文集》,北京:中华书局,1936年,第756—757页。

② (宋)宋祁:《景文集》,北京:中华书局,1936年,第823—826页。

③ (元)脱脱等:《宋史》,北京:中华书局,1977年,第9713—9714页。

④ (元)脱脱等:《宋史》,北京:中华书局,1977年,第10033页。

⑤ (宋)蔡襄:《蔡襄集》,上海:上海古籍出版社,1996年,第693—694页。

⑥ (宋)张方平:《乐全先生文集》,《宋集珍本丛刊006—1》,北京:线装书局,2004年,第177—180页。

⑦ (宋)苏舜钦:《苏舜钦集》,上海:上海古籍出版社,1981年,第203—208页。

⑧ (清)钟泰、宗能征纂修:《光绪亳州志》,《中国地方志集成·安徽府县志辑25》,南京:江苏古籍出版社,1998年,第270页。

⑨ 顾吉辰:《〈宋史〉比事质疑》,北京:书目文献出版社,1987年,第284页。

知枢密院事，耀州观察使、知亳州。”[①]

韩亿（二知） 宋仁宗庆历三年前（1043前）

《乐全先生文集》卷三七《推诚保德功臣正奉大夫守太子少傅致仕上柱国昌黎郡开国公食邑三千三百户实封八百户赐紫金鱼袋累赠太师中书令尚书令许国公谥忠宪韩公神道碑铭并序》：“公讳亿，字宗魏，真定灵寿人。……复徙亳州……就迁尚书左丞，拜章固让，诏书褒答。庆历二年请老，授太子少傅致仕。”[②]《苏舜钦集》卷一六《推诚保德功臣正奉大夫守太子少傅致仕上柱国开国公食邑三千三百户实封八百户赐紫金鱼袋赠太子太保韩公行状》：“公讳某，字宗魏……既而出知亳州……数以疾请便郡，移亳州。”[③]《宋史》卷三〇四《曹颖叔传》：“韩亿知亳州，避佥书节度判官事，通判仪州。”[④]《续资治通鉴长编》卷一四一“宋仁宗庆历三年六月”条：“辛酉，资政殿学士、尚书右丞、知亳州韩亿为太子少傅致仕。”[⑤]《光绪亳州志》卷一〇《职官志·名宦》：“韩亿……知亳州，后于宝元元年以资政殿学士知成德军，复知亳州。”[⑥]

夏　竦 宋仁宗庆历三年（1043）[⑦]

《续资治通鉴长编》卷一四二“宋仁宗庆历三年秋七月”条：“己巳，徙宣徽南院使、忠武节度使夏竦判亳州。”[⑧]《华阳集》卷三五《夏文庄公竦神道碑铭》：“庆历二年，徙蔡州。……遂以为吏部尚书，知亳州。明年，加资政殿大学士。”[⑨]《宋史》卷二八三《夏竦传》：“夏竦字子乔……徙知亳州，改授吏部尚书。”[⑩]《文庄集》卷六《亳州到任谢上表》[⑪]。

---

① （元）脱脱等：《宋史》，北京：中华书局，1977年，第9715—9717页。

② （宋）张方平：《乐全先生文集》，《宋集珍本丛刊006—1》，北京：线装书局，2004年，第177—180页。

③ （宋）苏舜钦：《苏舜钦集》，上海：上海古籍出版社，1981年，第203—208页。

④ （元）脱脱等：《宋史》，北京：中华书局，1977年，第10070页。

⑤ （宋）李焘：《续资治通鉴长编》，北京：中华书局，2004年，第3389页。

⑥ （清）钟泰、宗能征纂修：《光绪亳州志》，《中国地方志集成·安徽府县志辑25》，南京：江苏古籍出版社，1998年，第270页。

⑦ 黄燕生著：《宋仁宗·宋英宗》，长春：吉林文史出版社，1997年，第144页。

⑧ （宋）李焘：《续资治通鉴长编》，北京：中华书局，2004年，第3396—3397页。

⑨ （宋）王珪：《华阳集》，北京：中华书局，1985年，第449—452页。

⑩ （元）脱脱等：《宋史》，北京：中华书局，1977年，第9571—9576页。

⑪ （宋）夏竦：《文庄集》，《宋集珍本丛刊002—8》，北京：线装书局，2004年，第489页。

王拱辰　宋仁宗庆历六年(1046)

《北宋王拱辰墓志文》:"元丰八年七月,彰德军节度使、检校太师、北京留守王公拱辰感疾,诏遣中使监国医乘传往视,未及至而乙卯公莞讣闻。……初名拱寿,仁宗临轩,见而奇之,改赐今名。……(庆历六年)十月,补外,除翰林侍读学士,兼龙图阁学士,知亳州、寻改郑州。七年,迁给事中、移澶州。"①《全宋文》卷一六七八刘挚《王开府行状》:"公吴兴出也。……(庆历)六年春……是冬请补外,改侍读学士兼龙图阁学士知亳州,改郑州。……公初名拱寿,唱第日,仁宗面赐今名。"②

柳　植　约宋仁宗庆历—皇祐中

《宋史》卷二九四《柳植传》:"柳植字子春,真州人。……历知寿、亳、蔡、扬四州,分司西京,遂致仕。"③

李　某　宋仁宗庆历七年(1047)

《梅尧臣集编年校注》卷一七《送李密学赴亳州》《亳州李密学寄御枣一篚》④。

向传式　宋仁宗庆历八年(1048)

《续资治通鉴长编》卷一六四"宋仁宗庆历八年六月"条:"己丑,户部副使、刑部郎中向传式为太常少卿、直昭文馆、知亳州。"⑤《宋会要辑稿·选举三三·特恩除职一》:"(皇祐元年三月十九日)三司户部副使、刑部郎中向传式为太常少卿、直昭文馆、知亳州。"⑥

许怀德　宋仁宗庆历八年—皇祐元年(1048—1049)

《续资治通鉴长编》卷一六五"宋仁宗庆历八年八月"条:"丁丑,殿前副都指挥使、宁远节度使许怀德知亳州,落管军。"⑦卷一六七"宋仁宗皇祐元年

---

① 洛阳地区文物工作队:《北宋王拱辰墓及墓志》,《中原文物》1985年第4期,第16—23页。

② 曾枣庄、刘琳主编:《全宋文》,上海:上海辞书出版社,2006年,第77册,第107—114页。

③ (元)脱脱等:《宋史》,北京:中华书局,1977年,第9819页。

④ (宋)梅尧臣撰,朱东润校注:《梅尧臣集编年校注》,上海:上海古籍出版社,2006年,第393、404页。

⑤ (宋)李焘:《续资治通鉴长编》,北京:中华书局,2004年,第3953页。

⑥ (清)徐松辑:《宋会要辑稿》,上海:上海古籍出版社,2014年,第5883页。

⑦ (宋)李焘:《续资治通鉴长编》,北京:中华书局,2004年,第3961页。

九月”条：“宁远节度使、知亳州许怀德为殿前副都指挥使。”①《宋史》卷三二四《许怀德传》：“许怀德字师古，开封祥符人。……会从妹亡，无子，怀德欲冒有其田，事觉，罢管军，知亳州，徙徐州。”②

王　洙　约宋仁宗皇祐元年(1049)③

《宋史》卷二九四《王洙传》：“王洙字原叔，应天宋城人。……有司上其最，为京东第一，徙亳州。复为天章阁侍讲、史馆检讨。”④

郭承祐　宋仁宗皇祐二年(1050)

《宋会要辑稿·职官六五·黜降官二》：“(皇祐二年六月十五日)判亳州、宣徽南院使、建武军节度使郭承祐落宣徽南院使，知亳州。”⑤“(皇祐二年八月三日)再降知亳州、建武军节度使郭承祐为许州兵马总管。”⑥《宋史》卷二五二《郭承祐传》：“(郭从义曾孙)承祐字天锡……徙亳州。”⑦

宋　祁　宋仁宗皇祐三年(1051)

《续资治通鉴长编》卷一七〇“宋仁宗皇祐三年二月”条：“戊申，翰林侍读学士、兼龙图阁学士、给事中、史馆修撰宋祁坐其子与张彦方游，出知亳州。”⑧《景文集》卷三〇《乞知亳州状》、卷三八《亳州谢上表》⑨。《宋会要辑稿·职官六五·黜降官二》：“(皇祐三年二月二十八日)翰林侍读学士、兼龙图阁学士、给事中、史馆修撰宋祁知亳州。”⑩《全宋文》卷八七二范缜《宋景文公祁墓志铭(元丰三年)》：“公讳祁，字子京。……大享明堂，迁给事中，复兼龙图阁学士、集贤殿修撰，出知亳州。岁余，以礼部侍郎知成德军，充本路安抚使兼马步军都总管。”⑪

---

① (宋)李焘：《续资治通鉴长编》，北京：中华书局，2004 年，第 4015 页。

② (元)脱脱等：《宋史》，北京：中华书局，1977 年，第 10477 页。

③ 参见吴琼、王兆鹏：《北宋杜集传播奠基者王洙行年考》，《杜甫研究学刊》2015 年第 4 期，第 72—84 页。

④ (元)脱脱等：《宋史》，北京：中华书局，1977 年，第 9814—9815 页。

⑤ (清)徐松辑：《宋会要辑稿》，上海：上海古籍出版社，2014 年，第 4801 页。

⑥ (清)徐松辑：《宋会要辑稿》，上海：上海古籍出版社，2014 年，第 4801 页。

⑦ (元)脱脱等：《宋史》，北京：中华书局，1977 年，第 8851—8852 页。

⑧ (宋)李焘：《续资治通鉴长编》，北京：中华书局，2004 年，第 4081 页。

⑨ (宋)宋祁：《景文集》，北京：中华书局，1936 年，第 475 页。

⑩ (清)徐松辑：《宋会要辑稿》，上海：上海古籍出版社，2014 年，第 4801 页。

⑪ 曾枣庄、刘琳主编：《全宋文》，上海：上海辞书出版社，2006 年，第 40 册，第 292—296 页。

陈执中　宋仁宗至和二年(1055)

《乐全先生文集》卷三七《推诚保德崇仁守正忠亮翊戴功臣开府仪同三司守司徒致仕上柱国岐国公食邑一万九百户实封三千九百户赠太师兼侍中谥曰恭颍川陈公神道碑铭并序(嘉祐四年七月)》:"公字昭誉,豫章南昌人。……判亳州。……在亳,乞归养疾,不许,坚纳旌节。"①《宋大昭令集》卷六八《陈执中罢相除使相判亳州制(至和二年六月)》②。《文恭集》卷二五《赐观文殿大学士判亳州陈执中乞致仕不允批答》③。《宋史》卷二一一《宰辅二》:"(至和二年)六月戊戌,行吏部尚书、同平章事陈执中以检校太尉、同平章事、镇海军节度判亳州。"④卷二八五《陈执中传》:"陈执中字昭誉……久之,拜集庆军节度使、同平章事、判大名府。"⑤《东轩笔录》卷八:"陈恭公初罢政,判亳州,年六十九。……明年,累表求退,遂以司徒致仕。"⑥

王纯臣　约宋仁宗嘉祐元年—三年(1056—1058)⑦

《宋朝事实类苑》卷四三《仙释僧道·王参政》:"王参政伯庸得疾,既委顿,是夕有灵鹤十余只,空中嘹唳。八月二十日,夜三更,月甚明,时其弟纯臣差知亳州,公人来迎候者,皆以为怪讶。"⑧

王彭年　宋仁宗嘉祐三年(1058)

《梅尧臣集编年校注》卷二八《送王道粹学士知亳州》⑨。案:王彭年字道粹。

李徽之　宋仁宗嘉祐六年(1061)

《宋会要辑稿·职官二二·太医局》:"(嘉祐六年二月一日)太常寺言:

---

① (宋)张方平:《乐全先生文集》,《宋集珍本丛刊006—1》,北京:线装书局,2004年,第174—176页。

② (宋)佚名:《宋大诏令集》,北京:中华书局,1962年,第331页。

③ (宋)胡宿:《文恭集》,北京:中华书局,1985年,第308页。

④ (元)脱脱等:《宋史》,北京:中华书局,1977年,第5476页。

⑤ (元)脱脱等:《宋史》,北京:中华书局,1977年,第9601—9603页。

⑥ (宋)魏泰:《东轩笔录》,《宋元笔记小说大观3》,上海:上海古籍出版社,2007年,第2732页。

⑦ (元)脱脱等:《宋史》,北京:中华书局,1977年,第9772—9776页。

⑧ (宋)江少虞:《宋朝事实类苑》,上海:上海古籍出版社,1981年,第569页。

⑨ (宋)梅尧臣撰,朱东润校注:《梅尧臣集编年校注》,上海:上海古籍出版社,2006年,第1026页。

'知亳州李徽之乞下外州军选试医学,救疗军民疾病事'。"[①]

宋敏求 宋仁宗嘉祐八年(1063)[②]

《苏魏公文集》卷五一《龙图阁直学士修国史宋公神道碑》:"公讳敏求,字次道……坠马伤足,出知亳州。……治平元年,同修起居注。"[③]《全宋文》卷八七三范镇《宋谏议敏求墓志铭(元丰二年七月)》:"公讳敏求,字次道,赵州平棘人。……英宗践祚,进兵部。堕马伤足,得请亳州。"[④]又见《宋史》卷二九一《宋绶传》[⑤]、卷四四四《刘恕传》[⑥]。

晁端彦 约宋仁宗嘉祐后—宋哲宗绍圣初

《张耒集》卷一二《赴亳州教官次韵和中书钱舍人及亳州守晁美叔见赠》[⑦]。

孙祖德 宋仁宗朝

《宋史》卷二九九《孙祖德传》:"孙祖德字延仲,潍州北海人……章献太后春秋高,疾加剧,祖德请还政。……历陈许蔡潞郓亳州、应天府。"[⑧]

邓温伯 约宋仁宗朝

《苏魏公文集》卷二三《赐通议大夫新知亳州邓温伯不许辞免龙图阁学士诏》[⑨]。

钱象先 约宋仁宗朝

《乐全先生文集》卷四〇张方平《宋故朝散大夫守尚书吏部侍郎致仕上柱国彭城郡开国公食邑三千一百户实封四百户赐紫金鱼袋钱公墓志铭并序》:"公讳某,字资元,世家吴郡。……阅岁徙知河南府兼西京留守司。就

---

① (清)徐松辑:《宋会要辑稿》,上海:上海古籍出版社,2014年,第3634页。

② 颜中其:《北宋大文献学家宋敏求》,中国历史文献研究会编:《中国历史文献研究集刊(第三集)》,长沙:湖南人民出版社,1983年,第258—263页。

③ (宋)苏颂:《苏魏公文集》,北京:中华书局,1988年,第771—777页。

④ 曾枣庄、刘琳主编:《全宋文》,上海:上海辞书出版社,2006年,第40册,第310—314页。

⑤ (元)脱脱等:《宋史》,北京:中华书局,1977年,第9736页。

⑥ (元)脱脱等:《宋史》,北京:中华书局,1977年,第13118—13119页。

⑦ (宋)张耒:《张耒集》,北京:中华书局,1998年,第209—210页。

⑧ (元)脱脱等:《宋史》,北京:中华书局,1977年,第9928页。

⑨ (宋)苏颂:《苏魏公文集》,北京:中华书局,1988年,第303页。

徙亳州，又改陈州。”[①]

皇甫某 约宋仁宗朝后期

《祠部集》卷三〇《代贺亳州皇甫谏议书》[②]。

宋 庠 宋英宗治平元年(1064)

《华阳集》卷一七《使相判亳州宋庠乞致仕不允诏》[③]、卷三六《宋元宪公庠神道碑铭》：“公讳庠，字公序，开封雍丘人。……治平元年，出判亳州。居数月，公请终不已，听以司空致仕。”[④]《宋史》卷二八四《宋庠传》：“宋庠字公序，安州安陆人……英宗即位，移镇武宁军，改封郑国公。……帝以大臣故，未忍遽从，乃出判亳州。”[⑤]《续资治通鉴长编》卷二〇〇“宋英宗治平元年春正月”条：“景灵宫使、武宁节度使、同平章事宋庠屡请老……戊申，命庠判亳州。”[⑥]

欧阳修 宋英宗治平中—神宗熙宁元年(1064—1068)

《宋史》卷三一九《欧阳修传》：“欧阳修字永叔，庐陵人。……修亦力求退，罢为观文殿学士、刑部尚书、知亳州……凡历数郡，不见治迹，不求声誉，宽简而不扰，故所至民便之。”[⑦]《全宋文》卷一六九八吴充《故推诚保德崇仁翊戴功臣观文殿学士特进太子太师致仕上柱国乐安郡开国公食邑四千三百户食实封一千二百户赠太子太师欧阳公行状》：“公讳修，字永叔……进拜左丞，出为观文殿学士、刑部尚书、知亳州。熙宁初，迁兵部尚书、知青州，京东东路安抚使。”[⑧]《安阳集》卷五〇《故观文殿学士太子少师致仕赠太子太师欧阳公墓志铭》：“公讳修，字永叔。……今上即位初……除公观文殿学士、刑部尚书、知亳州事。熙宁元年秋，迁兵部尚书、知青州事，充京东东路安抚使。”[⑨]

---

① (宋)张方平:《乐全先生文集》,《宋集珍本丛刊006—1》,北京:线装书局,2004年,第256—257页。

② (宋)强至:《祠部集》,北京:中华书局,1985年,第456页。

③ (宋)王珪:《华阳集》,北京:中华书局,1985年,第195页。

④ (宋)王珪:《华阳集》,北京:中华书局,1985年,第463—466页。

⑤ (元)脱脱等:《宋史》,北京:中华书局,1977年,第9890—9593页。

⑥ (宋)李焘:《续资治通鉴长编》,北京:中华书局,2004年,第4845页。

⑦ (元)脱脱等:《宋史》,北京:中华书局,1977年,第10375—10381页。

⑧ 曾枣庄、刘琳主编:《全宋文》,上海:上海辞书出版社,2006年,第78册,第75—83页。

⑨ (宋)韩琦:《安阳集》,《宋集珍本丛刊006—3》,北京:线装书局,2004年,第610—612页。

马仲甫　宋神宗熙宁元年(1068)

《宋史》卷三三一《马仲甫传》:“马仲甫字子山……熙宁初,守亳、许、扬三州,纠察在京刑狱,知通进、银台司,复为扬州,提举崇禧观,卒。”①

彭思永　宋神宗熙宁元年(1068)

《全宋文》卷一七三六程颢《故户部侍郎致仕彭公行状(熙宁四年)》:“公讳思永,字季长。……今天子践祚……降授给事中,知黄州,道徙太平州。郊祀推恩,复工部侍郎,知亳州。未满岁,移扬州。熙宁三年,上书告老,迁户部侍郎,致仕。”②

富　弼　宋神宗熙宁二—四年(1069—1071)

《范忠宣公集》卷一六、一七《故开府仪同三司守司徒检校太师武宁军节度使徐州管内观察处置等使徐州大都督府长史致仕上柱国韩国公食邑一万二千七百户食实封四千九百户富公行状(元丰六年七月)》:“公讳弼,字彦国,其先出于周大夫富辰之后。……熙宁元年正月,移判汝州……明年正月,召还京师。二月……八月,以疾辞位,除判河南府,复得请判亳州,移武宁军节度使、同中书门下平章事。”③《宋史》卷二一一《宰辅二》:“(熙宁二年)十月丙申,富弼自左仆射兼门下侍郎、同平章事加检校太师,依前行左仆射、同平章事以武宁军节度使判亳州。”④《全宋文》卷一〇七〇韩维《富文忠公墓志铭并序》:“公讳弼,字彦国……熙宁元年正月,徙判汝州……二月,遂除司空……八月,以疾辞位,拜武宁军节度使、同中书门下平章事,判河南府。复用公请,改判亳州。四年,提举河南常平仓赵济,言公于青苗法不行,除左仆射,判汝州。”⑤《华阳集》卷一六《判亳州富弼乞罢使相不允诏》⑥。《宋史》卷三一三《富弼传》:“富弼字彦国,河南人。……拜武宁节度使、同

---

① (元)脱脱等:《宋史》,北京:中华书局,1977年,第10646—10647页。

② 曾枣庄、刘琳主编:《全宋文》,上海:上海辞书出版社,2006年,第79册,第347—350页。

③ (宋)范纯仁:《范忠宣公集》,《宋集珍本丛刊015—3》,北京:线装书局,2004年,第492—500页。

④ (元)脱脱等:《宋史》,北京:中华书局,1977年,第5485页。

⑤ 曾枣庄、刘琳主编:《全宋文》,上海:上海辞书出版社,2006年,第49册,第227—238页。

⑥ (宋)王珪:《华阳集》,北京:中华书局,1985年,第185页。

中书门下平章事、判河南，改亳州。”[①]《宋会要辑稿·食货五·青苗下》：“（熙宁四年六月二十一日）尚书左仆射富弼判汝州。……侍御史知杂事邓綰亦言：‘知亳州富弼……令未得依提举司牒施行。’”[②]

杨　绘　宋神宗熙宁四年（1071）

《续资治通鉴长编》卷二二五“宋神宗熙宁四年秋七月”条：“新知郑州、翰林侍读学士杨绘知亳州。”[③]《宋史》卷三二二《杨绘传》：“杨绘字元素，绵竹人。……安石使曾布疏其说。诏绘分析，固执前议，遂罢为侍读学士、知亳州，历应天府、杭州，再为翰林学士。”[④]《太史范公文集》卷三九《天章阁待制杨公墓志铭（元祐四年十一月）》：“公讳绘，字元素。……神宗即位一月，召修起居注……未行，改亳州。”[⑤]

孙　琳　宋神宗熙宁五年（1072）

《续资治通鉴长编》卷二四一“宋神宗熙宁五年十二月”条：“丙申，知亳州、太常少卿孙琳罢理三司副使资序。”[⑥]

孙　觉　宋神宗熙宁六年（1073）

《宋史》卷三四四《孙觉传》：“孙觉字莘老，高邮人。……徙庐州，改右司谏。……连徙亳、扬、徐州。”[⑦]《全宋诗》卷一〇六二秦少游《孙莘老挽词》四首之二说他：“转守七州多异政，奉常处处有房祠。”[⑧]

冯　京　宋神宗熙宁八年（1075）

《宋史》卷二一一《宰辅二》：“（宋神宗熙宁八年）冯京自右谏议大夫、参知政事以守本官知亳州。”[⑨]《续资治通鉴长编》卷二五九“宋神宗熙宁八年春正月”条：“参知政事、右谏议大夫冯京守本官知亳州。”[⑩]卷二六九“宋神

---

① （元）脱脱等：《宋史》，北京：中华书局，1977年，第10249—10256页。

② （清）徐松辑：《宋会要辑稿》，上海：上海古籍出版社，2014年，第6062页。

③ （宋）李焘：《续资治通鉴长编》，北京：中华书局，2004年，第5490页。

④ （元）脱脱等：《宋史》，北京：中华书局，1977年，第10448—10449页。

⑤ （宋）范祖禹：《太史范公文集》，《宋集珍本丛刊024—2》，北京：线装书局，2004年，第393—394页。

⑥ （宋）李焘：《续资治通鉴长编》，北京：中华书局，2004年，第5885页。

⑦ （元）脱脱等：《宋史》，北京：中华书局，1977年，第10925—10927页。

⑧ 傅璇琮等：《全宋诗》，北京：北京大学出版社，1995年，第12124页。

⑨ （元）脱脱等：《宋史》，北京：中华书局，1977年，第5489页。

⑩ （宋）李焘：《续资治通鉴长编》，北京：中华书局，2004年，第6310页。

宗熙宁八年冬十月”条：“丁巳，右谏议大夫、知亳州冯京知河南府。”[①]

苏　颂　约宋神宗熙宁五—七年（1071—1074）

《曾文昭公集》卷三《赠苏司空墓志铭（崇年元年十一月）》：“公讳颂，字子容……熙宁元年……岁余，会恩得知婺州，徙亳州。归，句当三班院，加集贤院学士。”[②]《道乡先生邹忠公文集》卷三九《故观文殿大学士苏公行状》：“公机警夙成，性知礼义。……（熙宁）四年，大享明堂恩，始知婺州。……移知亳州。七年，召还，勾当三班院。”[③]又见《宋史》卷三四〇《苏颂传》[④]、《苏魏公文集》卷三七《亳州谢上》[⑤]。

邵　亢　宋神宗熙宁五—七年（1072—1074）[⑥]

《华阳集》卷三七《邵安简公亢墓志铭》：“熙宁五年春，上过东宫，邈然思旧臣，特迁礼部侍郎，又徙亳州。……享年六十一。……公熙宁七年十二月二十五日终，明年十一月二十六日，葬润州丹阳县上德乡耿岗原。”[⑦]《宋史》卷三一七《邵亢传》：“邵亢字兴宗，丹阳人。……神宗立，迁龙图阁直学士……历郑、郓、亳三州。薨，年六十一。”[⑧]

俞希旦　约宋神宗熙宁八年（1075）

《续资治通鉴长编》卷二七一“宋神宗熙宁八年十二月”条：“御史蔡承禧又言：‘先尝论知亳州俞希旦前任两浙转运使……仍先罢希旦亳州之命。’”[⑨]

元绛（未之任）　宋神宗元丰二年（1079）

《宋史》卷二一一《宰辅二》：“（元丰二年）五月甲申，元绛自参知政事以工部侍郎知亳州。”[⑩]《宋会要辑稿·职官六六·黜降官三》：“（元丰二年五

---

① （宋）李焘：《续资治通鉴长编》，北京：中华书局，2004 年，第 6609 页。

② （宋）曾肇：《曾文昭公集》，《宋集珍本丛刊 026—5》，北京：线装书局，2004 年，第 716—718 页。

③ （宋）邹浩：《道乡先生邹忠公文集》，《宋集珍本丛刊 031—1》，北京：线装书局，2004 年，第 292—296 页。

④ （元）脱脱等：《宋史》，北京：中华书局，1977 年，第 10859—10863 页。

⑤ （宋）苏颂：《苏魏公文集》，北京：中华书局，1988 年，第 564 页。

⑥ 吴廷燮：《北宋经抚年表南宋制抚年表》，北京：中华书局，1984 年，第 85 页。

⑦ （宋）王珪：《华阳集》，北京：中华书局，1985 年，第 489—492 页。

⑧ （元）脱脱等：《宋史》，北京：中华书局，1977 年，第 10335—10337 页。

⑨ （宋）李焘：《续资治通鉴长编》，北京：中华书局，2004 年，第 6643—6644 页。

⑩ （元）脱脱等：《宋史》，北京：中华书局，1977 年，第 5491 页。

月十七日）参知政事元绛知亳州，子耆宁罚铜十斤。”[①]《苏魏公文集》卷五二《太子少保元章简公神道碑》：“公讳绛，字厚之。……元丰二年春……遂以本官出知亳州。……即命改知颍州，明年，加资政殿学士、知青州。”[②]又见《王魏公集》卷八《资政殿学士太子少保致仕赠太子少师谥章简元公墓志铭》[③]。

曾　巩　宋神宗元丰二—三年（1079—1080）

《宋史》卷三一九《曾巩传》：“曾巩字子固，建昌南丰人。……徙明、亳、沧三州。”[④]《曾巩集》卷二七《亳州谢到任表》[⑤]、卷三二《申明保甲巡警盗贼札子（不曾上）》：“臣昨守亳州，亳为多盗重法之地，臣推行保甲之法，以禁盗贼，幸不至谬戾。”[⑥]《全宋文》卷一〇七一韩维《朝散郎试中书舍人轻车都尉赐紫金鱼袋曾公神道碑》：“公姓曾氏，讳巩，字子固。……召判太常寺，未至，改知明州。……数月，徙亳州。元丰三年，知沧州……六年四月丙辰，卒于江宁府，年六十有五。”[⑦]《全宋文》卷一八一二林希《朝散郎试中书舍人轻车都尉赐紫金鱼袋曾公墓志铭并序（元丰七年六月）》：“公曾氏，讳巩，字子固。……数月，徙亳州。”[⑧]

刘　攽　宋神宗元丰五—六年（1082—1083）[⑨]

《宋史》卷三一九《刘敞传》：“攽字贡父，与敞同登科……徙知兖、亳二州。……哲宗初，起知襄州。”[⑩]《续资治通鉴长编》卷三三九“宋神宗元丰六年九月”条：“诏：‘前京东路转运使、朝散大夫、集贤校理、知亳州刘攽……刘

---

① （清）徐松辑：《宋会要辑稿》，上海：上海古籍出版社，2014年，第4826页。

② （宋）苏颂：《苏魏公文集》，北京：中华书局，1988年，第780—784页。

③ （宋）王安礼：《王魏公集》，《宋集珍本丛刊017—2》，北京：线装书局，2004年，第232—234页。

④ （元）脱脱等：《宋史》，北京：中华书局，1977年，第10390—10391页。

⑤ （宋）曾巩：《曾巩集》，北京：中华书局，1984年，第416—417页。

⑥ （宋）曾巩：《曾巩集》，北京：中华书局，1984年，第469页。

⑦ 曾枣庄、刘琳主编：《全宋文》，上海：上海辞书出版社，2006年，第49册，第240—243页。

⑧ 曾枣庄、刘琳主编：《全宋文》，上海：上海辞书出版社，2006年，第83册，第253—257页。

⑨ 参见颜中其：《刘攽年谱》，刘乃和、宋衍申主编：《〈资治通鉴〉丛论》，郑州：河南人民出版社，1985年，第323—361页。

⑩ （元）脱脱等：《宋史》，北京：中华书局，1977年，第10387—10388页。

攽不职罪状甚明……增差监衡州盐仓。’”[①]《彭城集》卷二六《知亳州谢上表》[②]。

王益柔 宋神宗元丰六年(1083)

《毛滂集》卷七《龙图阁直学士大中大夫知亳州王益柔可差知江宁府制》[③]。《全宋文》卷二八五四注:“据《北宋经抚年表》卷四,王益柔知江宁府在元丰六年,时毛滂仅二十余岁,不可能草此制,当为四库馆臣误收。”[④]

蒲宗孟 宋神宗元丰七—八年(1084—1085)

《续资治通鉴长编》卷三五〇“宋神宗元丰七年十一月”条:“己酉,中大夫、知汝州蒲宗孟为资政殿学士、知亳州。”[⑤]《宋史》卷三二八《蒲宗孟传》:“蒲宗孟字传正,阆州新井人。……逾年,加资政殿学士,徙亳、杭、郓三州。”[⑥]《宋会要辑稿·礼六二·公用钱》:“(元丰八年三月二十七日)诏……资政殿学士、知亳州蒲宗孟……宽衣、金带、银帛有差。”[⑦]

赵彦若 宋神宗元丰八年(1085)

《续资治通鉴长编》卷三五七“宋神宗元丰八年六月”条:“龙图阁待制、知亳州赵彦若,博学有父风,内行修饬。”[⑧]

吕希纯 宋哲宗元祐初(1086)

《宋史》卷三三六《吕公著传》:“(吕公著子)希纯字子进,登第,为太常博士。……章惇既相,出为宝文阁待制、知亳州。”[⑨]

蔡　确 宋哲宗元祐二年(1087)

《续资治通鉴长编》卷三九五“宋哲宗元祐二年二月”条:“诏:观文殿大学士、正议大夫、知陈州蔡确落职守本官知亳州。”[⑩]“新除知亳州蔡确知安州。”[⑪]《全宋文》卷二二一八王岩叟《新除知亳州蔡确落职知安州制(元祐二

① (宋)李焘:《续资治通鉴长编》,北京:中华书局,2004年,第8172页。
② (宋)刘攽:《彭城集》,上海:商务印书馆,1937年,第361页。
③ 毛滂撰:《毛滂集》,杭州:浙江古籍出版社,1999年,第151页。
④ 曾枣庄、刘琳主编:《全宋文》,上海:上海辞书出版社,2006年,第132册,第202页。
⑤ (宋)李焘:《续资治通鉴长编》,北京:中华书局,2004年,第8386页。
⑥ (元)脱脱等:《宋史》,北京:中华书局,1977年,第10570—10571页。
⑦ (清)徐松辑:《宋会要辑稿》,上海:上海古籍出版社,2014年,第2139页。
⑧ (宋)李焘:《续资治通鉴长编》,北京:中华书局,2004年,第8553页。
⑨ (元)脱脱等:《宋史》,北京:中华书局,1977年,第10779—10780页。
⑩ (宋)李焘:《续资治通鉴长编》,北京:中华书局,2004年,第9637页。
⑪ (宋)李焘:《续资治通鉴长编》,北京:中华书局,2004年,第9642—9643页。

年二月辛亥)》①。

邓润甫 宋哲宗元祐四—五年(1089—1090)

《续资治通鉴长编》卷四三四“宋哲宗元祐四年冬十月”条:“己亥,翰林学士承旨邓温伯为龙图阁学士、知亳州。”②卷四三九“宋哲宗元祐五年三月”条:“己卯,知亳州、龙图学士邓温伯为翰林学士承旨。”③《宋史》卷三四三《邓润甫传》:“邓润甫字温伯,建昌人。……哲宗立……乃以龙图阁学士知亳州。阅岁,复以承旨召。”④

李　閌 宋哲宗元祐六年(1091)

《彭城集》卷二一《知亳州李閌可知明州中散大夫吕希道可知亳州制》⑤。

吕希道 宋哲宗元祐六年(1091)

《太史范公文集》卷四二《左中散大夫守少府监吕公墓志铭(元祐六年六月)》:“公讳希道,字景纯。……元丰五年夏……今上即位,朝廷亦悟公无罪,除知湖州。……徙知亳州,淮南饥,仍岁大雪,民冻饿滨于沟壑。……元祐六年三月乙丑寝疾,终于京师兴宁坊之第,享年六十七。”⑥又见《彭城集》卷二一《知亳州李閌可知明州中散大夫吕希道可知亳州制》⑦。

叶康直 宋哲宗元祐六年(1091)

《续资治通鉴长编》卷四五八“宋哲宗元祐六年五月”条:“甲戌,诏宝文阁待制叶康直知亳州。”⑧《宋史》卷四二六《叶康直传》:“叶康直字景温,建州人。……元祐初,加直龙图阁,知秦州。……以疾请知亳州,通浚积潦,民获田数十万亩。召为兵部侍郎。”⑨

朱光庭(二任) 宋哲宗元祐六年、八年(1091、1093)

---

① 曾枣庄、刘琳主编:《全宋文》,上海:上海辞书出版社,2006年,第101册,第372—373页。

② (宋)李焘:《续资治通鉴长编》,北京:中华书局,2004年,第10455页。

③ (宋)李焘:《续资治通鉴长编》,北京:中华书局,2004年,第10577页。

④ (元)脱脱等:《宋史》,北京:中华书局,1977年,第10911—10912页。

⑤ (宋)刘攽:《彭城集》,上海:商务印书馆,1937年,第297页。

⑥ (宋)范祖禹:《太史范公文集》,《宋集珍本丛刊024—2》,北京:线装书局,2004年,第412—414页。

⑦ (宋)刘攽:《彭城集》,上海:商务印书馆,1937年,第297页。

⑧ (宋)李焘:《续资治通鉴长编》,北京:中华书局,2004年,第10963页。

⑨ (元)脱脱等:《宋史》,北京:中华书局,1977年,第12706—12707页。

《续资治通鉴长编》卷四六八"宋哲宗元祐六年十一月"条:"壬辰,给事中朱光庭知亳州。"[①]卷四八二"宋哲宗元祐八年三月"条:"左朝散郎、知亳州朱光庭为集贤殿修撰、知潞州。"[②]《宋史》卷三三三《朱景传》:"(朱景子)光庭字公掞,十岁能属文。……乞补外,除集贤殿修撰、知亳州。数月召还,复为给事中。坐封还刘挚免相制,复落职守亳。岁余,徙潞州,加集贤院学士。"[③]《太史范公文集》卷四三《集贤院学士知潞州朱公墓志铭(绍圣元年五月)》:"公讳光庭,字公掞,河南偃师人。……坐落职,复知亳州。……再守亳,亳人怀其德,为之立祠。"[④]

林希(一知) 宋哲宗元祐八年(1093)

《续资治通鉴长编》卷四八二"宋哲宗元祐八年三月"条:"礼部侍郎林希出知亳州。"[⑤]

林希(二知) 宋哲宗元符元年(1098)

《宋史》卷二一二《宰辅三》:"(元符元年)四月壬辰,林希自同知枢密院事出知亳州。"[⑥]《续资治通鉴长编》卷四九七"宋哲宗元符元年夏四月":"壬辰,诏中大夫、同知枢密院事林希,罢同知枢密院事,知亳州。"[⑦]卷四九九"宋哲宗元符元年六月"条:"中大夫、知亳州林希言,奉敕撰到《浑天仪象碑文》。"[⑧]卷五〇二"宋哲宗元符元年九月"条:"己酉,中大夫、知亳州林希知杭州。"[⑨]《宋会要辑稿·职官七八·罢免上》:"元符元年四月十四日,中大夫、同知枢密院事林希罢,守本官知亳州。"[⑩]

李　莘 宋哲宗元符元年(1098)

《续资治通鉴长编》卷五〇四"宋哲宗元符元年十一月"条:"己酉,御史中丞安惇言,近奏翰林学士蒋之奇,于元祐初奏雪知亳州李莘前任江西提刑

---

① (宋)李焘:《续资治通鉴长编》,北京:中华书局,2004年,第11169页。

② (宋)李焘:《续资治通鉴长编》,北京:中华书局,2004年,第11465页。

③ (元)脱脱等:《宋史》,北京:中华书局,1977年,第10710—10711页。

④ (宋)范祖禹:《太史范公文集》,《宋集珍本丛刊024—2》,北京:线装书局,2004年,第420—422页。

⑤ (宋)李焘:《续资治通鉴长编》,北京:中华书局,2004年,第11465页。

⑥ (元)脱脱等:《宋史》,北京:中华书局,1977年,第5510页。

⑦ (宋)李焘:《续资治通鉴长编》,北京:中华书局,2004年,第11820页。

⑧ (宋)李焘:《续资治通鉴长编》,北京:中华书局,2004年,第11874页。

⑨ (宋)李焘:《续资治通鉴长编》,北京:中华书局,2004年,第11950页。

⑩ (清)徐松辑:《宋会要辑稿》,上海:上海古籍出版社,2014年,第5204页。

日，冲替罪犯为太重事，望详前奏，早赐处分。”[1]黄庭坚有《代李野夫亳州谢上表》两篇[2]。李莘，字野夫，为黄庭坚舅父。

王　瑜　宋哲宗元符二年(1099)

《续资治通鉴长编》卷五〇五“宋哲宗元符二年春正月”条：“丙寅……京东转运副使王瑜知亳州。”[3]

黄　履　宋哲宗元符二—三年(1099—1100)

《宋史》卷二一二《宰辅三》“(元符二年)闰九月辛巳，黄履自通议大夫、尚书右丞以守本官知亳州。”[4]《续资治通鉴长编》卷五一六“宋哲宗元符二年闰九月”条：“辛巳，通议大夫、守尚书右丞黄履罢尚书右丞，知亳州……退有后言故也。”[5]卷五二〇“宋哲宗元符三年春正月”条：“黄履以右正议大夫知亳州，除资政殿大学士，提举中太一宫兼侍读。”[6]《宋会要辑稿·职官七八·罢免上》：“(元符二年闰九月十二日)通议大夫、守尚书右丞黄履罢，守本官知亳州。”[7]《全宋文》卷一八四八郭知章《黄履罢尚书右丞知知亳州制(元符二年闰九月)》[8]。

张　庄　约宋哲宗或徽宗朝

《宋史》卷三四八《张庄传》：“张庄，应天府人也。元丰三年，擢进士第。……起知荆南府，徙江宁。复进徽猷阁直学士，历知渭亳襄州、镇江东平府。宣和六年，坐缮治东平城不加功辄复摧圮，降两官，提举嵩山崇福宫。”[9]

龚原(未之任)　宋徽宗建中靖国元年(1101)

《宋史》卷三五三《龚原传》：“龚原字深之，处州遂昌人。……徽宗初……起为亳州，命下而卒，年六十七。”[10]

---

① (宋)李焘：《续资治通鉴长编》，北京：中华书局，2004年，第11999页。

② 曾枣庄、刘琳主编：《全宋文》，上海：上海辞书出版社，2006年，第104册，第265—266页。

③ (宋)李焘：《续资治通鉴长编》，北京：中华书局，2004年，第12042页。

④ (元)脱脱等：《宋史》，北京：中华书局，1977年，第5510页。

⑤ (宋)李焘：《续资治通鉴长编》，北京：中华书局，2004年，第12275页。

⑥ (宋)李焘：《续资治通鉴长编》，北京：中华书局，2004年，第12387页。

⑦ (清)徐松辑：《宋会要辑稿》，上海：上海古籍出版社，2014年，第5204页。

⑧ 曾枣庄、刘琳主编：《全宋文》，上海：上海辞书出版社，2006年，第85册，第113—114页。

⑨ (元)脱脱等：《宋史》，北京：中华书局，1977年，第11042—11043页。

⑩ (元)脱脱等：《宋史》，北京：中华书局，1977年，第11151—11152页。

傅　楫　宋徽宗崇宁元年(1102)

《全宋文》卷三三九〇汪藻《朝请郎龙图阁待制知亳州赠少师傅公墓志铭(绍兴九年)》:“公讳楫,字元通,姓傅氏。……最后中书舍人邹浩为请,乃听除龙图阁待制、知亳州。到郡数月,属疾,易衣趺坐而卒,年六十一,实崇宁元年二月五日也。”①《道乡先生邹忠公文集》卷一八《傅楫龙图阁待制知亳州制》②。

陆　佃　宋徽宗崇宁元年(1102)

《宋史》卷二一二《宰辅三》:“(崇宁元年)六月丙申,陆佃自尚书左丞依前太中大夫出知亳州。”③《全宋文》卷二二〇六《亳州谢上表》④。《宋会要辑稿·职官七八·罢免上》:“(崇宁元年五月二十五日)中大夫、尚书左丞陆佃罢,守本官知亳州。”⑤

张商英　宋徽宗崇宁二年(1103)

《宋史》卷二一二《宰辅三》:“(崇宁二年)八月戊申,张商英自尚书左丞以通议大夫出知亳州,寻改蕲州。”⑥《桯史》卷七《嘉禾篇》:“张丞相商英媚事绍圣,共倡绍述,崇宁二年,遂为尚书左丞。……可特落职,依前通议大夫知亳州。”⑦《全宋文》卷三五五四宋徽宗《张商英落职知亳州制(崇年二年八月戊申)》⑧。

刘　昱　约宋徽宗崇宁中

《西台集》卷一三《吏部郎中刘公墓志铭(政和六年七月)》:“公讳昱,姓刘氏。晦叔,字也。……晦叔嘉祐中以读治五经得高第……知晋州、泾州、沧州、太平州、亳州、应天府,凡二十八任,五十六年,未尝有瑕谪。……至政

---

① 曾枣庄、刘琳主编:《全宋文》,上海:上海辞书出版社,2006 年,第 157 册,第 327—330 页。

② (宋)邹浩:《道乡先生邹忠公文集》,《宋集珍本丛刊 031—1》,北京:线装书局,2004 年,第 129 页。

③ (元)脱脱等:《宋史》,北京:中华书局,1977 年,第 5513 页。

④ 曾枣庄、刘琳主编:《全宋文》,上海:上海辞书出版社,2006 年,第 101 册,第 179—180 页。

⑤ (清)徐松辑:《宋会要辑稿》,上海:上海古籍出版社,2014 年,第 5205 页。

⑥ (元)脱脱等:《宋史》,北京:中华书局,1977 年,第 5514 页。

⑦ (宋)岳珂:《桯史》,北京:中华书局,1981 年,第 81—82 页。

⑧ 曾枣庄、刘琳主编:《全宋文》,上海:上海辞书出版社,2006 年,第 163 册,第 345 页。

和四年八月请老于潮，以其月七日卒于家，年八十一。"①

刘 逵 宋徽宗崇宁五年—大观元年（1106—1107）

《宋史》卷二一二《宰辅三》："（崇宁五年）十二月戊午，刘逵自中大夫、中书侍郎守本官出知亳州。"②《宋会要辑稿·职官六八·黜降官五》："（大观元年五月九日）责中大夫、知亳州刘逵为镇江军节度副使，安州居住。"③

吴巨厚 宋徽宗大观元年（1107）

《丹阳集》卷一二《枢密吴公墓志铭（政和五年）》："政和三年正月，光禄大夫、知枢密院事武昌公抗疏言……谨按武昌公讳某，字某，姓吴氏……大观初以年臻七十，累求致仕，除资政殿学士、东太一宫使。……坐法左迁端明殿学士，知亳州，言者谓不当。"④

邓洵武 宋徽宗大观二年（1108）

《宋史》卷三二九《邓绾传》："（邓绾子）洵武字子常……提举明道宫，复端明殿学士，知亳州、河南府，召为中太一宫使，连进观文殿学士，为大名尹。政和中，夏祭，入侍祠。"⑤《宋会要辑稿·职官六八·黜降官五》："（大观二年五月十一日）知亳州邓洵武提举亳州明道宫……以臣僚上言系缘吴储、吴侔等连坐稍重之故也。"⑥

王 襄 宋徽宗政和元年（1111）

《宋史》卷二一二《宰辅三》："（政和元年）九月戊寅，王襄自同知枢密院事以中大夫出知亳州。"⑦《宋会要辑稿·职官七八·罢免上》："（政和元年九月十八日）中大夫、同知枢密院事王襄罢，守本官知亳州。"⑧《鸡肋编》卷中《郡守呈敕于监镇》："王襄自同知密院落职知亳州，限三日到任，仓皇东下，夜至酂阳镇，已属亳境，使人语镇官，假一介就州呼迓人。"⑨

---

① （宋）毕仲游：《西台集》，郑州：中州古籍出版社，2005 年，第 226—228 页。

② （元）脱脱等：《宋史》，北京：中华书局，1977 年，第 5516 页。

③ （清）徐松辑：《宋会要辑稿》，上海：上海古籍出版社，2014 年，第 4880 页。

④ （宋）葛胜仲：《丹阳集》，《宋集珍本丛刊 032—5》，北京：线装书局，2004 年，第 614—615 页。

⑤ （元）脱脱等：《宋史》，北京：中华书局，1977 年，第 10599—10601 页。

⑥ （清）徐松辑：《宋会要辑稿》，上海：上海古籍出版社，2014 年，第 4881 页。

⑦ （元）脱脱等：《宋史》，北京：中华书局，1977 年，第 5521 页。

⑧ （清）徐松辑：《宋会要辑稿》，上海：上海古籍出版社，2014 年，第 5207 页。

⑨ （宋）庄绰：《鸡肋编》，北京：中华书局，1983 年，第 75 页。

邓洵仁 宋徽宗政和三年(1113)

《宋大诏令集》卷二一二《邓洵仁落职宫观制(政和三年三月戊戌)》:"资政殿学士、通奉大夫、新差知亳州邓洵仁……特授依前通议大夫、提举亳州明道宫。"①《宋史》卷二一二《宰辅三》:"(政和三年)四月癸巳,邓洵仁自尚书右丞以通议大夫、资政殿学士出知亳州,寻落职。"②《宋会要辑稿·职官七八·罢免上》:"(政和元年四月)太中大夫、守尚书右丞邓洵仁罢,守资政殿学士知亳州。"③

叶祖洽 宋徽宗政和七年前(1117前)

《宋史》卷三五四《叶祖洽传》:"叶祖洽字敦礼,邵武人。……徽宗怒其躁妄……久之,知洪州,改亳州,加徽猷阁直学士。政和末,卒。"④

侯　蒙 宋徽宗政和七年(1117)

《宋史》卷二一二《宰辅三》:"(政和七年)十月戊寅,侯蒙自中书侍郎以资政殿学士出知亳州。"⑤《宋会要辑稿·职官七八·罢免上》:"(政和七年十月)中大夫、中书侍郎侯蒙罢,授资政殿学士知亳州。"⑥

文维申 宋徽宗政和八年(1118)

《宋会要辑稿·职官六八·黜降官五》:"(政和八年闰九月二日)右文殿修撰文维申罢知亳州,提举南京鸿庆宫。"⑦

黄潜善 宋徽宗宣和元年(1119)

《宋史》卷四七三《黄潜善传》:"黄潜善字茂和,邵武人。擢进士第,宣和初,为左司郎。……坐事谪亳州,以徽猷阁待制知河间府。"⑧

蔡　佃 宋徽宗宣和二年(1120)

《宋会要辑稿·选举三三·特恩除职一》:"(宣和二年二月二十六日)朝请郎、直秘阁、知秦州蔡佃直龙图阁、知亳州。"⑨

---

① (宋)佚名:《宋大诏令集》,北京:中华书局,1962年,第806页。
② (元)脱脱等:《宋史》,北京:中华书局,1977年,第5522页。
③ (清)徐松辑:《宋会要辑稿》,上海:上海古籍出版社,2014年,第5207页。
④ (元)脱脱等:《宋史》,北京:中华书局,1977年,第11167—11168页。
⑤ (元)脱脱等:《宋史》,北京:中华书局,1977年,第5524页。
⑥ (清)徐松辑:《宋会要辑稿》,上海:上海古籍出版社,2014年,第5207页。
⑦ (清)徐松辑:《宋会要辑稿》,上海:上海古籍出版社,2014年,第4896页。
⑧ (元)脱脱等:《宋史》,北京:中华书局,1977年,第13743页。
⑨ (清)徐松辑:《宋会要辑稿》,上海:上海古籍出版社,2014年,第5901页。

冯熙载 宋徽宗宣和三年(1121)

《宋史》卷二一二《宰辅三》:“(宣和三年)十一月丁丑,冯熙载自中书侍郎以资政殿学士出知亳州。”①《全宋文》卷三三八八汪藻《尚书刑部侍郎赠端明殿学士程公神道碑》:“已而中书侍郎冯熙载黜知亳州,黼怨熙载,甚欲公劾奏,且以丑言诋之。”②

周 穜 约宋徽宗朝

《刘给谏文集》卷二《朝奉大夫直龙图阁知亳州周穜转一官制》③。

许 翰 宋钦宗靖康元年(1126)

《宋史》卷二三《钦宗》:“靖康元年……八月……戊午,许翰罢知亳州。”④《宋会要辑稿·职官七八·罢免上》:“(靖康元年八月)太中大夫、同知枢密院事许翰罢为延康殿学士、知亳州。”⑤《全宋文》卷三一〇八许翰《亳州到任谢追录表》⑥。

翁彦深(未之任) 约宋钦宗靖康中

《全宋文》卷四一九一胡寅《右朝奉大夫集英殿修撰翁公神道碑(绍兴十二年十二月)》:“公讳彦深,字养源……知婺州、亳州,皆未赴。……生于熙宁乙未十一月之甲午,终于绍兴辛酉五月之戊申,则公所享之年也。”⑦

王浚(俊)明(未之任) 宋高宗绍兴七年前(1137前)

《全宋文》卷四〇二八苏籀《故中奉敷文阁王公墓志铭(代伯父侍郎作)》:“绍兴二十三年七月二十六日以疾卒,享寿八十有五。……公讳浚明,字子家,熙宁八年以世赏补太庙斋郎。……未几,又授亳州,不果行。绍兴七年,赐三品服,改知常州。”⑧《建炎以来系年要录》卷一三二“宋高宗绍兴

---

① (元)脱脱等:《宋史》,北京:中华书局,1977年,第5527页。

② 曾枣庄、刘琳主编:《全宋文》,上海:上海辞书出版社,2006年,第157册,第296—297页。

③ (宋)刘安上:《刘给谏文集》,《宋集珍本丛刊031—6》,北京:线装书局,2004年,第517页。

④ (元)脱脱等:《宋史》,北京:中华书局,1977年,第430页。

⑤ (清)徐松辑:《宋会要辑稿》,上海:上海古籍出版社,2014年,第5208页。

⑥ 曾枣庄、刘琳主编:《全宋文》,上海:上海辞书出版社,2006年,第144册,第283页。

⑦ 曾枣庄、刘琳主编:《全宋文》,上海:上海辞书出版社,2006年,第190册,第221—228页。

⑧ 曾枣庄、刘琳主编:《全宋文》,上海:上海辞书出版社,2006年,第183册,第358—359页。

九年九月"条:"甲午……直秘阁、主管台州崇道观王浚明知亳州。"[①]《建炎以来系年要录》卷一三三"宋高宗绍兴九年十一月"条:"乙未……直秘阁、新知亳州王俊民知常州。"[②]案:关于王浚明亳州任职一事,《建炎以来系年要录》与墓志所记有抵牾,以墓志为准。

王彦先(一知) 宋高宗绍兴七—九年(1137—1139)

《三朝北盟会编》卷一八二《炎兴下帙八十二》"起绍兴七年十一月十八日丙午尽其日"条:"王彦先知亳州。"[③]《建炎以来系年要录》卷一一七"宋高宗绍兴七年十一月"条:"丁未……知河南府关师古、知拱州郦琼、知亳州王彦先、知宿州赵荣,大名府副总管刘光时,并依旧职。"[④]卷一二七"宋高宗绍兴九年夏四月"条:"辛亥……伪武经大夫潍州团练使、知亳州王彦先……皆上表称贺。"[⑤]卷一二八"宋高宗绍兴九年五月"条:"丙戌……武经大夫、潍州团练使知亳州王彦先应诏言利害,赐敕书奖谕。"[⑥]卷一二九"宋高宗绍兴九年六月"条:"辛亥……武经大夫、潍州团练使、知亳州王彦先为福建路马步军副总管。"[⑦]

申　旸 宋高宗绍兴九年(1139)

《建炎以来系年要录》卷一三三"宋高宗绍兴九年十一月"条:"乙未……朝奉大夫申旸知亳州。"[⑧]

王彦先(二知?) 宋高宗绍兴十年(1140)

《宋史》卷二九《本纪第二九·高宗六》:"(绍兴十年五月)癸巳,知亳州王彦先叛降于金。"[⑨]

郦　琼 宋高宗绍兴十年(1140)

《三朝北盟会编》卷二〇四《炎兴下帙一百四》"起绍兴十年闰六月二十

---

① (宋)李心传编撰:《建炎以来系年要录》,北京:中华书局,2013年,第2467页。
② (宋)李心传编撰:《建炎以来系年要录》,北京:中华书局,2013年,第2486页。
③ (宋)徐梦莘:《三朝北盟会编》,上海:上海古籍出版社,1987年,第1319页。
④ (宋)李心传编撰:《建炎以来系年要录》,北京:中华书局,2013年,第2176页。
⑤ (宋)李心传编撰:《建炎以来系年要录》,北京:中华书局,2013年,第2399页。
⑥ (宋)李心传编撰:《建炎以来系年要录》,北京:中华书局,2013年,第2411页。
⑦ (宋)李心传编撰:《建炎以来系年要录》,北京:中华书局,2013年,第2422页。
⑧ (宋)李心传编撰:《建炎以来系年要录》,北京:中华书局,2013年,第2486页。
⑨ (元)脱脱等:《宋史》,北京:中华书局,1977年,第543页。

日壬辰尽十二月”条:“(二十六日)金人复占河南,以郦琼知亳州。”①

宋　超　宋高宗绍兴十年(1140)

《建炎以来系年要录》卷一三七“宋高宗绍兴十年秋七月”条:“乙卯……右武大夫、忠州刺史、兼合门宣赞舍人、应天府路兵马钤辖、淮西宣抚司雄胜军统制宋超为亲卫大夫、忠州防御使、知亳州,用张俊奏也。”②

完　宏　宋高宗绍兴十三年(1143)

《建炎以来系年要录》卷一四九“宋高宗绍兴十三年五月”条:“己巳,起复武经大夫、兼合门宣赞舍人、知亳州完宏除名,福州编管。”③

安成之　宋高宗绍兴十五年(1145)

《三朝北盟会编》卷二一五《炎兴下帙一百十五》“起绍兴十五年十月尽其日”条:“安成之……高俅自惮其事,寻已,而公亦罢帅,责知亳州。”④

宇文虚中　南宋

《大明一统志》卷七《中都·凤阳府》“宫室”条:“澄碧堂,在亳县,宋宇文虚中知亳州时建,岁旱蝗,虚中祷而得雨,尝宴于此堂。”⑤

(二)通判

谭延美　宋太宗端拱二年(989)

《宋史》卷二七五《谭延美传》:“谭延美,大名朝城人。……雍熙三年……以功擢本州防御史。逾年,改亳州,出为镇州钤辖。端拱元年,徙知宁远军……二年,进邕州观察使,判亳州,兼知代州。”⑥

李若谷　宋真宗大中祥符七年前后(1014前后)

《宋史》卷二九一《李若谷传》:“李若谷字子渊,徐州丰人。……真宗将朝谒太清宫,选通判亳州。”⑦《宋会要辑稿·选举九·童子出身》:“(大中祥符七年正月二十五日)赐童子李淑进士出身。(淑即通判亳州若谷

---

① (宋)徐梦莘:《三朝北盟会编》,上海:上海古籍出版社,1987年,第1469页。

② (宋)李心传编撰:《建炎以来系年要录》,北京:中华书局,2013年,第2576页。

③ (宋)李心传编撰:《建炎以来系年要录》,北京:中华书局,2013年,第2812页。

④ (宋)徐梦莘:《三朝北盟会编》,上海:上海古籍出版社,1987年,第1548页。

⑤ (明)李贤等:《大明一统志》,西安:三秦出版社,1990年,第132页。

⑥ (元)脱脱等:《宋史》,北京:中华书局,1977年,第9372—9373页。

⑦ (元)脱脱等:《宋史》,北京:中华书局,1977年,第9738页。

之子。)”①

薛　田　宋真宗大中祥符末

《宋史》卷三〇一《薛田传》:“薛田字希稷,河中河东人。……真宗祀汾阴……会祀太清宫,又用丁谓奏,起通判亳州。”②

杨日严　宋真宗天禧元年前后(1017前后)③

《宋史》卷三〇一《杨日严传》:“杨日严字垂训,河南人。……通判亳、陈二州,判吏部南曹兼登闻鼓院。”④

吕　溱　宋仁宗宝元元年(1038)

《宋史》卷三二〇《吕溱传》:“吕溱字济叔,扬州人。进士第一。通判亳州,直集贤院,同修起居注。”⑤又见《光绪亳州志》卷一〇《职官志·名宦》⑥。

邵　某　宋仁宗皇祐中

《王安石集》卷九六《屯田员外郎邵君墓志铭》:“君,丹阳人也,讳某,字某,少敏爽……年四十,始以进士出佐镇东军,积功次,入尚书为屯田员外郎,通判亳州。遭母夫人某氏丧,不行以卒。……卒之明年,皇祐某年某月,弟某葬君某所,以夫人某氏祔。”⑦

薛季卿　约宋仁宗朝后期

《华阳集》卷三八《朝请大夫守司农少卿赠兵部侍郎上柱国赐紫金鱼袋薛公墓志铭》:“公讳季卿,字公逊……仁宗即位,改大理寺丞……历水部、司门、库部员外郎,通判亳州,徙宣州,赐三品服。……以嘉祐五年六月乙酉,终于京师榆林之第,享年六十有四。”⑧

曹　振　约宋仁宗朝后期

《彭城集》卷三六《尚书驾部员外郎曹君墓表》:“君姓曹氏,名宪,字正

---

① (清)徐松辑:《宋会要辑稿》,上海:上海古籍出版社,2014年,第5444页。

② (元)脱脱等:《宋史》,北京:中华书局,1977年,第9987页。

③ 方健:《范仲淹的生平学术思想》,张希清、范国强主编:《范仲淹研究文集(5)》,北京:北京大学出版社,2009年,第57—65页。

④ (元)脱脱等:《宋史》,北京:中华书局,1977年,第9990页。

⑤ (元)脱脱等:《宋史》,北京:中华书局,1977年,第10401页。

⑥ (清)钟泰、宗能征纂修:《光绪亳州志》,《中国地方志集成·安徽府县志辑25》,南京:江苏古籍出版社,1998年,第274页。

⑦ (宋)王安石:《王文公文集》,上海:上海人民出版社,1974年,第978—979页。

⑧ (宋)王珪:《华阳集》,北京:中华书局,1985年,第519页。

叔……明道初，君复官知筠州新昌县事，迁国子监博士。汎恩，改尚书虞部员外郎、通判陈州事、转比部、徙鄂州。遂以驾部员外郎致仕，居于宛丘。凡九年，以寿终，享年八十六。……四男子……次曰振，今为比部员外郎、通判亳州。"①

唐 谭 宋神宗熙宁四年(1071)

《续资治通鉴长编》卷二二四"宋神宗熙宁四年六月"条："甲戌……通判亳州、职方郎中唐谭……等十八人皆冲替，坐不行新法，置狱劾治，而有是命。"②

杨景芬 约宋神宗朝

《全宋文》卷二七四二晁补之《朝奉大夫提举京东路保马兼保甲事杨公墓志铭(元祐七年)》："公杨氏，讳景芬，字祖德，河南府洛阳人也。……尝知永城县事，知化州事，通判亳、定二州……会得疾卒，元祐二年正月十一日也，享年六十一。"③

贾公述 约宋神宗元丰后或哲宗朝

《全宋文》卷二五六二王寔《朝散大夫贾公述墓志铭(政和三年十二月)》："公讳公述，字传之……元丰官制行……所至吏畏民爱，有能称。通判亳州、应天府……以政和三年十月戊申卒，享年六十，以其年十二月癸卯葬于阳翟县大儒乡元老村文元公茔之□。"④

赵令恳 宋哲宗元祐七年前(1092 前)

《太史范公文集》卷四五《左朝请郎通判亳州军州事墓志铭(元祐九年二月)》："君讳令恳，字恳之……今上登极，转朝奉郎、签书镇海军判官，迁朝散郎、通判亳州，转左朝请郎……历官十五年，所居见称……而恬于势利，未尝谒公卿之门……元祐七年二月二十八日卒于亳州官舍，年四十有一。"⑤

晁补之 宋哲宗绍圣二—四年(1095—1097)

---

① (宋)刘攽：《彭城集》，北京：中华书局，1985 年，第 486 页。

② (宋)李焘：《续资治通鉴长编》，北京：中华书局，2004 年，第 5454 页。

③ 曾枣庄、刘琳主编：《全宋文》，上海：上海辞书出版社，2006 年，第 127 册，第 74—76 页。

④ 曾枣庄、刘琳主编：《全宋文》，上海：上海辞书出版社，2006 年，第 119 册，第 118—120 页。

⑤ (宋)范祖禹：《太史范公文集》，《宋集珍本丛刊 024—2》，北京：线装书局，2004 年，第 432 页。

《宋史》卷四四四《晁补之传》:“晁补之字无咎,济州巨野人。……坐修《神宗实录》失实,降通判应天府、亳州,又贬监处、信二州酒税。徽宗立,复以著作召。”①《全宋文》卷二七一六晁补之《亳州谢到任表》:“臣补之言……九月三日准敕就差通判亳州,于当月二十五日到任上讫。”②《张耒集》卷六一《晁无咎墓志铭》:“公讳补之,字无咎。……绍圣元年,朝廷治党,公亦坐累,降通判应天府。以亲嫌通判亳州,复落职监处州酒税。”③

石 豫 宋徽宗崇宁元年前(1102前)

《宋史》卷三五六《石豫传》:“石豫者,宁陵人。第进士。……陈瓘又追论罗织邹浩事,降通判亳州。崇宁元年,召拜殿中侍御史。”④

钱 秡 宋徽宗宣和六年前后(1124前后)

《全宋文》卷二六九八杨时《钱忠定公墓志铭(宣和七年)》:“宣和六年三月五日,龙图阁学士、正奉大夫致仕钱公以疾薨毗陵私第之正寝,享年七十有一。……公讳即,字中道。子男二人:……次曰秡,朝奉郎、通判亳州军州事,以学行吏能见称于世。”⑤

邓浚明 宋高宗建炎元年前后(1127前后)

《建炎以来系年要录》卷一〇“建炎元年十一月”条:“戊子……初既行巡社法于诸路,而通判亳州邓浚明乞乡村三丁点一,以为民兵。”⑥

刘 勋 宋孝宗乾道二年前后(1166前后)

《全宋文》卷三八八四刘岑《宋故中大夫龙图阁待制致仕丹阳县开国子食邑六百户赠光禄大夫少师洪公中孚墓志铭(乾道二年)》:“绍兴元年十一月二十四日终于里第之正寝,享年八十三。……公讳中孚,字思诚。……女二:长归左朝散大夫、通判亳州刘勋,次夭。”⑦

---

① (元)脱脱等:《宋史》,北京:中华书局,1977年,第13111页。

② 曾枣庄、刘琳主编:《全宋文》,上海:上海辞书出版社,2006年,第126册,第3—4页。

③ (宋)张耒:《张耒集》,北京:中华书局,1998年,第900—902页。

④ (元)脱脱等:《宋史》,北京:中华书局,1977年,第11202页。

⑤ 曾枣庄、刘琳主编:《全宋文》,上海:上海辞书出版社,2006年,第125册,第73—79页。

⑥ (宋)李心传编撰:《建炎以来系年要录》,北京:中华书局,2013年,第272页。

⑦ 曾枣庄、刘琳主编:《全宋文》,上海:上海辞书出版社,2006年,第177册,第327—331页。

（三）别驾

何　隐　宋太祖乾德元年(963)

《续资治通鉴长编》卷四“宋太祖乾德元年冬十月”条：“己卯朔，德州刺史何隐擅发省仓给军士，判官郭象飞表上言，按验得实，乃责隐为亳州别驾，擢象权知德州。”①

（四）司马

崇　正　宋仁宗朝

《全宋文》卷五五五余靖《亳州司马崇正可供备库使制》②。

（五）录事参军事

吴　蕡　宋仁宗嘉祐三年前后(1058前后)

《王安石全集》卷一〇〇《河东县太君曾氏墓志铭》：“尚书都官员外郎临川吴君讳某之夫人、河东太君南丰曾氏……而夫人拊循应接亲疏小大，皆有礼焉。嘉祐三年某月某甲子，年七十四，终于寝。有子四人：……蕡，亳州录事参军。”③《王临川全集》卷九八《吴录事墓志》：“君讳蕡，字成之，世为抚州金溪人……庐州司理，亳、寿州、江宁府录事参军。以某年月日卒于家，享年若干。……卜以元丰八年某月日葬于唐州桐柏。”④

陶直夫　约宋哲宗朝

《丹阳集》卷一四《著作佐郎陶公墓志铭(政和元年二月)》：“晋著作佐郎陶渊明之后十六世，有孙曰直夫，字次，仍居浔阳，仕宋亦佐著作，大观三年年四十七，二月庚寅以疾卒官。……公嗣举进士中第……知亳州录事参军。”⑤

---

① (宋)李焘：《续资治通鉴长编》，北京：中华书局，2004年，第106页。

② 曾枣庄、刘琳主编：《全宋文》，上海：上海辞书出版社，2006年，第26册，第208页。

③ (宋)王安石：《王安石全集》，长春：吉林人民出版社，1996年，第1006—1007页。

④ (宋)王安石：《王临川全集》，上海：世界书局，1935年，第623页。

⑤ (宋)葛胜仲：《丹阳集》，《宋集珍本丛刊032—5》，北京：线装书局，2004年，第632—633页。

（六）判司

1. 司户参军

陈师道 宋哲宗元祐二年（1087）

《宋史》卷一七《哲宗本纪一》："（元祐二年夏四月乙丑）以徐州布衣陈师道为亳州司户参军。"①《续资治通鉴长编》卷三九九"宋哲宗元祐二年四月"条："己巳，徐州布衣陈师道为亳州司户参军，充徐州州学教授。"②《全宋文》卷二七四二晁补之《安康郡君庞氏墓志铭（绍圣二年三月）》："国子博士、彭城陈侯之夫人、安康郡君庞氏，绍圣二年三月壬戌卒，年七十有七。……三子二女皆令孝。……师道，其季也。……士尝与游者扳而出之，其在位有力者以其行闻于天子而官之，乃以亳州司户参军教授其州，又教授颍州。"③

丘　楫 宋哲宗元祐五年前后（1090年前后）

《苏魏公文集》卷五五《龙图阁直学士知成都府李公墓志铭（元祐五年十月）》："公讳常，字公择……暴疾卒于阌乡县传舍，实元祐五年二月二日也。……三女，婿曰扬州江都主簿孙端、亳州司户参军丘楫、封丘主簿黄叔敖。"④

2. 司法参军

刘贻庆 约宋仁宗朝初期

《范忠宣公集》卷一二《观察支使刘君墓志铭（熙宁二年二月）》："君讳贻庆，字天锡，其先长安人。……以季父之命，强起赴调，为筠州司户、亳州司法二掾……以皇祐五年八月五日终于家，享年六十有二。"⑤

张宗臣 宋英宗治平中

《王安石集》卷五五《御前尚书学究及第张宗臣亳州司法参军制》⑥。

---

① （元）脱脱等：《宋史》，北京：中华书局，1977年，第324页。

② （宋）李焘：《续资治通鉴长编》，北京：中华书局，2004年，第9726页。

③ 曾枣庄、刘琳主编：《全宋文》，上海：上海辞书出版社，2006年，第127册，第83—84页。

④ （宋）苏颂：《苏魏公文集》，北京：中华书局，1988年，第841—844页。

⑤ （宋）范纯仁：《范忠宣公集》，《宋集珍本丛刊015—3》，北京：线装书局，2004年，第462页。

⑥ （宋）王安石：《王临川集》，上海：世界书局，1935年，第343页。

《乾隆颍州府志》卷五《职官表》:“张宗臣,亳州司法参军。”①

吕昌绪 约宋神宗朝

《苏魏公文集》卷六二苏颂《万寿县令张君夫人苏氏墓志铭(元丰八年正月)》:“苏氏,予长妹也。……及笄,择配且久,乃以适亳州司法吕昌绪。”②

3. 司士参军

曾　悟 宋钦宗靖康中

《宋史》卷四四八《曾忠传》:“(曾忠弟)悟字蒙伯……宣和二年进士,靖康间为亳州士曹。金人破亳州,悟被执……妻孥同日被害。”③

4. 司仪曹事④

周宪之 宋徽宗政和中

《全宋文》卷二七〇〇《周宪之墓志铭(建炎二年)》:“公讳某,字宪之,姓周氏。……绍圣四年登进士第,授将仕郎、越州诸暨县尉。……用荐者改宣教郎,授亳州司仪曹事,磨勘转奉议郎。政和七年,许公召还,荐公于朝,除武学博士,几岁擢监察御史。”⑤

(七)判官

1. 观察判官

何执中 宋神宗元丰五年前(1082 前)

《彭城集》卷三八《处士龙泉何君墓志铭》:“处士讳君平,字少严……处士年六十七,以元丰五年五月十九日,终于龙泉豫章里第。……处士之没,执中时为亳州观察判官,吾僚也。”⑥《全宋文》卷二六六二刘跂《处士何君行状(元丰五年)》:“君讳君平,字少严……君以元丰五年五月某日得疾,卒于

---

① (清)王敛福纂修:《乾隆颍州府志》,《中国地方志集成·安徽府县志辑 24》,南京:江苏古籍出版社,1998 年,第 186 页。

② (宋)苏颂:《苏魏公文集》,北京:中华书局,1988 年,第 951—952 页。

③ (元)脱脱等:《宋史》,北京:中华书局,1977 年,第 13200 页。

④ 宋徽宗政和三年(1113)改仪曹参军置,职如故。

⑤ 曾枣庄、刘琳主编:《全宋文》,上海:上海辞书出版社,2006 年,第 125 册,第 100—102 页。

⑥ (宋)刘攽:《彭城集》,北京:中华书局,1985 年,第 507—508 页。

家，享年六十七。娶李氏。子男二人，执中，亳州判官，次执德。”①《宋史》卷三五一《何执中传》：“何执中字伯通，处州龙泉人。进士高第，调台、亳二州判官。”②

2. 节度判官

宋敏求　宋仁宗庆历三年(1043)

《苏魏公文集》卷五一《龙图阁直学士修国史宋公神道碑》：“公讳敏求，字次道，宣献公讳绶之长子也。……庆历三年，以光禄寺丞充管阁校勘。坐赴同舍苏舜钦奏邸饮会，出签署集庆军节度判官。”③

石　熙　宋神宗元丰四年前(1081 前)

《范忠宣公集》卷一七《太中大夫充集英殿修撰张公行状》：“公讳景宪，字正国……元丰三年，徙知同州……逾岁……感疾，以是年十月十五日考终于房陵之正寝，享年六十有七。……女六人：长适宣德郎、签书集庆军节度判官厅公事石熙……二女在室。”④

3. 签书判官

孙　某　宋仁宗庆历五年(1045)

《梅尧臣集编年校注》卷一五《孙太祝亳州签判》⑤。

刘楚、宋绶　宋真宗大中祥符六年(1013)

《宋会要辑稿·礼五一·朝谒太清宫》：“(真宗大中祥符六年八月八日)太常博士刘楚、殿中丞集贤校理宋绶，并签署亳州判官公事，绶兼掌表奏。”⑥《光绪亳州志》卷一〇《职官志·名宦》⑦。

曹颖叔　任职时间不详

---

① 曾枣庄、刘琳主编：《全宋文》，上海：上海辞书出版社，2006 年，第 123 册，第 237—238 页。

② (元)脱脱等：《宋史》，北京：中华书局，1977 年，第 11101 页。

③ (宋)苏颂：《苏魏公文集》，北京：中华书局，1988 年，第 771—772 页。

④ (宋)范纯仁：《范忠宣公集》，《宋集珍本丛刊 015—3》，北京：线装书局，2004 年，第 501—504 页。

⑤ (宋)梅尧臣撰，朱东润校注：《梅尧臣集编年校注》，上海：上海古籍出版社，2006 年，第 280 页。

⑥ (清)徐松辑：《宋会要辑稿》，上海：上海古籍出版社，2014 年，第 1880 页。

⑦ (清)钟泰、宗能征纂修：《光绪亳州志》，《中国地方志集成·安徽府县志辑 25》，南京：江苏古籍出版社，1998 年，第 274 页。

《光绪亳州志》卷九《职官志·文职表》:“曹颖叔,亳州谯人,本州签事判官。”①

●具体判官名称不详者

李好问 宋真宗大中祥符六年(1013)

《宋会要辑稿·礼五一·徽号》:“真宗大中祥符六年七月十九日,亳州团练使高汉美遣判官李好问与父老、僧道、举人赵永等三千三百六十人诣阙,请车驾朝谒太清宫。”②

李 某 约宋哲宗朝③

《后山诗注补笺》逸诗笺卷上《送李奉议亳州判官四首》④。

(八)推官

1. 节度推官

范仲淹 宋真宗天禧元年—四年(1017—1020)⑤

《全宋文》卷六一〇富弼《范文正公仲淹墓志铭(皇祐四年十一月)》:“公讳仲淹,字希文。……公少举进士,祥符八年中第,调广德军司理掾,权集庆军节度推官。”⑥《嘉庆重修一统志》卷一二九《颍州府二》:“范仲淹,吴兴人,为集庆军节度推官。”⑦

陈 洙 约宋仁宗朝

《古灵先生文集》卷二五《殿中御史陈君墓志铭》:“嘉祐六年九月十五日,殿中侍御史里行陈君卒……君讳洙,字师道,建州建阳人,赠刑部侍郎商之长子也。少以荫推与诸弟,力学自奋,以文行程于时。举进士高第,为寿、

---

① (清)钟泰、宗能征纂修:《光绪亳州志》,《中国地方志集成·安徽府县志辑25》,南京:江苏古籍出版社,1998年,第230页。

② (清)徐松辑:《宋会要辑稿》,上海:上海古籍出版社,2014年,第1879页。

③ 参见宁大年:《略论陈师道其人及其诗》,《承德师专学报》1986年第3期,第33—39页;范月娇著:《陈师道及其诗研究》,台北:文史哲出版社,1988年,第40—42页。

④ (宋)陈师道撰,(宋)任渊注,昌广生补笺,昌怀辛整理:《后山诗注补笺》,北京:中华书局,1995年,第487页。

⑤ 参见方健:《范仲淹评传》,南京:南京大学出版社,2001年,第38—39页。

⑥ 曾枣庄、刘琳主编:《全宋文》,上海:上海辞书出版社,2006年,第29册,第56—62页。

⑦ (清)穆彰阿、潘锡恩等纂修:《嘉庆重修一统志》,北京:中华书局,1986年,第5661页。

亳、杭三州节度推官。”①

钱景规 宋哲宗元祐六年前后(1091前后)

《太史范公文集》卷四二《安康郡太夫人胡氏墓志铭(元祐六年二月)》:“夫人胡氏,故宝文阁待制、通议大夫彭城开国钱公讳暄之配也。……时元祐五年十二月丁巳,享年七十有六。……子男十二人:……景规,集庆军节度推官。”②

李友闻 宋哲宗绍圣五年前后(1098前后)

《道乡先生邹忠公文集》卷三四《李府君墓铭(绍圣五年十月)》:“然明年,绍圣四年四月丁酉,府君逝矣。……君讳恕,字贯道,世为开封酸枣人。……子男三人:即友直、友谅、友闻。友谅,宣德郎。友闻,集庆军节度推官、知唐州湖阳县事。”③

2. 防御推官

杨　某 约宋太祖或太宗朝

《直讲李先生文集》卷三〇《邹夫人墓铭并序(至和二年)》:“夫人姓杨氏,盖邹之邑人。曾祖某,不仕。祖某,亳州防御推官。……而夫人即世,年四十五,至和二年某月某甲子也。”④

王钦若 宋太宗淳化三年(992)

《文庄集》卷二八《赠太师中书令冀国王公行状》:“公淳化三年第十一人擢第,释褐试秘书省校书郎、亳州防御推官,励精吏职。”⑤《涑水记闻》卷七《王钦若大被知遇》:“王钦若为亳州判官,监会亭仓。……真宗即位,钦若首乞免放欠负,由是大被知遇,以至作相。”⑥《宋史》卷二八三《王钦若传》:“王钦若字定国,临江军新喻人。……钦若擢进士甲科,为亳州防御推官,迁

---

① (宋)陈襄:《古灵先生文集》,《宋集珍本丛刊009—1》,北京:线装书局,2004年,第62—63页。

② (宋)范祖禹:《太史范公文集》,《宋集珍本丛刊024—2》,北京:线装书局,2004年,第411页。

③ (宋)邹浩:《道乡先生邹忠公文集》,《宋集珍本丛刊031—1》,北京:线装书局,2004年,第255—256页。

④ (宋)李觏:《直讲李先生文集》,《宋集珍本丛刊007—1》,北京:线装书局,2004年,第217—218页。

⑤ (宋)夏竦:《文庄集》,《宋集珍本丛刊002—8》,北京:线装书局,2004年,第669页。

⑥ (宋)司马光:《涑水记闻》,北京:中华书局,1989年,第138页。

秘书省秘书郎，监庐州税。”[1]

3. 观察推官

许　拯　宋仁宗景祐后

《全宋文》卷二二〇九陆佃《许侯墓志铭（元丰七年十月）》：“侯氏许，名拯，字之曰康伯，开封襄邑人，累赠大中大夫讳齐之子。……景祐中，以通三经登第，调安州应山县尉……亳州观察推官、随州支使。”[2]

蔡天球　约宋仁宗朝后期

《忠肃集》卷一三《屯田员外郎蔡君墓志铭》：“君讳天球，字粹夫，世为宋人。……君庆历六年进士及第，为宿州观察推官……丁父丧，服除，调亳州观察推官。时陈恭公罢宰相判州事……许之矣”[3]《全宋文》卷一六二二沈构《前权亳州观察推官蔡天球前唐州桐柏县令陈纮可并著作佐郎制》[4]。

周　涛　宋仁宗皇祐中

《光绪亳州志》卷一〇《职官志・名宦》：“周涛……庆历六年中进士甲科，历亳州观察推官，为政亲民，疾如己疾，所在民爱誉之。”[5]

二、县级官员

（一）谯县

1. 知县

焦宗古　约宋真宗大中祥符中

《全宋文》卷四一五李昭构《故朝奉郎尚书□田员外郎上骑都尉南安焦府君墓志铭并序（景祐元年三月）》：“君讳宗古，字希彭。其先颍阴人，今占数于开封之籍。……祥符初一上中第，试校书郎，调宿州符篱（离）簿。……

---

① （元）脱脱等：《宋史》，北京：中华书局，1977年，第9559页。

② 曾枣庄、刘琳主编：《全宋文》，上海：上海辞书出版社，2006年，第101册，第237—238页。

③ （宋）刘挚：《忠肃集》，北京：中华书局，1985年，第184页。

④ 曾枣庄、刘琳主编：《全宋文》，上海：上海辞书出版社，2006年，第74册，第254页。

⑤ （清）钟泰、宗能征纂修：《光绪亳州志》，《中国地方志集成・安徽府县志辑25》，南京：江苏古籍出版社，1998年，第274页。

既外除，因献文□南阙，即真云阁之秩，知亳州谯县，流民复贯者八百户。……以天圣九年正月十七日，终于道德坊之私第，享年四十六。"[①]

孙昭远　宋徽宗政和二年(1112)

《庐陵周益国文忠公集》卷二九《京西北路制置安抚使孙公昭远行状(乾道七年)》："公讳昭远，字显叔，初名大年，改今名。……政和二年，用荐者改宣德郎、知亳州谯县，改同知解州安邑县，兼盐池，皆不赴。"[②]

2. 主簿

邓元服(孚)　宋神宗时

《宋史》卷三四〇《苏颂传》："(苏颂)徙亳州，有豪妇罪当杖而病，每旬检之，未愈，谯簿邓元服谓颂子曰：'尊公高明以政称，岂可为一妇所绐。但谕医如法检，自不诬矣。'"[③]《光绪亳州志》卷九《职官志》作邓元孚[④]。

叶唐稽　约宋神宗元丰中或哲宗元祐、绍圣中

《北山小集》卷三〇《宋故朝议大夫新知秀州军州事兼管内劝农使武功县开国男食邑三百户赐紫金鱼袋叶公墓志铭(建炎三年)》："宣和七年夏四月，诏以朝议大夫叶公唐稽知秀州事。……公字顺孺……弱冠，与其兄唐懿同登熙宁六年进士第，释褐归侍，不忍去亲侧，累年不肯调官。久之，为亳州谯县主簿，守不能以势屈。"[⑤]

3. 县尉

陈　齐　宋真宗朝

《宋史》卷二九九《李溥传》："初，谯县尉陈齐论榷茶法……真宗以问执政，冯拯对曰：'若用有材，岂限贫富。'"[⑥]

陈　枢　约宋仁宗嘉祐中

---

① 曾枣庄、刘琳主编：《全宋文》，上海：上海辞书出版社，2006年，第20册，第140—141页。

② (宋)周必大：《庐陵周益国文忠公集》，《宋集珍本丛刊051—2》，北京：线装书局，2004年，第355页。

③ (元)脱脱等：《宋史》，北京：中华书局，1977年，第10862—10863页。

④ (清)钟泰、宗能征纂修：《光绪亳州志》，《中国地方志集成·安徽府县志辑25》，南京：江苏古籍出版社，1998年，第231页。

⑤ (宋)程俱：《北山小集》，《宋集珍本丛刊033—4》，北京：线装书局，2004年，第569—570页。

⑥ (元)脱脱等：《宋史》，北京：中华书局，1977年，第9940页。

《曾巩集》卷四二《尚书都官员外郎陈君墓志铭》:"尚书都官员外郎、权知泉州事陈君讳枢卒于位……君字慎之,湖州长兴人……知亳之谯县。英宗即位,恩迁秘书丞,徙签书资州判官厅公事,迁太常博士。"①

宋　昇　宋徽宗崇宁初

《宋史》卷三五六《宋乔年传》:"(宋乔年子)昇字景裕。崇宁初,由谯县尉为敕令删定官,数年,至殿中少监。"②

(二)城父县

1. 知县

赵温瑜　约宋真宗朝末

《苏魏公文集》卷五八《朝散大夫累赠户部侍郎赵公墓志铭(治平三年正月)》:"公讳温瑜,字子美……公景德某年以执政子起家,为太常寺奉礼郎。嘉祐二年五月,以少府监终于家。在仕通五十年,其间十五迁秩……最其任以事者,由兼宗正主簿出知河南、城父、蕲水三县。"③

阮　逸　宋仁宗景祐三年(1036)

《续资治通鉴长编》卷一一九"宋仁宗景祐三年九月"条:"壬辰,以镇江节度推官阮逸为镇安节度掌书记、知城父县,乡贡进士胡瑗试校书郎。"④

2. 主簿

楚继芳　约宋真宗朝

《宋史》卷四六一《楚芝兰传》:"楚芝兰,汝州襄城人。……淳化初,与马韶同判监,俱坐事,芝兰出为遂平令。卒,年六十。录其子继芳为城父县主簿。"⑤

杨懿孺　宋徽宗崇宁二年后(1103 后)

《北山小集》卷三三《承奉郎致仕杨君墓铭(宣和四年)》:"公讳懿孺,字彝父……崇宁二年特奏名……遇郊恩,以将仕郎权亳州城父县主簿。"⑥

---

① (宋)曾巩:《曾巩集》,北京:中华书局,1984 年,第 568—570 页。

② (元)脱脱等:《宋史》,北京:中华书局,1977 年,第 11208 页。

③ (宋)苏颂:《苏魏公文集》,北京:中华书局,1988 年,第 883—884 页。

④ (宋)李焘:《续资治通鉴长编》,北京:中华书局,2004 年,第 2808 页。

⑤ (元)脱脱等:《宋史》,北京:中华书局,1977 年,第 13500—13501 页。

⑥ (宋)程俱:《北山小集》,《宋集珍本丛刊 033—4》,北京:线装书局,2004 年,第 573—594 页。

张周辅　约宋高宗建炎三年前后(1129 前后)

《全宋文》卷二七〇一杨时《张安时墓志铭(建炎三年十一月)》:"公讳某,字安时,姓张氏。……以疾终于正寝,实建炎二年八月念九日也,享年七十有三。……子男三人:周辅,迪功郎、亳州城父县主簿。……既卒之明年,其孤将以十一月初五日葬公于湖山之阳先茔之左,以右正言廖公刚之状来请铭。"①

(三)蒙城县

1. 知县

朱　英　宋太祖乾德元年前(963 前)

《续资治通鉴长编》卷四"宋太祖乾德元年冬十月"条:"癸未,亳州蒙城县令朱英夺两任官。"②

曾文照　约宋太宗雍熙三年前(986 前)

《徐铉集校注》卷三〇《大宋故亳州蒙城县令赐绯鱼袋曾君墓志铭》:"君讳文照,字知章。其先鲁人……今为庐陵新淦人也。……会宗国沦覆,举族入朝,授亳州永城令。……改蒙城令,其理益精。……以雍熙三年四月日终于永城传舍,享年若干。"③

苏舜钦　宋仁宗景祐元年—二年(1034—1035)④

《居士集》卷三〇《湖州长史苏君墓志铭(嘉祐元年)》:"君讳舜钦,字子美。……举进士中第,改光禄寺主簿、知蒙城县。"⑤《苏舜钦集》卷一四《亡妻郑氏墓志铭》:"甲戌岁,予登第,授光禄主簿,知亳州蒙城,归宁长安,是年冬十月,堂帖促之官。"⑥又见《全宋文》卷八七九苏舜钦《父祖家传》⑦。

---

① 曾枣庄、刘琳主编:《全宋文》,上海:上海辞书出版社,2006 年,第 125 册,第 115—117 页。

② (宋)李焘:《续资治通鉴长编》,北京:中华书局,2004 年,第 107 页。

③ (宋)徐铉著,李振中校注:《徐铉集校注》,北京:中华书局 2018 年,第 1262—1263 页。

④ (宋)苏舜钦著,傅平骧、胡问陶校注:《苏舜钦集编年校注》,成都:巴蜀书社,1991 年,第 722 页。

⑤ (宋)欧阳修:《欧阳修全集》,北京:中华书局,2001 年,第 455 页。

⑥ (宋)苏舜钦:《苏舜钦集》,上海:上海古籍出版社,1981 年,第 178—179 页。

⑦ 曾枣庄、刘琳主编:《全宋文》,上海:上海辞书出版社,2006 年,第 41 册,第 104—106 页。

王　申　宋仁宗宝元元年前后(1038前后)

《宋史》卷三〇三《张昷之传》:“杨崇勋知亳州,恃恩为不法,诬蒙城知县王申罪,械送狱。”①《续资治通鉴长编》卷一二二“宋仁宗宝元元年夏四月”条:“初,度支员外郎、集贤校理张昷之提点淮南路刑狱,知亳州杨崇勋恃恩为不法,械蒙城知县王申送狱,昷之往问,得冤状,破械出申,遂黥配奸吏十数人。”②

段少连　约宋仁宗天圣中

《范文正公文集》卷一五《龙图阁直学士工部郎中段君墓表(皇祐二年)》:“皇祐二年春,某月日,葬故龙图阁直学士段君于陈州某县某乡之某原。君讳少连,字希逸,开封人也。……大中祥符七年秋,登服勤词学科,释褐,试秘书省校书郎、知鄂州崇阳县,有治状。……改著作佐郎、知亳州蒙城县,移雅州名山县。……以宝元二年八月初四日,终于广州之黄堂,年四十六。”③《宋史》卷二九七《段少连传》:“段少连字希逸,开封人。……历知蒙城、名山、金华三县,以本省丞为审刑院详议官。”④

林大年　宋仁宗皇祐五年(1053)

《梅尧臣集编年校注》卷二三《送林大年寺丞宰蒙城先归余杭(逋之侄孙)》⑤。

王　兢　宋神宗元丰中

《乾隆颍州府志》卷五《职官表》:“王兢,知蒙城县。”⑥

2. 县丞

郭　僎　约宋徽宗朝

《宋史》卷四五二《郭僎传》:“郭僎字同升,开封祥符县人。……再调滨州招安丞,又为亳州蒙城丞。……逢周归,诉于徽宗,诏追僎赴开封府狱,狱

---

① (元)脱脱等:《宋史》,北京:中华书局,1977年,第10033页。

② (宋)李焘:《续资治通鉴长编》,北京:中华书局,2004年,第2871页。

③ (宋)范仲淹:《范仲淹全集》,成都:四川大学出版社,2007年,第375—376页。

④ (元)脱脱等:《宋史》,北京:中华书局,1977年,第9894页。

⑤ (宋)梅尧臣撰,朱东润校注:《梅尧臣集编年校注》,上海:上海古籍出版社,2006年,第682页。

⑥ (清)王敛福纂修:《乾隆颍州府志》,《中国地方志集成·安徽府县志辑24》,南京:江苏古籍出版社,1998年,第187页。

以状闻,乃使还任。”①

3. **主簿**

吴待问 约宋真宗咸平中

《武夷新集》卷五《吴待问之蒙城簿》②。

丰 稷 宋仁宗嘉祐四年(1059)

《大明一统志》卷七《中都·凤阳府》:“丰稷,蒙城簿,每事据正,以诚意赉其官长,未尝立异。”③

王辟之 宋神宗熙宁中

《渑水燕谈录》佚文载:“熙宁中,余为亳之蒙城主簿,闻酂县北睢水之阳汉太丘长陈寔庙前,有蔡中郎太丘碑,询土人,云无有也。”④案:《渑水燕谈录》作者为王辟之。

---

① (元)脱脱等:《宋史》,北京:中华书局,1977 年,第 13307 页。

② (宋)杨亿:《武夷新集》,《宋集珍本丛刊 002—6》,北京:线装书局,2004 年,第 233 页。

③ (明)李贤等:《大明一统志》,西安:三秦出版社,1990 年,第 137 页。

④ (宋)王辟之:《渑水燕谈录》,北京:中华书局,1981 年,第 132 页。

卷三　徐州

徐州，又称彭城郡，大都督府，武宁军节度。宋辖五县，治彭城县（治今江苏省徐州市），仅萧县（治今安徽省萧县南）在今皖淮地区境内。

一、州级官员

（一）知州

高继冲　宋太祖建隆中

《宋史》卷六六《五行四·金》："汉乾祐中，荆南高从诲凿池于山亭下……及建隆中，从诲孙继冲入朝，改镇徐州。"①

侯　赟　宋太祖开宝中

《宋史》卷二七四《侯赟传》："侯赟，并州太原人。……开宝中，历知建安军、扬徐二州，皆有善政。"②

王全斌　宋太宗开宝末

《同治徐州府志》卷六上《职官表》："王全斌，开宝末武宁军节度使。"③

杨重进　宋太宗太平兴国元年（976）

《宋史》卷四六三《杨重进传》："重进，太原人。……太平兴国初，改龙卫军都校，领徐州刺史。从征太原，出为莱州刺史。"④

---

① （元）脱脱等：《宋史》，北京：中华书局，1977年，第1448页。

② （元）脱脱等：《宋史》，北京：中华书局，1977年，第9360—9361页。

③ （清）朱忻修、刘痒纂：《同治徐州府志》，《中国地方志集成·江苏府县志辑61》，南京：江苏古籍出版社，1991年，第129页。

④ （元）脱脱等：《宋史》，北京：中华书局，1977年，第13541页。

陈洪进 宋太宗太平兴国三年(978)

《宋史》卷二六七《刘昌言传》:“刘昌言字禹谟,泉州南安人。少笃学,文词靡丽。本道节度陈洪进辟功曹参军,掌笺奏。……太平兴国三年,洪进归朝,改镇徐州,又辟推官。”①

曹　彬 宋太宗雍熙中

《宋史》卷二五八《曹彬传》:“曹彬字国华,真定灵寿人。……为帅知徐州日,有吏犯罪,既具案,逾年而后杖之,人莫知其故。”②《涑水记闻》卷二《曹彬仁爱多恕》:“曹侍中彬……尝知徐州,有吏犯罪,既立案,逾年然后杖之,人皆不晓其旨……其用志如此。”③《同治徐州府志》卷六上《职官表》:“曹彬,雍熙中武宁军节度使。”④

马元方 宋太宗淳化初

《宋史》卷三〇一《马元方传》:“马元方字景山,濮州鄄城人。……淳化三年进士及第,为韦城县主簿,改大理寺评事、知万年县……迁殿中丞……知徐州,改太常博士、梓州路转运使。”⑤《同治徐州府志》卷六上《职官表》:“马元方,淳化初知徐州。”⑥

路　振 宋太宗淳化—至道中

《宋史》卷四四一《路振传》:“路振字子发,永州祁阳人……淳化中举进士……太宗甚嘉之。擢置甲科,释褐大理评事,通判邠州,徙徐州。”⑦

梁　鼎 宋太宗至道初

《宋史》卷三〇四《梁鼎传》:“梁鼎字凝正,益州华阳人。……至道初,鼎洎陈尧叟建议兴三白渠……以母老求郡,历知徐、密二州。真宗践位,复旧官。”⑧《同治徐州府志》卷二一上《宦绩传》:“梁鼎字凝正,华阳人。至道

---

① (元)脱脱等:《宋史》,北京:中华书局,1977年,第9206页。

② (元)脱脱等:《宋史》,北京:中华书局,1977年,第8977—8983页。

③ (宋)司马光:《涑水记闻》,北京:中华书局,1989年,第31页。

④ (清)朱忻修、刘庠纂:《同治徐州府志》,《中国地方志集成·江苏府县志辑61》,南京:江苏古籍出版社,1991年,第129页。

⑤ (元)脱脱等:《宋史》,北京:中华书局,1977年,第9986页。

⑥ (清)朱忻修、刘庠纂:《同治徐州府志》,《中国地方志集成·江苏府县志辑61》,南京:江苏古籍出版社,1991年,第129页。

⑦ (元)脱脱等:《宋史》,北京:中华书局,1977年,第13060页。

⑧ (元)脱脱等:《宋史》,北京:中华书局,1977年,第10057—10058页。

中知徐州，居官峻厉，名称甚茂。”①

赵德彝 宋真宗咸平中

《同治徐州府志》卷六上《职官表》：“赵德彝，咸平中知徐州。”②

陈文颢 宋真宗咸平中

《宋史》卷四八三《世家六·陈氏》：“文颢字仲达。……咸平初，知耀州，又徙徐州，坐用刑失入，责授左武卫大将军、知涟水军。”③《同治徐州府志》卷六上《职官表》：“陈文颢，咸平中知徐州。”④

胡　旦 宋真宗咸平中

《同治徐州府志》卷六上《职官表》：“胡旦，咸平中知徐州。”⑤

滑修己 宋真宗景德元年(1004)

《宋会要辑稿·方域一七·水利》：“(景德元年)五月，诏驾部员外郎滑修己与京东转运使按行梁山泺，开渠疏水于淮。修己言徐州界有吕隘，舟行颇艰……诏修己迁一官，令知徐州修其事。”⑥

朱台符 宋真宗景德三年(1006)

《北宋经抚年表》卷四：“徐州朱台符知洪州。”⑦

陈　兴 宋真宗景德三年—大中祥符初(1006—1008)

《宋史》卷二七九《陈兴传》：“陈兴，澶州卫南人。……景德三年，迁本州团练使、知徐州。……大中祥符初，召为龙神卫四厢都指挥使、领登州防御使，出为邠宁环庆路副都部署兼知邠州。”⑧

阎日新 宋真宗大中祥符二年(1009)

《宋史》卷三〇九《阎日新传》：“阎日新，宿州临涣人。……大中祥符

---

① (清)朱忻修、刘痒纂：《同治徐州府志》，《中国地方志集成·江苏府县志辑61》，南京：江苏古籍出版社，1991年，第589页。

② (清)朱忻修、刘痒纂：《同治徐州府志》，《中国地方志集成·江苏府县志辑61》，南京：江苏古籍出版社，1991年，第129页。

③ (元)脱脱等：《宋史》，北京：中华书局，1977年，第13963—13964页。

④ (清)朱忻修、刘痒纂：《同治徐州府志》，《中国地方志集成·江苏府县志辑61》，南京：江苏古籍出版社，1991年，第129页。

⑤ (清)朱忻修、刘痒纂：《同治徐州府志》，《中国地方志集成·江苏府县志辑61》，南京：江苏古籍出版社，1991年，第129页。

⑥ (清)徐松辑：《宋会要辑稿》，上海：上海古籍出版社，2014年，第9612页。

⑦ 吴廷燮：《北宋经抚年表南宋制抚年表》，北京：中华书局，1984年，第298页。

⑧ (元)脱脱等：《宋史》，北京：中华书局，1977年，第9483—9484页。

初，改文思使。……明年，徙知徐州。"[①]

吴元扆 宋真宗大中祥符二—四年(1009—1011)

《续资治通鉴长编》卷七一"宋真宗大中祥符二年夏四月"条："武胜节度使、驸马都尉吴元扆纯谨谦逊……于是，受诏知徐州，请对……上深所嘉叹，帝婿中独称其贤。"[②]卷七六"宋真宗大中祥符四年六月"条："癸卯朔，徐州言，知州、山南东道节度使、驸马都尉吴元扆卒。"[③]《宋史》卷二五七《吴廷祚传》："(吴廷祚子)元扆字君华。……加检校太傅、知徐州。大中祥符四年，以祀汾阴恩，改领山南东道。"[④]《同治徐州府志》卷二一上《宦绩传》："吴元扆字君华……大中祥符初以检校太傅知徐州，四年卒于官。"[⑤]

戚 纶 宋真宗大中祥符七年(1014)

《续资治通鉴长编》卷八二"宋真宗大中祥符七年三月"条："江、淮制置发运使胡则，尝居杭州，肆纵无检，知州戚纶恶之。……癸卯，诏徙知扬州……纶求换僻郡，是冬又徙徐州。"[⑥]《宋史》卷三〇六《戚纶传》："戚纶字仲言，应天楚丘人。……大中祥符元年……三年，擢枢密直学士……居无何，出知杭州，就加左司郎中。……徙知扬州。惟扬亦溥、则巡内，持之益急，求改僻郡，徙徐州。八年，与刘综并罢学士，授左谏议大夫。"[⑦]《同治徐州府志》卷二一上《宦绩传》："戚纶字仲言，应天楚丘人。大中祥符中知徐州。"[⑧]

李 昉 宋真宗大中祥符七年(1014)

《宋会要辑稿·职官三六·军头引见司》："(大中祥符七年五月)知徐州李昉言：'引见司科罪人于崇政殿门外，切为亲近，有亏严肃，欲望自今并送开封府或皇城司决遣。'"[⑨]

王贻永 宋真宗天禧四年前后(1020前后)

---

① (元)脱脱等：《宋史》，北京：中华书局，1977年，第10167—10168页。

② (宋)李焘：《续资治通鉴长编》，北京：中华书局，2004年，第1600页。

③ (宋)李焘：《续资治通鉴长编》，北京：中华书局，2004年，第1726页。

④ (元)脱脱等：《宋史》，北京：中华书局，1977年，第8950—8951页。

⑤ (清)朱忻修、刘庠纂：《同治徐州府志》，《中国地方志集成·江苏府县志辑61》，南京：江苏古籍出版社，1991年，第589页。

⑥ (宋)李焘：《续资治通鉴长编》，北京：中华书局，2004年，第1868页。

⑦ (元)脱脱等：《宋史》，北京：中华书局，1977年，第10104—10106页。

⑧ (清)朱忻修、刘庠纂：《同治徐州府志》，《中国地方志集成·江苏府县志辑61》，南京：江苏古籍出版社，1991年，第589页。

⑨ (清)徐松辑：《宋会要辑稿》，上海：上海古籍出版社，2014年，第3930页。

《续资治通鉴长编》卷九六“宋真宗天禧四年九月”条：“庚午，京东劝农使言决河浸徐州，知州、驸马都尉王贻贞（永）作堤城南，以捍水患，甚固。”① 《宋史》卷四六四《王贻永》：“王贻永字季长，溥之孙也。……真宗戒之曰：‘和众静治，卿所当先也。’真拜洺州团练使，徙徐州。”②

薛　颜　宋真宗天禧中

《彭城集》卷三六《宋故中大夫守光禄卿分司西京上柱国河东郡开国侯食邑一千三百户赐紫金鱼袋薛公神道碑》：“公讳颜，字彦回，姓薛氏，河东万泉人。……迁光禄少卿、知徐州、改少府监、知江宁府……仁宗即位，迁给事中，徙南京。”③《宋史》卷二九九《薛颜传》：“薛颜字彦回，河中万泉人。……太宗顾问之……历知河阳、杭徐州，累迁光禄少卿，以少府监知江宁府。”④ 《同治徐州府志》卷六上《职官表》：“薛颜，天禧时知徐州。”⑤

李应机　宋仁宗天圣二年前(1024 前)

《续资治通鉴长编》卷一〇二“宋仁宗天圣二年二月”条：“乙酉，工部侍郎、知徐州李应机坐前知兖州贪暴不法，降授将作监，分司南京。”⑥

赵及（一知）　宋仁宗天圣中

《宋史》卷三〇四《赵及传》：“赵及字希之，其先幽州良乡人。……未几，请知怀州，徙徐州，还为三司户部判官，迁兵部员外郎、京东转运按察使。……还判大理寺、流内铨。出知徐州，疾甚，求解近职，还州事，乃以本官管勾南京留司御史台，未赴，卒。”⑦《同治徐州府志》卷二一上《宦绩传》：“赵及字希之，偃师人。仁宗时以侍御史知徐州，后又以右谏议大夫知徐州。及和厚谦退，内行尤笃，所治有声，民吏爱之。”⑧《同治徐州府志》卷六上《职官

---

① （宋）李焘：《续资治通鉴长编》，北京：中华书局，2004 年，第 2218 页。

② （元）脱脱等：《宋史》，北京：中华书局，1977 年，第 13561—13562 页。

③ （宋）刘攽：《彭城集》，北京：中华书局，1985 年，第 483—485 页。

④ （元）脱脱等：《宋史》，北京：中华书局，1977 年，第 9943 页。

⑤ （清）朱忻修、刘痒纂：《同治徐州府志》，《中国地方志集成 · 江苏府县志辑 61》，南京：江苏古籍出版社，1991 年，第 130 页。

⑥ （宋）李焘：《续资治通鉴长编》，北京：中华书局，2004 年，第 2351 页。

⑦ （元）脱脱等：《宋史》，北京：中华书局，1977 年，第 10074 页。

⑧ （清）朱忻修、刘痒纂：《同治徐州府志》，《中国地方志集成 · 江苏府县志辑 61》，南京：江苏古籍出版社，1991 年，第 590 页。

表》:“赵及,仁宗初知徐州。”①

张宗诲 宋仁宗天圣九年(1031)

《续资治通鉴长编》卷一一〇“宋仁宗天圣九年三月”条:“癸亥,徙河北转运使、刑部郎中张宗诲知徐州……并坐调发扰民也。”②《宋史》卷二六五《张宗诲传》:“(张齐贤子)宗诲字习之,齐贤第二子也。……会以调发扰民,徙知徐州。”③

孔道辅(一知,疑似未到任) 宋仁宗天圣九年(1031)

《续资治通鉴长编》卷一一〇“宋仁宗天圣九年十二月”条:“庚申,左司谏、龙图阁待制孔道辅出知宣州,寻改徐州,又改许州。”④《同治徐州府志》卷二一上《宦绩传》:“孔道辅,字原鲁,宣圣四十五代孙。天圣中知徐州,明道二年由右谏议大夫再知徐州。”⑤

孔道辅(二知) 宋仁宗景祐元年(1034)

《续资治通鉴长编》卷一一四“宋仁宗景祐元年二月”条:“新知泰州孔道辅,言父母年老,辄暂至兖州宁省,乃赴泰州……居数月,改知徐州。”⑥《王安石全集》卷九一《给事中赠尚书工部侍郎孔公墓志铭》:“公讳道辅,字元鲁。……知许、徐、兖、郓、泰五州,留守南京。”⑦《宋史》卷二九七《孔道辅传》:“孔道辅字原鲁,初名延鲁……明道二年,召为右谏议大夫、权御史中丞。……顷之,徙徐州,又徙兖州,进龙图阁直学士,迁给事中。”⑧

李　迪 宋仁宗景祐二年(1035)

《续资治通鉴长编》卷一一七“宋仁宗景祐二年十二月”条:“辛亥朔,复知密州、太常卿李迪为刑部尚书、知徐州。”⑨《宋史》卷三一〇《李迪传》:“李

---

① (清)朱忻修、刘庠纂:《同治徐州府志》,《中国地方志集成·江苏府县志辑61》,南京:江苏古籍出版社,1991年,第130页。

② (宋)李焘:《续资治通鉴长编》,北京:中华书局,2004年,第2555页。

③ (元)脱脱等:《宋史》,北京:中华书局,1977年,第9158—9159页。

④ (宋)李焘:《续资治通鉴长编》,北京:中华书局,2004年,第2571页。

⑤ (清)朱忻修、刘庠纂:《同治徐州府志》,《中国地方志集成·江苏府县志辑61》,南京:江苏古籍出版社,1991年,第589页。

⑥ (宋)李焘:《续资治通鉴长编》,北京:中华书局,2004年,第2669页。

⑦ (宋)王安石:《王安石全集》,长春:吉林人民出版社,1996年,第936—937页。

⑧ (元)脱脱等:《宋史》,北京:中华书局,1977年,第9883—9885页。

⑨ (宋)李焘:《续资治通鉴长编》,北京:中华书局,2004年,第2764页。

迪字复古……复刑部尚书、知徐州。”①

张 弇 宋仁宗宝元二年(1039)

《河南先生文集》卷一六《故朝散大夫尚书兵部郎中知蕲州军州兼管内劝农事护军赐紫金鱼袋张公墓志铭并序(庆历四年十二月)》:“公讳弇,字汉臣,其先魏郡人。……宝元二年,以疾辞,出知徐州事。进兵部郎中,移蕲州。康定元年五月,终于郡,年六十二。”②

郑守忠 宋仁宗康定元年(1040)

《续资治通鉴长编》卷一二九“宋仁宗康定元年十二月”条:“癸卯,殿前副都指挥使、宁远节度使郑守忠为安远节度使、知徐州。”③

李宗咏(詠) 宋仁宗庆历三年(1043)

《续资治通鉴长编》卷一四〇“宋仁宗庆历三年夏四月”条:“戊午……户部副使、兵部郎中李宗咏知徐州……并坐不觉察省吏崔班等伪为使副判押文书,以规取商人财物也。”④《宋会要辑稿·职官六四·黜降官一》:“(庆历三年四月二十二日)三司副使、兵部郎中李宗咏降知徐州。”⑤《乐全先生文集》卷三九《朝散大夫右谏议大夫知相州军州同群牧事上柱国赐紫金鱼袋赵郡李公墓志铭并序(庆历八年闰正月)》:“公讳宗咏,字某。……出知徐州,徐城隘,廛肆列城外,公筑而广之,民以安居。”⑥

张 奎 宋仁宗庆历五年(1045)

《全宋文》卷六一〇富弼《张枢密奎墓志铭(皇祐五年闰七月)》:“清河张公,皇祐四年六月二十九日以疾终于天平之郡寝。……祥符五年登进士科……移徐州,又移扬州。”⑦《涑水记闻》卷三:“庆历五年正月一日,见任两制以上官:龙图阁直学士知徐州张奎。”⑧《宋史》卷三二四《张亢传》:“(张亢

① (元)脱脱等:《宋史》,北京:中华书局,1977年,第10171—10175页。

② (宋)尹洙:《河南先生文集》,《宋集珍本丛刊003—4》,北京:线装书局,2004年,第430—431页。

③ (宋)李焘:《续资治通鉴长编》,北京:中华书局,2004年,第3061页。

④ (宋)李焘:《续资治通鉴长编》,北京:中华书局,2004年,第3366页。

⑤ (清)徐松辑:《宋会要辑稿》,上海:上海古籍出版社,2014年,第4789页。

⑥ (宋)张方平:《乐全先生文集》,《宋集珍本丛刊006—1》,北京:线装书局,2004年,第218—219页。

⑦ 曾枣庄、刘琳主编:《全宋文》,上海:上海辞书出版社,2006年,第29册,第62—65页。

⑧ (宋)司马光:《涑水记闻》,北京:中华书局,1989年,第53页。

兄)奎字仲野,先亢中进士。……知澶、青、徐、扬等州,再迁吏部郎中。"[①]

朱文郁 约宋仁宗庆历六年(1046)

《宋故尚书主客郎中朱君墓铭》:"庆历九年秋八月尚书主客郎中朱君终于河南府延福坊旧第,后二载葬偃师县义堂店之北原。君讳文郁,字从周,世为洛都大姓。……更济、徐二州,复为开封判官,京西转运使。"[②]

许怀德 约宋仁宗庆历中

《宋史》卷三二四《许怀德传》:"许怀德字师古,开封祥符人……元昊寇边,选为仪州刺史……会从妹亡,无子,怀德欲冒有其田,事觉,罢管军,知亳州,徙徐州。岁余,复为殿前副都指挥使。"[③]

王 洙 宋仁宗庆历七年—皇祐元年(1047—1049)

《宋史》卷二九四《王洙传》:"王洙字原叔,应天宋城人……徙徐州。……有司上其最,为京东第一,徙亳州。"[④]

王 逵 宋仁宗皇祐二年(1050)

《续资治通鉴长编》卷一六九"宋仁宗皇祐二年十一月"条:"庚子,徙知徐州、工部郎中王逵为淮南转运使。"[⑤]《曾巩集》卷四二《刑部郎中致仕王公墓志铭》:"君讳逵,字仲达,家晋阳。……知徐州。……明年,迁尚书工部郎中、淮南转运使。"[⑥]

孙 沔 宋仁宗皇祐三年(1051)

《续资治通鉴长编》卷一七〇"宋仁宗皇祐三年秋七月"条:"初,龙图阁直学士、吏部郎中孙沔既除母丧,授陕西都转运使。沔求知明州,许之。于是,京东多盗,乃徙沔知徐州。"[⑦]《全宋文》卷二四〇六毕仲游《孙威敏沔神道碑(代范纯礼作)》:"公讳沔,字元规,会稽山阴人也。……丁内艰,服除,

---

① (元)脱脱等:《宋史》,北京:中华书局,1977年,第10490—10492页。

② 何新所、贾倩:《北宋理学家朱光庭祖父朱文郁墓志考释》,《语文知识》2013年第4期,第8—11页。

③ (元)脱脱等:《宋史》,北京:中华书局,1977年,第10477页。

④ (元)脱脱等:《宋史》,北京:中华书局,1977年,第9814—9815页;参见吴琼、王兆鹏:《北宋杜集传播奠基者王洙行年考》,《杜甫研究学刊》2015年第4期,第72—84页。

⑤ (宋)李焘:《续资治通鉴长编》,北京:中华书局,2004年,第4065页。

⑥ (宋)曾巩:《曾巩集》,北京:中华书局,1984年,第573—574页。

⑦ (宋)李焘:《续资治通鉴长编》,北京:中华书局,2004年,第4098页。

为陕西都督转运使、知徐州……皇祐四年,广源蛮侬智高反……公适过京师。”①亦见《宋史》卷二八八《孙沔传》②。

赵及(二知) 宋仁宗皇祐四年(1052)

《宋史》卷三〇四《赵及传》:“赵及字希之,其先幽州良乡人。……未几,请知怀州,徙徐州……出知徐州,疾甚,求解近职,还州事,乃以本官管勾南京留司御史台,未赴,卒。”③《同治徐州府志》卷二一上《宦绩传》:“赵及字希之,偃师人。仁宗时以侍御史知徐州,后又以右谏议大夫知徐州。”④《梅尧臣集编年校注》卷二二《送赵谏议知徐州》⑤。

吕公绰 宋仁宗皇祐五年(1053)

《续资治通鉴长编》卷一七五“宋仁宗皇祐五年闰七月”条:“壬辰,降翰林侍读学士、刑部郎中吕公绰为龙图阁学士、知徐州。”⑥《宋会要辑稿·职官六五·黜降官二》:“(皇祐五年闰七月二十三日)降翰林院侍读学士、刑部郎中吕公绰为龙图阁学士、知徐州。”⑦《宋史》卷三一一《吕夷简传》:“(吕夷简子)公绰字仲裕……左迁龙图阁学士、知徐州。”⑧又见《文恭集》卷二四《赐翰林侍读学士知徐州吕公绰进明礼诗敕书》⑨、《蔡襄集》卷一二《龙图阁学士尚书刑部郎中知徐州吕公绰可复翰林侍读学士制》⑩。

任 颛 宋仁宗至二年(1055)⑪

《宋史》卷三三〇《任颛传》:“任颛字诚之,青州寿光人。……乃还学

---

① 曾枣庄、刘琳主编:《全宋文》,上海:上海辞书出版社,2006年,第111册,第177—183页。

② (元)脱脱等:《宋史》,北京:中华书局,1977年,第9686—9688页。

③ (元)脱脱等:《宋史》,北京:中华书局,1977年,第10074页。

④ (清)朱忻修、刘庠纂:《同治徐州府志》,《中国地方志集成·江苏府县志辑61》,南京:江苏古籍出版社,1991年,第590页。

⑤ (宋)梅尧臣撰,朱东润校注:《梅尧臣集编年校注》,上海:上海古籍出版社,2006年,第619页。

⑥ (宋)李焘:《续资治通鉴长编》,北京:中华书局,2004年,第4226页。

⑦ (清)徐松辑:《宋会要辑稿》,上海:上海古籍出版社,2014年,第4803页。

⑧ (元)脱脱等:《宋史》,北京:中华书局,1977年,第10210—10212页。

⑨ (宋)胡宿:《文恭集》,北京:中华书局,1985年,第302页。

⑩ (宋)蔡襄:《蔡襄集》,上海:上海古籍出版社,1996年,第233页。

⑪ 吴廷燮:《北宋经抚年表南宋制抚年表》,北京:中华书局,1984年,第215页。

士，徙徐州，以太子宾客致仕。”①

吕　溱　宋仁宗至和二年—嘉祐二年（1055—1057）②

《宋史》卷三二〇《吕溱传》：“吕溱字济叔，扬州人。……疏论宰相陈执中奸邪，仁宗还其疏。……未几，执中去，溱亦以侍读学士知徐州，赐宴资善堂……诏自今由经筵出者视为例。”③《续资治通鉴长编》卷一七八“宋仁宗至和二年二月”条：“翰林学士吕溱上疏……于是溱改翰林侍读学士、知徐州。”④《华阳集》卷二九《翰林学士吕溱可翰林侍读学士知徐州制》⑤。《宋会要辑稿·方域三·资善堂》：“至和二年三月，宴饯知徐州吕溱于是堂。”⑥《王魏公集》卷八《贾圭墓志铭》：“信卿讳圭，贾氏……迁太子右赞善大夫，通判徐州。翰林侍读学士吕公溱之为州也，属县得盐盗数十人，信卿览其狱曰：‘是可疑也。’”⑦《新安志》卷六《先达》“吕状元”条：“吕状元溱，字济叔。……至和中以翰林始读学士知徐州，当辞特命于资善堂赐宴以饯之，仍诏自今由经筵出者以为例。”⑧《同治徐州府志》卷二一上《宦绩传》：“吕溱字济叔，扬州人。嘉祐中以侍读学士知徐州，性开敏，善折狱，寻徙知成德军。”⑨

刘　湜　约宋仁宗嘉祐三年前（1058 前）⑩

《宋史》卷三〇四《刘湜传》：“刘湜字子正，徐州彭城人。……居二年，母老求内徙，遂徐州。”⑪

寇　平　约宋仁宗嘉祐四年前后（1059 前后）

《乐全先生文集》卷三九《唐州桐柏县令上谷寇府君墓志铭并序（嘉祐四年十一月）》：“府君讳某，字某，蓟人。……长孙平……今以尚书工部郎中知

---

① （元）脱脱等：《宋史》，北京：中华书局，1977 年，第 10617—10618 页。

② 吴廷燮：《北宋经抚年表南宋制抚年表》，北京：中华书局，1984 年，第 157 页。

③ （元）脱脱等：《宋史》，北京：中华书局，1977 年，第 10401 页。

④ （宋）李焘：《续资治通鉴长编》，北京：中华书局，2004 年，第 4317—4318 页。

⑤ （宋）王珪：《华阳集》，北京：中华书局，1985 年，第 361 页。

⑥ （清）徐松辑：《宋会要辑稿》，上海：上海古籍出版社，2014 年，第 9309 页。

⑦ （宋）王安礼：《王魏公集》，《宋集珍本丛刊 017—2》，北京：线装书局，2004 年，第 224 页。

⑧ （宋）罗愿撰，萧建新等校著：《〈新安志〉整理与研究》，合肥：黄山书社，2008 年，第 203—204 页。

⑨ （清）朱忻修、刘庠纂：《同治徐州府志》，《中国地方志集成·江苏府县志辑 61》，南京：江苏古籍出版社，1991 年，第 590 页。

⑩ 吴廷燮：《北宋经抚年表南宋制抚年表》，北京：中华书局，1984 年，第 84 页。

⑪ （元）脱脱等：《宋史》，北京：中华书局，1977 年，第 10075 页。

徐州。嘉祐四年，岁次在大渊献，十一月二十六日，始奉君辖帷即安垅兆，实颍川阳翟县之麦秀乡。”①《华阳集》卷三八《太常少卿直昭文馆知郑州寇公（平）墓志铭》：“治平二年十二月庚戌，太常少卿、直昭文馆、知邓州上谷寇公感疾，终于州之正寝。……及出知徐州，赐以三品服，左右或以为非例。”②

孙祖德　宋仁宗嘉祐中

《同治徐州府志》卷六上《职官表》：“孙祖德，嘉祐中知徐州。”③

康　侯　宋仁宗嘉祐七—八年（1062—1063）

《齐东野语》卷六：“康侯，莱州掖县人。……康侯是年归舒州省亲，次年，赴徐州任，明年，死于徐，实嘉祐八年五月十二日也。”④

徐　起　约宋仁宗朝

《宋史》卷三〇一《徐起传》：“徐起字豫之，濮州鄄城人。……徙江西，知徐州，就为转运使。”⑤《同治徐州府志》卷二一上《宦绩传》：“徐起字豫之，濮州鄄城人。仁宗时知徐州……凡三百万。”⑥

孟　坚　宋仁宗朝

《同治徐州府志》卷六上《职官表》：“孟坚，仁宗时知徐州。”⑦

张方平　宋英宗治平元年（1064）

《全宋文》卷一八四一王巩《文定张公乐全先生行状》：“公讳方平，字安道……英宗即位，加礼部尚书。自此数以归养为请，又徙陈州。……公以亲老，复请归养，改徐州。以舟行侍亲为便，故受命。明年春，召还翰林，充学士承旨，迁刑部尚书。”⑧

---

① （宋）张方平：《乐全先生文集》，《宋集珍本丛刊 006—1》，北京：线装书局，2004 年，第 228—229 页。

② （宋）王珪：《华阳集》，北京：中华书局，1985 年，第 521—523 页。

③ （清）朱忻修、刘庠纂：《同治徐州府志》，《中国地方志集成·江苏府县志辑 61》，南京：江苏古籍出版社，1991 年，第 130 页。

④ （宋）周密：《齐东野语》，《宋元笔记小说大观 5》，上海：上海古籍出版社，2007 年，第 5503 页。

⑤ （元）脱脱等：《宋史》，北京：中华书局，1977 年，第 10003 页。

⑥ （清）朱忻修、刘庠纂：《同治徐州府志》，《中国地方志集成·江苏府县志辑 61》，南京：江苏古籍出版社，1991 年，第 590 页。

⑦ （清）朱忻修、刘庠纂：《同治徐州府志》，《中国地方志集成·江苏府县志辑 61》，南京：江苏古籍出版社，1991 年，第 130 页。

⑧ 曾枣庄、刘琳主编：《全宋文》，上海：上海辞书出版社，2006 年，第 84 册，第 353—379 页。

李士先　宋英宗治平三年前(1066 前)

《宋会要辑稿·选举三三·特恩除职一》:“(治平三年十一月三日)知徐州、光禄卿李士先直昭文馆、知荆南府。”①

赵叔平　宋英宗治平中

《石林燕语》卷九:“治平间,欧阳永叔罢参知政事,知亳州,除观文殿学士;相继赵叔平罢知徐州,亦除。”②

赵　概　宋神宗熙宁元年(1068)

《宋史》卷二一一《宰辅二》:“(熙宁元年)正月丙申,赵概自参知政事以吏部尚书、观文殿学士知徐州。”③《宋史》卷三一八《赵概传》:“赵概字叔平,南京虞城人。……熙宁初,拜观文殿学士、知徐州。”④《华阳集》卷三八《赵康靖公概墓志铭》:“公讳概,字叔平,姓赵氏,宋虞城人。……今上初,迁左丞。公年七十矣,即以老求去位,数上不许。间复请,乃以为观文殿学士、吏部尚书、知徐州。其请不已,以太子少师致仕,居睢阳。”⑤亦见《祠部集》卷二八《回徐州知府赵尚书书》⑥、《郧溪集》卷九《赐观文殿学士知徐州赵槩乞致仕不允诏》⑦。

韩　贽　宋神宗熙宁四年前(1071 前)

《宋史》卷三三一《韩贽传》:“韩贽字献臣,齐州长山人。……还知审刑院、纠察在京刑狱,知徐州,以吏部侍郎致仕。”⑧《续资治通鉴长编》卷二二〇“宋神宗熙宁四年二月”条:“夺龙图阁直学士、刑部侍郎、知徐州韩贽一官,坐三举官皆不当也。”⑨《同治徐州府志》卷二一上《宦绩传》:“韩贽字献臣,齐州长山人。熙宁中知徐州。”⑩

张　问　宋神宗熙宁六年(1073)

---

① (清)徐松辑:《宋会要辑稿》,上海:上海古籍出版社,2014 年,第 5885 页。

② (宋)叶梦得:《石林燕语》,北京:中华书局,1984 年,第 137 页。

③ (元)脱脱等:《宋史》,北京:中华书局,1977 年,第 5484 页。

④ (元)脱脱等:《宋史》,北京:中华书局,1977 年,第 10364—10365 页。

⑤ (宋)王珪:《华阳集》,北京:中华书局,1985 年,第 503—505 页。

⑥ (宋)强至:《祠部集》,北京:中华书局,1985 年,第 408 页。

⑦ (宋)郑獬:《郧溪集》,《宋集珍本丛刊 015—1》,北京:线装书局,2004 年,第 76 页。

⑧ (元)脱脱等:《宋史》,北京:中华书局,1977 年,第 10666—10667 页。

⑨ (宋)李焘:《续资治通鉴长编》,北京:中华书局,2004 年,第 5358 页。

⑩ (清)朱忻修、刘庠纂:《同治徐州府志》,《中国地方志集成·江苏府县志辑 61》,南京:江苏古籍出版社,1991 年,第 590 页。

《续资治通鉴长编》卷二四四“宋神宗熙宁六年夏四月”条:“庚辰,河北路转运使、礼部郎中张问复集贤殿修撰、知徐州。”①

魏孝先 宋神宗熙宁七年(1074)

《续资治通鉴长编》卷二五四“宋神宗熙宁七年七月”条:“戊午,中书提举五房公事、主客郎中魏孝先知徐州。”②卷二六二“宋神宗熙宁八年夏四月”条:“知徐州、司勋郎中魏孝先同提举在京诸司库务。”③

向　经 宋神宗熙宁中

《宋史》卷四六四《向传范传》:“(向传范)从侄经、综。经字审礼……帝即位,妃为皇后,进光州团练使。以潍州防御使知陈州……徙徐州,迁明州观察使。”④《定国军节度观察留后光禄大夫检校工部尚书使持节同州刺史兼御史大夫知青州兼管内堤堰桥道劝农史充京东东路安抚使兼本州兵马都总管上柱国河间郡开国侯食邑一千一百户食实封二百户赠侍中向公墓志铭(熙宁九年七月)》:“公讳经,字审理,世居京师。……熙宁元年,提举集禧观。明年出知陈州。……未几移徐州。上以公久处外,不欲复劳以事,召还,提举景灵宫……熙宁九年二月乙未次淄州,卧遂不起,年五十有四。”⑤

李邦直 宋神宗熙宁中

《同治徐州府志》卷六上《职官表》:“李邦直,熙宁时知徐州。”⑥

傅尧俞 宋神宗熙宁七—八年(1074—1075)

《续资治通鉴长编》卷二五八“宋神宗熙宁七年十二月”条:“己巳,知徐州、兵部员外郎、直昭文馆傅尧俞管勾崇福宫。”⑦卷二六五“宋神宗熙宁八年六月”条:“己亥,提举崇福宫、兵部员外郎、直昭文馆傅尧俞落职,追一官勒停。坐知徐州日不受朱唐告李逢谋逆状,法寺当绞,以失减及去官会赦,特黜之。”⑧《宋史》卷三四一《傅尧俞传》:“傅尧俞字钦之……徐前守侵用公

---

① (宋)李焘:《续资治通鉴长编》,北京:中华书局,2004年,第5935页。

② (宋)李焘:《续资治通鉴长编》,北京:中华书局,2004年,第6224页。

③ (宋)李焘:《续资治通鉴长编》,北京:中华书局,2004年,第6404页。

④ (元)脱脱等:《宋史》,北京:中华书局,1977年,第13580页。

⑤ (宋)沈括:《沈括全集》,杭州:浙江大学出版社,2011年,第1册,第120—123页。

⑥ (清)朱忻修、刘痒纂:《同治徐州府志》,《中国地方志集成·江苏府县志辑61》,南京:江苏古籍出版社,1991年,第131页。

⑦ (宋)李焘:《续资治通鉴长编》,北京:中华书局,2004年,第6296页。

⑧ (宋)李焘:《续资治通鉴长编》,北京:中华书局,2004年,第6486页。

钱，尧俞至，为偿之，未足而去。”[①]

苏　轼　宋神宗熙宁十年—元丰二年(1077—1079)

《宋史》卷三三八《苏轼传》：“徙知徐州。……徙知湖州，上表以谢。”[②]《能改斋漫录》卷一一《记诗》“东坡和李邦直祈雨诗”条：“东坡熙宁十年知徐州。”[③]

王　某　约宋神宗元丰中

《全宋文》卷二六一三《徐州巽台记》：“徐，古大州，气象雄奥，面抱巨峰，背负连嶂，汴泗走乎两肋，長洪啮于衿领之间……凉秋八月，金气既明，草木鲜静，天宇空澈，太守王公率僚属登其上而宴饮焉。”[④]

孙　觉　宋神宗元丰五年前后(1082前后)

《续资治通鉴长编》卷三二八“宋神宗元丰五年秋七月”条：“赐徐州度僧牒五十，修城及官舍。从知州孙觉请也。”[⑤]《宋史》卷三四四《孙觉传》：“孙觉字莘老，高邮人。……徙庐州，改右司谏。……连徙亳、扬、徐州。”[⑥]

赵　鼎　宋神宗元丰五年前(1082前)

《续资治通鉴长编》卷三三一“宋神宗元丰五年十一月”条：“诏：‘梓州路转运判官、承议郎程之才，知徐州、朝散大夫赵鼎并冲替。’”[⑦]卷三三八“宋神宗元丰六年八月”条：“诏朝散大夫、前知徐州赵鼎勒停……特责之。”[⑧]

赵禼(未任即改)　宋神宗元丰五年(1082)

《续资治通鉴长编》卷三二六“宋神宗元丰五年五月”条：“知淮阳军、奉议郎赵禼知徐州。(丙午，罢。)”[⑨]“新知徐州赵禼依旧知淮阳军，以上批‘昨差赵禼知淮阳军，受命有日，闻止在管城，近改差徐州，亦复偃蹇不赴。

---

① (元)脱脱等：《宋史》，北京：中华书局，1977年，第10881—10885页。

② (元)脱脱等：《宋史》，北京：中华书局，1977年，第10808—10809页。

③ (宋)吴曾：《能改斋漫录》，上海：上海古籍出版社，1979年，第320页。

④ 曾枣庄、刘琳主编：《全宋文》，上海：上海辞书出版社，2006年，第121册，第214—215页。

⑤ (宋)李焘：《续资治通鉴长编》，北京：中华书局，2004年，第7895页。

⑥ (元)脱脱等：《宋史》，北京：中华书局，1977年，第10925—10927页。

⑦ (宋)李焘：《续资治通鉴长编》，北京：中华书局，2004年，第7968页。

⑧ (宋)李焘：《续资治通鉴长编》，北京：中华书局，2004年，第8149页。

⑨ (宋)李焘：《续资治通鉴长编》，北京：中华书局，2004年，第7852页。

……’故也。(丙申,赵尚知徐州。)”[①]

王 绰 约宋神宗朝

《王安石全集》卷四九《知杂王绰吏部郎中直龙图阁知徐州制》[②]。

郑 谨 宋神宗朝

《同治徐州府志》卷六上《职官表》:“郑谨,神宗时知徐州。”[③]

王 说 宋神宗元丰末

《曾巩集》卷二二《李良辅知庐州张立宁陕州崔度蔡州王说徐州制》[④]。《续资治通鉴长编》卷三六五“宋哲宗元祐元年二月”条:“侍御史刘挚言:‘臣数日来,传闻前知徐州王说除仓部郎中,又云差知荆南。’”[⑤]卷三七〇“宋哲宗元祐元年闰二月”条:“王说前知徐州……言者弹劾,遂罢其职,仍知密州。”[⑥]卷三七一“宋哲宗元祐元年三月”条:“王说以谄奉吴居厚为徐州之害,亦用言者罢其省职,即日。”[⑦]《道乡先生邹忠公文集》卷三五《中大夫直龙图阁知青州军州事王公墓志铭(建中靖国元年九月)》:“公王氏,讳说,字岩夫……官制行……通判滑州、相州,知卫州、常州、临江军、晋州、徐州……建中靖国元年十六日,终于青州治所,享年七十有四。”[⑧]

韩晋卿 约宋神宗朝或哲宗元祐中

《彭城集》卷二一《权两浙转运副使韩晋卿可知徐州制》[⑨]。

马默(二度之任) 宋神宗元丰末—宋哲宗元祐元年(元丰末—1086)

《续资治通鉴长编》卷三八三“宋哲宗元祐元年七月”条:“刑部言:‘权知徐州马默奏……’从之。”[⑩]《苏轼文集》卷三八《知徐州马默可司农少卿

---

① (宋)李焘:《续资治通鉴长编》,北京:中华书局,2004年,第7859页。

② (宋)王安石:《王安石全集》,长春:吉林人民出版社,1996年,第507页。

③ (清)朱忻修、刘痒纂:《同治徐州府志》,《中国地方志集成·江苏府县志辑61》,南京:江苏古籍出版社,1991年,第130页。

④ (宋)曾巩:《曾巩集》,北京:中华书局,1984年,第347页。

⑤ (宋)李焘:《续资治通鉴长编》,北京:中华书局,2004年,第8768页。

⑥ (宋)李焘:《续资治通鉴长编》,北京:中华书局,2004年,第8960—8961页。

⑦ (宋)李焘:《续资治通鉴长编》,北京:中华书局,2004年,第8984页。

⑧ (宋)邹浩:《道乡先生邹忠公文集》,《宋集珍本丛刊031—1》,北京:线装书局,2004年,第261页。

⑨ (宋)刘攽:《彭城集》,上海:商务印书馆,1937年,第296页。

⑩ (宋)李焘:《续资治通鉴长编》,北京:中华书局,2004年,第9326页。

制》[①]。《宋史》卷三四四《马默传》："马默字处厚，单州成武人。……以疾求归，知徐州。"[②]《全宋文》卷二六〇六《代知徐州马大夫谢上表》[③]。《同治徐州府志》卷六上《职官表》："马默，元丰末知徐州。"[④]

杨　绘　宋哲宗元祐元年—二年(1086—1087)

《续资治通鉴长编》卷三九四"宋哲宗元祐二年春正月"条："丁丑，朝散大夫、知徐州杨绘复天章阁待制。"[⑤]卷四〇七"宋哲宗元祐二年十一月"条："知徐州、天章阁待制杨绘知杭州。"[⑥]《太史范公文集》卷三九《天章阁待制杨公墓志铭(元祐四年十一月)》："公讳绘，字元素。……上嗣位，易徐州，诬谤始辨，复天章阁待制，再知杭州。"[⑦]《临安志》卷三《牧守·杨绘》："元祐二年十一月庚申，以知徐州朝散大夫天章阁待制杨绘知杭州。"[⑧]《苏轼文集》卷三八《杨绘知徐州制》[⑨]。

杜　纯　宋哲宗元祐三年(1088)

《宋史》卷三三〇《杜纯传》："杜纯字孝锡，濮州甄城人。……元祐元年……除河北转运判官……言者诋其不由科第，改右司郎中，寻知相州，徙徐州，陕西转运使。"[⑩]《续资治通鉴长编》卷四一二"宋哲宗元祐三年六月"条："朝奉郎、知徐州杜纯为淮南路转运使。寻诏纯依旧知徐州。"[⑪]《彭城集》卷二一《朝请大夫韩晋卿可光禄少卿朝奉郎知相州杜纯可知徐州制》[⑫]。《全宋文》卷二七四一晁补之《朝散郎充集贤殿修撰提举西京崇山崇福宫杜公行状》："公讳纯，字孝锡，杜氏……罢为尚书右司郎中。寻知相州，迁朝奉郎、

---

① (宋)苏轼:《苏轼文集》,北京:中华书局,1986 年,第 1065 页。

② (元)脱脱等:《宋史》,北京:中华书局,1977 年,第 10946—10949 页。

③ 曾枣庄、刘琳主编:《全宋文》,上海:上海辞书出版社,2006 年,第 121 册,第 90 页。

④ (清)朱忻修、刘痒纂:《同治徐州府志》,《中国地方志集成·江苏府县志辑 61》,南京:江苏古籍出版社,1991 年,第 130 页。

⑤ (宋)李焘:《续资治通鉴长编》,北京:中华书局,2004 年,第 9610 页。

⑥ (宋)李焘:《续资治通鉴长编》,北京:中华书局,2004 年,第 9900 页。

⑦ (宋)范祖禹:《太史范公文集》,《宋集珍本丛刊 024—2》,北京:线装书局,2004 年,第 393—395 页。

⑧ (宋)周淙:《乾道临安志》,上海:商务印书馆,1937 年,第 78 页。

⑨ (宋)苏轼:《苏轼文集》,北京:中华书局,1986 年,第 1077 页。

⑩ (元)脱脱等:《宋史》,北京:中华书局,1977 年,第 10631—10633 页。

⑪ (宋)李焘:《续资治通鉴长编》,北京:中华书局,2004 年,第 10021 页。

⑫ (宋)刘攽:《彭城集》,上海:商务印书馆,1937 年,第 292 页。

知徐州,移陕府西路转运使。”[①]《齐氏墓碣(元祐三年四月)》:“齐氏,会稽萧山人,初嫁为同邑民妻,已而入故单州司户参军阎侯德基家,为乳其第二儿。儿死,阎侯有长女,贤而爱之,嫁今朝奉郎、知徐州杜侯纯,齐氏随焉。……元祐三年三月二十四日,或欷歔如自知将尽者,遂卒。”[②]

彭汝砺　宋哲宗元祐四年(1089)

《宋史》卷三四六《彭汝砺传》:“彭汝砺字器资,饶州鄱阳人。……及确贬新州,又须汝砺草词,遂落职知徐州。……哲宗躬听断,修熙宁、元丰政事,人皆争献所闻,汝砺独无建白。”[③]《续资治通鉴长编》卷四二七“宋哲宗元祐四年五月”条:“中书舍人彭汝砺依前朝奉郎、知徐州,坐营救蔡确,并不草确与盛陶等责词,故黜之。”[④]《宋会要辑稿·职官六七·黜降官四》:“(元祐四年五月十九日)中书舍人彭汝砺可依前朝奉郎、知徐州。”[⑤]

杨　汲　宋哲宗元祐五年(1090)

《续资治通鉴长编》卷四四八“宋哲宗元祐五年九月”条:“诏知秀州章衡、知庐州杨汲并为集贤殿修撰,衡知襄州,汲知徐州。”[⑥]

曾　肇　宋哲宗元祐七—八年(1092—1093)

《宋史》卷三一九《曾巩传》:“(曾巩弟)肇字子开……(元祐)七年……请不已,出知徐州,徙江宁府。”[⑦]《续资治通鉴长编》卷四七八“宋哲宗元祐七年冬十月”条:“乙丑,刑部侍郎曾肇知徐州,从其请也。”[⑧]卷四八一“宋哲宗元祐八年二月”条:“甲戌,知徐州曾肇知江宁府,知苏州贾易知徐州。”[⑨]《曾文昭公集》卷一《徐州谢上表》[⑩]。《杨龟山集》卷六《曾文昭公行述》:“公讳肇,字子开,建昌军南丰人。……(元祐)七年秋还朝,守尚书礼部侍郎。……徙刑部,不拜,请去不已,降知徐州。在徐数月,徙知江宁府兼江南

---

① 曾枣庄、刘琳主编:《全宋文》,上海:上海辞书出版社,2006年,第127册,第55—60页。

② 曾枣庄、刘琳主编:《全宋文》,上海:上海辞书出版社,2006年,第127册,第113—114页。

③ (元)脱脱等:《宋史》,北京:中华书局,1977年,第10974—10975页。

④ (宋)李焘:《续资治通鉴长编》,北京:中华书局,2004年,第10329页。

⑤ (清)徐松辑:《宋会要辑稿》,上海:上海古籍出版社,2014年,第4848页。

⑥ (宋)李焘:《续资治通鉴长编》,北京:中华书局,2004年,第10772页。

⑦ (元)脱脱等:《宋史》,北京:中华书局,1977年,第10392—10394页。

⑧ (宋)李焘:《续资治通鉴长编》,北京:中华书局,2004年,第11385页。

⑨ (宋)李焘:《续资治通鉴长编》,北京:中华书局,2004年,第11459页。

⑩ (宋)曾肇:《曾文昭公集》,《宋集珍本丛刊026—5》,北京:线装书局,2004年,第666页。

东路兵马钤辖。”①

贾　易　哲宗元祐八年(1093)

《续资治通鉴长编》卷四八一“宋哲宗元祐八年二月”条:“甲戌,知徐州曾肇知江宁府,知苏州贾易知徐州。”②《宋史》卷三五五《贾易传》:“贾易字明叔,无为人。……除京西转运副使,徙苏州、徐州,加直秘阁。元符中,累谪保静军行军司马,邵州安置。”③

孔宗翰(未之任)　宋哲宗朝

《宋史》卷二九七《孔道辅传》:“(孔道辅子)宗翰字周翰。……元祐初,召为司农少卿,迁鸿胪卿。……进刑部侍郎,属疾求去,以宝文阁待制知徐州,未拜而卒。”④

许慎德　宋哲宗朝?

《同治徐州府志》卷六上《职官表》:“许慎德,知徐州。”⑤

晁端仁　约宋哲宗朝或徽宗朝初

《全宋文》卷二七四五晁补之《朝请大夫致仕晁公墓志铭(崇年元年十月)》:“公讳端仁,字尧民……时熙宁四年也……哲宗皆嘉纳。……改主客郎中,而公又不愿留,乃知徐州,改襄州、蔡州,皆未行。”⑥

胡宗回　宋徽宗建中靖国元年前(1101 前)

《宋会要辑稿·职官六七·黜降官四》:“(建中靖国元年三月二十五日)宝文阁直学士、知徐州胡宗回落职知蕲州。”⑦

刘奉世　宋徽宗建中靖国元年—崇宁元年(1101—1102)

《宋会要辑稿·职官六七·黜降官四》:“(崇宁元年五月四日)端明殿学士、知郓州刘奉世特落职知徐州。”⑧“(崇宁元年七月二十五日)端明殿学

---

① (宋)杨时:《杨龟山集》,北京:中华书局,1985 年,第 98—103 页。

② (宋)李焘:《续资治通鉴长编》,北京:中华书局,2004 年,第 11459 页。

③ (元)脱脱等:《宋史》,北京:中华书局,1977 年,第 11173—11175 页。

④ (元)脱脱等:《宋史》,北京:中华书局,1977 年,第 9885—9886 页。

⑤ (清)朱忻修、刘庠纂:《同治徐州府志》,《中国地方志集成·江苏府县志辑 61》,南京:江苏古籍出版社,1991 年,第 131 页。

⑥ 曾枣庄、刘琳主编:《全宋文》,上海:上海辞书出版社,2006 年,第 127 册,第 124—127 页。

⑦ (清)徐松辑:《宋会要辑稿》,上海:上海古籍出版社,2014 年,第 4866 页。

⑧ (清)徐松辑:《宋会要辑稿》,上海:上海古籍出版社,2014 年,第 4966—4867 页。

士、知徐州刘奉世落职，提举西京嵩山崇福宫，沂州居住”①。

杜 常 宋徽宗崇宁二年(1103)②

《宋史》卷三三〇《杜常传》：“杜常字正甫，卫州人，昭宪皇后族孙也。……出知梓州，青、郓、徐州，成德军。崇宁中，至工部尚书，以龙图阁学士知河阳军。”③

吴居厚 宋徽宗大观二年前(1108 前)

《宋会要辑稿·职官六八·黜降官五》：“(大观二年五月十一日)知徐州吴居厚提举南京鸿庆宫……以臣僚上言系缘吴储、吴侔等连坐稍重之故也。”④《丹阳集》卷一二《枢密吴公墓志铭(政和五年)》：“政和三年正月，光禄大夫、知枢密院事武昌公抗疏言……谨按武昌公讳某，字某，姓吴氏……大观初以年臻七十，累求致仕……居期年，复资政殿学士，知徐州，言者复申前论，罢之。大观三年……起知洪州，移太原。”⑤

郑 仅 约宋徽宗崇宁中—政和三年前(约崇宁中—1113 前)

《宋史》卷三五三《郑仅传》：“郑仅字彦能，徐州彭城人。……徙秦州，复为都转运使，召拜户部侍郎，改吏部侍郎、知徐州。”⑥

梁彦深 宋徽宗政和六年前(1116 前)

《初寮集》卷八《南阳伯梁公神道碑》：“政和六年五月某甲子，南阳伯梁公卒于东平之私第。……公讳彦深，字纯之……擢知海州，未行，改徐州。”⑦

徐处仁 宋徽宗重和中

《宋史》卷三七一《徐处仁传》：“徐处仁字择之，应天府谷熟县人。……复延康殿学士、知汝州，再奉鸿庆祠、知徐州，召为醴泉观使。徽宗访以天下事……钦宗即位……奏乞下诏亲征，以张国威。”⑧《同治徐州府志》卷六上

---

① (清)徐松辑：《宋会要辑稿》，上海：上海古籍出版社，2014 年，第 4870 页。

② 吴廷燮：《北宋经抚年表南宋制抚年表》，北京：中华书局，1984 年，第 161 页。

③ (元)脱脱等：《宋史》，北京：中华书局，1977 年，第 10635 页。

④ (清)徐松辑：《宋会要辑稿》，上海：上海古籍出版社，2014 年，第 4881 页。

⑤ (宋)葛胜仲：《丹阳集》，《宋集珍本丛刊 032—5》，北京：线装书局，2004 年，第 614—615 页。

⑥ (元)脱脱等：《宋史》，北京：中华书局，1977 年，第 11146—11147 页。

⑦ (宋)王安中：《初寮集》，《宋集珍本丛刊 033—3》，北京：线装书局，2004 年，第 286—587 页。

⑧ (元)脱脱等：《宋史》，北京：中华书局，1977 年，第 11518—11519 页。

《职官表》:“徐处仁,重和时知徐州。”①

李文仲 宋徽宗宣和三年(1121)

《宋会要辑稿·选举三三·特恩除职一》:“(宣和四年三月二十四日)以朝散大夫、司农卿李文仲直秘阁、知徐州。”②

张 某 宋徽宗宣和五年前后(1123 前后)

《丹阳集》卷一四《妻硕人张氏墓志铭》:“宣和四年五月乙丑,硕人张氏殁于汝州公府。……遂以五年四月乙酉襄事,叙其行事而泣铭之曰:硕人世籍常州宜兴,讳濩,字靖姜。……硕人请以女妹归伊兄,二姓交信之,遂与礼部侍郎、今知徐州张公合好。”③

苗仲先 约宋徽宗朝

《夷坚志》甲卷二《陈苗二守》:“苗仲先者,字子野,通州人,为徐州守。徐旧有东坡黄楼碑,方崇宁党禁时,当毁,徐人惜之,置诸泗浅水中。政和末,禁稍弛,乃钩出,复立之旧处。”④

向子韶 宋徽宗宣和末

《全宋文》卷二六九九杨时《忠毅向公墓志铭》:“公讳子韶,字和卿,故相文简公之曾孙,钦圣宪肃皇太后之再从侄也。……(宣和)八年,主管亳州明道宫,除知徐州。靖康元年,近臣荐公材堪出使,除京东转运副使。”⑤案:徽宗宣和只七年,八年有误。

王 复 宋高宗建炎元年—二年(1127—1128)

《建炎以来系年要录》卷五“宋高宗建炎元年五月”条:“丙午……通议大夫王复知徐州。”⑥《芦浦笔记》卷八《资政庄节王公家传》:“公讳复,字景仁,淄州淄川县人也。……高宗皇帝即位,诏公知徐州。明年,胡人犯顺……凡二十余日,城陷。”⑦

赵 立 宋高宗建炎三年(1129)

---

① (清)朱忻修、刘痒纂:《同治徐州府志》,《中国地方志集成·江苏府县志辑61》,南京:江苏古籍出版社,1991年,第131页。

② (清)徐松辑:《宋会要辑稿》,上海:上海古籍出版社,2014年,第5903页。

③ (宋)葛胜仲:《丹阳集》,《宋集珍本丛刊032—5》,北京:线装书局,2004年,第639页。

④ (宋)洪迈:《夷坚志》,北京:中华书局,1981年,第14页。

⑤ 曾枣庄、刘琳主编:《全宋文》,上海:上海辞书出版社,2006年,第125册,第93—99页。

⑥ (宋)李心传编撰:《建炎以来系年要录》,北京:中华书局,2013年,第151页。

⑦ (宋)刘昌诗:《芦浦笔记》,北京:中华书局,1986年,第58—59页。

《建炎以来系年要录》卷二一“宋高宗建炎三年三月”条：“是月……徐州武卫都虞候赵立闻金兵北归……遂复徐州，众推立为长。东京留守杜充承制，以立为武德大夫、合门宣赞舍人，言于朝，诏授立忠翊郎、权知徐州事。”①卷三一“宋高宗建炎四年岁次”条：“丁未……又言徐州赵立以兵来援，建康守陈邦光降于虏。”②亦见《挥麈后录》卷九③、《全宋文》卷三六三九綦崇礼《知徐州赵立治郡忠劳显著可特转武德大夫兼合门宣赞舍人充管内安抚使制》④。

刘彦适 宋高宗绍兴九年(1139)

《建炎以来系年要录》卷一二七“宋高宗绍兴九年夏四月”条：“壬戌……左朝请郎、直秘阁刘彦适知徐州。”⑤《淳熙三山志》卷二七《人物类二·科名》“崇宁五年蔡薿榜”：“刘彦适，诜之子，字立道，省试别头第一人，历校书郎、除直秘阁、广西经略使，再知徐州。”⑥

蔡伸(未之任) 宋高宗绍兴九年(1139)

《周益公文集》卷六二《中大夫赠特进蔡公伸神道碑(庆元二年)》：“(公)讳伸，字伸道。……绍兴九年，北虏归我河南，起知徐州。公受命亟行，虏寻渝盟，改知德安府，又改知和州，再求祠以归。”⑦《全宋文》卷六二五八蔡戡《大父行状(淳熙九年)》：“公讳伸，字申道，兴化军仙游人。……绍兴己未，金人归我河南地，其情叵测，即以公直秘阁、知徐州、兼管内安抚。公受命遽行。及淮，闻金人再陷中原，有诏止公，改知德安府，又改知和州。”⑧

谢升俊 约北宋末、南宋初

《嘉定赤城志》卷三三《人物门二》“进士科政和八年王嘉榜”：“谢升俊，

---

① (宋)李心传编撰：《建炎以来系年要录》，北京：中华书局，2013年，第534页。

② (宋)李心传编撰：《建炎以来系年要录》，北京：中华书局，2013年，第706页。

③ (宋)王明清：《挥麈录》，上海：上海书店出版社，2001年，第154—157页。

④ 曾枣庄、刘琳主编：《全宋文》，上海：上海辞书出版社，2006年，第167册，第136页。

⑤ (宋)李心传编撰：《建炎以来系年要录》，北京：中华书局，2013年，第2402页。

⑥ (宋)梁克家纂修：《淳熙三山志》，《宋元方志丛刊8》，北京：中华书局，1990年，第8022页。

⑦ (宋)周必大：《周益公文集》，《宋集珍本丛刊049—1》，北京：线装书局，2004年，第304—305页。

⑧ 曾枣庄、刘琳主编：《全宋文》，上海：上海辞书出版社，2006年，第276册，第322—323页。

临海人，字成彦，终朝请大夫、知徐州。”①

（二）通判

路　振　宋太宗淳化中

《宋史》卷四四一《路振传》：“路振字子发，永州祁阳人，唐相岩之四世孙。……太宗甚嘉之。擢置甲科，释褐大理评事，通判邠州，徙徐州。召还，直史馆，复遣之任，迁太子中允，知滨州。”②《同治徐州府志》卷六上《职官表》：“路振，淳化中通判。”③

王　臻　宋真宗景德中

《宋史》卷三〇二《王臻传》：“王臻字及之，颍州汝阴人。……通判徐、定二州，以殿中丞知兖州，特迁监察御史。”④《同治徐州府志》卷二一上《宦绩传》：“王臻字及之，汝阴人，景德中以大理评事通判徐州，性刚严，善决事，所至有风迹。”⑤

李　迪　宋真宗朝

《宋史》卷三一〇《李迪传》：“李迪字复古，其先赵郡人，后徙幽州。举进士第一，授将作监丞，历通判徐、兖州。”⑥《乐全先生文集》卷三六《大宋故推诚保德崇仁守正翊戴功臣开府仪同三司太子太傅致仕上柱国陇西郡开国公食邑八千一百户实封二千四百户赠司空诗中谥文定李公神道碑并序（庆历八年闰正月）》：“庆历七年冬十一月壬子，元老、太子太傅致仕陇西公薨于京师，有司以闻。……公讳迪，字复古。……释褐除将作监丞，通判徐州、兖州。”⑦

王平（未之任）　约宋仁宗宝元—庆历中

---

① （宋）陈耆卿纂：《嘉定赤城志》，《宋元方志丛刊7》，北京：中华书局，1990年，第7521页。

② （元）脱脱等：《宋史》，北京：中华书局，1977年，第13060页。

③ （清）朱忻修、刘庠纂：《同治徐州府志》，《中国地方志集成·江苏府县志辑61》，南京：江苏古籍出版社，1991年，第130页。

④ （元）脱脱等：《宋史》，北京：中华书局，1977年，第10009—10010页。

⑤ （清）朱忻修、刘庠纂：《同治徐州府志》，《中国地方志集成·江苏府县志辑61》，南京：江苏古籍出版社，1991年，第589页。

⑥ （元）脱脱等：《宋史》，北京：中华书局，1977年，第10171页。

⑦ （宋）张方平：《乐全先生文集》，《宋集珍本丛刊006—1》，北京：线装书局，2004年，第164—165页。

《文恭集》卷三七《宋故奉直郎守侍御史王公墓志铭》:"庆历乙酉,上用太原王公为侍御史……又明年……九月十三日,对延和殿,敷叙未究,遽退。明日,卒于家,治命葬于颍。……公讳平,字宝衡。……景祐四年冬,地震于晋、忻,城坏,人多压死。……除尚书屯田员外郎、通判徐州。未行,丁秘书君忧。"①

寇　平　宋仁宗景祐中或后

《华阳集》卷三八《太常少卿直昭文馆知郑州寇公(平)墓志铭》:"治平二年十二月庚戌,太常少卿、直昭文馆、知邓州上谷寇公感疾,终于州之正寝。……景祐元年及第……服除,以秘书臣通判徐州。"②

王　逢　宋仁宗庆历中

《同治徐州府志》卷六上《职官表》:"王逢,庆历中通判。"③

贾　圭　宋仁宗至和二年至嘉祐时(1055—嘉祐时)

《王魏公集》卷八《贾圭墓志铭》:"信卿讳圭,贾氏,观文殿大学士、左仆射、魏国文元公之次子也。……迁太子右赞善大夫,通判徐州……熙宁五年十二月乙未,卒于京师宣明里第,享年四十五,累阶至朝奉郎,累勋至上骑都尉。"④

都　某　约宋仁宗后期—神宗熙宁初

《祠部集》卷三〇《回徐州通判都官书》⑤。

李　绚　宋神宗熙宁十年(1077)

《诗话总龟后集》卷四二《鬼神门》:"东坡记徐州通判李绚,有子年十七八,不善作诗,忽咏《落花》云:'流水难穷目,斜阳易断肠。谁同砑光帽,一曲舞《山香》。'人惊问之,若有物凭者,云是谢中舍。"⑥

田叔通　宋神宗元丰元年(1078)

---

① (宋)胡宿:《文恭集》,北京:中华书局,1985年,第443—444页。

② (宋)王珪:《华阳集》,北京:中华书局,1985年,第521—523页。

③ (清)朱忻修、刘痒纂:《同治徐州府志》,《中国地方志集成·江苏府县志辑61》,南京:江苏古籍出版社,1991年,第130页。

④ (宋)王安礼:《王魏公集》,《宋集珍本丛刊017—2》,北京:线装书局,2004年,第224—225页。

⑤ (宋)强至:《祠部集》,北京:中华书局,1985年,第452页。

⑥ (宋)阮阅:《诗话总龟》,北京:人民文学出版社,1987年,第267页。

《同治徐州府志》卷六上《职官表》:"田某,字叔通,元丰元年徐州通判。"①

李　侁　宋神宗元丰中

《全宋文》卷二六一五李昭玘《成州使君李公墓志铭(政和四年六月)》:"公讳侁,字世京,济州金乡人。……官制行,改通直郎,转奉议郎、通判徐州。……丁仁寿君忧,服除,改承议郎、通判兖州。"②

赵挺之　宋哲宗元祐四—五年(1089—1090)

《宋史》卷三五一《赵挺之传》:"赵挺之字正夫,密州诸城人……哲宗即位……既而坐不论蔡确,通判徐州,俄知楚州。"③《续资治通鉴长编》卷四二七"宋哲宗元祐四年五月"条:"监察御史赵挺之通判徐州。"④卷四四五"宋哲宗元祐五年秋七月"条:"通判徐州赵挺之知楚州。"⑤《宋会要辑稿·职官六七·黜降官四》:"(元祐四年五月十二日)监察御史赵挺之通判徐州。"⑥

晁端智　宋徽宗大观四年前(1110 前)

《全宋文》卷二七三九晁补之《宋尚书刑部郎中知越州军州事赠特进吏部尚书南安晁公改葬记》:"赠特进、吏部尚书晁公以庆历四年九月乙酉既葬于祥符大墓矣,后六十六年,实大观四年三月壬寅,改窆于任城鱼山。……至是,特进公子皆前没……朝散郎、前通判徐州事端智相与议,必成其先志……迁鱼山宜。"⑦

赵清宪　约宋徽宗朝

《夷坚志》乙卷一四《赵清宪》:"赵清宪丞相(挺之)侍父官北京时,病利……后为徐州通判,罢官将行,又以利疾委顿。"⑧

蔡　伸　约宋徽宗宣和末

---

① (清)朱忻修、刘庠纂:《同治徐州府志》,《中国地方志集成·江苏府县志辑61》,南京:江苏古籍出版社,1991 年,第 130 页。

② 曾枣庄、刘琳主编:《全宋文》,上海:上海辞书出版社,2006 年,第 121 册,第 240—242 页。

③ (元)脱脱等:《宋史》,北京:中华书局,1977 年,第 11093—11094 页。

④ (宋)李焘:《续资治通鉴长编》,北京:中华书局,2004 年,第 10316 页。

⑤ (宋)李焘:《续资治通鉴长编》,北京:中华书局,2004 年,第 10717 页。

⑥ (清)徐松辑:《宋会要辑稿》,上海:上海古籍出版社,2014 年,第 4847 页。

⑦ 曾枣庄、刘琳主编:《全宋文》,上海:上海辞书出版社,2006 年,第 127 册,第 34—35 页。

⑧ (宋)洪迈:《夷坚志》,北京:中华书局,1981 年,第 306 页。

《周益公文集》卷六二《中大夫赠特进蔡公伸神道碑(庆元二年)》:“(公)讳伸,字伸道。……通判徐州。……公上谒军门,遂留幕下。”①《全宋文》卷六二五八蔡戡《大父行状(淳熙九年)》:“公讳伸,字申道,兴化军仙游人。……秩满,通判徐州。……未几,金人大入,京城失守,太上皇帝以康王开大元帅幕府。”②

傅 禓 北宋朝

《同治徐州府志》卷六上《职官表》:“傅禓,徐州通判。”③

李 陶 北宋朝

《同治徐州府志》卷六上《职官表》:“李陶,徐州通判。”④

王逢(未之任) 南宋

《宋史》卷四四三《王逢传》:“王逢字会之,太平州当涂人。……久之,以太常博士通判徐州,未至,卒。”⑤

(三)录事参军事

狄希颜 约北宋初中期

《王安石集》卷八九《尚书工部侍郎枢密直学士狄公神道碑》:“狄氏故并人……公,梁公之十四世孙也,讳棐,字辅之。……考曰希颜,徐州录事参军。”⑥《华阳集》卷四〇《同安郡狄氏墓志铭》:“夫人姓狄氏……祖讳希颜,徐州录事参军,累赠兵部尚书。”⑦

路 盛 宋仁宗皇祐五年前(1053前)

《续资治通鉴长编》卷一七五“宋仁宗皇祐五年冬十月”条:“戊戌,徐州

---

① (宋)周必大:《周益公文集》,《宋集珍本丛刊049—1》,北京:线装书局,2004年,第304页。

② 曾枣庄、刘琳主编:《全宋文》,上海:上海辞书出版社,2006年,第276册,第322—323页。

③ (清)朱忻修、刘庠纂:《同治徐州府志》,《中国地方志集成·江苏府县志辑61》,南京:江苏古籍出版社,1991年,第130页。

④ (清)朱忻修、刘庠纂:《同治徐州府志》,《中国地方志集成·江苏府县志辑61》,南京:江苏古籍出版社,1991年,第130页。

⑤ (元)脱脱等:《宋史》,北京:中华书局,1977年,第13098—13099页。

⑥ (宋)王安石:《王临川全集》,上海:世界书局,1935年,第561—562页。

⑦ (宋)王珪:《华阳集》,北京:中华书局,1985年,第563页。

录事参军路盛，追一官勒停。”①

李昌言 约宋神宗朝或前

《王安石集》卷五二《潞州屯留县尉李昌言徐州录事参军制》②。

（四）判司

1. 司户参军

谢季康 约宋神宗朝

《无为集》卷一二《故通直郎签书商州军事判官厅公事谢君墓志铭（元祐八年四月）》：“君讳季康，字和卿。……久之，调徐州司户参军，海州司法参军。……后三日而卒，即元丰六年十一月二十三日也，享年五十有七。”③

范遵道（未之任） 宋仁宗嘉祐二年（1057）

《全宋文》卷一六八一刘挚《范圣涂墓志铭》：“君范氏，讳遵道，圣涂其字也。……嘉祐二年始调郓州须城尉，随改徐州司户参军，未赴，丁母丧。”④

2. 司法参军

朱 炳 约宋神宗熙宁四年前后（1077 前后）

《苏魏公文集》卷六二苏颂《福清陈氏墓志铭》：“夫人陈氏，讳池安……享年六十有一，以熙宁八年六月丙辰疾终于丹阳仲子之官舍。后二年春二月丙申，葬湖州乌程县九元乡西贤村帆樯山之南原。……女八人：适长泰令林开，徐州司法参军朱炳，进士杨价、彭琏，余杭尉陈公佐，进士刘绩、邵旦、吴励。”⑤

邵公辅（未之任） 宋神宗熙宁末

《全宋文》卷二九二〇董询《宋故泗州军事判官邵君墓铭（崇年四年七月）》：“君讳公辅，字子正……熙宁六年，举九经，一上中第……调徐州司法参军，以父忧不赴。”⑥

---

① （宋）李焘：《续资治通鉴长编》，北京：中华书局，2004 年，第 4236 页。

② （宋）王安石：《王临川全集》，上海：世界书局，1935 年，第 322 页。

③ （宋）杨傑：《无为集》，《宋集珍本丛刊 015—2》，北京：线装书局，2004 年，第 336 页。

④ 曾枣庄、刘琳主编：《全宋文》，上海：上海辞书出版社，2006 年，第 77 册，第 168—169 页。

⑤ （宋）苏颂：《苏魏公文集》，北京：中华书局，1988 年，第 959—960 页。

⑥ 曾枣庄、刘琳主编：《全宋文》，上海：上海辞书出版社，2006 年，第 135 册，第 251—253 页。

杨　时　宋神宗元丰末

《全宋文》卷三一四九胡安国《杨文靖公墓志铭》:“公讳时,字中立,姓杨氏。……熙宁九年中进士第……久之乃调徐州司法。丁继母忧,服阕,授虔州司法。”[①]《同治徐州府志》卷二一上《宦绩传》:“杨时字中立,将乐人。元丰末为徐州司法参军。”[②]

3. 司理参军[③]

郭　照　约宋哲宗朝或徽宗朝前期

《道乡先生邹忠公文集》卷二八《送郭照赴徐州司理叙》[④]。

(五)判官

1. 节度判官

张利涉　宋太宗太平兴国四年(979)

《宋会要辑稿·职官四八·幕职官》:“太宗太平兴国四年八月,以赞善大夫十五员充诸州节度判官……张利涉徐州……张郢宿州。”[⑤]

王俊民　宋仁宗嘉祐六年(1061)

《括异志》卷三《王廷评》:“王廷评俊民,莱州人,嘉祐六年进士,状头登第,释褐,廷尉评签书徐州节度判官。”[⑥]

2. 签书判官

李　某　宋仁宗皇祐四年(1052)

《梅尧臣集编年校注》卷二二《送徐州签判李廷评》[⑦]。

---

① 曾枣庄、刘琳主编:《全宋文》,上海:上海辞书出版社,2006年,第146册,第165—170页。

② (清)朱忻修、刘痒纂:《同治徐州府志》,《中国地方志集成·江苏府县志辑61》,南京:江苏古籍出版社,1991年,第591页。

③ 北宋太宗太平兴国四年(979)改诸州司寇参军置,掌本州讼狱勘鞫之事。哲宗元祐中定制,隶上州者从八品,隶中、下州者从九品。

④ (宋)邹浩:《道乡先生邹忠公文集》,《宋集珍本丛刊031—1》,北京:线装书局,2004年,第210页。

⑤ (清)徐松辑:《宋会要辑稿》,上海:上海古籍出版社,2014年,第4311页。

⑥ (宋)张师正:《括异志》,《宋元笔记小说大观1》,上海:上海古籍出版社,2007年,第660页。

⑦ (宋)梅尧臣撰,朱东润校注:《梅尧臣集编年校注》,上海:上海古籍出版社,2006年,第608页。

（六）推官

1. 节度推官

刘昌言 宋太宗太平兴国五年前（980 前）

《宋会要辑稿·选举一四·锁厅》："太宗太平兴国五年闰三月十一日，京兆府户曹参军颜明远、徐州节度推官刘昌言……帝惜科第不与，乃除明远中正军，昌言归德军……并为节度掌书记。"①

2. 观察推官

杨 覃 宋太宗太平兴国八年（983）

《宋史》卷三〇七《杨覃传》："杨覃字申锡，汉太尉震之后。……太平兴国八年，举进士擢第，授徐州观察推官，改著作佐郎、知戎州。"②《同治徐州府志》卷二一上《宦绩传》："杨覃字申锡，太平兴国八年举进士，授徐州观察推官。"③

刘 炤 宋太宗太平兴国末—雍熙初

《宋史》卷二六二《刘温叟传》："刘温叟字永龄，河南洛阳人。……雍熙初，子炤罢徐州观察推官待选，以贫诣登闻求注官。及引对，太宗问谁氏子，炤以温叟对。"④

李 益 宋仁宗朝

《文恭集》卷一八《李益可试大理评事充徐州观察推官制》⑤。

●具体推官名称不详者

赵禹（宇） 宋仁宗宝元元年（1038）

《全宋文》卷八七二范镇《陈少卿希亮墓志铭（治平三年十二月）》："青州男子赵宇尝上书，言元昊必反，除散参军，羁置福州。已而元昊反，宇诣阙自陈，执政怒，欲以逃亡法抵之。君言：'宇先事建白，义当赏，不可加罪。'故

① （清）徐松辑：《宋会要辑稿》，上海：上海古籍出版社，2014 年，第 5534 页。

② （元）脱脱等：《宋史》，北京：中华书局，1977 年，第 10130 页。

③ （清）朱忻修、刘庠纂：《同治徐州府志》，《中国地方志集成·江苏府县志辑 61》，南京：江苏古籍出版社，1991 年，第 589 页。

④ （元）脱脱等：《宋史》，北京：中华书局，1977 年，第 9071—9074 页。

⑤ （宋）胡宿：《文恭集》，北京：中华书局，1985 年，第 227 页。

宇得徐州幕职官。”[①]《渑水燕谈录》卷一《帝德》:“景祐中,赵元昊尚修职贡,蔡州进士赵禹庶明言元昊必反,请为边备。……以禹为徐州推官。”[②]

赵庶敏 宋仁宗朝

《同治徐州府志》卷六上《职官表》:“赵庶敏,仁宗时徐州推官。”[③]

毕仲孙 宋神宗元丰元年(1078)

《同治徐州府志》卷六上《职官表》:“毕仲孙,元丰元年徐州推官。”[④]

二、县级官员

萧县

(一)知县

□ 昕 约宋仁宗朝

《全宋文》卷五二九宋祁《宋故朝奉郎检校尚书水部员外郎权舒州团练判官兼侍御史武骑尉安定胡君墓志铭并序》:“予友安定胡书明远才而不显欤!年二十五取进士乙科,历八官皆有声,六十二终节度府判官。……君母弟徐州萧县令昕少以孝友闻,持风节自任。”[⑤]

梅 某 约宋仁宗嘉祐三—六年(1058—1061)

《曾巩集》卷一八《清心亭记》:“嘉祐六年,尚书虞部员外郎梅君为徐之萧县,改作其治所之东亭,以为燕息之所,而名之曰清心之亭。是岁秋冬,来请记于京师,属余有亡妹殇女之悲,不果为。明年春又来请,属余有悼亡之

① 曾枣庄、刘琳主编:《全宋文》,上海:上海辞书出版社,2006 年,第 40 册,第 303—307 页。

② (宋)王辟之:《渑水燕谈录》,北京:中华书局,1981 年,第 6 页。

③ (清)朱忻修、刘庠纂:《同治徐州府志》,《中国地方志集成·江苏府县志辑 61》,南京:江苏古籍出版社,1991 年,第 130 页。

④ (清)朱忻修、刘庠纂:《同治徐州府志》,《中国地方志集成·江苏府县志辑 61》,南京:江苏古籍出版社,1991 年,第 130 页。

⑤ 曾枣庄、刘琳主编:《全宋文》,上海:上海辞书出版社,2006 年,第 25 册,第 161—162 页。

悲，又不果为。而其请犹不止。”[①]《嘉庆萧县志》卷一一《名宦》：“梅(名佚)，嘉祐三年以尚书虞部员外郎知县事，尝作清心亭，曾南丰为之记。”[②]

陈　某　宋神宗熙宁四年(1071)

《山谷诗外集补》黄庭坚《送陈萧县》[③]。

张　惇　宋哲宗绍圣三年(1096)

《嘉庆萧县志》卷一一《名宦》：“张惇，绍圣三年知萧县，行峻言直，不畏强御。凿汴水新渠，民免水患。”[④]

孙　文　宋哲宗绍圣五年(1098)

《全宋文》卷二五九六晁端中《萧县儒学碑记》：“萧之为邑……自皇祐逮今，登进士第总数人。故萧之士鲜知学校群居之乐，而邑之年长者常以是为不足。前光泽簿窦君沔喜儒学，有远识……一日白于邑宰孙公曰……遂白于州守，许为之，乃绘图以进。……肇始于绍圣五年三月壬子，落成于七月丁未。”[⑤]《嘉庆萧县志》卷一一《名宦》：“孙文，绍圣五年为萧令，政通人和，邑人窦沔欲迁学舍，请于文，文主成之。”[⑥]

(二)主簿

赵　廱　宋徽宗大观元年(1107)

《全宋文》卷二七九一郑居中《宋宗室朝散大夫前签书镇宁节度判官厅公事上柱国士宇妻蓬莱县君王氏墓志铭并序》：“夫人……既笄，归今朝散大夫、前签书镇宁军节度判官厅公事赵君士宇，以夫恩封蓬莱县君。……夫人以疾终于官舍之正寝，盖崇年元年七月十九日也。享年四十五。子男四人：廱，将仕郎，新授徐州萧县主簿……以大观元年三月二十九日葬于河南府永

① (宋)曾巩：《曾巩集》，北京：中华书局，1984年，第296页。

② (清)潘镕修，(清)沈学渊、顾翰纂：《嘉庆萧县志》，《中国地方志集成·安徽府县志辑29》，南京：江苏古籍出版社，1998年，第424页。

③ (宋)黄庭坚著，任渊注：《黄庭坚诗集注》，北京：中华书局，2003年，第1564页。

④ (清)潘镕修，(清)沈学渊、顾翰纂：《嘉庆萧县志》，《中国地方志集成·安徽府县志辑29》，南京：江苏古籍出版社，1998年，第424—425页。

⑤ 曾枣庄、刘琳主编：《全宋文》，上海：上海辞书出版社，2006年，第120册，第294—295页。

⑥ (清)潘镕修，(清)沈学渊、顾翰纂：《嘉庆萧县志》，《中国地方志集成·安徽府县志辑29》，南京：江苏古籍出版社，1998年，第425页。

安县。”①

（三）县尉

刘　堂　宋神宗元丰三年(1080)

《续资治通鉴长编》卷三〇四“宋神宗元丰三年五月”条:“辛巳,诏:‘颍昌府进士刘堂上《制盗十策》……’寻录堂为徐州萧县尉。”②

① 曾枣庄、刘琳主编:《全宋文》,上海:上海辞书出版社,2006年,第129册,第266—267页。

② (宋)李焘:《续资治通鉴长编》,北京:中华书局,2004年,第7409页。

卷四　宿州

宿州，又称符离郡，宋太祖建隆元年(960)，升为防御州。开宝五年(972)，建为保静军节度。初领五县，绍兴中，割虹县隶楚州，后领四县。州治符离县(治今安徽省宿州市)、蕲县(治今安徽宿州市南四十里蕲县镇)、临涣县(治今濉溪县西南临涣集)、灵璧县①(治今安徽省灵璧县)及虹县(治今安徽省泗县)均在今皖淮地区境内。

一、州级官员

(一)知州

王　祚　宋太祖初

《宋史》卷二四九《王祚传》:"王溥字齐物，并州祁人。父祚……宋初，升宿州为防御，以祚为使。"②《全宋文》卷一六五四段绎《宋故朝散大夫尚书虞部郎中护军赠司勋郎中太原王公墓志铭》:"公讳珣瑜，字唐辅。……曾祖祚，宿州防御史，累赠太师尚书令、兼中书令，追封晋国公。"③

高保寅　宋太祖乾德四年前(966前)

《宋史》卷四八三《世家六・荆南高氏》:"保寅字齐巽。……俄知宿州。乾德四年，丁外艰，起复，转少府监。开宝五年，知怀州，历司农、卫尉

---

① 宋哲宗元祐元年(1086)，以虹县之零壁镇为县，七月，复为镇。七年(1092)二月，零壁复为县。徽宗政和七年(1117)，改零壁为灵璧。

② (元)脱脱等:《宋史》，北京:中华书局，1977年，第8799页。

③ 曾枣庄、刘琳主编:《全宋文》，上海:上海辞书出版社，2006年，第76册，第25—27页。

二卿。”①

段思恭 宋太祖开宝中

《宋史》卷二七〇《段思恭传》:“段思恭,泽州晋城人。……责授太常为卿,改知宿州。太宗即位,迁将作监,知秦州。”②《光绪宿州志》卷一二《官爵志·职官》:“段思恭,开宝中知宿州,劳绩甚著。”③

杨重勋 宋太祖朝

《居士集》卷二九《供备库副使杨君墓志铭(皇祐三年)》:“君讳琪,字宝臣,姓杨氏,麟州新秦人也。……祖讳重勋,又为防御使。太祖时,为置建宁军于麟州,以重勋为留后,后召以为宿州刺史、保静军节度使,卒赠侍中。”④

杜　儁 约宋太祖朝

《王黄州小畜集》卷三〇《监察御史朱府君墓志铭并序》:“公讳遵式,字咸则,祁州无极人。……太平兴国二年归阙……明年得病,告归东京,终于私第,享年五十五。某年赠某官。夫人杜氏,宿州刺史儁之女也,从夫封京兆县君,从子追封某县太君,有妇道母德传于亲族。”⑤

刘　遇 太平兴国四—五年(979—980)

《宋史》卷二六〇《刘遇传》:“刘遇,沧州清池人。……太平兴国二年,出为彰信军节度。四年……责授宿州观察使。五年,从幸大名,复保静军节度、幽州行营都部署,护筑保州、威虏、静戎、平塞、长城五城。”⑥《续资治通鉴长编》卷二〇“宋太宗太平兴国四年八月”条:“甲寅,彰信节度使刘遇责授宿州观察使……皆坐从征范阳,所部兵逗挠失律故也。”⑦《宋会要辑稿·蕃夷一·辽上》:“(太平兴国四年八月五日)彰信军节度使刘遇责授宿州观察使。”⑧

---

① (元)脱脱等:《宋史》,北京:中华书局,1977年,第13955页。

② (元)脱脱等:《宋史》,北京:中华书局,1977年,第9271—9272页。

③ (清)何庆钊修,(清)丁逊之等纂:《光绪宿州志》,《中国地方志集成·安徽府县志辑28》,南京:江苏古籍出版社,1998年,第226页。

④ (宋)欧阳修:《欧阳修全集》,北京:中华书局,2001年,第443—444页。

⑤ (宋)王禹偁:《王黄州小畜集》,《宋集珍本丛刊001—5》,北京:线装书局,2004年,第740—741页。

⑥ (元)脱脱等:《宋史》,北京:中华书局,1977年,第9021页。

⑦ (宋)李焘:《续资治通鉴长编》,北京:中华书局,2004年,第459页。

⑧ (清)徐松辑:《宋会要辑稿》,上海:上海古籍出版社,2014年,第9714页。

宋 覃 宋太宗至道二年(996)

《北宋经抚年表》卷五:“宿州宋覃知桂州,改升。”①

钱 昱 约宋太宗淳化中

《宋史》卷四八〇《世家三·吴越钱氏》:“昱字就之,忠献王佐之长子……太祖受禅,俶遣昱入贡……出知宋州,改工部侍郎,历典寿、泗、宿三州,率无善政。”②

任 布 宋真宗景德中

《宋史》卷二八八《任布传》:“任布字应之,河南人。……后契丹至澶渊,真宗识其名……降监邓州税,徙知宿州。时越州守阙,寇准曰……乃徙布越州。”③

李 防 宋真宗景德中

《宋史》卷三〇三《李防传》:“李防字智周,大名内黄人。……景德初,江南旱……后起通判河南府,徙知宿、延、亳三州,为利州路转运使,累迁兵部郎中,纠察刑狱,擢右谏议大夫、知永兴军,进给事中,复知延州,更耀、潞二州,卒。”④

曹克明 宋真宗天禧三年(1019)

《北宋经抚年表》卷五:“《本传》:代还,知滁州。”⑤

马元方 宋真宗朝

《宋史》卷三〇一《马元方传》:“马元方字景山,濮州鄄城人。……元方,淳化三年进士及第……知徐州……按部至濮州,被酒殴知州蒋信,降知宿州,下诏切责之。”⑥

刘 航 宋真宗朝

《宋史》三四五《刘安世传》:“刘安世字器之,魏人。父航,第进士……知宿州。”⑦《嘉庆重修一统志》卷一二六《凤阳府》:“刘航,魏人。真宗时知

---

① 吴廷燮:《北宋经抚年表南宋制抚年表》,北京:中华书局,1984 年,第 387 页。

② (元)脱脱等:《宋史》,北京:中华书局,1977 年,第 13915—13916 页。

③ (元)脱脱等:《宋史》,北京:中华书局,1977 年,第 9682—9683 页。

④ (元)脱脱等:《宋史》,北京:中华书局,1977 年,第 10038—10039 页。

⑤ 吴廷燮:《北宋经抚年表南宋制抚年表》,北京:中华书局,1984 年,第 388 页。

⑥ (元)脱脱等:《宋史》,北京:中华书局,1977 年,第 9986 页。

⑦ (元)脱脱等:《宋史》,北京:中华书局,1977 年,第 10951 页。

宿州。"[1]

孙元方 宋真宗乾兴元年—仁宗天圣三年后(1022—1025后)

《续资治通鉴长编》卷九九"宋真宗乾兴元年七月"条:"壬申……权盐铁判官、工部郎中孙元方知宿州。"[2]《宋会要辑稿·职官四六·分司》:"(天圣三年四月)知宿州、工部郎中孙元方求分司。"[3]

傅 求 约宋仁宗天圣二年后(约1024后)

《宋史》卷三三〇《傅求传》:"傅求字命之,考城人。……夷简入相,荐其才,擢知宿州,提点江西、益州刑狱,为梓州路转运使。"[4]《全宋文》卷八二〇张方平《宋故龙图阁学士朝散大夫尚书工部侍郎提举南京鸿庆宫上柱国清河郡开国公食邑三千八百户实封八百户赐紫金鱼袋傅公神道碑铭并序(熙宁八年五月)》:"公讳某,字命之,世济阴人,今徙畿内考城。……俄而吕公复相,擢知宿州。"[5]

董 储 宋仁宗景祐二年前(1035前)

《续资治通鉴长编》卷一一六"宋仁宗景祐二年二月"条:"丁卯……屯田员外郎、知宿州董储通判吉州。"[6]《宋会要辑稿·职官六四·黜降官一》:"(景祐二年正月二十二日)知宿州董储移通判差遣。"[7]

王 素 约宋仁宗庆历初

《乐全先生文集》卷三七张方平《宋故端明殿学士金紫光禄大夫行工部尚书致仕上柱国太原郡开国公食邑三千八百户实封一千二百户谥懿敏王公神道碑铭并序》:"公讳素,字某。……徙宿州。庆历初,夏戎阻命,契丹来渝平,仁宗格以至诚,邻敌自怀。"[8]《华阳集》卷三七《王懿敏公素墓志铭》:"公讳素,字仲义,故宰相王文正公之子,其先大名莘人也。……以职方员外郎

---

① (清)穆彰阿、潘锡恩等纂修:《嘉庆重修一统志》,北京:中华书局,1986年,第5540页。

② (宋)李焘:《续资治通鉴长编》,北京:中华书局,2004年,第2292页。

③ (清)徐松辑:《宋会要辑稿》,上海:上海古籍出版社,2014年,第4261页。

④ (元)脱脱等:《宋史》,北京:中华书局,1977年,第10621页。

⑤ 曾枣庄、刘琳主编:《全宋文》,上海:上海辞书出版社,2006年,第38册,第198—202页。

⑥ (宋)李焘:《续资治通鉴长编》,北京:中华书局,2004年,第2721页。

⑦ (清)徐松辑:《宋会要辑稿》,上海:上海古籍出版社,2014年,第4784页。

⑧ (宋)张方平:《乐全先生文集》,《宋集珍本丛刊006—1》,北京:线装书局,2004年,第189页。

知宿州。庆历二年，改兵部员外郎、知谏院、同判国子监。”①

陈希亮 宋仁宗庆历中

《宋史》卷二九八《陈希亮传》：“陈希亮字公弼，其先京兆人。……代还，执政欲以为大理少卿，希亮曰：‘法吏守文，非所愿，愿得一郡以自效。’乃以为宿州。……皇祐元年，移滑州。”②《全宋文》卷八七二范镇《陈少卿希亮墓志铭（治平三年十二月）》：“君讳希亮，字公弼。……乃出知宿州。……皇祐元年，擢知滑州。”③《宋朝事实类苑》卷六一《风俗杂志·泉水（二）》：“庆历中，陈希亮守宿州，以汴桥屡坏，率常损官舟，害人命，乃法青州所作飞桥，至今沿汴皆飞桥，为往来之利，俗曰虹桥。”④

朱寿隆 宋仁宗皇祐四年前（1052 前）

《续资治通鉴长编》卷一七二“宋仁宗皇祐四年六月”条：“庚子，知宿州、司门员外郎朱寿隆提点广南西路刑狱。”⑤《宋史》卷三三三《朱寿隆传》：“朱寿隆字仲山，密州诸城人。……知宿州，宿多剧盗，至白昼被甲剽攻，郡县不能制。寿隆设方略耳目，捕斩千余人。擢提点广西刑狱。”⑥

石扬休 宋仁宗皇祐四年（1052）

《续资治通鉴长编》卷一七二“宋仁宗皇祐四年六月”条：“甲午……盐铁判官、祠部员外郎、秘阁校理石杨休知宿州。”⑦《宋史》卷二九九《石扬休传》：“石扬休字昌言，其先江都人。……坐前在开封尝失盗，出知宿州。顷之，召入为度支判官，修起居注。”⑧《全宋文》卷八七二范镇《石工部杨休墓志铭（嘉祐三年八月）》：“君讳杨休，字昌言。……坐开封府尝失盗，出知宿州。……以嘉祐二年十一月二日卒于京师之第，享年六十三。”⑨

张　沔 宋仁宗庆历中？

---

① （宋）王珪：《华阳集》，北京：中华书局，1985 年，第 498 页。

② （元）脱脱等：《宋史》，北京：中华书局，1977 年，第 9917—9919 页。

③ 曾枣庄、刘琳主编：《全宋文》，上海：上海辞书出版社，2006 年，第 40 册，第 303—307 页。

④ （宋）江少虞：《宋朝事实类苑》，上海：上海古籍出版社，1981 年，第 808 页。

⑤ （宋）李焘：《续资治通鉴长编》，北京：中华书局，2004 年，第 4154 页。

⑥ （元）脱脱等：《宋史》，北京：中华书局，1977 年，第 10712 页。

⑦ （宋）李焘：《续资治通鉴长编》，北京：中华书局，2004 年，第 4154 页。

⑧ （元）脱脱等：《宋史》，北京：中华书局，1977 年，第 9929—9930 页。

⑨ 曾枣庄、刘琳主编：《全宋文》，上海：上海辞书出版社，2006 年，第 40 册，第 296—298 页。

《公是集》卷五三刘敞《故朝散大夫尚书刑部郎中致仕上柱国赐紫金鱼袋张公墓志铭(嘉祐六年)》:“公讳沔,字楚望,姓张氏。……庆历二年,加直史馆,知陕州。明年,转刑部郎中。元昊入泾源……移知宿州。……嘉祐五年某月某甲子无疾卒,享年七十有八。”①

赵尚宽 宋仁宗嘉祐末

《宋史》卷四二六《赵尚宽传》:“赵尚宽字济之……嘉祐中,以考课第一知唐州。……仁宗闻而嘉之,下诏褒焉,仍进秩赐金。留于唐凡五年……徙同、宿二州……积官至司农卿,卒,诏赐钱五十万。”②

吕温卿 约宋仁宗朝

《彭城集》卷二〇《知宿州吕温卿可知湖州承议郎王巩可权知宿州制》③。

王 巩 约宋仁宗朝

见上“吕温卿”条。

朱 某 约宋仁宗后期或英宗朝

《祠部集》卷二一《代答知宿州朱司门状》④。

马从先 宋英宗治平中

《宋史》卷三三一《马从先传》:“马从先字子野,祥符人。少尽力于学。父当任子,推以与其弟。由进士累官太常少卿、知宿州。”⑤

元积中 宋神宗熙宁三年前后(1070前后)

《续资治通鉴长编》卷二一二“宋神宗熙宁三年六月”条:“方是时畿内初置保甲,且观其端,而知宿州元积中遽乞布之四方,故京师为之语曰:‘元积中逆承保甲,陈舜俞翻悔青苗。’闻者以为笑。”⑥

陈 称 宋神宗熙宁六年前后(1073前后)

《续资治通鉴长编》卷二四六“宋神宗熙宁六年八月”条:“丙戌……知

---

① (宋)刘敞:《公是集》,《宋集珍本丛刊009—3》,北京:线装书局,2004年,第784—785页。

② (元)脱脱等:《宋史》,北京:中华书局,1977年,第12702页。

③ (宋)刘攽:《彭城集》,上海:商务印书馆,1937年,第291页。

④ (宋)强至:《祠部集》,北京:中华书局,1985年,第299页。

⑤ (元)脱脱等:《宋史》,北京:中华书局,1977年,第10650—10651页。

⑥ (宋)李焘:《续资治通鉴长编》,北京:中华书局,2004年,第5150页。

宿州、比部郎中陈称……各展磨勘一年。”[1]

许　遵　宋神宗熙宁中

《宋史》卷三三〇《许遵传》：“许遵字仲涂，泗州人。……为审刑院详议官，知宿州、登州。”[2]

李清臣(未之任)　宋神宗熙宁中

《全宋文》卷二七四一晁补之《资政殿大学士李公行状》：“公讳清臣，字邦直。……神宗谓王珪曰：‘李清臣叙韩琦事甚典丽，良史才也。’时公请补外，得知宿州。上复谓宰相王安石曰：‘可与一路。’乃除提点京东西路刑狱。”[3]

王　兢　宋神宗元丰末

《西台集》卷一三《左朝请大夫致仕王公墓志铭(绍圣二年十月)》：“宋故左朝请大夫致仕王公讳兢，字彦履。……嘉祐中及进士第……官制行，易所居官为朝奉郎，罢帐司，转朝散郎，知宿州。……今上即位，迁朝请郎，转朝奉大夫。元祐初，出提点荆湖南路刑狱，改京西南路。”[4]

陆师渊　宋哲宗元祐元年(1086)

《续资治通鉴长编》卷三七〇“宋哲宗元祐元年闰二月”条：“陆师渊前知开封县税入中限，犹未造簿，以弛慢冲替，今则差知宿州。”[5]

刘　淑　宋哲宗元祐元年(1086)

《续资治通鉴长编》卷三七二“宋哲宗元祐元年三月”条：“诏刘淑罢祠部郎中，差知宿州。”[6]《宋会要辑稿·职官六六·黜降官三》：“(元祐元年三月十八日)刘淑罢祠部郎中，差知宿州。”[7]

刘　赓　宋哲宗元祐四年(1089)

《续资治通鉴长编》卷四二一“宋哲宗元祐四年春正月”条：“刑部员外郎刘赓知宿州。”[8]

---

① (宋)李焘：《续资治通鉴长编》，北京：中华书局，2004年，第5992页。

② (元)脱脱等：《宋史》，北京：中华书局，1977年，第10627页。

③ 曾枣庄、刘琳主编：《全宋文》，上海：上海辞书出版社，2006年，第127册，第60—68页。

④ (宋)毕仲游：《西台集》，郑州：中州古籍出版社，2005年，第223—225页。

⑤ (宋)李焘：《续资治通鉴长编》，北京：中华书局，2004年，第8966页。

⑥ (宋)李焘：《续资治通鉴长编》，北京：中华书局，2004年，第9018页。

⑦ (清)徐松辑：《宋会要辑稿》，上海：上海古籍出版社，2014年，第4843页。

⑧ (宋)李焘：《续资治通鉴长编》，北京：中华书局，2004年，第10189页。

周　秩　宋哲宗元祐四年(1089)

《续资治通鉴长编》卷四二九“宋哲宗元祐四年六月”条:“诏新除京东路提点刑狱周秩别与差遣。……于是改命权知宿州。”①

王　巩　宋哲宗元祐六年(1091)

《续资治通鉴长编》卷四五四“宋哲宗元祐六年春正月”条:“右承议郎王巩用苏辙、谢景温荐,除知宿州。”②卷四五九“宋哲宗元祐六年六月”条:“右朝奉郎王巩罢知宿州,仍旧管勾太平观。”③

吴天常　约宋哲宗元祐中

《张耒集》卷六〇《吴天常墓志铭(元符元年八月)》:“公讳天常,字希全……公陈三事……请守熙宁、元丰之旧,毋辄改。……户部皆奏行之。用荐者除知宿州。……绍圣四年八月六日以疾卒……享年六十有一。”④

丁　骘　宋哲宗元祐八年(1093)

《续资治通鉴长编》卷四八四“宋哲宗元祐八年五月”条:“司封员外郎丁骘知宿州。”⑤

盛南仲　宋哲宗绍圣四年前(1097 前)

《续资治通鉴长编》卷四八五“宋哲宗绍圣四年夏四月”条:“刑部言前知宿州、朝请大夫盛南仲并妻三泉县君王氏在任赃污事。”⑥

胡宗哲　约宋哲宗朝

《栾城集》卷二八《刘淑苏州胡宗哲宿州》⑦。

周邦式(未之任)　约宋哲宗、徽宗朝?

《全宋文》卷四〇四二张九成《中大夫周公传(绍兴九年八月)》:“公讳邦式,字南伯,邦彦弟也。少学问,中元丰二年进士第。……代归,知宿州、滑州,皆不赴。……绍兴九年八月望,礼部侍郎盐官张九成撰。”⑧

吴师礼　宋徽宗初

---

① (宋)李焘:《续资治通鉴长编》,北京:中华书局,2004 年,第 10367 页。

② (宋)李焘:《续资治通鉴长编》,北京:中华书局,2004 年,第 10884 页。

③ (宋)李焘:《续资治通鉴长编》,北京:中华书局,2004 年,第 10985 页。

④ (宋)张耒:《张耒集》,北京:中华书局,1998 年,第 891—894 页。

⑤ (宋)李焘:《续资治通鉴长编》,北京:中华书局,2004 年,第 11494 页。

⑥ (宋)李焘:《续资治通鉴长编》,北京:中华书局,2004 年,第 11529 页。

⑦ (宋)苏辙:《苏辙集》,北京:中华书局,1990 年,第 474 页。

⑧ 曾枣庄、刘琳主编:《全宋文》,上海:上海辞书出版社,2006 年,第 184 册,第 166 页。

《宋史》卷三四七《吴师礼传》："吴师礼字安仲，杭州钱塘人。……徽宗初，为开封府推官。……擢右司谏，改右司员外郎。……以直秘阁知宿州，卒。"①《咸淳临安志》卷六六《吴师礼》："字安中，师仁之弟。……建中靖国初任开封府推官，擢右司谏，改右司员外郎。……以直秘阁知宿州卒。"②

富绍庭 宋徽宗崇宁中

《宋史》卷三一三《富弼传》："（富弼子）绍庭字德先，性靖重，能守家法。……建中靖国初，除提举河北西路常平，辞曰：'熙宁变法之初，先臣以不行青苗被罪，臣不敢为此官。'徽宗嘉之，擢祠部员外郎。未几，出知宿州。卒，年六十八。"③

宋 唤 宋徽宗宣和元年—二年（1119—1120）

《庐陵周益国文忠公集》卷三一《徽猷阁待制宋公唤墓志铭（乾道二年）》："公讳唤，字景晋，姓宋氏。……宣和元年冬，徽宗召对称旨，命知宿州。明年，方腊起，连陷郡县数十，羽檄调重兵击之，所过骚然。"④

吴寿宁 宋徽宗宣和二年前后（1120 前后）

《全宋文》卷二七〇〇杨时《周宪之墓志铭（建炎二年）》："公讳某，字宪之，姓周氏。……宣和二年，有上封事告淮南连岁荒旱，饥民相食，常平使者顾彦成坐视不救，上大怒，诏公察访，亟行赈济。……宿守吴寿宁闻公将至，令诸门毋纳饥民，遂至城外僵尸纵横，悉差公吏穴地藏之，乃申以无饥民，无可抄录。"⑤

林 篪 宋徽宗宣和四—五年（1122—1123）

《宋会要辑稿·职官六九·黜降官六》："（宣和四年六月二十四日）知宿州林篪降一官。"⑥《宋会要辑稿·职官四二·发运司》："（宣和五年六月二十五日）发运使副吕淙、陈亨伯奏：'准尚书省札子，权知宿州林篪奏发运

---

① （元）脱脱等：《宋史》，北京：中华书局，1977 年，第 10999 页。

② （宋）潜说友：《咸淳临安志》，台北：成文出版社，1970 年，第 648 页。

③ （元）脱脱等：《宋史》，北京：中华书局，1977 年，第 10257—10258 页。

④ （宋）周必大：《庐陵周益国文忠公集》，《宋集珍本丛刊 051—2》，北京：线装书局，2004 年，第 373 页。

⑤ 曾枣庄、刘琳主编：《全宋文》，上海：上海辞书出版社，2006 年，第 125 册，第 100—103 页。

⑥ （清）徐松辑：《宋会要辑稿》，上海：上海古籍出版社，2014 年，第 4902 页。

司利害及管见十事……取自朝廷旨挥。'"①

赵　荣　宋高宗绍兴七—九年前(1137—1139前)

《建炎以来系年要录》卷一一七"宋高宗绍兴七年十一月"条:"丁未……知河南府关师古、知拱州郦琼、知亳州王彦先、知宿州赵荣,大名府副总管刘光时,并依旧职。"②《宋史》卷二九《高宗本纪六》:"(高宗绍兴九年八月乙亥)遣前知宿州赵荣、知寿州王威俱还金国。"③《建炎以来系年要录》卷一二五"宋高宗绍兴九年岁次"条:"甲午,金人所命知宿州赵荣以城来归。荣不俟割地,首先纳款,由是金人怒之。"④

景　祥　宋高宗绍兴九年(1139)

《建炎以来系年要录》卷一二七"宋高宗绍兴九年夏四月"条:"伪武功大夫、知宿州景祥上表贺,即以祥知宿州。"⑤

刘　纲　宋高宗绍兴十年(1140)

《建炎以来系年要录》卷一三五"宋高宗绍兴十年夏四月"条:"丙寅,武功大夫、文州刺史、合门宣赞舍人、新应天府路马步军副总管刘纲知宿州。"⑥卷一三六"宋高宗绍兴十年六月"条:"戊申……时武功大夫、荣州团练使、新知宿州刘纲行至符离,而旧守景祥以城叛。"⑦

王　进　宋高宗绍兴十年(1140)

《建炎以来系年要录》卷一三七"宋高宗绍兴十年八月"条:"丙申,武功大夫、忠州刺史、兼合门宣赞舍人、殿前司勇胜军统制、新知宿州王进兼京东路兵马钤辖。"⑧卷一三八"宋高宗绍兴十年冬十月"条:"庚寅,武功大夫、忠州刺史、新知宿州王进改知濠州,武功大夫、贵州刺史王存知光州。"⑨

傅　永　宋宁宗朝

---

① (清)徐松辑:《宋会要辑稿》,上海:上海古籍出版社,2014年,第4075—4076页。

② (宋)李心传编撰:《建炎以来系年要录》,北京:中华书局,2013年,第2176页。

③ (元)脱脱等:《宋史》,北京:中华书局,1977年,第541页。

④ (宋)李心传编撰:《建炎以来系年要录》,北京:中华书局,2013年,第2366页。

⑤ (宋)李心传编撰:《建炎以来系年要录》,北京:中华书局,2013年,第2402页。

⑥ (宋)李心传编撰:《建炎以来系年要录》,北京:中华书局,2013年,第2517页。

⑦ (宋)李心传编撰:《建炎以来系年要录》,北京:中华书局,2013年,第2542页。

⑧ (宋)李心传编撰:《建炎以来系年要录》,北京:中华书局,2013年,第2586页。

⑨ (宋)李心传编撰:《建炎以来系年要录》,北京:中华书局,2013年,第2599页。

《光绪宿州志》卷一二《官爵志·职官》:“傅永,宁宗朝擢知宿州。”[1]

王世昌 约宋理宗端平前

《平斋文集》卷二二《归顺人王世昌补武翼大夫差知宿州制》[2]。

赵 秉 任职时间不详

《光绪宿州志》卷一二《官爵志·职官》:“赵秉,丰城人,知宿州,有惠政。”[3]

李 昉 任职时间不详

《光绪宿州志》卷一二《官爵志·职官》:“李昉,大名人,由进士知宿州,详《名宦》。”[4]

(二)通判

赵 况 宋真宗咸平中

《武夷新集》卷四《史馆赵祠部况通判宿州(况时被病,坚乞外任)》[5]。

赵 贺 宋真宗景德中

《宋史》卷三〇一《赵贺传》:“赵贺字余庆,开封封丘人。……淳化中……契丹入寇,真宗决策澶渊……改殿中丞,历通判明州、宿州。”[6]

萧 贯 宋真宗朝

《宋史》卷四四二《萧贯传》:“萧贯字贯之,临江军新喻人。俊迈能文,尚气概。举进士甲科,为大理评事,通判安、宿二州,迁太子中允、直史馆。仁宗即位,进太常丞、同判礼院。”[7]

杜 起 宋仁宗天圣中

《安阳集》卷四七《故尚书都官员外郎赠工部郎中杜公墓志铭(皇祐三年

---

① (清)何庆钊修,(清)丁逊之等纂:《光绪宿州志》,《中国地方志集成·安徽府县志辑28》,南京:江苏古籍出版社,1998年,第228页。

② (宋)洪咨夔:《平斋文集》,《宋集珍本丛刊075—1》,北京:线装书局,2004年,第201页。

③ (清)何庆钊修,(清)丁逊之等纂:《光绪宿州志》,《中国地方志集成·安徽府县志辑28》,南京:江苏古籍出版社,1998年,第227页。

④ (清)何庆钊修,(清)丁逊之等纂:《光绪宿州志》,《中国地方志集成·安徽府县志辑28》,南京:江苏古籍出版社,1998年,第228页。

⑤ (宋)杨亿:《武夷新集》,《宋集珍本丛刊002—6》,北京:线装书局,2004年,第227页。

⑥ (元)脱脱等:《宋史》,北京:中华书局,1977年,第9999—10000页。

⑦ (元)脱脱等:《宋史》,北京:中华书局,1977年,第13072页。

十一月)》:“公讳起,字齐贤,其先京兆杜陵人。……进秩尚书屯田员外郎、通判宿州事。……明道改元,以恩迁尚书都官员外郎、通判信州事。”①

杨　察　宋仁宗景祐元年(1034)

《宋史》卷二九五《杨察传》:“杨察字隐甫。……居简生察,景祐元年,举进士甲科,除将作监丞、通判宿州。”②又见《大明一统志》卷七《中都·凤阳府》③。

寇　平　宋仁宗景祐中

《华阳集》卷三八《太常少卿直昭文馆知郑州寇公(平)墓志铭》:“治平二年十二月庚戌,太常少卿、直昭文馆、知邓州上谷寇公感疾,终于州之正寝。……景祐元年及第……长吏皆荐之,迁著作佐郎、签书怀康军节度判官、徙通判宿州。”④

陆　经　宋仁宗嘉祐二年(1057)

《居士集》卷七《长句送陆子履学士通判宿州(嘉祐二年)》⑤。《梅尧臣集编年校注》卷二七《送陆子履学士通判宿州》⑥。

宋　选　宋仁宗至和二年(1055)

《续资治通鉴长编》卷一七九“宋仁宗至和二年夏四月”条:“是月,殿中侍御史赵抃又言……宋选寻坐罪,责通判宿州,朝廷独不问拱辰。”⑦

罗彦辅(未之任)　约宋神宗朝

《姑溪居士文集》卷四八《罗大夫墓志铭(崇年五年七月)》:“公讳彦辅,字经世,世为太平人。……中嘉祐四年进士第……通判宿州,未行,辟司农司主簿。……以元符三年七月六日卒于家,享年七十四,即以九月八日葬公于白纻山。”⑧

---

① (宋)韩琦:《安阳集》,《宋集珍本丛刊 006—3》,北京:线装书局,2004 年,第 600—601 页。

② (元)脱脱等:《宋史》,北京:中华书局,1977 年,第 9855 页。

③ (明)李贤等:《大明一统志》,西安:三秦出版社,1990 年,第 137 页。

④ (宋)王珪:《华阳集》,北京:中华书局,1985 年,第 521—522 页。

⑤ (宋)欧阳修:《欧阳修全集》,北京:中华书局,2001 年,第 110 页。

⑥ (宋)梅尧臣撰,朱东润校注:《梅尧臣集编年校注》,上海:上海古籍出版社,2006 年,第 964 页。

⑦ (宋)李焘:《续资治通鉴长编》,北京:中华书局,2004 年,第 4334 页。

⑧ (宋)李之仪:《姑溪居士文集》,《宋集珍本丛刊 027—1》,北京:线装书局,2004 年,第 118 页。

章端叔 宋哲宗元祐初

《全宋文》卷二六九九杨时《章端叔墓志铭(建炎二年)》:"公讳某,字端叔,姓章氏。……哲宗即位,通判宿州。"①

章仲山 约宋哲宗元祐三年前后(1088前后)

《王魏公集》卷八《故朝奉郎权发遣秀州军州兼管内劝农事轻车都尉借紫沈公墓志铭》:"公讳季长,字道原。……卒于官舍,实元祐二年十月十二日也,享年六十有一。……女四人,婿朝奉郎、通判宿州章仲山……以元祐三年九月二十九日葬真州北山之原。"②

韩 瑨 约宋徽宗崇宁—大观中

《全宋文》卷二八一九晁说之《宋故韩公表墓志铭(宣和四年正月)》:"是时名瑾字君表,后改瑨,又以新令字公表。……当元符、建中靖国间,君子相贺曰:'吾时也。'……满,始从吏部选,得通判宿州。授代,复乞管句南京鸿庆宫。……宣和三年春小疾,遂以朝奉大夫致仕。"③

柳 约 宋徽宗宣和五—七年(1123—1125)

《庐陵周益国文忠公集》卷二九《左朝议大夫充敷文阁待制致仕柳公约神道碑(绍兴三十二年)》:"公字元礼,登大观三年上舍第……宣和三年……四年……明年,进著作佐郎,为府监发解别试所考试官。吏印武士内外舍试卷差互,坐失觉察,送吏部注徽州司录,改通判宿州。……七年,召拜监察御史。"④《宋史》卷四〇四《柳约传》:"柳约字元礼……改通判宿州,召拜监察御史。靖康初,兼权殿中侍御史,论三镇不可弃。"⑤

崔 陟 宋徽宗朝

《却扫编》卷中:"先友崔陟字浚明,年未二十举进士。……后数年乃登第,后坐元符末上书论时事编入党籍,仕宦连蹇不进。先公领裕民局,辟为

---

① 曾枣庄、刘琳主编:《全宋文》,上海:上海辞书出版社,2006年,第125册,第90—93页。

② (宋)王安礼:《王魏公集》,《宋集珍本丛刊017—2》,北京:线装书局,2004年,第226—228页。

③ 曾枣庄、刘琳主编:《全宋文》,上海:上海辞书出版社,2006年,第130册,第328—330页。

④ (宋)周必大:《庐陵周益国文忠公集》,《宋集珍本丛刊051—2》,北京:线装书局,2004年,第357—358页。

⑤ (元)脱脱等:《宋史》,北京:中华书局,1977年,第12222页。

检讨官。未几局罢,后以宿州通判终。"①

李孝扬 宋高宗建炎元年前后(1127 前后)

《建炎以来系年要录》卷一〇"建炎元年十一月"条:"戊子……初,既行巡社法于诸路,而通判亳州邓浚明乞乡村三丁点一,以为民兵。至是,朝议大夫、知宿州李孝扬言其相妨,乃止。"②

盛修己 宋高宗建炎三年(1129)

《建炎以来系年要录》卷二八"宋高宗建炎三年冬十月"条:"是月,盗入宿州,保义郎、权通判州事盛修己守节不屈,为所害。"③《宋会要辑稿·礼六一·旌表》:"修己建炎三年十月以保义郎权通判宿州,拒贼不屈,遇害。"④

(三)判司

1. 司户参军

吴君庸 约宋仁宗皇祐二—五年(1050—1053)

《全宋文》卷一六二七《宿州司户参军吴君墓志铭(至和二年)》:"皇祐五年七月某甲子,宿州司户参军吴君卒。……始冠,策庆历六年进士,为青州临淄主簿。丁继母谭夫人忧免,既除,调宿州司户参军。……年二十八,无子。"⑤

王　嵎 宋哲宗绍圣三年前后(1096 前后)

《全宋文》卷二二一五王瑜《宋故殿中丞钱君夫人寿昌县君高氏墓志铭并序(绍圣三年正月)》:"夫人适殿中丞钱公讳纬……五女……次适宿州司户参军王嵎,次适都官员外郎张公亮,次继归宗彝。"⑥

章　夏 约宋徽宗政和中

《嘉庆宁国府志》卷二七《人物志·宦迹》:"章夏,字彦明,入太学,预开

---

① (宋)徐度:《却扫编》,《宋元笔记小说大观 4》,上海:上海古籍出版社,2007 年,第 4494 页。

② (宋)李心传编撰:《建炎以来系年要录》,北京:中华书局,2013 年,第 272 页。

③ (宋)李心传编撰:《建炎以来系年要录》,北京:中华书局,2013 年,第 661 页。

④ (清)徐松辑:《宋会要辑稿》,上海:上海古籍出版社,2014 年,第 2108 页。

⑤ 曾枣庄、刘琳主编:《全宋文》,上海:上海辞书出版社,2006 年,第 74 册,第 345—346 页。

⑥ 曾枣庄、刘琳主编:《全宋文》,上海:上海辞书出版社,2006 年,第 101 册,第 330—331 页。

封府荐第一，大观三年进士，调宿州司户参军，历潭州通判，并有惠爱。"①

潘　偶　宋高宗建炎四年前(1130 前)

《建炎以来系年要录》卷三二"宋高宗建炎四年三月"条："己巳，戚方陷广德军。……文林郎、宿州司户参军、权司法潘偶……皆死。"②

2. 司法参军

王浚明　宋哲宗元祐五年(1090)

《全宋文》卷四〇二八苏籀《故中奉敷文阁王公墓志铭(代伯父侍郎作)》："绍兴二十三年七月二十六日以疾卒，享寿八十有五。……公讳浚明，字子家，熙宁八年以世赏补太庙斋郎。……元祐五年任宿州司法，岁满，调阳谷尉。"③

3. 司士参军

章彦明　约宋徽宗政和中

《全宋文》卷三五三二周紫芝《左朝散郎章公墓志铭》："朝散郎章公讳某，字彦明，宣州宁国人。……公始以雌榜得之，识者咸谓公以文取胜耳，宁有数哉！授宿州士曹事。当路者知公才，争荐之朝。三岁而章遂溢，改京秩，用辟书知宿州虹县事。宣和三年，召至京师辟雍直学。"④

吴顺之　宋徽宗宣和末

《庐陵周益国文忠公集》卷三一《靖州太守吴君顺之墓志铭(乾道四年)》："公讳顺之，字伯思……政和二年为将仕郎、凤州河池县尉，历监楚州在城清酒务，用举者升从政郎、宿州刑曹。掾吏误入民死罪，公谳正之，改宣议郎、知醴州武功县。未赴，徙宿州司士曹事。钦宗登极，转宣教郎，赐服朱银。"⑤

---

① (清)鲁铨、钟英修，(清)洪亮吉、施晋纂：《嘉庆宁国府志(二)》，《中国地方志集成·安徽府县志辑 44》，南京：江苏古籍出版社，1998 年，第 243 页。

② (宋)李心传编撰：《建炎以来系年要录》，北京：中华书局，2013 年，第 739 页。

③ 曾枣庄、刘琳主编：《全宋文》，上海：上海辞书出版社，2006 年，第 183 册，第 358—359 页。

④ 曾枣庄、刘琳主编：《全宋文》，上海：上海辞书出版社，2006 年，第 162 册，第 322—324 页。

⑤ (宋)周必大：《庐陵周益国文忠公集》，《宋集珍本丛刊 051—2》，北京：线装书局，2004 年，第 377 页。

4. 司理参军

黄孝先 北宋中期

《景文集》卷三一《奏举人试秘书省校书郎前宿州司理参军黄孝先可大理寺丞制》①。

何大正 约宋徽宗建中靖国元年前后(1101 年前后)

《全宋文》卷二五六〇刘弇《宋高士何君墓志铭(建中靖国元年二月)》:"君讳受,字持谦,姓何氏,世居陈留。……元丰四年十月疾终于家,寿七十有六。……四男子:如珪、如璋、敏求、大正。大正赐进士出身,宿州司理参军。……建中靖国元年二月二十九日辛酉,与刘夫人合葬君于大庾县玉池之原。"②

陈天益 约宋徽宗朝

《淳熙三山志》卷二七《人物类二·科名》"政和二年吴侔榜":"陈天益,公器之再从侄,字帝锡,终迪功郎、宿州司理。"③

吴顺之 宋徽宗宣和末

见上司士参军"吴顺之"条。

(四)判官

节度判官

张 郢 宋太宗太平兴国四年(979)

《宋会要辑稿·职官四八·幕职官》:"太宗太平兴国四年八月,以赞善大夫十五员充诸州节度判官……张郢宿州。"④

(五)推官

1. 观察推官

苏 颂 宋仁宗庆历中

《宋史》卷三四〇《苏颂传》:"苏颂字子容,泉州南安人。……第进士,

---

① (宋)宋祁:《景文集》,北京:中华书局,1936 年,第 397 页。

② 曾枣庄、刘琳主编:《全宋文》,上海:上海辞书出版社,2006 年,第 119 册,第 69—71 页。

③ (宋)梁克家纂修:《淳熙三山志》,《宋元方志丛刊 8》,北京:中华书局,1990 年,第 8026 页。

④ (清)徐松辑:《宋会要辑稿》,上海:上海古籍出版社,2014 年,第 4311 页。

历宿州观察推官、知江宁县。”①《曾文昭公集》卷三《赠苏司空墓志铭(崇年元年十一月)》:“公讳颂,字子容……未冠,出举进士,辄掾上第。……改宿州观察推官,徙知江宁县,有能名。”②《道乡先生邹忠公文集》卷三九《故观文殿大学士苏公行状》:“公机警夙成,性知礼义。……遂中庆历二年乙科,调汉阳军判官。以魏公奉诏修建北京,改宿州观察推官。”③

蔡天球 宋仁宗庆历六年(1046)

《忠肃集》卷一三《屯田员外郎蔡君墓志铭》:“君讳天球,字粹夫,世为宋人。……君庆历六年进士及第,为宿州观察推官……为澶州节度推官。”④

陈造(未之任) 宋神宗熙宁中

《全宋文》卷二八一九晁说之《宋故赠承议郎陈公墓志铭(宣和四年)》:“生子造,字公甫,其生四月而孤。……调宿州观察推官,未行,王丞相荆公用以便籴河北。……卒年四十有六,元丰五年二月一日也。”⑤

2. 军事推官

柴成务 约宋太祖乾德中

《武夷新集》卷一〇《宋故太中大夫行给事中上柱国临汾郡开国侯食邑一千二百户赐紫金鱼袋平阳柴公墓志铭》:“公讳成务,字宝臣。……乾德中……解褐宿州军事推官,秩满……监潭州茶场。”⑥

●具体推官名称不详者

刘蒙叟 宋太祖乾德中

《宋史》卷二六三《刘蒙叟传》:“(刘熙古子)蒙叟字道民,乾德中,进士甲科。历岳、宿二州推官,以所知论荐,授太子中允、知乾兴,拜监察御史,徙知济州。”⑦

---

① (元)脱脱等:《宋史》,北京:中华书局,1977年,第10859页。

② (宋)曾肇:《曾文昭公集》,《宋集珍本丛刊026—5》,北京:线装书局,2004年,第716—717页。

③ (宋)邹浩:《道乡先生邹忠公文集》,《宋集珍本丛刊031—1》,北京:线装书局,2004年,第292—293页。

④ (宋)刘挚:《忠肃集》,北京:中华书局,1985年,第184页。

⑤ 曾枣庄、刘琳主编:《全宋文》,上海:上海辞书出版社,2006年,第130册,第332—334页。

⑥ (宋)杨亿:《武夷新集》,《宋集珍本丛刊002—6》,北京:线装书局,2004年,第285页。

⑦ (元)脱脱等:《宋史》,北京:中华书局,1977年,第9101—9102页。

二、县级官员

(一)符离县

1. 知县

孟　易　宋哲宗元祐六年前后(1091 前后)

《续资治通鉴长编》卷四六〇“宋哲宗元祐六年六月”条:“殿中侍御史杨畏言:‘……及差宿州符离知县孟易勘到仁恕情罪,录问孟正民疏驳易作勘情节,与元勘不同。’”①

萧景修　约宋哲宗朝

《全宋文》卷二三三八黄庭坚《通直郎河东转运司勾当公事萧君子长墓志铭(崇宁二年十一月)》:“子长,新淦萧氏也,讳景修。……调平南令,改宣议郎、知符离县,从辟为河东转运司勾当公事,泛恩迁通直郎。元符三年七月卒于官次,享年五十有六。”②

2. 主簿

曾致尧　宋太宗太平兴国八年后(983 后)

《宋史》卷四四一《曾致尧传》:“曾致尧字正臣,抚州南丰人。太平兴国八年进士,解褐符离主簿、梁州录事参军,三迁著作佐郎、直史馆,改秘书丞,出为两浙转运使。”③

焦宗古　宋真宗大中祥符初

《全宋文》(第 20 册)卷四一五李昭构《故朝奉郎尚书□田员外郎上骑都尉南安焦府君墓志铭并序(景祐元年三月)》:“君讳宗古,字希彭。其先颍阴人,今占数于开封之籍。……祥符初一上中第,试校书郎,调宿州符离簿。”④

陆　佃　宋哲宗元祐四年前(1089 前)

---

① (宋)李焘:《续资治通鉴长编》,北京:中华书局,2004 年,第 11007 页。

② 曾枣庄、刘琳主编:《全宋文》,上海:上海辞书出版社,2006 年,第 108 册,第 128—129 页。

③ (元)脱脱等:《宋史》,北京:中华书局,1977 年,第 13050 页。

④ 曾枣庄、刘琳主编:《全宋文》,上海:上海辞书出版社,2006 年,第 20 册,第 140—141 页。

《全宋文》卷二二一〇陆佃《仁寿县太君吴氏墓志铭(元祐七年十一月)》:“太君,建阳人,吴氏之幼女,陆氏之长妇。……元祐六年八月辛卯以疾卒,明年十有一月壬辰葬。……孙:俨,宿州符离县主簿。”①《陆公夫人王氏墓志铭(元祐四年)》:“夫人,越州萧山人。……元祐元年……明年……又明年……夫人得疾,十有二月甲子遂至大故。……二男:长曰俨,宿州符离县主簿。”②《渭南文集》卷三二《右朝散大夫陆公墓志铭》:“公讳宲,字元珍。曾祖吏部郎中,直昭文馆,赠太傅,讳轸。太傅两子:伯曰万载县令讳琪,县令生宿州符离县主簿赠朝奉大夫俨。”③

3. 县尉

孙器之 约宋仁宗朝初

《全宋文》卷一二二五司马光《孙骐骥墓碣铭序(为孙器之作)》:“公讳某,字某。……公由是解褐,补符离尉。……改河清主簿,考满……年七十四,以庆历二年十月十三日终于长沙官舍。”④

杨 湜 约宋英宗治平元年前后(1064 前后)

《王安石全集》卷九八《朝奉郎守殿中丞前知兴元府成固县杨君墓志铭(并序)》:“君讳某,字公适……治平元年归,得疾于楚州,二月二十一日卒,年六十五。夫人王氏,即兴元府君尚书主客郎中讳某之女。五男子:湜、洙、治、涤、浡。湜宿州符离县尉,余皆进士,洙、治前死。”⑤

(二)蕲县

1. 知县

蔡子难 约宋仁宗朝后期

《苏魏公文集》卷五七苏颂《职方员外郎知泰州蔡君墓志铭(熙宁七年十一月)》:“钱塘蔡君子难,以庆历六年擢进士第。……移宿州蕲县令,改泰州

---

① 曾枣庄、刘琳主编:《全宋文》,上海:上海辞书出版社,2006 年,第 101 册,第 251—252 页。

② 曾枣庄、刘琳主编:《全宋文》,上海:上海辞书出版社,2006 年,第 101 册,第 252—253 页。

③ (宋)陆游:《渭南文集》,《宋集珍本丛刊 047—3》,北京:线装书局,2004 年,第 606 页。

④ 曾枣庄、刘琳主编:《全宋文》,上海:上海辞书出版社,2006 年,第 56 册,第 269—271 页。

⑤ (宋)王安石:《王安石全集》,长春:吉林人民出版社,1996 年,第 994 页。

观察推官……以熙宁六年四月甲子寝疾终于家。”①

曾 综 宋神宗元丰七年前后(1084前后)

《曾巩集》附录韩维《朝散郎试中书舍人轻车都尉赐紫金鱼袋曾公神道碑》:“公姓曾氏,讳巩,字子固。……召判太常寺,未至,改知明州。……(元丰)七年六月丁酉,葬于南丰从周乡之源头。……子男三人……综,瀛洲防御推官,知宿州蕲县事;纲,右承务郎,监常州税务。”②

张 某 宋哲宗元符二年前后(1099前后)

宋哲宗元符二年己卯,陈师道在徐州,作诗《送张蕲县》:“接禄才余岁……坐席稍能温。”③

傅谅友 宋徽宗政和初

《南兰陵孙尚书大全文集》卷六〇孙觌《宋故左承议郎权发遣和州军州事傅公墓志铭》:“公讳谅友,沖益其字也,姓傅氏。……公以绍圣元年举进士……未几,例罢书局,调宿州蕲县令。……改宣教郎,再除九域编修官,是岁政和四年也。”④

2. 主簿

陈 纯 宋仁宗嘉祐六年前后(1061前后)

《全宋文》卷九三六祖无择《颍川陈君神道碑铭》:“(前阙)宣德节度判官,不行。……知新、抚、泗州,监光州酒税,知兴国军。……以嘉祐六年十月十四日,启手足于私第,享年七十有三。……男八人:之翰、之奇、之才、之纯、之敏、之道、之辅、之贤。……纯,蕲县主簿。”⑤

3. 县尉

贾 靖 宋仁宗庆历二年(1042)

《续资治通鉴长编》卷一三八“宋仁宗庆历二年十一月”条:“录填县尉

---

① (宋)苏颂:《苏魏公文集》,北京:中华书局,1988年,第864页。

② (宋)曾巩:《曾巩集》,北京:中华书局,1984年,第802—804页。

③ (宋)陈师道撰,(宋)任渊注,冒广生补笺:《后山诗注补笺》,北京:中华书局,1995年,第298—299页。

④ (宋)孙觌:《南兰陵孙尚书大全文集》,《宋集珍本丛刊035—3》,北京:线装书局,2004年,第710—711页。

⑤ 曾枣庄、刘琳主编:《全宋文》,上海:上海辞书出版社,2006年,第43册,第335—337页。

贾从政子靖,为蕲县尉……以从政与盗力斗而死也。”①

黄　约　宋神宗熙宁十年前后(1077前后)

《续资治通鉴长编》卷二八三“宋神宗熙宁十年六月”条:“辛巳,诏:‘蕲县尉黄约循三资……’故并赏之。”②

张　道　宋哲宗元祐二年前后(1087前后)

《苏魏公文集》卷五三《资政殿学士通议大夫孙公神道碑铭》:“公讳永,字曼叔。……元祐元年三月……明年正月……未及拜命,以不起闻,制赠银青光禄大夫。……孙女八人,三适人,婿曰蕲县尉张道、承奉郎吕仲衎、宜芳县令韩奕贤;五幼。”③

(三)临涣县

1.知县

曹　起　约宋真宗朝

《全宋文》卷五五五余靖《前宿州临涣县令曹起可特授单州长史制》④。

郝　周　约宋仁宗朝

《蔡襄集》卷一〇《前宿州临涣县令郝周授太子中舍致仕制》⑤。

荣　翊　约北宋末

《全宋文》卷二六一五李昭玘《荣起之墓志铭(政和三年八月)》:“先生讳振,字起之,其先北平无终人。……三子皆擢进士第,长曰太素……太素生范……范生翊,李文定以外表亲奏补试将作监主簿,终宿州临涣令。”⑥

张　缜　约宋徽宗朝

《嘉定镇江续志》:“(张子芳子)缜,字彦智,以祖荫出仕,历平江府长洲、宿州临涣尉……迁通判和州,明年,金兵至,摄郡。”⑦

---

① (宋)李焘:《续资治通鉴长编》,北京:中华书局,2004年,第3327页。

② (宋)李焘:《续资治通鉴长编》,北京:中华书局,2004年,第6921—6922页。

③ (宋)苏颂:《苏魏公文集》,北京:中华书局,1988年,第798—806页。

④ 曾枣庄、刘琳主编:《全宋文》,上海:上海辞书出版社,2006年,第26册,第195页。

⑤ (宋)蔡襄:《蔡襄集》,上海:上海古籍出版社,1996年,第188页。

⑥ 曾枣庄、刘琳主编:《全宋文》,上海:上海辞书出版社,2006年,第121册,第236—237页。

⑦ (宋)史弥坚修、卢宪纂:《嘉定镇江续志》,《宋元方志丛刊3》,北京:中华书局,1990年,第2561页。

2. 主簿

罗处约　宋太宗太平兴国中

《宋史》卷四四〇《罗处约传》:“罗处约字思纯,益州华阳人,唐酷吏希奭之裔孙。……登第,为临涣主簿,再迁大理评事,知吴县。”①《光绪宿州志》卷一二《官爵志·职官》:“罗处约,太平兴国时临涣主簿。”②

陈　奇　宋仁宗嘉祐六年前后(1061 前后)

《全宋文》卷九三六祖无择《颍川陈君神道碑铭》:“以嘉祐六年十月十四日,启手足于私第,享年七十有三。……男八人……奇,宿州临涣县主簿。”③

(四)虹县

1. 知县

石君瑜　宋仁宗景祐—嘉祐中

《新刻石室先生丹渊集》卷三六《屯田郎中石君墓志铭》:“嘉祐七年十一月二十七日,朝奉郎、守尚书郎中、知辽州军州兼管内劝农事、轻车都尉、赐绯鱼袋借紫石公,以疾卒于公馆。……公讳某,字君瑜,世居关中。……景祐元年一中上第,调孟州河阴县主簿。……优词荐之,改大理寺丞、知虹县。”④

李献甫　宋仁宗嘉祐四年(1059)

《梅尧臣集编年校注》卷二九《送李献甫寺丞知虹县先归金陵》⑤。

舒　焕　宋神宗元丰中

《光绪泗虹合志》卷八《文职表上》:“舒焕,元丰间任。”⑥

---

① (元)脱脱等:《宋史》,北京:中华书局,1977 年,第 13032—13303 页。

② (清)何庆钊修、(清)丁逊之等纂:《光绪宿州志》,《中国地方志集成·安徽府县志辑 28》,南京:江苏古籍出版社,1998 年,第 227 页。

③ 曾枣庄、刘琳主编:《全宋文》,上海:上海辞书出版社,2006 年,第 43 册,第 335—337 页。

④ (宋)文同:《新刻石室先生丹渊集》,《宋集珍本丛刊 009—2》,北京:线装书局,2004 年,第 293—295 页。

⑤ (宋)梅尧臣撰,朱东润校注:《梅尧臣集编年校注》,上海:上海古籍出版社,2006 年,第 1126 页。

⑥ (清)方瑞兰修,(清)江殿飏、许湘甲纂:《光绪泗虹合志》,《中国地方志集成·安徽府县志辑 30》,南京:江苏古籍出版社,1998 年,第 488 页。

章彦明　约宋徽宗宣和初

《全宋文》卷三五三二周紫芝《左朝散郎章公墓志铭》:“朝散郎章公讳某,字彦明,宣州宁国人。……用辟书知宿州虹县事。宣和三年,召至京师辟雍直学。”①

江遐举　宋徽宗宣和中

《夷坚志》丙卷八《江氏白鹑》:“江遐举(邈)宣和中为虹县令,长子自严州奉其母往官下。”②

李　讽　宋高宗绍兴十年(1140)

《建炎以来系年要录》卷一三六“宋高宗绍兴十年六月”条:“戊申……诏令迪功郎、权虹县李讽,主簿、右迪功郎曹伯达,并改京秩,仍更转二官;县尉、秉义郎崔彦文,监酒务、承信郎陈卞,并除合门祗候。”③

2. **主簿**

曹伯达　宋高宗绍兴十年(1140)

见上知县“李讽”条。

3. **县尉**

裴　庄　宋太祖朝

《宋史》卷二七七《裴庄传》:“裴庄,字端己,阆州阆中人。……庄在蜀,以明经登第。归宋,历虹县尉、高陵主簿,本府召权司理掾。”④

孙　道　约宋哲宗或徽宗朝初

《全宋文》卷三一一五许翰《孙使君墓志铭》:“君讳道,字纯老,世家河南密县,县今隶郑,遂为郑人。……年十七,即以进士荐于河南,然其后遂数离家,艰困不振,至年五十始得官,调宿州虹县尉。……以大观二年六月丁酉终于家,享年七十二。”⑤

徐端益　约宋徽宗末、钦宗朝

《大明一统志》卷七《中都·凤阳府》:“徐端益,虹县尉。张邦昌伪诏

---

① 曾枣庄、刘琳主编:《全宋文》,上海:上海辞书出版社,2006年,第162册,第322—324页。

② (宋)洪迈:《夷坚志》,北京:中华书局,1981年,第436页。

③ (宋)李心传编撰:《建炎以来系年要录》,北京:中华书局,2013年,第2542页。

④ (元)脱脱等:《宋史》,北京:中华书局,1977年,第9437页。

⑤ 曾枣庄、刘琳主编:《全宋文》,上海:上海辞书出版社,2006年,第145册,第9—10页。

至，县令以下迎拜宣读如常式，独端益不拜而走。"①

崔彦文 宋高宗绍兴十年(1140)

见上知县"李讽"条。

(五)灵璧县

知县

毕 造 宋高宗建炎元年前(1127前)

《夷坚志》乙卷七《毕令女》："路时中，字当可……建炎元年，自都城东下，至灵璧县。县令毕造已受代，权舟未发，闻路君至，来谒曰：'家有仲女，为鬼所祸，前后迎道人法师治之，翻为所辱骂，至或遭棰去者。'"②

田积中 约宋高宗建炎初

《全宋文》卷三八〇四徐佥《宋故右朝奉郎权发遣广南东路转运判官公事借紫金鱼袋致仕田公墓志铭并序》："公讳积中，字巨载，其先海州沭阳人。……服除，知宿州灵璧县，充在京忠义所干办公事，催促东南路起发勤王人兵。……终于漕舍，实绍兴五年五月二十日也，享年六十有二。"③

---

① (明)李贤等：《大明一统志》，西安：三秦出版社，1990年，第138页。

② (宋)洪迈：《夷坚志》，北京：中华书局，1981年，第237页。

③ 曾枣庄、刘琳主编：《全宋文》，上海：上海辞书出版社，2006年，第174册，第208—209页。

卷五　寿州

寿州，又称寿春郡，忠正军节度，宋徽宗政和六年(1116)，升为寿春府。宋初领六县，后有废置升降，领县数量及名称变化较大。州治下蔡县(治今安徽省凤台县)、霍山县①(治今安徽省霍山县)、六安县②(治今安徽省六安市)、安丰县③(治今安徽寿县南安丰铺)、霍丘县④(治今安徽省霍邱县)、寿春县⑤(治今安徽省寿县)均在今皖淮地区境内。

一、寿州

(一)州级官员

1.知州

张　琼　宋太祖建隆二年前(961 前)

《续资治通鉴长编》卷二"宋太祖建隆二年秋七月"条："上谓殿前卫士如虎狼者不下万人，非张琼不能统制，乃自内外马步军都头、寿州刺史擢殿前都虞候、领嘉州防御使。琼，馆陶人也。"⑥

王审琦　宋太祖乾德二年—开宝三年(962—970)

《续资治通鉴长编》卷一一"宋太祖开宝三年三月"条："己酉，以忠正节

---

① 宋太祖开宝四年(971)废入六安县。

② 宋太祖开宝四年(971)改为六安县。

③ 宋高宗绍兴十二年(1142)，升安丰为军，以六安、霍丘、寿春三县来隶。

④ 宋高宗绍兴十二年(1142)，霍丘县划归安丰军。

⑤ 宋高宗绍兴十二年(1142)，寿春县划归安丰军。

⑥ (宋)李焘:《续资治通鉴长编》，北京：中华书局，2004 年，第 51 页。

度使王审琦为忠武节度使。审琦镇寿春凡八年，岁得租课，量入为用，未尝有所诛求，民颇安之。”①《宋史》卷二五〇《王审琦传》：“王审琦字仲宝，其先辽西人，后徙家洛阳。……镇寿春，岁得租课，量入为出，未尝有所诛求。”②

吕龟祥 宋太祖开宝中

《王魏公集》卷八《宋故推诚保德崇仁翊戴功臣宣徽南院使光禄大夫检校太尉充太乙宫使东平郡开国公食邑六千户实封一千四百户上柱国吕公行状》：“公讳公弼，字宝臣。……曾祖龟详开宝中为殿中丞，知寿州，因居于下蔡。”③《乐全先生文集》卷三六《故推诚保德宣忠亮节崇仁协恭守正翊戴功臣开府仪同三司守太尉致仕上柱国许国公食邑一万八千四百户食实封七千六百户赠太师中书令谥文靖吕公神道碑铭并序（庆历四年十一月）》：“公讳夷简，字坦夫，文穆公之从子。……王父龟详，以殿省丞守寿春，有善政，没，因家焉。”④《宋史》卷二六五《吕蒙正传》：“（吕）龟图弟龟祥，殿中丞，知寿州。”⑤卷三一一《吕夷简传》：“吕夷简字坦夫，先世莱州人。祖龟祥知寿州，子孙遂为寿州人。”⑥《东莱吕太史文集》卷一四《东莱公家传（乾道间）》：“吕氏系出神农……河南之吕，入国朝有为起居郎知泗州者曰龟图，生蒙正，相太宗、真宗，谥文穆。起居之弟曰龟祥，尝为殿中丞、知寿州。”⑦

段思恭 宋太宗雍熙二年—端拱元年(985—988)

《宋史》卷二七〇《段思恭传》：“段思恭，泽州晋城人。……雍熙元年……二年，知寿州。端拱初，迁给事中，寻知陕州。”⑧

安 忠 宋太宗端拱二年(989)

《宋史》卷二七六《安忠传》：“安忠，河南洛阳人。……端拱元年，移护高阳关屯兵。……二年，徙知寿州，逾月移贝州，有剧贼十二人久为民患，忠

---

① （宋）李焘：《续资治通鉴长编》，北京：中华书局，2004年，第243页。

② （元）脱脱等：《宋史》，北京：中华书局，1977年，第8815—8816页。

③ （宋）王安礼：《王魏公集》，《宋集珍本丛刊017—2》，北京：线装书局，2004年，第237—240页。

④ （宋）张方平：《乐全先生文集》，《宋集珍本丛刊006—1》，北京：线装书局，2004年，第160页。

⑤ （元）脱脱等：《宋史》，北京：中华书局，1977年，第9149页。

⑥ （元）脱脱等：《宋史》，北京：中华书局，1977年，第10206页。

⑦ （宋）吕祖谦：《东莱吕太史文集》，《宋集珍本丛刊062—3》，北京：线装书局，2004年，第228页。

⑧ （元）脱脱等：《宋史》，北京：中华书局，1977年，第9271—9273页。

捕之,悉获。”①

杨 覃 宋太宗淳化中

《宋史》卷三〇七《杨覃传》:“杨覃字申锡,汉太尉震之后。……淳化中,转屯田员外郎、同判寿州。巡抚使潘慎修上其政绩,有诏嘉奖,就命知州事。数月,召还,未上道,会丁内艰……有诏夺情。”②

吕祐之 宋太宗至道中(995—997)

《宋史》卷二九六《吕祐之传》:“吕祐之字元吉,济州巨野人。……至道初……出知襄州,徙寿州。真宗即位,转给事中,复知襄州,移升州。”③

范 杲 宋太宗朝

《宋史》卷二四九《范杲传》:“(范质兄子)杲字师回……移知寿州,上言:‘家世史官,愿秉直笔,成国朝大典。’”④《续资治通鉴长编》卷二八“宋太宗雍熙四年二月”条:“右补阙、知制诰范杲家贫,负人息钱数百万。……乃移知寿州,复上言家世史官,愿得秉直笔成国朝大典,因召为史馆修撰。”⑤

钱 昱 约宋太宗朝

《宋史》卷四八〇《吴越钱氏》:“昱字就之,忠献王佐之长子……太祖受禅,俶遣昱入贡……出知宋州,改工部侍郎,历典寿、泗、宿三州,率无善政。”⑥

曾致尧 约宋太宗朝

《宋史》卷四四一《曾致尧传》:“曾致尧字正臣,抚州南丰人。太平兴国八年进士……太宗以江、淮频年水灾,苏、常特甚,所言刻薄不可行,诏戒致尧毋扰。俄徙知寿州,转太常博士。”⑦《居士集》卷二〇《尚书户部郎中赠右谏议大夫曾公神道碑铭(庆历六年)》:“公讳致尧,字某,抚州南丰人也。……岁终,其课为最,徙知寿州。……再迁主客员外、判三司盐钱勾院。”⑧《王临川全集》卷九二《户部郎中赠谏议大夫曾公墓志铭》:“公讳致尧,字正

① (元)脱脱等:《宋史》,北京:中华书局,1977年,第9411页。

② (元)脱脱等:《宋史》,北京:中华书局,1977年,第10130页。

③ (元)脱脱等:《宋史》,北京:中华书局,1977年,第9873—9874页。

④ (元)脱脱等:《宋史》,北京:中华书局,1977年,第8797—8798页。

⑤ (宋)李焘:《续资治通鉴长编》,北京:中华书局,2004年,第632页。

⑥ (元)脱脱等:《宋史》,北京:中华书局,1977年,第13915—13916页。

⑦ (元)脱脱等:《宋史》,北京:中华书局,1977年,第13050—13051页。

⑧ (宋)欧阳修:《欧阳修全集》,北京:中华书局,2001年,第328—329页。

臣。……移知寿州。”[①]《后山先生集》卷二〇《光禄曾公神道碑》：“公讳易古，字不疑，建昌南丰人，故属抚州。……公之皇考治寿州，其政如此，而人莫知其所出。……考致尧，户部郎中、直史馆，赠谏议大夫。”[②]《宋史》卷三〇二《王臻传》：“王臻字及之……曾致尧知寿州，有时名，臻以文数十篇往见，致尧览之，叹曰：‘颍、汝固多奇士。’”[③]

赵　镕　宋太宗至道三年—宋真宗咸平元年(997—998)

《宋史》卷二六八《赵镕传》：“赵镕字化钧，沧州乐陵人。……真宗即位，改南院使、检校太傅，以心疾求解。是秋，授寿州观察使。咸平元年三月，卒，年五十五。”[④]《宋史》卷六《真宗本纪一》：“（至道三年八月己亥）知枢密院事赵镕为寿州观察使。”[⑤]卷二一〇《宰辅一》：“（至道三年）八月己亥，赵镕自知枢密院事以寿州观察使免。”[⑥]

乔惟岳　约宋真宗咸平二年(999)

《宋史》卷二八七《陈彭年传》：“陈彭年字永年，抚州南城人。……真宗即位，复为秘书郎。乔惟岳刺史海州，及知苏、寿二州，并表彭年通判州事。咸平三年，屡上疏言事，召试学士院，迁秘书丞、知阆州。”[⑦]《续资治通鉴长编》卷四八“宋真宗咸平四年二月”条：“秘书丞、知金州陈彭年上疏曰……故曰：‘臣……次任寿州通判日，知州乔维岳丧亡……亦无阙事。’”[⑧]

董　俨　宋真宗咸平三年(1000)

《续资治通鉴长编》卷四七“宋真宗咸平三年六月”条：“是月，又以给事中董俨知寿州。”[⑨]《宋史》卷三〇四《范正辞传》：“范正辞字直道，齐州人。……咸平二年，出为河东转运使。三年，以本官兼侍御史知杂事。时，李昌龄自忠武行军起知梓州，董俨知寿州，王德裔、杨缄皆任转运使，后失官宰

---

① （宋）王安石：《王临川全集》，上海：世界书局，1935 年，第 580 页。

② （宋）陈师道：《后山先生集》，《宋集珍本丛刊 029—1》，北京：线装书局，2004 年，第 17 页。

③ （元）脱脱等：《宋史》，北京：中华书局，1977 年，第 10009—10010 页。

④ （元）脱脱等：《宋史》，北京：中华书局，1977 年，第 9225 页。

⑤ （元）脱脱等：《宋史》，北京：中华书局，1977 年，第 105 页。

⑥ （元）脱脱等：《宋史》，北京：中华书局，1977 年，第 5433 页。

⑦ （元）脱脱等：《宋史》，北京：中华书局，1977 年，第 9661—9662 页。

⑧ （宋）李焘：《续资治通鉴长编》，北京：中华书局，2004 年，第 1046—1048 页。

⑨ （宋）李焘：《续资治通鉴长编》，北京：中华书局，2004 年，第 1020 页。

几邑。”①

陈尧佐　宋真宗景德元年前后(1004 前后)

《续资治通鉴长编》卷五七“宋真宗景德元年八月”条:“庚申,知寿州陈尧佐上言……尧佐在州,自出米为糜以食饿者,而吏民皆争出米,共活数万人。”②《居士集》卷二〇《太子太师致仕赠司空兼侍中文惠陈公神道碑铭(庆历四年)》:“公其次子也,讳尧佐,字希元。……知寿州,遭岁大饥,公自出米为糜以食饿者。”③《宋史》卷二八四《陈尧佐传》:“陈尧佐……召还,直史馆,知寿州。”④又见《武夷新集》卷三《史馆陈太丞知寿州》⑤。

周　绛　宋真宗景德初

《安阳集》卷四七《故尚书都官员外郎赠工部郎中杜公墓志铭(皇祐三年十一月)》:“公讳起,字齐贤,其先京兆杜陵人。……景德初,契丹犯塞……公以母老,寓居寿州之寿春县,愿便于就养。……郡守周公绛表称其能,自以为不及,公繇是益知名。”⑥

江日新(未之任)　宋真宗朝咸平中—大中祥符中

《宋元宪集》卷三四《故朝奉郎守尚书驾部员外郎上轻车都尉赐绯鱼袋济阳江府君墓志铭》:“其间尚书郎济阳江君讳日新,字仲元……咸平初……还朝除濮、汝、寿三州,不拜,上书愿治边郡。……以大中祥符六年四月二十八日启手足于牖下,春秋五十七。”⑦

王承衎　宋真宗大中祥符元年—二年(1008—1009)

《宋史》卷二五〇《承衎传》:“(王审琦子)承衎字希悦……大中祥符初,进秩东上阁门使。……以久不朝请,求近郡,改左武卫大将军,知寿州。二年,卒,年四十九。”⑧

王　曙　宋真宗大中祥符五年(1012)

---

① (元)脱脱等:《宋史》,北京:中华书局,1977 年,第 10059—10060 页。

② (宋)李焘:《续资治通鉴长编》,北京:中华书局,2004 年,第 1252 页。

③ (宋)欧阳修:《欧阳修全集》,北京:中华书局,2001 年,第 322—323 页。

④ (元)脱脱等:《宋史》,北京:中华书局,1977 年,第 9581—9582 页。

⑤ (宋)杨亿:《武夷新集》,《宋集珍本丛刊 002—6》,北京:线装书局,2004 年,第 216 页。

⑥ (宋)韩琦:《安阳集》,《宋集珍本丛刊 006—3》,北京:线装书局,2004 年,第 600—601 页。

⑦ (宋)宋庠:《宋元宪集》,北京:中华书局,1985 年,第 355—356 页。

⑧ (元)脱脱等:《宋史》,北京:中华书局,1977 年,第 8818—8819 页。

《续资治通鉴长编》卷七八“宋真宗大中祥符五年八月”条:“己酉,徙河北转运使、右谏议大夫王曙知寿州……坐不察边肃贪纵故也。”①《宋史》卷二八六《王曙传》:“王曙字晦叔,隋东皋子绩之后。……以右谏议大夫为河北转运使,坐部吏受赇,降知寿州。”②《河南先生文集》卷一二《故推忠协谋同德佐理功臣枢密使金紫光禄大夫行尚书吏部侍郎检校太傅同中书门下平章事上柱国太原郡开国公食邑四千一百户食实封一千四百户赠太保中书令文康王公神道碑铭并序(景祐三年)》:“景祐元年秋八月壬戌,枢密使、同中书门下平章事王公薨于位,天子震悼。……公讳曙,字晦叔,其先太原人。……咸平中……部吏受赇失举,劾罢,知寿州,改淮南运使。”③

孙　冕　宋真宗大中祥符七年(1014)

《续资治通鉴长编》卷八三“宋真宗大中祥符七年九月”条:“度支副使、刑部员外郎、直史馆孙冕,坐前接伴契丹使被酒不谨,丙午,责知寿州。”④

赵　贺　宋真宗大中祥符中

《宋史》卷三〇一《赵贺传》:“赵贺字余庆,开封封丘人。……契丹入寇,真宗决策澶渊……知郑、蔡、寿三州,卒。”⑤又见《大明一统志》卷七《中都·凤阳府》⑥。

刁　湛　宋真宗天禧四年后(1020 后)

《乐全先生文集》卷三九《宋故太中大夫尚书刑部郎中分司西京上柱国赐紫金鱼袋累赠某官刁公墓志铭并序》:“公讳某(湛),字某,其先渤海人。……公咸平三年进士擢第……真皇东封岱宗,迁太常博士。……徙寿州,迁职方。”⑦又见《北宋经抚年表》卷四⑧。

杨　可　约宋真宗朝?

---

① (宋)李焘:《续资治通鉴长编》,北京:中华书局,2004 年,第 1780 页。

② (元)脱脱等:《宋史》,北京:中华书局,1977 年,第 9632 页。

③ (宋)尹洙:《河南先生文集》,《宋集珍本丛刊 003—4》,北京:线装书局,2004 年,第 403—404 页。

④ (宋)李焘:《续资治通鉴长编》,北京:中华书局,2004 年,第 1897 页。

⑤ (元)脱脱等:《宋史》,北京:中华书局,1977 年,第 9999—10001 页。

⑥ (明)李贤等:《大明一统志》,西安:三秦出版社,1990 年,第 137 页。

⑦ (宋)张方平:《乐全先生文集》,《宋集珍本丛刊 006—1》,北京:线装书局,2004 年,第 219—220 页。

⑧ 吴廷燮:《北宋经抚年表南宋制抚年表》,北京:中华书局,1984 年,第 322 页。

《宋史》卷三〇九《杨允恭传》："（杨）可，咸平元年进士……知洪、宣、润、寿、潭州，至都官员外郎。"①

夏　竦　宋仁宗天圣初(1023)

《华阳集》卷三五《夏文庄公竦神道碑铭》："公讳竦，字子乔，姓夏氏，其先九江人。……仁宗即位，迁户部郎中，又徙寿、安、洪三州。……天圣三年，丁越国太夫人忧。"②《宋史》卷二八三《夏竦传》："夏竦，字子乔，江州德安人。……仁宗即位，迁户部郎中，徙寿、安、洪三州。"③

孟　穆　宋仁宗天圣四年(1026)

《续资治通鉴长编》卷一〇四"宋仁宗天圣四年冬十月"条："寿州属县多盗……诏劾知州、司封员外郎孟穆，罢之。"④

梅　询　宋仁宗天圣四年(1026)

《续资治通鉴长编》卷一〇四"宋仁宗天圣四年冬十月"条："寿州属县多盗……诏劾知州、司封员外郎孟穆，罢之。……乃徙询知寿州，加兵部员外郎，仍赐御札，训以趋事涤过之意。"⑤《宋元宪集》卷二八《赐尚书兵部员外郎知寿州梅询敕书》⑥。《宋史》卷三〇一《梅询传》："梅询字昌言，宣州宣城人。……起知广德军，历楚、寿、陕州。"⑦《居士集》卷二七《学士给事中梅公墓志铭（庆历二年）》："公讳询，字昌言，世家宣城。……天圣元年，拜度支员外郎、知广德军，徙知楚州，迁兵部员外郎、知寿州，又知陕府。"⑧

李应言　宋仁宗天圣六年(1028)

《续资治通鉴长编》卷一〇六"宋仁宗天圣六年二月"条："开封富民陈氏杀佣作者……判官、侍御史李应言指其豪横结权要，请严捕之。壬辰，出应言知河阳，而事遂缓。应言寻徙寿州。"⑨

周嘉正　宋仁宗天圣中

---

① (元)脱脱等：《宋史》，北京：中华书局，1977年，第10163页。

② (宋)王珪：《华阳集》，北京：中华书局，1985年，第449—451页。

③ (元)脱脱等：《宋史》，北京：中华书局，1977年，第9571页。

④ (宋)李焘：《续资治通鉴长编》，北京：中华书局，2004年，第2425页。

⑤ (宋)李焘：《续资治通鉴长编》，北京：中华书局，2004年，第2425页。

⑥ (宋)宋庠：《宋元宪集》，北京：中华书局，1985年，第300页。

⑦ (元)脱脱等：《宋史》，北京：中华书局，1977年，第9984—9985页。

⑧ (宋)欧阳修：《欧阳修全集》，北京：中华书局，2001年，第413—415页。

⑨ (宋)李焘：《续资治通鉴长编》，北京：中华书局，2004年，第2466页。

《王临川全集》卷九六《尚书刑部郎中周公墓志铭》:“周氏其先自华阴入蜀……公讳嘉正,字榦之……知寿州,为三司盐铁判官。……明道元年,以恩迁刑部。”①

朱　谏　宋仁宗明道元年前后(1032 前后)

《续资治通鉴长编》卷一一一“宋仁宗明道元年七月”条:“许寿州立学,仍赐九经,知州、侍御史朱谏请之也。”②

李若谷　宋仁宗明道元年(1032)

《续资治通鉴长编》卷一一一“宋仁宗明道元年十二月”条:“丙辰,以给事中李若谷知寿州。”③《宋史》卷二九一《李若谷传》:“李若谷字子渊,徐州丰人。……天圣初,判三司户部勾院。……迁给事中、知寿州。”④《寓简》卷五:“安丰芍陂……李若谷知寿春,下令陂决不得起兵夫,独调濒陂之民,使之完筑,自是无盗决者。”⑤

杨崇勋　宋仁宗景祐元年(1034)

《续资治通鉴长编》卷一一五“宋仁宗景祐元年八月”条:“辛酉,河阳三城节度使、同平章事、判陈州杨崇勋,落平章事,知寿州。”⑥《宋史》卷二九〇《杨崇勋传》:“杨崇勋字宝臣,蓟州人。……景祐初,怀政家人讼冤,遂罢同平章事,知寿州,徙亳州,复知陈州。”⑦《景文集》卷六一《杨太尉行状》:“杨崇勋,字宝臣,年七十。……景祐元年八月,罢中书门下平章事,依前河阳三城节度使知寿州……二年……十二月,移知亳州。”⑧

杨　察　宋仁宗景祐中

《宋史》卷二九五《杨察传》:“杨察字隐甫。……景祐元年,举进士甲科……出知颍、寿二州,入为开封府推官,判三司盐铁、度支勾院,修起居注,历江南东路转运使。”⑨《大明一统志》卷七《中都·凤阳府》:“景祐中通判宿

① (宋)王安石:《王临川全集》,上海:世界书局,1935 年,第 608—609 页。
② (宋)李焘:《续资治通鉴长编》,北京:中华书局,2004 年,第 2584 页。
③ (宋)李焘:《续资治通鉴长编》,北京:中华书局,2004 年,第 2597 页。
④ (元)脱脱等:《宋史》,北京:中华书局,1977 年,第 9738—9739 页。
⑤ (宋)沈作喆纂:《寓简》,上海:商务印书馆,1937 年,第 36 页。
⑥ (宋)李焘:《续资治通鉴长编》,北京:中华书局,2004 年,第 2692 页。
⑦ (元)脱脱等:《宋史》,北京:中华书局,1977 年,第 9713—9714 页。
⑧ (宋)宋祁:《景文集》,北京:中华书局,1936 年,第 823—826 页。
⑨ (元)脱脱等:《宋史》,北京:中华书局,1977 年,第 9855 页。

州，后又历知颍、寿二州，遇事明决，勤于吏职。”①

曹修睦 约宋仁宗景祐二年后—宝元中(1035后—1040)

《宋史》卷二九七《曹修古传》：“(曹修古)弟修睦，性廉介自立，与修古同时举进士……御史中丞杜衍荐以为侍御史。岁余，改司封员外郎，出知寿州，徙泉州。”②《续资治通鉴长编》卷一一六“宋仁宗景祐二年六月”条：“己巳，以都官员外郎曹修睦为侍御史。修睦，修古弟，用中丞杜衍之荐也。”③卷一一七“宋仁宗景祐二年秋七月”条：“庚子，侍御史曹修睦言，李照所改历代乐颇为迂诞，而其费甚广，请付有司按劾之。”④《蔡襄集》卷三八《尚书司封员外郎曹公墓志铭(庆历六年八月)》：“公讳修睦，字某，建安郡人。……逾年，改司封，出知寿州，又移泉州。”⑤

王　质 约宋仁宗景祐三年(1036)

《范文正公文集》卷一四《尚书度支郎中充天章阁待制知陕州军府事王公墓志铭》：“公讳质，字子野，其先太原人，曾、高占籍大名。……朝廷除公开封府推官，除兄雍三司判官……往守寿春郡。期月，改合肥郡。”⑥《全宋文》卷五一九宋祁《寿州西园重修诸亭录》：“州治下蔡八十载……予友集贤王君子野以景祐三年始来领州。……当此时，子野以治绩闻，号为异等。”⑦《宋史》卷二六九《王祐传》：“(王祐孙)质字子野。……时兄雍为三司判官，质不欲兄弟并居省府，恳辞，得知寿州，徙庐州。”⑧《苏舜钦集》卷一六《朝奉大夫尚书度支郎中充天章阁待制知陕州军府事平晋县开国男食邑三百户护军赐紫金鱼袋王公行状》：“公讳质，字子野……遂恳辞之，出知寿州。……庆历五年，终于官舍，享年四十有五。”⑨

宋　祁 宋仁宗庆历元年—二年(1041—1042)

---

① (明)李贤等：《大明一统志》，西安：三秦出版社，1990年，第137页。

② (元)脱脱等：《宋史》，北京：中华书局，1977年，第9891页。

③ (宋)李焘：《续资治通鉴长编》，北京：中华书局，2004年，第2738页。

④ (宋)李焘：《续资治通鉴长编》，北京：中华书局，2004年，第2746页。

⑤ (宋)蔡襄：《蔡襄集》，上海：上海古籍出版社，1996年，第697页。

⑥ (宋)范仲淹：《范仲淹全集》，成都：四川大学出版社，2007年，第335—337页。

⑦ 曾枣庄、刘琳主编：《全宋文》，上海：上海辞书出版社，2006年，第24册，第391页。

⑧ (元)脱脱等：《宋史》，北京：中华书局，1977年，第9244页。

⑨ (宋)苏舜钦：《苏舜钦集》，上海：上海古籍出版社，1981年，第209—211页。

《景文集》卷三七《寿州谢上任表》[①]、卷四六《寿州风俗记》:"寿州……自天圣初元,讫兹二十岁,凡易守者二十一。……龙集辛巳,予以病自乞,实来此邦。越明年,病稍愈……庆历二年夏五月哀次。"[②]《寿州重修浮桥记》:"寿有大桁,昔在正阳。造舟相衔,道北趋南。……庆历之元,予来守藩。"[③]《全宋文》卷五一九宋祁《寿州西园重修诸亭录》:"州治下蔡八十载……予友集贤王君子野以景祐三年始来领州。……庆历初年秋七月,予待罪于兹,距子野之迁,岁才四舍,其间凡五易守。"[④]《宋史》卷二八四《宋祁传》:"祁字子京……庠罢,祁亦出知寿州,徙陈州。"[⑤]《全宋文》卷八七二范缜《宋景文公祁墓志铭(元丰三年)》:"公讳祁,字子京。……元宪罢,亦出知寿州,徙陈州。"[⑥]《梅尧臣集编年校注》卷一二《和寿州宋待制九题》[⑦]。

张　耆　宋仁宗庆历二年(1042)

《宋史》卷二九〇《张耆传》:"张耆字元弼,开封人。……累迁镇安军、淮南节度使、判寿州。"[⑧]《续资治通鉴长编》卷一三七"宋仁宗庆历二年六月"条:"是月,侍御史鱼周询劾奏判河阳、护国节度使、右仆射兼侍中张耆典藩无状……寻徙耆判陈州,又判寿州。"[⑨]

李淑(未之任)　宋仁宗庆历三年(1043)

《续资治通鉴长编》卷一四三"宋仁宗庆历三年九月"条:"端明殿学士兼翰林侍读学士李淑为翰林学士。……寻有旨,令淑知寿州,既而不行。"[⑩]

柳　植　约宋仁宗庆历四年前(1044前)

《宋史》卷二九四《柳植传》:"柳植字子春,真州人。……历知寿、亳、

---

① (宋)宋祁:《景文集》,北京:中华书局,1936年,第464页。

② (宋)宋祁:《景文集》,北京:中华书局,1936年,第579—580页。

③ (宋)宋祁:《景文集》,北京:中华书局,1936年,第583—584页。

④ 曾枣庄、刘琳主编:《全宋文》,上海:上海辞书出版社,2006年,第24册,第391页。

⑤ (元)脱脱等:《宋史》,北京:中华书局,1977年,第9593—9595页。

⑥ 曾枣庄、刘琳主编:《全宋文》,上海:上海辞书出版社,2006年,第40册,第292—294页。

⑦ (宋)梅尧臣撰,朱东润校注:《梅尧臣集编年校注》,上海:上海古籍出版社,2006年,第208页。

⑧ (元)脱脱等:《宋史》,北京:中华书局,1977年,第9709—9711页。

⑨ (宋)李焘:《续资治通鉴长编》,北京:中华书局,2004年,第3280页。

⑩ (宋)李焘:《续资治通鉴长编》,北京:中华书局,2004年,第3448页。

蔡、扬四州，分司西京，遂致仕。”①

张　亢　宋仁宗庆历七—八年(1047—1048)

《续资治通鉴长编》卷一六一“宋仁宗庆历七年九月”条：“甲戌，降引进使、眉州防御使、知渭州张亢领果州团练使、知磁州。……复降为右领军卫大将军、知寿州。”②卷一六四“宋仁宗庆历八年秋七月”条：“己亥，右领军卫大将军、果州团练使、知寿州张亢为将作监、知和州，陕西转运使言亢所易库银非自入，故稍复迁之。”③《安阳集》卷四七《故客省使眉州防御使赠遂州观察使张公墓志铭并序(嘉祐八年十月)》：“故赠遂州观察使张公亢之将葬也……于是又夺公引进使，为又领军卫大将军、知寿州事。”④又见《宋史》卷三二四《张亢传》⑤。

王正民　约宋仁宗皇祐元年(1049)

《宋史》卷二九八《陈希亮传》：“陈希亮字公弼，其先京兆人。……皇祐元年，移滑州。……淮南饥，安抚、转运使皆言寿春守王正民不任职，正民坐免，诏希亮乘传代之。”⑥

陈希亮　约宋仁宗皇祐中

见上“王正民”条。

吴　奎　约宋仁宗至和二年(1055)

《续资治通鉴长编》卷一七九“宋仁宗至和二年夏四月”条：“夏四月癸巳，兵部员外郎、知制诰吴奎知寿州。”⑦卷一八〇“宋仁宗至和二年六月”条：“吴奎被黜知寿州，韩绛知河阳府，此皆众所共惜其去。”⑧《宋史》卷三一六《吴奎传》：“吴奎字长文，潍州北海人。……奎杀其仪以见，坐是出知寿州。至和三年，大水，诏中外言得失。奎上疏曰……帝感其言，拜翰林学士，

---

① (元)脱脱等：《宋史》，北京：中华书局，1977年，第9819页。

② (宋)李焘：《续资治通鉴长编》，北京：中华书局，2004年，第3886页。

③ (宋)李焘：《续资治通鉴长编》，北京：中华书局，2004年，第3957页。

④ (宋)韩琦：《安阳集》，《宋集珍本丛刊006—3》，北京：线装书局，2004年，第598—599页。

⑤ (元)脱脱等：《宋史》，北京：中华书局，1977年，第10482—10490页。

⑥ (元)脱脱等：《宋史》，北京：中华书局，1977年，第9917—9920页。

⑦ (宋)李焘：《续资治通鉴长编》，北京：中华书局，2004年，第4329页。

⑧ (宋)李焘：《续资治通鉴长编》，北京：中华书局，2004年，第4350页。

权开封府。"[1]《彭城集》卷三七《吴公墓志铭》:"公讳奎,字长文,姓吴氏……坐是二事,出知寿州。"[2]又见《文恭集》卷二六《赐兵部员外郎知制诰吴奎知寿州口宣》[3]。

林　洙　宋仁宗嘉祐三年(1058)

《续资治通鉴长编》卷一八七"宋仁宗嘉祐三年二月"条:"丁卯,录故司农卿林洙孙诜为试将作监主簿。洙知寿州,临事苛急,鼓角将夜入州廨,拔堂槛铁钩击杀之。"[4]亦见《宋史》卷二八三《林特传》[5]

孙　沔　宋仁宗嘉祐四年(1059)

《续资治通鉴长编》卷一八九"宋仁宗嘉祐四年五月"条:"丙午,徙知并州、观文殿学士、礼部侍郎孙沔知寿州。"[6]卷一九〇"宋仁宗嘉祐四年秋七月"条:"甲辰,贬观文殿学士、礼部侍郎、知寿州孙沔为检校工部尚书、宁国军节度副使。"[7]《宋史》卷二八八《孙沔传》:"孙沔字元规,越州会稽人。……而谏官吴及、御史沈起奏沔淫纵无检,守杭及并所为不法,乃徙寿州。"[8]《全宋文》卷二四〇六毕仲游《孙威敏沔神道碑(代范纯礼作)》:"公讳沔,字元规,会稽山阴人也。……遂罢河东,知寿州,道贬宁国军节度副使。"[9]

张叔詹　宋仁宗嘉祐六年前(1061 前)

《续资治通鉴长编》卷一九五"宋仁宗嘉祐六年十一月"条:"光禄寺少卿张叔詹致仕。初,叔詹知寿州,值水灾,监司奏叔詹非才,诏移蔡州。"[10]

钱　昆　宋仁宗朝

《光绪寿州志》卷一三《职官志 · 文职表》:"钱昆,字裕之,吴越王琮子,

---

① (元)脱脱等:《宋史》,北京:中华书局,1977 年,第 10318—10320 页。

② (宋)刘攽:《彭城集》,北京:中华书局,1985 年,第 489—491 页。

③ (宋)胡宿:《文恭集》,北京:中华书局,1985 年,第 322 页。

④ (宋)李焘:《续资治通鉴长编》,北京:中华书局,2004 年,第 4504 页。

⑤ (元)脱脱等:《宋史》,北京:中华书局,1977 年,第 9565—9566 页。

⑥ (宋)李焘:《续资治通鉴长编》,北京:中华书局,2004 年,第 4565 页。

⑦ (宋)李焘:《续资治通鉴长编》,北京:中华书局,2004 年,第 4577 页。

⑧ (元)脱脱等:《宋史》,北京:中华书局,1977 年,第 9686—9689 页。

⑨ 曾枣庄、刘琳主编:《全宋文》,上海:上海辞书出版社,2006 年,第 111 册,第 177—181 页。

⑩ (宋)李焘:《续资治通鉴长编》,北京:中华书局,2004 年,第 4731—4732 页。

举进士,仁宗时知寿州,治尚宽简,累官秘书监。"①

张 式 约宋仁宗朝

《折狱龟鉴译注》卷六《核奸》"张式"条:"张式郎中知寿州,民有缢其妻而以自杀告者,吏受赇实之,式穷诘立服,人称其明。"②《光绪凤阳府志》卷一七《宦绩传》:"张式,字景则,建安人,天禧二年进士,知濠、寿二州……举州以为明。"③

杨 告 约宋仁宗朝

《宋史》卷三〇四《杨告传》:"杨告字道之,其先汉州绵竹人。……拜右谏议大夫、知郑州,徙江宁府、寿州。"④

朱 景 约宋英宗治平中

《宋史》卷三三三《朱景传》:"朱景字伯晦,河南偃师人。……擢知寿州,秩禄视提点刑狱。……熙宁初,病革,自占遗表,呼其子光庭操笔书之。"⑤又见《大明一统志》卷七《中都·凤阳府》⑥。

王 端 约宋英宗治平中

《全宋文》卷一〇五八韩维《太常少卿权知寿州王端可光禄卿知寿州制》⑦。

马从先 约宋英宗治平中

《全宋文》卷一〇五八韩维《光禄卿知寿州马从先可秘书监差遣如故制》⑧。《宋史》卷三三一《马从先传》:"马从先字子野,祥符人。……由进士累官太常少卿、知宿州。……代还,知寿州,以老辞,英宗谕遣之曰……既至,治如曩时。"⑨《大明一统志》卷七《中都·凤阳府》:"马从先,知宿州……

---

① (清)曾道唯等修,(清)葛荫南等纂:《光绪寿州志》,《中国地方志集成·安徽府县志辑21》,南京:江苏古籍出版社,1998年,第173页。

② (宋)郑克:《折狱龟鉴》,上海:商务印书馆,1937年,第83页。

③ (清)冯煦修,(清)魏家骅等纂:《光绪凤阳府志(二)》,《中国地方志集成·安徽府县志辑33》,南京:江苏古籍出版社,1998年,第57页。

④ (元)脱脱等:《宋史》,北京:中华书局,1977年,第10073页。

⑤ (元)脱脱等:《宋史》,北京:中华书局,1977年,第10709页。

⑥ (明)李贤等:《大明一统志》,西安:三秦出版社,1990年,第137页。

⑦ 曾枣庄、刘琳主编:《全宋文》,上海:上海辞书出版社,2006年,第49册,第53页。

⑧ 曾枣庄、刘琳主编:《全宋文》,上海:上海辞书出版社,2006年,第49册,第60页。

⑨ (元)脱脱等:《宋史》,北京:中华书局,1977年,第10650—10651页。

后又知寿州，其治一如宿时。”①

魏　琰　约宋神宗朝前

《宋史》卷三〇三《魏琰传》：“（魏瓘弟）琰字子浩，以父恩授秘书省正字，为吏强敏，名齐于瓘。……历知寿、润、滁、安州。”②

鞠真卿　宋神宗熙宁二—三年（1069—1070）

《续资治通鉴长编》卷二一八“宋神宗熙宁三年十二月”条：“降知寿州、太常丞鞠真卿为太子中允，坐前任江西转运使抑勒百姓，以苗米折纳钱，该去官勿论，特责之。（去年十二月乙亥责寿州，今又责。）”③卷二四六“宋神宗熙宁六年八月”条：“丙戌……知寿州、太常丞、集贤校理鞠真卿各展磨勘一年。”④

许　遵　宋神宗熙宁四年前（1071 前）

《宋史》卷三三〇《许遵传》：“许遵字仲涂，泗州人。……熙宁间，出知寿州，再判大理寺，请知润州，又请提举崇福宫。”⑤《续资治通鉴长编》卷二二二五“宋神宗熙宁四年秋七月”条：“太常少卿、知寿州许遵权判大理寺。”⑥

陈宗儒　宋神宗熙宁中

《宋朝事实类苑》卷六九《神异幽怪》“崔公谊”条：“崔公谊者……熙宁初，河北地震，震未已，而公谊秩满，挈家以南。……其妻乃陈少卿宗儒之女，陈卿时知寿州，崔度其必死，遂兼程送妻至寿阳，次日遂卒。”⑦

李　深　宋神宗元丰元年（1078）

《续资治通鉴长编》卷二九二“宋神宗元丰元年九月”条：“癸巳，御史何正臣言：‘近减罢枢密院检详官李深除荆湖南路提点刑狱，案深刻薄阴险……’诏改深知寿州。”⑧

苏　涓　宋神宗元丰元年（1078）

《续资治通鉴长编》卷二九五“宋神宗元丰元年十二月”条：“御史黄廉

---

① （明）李贤等：《大明一统志》，西安：三秦出版社，1990 年，第 137—138 页。

② （元）脱脱等：《宋史》，北京：中华书局，1977 年，第 10034 页。

③ （宋）李焘：《续资治通鉴长编》，北京：中华书局，2004 年，第 5296 页。

④ （宋）李焘：《续资治通鉴长编》，北京：中华书局，2004 年，第 5992 页。

⑤ （元）脱脱等：《宋史》，北京：中华书局，1977 年，第 10627—10628 页。

⑥ （宋）李焘：《续资治通鉴长编》，北京：中华书局，2004 年，第 5475 页。

⑦ （宋）江少虞：《宋朝事实类苑》，上海：上海古籍出版社，1981 年，第 928 页。

⑧ （宋）李焘：《续资治通鉴长编》，北京：中华书局，2004 年，第 7141 页。

言：'闻百姓傅泽妻常经开封府判状，以夫出外不知消息，许令改嫁，后判官苏涓雇以为婢。……'乃止出涓知寿州。"①

韩晋卿 宋神宗元丰二—三年(1079—1080)

《续资治通鉴长编》卷二九七"宋神宗元丰二年夏四月"条："司勋员外郎韩晋卿知寿州。"②《宋史》卷四二六《韩晋卿传》："韩晋卿字伯修，密州安丘人。……知同州、寿州，奏课第一，擢刑部郎中。"③《忠肃集》卷九《寿州学记》："方是时，胶西韩君晋卿，守寿州一年矣。……元丰三年十月记。"④

宇文昌龄 约宋神宗元丰末—哲宗朝

《宋史》卷三五三《宇文昌龄传》："宇文昌龄字伯修，成都双流人。……历寿州、河中府、邓郓青三州。徽宗立，召为刑部侍郎，徙户部侍郎。"⑤

穆 珣 宋哲宗元祐元年(1086)

《嘉泰会稽志》卷二："穆珣，元丰八年八月以中散大夫知，元祐元年三月移寿州。"⑥

王子韶 宋哲宗元祐元年(1086)

《续资治通鉴长编》卷三八二"宋哲宗元祐元年秋七月"条："主客员外郎王子韶知寿州。"⑦

郑 雍 约宋哲宗元祐中

《全宋文》卷三六五八綦崇礼《宋故中大夫提举西京崇山崇福宫上柱国荥阳郡开国公食邑二千一百户食实封五百户追复资政殿学士赠宣奉大夫郑公行状》："本贯拱州襄邑县某乡某里，讳雍，字公肃，享年六十八。……元祐五年冬温，六年春寒如冬令……哲宗感悟……诏出御史知寿州，徙中执法吏部侍郎，而以公代为中丞。……七年，拜中大夫、守尚书右丞。"⑧

钟离景伯 宋哲宗元祐三年(1088)

---

① (宋)李焘：《续资治通鉴长编》，北京：中华书局，2004年，第7178页。

② (宋)李焘：《续资治通鉴长编》，北京：中华书局，2004年，第7232页。

③ (元)脱脱等：《宋史》，北京：中华书局，1977年，第12705页。

④ (宋)刘挚：《忠肃集》，北京：中华书局，1985年，第131—132页。

⑤ (元)脱脱等：《宋史》，北京：中华书局，1977年，第11147—11148页。

⑥ (宋)沈作宾等修，(清)施宿等纂：《嘉泰会稽志》，《宋元方志丛刊7》，北京：中华书局，1990年，第6755页。

⑦ (宋)李焘：《续资治通鉴长编》，北京：中华书局，2004年，第9303页。

⑧ 曾枣庄、刘琳主编：《全宋文》，上海：上海辞书出版社，2006年，第168册，第27—33页。

《续资治通鉴长编》卷四一二“宋哲宗元祐三年六月”条：“中散大夫、少府少监钟离景伯知寿州。”[①]又见《彭城集》卷二一《少府少监钟离景伯可知寿州……制》[②]。

杨　蟠　宋哲宗元祐五年(1090)

《续资治通鉴长编》卷四四一“宋哲宗元祐五年夏四月”条：“诏新通判岷州郭逢原权通判磁州，新知寿州杨蟠别与差遣。”[③]《宋史》卷四四二《杨蟠传》：“杨蟠字公济，章安人也。……平生为诗数千篇，后知寿州，卒。”[④]

谢景温　宋哲宗元祐六—七年(1091—1092)

《续资治通鉴长编》卷四六八“宋哲宗元祐六年十一月”条：“宝文阁直学士、知扬州谢景温知寿州。”[⑤]卷四七四“宋哲宗元祐七年六月”条：“宝文阁直学士、知寿州谢景温知邓州。”[⑥]又见《彭城集》卷二三《宝文阁直学士知扬州谢景温可权刑部尚书制》[⑦]。

晏知止　宋哲宗元祐七年(1092)

《续资治通鉴长编》卷四七四“宋哲宗元祐七年六月”条：“殿中侍御史吴立礼言：‘知颍州晏知止新除知邓州。……以戒贪夫。’诏知止知寿州。”[⑧]

朱　服　宋哲宗元祐八年(1094)

《续资治通鉴长编》卷四八四“宋哲宗元祐八年五月”条：“知庐州朱服知寿州。”[⑨]《宋史》卷三四七《朱服传》：“朱服字行中，湖州乌程人。……徙泉、婺、宁、庐、寿五州。”[⑩]

范　锷　宋哲宗绍圣二年(1095)

《宋史》卷一八《哲宗本纪二》：“(绍圣二年十一月)戊戌，范锷自转运使入对，言有捕盗功，乞赐章服。……黜知寿州。”[⑪]

---

① (宋)李焘：《续资治通鉴长编》，北京：中华书局，2004年，第10022页。

② (宋)刘攽：《彭城集》，北京：中华书局，1985年，第301页。

③ (宋)李焘：《续资治通鉴长编》，北京：中华书局，2004年，第10621页。

④ (元)脱脱等：《宋史》，北京：中华书局，1977年，第13086页。

⑤ (宋)李焘：《续资治通鉴长编》，北京：中华书局，2004年，第11170页。

⑥ (宋)李焘：《续资治通鉴长编》，北京：中华书局，2004年，第11307页。

⑦ (宋)刘攽：《彭城集》，北京：中华书局，1985年，第330页。

⑧ (宋)李焘：《续资治通鉴长编》，北京：中华书局，2004年，第11307页。

⑨ (宋)李焘：《续资治通鉴长编》，北京：中华书局，2004年，第11493页。

⑩ (元)脱脱等：《宋史》，北京：中华书局，1977年，第11004页。

⑪ (元)脱脱等：《宋史》，北京：中华书局，1977年，第343页。

赵令绰　宋哲宗元符三年(1100)

《宋会要辑稿·帝系五·宗室杂录》:"(元符三年)三月七日,左中散大夫、新知寿州赵令绰为金吾卫大将军、均州防御使,以久换外官,宜归环卫故也。"①

晁端仁　约宋哲宗朝

《全宋文》卷二七四五晁补之《朝请大夫致仕晁公墓志铭(崇年元年十月)》:"公讳端仁,字尧民,世家开封,后徙巨野。……时熙宁四年也……哲宗皆嘉纳。……乃知寿州,又改知曹州。考课复第一。"②

龚　原　宋徽宗建中靖国元年(1101)

《宋史》卷三五三《龚原传》:"龚原字深之,处州遂昌人。……徽宗初,入为秘书监,进给事中。……主议者斥其妄,黜知南康军,改寿州。俄用三年之制,乃复修撰,知扬州。"③《临安志》卷三《牧守》:"建中靖国元年三月癸亥,以承议郎、知寿州龚原为宝文阁待制、知杭州;是月戊子,为集贤殿修撰、知扬州。"④

朱　绂　宋徽宗建中靖国元年(1101)

《道乡先生邹忠公文集》卷一七《朱绂除集贤殿修撰知寿州制》⑤。《仙溪志》卷四《宋人物》:"朱绂字君贶,治平四年登进士甲科。……出知寿州。……崇宁元年进宝文阁待制、真定府路安抚使。"⑥《宋会要辑稿·职官六七·黜降官四》:"(建中靖国元年七月)二十一日,朱绂罢给事中,知寿州。"⑦

蒋　静　约宋徽宗崇宁元年(1102)

《宋史》卷三五六《蒋静传》:"蒋静字叔明,常州宜兴人。……徽宗初立,求言,静上言,多诋元祐间事……以显谟阁待制知寿州,徙江宁府。"⑧《夷

---

① (清)徐松辑:《宋会要辑稿》,上海:上海古籍出版社,2014年,第128页。

② 曾枣庄、刘琳主编:《全宋文》,上海:上海辞书出版社,2006年,第127册,第124—127页。

③ (元)脱脱等:《宋史》,北京:中华书局,1977年,第11151—11152页。

④ (宋)周淙:《乾道临安志》,上海:商务印书馆,1937年,第67页。

⑤ (宋)邹浩:《道乡先生邹忠公文集》,《宋集珍本丛刊031—1》,北京:线装书局,2004年,第122页。

⑥ (宋)赵与泌修、黄岩孙纂:《仙溪志》,《宋元方志丛刊8》,北京:中华书局,1990年,第8318—8319页。

⑦ (清)徐松辑:《宋会要辑稿》,上海:上海古籍出版社,2014年,第4868页。

⑧ (元)脱脱等:《宋史》,北京:中华书局,1977年,第11211页。

坚志》甲卷一《柳将军》:“蒋静叔明,宜兴人,为饶州安仁令。……后十五年,乃自中书舍人出镇寿春、江宁……至显谟阁直学士而卒。”①

蔡　卞　宋徽宗大观二年(1108)

《宋会要辑稿·职官六八·黜降官五》:“(大观二年)五月十一日……知寿州蔡卞提举亳州太清宫……连坐稍重之故也。”②

王涣之　宋徽宗政和元年(1111)

《北山小集》卷三〇《宝文阁直学士中大夫致仕太原郡开国侯食邑一千四百户食实封一百户赠正议大夫王公墓志铭(宣和七年)》:“公讳涣之,字彦舟,姓王氏,衢州常山人。……政和元年,以显谟阁待制知寿州。言者以故相商英党,不宜守郡,削职,提举舒州万寿宫。”③

刘安上(一知)　宋徽宗政和三—四年(1113—1114)

《全宋文》卷三九七五薛嘉言《刘安上行状》:“公讳安上,字元礼,姓刘氏,系出彭城,世为永嘉人。……政和元年冬服阕……二年,用元圭恩转朝奉郎。逾年……九月除徽猷阁待制,知寿州。四年,以上舍试所差官撰号差互罢,提举亳州明道宫。”④又见《刘给谏文集》卷三《谢除待制知寿州表》《寿州谢到任表》⑤、卷四《寿州谒先圣》⑥,《全宋文》卷三二〇六翟汝文《给事中刘安上除徽猷阁待制知寿州制》⑦。

汪　澥　约宋徽宗政和五—八年中(1115—1118 中)

《宋史》卷三五四《汪澥传》:“汪澥字仲容,宣州旌德人。……议学制不合,以显谟阁待制知婺州,改颍昌,又改陈、寿二州,徙应天府。”⑧《全宋文》卷三三八八汪藻《宋故宣奉大夫显谟阁待制赠少宝汪公神道碑》:“公讳澥,字仲容,姓汪氏。……大观二年,迁国子监酒……进中奉大夫,移陈州。明

① (宋)洪迈:《夷坚志》,北京:中华书局,1981 年,第 2 页。

② (清)徐松辑:《宋會要輯稿》,上海:上海古籍出版社,2014 年,第 4881 页。

③ (宋)程俱:《北山小集》,《宋集珍本丛刊 033—4》,北京:线装书局,2004 年,第 564—566 页。

④ 曾枣庄、刘琳主编:《全宋文》,上海:上海辞书出版社,2006 年,第 181 册,第 256—261 页。

⑤ (宋)刘安上:《刘给谏文集》,《宋集珍本丛刊 031—6》,第 523—524 页。

⑥ (宋)刘安上:《刘给谏文集》,《宋集珍本丛刊 031—6》,第 532 页。

⑦ 曾枣庄、刘琳主编:《全宋文》,上海:上海辞书出版社,2006 年,第 149 册,第 38 页。

⑧ (元)脱脱等:《宋史》,北京:中华书局,1977 年,第 11165 页。

年，移寿州。未几，又移应天府。”①

景　靖　宋徽宗政和八年(1118)

《宋会要辑稿·兵一二·捕贼二》：“(政和八年)六月二十六日，诏：‘……知庐州、朝散大夫、充显谟阁待制景靖，降诏奖谕，仍除学正，权知寿春府。’”②

傅墨卿　宋徽宗宣和前四年前(1122前)

《嘉泰会稽志》卷一五《相辅》：“傅墨卿，字国华，山阴人。……历知池州、寿春府……宣和四年……进龙图阁学士。”③

刘安上(二知)　宋徽宗宣和四—五年(1123—1124)

《刘给谏文集》卷三刘安上《谢再知寿春府表》④。《全宋文》卷三九七五薛嘉言《刘安上行状》：“公讳安上，字元礼，姓刘氏……宣和元年六月……三年服阕，除知寿春府，累表辞免，不克。四年，磨勘转朝奉大夫，进封开国伯，加食邑二百户。寿，公旧治，民怀恩弗忘，比再至，老稚欣迎，扶携远迓者属路。……六年，除知舒州。”⑤

侯　益　宋徽宗宣和元年—二年后(1119—1120后)

《宋会要辑稿·选举三三·特恩除职一》：“(宣和元年)三月十一日，朝奉郎、直龙图阁、知寿春府侯益为秘阁修撰。”⑥《宋会要辑稿·食货五九·恤灾》：“(宣和)二年八月二十日，知寿春府侯益言……从之。”⑦

江公望　宋徽宗朝

《宋史》卷三四六《江公望传》：“江公望字民表，睦州人。举进士。建中靖国元年，由太常博士拜左司谏。……未几，召为左司员外郎，以直龙图阁知寿州。蔡京为政，编管南安军。遇赦还家，卒。”⑧

---

① 曾枣庄、刘琳主编：《全宋文》，上海：上海辞书出版社，2006年，第157册，第300—303页。

② (清)徐松辑：《宋会要辑稿》，上海：上海古籍出版社，2014年，第8844页。

③ (宋)沈作宾等修，(清)施宿等纂：《嘉泰会稽志》，《宋元方志丛刊7》，北京：中华书局，1990年，第6994页。

④ (宋)刘安上：《刘给谏文集》，《宋集珍本丛刊031—6》，第525页。

⑤ 曾枣庄、刘琳主编：《全宋文》，上海：上海辞书出版社，2006年，第181册，第256—259页。

⑥ (清)徐松辑：《宋会要辑稿》，上海：上海古籍出版社，2014年，第5900页。

⑦ (清)徐松辑：《宋会要辑稿》，上海：上海古籍出版社，2014年，第7387页。

⑧ (元)脱脱等：《宋史》，北京：中华书局，1977年，第10986—10987页。

陈彦恭(二度之任) 约宋徽宗朝末

《全宋文》卷三三六九汪藻《赠左大中大夫致仕陈君墓志铭》:“君讳彦恭,字子愿,其上世家闽之蒲阳,后复徙居姑苏,今为姑苏人。……除知寿春府,移泗州,复还寿春。会金人寇京师,王室来告难,君读诏书泣下,悉禁旅而西。……以疾终焉,春秋七十有二,建炎三年十月某甲子也。”①

白时中 宋钦宗靖康元年(1126)

《却扫编》卷上:“祖宗时,凡官仆射及使相以上领州府则称‘判’。……靖康初,白太宰时中守寿春府、李太宰邦彦守邓州,始复故事称‘判’。”②《宋会要辑稿·职官五四·宫观使》:“(靖康元年二月)二十四日……同日,观文殿大学士、中太一宫使白時中知寿春府。”③

王　绹 宋钦宗靖康中

《毗陵集》卷一三《资政殿大学士左光禄大夫王公墓志铭(绍兴八年)》:“公讳绹,字唐公……靖康中,搜用耆旧,起公知寿春府。……今天子即位……迁礼部侍郎兼权直学士院。”④

康允之 宋高宗建炎元年—二年(1127—1128)

《建炎以来系年要录》卷一〇“宋高宗建炎元年十一月”条:“是月……初,寿春卒丁进被罪而窜……守臣、直秘阁康允之悉取银帛以赏将士,士皆效死。”⑤卷一二“建炎二年岁次”条:“甲辰,直秘阁、知寿春府康允之奏丁进解围。”⑥亦见《全宋文》卷三三六五汪藻《知寿州康允之进直龙图阁制》⑦。

许亢宗 宋高宗建炎二年(1128)

《建炎以来系年要录》卷一四“建炎二年三月”条:“丙申……朝奉郎许亢宗知寿春府、朝奉郎李光知江州。”⑧

---

① 曾枣庄、刘琳主编:《全宋文》,上海:上海辞书出版社,2006年,第157册,第345—347页。

② (宋)徐度:《却扫编》,《宋元笔记小说大观4》,上海:上海古籍出版社,2007年,第4484页。

③ (清)徐松辑:《宋会要辑稿》,上海:上海古籍出版社,2014年,第4471页。

④ (宋)张守:《毗陵集》,北京:中华书局,1985年,第194—197页。

⑤ (宋)李心传编撰:《建炎以来系年要录》,北京:中华书局,2013年,第279页。

⑥ (宋)李心传编撰:《建炎以来系年要录》,北京:中华书局,2013年,第314页。

⑦ 曾枣庄、刘琳主编:《全宋文》,上海:上海辞书出版社,2006年,第156册,第336页。

⑧ (宋)李心传编撰:《建炎以来系年要录》,北京:中华书局,2013年,第345页。

邓绍密　宋高宗建炎三年(1129)

《三朝北盟会编》卷一二一《炎兴下帙二十一》"起建炎三年二月三日壬子尽十一日庚申"条:"范琼兵乱于寿春府,杀知军府事邓绍密。"①

马识远　宋高宗建炎三年(1129)

《夷坚志》乙卷一九《马识远》:"马识远,字彦达,东州人,宣和六年,武举进士第一。建炎三年为寿春守,虏骑南侵,过城下。"②《全宋文》卷三六三九綦崇礼《武功大夫忠州刺史淮南西路提刑马识远可除右武大夫知寿春府兼淮南西路安抚使制》③。

王　摅　宋高宗建炎四年(1130)

《建炎以来系年要录》卷四〇"宋高宗建炎四年十二月"条:"癸未,朝散郎、通判寿春府王摅知寿春府,从政郎、淮南西路安抚司主管机宜文字王大莭为宣议郎、通判府事。"④

张　缜　宋高宗建炎中

《嘉定镇江续志》:"张子芳,丹徒人……子缜。缜,字彦智……南渡初,除直秘阁淮西提刑,召赴行在,升直徽猷阁、知寿春府,改扬州,进直宝文阁,召还,丐闲。绍兴初,除知建康,数月以疾丐祠,提举江州太平观,卒年六十三。"⑤

陈　卞　宋高宗绍兴二年(1132)

《宋史》卷二七《高宗本纪四》:"(绍兴二年三月)是月,知寿春府陈卞及钤辖陈宝等举兵复顺昌府,寻引兵归,为伪齐所逐,并寿春失之。"⑥《建炎以来系年要录》卷五一"宋高宗绍兴二年二月"条:"是月……合门宣赞舍人、知濠州寇宏虽受朝命,阴与伪宿州守胡斌通。……约与武节大夫、忠州刺史、知寿春府陈卞皆与伪境往来,兼用绍兴、阜昌年号。"⑦

罗　兴　宋高宗绍兴三—四年(1133—1134)

---

① (宋)徐梦莘:《三朝北盟会编》,上海:上海古籍出版社,1987年,第885页。

② (宋)洪迈:《夷坚志》,北京:中华书局,1981年,第345页。

③ 曾枣庄、刘琳主编:《全宋文》,上海:上海辞书出版社,2006年,第167册,第136页。

④ (宋)李心传编撰:《建炎以来系年要录》,北京:中华书局,2013年,第882页。

⑤ (宋)史弥坚修、卢宪纂:《嘉定镇江续志》,《宋元方志丛刊3》,北京:中华书局,1990年,第2561页。

⑥ (元)脱脱等:《宋史》,北京:中华书局,1977年,第497页。

⑦ (宋)李心传编撰:《建炎以来系年要录》,北京:中华书局,2013年,第1066页。

《建炎以来系年要录》卷六八“宋高宗绍兴三年九月”条：“甲戌……敦武郎、权主管寿春府统制军马罗兴为武翼郎、合门宣赞舍人、知寿春府，仍赐金带。”[①]卷七五“宋高宗绍兴四年夏四月”条：“是月，合门宣赞舍人、知寿春府罗兴杀朝散郎、通判府事侍其镳，叛降伪齐。”[②]《宋史》卷二七《高宗本纪四》：“（绍兴四年夏四月）知寿春府罗兴叛降伪齐。”[③]卷四七五《刘豫传》：“（绍兴四年）五月，知寿春府罗兴叛降豫。”[④]

翟琮（未之任） 宋高宗绍兴四年（1134）

《建炎以来系年要录》卷七六“宋高宗绍兴四年五月”条：“丁卯，利州观察使、新添差江南东路兵马钤辖翟琮知寿春府。琮以母老力辞，不赴。”[⑤]《全宋文》卷三六六六张纲《翟琮知寿春府制》[⑥]。

孙晖（一知） 宋高宗绍兴四—九年（1134—1139）

《建炎以来系年要录》卷七五“宋高宗绍兴四年夏四月”条：“淮西安抚使陈规即遣使臣孙晖、庐州录事参军王彦融往摄其事。”[⑦]卷一〇六“宋高宗绍兴六年冬十月”条：“是日，贼攻寿春府寄治芍陂水寨，守臣合门祗候孙晖夜劫其寨，又败之。”[⑧]卷一〇九“宋高宗绍兴七年三月”条：“己卯……武功郎、合门宣赞舍人、知寿春府孙晖进一官，令再任。晖守南寿春凡六年。”[⑨]卷一一八“绍兴八年春正月”条：“辛丑……伪齐武显大夫、知寿州宋超率军民来归，合门宣赞舍人、知寿春府孙晖以闻。”[⑩]卷一二七“宋高宗绍兴九年夏四月”条：“壬申……诏寿春府移归淮北旧治。时守臣武翼大夫、合门宣赞舍人孙晖入见，后三日，以晖领忠州刺史，遣还。”[⑪]《建炎以来系年要录》卷一三三“宋高宗绍兴九年十一月”条：“丁巳……武翼大夫、忠州刺史、知寿春府孙

---

① （宋）李心传编撰：《建炎以来系年要录》，北京：中华书局，2013年，第1340页。
② （宋）李心传编撰：《建炎以来系年要录》，北京：中华书局，2013年，第1438页。
③ （元）脱脱等：《宋史》，北京：中华书局，1977年，第510页。
④ （元）脱脱等：《宋史》，北京：中华书局，1977年，第13798页。
⑤ （宋）李心传编撰：《建炎以来系年要录》，北京：中华书局，2013年，第1450页。
⑥ 曾枣庄、刘琳主编：《全宋文》，上海：上海辞书出版社，2006年，第168册，第181页。
⑦ （宋）李心传编撰：《建炎以来系年要录》，北京：中华书局，2013年，第1438页。
⑧ （宋）李心传编撰：《建炎以来系年要录》，北京：中华书局，2013年，第1984页。
⑨ （宋）李心传编撰：《建炎以来系年要录》，北京：中华书局，2013年，第2053页。
⑩ （宋）李心传编撰：《建炎以来系年要录》，北京：中华书局，2013年，第2191页。
⑪ （宋）李心传编撰：《建炎以来系年要录》，北京：中华书局，2013年，第2405页。

晖领文州团练使，为河南府路马步军副总管，仍命晖招军千三百人。”①

翟　襄　宋高宗绍兴九年(1139)

《建炎以来系年要录》卷一三三“宋高宗绍兴九年十一月”条：“丁巳……武功大夫、忠州团练使、知河南府翟襄移知寿春府。”②

王　威　宋高宗绍兴九年(1139)

《宋史》卷二九《高宗本纪六》：“(高宗绍兴九年八月乙亥)遣前知宿州赵荣、知寿州王威俱还金国。”③《建炎以来系年要录》卷一二七“宋高宗绍兴九年三月”条：“丙申，东京留守王伦始交地界。先是，赵荣既纳款，知寿州王威者，亦以城来归。”④

郑　绚　宋高宗绍兴十年(1140)

《建炎以来系年要录》卷一三五“宋高宗绍兴十年五月”条：“壬寅，右奉议郎、通判寿春府郑绚直秘阁、知寿春府。”⑤

孙晖(二知)　宋高宗绍兴十二—十三年(1142—1143)

《建炎以来系年要录》卷一三九“宋高宗绍兴十有三年岁次”条：“乙卯，金人犯寿春府，守将孙晖、枢密院统制雷仲合兵拒之。”⑥卷一四四“绍兴十有二年岁次”条：“戊申……诏升安丰县为安丰军，以寿春、霍丘、六安三县隶之，遂以武经大夫、忠州团练使、知寿春府孙晖知军事。”⑦

郭　振　宋高宗绍兴三十二年(1162)

《建炎以来系年要录》卷一九九“宋高宗绍兴三十二年夏四月”条：“御营宿卫使杨存中言：‘淮西有归正人甚多，既阙粮食……望出淮西总领所钱粮，付知寿春府郭振以赒给之。’”⑧卷二〇〇“宋高宗绍兴三十二年六月”条：“壬申……武节郎、合门宣赞舍人、知寿春府郭振为蕲州防御使、权主管建康府驻札御前诸军都统制职事。”⑨

---

① (宋)李心传编撰：《建炎以来系年要录》，北京：中华书局，2013年，第2489页。

② (宋)李心传编撰：《建炎以来系年要录》，北京：中华书局，2013年，第2489页。

③ (元)脱脱等：《宋史》，北京：中华书局，1977年，第541页。

④ (宋)李心传编撰：《建炎以来系年要录》，北京：中华书局，2013年，第2395页。

⑤ (宋)李心传编撰：《建炎以来系年要录》，北京：中华书局，2013年，第2531页。

⑥ (宋)李心传编撰：《建炎以来系年要录》，北京：中华书局，2013年，第2610页。

⑦ (宋)李心传编撰：《建炎以来系年要录》，北京：中华书局，2013年，第2709页。

⑧ (宋)李心传编撰：《建炎以来系年要录》，北京：中华书局，2013年，第3914页。

⑨ (宋)李心传编撰：《建炎以来系年要录》，北京：中华书局，2013年，第3942页。

顿　遇　宋孝宗乾道元年前后(1165 前后)

《宋会要辑稿·刑法六·检验》:"乾道元年正月二十六日,诏:'中卫大夫、贵州刺史、建康驻札御前后军统制、兼知寿春府顿遇特贷命……刺配吉阳军牢城。'"①

吴　超　宋孝宗乾道元年(1165)

《宋会要辑稿·食货三八·互市》:"(乾道元年)四月七日,诏寿春府花靥镇建置榷阳场。于是知寿春府吴超条具所行事件,并乞依盱眙军榷阳场体例施行。"②

刘雄飞　宋理宗淳祐六年(1246)

《宋史》卷四三《理宗本纪三》:"(淳祐六年二月)庚午,以刘雄飞知寿春府,节制屯田军马。"③

张　可　宋理宗嘉熙二年前后(1238 前后)

《后村先生大全集》卷一四一《杜尚书神道碑》:"公讳杲,字子昕。……寿春守张可大惎公,百计撼摇。吴公潜素奇公,适在郡漕,主之力……皆有'赏未酬劳'之语。会谋西帅,咸曰毋以易杜某,诏以安抚兼庐州,擢太府卿、淮西制置副使,兼漕。"④

(二)通判

洪　湛　宋太宗端拱元年(988)

《全宋文》卷一一五四王珪《洪比部湛传》:"洪比部湛,字惟清,升州上元人。……端拱初,通判寿、许二州。"⑤又见《宋史》卷四四一《洪湛传》⑥。

潘慎修　约宋太宗淳化前

《武夷新集》卷九《宋故翰林侍读学士朝奉大夫右谏议大夫骑都尉赐紫金鱼袋荥阳潘公墓志铭》:"公讳慎修,字成德。……出通判寿州,知湖州、梓

---

① (清)徐松辑:《宋会要辑稿》,上海:上海古籍出版社,2014 年,第 8550 页。

② (清)徐松辑:《宋会要辑稿》,上海:上海古籍出版社,2014 年,第 6448 页。

③ (元)脱脱等:《宋史》,北京:中华书局,1977 年,第 834 页。

④ (宋)刘克庄:《后村先生大全集》,《宋集珍本丛刊 082—1》,北京:线装书局,2004 年,第 421—423 页。

⑤ 曾枣庄、刘琳主编:《全宋文》,上海:上海辞书出版社,2006 年,第 53 册,第 192—193 页。

⑥ (元)脱脱等:《宋史》,北京:中华书局,1977 年,第 13057 页。

州，凡十年在外。”[①]《宋史》卷二九六《潘慎修传》：“潘慎修字成德，泉州莆田县人。……开宝末，王师征江南……煜卒，改太常博士。……通判寿州，知开封县，又知湖、梓二州。淳化中，秘书监李至荐之，命以本官知直秘阁。”[②]

杨　覃　宋太宗淳化中

《宋史》卷三〇七《杨覃传》：“杨覃字申锡，汉太尉震之后。……淳化中，转屯田员外郎、同判寿州。”[③]

谢　涛　宋太宗至道二—三年（996—997）

《欧阳修全集》卷六三《居士外集》卷一三《太子宾客分司西京谢公墓志铭（景祐二年）》：“惟景祐元年十月之晦，太子宾客、分司西京谢公薨。明年三月，嗣子绛自京师举其柩南归……淳化三年，以进士及第，为梓州榷盐院判官。……明年，知益州华阳县。……由华阳召改著作佐郎，通判寿州、筠州，知兴国军，三迁至太常博士。”[④]《河南先生文集》卷一二《故中大夫守太子宾客分司西京上柱国陈留县开国侯食邑九百户赐紫金鱼袋谢公行状（景祐元年十一月）》：“谢涛，字济之，年七十四。……至道二年，召归，授著作佐郎。太宗面谕，令通判大藩，即通判寿州，迁秘书丞。”[⑤]

陈彭年　约宋真宗咸平初

《续资治通鉴长编》卷四八“宋真宗咸平四年二月”条：“秘书丞、知金州陈彭年上疏曰……故曰：‘臣……次任寿州通判日……亦无阙事。’”[⑥]

魏　瓘　约宋真宗朝

《宋史》卷三〇三《魏瓘传》：“魏瓘字用之。……以大理寺丞知衡山县，通判寿州，历知循、随、安州，提点广南西路刑狱。”[⑦]

李舜元　宋仁宗皇祐二年（1050）

《续资治通鉴长编》卷一六八“宋仁宗皇祐二年夏四月”条：“戊辰……

---

① （宋）杨亿：《武夷新集》，《宋集珍本丛刊 002—6》，北京：线装书局，2004 年，第 279—281 页。

② （元）脱脱等：《宋史》，北京：中华书局，1977 年，第 9874—9875 页。

③ （元）脱脱等：《宋史》，北京：中华书局，1977 年，第 10130 页。

④ （宋）欧阳修：《欧阳修全集》，北京：中华书局，2001 年，第 913—915 页。

⑤ （宋）尹洙：《河南先生文集》，《宋集珍本丛刊 003—4》，北京：线装书局，2004 年，第 399—400 页。

⑥ （宋）李焘：《续资治通鉴长编》，北京：中华书局，2004 年，第 1046—1048 页。

⑦ （元）脱脱等：《宋史》，北京：中华书局，1977 年，第 10034—10035 页。

推官、屯田员外郎李舜元通判寿州。”①

王克臣 约宋仁宗景祐中

《宋史》卷二五〇《王克臣传》:“克臣字子难。……克臣第景祐进士,仁宗阅其文,顾侍臣曰:‘贤穆有孙登科,可喜也。’仕累通判寿州。”②

王山民 约宋仁宗朝

《苏魏公文集》卷六一《少府监致仕王君墓志铭》:“由京师舟行东南五百里而近郡曰汝阴……嘉祐中,予忝麾守。……君讳山民,隐甫字也。其先临汾人。……岁余徙知宾州,通判寿、密、泉、安四州,最后知江州,凡迁秩十有五等……君终于熙宁四年夏四月庚辰,葬以其年十月甲子。”③

沈　立 约宋仁宗朝

《无为集》卷一二《故右谏议大夫赠工部侍郎沈公神道碑》:“公讳立,字立之……天圣中登进士第,历任桐城尉,畿县主簿,知绩溪、洪雅二县,通判寿州、益州,知池州、杭州、越州、江宁府、宣州、沧州。”④

毕从古 约宋仁宗庆历庆历中—嘉祐四年(约1044—1059)

《西台集》卷一六《尚书郎赠金紫光禄大夫毕从古行状(代陈知默撰)》:“公讳从古,字几道……久之,公以卫尉丧屏居濉阳,数年复起为寿州通判,摄其州事。……公年五十有八,以嘉祐四年七月四日卒于寿阳。……公景祐二年补将作监主簿……通判寿州,迁驾部郎中。”⑤

石麟之 约宋神宗元丰二—三年中(约1079—1080中)

《忠肃集》卷九《寿州学记》:“方是时,胶西韩君晋卿,守寿州一年矣。……日与通判州事新昌石君麟之躬自临治,经地度材新故相参,公无调费,人不知力,凡为屋百一十楹。……元丰三年十月记。”⑥

周　邠 宋哲宗朝

《栾城集》卷二九《周邠通判寿春》⑦。《咸淳临安志》卷六六《周邠传》:“周邠字开祖,钱塘人,嘉祐八年登进士第。……元祐初……由是通判寿春

---

① (宋)李焘:《续资治通鉴长编》,北京:中华书局,2004年,第4038页。

② (元)脱脱等:《宋史》,北京:中华书局,1977年,第8819页。

③ (宋)苏颂:《苏魏公文集》,北京:中华书局,1988年,第935—936页。

④ (宋)杨傑:《无为集》,《宋集珍本丛刊015—2》,北京:线装书局,2004年,第333页。

⑤ (宋)毕仲游:《西台集》,郑州:中州古籍出版社,2005年,第263—268页。

⑥ (宋)刘挚:《忠肃集》,北京:中华书局,1985年,第131—132页。

⑦ (宋)苏辙:《苏辙集》,北京:中华书局,1990年,第503页。

府。见苏辙所行,告词后知吉州,官至朝请大夫、上轻车都尉,其丘墓在南荡山。”①

王　摅　宋高宗建炎四年(1130)

《建炎以来系年要录》卷四〇“宋高宗建炎四年十二月”条:“癸未,朝散郎、通判寿春府王摅知寿春府,从政郎、淮南西路安抚司主管机宜文字王大节为宣议郎、通判府事。”②

王大节　宋高宗建炎四年(1130)

见上“王摅”条。

卢　伸　宋高宗绍兴四年(1134)

《建炎以来系年要录》卷七二“宋高宗绍兴四年岁次”条:“丙辰……诏右朝奉郎、通判寿春府卢伸赴行在。既至,停其官,浔州编管。”③

侍其镳　宋高宗绍兴四年(1134)

《建炎以来系年要录》卷七五“宋高宗绍兴四年夏四月”条:“是月,合门宣赞舍人、知寿春府罗兴杀朝散郎、通判府事侍其镳,叛降伪齐。”④

郑　絪　宋高宗绍兴十年(1140)

《建炎以来系年要录》卷一三五“宋高宗绍兴十年五月”条:“壬寅,右奉议郎、通判寿春府郑絪直秘阁、知寿春府。”⑤

冯去非　宋理宗朝初

《全宋文》卷七六九七孙德之《深居冯公墓铭》:“南康冯氏……去非字可迁,幼有异质……嘉定癸酉、乙卯,乡书俱第一。岁丙子,主文王公遂得其卷……中第,注滁州户曹。……今丞相镇淮南,改辟宝应,寻通判寿春府。”⑥

林子崇　约宋理宗淳祐二—四年(1242—1244)

《全宋文》卷七八五八李曾伯《拟泰寿泗三郡筑城记(淳祐六年)》:“淳祐壬寅二月,予以尚书左司误恩授淮东阃……至四年七月晦而寿城成……

---

① (宋)潜说友:《咸淳临安志》,台北:成文出版社,1970年,第646页。

② (宋)李心传编撰:《建炎以来系年要录》,北京:中华书局,2013年,第882页。

③ (宋)李心传编撰:《建炎以来系年要录》,北京:中华书局,2013年,第1384页。

④ (宋)李心传编撰:《建炎以来系年要录》,北京:中华书局,2013年,第1438页。

⑤ (宋)李心传编撰:《建炎以来系年要录》,北京:中华书局,2013年,第2531页。

⑥ 曾枣庄、刘琳主编:《全宋文》,上海:上海辞书出版社,2006年,第334册,第226页。

提督商确与防托守望者……权寿春通判路钤林子崇也。”①

（三）长史

林献可 宋仁宗宝元二年前后（1039前后）

《续资治通鉴长编》卷一二四“宋仁宗宝元二年冬十月”条：“己巳，寿州长史林献可言国家休咎之事，上谓辅臣曰：‘朝廷得失在任人，得人则政治，失人则政隳。……今之言者多挟此以求进用，不可不察。’”②

（四）录事参军事

马 绛 宋真宗景德中

《乐全先生文集》卷四〇张方平《朝奉郎守太常少卿权北京留守御史台公事上柱国扶风县开国男食邑三百户赐紫金鱼袋马公墓志铭并序（嘉祐八年七月）》：“公讳绛，字某……景德元年，诏下贡举……再调寿州录事参军。还赴铨集，引对御前，选补职事官，除莱州防御判官。”③

杜 襄 宋神宗熙宁二年前（1069前）

《彭城集》卷三七《赠兵部侍郎王公墓志铭》：“公讳嘉言，字仲谟……以熙宁二年七月二十一日，葬于开封府开封县宰辅乡凤池里先茔之次。……二女：长适故寿州录事参军杜襄，次适进士张诱。”④

吴 蕡 约宋神宗元丰中

《王临川全集》卷九八《吴录事墓志》：“君讳蕡，字成之，世为抚州金溪人……君以荫入官，任吉州太和、袁州萍乡县主簿，尉蕲州石桥茶场，庐州司理，亳、寿州、江宁府录事参军。……卜以元丰八年某月日葬于唐州桐柏。”⑤

---

① 曾枣庄、刘琳主编：《全宋文》，上海：上海辞书出版社，2006年，第340册，第333—334页。

② （宋）李焘：《续资治通鉴长编》，北京：中华书局，2004年，第2935页。

③ （宋）张方平：《乐全先生文集》，《宋集珍本丛刊006—1》，北京：线装书局，2004年，第245页。

④ （宋）刘攽：《彭城集》，北京：中华书局，1985年，第493—494页。

⑤ （宋）王安石：《王临川全集》，上海：世界书局，1935年，第623页。

（五）判司

1. 司户参军

蒋　瑎　宋哲宗元祐三年后(1088 后)

《全宋文》卷三三九二汪藻《徽猷阁待制致仕蒋公墓志铭（绍兴八年三月）》："绍兴八年正月癸卯，左大中大夫、徽猷阁待制致仕蒋公卒于家。……公讳瑎，字梦锡。……擢元祐三年进士第，调寿州司户参军。"①

王　升　宋徽宗建中靖国元年(1101)

《宋会要辑稿・崇儒二・郡县学》："（建中靖国元年）十二月二十三日，诏以睦州进士王升为寿州司户参军，充湖州州学教授。"②

江　褒　宋徽宗政和七年前(1117 前)

《北山小集》卷三一《承议郎信安江君墓志铭（政和八年正月）》："政和七年，仲嘉甫客京师。……君讳褒，字仲嘉甫，信安江氏也。……调寿州司户参军。丁外艰，终丧，来京师，径调余杭尉。"③

2. 司法参军

苻补之　宋哲宗绍圣二年前(1095 前)

《全宋文》卷二七〇九苻世功《故保大军节度推官苻君墓志（绍圣二年十一月）》："季父讳补之……试官寿州司法，累为名宰。……绍圣二年十一月庚申葬焉。"④

宋　靖　约宋哲宗朝或宋徽宗崇宁中

《道乡先生邹忠公文集》卷三六《宋子直墓志铭（大观二年四月）》："通直郎、知温州平阳县事宋君讳靖，字子直，以大观元年七月疾革……俄以其月二十六日卒。……初，用祖任为郊社斋郎，终父丧，调寿州司法参军。"⑤

3. 司理参军

张元与　宋仁宗嘉祐三年(1058)

---

① 曾枣庄、刘琳主编：《全宋文》，上海：上海辞书出版社，2006 年，第 157 册，第 363—367 页。

② （清）徐松辑：《宋会要辑稿》，上海：上海古籍出版社，2014 年，第 2765 页。

③ （宋）程俱：《北山小集》，《宋集珍本丛刊 033—4》，北京：线装书局，2004 年，第 573 页。

④ 曾枣庄、刘琳主编：《全宋文》，上海：上海辞书出版社，2006 年，第 125 册，第 247 页。

⑤ （宋）邹浩：《道乡先生邹忠公文集》，《宋集珍本丛刊 031—1》，北京：线装书局，2004 年，第 269 页。

《梅尧臣集编年校注》卷二八《送寿州司理张元与》①。

杨 观 宋神宗熙宁二年前后(1069前后)

《郧溪集》卷二二《赠工部侍郎杨公墓表》:“宣城杨君讳镐,字某,祥符五年以布衣终于家。其后十有八年,子玙登进士第,又三十有九年,玙为光禄卿,累赠君工部侍郎,于是安陆郑某位辞以表其墓。……光禄之子观,寿州司理参军;履,太庙斋郎;涣,郊社斋郎;某某,亦进士。”②

柴 注 南宋朝

《夷坚志》甲卷八《金刚灵验》:“青州人柴注,为寿春府司理。”③

(六)判官

节度判官

沈令从 约宋初

《全宋文》卷二二七〇王固《奉议郎致仕沈公墓志铭》:“奉议郎致仕沈公……祖讳令从,寿州节度判官致仕、国子博士。”④

孟上交 宋太宗太平兴国四年(979)

《宋会要辑稿·职官四八·幕职官》:“太宗太平兴国四年八月,以赞善大夫十五员充诸州节度判官:……孟上交寿州……张郢宿州。”⑤

(七)推官

1. 节度推官

孔承恭 宋太祖朝初

《宋史》卷二七六《孔承恭传》:“孔承恭,字光祖,京兆万年人。……时王审琦节制寿春,以承恭名家子,奏摄节度推官。府罢,调补郑州录事参军,入为大理寺丞。”⑥

陈 洙 约宋仁宗朝

---

① (宋)梅尧臣撰,朱东润校注:《梅尧臣集编年校注》,上海:上海古籍出版社,2006年,第1024页。

② (宋)郑獬:《郧溪集》,《宋集珍本丛刊015—1》,北京:线装书局,2004年,第207页。

③ (宋)洪迈:《夷坚志》,北京:中华书局,1981年,第67页。

④ 曾枣庄、刘琳主编:《全宋文》,上海:上海辞书出版社,2006年,第104册,第53页。

⑤ (清)徐松辑:《宋会要辑稿》,上海:上海古籍出版社,2014年,第4311页。

⑥ (元)脱脱等:《宋史》,北京:中华书局,1977年,第9389—9390页。

《古灵先生文集》卷二五《殿中御史陈公墓志铭》:"嘉祐六年九月十五日,殿中侍御史里行陈君卒……君讳洙,字师道……举进士高第,为寿、亳、杭三州节度推官。"①

2. 观察推官

宋　远　约宋哲宗元祐五年前后(1090 前后)

《山谷全书》外集卷二二《郦氏墓志铭(元祐五年正月)》:"夫人郦氏,亳州卫真人。……入宋氏……生子远与适……远为寿州观察推官……将以元祐五年正月某甲子,葬于共城之麓台,状夫人节行来乞铭。"②

●具体推官名称不详者

陆文伟　约宋真宗咸平初

《续资治通鉴长编》卷四八"宋真宗咸平四年二月"条:"秘书丞、知金州陈彭年上疏曰……故曰:'臣……次任寿州通判日,知州乔维岳丧亡,支使甘鸿渐差出,独臣与推官陆文伟同官。'"③

二、县级官员

(一)下蔡县

1. 知县

周敬述　约宋初

《王临川全集》卷九六《尚书刑部郎中周公墓志铭》:"公之皇考讳敬述……孟氏亡,因不复仕。而天子召以为寿州下蔡令,由下蔡以为太子中允、知江州。"④

赵许之　宋高宗建炎三年前(1129 前)

《建炎以来系年要录》卷二〇"宋高宗建炎三年二月"条:"甲寅……知

---

① (宋)陈襄:《古灵先生文集》,《宋集珍本丛刊 009—1》,北京:线装书局,2004 年,第 62 页。

② (宋)黄庭坚:《山谷全书》,《宋集珍本丛刊 026—1》,北京:线装书局,2004 年,第 61 页。

③ (宋)李焘:《续资治通鉴长编》,北京:中华书局,2004 年,第 1046—1048 页。

④ (宋)王安石:《王临川全集》,上海:世界书局,1935 年,第 608—609 页。

下蔡县赵许之亦死,城中悉为灰烬。”①

2. 县丞

李士衺 宋徽宗崇年四年前后(1105 前后)

《全宋文》卷二七四五晁补之《朝请郎王君墓志铭(崇宁四年十月)》:“君王氏,讳元,字舜弼。……绍圣四年七月二十七日也,年六十九。……女长适……次适下蔡丞李士衺……将以崇年四年十月癸酉葬于开封县大边村之原,从晋公兆也。”②

程　垧 宋理宗宝祐三—五年(1255—1257)

《宋太常丞尚右郎官兼史馆校勘程公(垧)岁月记(咸淳五年三月)》:“先君姓程氏,讳垧,字鲁仲,世家饶之德兴。……宝祐三年,今太傅平章贾魏公卧护全淮,以寿春府下蔡丞奏辟起家。五年,考举及格,改宣教郎。闰四月,差知安丰军寿春县事。”③

3. 主簿

张利用 宋太宗太平兴国二年前(977 前)

《续资治通鉴长编》卷一八“宋太宗太平兴国二年十一月”条:“下蔡县主簿张利用,冒称其亡兄秉官,求进用,丙午,诏决杖配隶商州禁锢。”④

吕蒙亨 宋太宗至道前

《宋史》卷二六五《吕蒙正传》:“(吕)龟图弟龟祥,殿中丞,知寿州。子蒙亨……后历下蔡、武平主簿。至道初,考课州县官,蒙亨引对,文学、政事俱优,命为光禄寺丞,改大理寺丞,卒。”⑤

华直渊 宋哲宗元符元年前(1098 前)

《道乡先生邹忠公文集》卷三四《华元吉墓志铭(元符元年八月)》:“君华氏,讳申锡……父直渊,故寿州下蔡县主簿。”⑥卷三六《华世衡墓志铭(大

① (宋)李心传编撰:《建炎以来系年要录》,北京:中华书局,2013 年,第 458 页。

② 曾枣庄、刘琳主编:《全宋文》,上海:上海辞书出版社,2006 年,第 127 册,第 130—132 页。

③ 章国庆编著:《宁波历代碑碣墓志汇编》,上海:上海古籍出版社,2012 年,第 311—312 页。

④ (宋)李焘:《续资治通鉴长编》,北京:中华书局,2004 年,第 416 页。

⑤ (元)脱脱等:《宋史》,北京:中华书局,1977 年,第 9149 页。

⑥ (宋)邹浩:《道乡先生邹忠公文集》,《宋集珍本丛刊 031—1》,北京:线装书局,2004 年,第 256 页。

观三年十一月)》:“君华氏,讳仲平,字世衡……祖直渊,寿州下蔡主簿。”①卷三七《夫人邹氏墓志铭(崇年五年)》:“故寿州下蔡县主簿华君讳直渊之妻、夫人邹氏崇宁元年年八十有二,以闰六月癸亥终于常州之私第。”②

4. 县尉

陈　轸　约宋哲宗元符中

《全宋文》卷二五四六刘安世《陈商洛墓铭》:“府君讳轸,字德载,姓陈氏。……以先公执政,恩授假承务郎,调大名府馆陶县主簿,徙寿州下蔡县尉,用举者迁商洛县令。……建中靖国元年春三月己巳,以疾卒官,享年六十。”③

(二)寿春县

1. 知县

连　庶　约宋仁宗朝

《宋史》卷四五八《连庶传》:“连庶字居锡,安州应山人。举进士,调商水尉、寿春令。兴学,尊礼秀民,以劝其俗;开濒淮田千顷,县大治。”④《续资治通鉴长编》卷二三七“宋神宗熙宁五年八月”条:“颍州言观文殿学士、太子少师致仕欧阳修卒。……修喜荐士,一时名卿贤士出修门下者甚众,而荐秩与连庶尤力。……庶,应山人,尝为寿春令,有政绩,已而退居二十余年。”⑤《欧阳修全集》卷二四《居士集》卷二四《连处士墓表(庆历八年)》:“连处士,应山人也。……处士生四子,曰庶、庠、庸、膺。其二子教以学者,后皆举进士及第。今庶为寿春令,庠为宜城令。”⑥

陆　琮　约宋英宗治平中或神宗熙宁初

《全宋文》卷二二〇九陆佃《朝奉大夫陆公墓志铭(元丰七年十二月)》:“公讳琮,字宝之……为吉州龙泉县主簿,南康军星子县尉,寿州寿春县令

---

① (宋)邹浩:《道乡先生邹忠公文集》,《宋集珍本丛刊 031—1》,北京:线装书局,2004年,第270页。

② (宋)邹浩:《道乡先生邹忠公文集》,《宋集珍本丛刊 031—1》,北京:线装书局,2004年,第278页。

③ 曾枣庄、刘琳主编:《全宋文》,上海:上海辞书出版社,2006年,第118册,第183页。

④ (元)脱脱等:《宋史》,北京:中华书局,1977年,第13445页。

⑤ (宋)李焘:《续资治通鉴长编》,北京:中华书局,2004年,第5765页。

⑥ (宋)欧阳修:《欧阳修全集》,北京:中华书局,2001年,第376—377页。

……春秋六十有六,元丰五年十月八日以疾卒。"[1]

满建中 约宋神宗熙宁二年前后(1069前后)

《王临川全集》卷九九《扬州进士满夫人杨氏墓志铭》:"扬州进士满泾之夫人杨氏者,著作元宾之女也,年六十有一,以治平四年十月庚戌卒,而以熙宁二年八月庚申葬。……建中寿州寿春县令,执中颍州万寿县令,居中举进士。"[2]

章 甫 宋神宗熙宁三年后(1070后)

《吴郡志》卷二六《人物》:"章甫,字端叔,自建徙居于吴……甫,熙宁三年进士,知寿春县……崇宁初除都官郎中。"[3]《全宋文》卷二六九九杨时《章端叔墓志铭(建炎二年)》:"公讳某,字端叔,姓章氏。……就移寿州寿春令,大臣有以公《孟子议》进者,诏付秘书省,除应天府国子监教授,用举者改著作佐郎。"[4]

周 谓 宋神宗元丰八年前后(1085前后)

《续资治通鉴长编》卷三六一"宋神宗元丰八年十一月"条:"寿州寿春县令、充曹州教授周谓言……诏令户部相度条析利害闻奏。"[5]

朱 褒 宋哲宗元祐三年前(1088前)

《无为集》卷一三《故朝散郎致仕朱君墓志铭(元祐四年九月)》:"君讳定国,字兴仲,姓朱氏。……以元祐四年七月初一日终于私第之正寝,享年七十有九。……子男三人:长曰褒,寿州寿春县令,先公一年卒。"[6]

徐 积 宋哲宗元符三年(1100)

《续资治通鉴长编》卷三七五"宋哲宗元祐元年四月"条:"进士出身徐积为扬州司户参军,充楚州州学教授。用右正言王觌、御史林旦之荐也。(元符三年,乃以和州防御推官知寿春县事。)"[7]

宋 驹 约宋宁宗嘉定中

---

① 曾枣庄、刘琳主编:《全宋文》,上海:上海辞书出版社,2006年,第101册,第230—231页。

② (宋)王安石:《王临川全集》,上海:世界书局,1935年,第626页。

③ (宋)范成大纂修:《吴郡志》,《宋元方志丛刊1》,北京:中华书局,1990年,第892页。

④ 曾枣庄、刘琳主编:《全宋文》,上海:上海辞书出版社,2006年,第125册,第90页。

⑤ (宋)李焘:《续资治通鉴长编》,北京:中华书局,2004年,第8651—8652页。

⑥ (宋)杨傑:《无为集》,《宋集珍本丛刊015—2》,北京:线装书局,2004年,第339页。

⑦ (宋)李焘:《续资治通鉴长编》,北京:中华书局,2004年,第9101页。

《水心先生文集》卷二五《宋庇父墓志铭》:“宋驹,字庇父……君殁嘉定十三年五月丙申,年六十二。……君有科第四十年,任徽州司户,知寿春县,其为两浙转运帐司……皆不赴。”①

王　渝　任职时间不详

《光绪寿州志》卷一三《职官志·文职表》“王渝”条②。

赵茂曾　任职时间不详

《光绪寿州志》卷一三《职官志·文职表》“赵茂曾”条③。

2. 主簿

张　起　宋真宗景德元年(1004)

《宋会要辑稿·选举九·赐同出身》:“(景德元年)十月九日,赐进士张起同出身,为寿春县主簿。”④

杜　起　宋真宗景德初

《安阳集》卷四七《故尚书都官员外郎赠工部郎中杜公墓志铭(皇祐三年十一月)》:“公讳起,字齐贤……景德初,契丹犯塞……公以母老,寓居寿州之寿春县,愿便于就养。于是特赐进士第,授寿春县主簿以荣之。”⑤

3. 县尉

魏　通　约宋仁宗庆历末

《全宋文》卷二七四三晁补之《通直郎充德清军使兼知澶州清丰县事魏君墓志铭(元丰六年八月)》:“君讳通,字择之,族魏氏,世家平原。……十四岁以《尚书》中第,为寿州寿春、沧州清池、石州离石尉……而君卒。元丰五年十二月也,享年五十有二。”⑥

俞叔良　宋仁宗嘉祐四年后(1059后)

---

① (宋)叶适:《水心先生文集》,《宋集珍本丛刊067—2》,北京:线装书局,2004年,第337页。

② (清)曾道唯等修,(清)葛荫南等纂:《光绪寿州志》,《中国地方志集成·安徽府县志辑21》,南京:江苏古籍出版社,1998年,第172页。

③ (清)曾道唯等修,(清)葛荫南等纂:《光绪寿州志》,《中国地方志集成·安徽府县志辑21》,南京:江苏古籍出版社,1998年,第172页。

④ (清)徐松辑:《宋会要辑稿》,上海:上海古籍出版社,2014年,第5435页。

⑤ (宋)韩琦:《安阳集》,《宋集珍本丛刊006—3》,北京:线装书局,2004年,第600—601页。

⑥ 曾枣庄、刘琳主编:《全宋文》,上海:上海辞书出版社,2006年,第127册,第96—97页。

《新安志》卷八《进士题名》“嘉祐四年刘煇榜”:“俞叔良,甲科,寿春尉。”①

(三)安丰县

1. 知县

赵中衡 宋太祖开宝六年前(973 前)

《续资治通鉴长编》卷一四“宋太祖开宝六年六月”条:“六月癸未朔,……安丰县令赵中衡为大府寺丞兼右军巡检。”②

张正符 宋真宗咸平二年前(999 前)

《宋会要辑稿·崇儒四·勘书》:“真宗咸平二年闰三月……又命吏部侍郎陈恕、知制诰杨亿同试诗论各一首于银台司,第其优劣。得……前寿州安丰令张正符……等六人。”③

崔　立 约宋真宗景德末—大中祥符初

《宋史》卷四二六《崔立传》:“崔立字本之,开封鄢陵人。……真宗记之,特改大理寺丞,知安丰县。大水坏期斯塘,立躬督缮治,逾月而成。”④《安阳集》卷五〇《故尚书工部侍郎致仕赠工部尚书崔公行状》:“本贯开封府鄢陵县仪凤乡凤凰里,名立,字本之,年七十五。……丁侍郎忧去职。服除,知寿州安丰县事。”⑤

张　旨 宋仁宗明道中(1032—1033)

《宋史》卷三〇一《张旨传》:“张旨字仲微,怀州河内人。……明道中,淮南饥,自诣宰相陈救御之策。命知安丰县,大募富民输粟,以给饿者。”⑥

韩　璩 宋仁宗庆历元年—二年(1041—1042)

《安阳集》卷四六《五兄著作墓志铭(庆历五年二月)》:“太师第五子讳璩,字子徽,于琦同母兄也。……庆历元年秋,吏部奏课最,授秘书省著作佐

---

① (宋)罗愿撰,萧建新等校著:《〈新安志〉整理与研究》,合肥:黄山书社,2008 年,第 243 页。

② (宋)李焘:《续资治通鉴长编》,北京:中华书局,2004 年,第 302 页。

③ (清)徐松辑:《宋会要辑稿》,上海:上海古籍出版社,2014 年,第 2815 页。

④ (元)脱脱等:《宋史》,北京:中华书局,1977 年,第 12697 页。

⑤ (宋)韩琦:《安阳集》,《宋集珍本丛刊 006—3》,北京:线装书局,2004 年,第 615—616 页。

⑥ (元)脱脱等:《宋史》,北京:中华书局,1977 年,第 10003—10004 页。

郎,知寿州安丰县事。二年二月十九日,以疾卒,时年四十一。”①

刁　某　宋仁宗庆历五年(1045)

《梅尧臣集编年校注》卷一五《送刁安丰》②。

杨景略　宋英宗治平二—四年(1065—1067)

《苏魏公文集》卷五六《龙图阁待制知扬州杨公墓志铭(元祐元年)》:“公讳景略,字康功。……治平二年擢进士第,治寿州安丰县,年少领剧邑,处之沛然。”③

程　璠　约宋仁宗庆历中

《全宋文》卷一七三六程颢《程郎中墓志(熙宁十年八月)》:“公讳璠,字仲韫,姓程氏,世居中山之博野。……始冠,为常州户曹掾。……遂改京官,知寿州安丰。……熙宁乙卯夏四月,代还。”④

王希吕　南宋孝宗朝

《芦浦笔记》卷九《祭蝗虫文》:“维某年月日,右修职郎特差知寿春府安丰县王希吕,谨以清酌之奠,祭于蝗虫之神,而告之曰:‘古先哲王之有天下也……其听县令言。”⑤《宋会要辑稿·方域六·州县升降废置二》:“隆兴二年十月五日……诏王希吕差权安丰军使、兼知寿春府安丰县事、兼营田,日后令吏部依条差注。”⑥

张公仪　任职时间不详

《光绪寿州志》卷一三《职官志·文职表》“张公仪”条⑦。

2. 主簿

孔承恭　宋太祖朝初

《宋史》卷二七六《孔承恭传》:“孔承恭,字光祖,京兆万年人。……以

① (宋)韩琦:《安阳集》,《宋集珍本丛刊006—3》,北京:线装书局,2004年,第589页。

② (宋)梅尧臣撰,朱东润校注:《梅尧臣集编年校注》,上海:上海古籍出版社,2006年,第299页。

③ (宋)苏颂:《苏魏公文集》,北京:中华书局,1988年,第849页。

④ 曾枣庄、刘琳主编:《全宋文》,上海:上海辞书出版社,2006年,第79册,第357—358页。

⑤ (宋)刘昌诗:《芦浦笔记》,北京:中华书局,1986年,第67—68页。

⑥ (清)徐松辑:《宋会要辑稿》,上海:上海古籍出版社,2014年,第9389页。

⑦ (清)曾道唯等修,(清)葛荫南等纂:《光绪寿州志》,《中国地方志集成·安徽府县志辑21》,南京:江苏古籍出版社,1998年,第173页。

门荫授秘书省正字,历温、安丰二县主簿。时王审琦节制寿春,以承恭名家子,奏摄节度推官。”①

刘　随　宋真宗景德初

《宋元宪集》卷三四《宋故朝请大夫尚书工部郎中充天章阁待制上轻车都尉赐紫金鱼袋彭城刘府君墓志铭》:“景祐乙亥秋八月……仲豫庚申归葬于开封考城之黄城原,礼也。君字仲豫……真宗景德初,君始以乡秀诣春官,覆试便殿,擢进士第,解巾连主安丰、仁和二县簿。”②

王博文　宋太宗淳化末—真宗天禧前

《宋史》卷二九一《王博文传》:“王博文字仲明,曹州济阴人。……淳化三年,太宗亲试进士,以年少罢归。后谏卒官庐州,州守刘蒙叟为言,召试舍人院,为安丰主簿,历南丰尉,有能名。”③

曹　辅　约宋徽宗朝初

《全宋文》卷二七〇一杨时《枢密曹公墓志铭(建炎二年十二月)》:“公讳辅,字戴德,南剑州沙县人。……元符三年中进士第,调福州宁德县尉。……服除,调寿州安丰县主簿。改通仕郎,试中辞学兼茂科,特转文林郎。”④

3. 县尉

俞献卿　约宋太宗朝

《公是集》卷五三刘敞《大中大夫行刑部侍郎致仕上柱国赐紫金鱼袋俞公墓志铭(庆历六年)》:“公讳献卿,字谏臣。……拜寿州芍陂尉,临事明察,善钩人情,推显至于隐,故盗贼不敢发,发又辄得。……庆历五年四月十七日终于所舍,享年七十有六。”⑤《宋史》卷三〇〇《俞献卿传》:“俞献卿字谏臣,歙人。……献卿起家补安丰县尉。”⑥

---

① (元)脱脱等:《宋史》,北京:中华书局,1977 年,第 9389—9390 页。

② (宋)宋庠:《宋元宪集》,北京:中华书局,1985 年,第 357—358 页。

③ (元)脱脱等:《宋史》,北京:中华书局,1977 年,第 9743—9744 页。

④ 曾枣庄、刘琳主编:《全宋文》,上海:上海辞书出版社,2006 年,第 125 册,第 117—118 页。

⑤ (宋)刘敞:《公是集》,《宋集珍本丛刊 009—3》,北京:线装书局,2004 年,第 780—781 页。

⑥ (元)脱脱等:《宋史》,北京:中华书局,1977 年,第 9976 页。

(四)霍丘县

1.知县

王　冲　宋仁宗天圣初

《公是集》卷五三刘敞《尚书屯田郎中提举兖州仙源县景灵宫王公墓志铭(嘉祐四年十月)》:"公讳冲,字景儒。其先自太原迁宋,居虞城。……公少则好学……天圣初,改著作佐郎,知寿州霍丘县。"①

范大珪　宋神宗元丰六年前后(1083 前后)

《全宋文》卷一〇七〇韩维《富文忠公墓志铭并序》:"元丰六年闰六月丙申,司徒韩国公致仕富公薨于京西里第之正寝,享年八十。……公讳弼,字彦国,河南人。……女子四人……次适霍邱县令范大珪。"②

谢　绩　宋仁宗朝末

《全宋文》卷一五一五王回《霍丘县驿记》:"霍丘故蓼邑也,今县属寿……今知县事、大理寺丞谢侯绩之至也……庶几其卒勿废焉。"③《乾隆颍州府志》卷六《名宦志》:"谢绩,霍邱令,创建蓼驿得,为政大体。"④

周　某　约宋仁朝

《王安石全集》卷九八《都官郎中致仕周公墓志铭》:"尚书都官郎中南康周公卒之明年,皇祐五年,葬某所。……尝令岳之沅江、寿之霍丘……蓬人爱思,至为公画像。"⑤

刘　家　宋英宗治平中

《乾隆颍州府志》卷六《名宦志》:"刘家,霍邱(丘)令,设法赈饥民,赖以活者甚众。"⑥《霍邱县志》卷八《职官志》:"刘家,宜黄人,治平初由进士任,

---

① (宋)刘敞:《公是集》,《宋集珍本丛刊 009—3》,北京:线装书局,2004 年,第 781—782 页。

② 曾枣庄、刘琳主编:《全宋文》,上海:上海辞书出版社,2006 年,第 49 册,第 227—237 页。

③ 曾枣庄、刘琳主编:《全宋文》,上海:上海辞书出版社,2006 年,第 69 册,第 374—375 页。

④ (清)王敛福纂修:《乾隆颍州府志》,《中国地方志集成·安徽府县志辑 24》,南京:江苏古籍出版社,1998 年,第 272 页。

⑤ (宋)王安石:《王安石全集》,长春:吉林人民出版社,1996 年,第 995 页。

⑥ (清)王敛福纂修:《乾隆颍州府志》,《中国地方志集成·安徽府县志辑 24》,南京:江苏古籍出版社,1998 年,第 277 页。

有传。"①

2. 主簿

和　㠭　宋太宗太平兴国八—九年(983—984)

《宋史》卷四三九《和㠭传》:"㠭字显仁,凝第四子也。……太平兴国八年,擢进士第,释褐霍丘主簿。雍熙初,知崇仁县,就拜大理评事。"②

郭韬玉　宋真宗咸平五年(1002)

《宋会要辑稿·职官七七·致仕上》:"(咸平五年)九月,仓部员外郎、武信军节度掌书记郭成范为司封员外郎致仕,以其子太庙斋郎韬玉为寿州霍邱(丘)县主簿。"③

宋　拯　约宋仁宗嘉祐八年—英宗治平二年(1063—1065)

《苏魏公文集》卷五六《寿州霍丘县主簿宋君墓志铭(元丰八年)》:"宋氏世占开封,盖得姓授氏之邑也。……生寿州霍丘县主簿拯。……才满一官,年二十八,以治平二年构疾,卒于京师僦舍。"④

汪汝宁　任职时间不详

《黄氏日钞》卷九六《知兴化军宫讲宗博汪公行状(咸淳四年六月)》:"公讳元春,字景新……有霍丘县主簿汝宁者,其高祖也。"⑤

3. 县尉

谢　规　宋仁宗嘉祐三年前后(1058 前后)

《郧溪集》卷一九《右谏议大夫充天章阁待制知沧州兼驻泊马步军部署田公行状》:"公讳京,字简之,其先盖出于陈氏。……嘉祐二年,迁谏议大夫。明年以疾求便郡……三女:长适霍丘县尉谢规,次适进士罗护,次幼。"⑥

林醇中　约宋哲宗元祐七年前后(1092 前后)

《道乡先生邹忠公文集》卷三七《夫人程氏墓志铭(绍圣元年八月)》:"夫人程氏,世为常州晋陵人也。……会今婺州观察推官林君师醇中,醇中

---

① (清)陆鼎敩、王寅清纂修:《同治霍邱县志》,《中国地方志集成·安徽府县志辑20》,南京:江苏古籍出版社,1998 年,第 156 页。

② (元)脱脱等:《宋史》,北京:中华书局,1977 年,第 13014 页。

③ (清)徐松辑:《宋会要辑稿》,上海:上海古籍出版社,2014 年,第 5159 页。

④ (宋)苏颂:《苏魏公文集》,北京:中华书局,1988 年,第 847—848 页。

⑤ (宋)黄震:《黄震全集》,杭州:浙江大学出版社,2013 年,第 7 册,第 2484 页。

⑥ (宋)郑獬:《郧溪集》,《宋集珍本丛刊 015—1》,北京:线装书局,2004 年,第 174—178 页。

方中进士第，遂以归之。……醇中为寿州霍丘县尉，时夫人得疾。一日，与醇中语，皆超诣名理，神色不少变，已而逝去，实元祐七年九月十八日也。”①

孙自中（未之任） 宋理宗绍定五年（1232）

《宋孙自中墓志（嘉熙三年十一月）》：“先兄讳自中，字时仲，姓孙氏，世家山阴徙余姚。……登绍定五年进士第，授霍丘尉，未赴，台阃交辟。”②

（五）六安县

知县

姜　愚 宋英宗治平中

《邵氏闻见录》卷一八：“太学博士姜愚字子发，京师人，长康节先公一岁，从康节学，称门生。……子发本京师富家，气豪乐施，登进士第，月分半俸奉康节。治平间知寿州六安县，以目疾分司，居新乡。”③

张　淮 宋神宗熙宁七年前（1074前）

《太史范公文集》卷三八《大理寺丞张君墓志铭（熙宁八年九月）》：“君讳淮，字次公。……外除权杭州观察推官，考满，改卫尉寺臣、知寿州六安县。以疾谢归，改大理寺，遂卒，实熙宁七年七月丁酉，年五十二。”④

① （宋）邹浩：《道乡先生邹忠公文集》，《宋集珍本丛刊 031—1》，北京：线装书局，2004年，第277页。

② 章国庆编著：《宁波历代碑碣墓志汇编》，上海：上海古籍出版社，2012年，第258页。

③ （宋）邵伯温：《邵氏闻见录》，北京：中华书局，1983年，第193页。

④ （宋）范祖禹：《太史范公文集》，《宋集珍本丛刊 024—2》，北京：线装书局，2004年，第385页。

卷六　六安军

六安军，本寿州六安县，宋徽宗重和元年(1118)，升六安县为军，辖六安(治今安徽省六安市)一县。高宗绍兴十三年(1143)，六安军废为六安县，六安县划归安丰军。端平元年(1234)复升为军，景定五年(1264)降军为县，后复为军。六安军在今皖淮地区境内。

州级官员

知军

程端中　宋高宗建炎元年—三年(1127—1129)

《建炎以来系年要录》卷四六“宋高宗绍兴元年秋七月”条：“戊子，赠张舜民宝文阁直学士，程颐、任伯雨并直龙图阁。……先是，颐子端中知六安军，为盗所杀……至是诏并赴行在。”[①]《光绪霍山县志》卷六《宦绩》：“程端中……靖康末随高宗南行，居池州，知六安军兼管内劝农营田事，建炎三年冬，金人渡淮寇六安之西南境，公竭力守御，战于撞山下，不克，死之。”[②]

边　某　宋高宗建炎三—四年(1129—1130)

《建炎以来系年要录》卷二九“宋高宗建炎三年十一月”条：“丁卯……金人寇六安军，知军事边某降敌，遣北军三百人屯城中，不杀不掠。”[③]卷三四“宋高宗建炎四年六月”条：“壬辰……是日，知六安军边某杀金人所屯军三

---

① (宋)李心传编撰：《建炎以来系年要录》，北京：中华书局，2013 年，第 980 页。

② (清)秦达章修，(清)何国佑、程秉祺纂：《光绪霍山县志》，《中国地方志集成·安徽府县志辑 13》，南京：江苏古籍出版社，1998 年，第 116 页。

③ (宋)李心传编撰：《建炎以来系年要录》，北京：中华书局，2013 年，第 676 页。

百，遂弃城而去。”[①]

谢　通　宋高宗绍兴二年(1132)

《建炎以来系年要录》卷五六“宋高宗绍兴二年秋七月”条：“戊寅……和州镇抚使赵霖、知濠州寇宏、知六安军谢通皆有守御之劳，并进秩一等。”[②]

曹　明　宋恭帝德祐元年(1275)

《同治六安州志》卷一七《文职》：“曹明，德祐元年知六安军。”[③]

---

① (宋)李心传编撰：《建炎以来系年要录》，北京：中华书局，2013年，第789页。

② (宋)李心传编撰：《建炎以来系年要录》，北京：中华书局，2013年，第1144页。

③ (清)李蔚、王峻修，(清)吴康霖纂：《同治六安州志》，《中国地方志集成·安徽府县志辑18》，南京：江苏古籍出版社，1998年，第266页。

卷七　安丰军

安丰军,宋高宗绍兴十二年(1142),升安丰县为军,以六安(治今安徽省六安市)、霍丘(治今安徽省霍邱县)、寿春(治今安徽省寿县)三县来隶,共四县,军治在安丰县(治今安徽寿县南安丰铺)。三十二年(1162),升寿春为府,以安丰军隶焉。隆兴二年(1164),军使兼知安丰县事。乾道三年(1167),罢寿春,复为安丰军。安丰军全境均在今皖淮地区。

一、州级官员

(一)知军

孙　晖　宋高宗绍兴十二年(1142)

《建炎以来系年要录》卷一四四“宋高宗绍兴十二年岁”次条:“戊申……诏升安丰县为安丰军,以寿春,霍丘,六安三县隶之,遂以武经大夫、忠州团练使知寿春府孙晖知军事。”①

刘　将　宋高宗绍兴十八年前后(1148前后)

《建炎以来系年要录》卷一五八“宋高宗绍兴十八年冬十月”条:“辛未,右朝请郎、通判安丰军魏持进秩二等,以捕红巾贼首李洪有劳也。久之,守臣右朝请大夫刘将亦进一秩。”②

吴　说　宋高宗绍兴二十五年(1155)

《建炎以来系年要录》卷一六八“宋高宗绍兴二十五年三月”条:“辛酉

① (宋)李心传编撰:《建炎以来系年要录》,北京:中华书局,2013年,第2709页。

② (宋)李心传编撰:《建炎以来系年要录》,北京:中华书局,2013年,第3002页。

……右奉直大夫、新知安丰军吴说改知盱眙军。”①《夷坚志》甲卷一四《舒民杀四虎》:“绍兴二十五年,吴傅朋(说)除守安丰军。”②

李　柽　宋高宗绍兴二十五年(1155)

《建炎以来系年要录》卷一六八“宋高宗绍兴二十五年夏四月”条:“壬寅……以知安丰军李柽有请,从权右司郎官林一飞看详也。”③

范彦辉　宋高宗绍兴二十八年(1158)

《建炎以来系年要录》卷一七九“宋高宗绍兴二十八年三月”条:“壬午……左朝请郎范彦辉知安丰军。”④

向　汋　宋高宗绍兴二十九—三十一年(1159—1161)

《建炎以来系年要录》卷一八三“宋高宗绍兴二十九年秋七月”条:“庚戌……右朝奉郎、通判安丰军向汋知安丰军。”⑤卷一九二“宋高宗绍兴三十一年八月”条:“癸亥……右朝散郎、知安丰军向汋转一官,知信阳军。”⑥

孙显忠　宋高宗绍兴三十一—三十二年(1161—1162)

《建炎以来系年要录》卷一九一“宋高宗绍兴三十一年秋七月”条:“乙亥……忠翊郎孙显忠为合门祗候、知安丰军,以显忠在庐州措置民兵有绪故也。”⑦《三朝北盟会编》卷二四八《炎兴下帙一百四十八》“起绍兴三十一年十二月二十日戊午尽二十八日丙寅”条:“(二十八日)知安丰军孙显忠申任契丹等归朝。”⑧卷二四九《炎兴下帙一百四十九》“起绍兴三十二年正月一日戊辰尽二月二十八日乙丑”条:“六日癸酉,安丰军孙显忠收复寿州。”⑨

张士元　宋孝宗乾道五—八年(1169—1172)

《宋会要辑稿·食货一·农田二》:“(乾道)八年三月三日,权知安丰军张士元言……从之。”⑩《宋会要辑稿·食货三八·互市》:“(乾道五年)十月

---

① (宋)李心传编撰:《建炎以来系年要录》,北京:中华书局,2013年,第3188页。
② (宋)洪迈:《夷坚志》,北京:中华书局,1981年,第122页。
③ (宋)李心传编撰:《建炎以来系年要录》,北京:中华书局,2013年,第3192页。
④ (宋)李心传编撰:《建炎以来系年要录》,北京:中华书局,2013年,第3430页。
⑤ (宋)李心传编撰:《建炎以来系年要录》,北京:中华书局,2013年,第3523页。
⑥ (宋)李心传编撰:《建炎以来系年要录》,北京:中华书局,2013年,第3728页。
⑦ (宋)李心传编撰:《建炎以来系年要录》,北京:中华书局,2013年,第3703页。
⑧ (宋)徐梦莘:《三朝北盟会编》,上海:上海古籍出版社,1987年,第1780页。
⑨ (宋)徐梦莘:《三朝北盟会编》,上海:上海古籍出版社,1987年,第1785页。
⑩ (清)徐松辑:《宋会要辑稿》,上海:上海古籍出版社,2014年,第5978页。

十七日,权发遣安丰军张士元言……从之。"①《宋会要辑稿·选举三四·特恩除职二》:"(乾道七年二月)二十八日,诏权知安丰军张士元除直秘阁。"②《宋会要辑稿·职官六〇·久任官》:"(乾道七年)十二月三日,诏知安丰军张士元职事修举,与转一官,令再任。"③

高　夔　宋孝宗乾道八—九年(1172—1173)

《宋会要辑稿·食货一·农田二》:"(乾道八年)八月二日,知安丰军高夔言……从之。"④

王定国　宋孝宗乾道九年(1173)

《宋会要辑稿·职官六一·对换官》:"(乾道)九年四月二十二日,诏权发遣高邮军王定国与安丰军高夔两易其任,各通理前任月日。"⑤

丁　逢　宋孝宗淳熙五年(1178)

《宋会要辑稿·职官七二·黜降官九》:"(淳熙五年五月)十八日,淮西转运副使张士元、知安丰军丁逢并放罢。"⑥

刘大辩　宋孝宗淳熙六年(1179)

《宋会要辑稿·职官七二·黜降官九》:"(淳熙六年九月二十一日),知安丰军刘大辩放罢。坐纵容客人透漏禁物过界,及科敷不法故也。"⑦

王公弼　约宋孝宗淳熙中

《嘉定赤城志》卷三四《人物门三·特科》"乾道八年林宗臣榜":"王公弼,临海人,字辅之,终武翼郎、知安丰军。"⑧

周　极　约宋孝宗淳熙末

《宋史》卷三九六《王淮传》:"王淮字季海,婺州金华人。……(淳熙)八年,拜右丞相兼枢密事。……乃以周极知安丰军,辛弃疾与祠。……光宗嗣位,诏询初政,淮以尽孝进德,奉天敬民,用人立政,罔不在初。"⑨

---

① (清)徐松辑:《宋会要辑稿》,上海:上海古籍出版社,2014年,第6849页。
② (清)徐松辑:《宋会要辑稿》,上海:上海古籍出版社,2014年,第5922页。
③ (清)徐松辑:《宋会要辑稿》,上海:上海古籍出版社,2014年,第4684页。
④ (清)徐松辑:《宋会要辑稿》,上海:上海古籍出版社,2014年,第5978—5979页。
⑤ (清)徐松辑:《宋会要辑稿》,上海:上海古籍出版社,2014年,第4718页。
⑥ (清)徐松辑:《宋会要辑稿》,上海:上海古籍出版社,2014年,第4978—4979页。
⑦ (清)徐松辑:《宋会要辑稿》,上海:上海古籍出版社,2014年,第4981页。
⑧ (宋)陈耆卿纂:《嘉定赤城志》,《宋元方志丛刊7》,北京:中华书局,1990年,第7547页。
⑨ (元)脱脱等:《宋史》,北京:中华书局,1977年,第12069—12072页。

陆　峻　约宋光宗、宁宗朝

《宋史》卷四一三《赵汝谈传》："赵汝谈字履常……改知无为军，与光州守柴中行、安丰守陆峻俱称循吏。"①又见《大明一统志》卷一四《庐州府》"名宦"条②。

陈　焕　宋宁宗嘉泰二年(1202)

《宋会要辑稿·职官七四·黜降官一一》："(嘉泰二年)三月十日，知安丰军陈焕放罢。以臣僚言其肆为掊剋，军民被毒。"③

厉仲方　宋宁宗嘉泰中(1205—1207)

《水心先生文集》卷二二《厉领卫墓志铭》："君初名仲祥，后名仲方，字约甫。……君中绍熙元年武举……出知安丰军，复还合门。……嘉泰中，边事将动，谍妄言'虏衰有证，宜即取'。君在安丰，尝奏'淮北饥民仰系縻求救接'，初无意也，柄臣遽从夜半下其议。"④《宋史》卷四七四《韩侂胄传》："安丰守厉仲方言……侂胄大悦。"⑤

王大才　宋宁宗开禧二年(1206)

《宋会要辑稿·兵二〇·军赏》："(开禧二年八月)二十一日，诏左军统制兼知安丰军王大才特转一官。"⑥

史天锡　宋宁宗嘉定三年(1210)

《宋会要辑稿·职官七四·黜降官一一》："(嘉定三年五月)十三日，权发遣安丰军史天锡放罢。"⑦又见《梅亭先生四六标准》卷三九《代回史安丰天锡正》⑧、卷四〇《代回安丰史知军天锡冬》⑨。

俞　灏　宋宁宗嘉定三—五年(1210—1212)

---

① (元)脱脱等:《宋史》，北京:中华书局，1977年，第12393—12394页。

② (明)李贤等:《大明一统志》，西安:三秦出版社，1990年，第225页。

③ (清)徐松辑:《宋会要辑稿》，上海:上海古籍出版社，2014年，第5048页。

④ (宋)叶适:《水心先生文集》，《宋集珍本丛刊067—2》，北京:线装书局，2004年，第307页。

⑤ (元)脱脱等:《宋史》，北京:中华书局，1977年，第13774页。

⑥ (清)徐松辑:《宋会要辑稿》，上海:上海古籍出版社，2014年，第9028页。

⑦ (清)徐松辑:《宋会要辑稿》，上海:上海古籍出版社，2014年，第5063页。

⑧ (宋)李刘:《梅亭先生四六标准》，《宋集珍本丛刊074—1》，北京:线装书局，2004年，第213页。

⑨ (宋)李刘:《梅亭先生四六标准》，《宋集珍本丛刊074—1》，北京:线装书局，2004年，第231页。

《平斋文集》卷三二《提举俞太中行状(绍定四年)》:"公讳灏,字商卿。……嘉定初元,充淮东安抚司参议官。……三年,知安丰军。六年,知常德府。"①

许成之 宋宁宗嘉定五年(1213)

《宋会要辑稿·职官七四·黜降官一一》:"(嘉定五年九月)二十七日,知和州富嘉谋、知安丰军许成之并放罢。"②

郭绍彭 宋宁宗嘉定七年(1214)

《宋会要辑稿·职官七五·黜降官一二》:"(嘉定七年四月)八日,知安丰军郭绍彭放罢。"③又见《勉斋先生黄文肃公文集》卷二一《通安丰郭守启》④。

孙 泾 宋宁宗嘉定九年(1216)

《宋会要辑稿·职官七五·黜降官一二》:"(嘉定九年十二月)二十七日,新知泰州李骏、知安丰军孙泾并放罢。"⑤

赵仲夫 宋宁宗朝

《全宋文》卷六三八五袁燮《秘阁修撰赵君墓志铭(嘉定十五年十二月)》:"公讳仲夫,字信道,魏悼王七世孙也。……摄安丰军,帅黄公度之所荐也。"⑥

王 遂 宋理宗绍定末

《宋史》卷四一五《王遂传》:"王遂字去非,一字颖叔……嘉泰二年进士……改知安丰军,迁国子监主簿,又迁太常寺主簿,拜监察御史。"⑦

范仲武 约宋理宗朝

《全宋文》卷六六六九曹彦约《朝议大夫直焕章阁范季克墓志铭》:"嘉

---

① (宋)洪咨夔:《平斋文集》,《宋集珍本丛刊075—1》,北京:线装书局,2004年,第304—305页。

② (清)徐松辑:《宋会要辑稿》,上海:上海古籍出版社,2014年,第5067页。

③ (清)徐松辑:《宋会要辑稿》,上海:上海古籍出版社,2014年,第5073页。

④ (宋)黄榦:《勉斋先生黄文肃公文集》,《宋集珍本丛刊068—2》,北京:线装书局,2004年,第543页。

⑤ (清)徐松辑:《宋会要辑稿》,上海:上海古籍出版社,2014年,第5078页。

⑥ 曾枣庄、刘琳主编:《全宋文》,上海:上海辞书出版社,2006年,第281册,第383—385页。

⑦ (元)脱脱等:《宋史》,北京:中华书局,1977年,第12460—12461页。

定己巳,余被命始得节湖北。……季克姓范氏,讳仲武,初字仲烈,后乃改今字。……登庆元己未进士乙科……不俟太和秩满,擢通判安丰军,俾任边事。”①

王　霆　宋理宗朝

《宋史》卷四〇八《王霆传》:“王霆字定叟,东阳人。……理宗即位……寻差知安丰军,臣僚上言:‘王霆在濠,人甚安之,不宜轻易。’诏再任濠,职事修举,特转横班。诸使交荐之。”②

杜杲(一知)　宋理宗端平中

《后村先生大全集》卷一四一《杜尚书神道碑》:“公讳杲,字子昕。……杜氏本京兆万年,至提举公始居邵武。……端平初元,过庐谒全帅子才曰:‘北伐不可止矣,公必有以坚凝其后者。’……公始为之隐忧。除主管官告院,知安丰军。”③《宋史》卷四一二《杜杲传》:“杜杲字子昕,邵武人。……召奏事,差主管官告院,知安丰军。”④

王　瓒　宋理宗朝

《光绪寿州志》卷一六《名宦》:“王瓒,理宗朝知安丰军,端平三年奏今日备边之计。”⑤

杜杲(二知)　宋理宗嘉熙元年(1237)

《后村先生大全集》卷一四一《杜尚书神道碑》:“公讳杲,字子昕。……端平初元,过庐谒全帅子才曰……除主管官告院,知安丰军。……奉崇道祠,复元官再知濠州。未行,改安丰。”⑥卷一五〇《杜郎中墓志铭》:“杜氏……十一世至公,讳颖,字清老……子男五人……次杲,见通议大夫、尚书刑部侍郎、淮西制置使、知庐州……嘉熙初元,余罢宜春郡归山中,侍郎方守安

---

① 曾枣庄、刘琳主编:《全宋文》,上海:上海辞书出版社,2006年,第293册,第117—119页。

② (元)脱脱等:《宋史》,北京:中华书局,1977年,第12313—12314页。

③ (宋)刘克庄:《后村先生大全集》,《宋集珍本丛刊082—1》,北京:线装书局,2004年,第421—422页。

④ (元)脱脱等:《宋史》,北京:中华书局,1977年,第12381—12382页。

⑤ (清)曾道唯等修,(清)葛荫南等纂:《光绪寿州志》,《中国地方志集成·安徽府县志辑21》,南京:江苏古籍出版社,1998年,第206页。

⑥ (宋)刘克庄:《后村先生大全集》,《宋集珍本丛刊082—1》,北京:线装书局,2004年,第421—422页。

丰,解重围,贻书请铭公墓。”[①]《宋史》卷四一二《杜杲传》:“杜杲字子昕,邵武人。……谕而遣之。召奏事,差主管官告院,知安丰军。……奉崇道祠,再知濠州,未行,改安丰。”[②]

王　福　宋理宗淳祐二—四年(1242—1244)

《景定建康志》卷二六《官守志三》:“王福……淳祐二年正月十二日除建康府驻札、御前诸军都统制、兼知安丰军、任内带行带御器械……淳祐四年五月二十七日奉圣旨依旧带御器械建康都统制,时暂赴枢密院禀议,当年六月十五日解离安丰军职事。”[③]《全宋文》卷七八五八李曾伯《拟泰寿泗三郡筑城记(淳祐六年)》:“淳祐壬寅二月,予以尚书左司误恩授淮东阃,旋兼淮西,辞弗获命。……至四年七月晦而寿城成……提督商确与防托守望者,建康都统知安丰王福、义士游击都统张仲宣也。”[④]《光绪寿州志》卷一六《名宦》:“王福,嘉熙中知安丰军……迁主管侍卫步军司公事。”[⑤]

陈　万　宋度宗咸淳九年(1274)

《宋史》卷四六《度宗本纪》:“(宋度宗咸淳九年十一月)知安丰军陈万以舟师自城西大涧口抵正阳城,遇北兵力战,诏旌其劳。”[⑥]

(二)通判

魏　持　宋高宗绍兴十八年前后(1148 前后)

《建炎以来系年要录》卷一五八“宋高宗绍兴十八年冬十月”条:“辛未,右朝请郎、通判安丰军魏持进秩二等,以捕红巾贼首李洪有劳也。”[⑦]

王之道　宋高宗绍兴二十三年(1153)

《建炎以来系年要录》卷一六四“宋高宗绍兴二十三年六月”条:“己未

---

① (宋)刘克庄:《后村先生大全集》,《宋集珍本丛刊 082—1》,北京:线装书局,2004 年,第 505—506 页。

② (元)脱脱等:《宋史》,北京:中华书局,1977 年,第 12381—12382 页。

③ (宋)马光祖修、周应合纂:《景定建康志》,《宋元方志丛刊 2》,北京:中华书局,1990 年,第 1774 页。

④ 曾枣庄、刘琳主编:《全宋文》,上海:上海辞书出版社,2006 年,第 340 册,第 333—334 页。

⑤ (清)曾道唯等修,(清)葛荫南等纂:《光绪寿州志》,《中国地方志集成·安徽府县志辑 21》,南京:江苏古籍出版社,1998 年,第 206 页。

⑥ (元)脱脱等:《宋史》,北京:中华书局,1977 年,第 917 页。

⑦ (宋)李心传编撰:《建炎以来系年要录》,北京:中华书局,2013 年,第 3002 页。

……左承议郎王之道通判安丰军。”①《相山集》卷二八《谒安丰军遗爱侯孙叔敖文》:“惟侯以芍陂有功于民,载在祀典。粤自春秋至于我宋,其遗爱实无穷焉。之道奉天子命来为郡丞,涖事之初,敢以礼见。”②

王时升(二度之任) 宋高宗绍兴二十六—二十七年(1156—1157)

《建炎以来系年要录》卷一七二“宋高宗绍兴二十六年夏四月”条:“戊戌……左奉议郎、新通判安丰军王时升行司农寺丞。”③

向 汋 宋高宗绍兴二十九年前(1159前)

《建炎以来系年要录》卷一八三“宋高宗绍兴二十九年秋七月”条:“庚戌……右朝奉郎、通判安丰军向汋知安丰军。”④

张 某 宋孝宗淳熙元年前(1174前)

《全宋文》卷五八一三薛季宣《濠州双穗堂记》:“淳熙元年夏四月,得麦于濠梁近郊,一本而二岐,太守张公曰……初,淮南被完颜亮之师,公以诸生纠义旅,护乡闾,故安丰不亡。太上皇帝义而官之,以郡参佐付之,主上又以提封俾镇之,以储阁俾直之。居十有余年,安丰烟火桑麻,有承平之风焉,又以节俾持之。”⑤

黄 榦 宋宁宗嘉定十一年(1218)

《宋会要辑稿·职官七三·黜降官一〇》:“(嘉定十一年七月)二十八日,新除大理寺丞黄榦、新除合门舍人薛伯虎并与祠禄。”⑥《宋史》卷四三〇《黄榦传》:“黄榦字直卿,福州闽县人。……宁宗即位……改差通判安丰军。”⑦

汪 绎 宋宁宗嘉定十三年前后(1220前后)

《水心先生文集》卷二四《故枢密参政汪公墓志铭》:“乾道七年四月十二日,签书枢密院事兼权参知政事汪公勃薨,年八十四。……嘉定十三年,

---

① (宋)李心传编撰:《建炎以来系年要录》,北京:中华书局,2013年,第3126页。

② (宋)王之道:《相山集》,《宋集珍本丛刊040—5》,北京:线装书局,2004年,第538页。

③ (宋)李心传编撰:《建炎以来系年要录》,北京:中华书局,2013年,第3294页。

④ (宋)李心传编撰:《建炎以来系年要录》,北京:中华书局,2013年,第3523页。

⑤ 曾枣庄、刘琳主编:《全宋文》,上海:上海辞书出版社,2006年,第258册,第326—327页。

⑥ (清)徐松辑:《宋会要辑稿》,上海:上海古籍出版社,2014年,第5030页。

⑦ (元)脱脱等:《宋史》,北京:中华书局,1977年,第12777—12778页。

曾孙纲以墓上之铭来请。……孙十一人……绎,通判安丰军。”①《嘉庆黟县志》卷五《选举·仕宦》:“汪绎,通判安丰军、知宁国府。”②

范仲武 宋理宗朝

《全宋文》卷六六六九曹彦约《朝议大夫直焕章阁范季克墓志铭》:“嘉定己巳,余被命始得节湖北。……郡以录事参军范君季克主司局……予于此时知季克……季克姓范氏,讳仲武,初字仲烈,后乃改今字。……登庆元己未进士乙科……不俟太和秩满,擢通判安丰军,俾任边事。”③

张贵洪 约宋理宗淳祐二—四年(1242—1244)

《全宋文》卷七八五八李曾伯《拟泰寿泗三郡筑城记(淳祐六年)》:“淳祐壬寅二月,予以尚书左司误恩授淮东阃,旋兼淮西,辞弗获命。……至四年七月晦而寿城成……提督商确与防托守望者……安丰通判张贵洪、权寿春通判路钤林子崇也。”④

(三)判司

司法参军

章好仁 宋高宗绍兴二年前后(1132 前后)

《全宋文》卷三五三二周紫芝《左朝散郎章公墓志铭》:“朝散郎章公讳某,字彦明,宣州宁国人。……寿六十有一,以绍兴二年七月初四日葬于宁国柯氏之原。……生三子二女:好仁、好义、好礼。好仁以致仕恩补将仕郎,为安丰军司法。”⑤

---

① (宋)叶适:《水心先生文集》,《宋集珍本丛刊 067—2》,北京:线装书局,2004 年,第 332—333 页。

② (清)吴甸华修,(清)程汝翼、俞正燮纂:《嘉庆黟县志》,《中国地方志集成·安徽府县志辑 56》,南京:江苏古籍出版社,1998 年,第 150 页。

③ 曾枣庄、刘琳主编:《全宋文》,上海:上海辞书出版社,2006 年,第 293 册,第 117—118 页。

④ 曾枣庄、刘琳主编:《全宋文》,上海:上海辞书出版社,2006 年,第 340 册,第 333—334 页。

⑤ 曾枣庄、刘琳主编:《全宋文》,上海:上海辞书出版社,2006 年,第 162 册,第 322—324 页。

（四）判官

签书判官

高　夔　宋孝宗乾道六年—淳熙元年（1170—1174）

《庐陵周益国文忠公集》卷六五《淮西帅高君夔神道碑（庆元六年）》："君讳夔，字仲一，其先登州人。……（乾道）六年……上大喜，明日改承务郎，忝差安丰军签判，仍厘务。八年，诸司交荐，召奏事，至则分水寨为五军，各置守领，月给廪食，责以教阅。沿淮多盗北马，上亲札禁止。君请勿市驹对境以绝其弊，风马牛皆纵使归，大辟学舍，边人始知俎豆。淳熙元年二月，除直秘阁再任。"①

●具体判官名称不详者

王明清　约宋孝宗乾道中

《南涧甲乙稿》卷二一韩元吉《方公墓志铭》："方公讳滋，字务德。……女三人，长适苏琏，次适安丰军判官王明清，一尚幼。"②

二、县级官员

（一）安丰县

1. 知县

王　回　宋高宗绍兴末或孝宗初

《杨万里集笺校》卷一二五《提刑徽猷检正王公墓志铭》："公讳回，字亚夫。……登绍兴甲戌第……知建宁府建安、安丰军安丰二县。……享年七十有二，卒于正寝，实绍熙三年十二月二十有九日也。"③

沈　炫　宋宁宗开禧三年后（1207后）

《全宋文》卷六五七七蔡幼学《缴安丰县令沈炫改差湖北安抚司幹办公

---

① （宋）周必大：《庐陵周益国文忠公集》，《宋集珍本丛刊051—2》，北京：线装书局，2004年，第632页。

② （宋）韩元吉：《南涧甲乙稿》，北京：中华书局，1985年，第，417—421页。

③ （宋）杨万里撰，辛更儒笺校：《杨万里集笺校》，北京：中华书局，2007年，第4856页。

事旨挥状(奉圣旨依)》:"今来沈炫系开禧三年正月到任,方书一考,臣质之成法,参之近例,既无一可,不敢不以为言。"①

李起渭 约宋理宗宝庆—绍定二年前

《西山先生真文忠公文集》卷四五《仙都大夫李君墓志铭》:"始予在三山,闻同年李肖望、友人黄仲玉皆号为长者家。……肖望名起渭……未几擢庆元五年第。……肖望之仕也,历沣州户曹,教授辰州,安丰令,就知县事。……绍定三年闰二月,始属疾……三月甲申,正襟危坐而逝,年五十九,官朝奉大夫。"②

陈　洙 任职时间不详

《光绪寿州志》卷一六《名宦》:"陈洙,字圣涯,瓯宁人,进士知寿州安丰县,大兴学校,括废田以养士,修筑芍陂水利,邑民赖之,官终奉议郎。"③

2. **主簿**

吴　琰 宋光宗绍熙三年前(1192 前)

《杨万里集笺校》卷一二五《提刑徽猷检正王公墓志铭》:"公讳回,字亚夫。……享年七十有二,卒于正寝,实绍熙三年十二月二十有九日也。……女五人:适通直郎、前安丰军安丰县主簿吴琰、进士向渊松、何致虑,迪功郎、前南安军星子县主簿周寓。"④《知漳州监丞吴公墓志铭》:"公讳松年,字公叔,永嘉人。……未之官而卒,实淳熙七年二月丁酉也。……子男四人:……琰,文林郎、前安丰军安丰县主簿,幼为人后,公卒归其宗,以公荫。……诸孤以八年九月乙酉葬公于吹台乡西山法济院之阳……公既葬之十二年,癸丑四月,璪以书来曰:'先人未有铭时,微先生,其谁宜为?'"⑤

黄闶(阅) 宋宁宗嘉定二年后(1209 后)

《全宋文》卷六四三四汪泳《宋故朝议大夫太府寺丞主管建宁府武夷山冲佑观休宁县开国男食邑三百户赐紫金鱼袋黄公何行状(嘉定二年二月)》:

---

① 曾枣庄、刘琳主编:《全宋文》,上海:上海辞书出版社,2006 年,第 289 册,第 300 页。

② 真德秀撰:《西山先生真文忠公文集》,上海:商务印书馆,1937 年,第 818—819 页。

③ (清)曾道唯等修,(清)葛荫南等纂:《光绪寿州志》,《中国地方志集成·安徽府县志辑 21》,南京:江苏古籍出版社,1998 年,第 206 页。

④ (宋)杨万里撰,辛更儒笺校:《杨万里集笺校》,北京:中华书局,2007 年,第 4856—4860 页。

⑤ (宋)杨万里撰,辛更儒笺校:《杨万里集笺校》,北京:中华书局,2007 年,第 4864—4868 页。

"徽州府休宁县千秋乡永庆里黄何,字景萧,年七十四岁。……男四人……次闶,迪功郎、新安丰军安丰簿,未试也,笃学有敏材,皆能大其绪。"①《程端明公洺水集》卷一五《母舅故朝议大夫太府寺丞黄公形状》:"黄氏世绪高辛,代有显异。……男四人……次闶,迪功郎、新安丰军安丰簿,未试也,笃学有敏才,皆能大其续。……期以嘉定二年正月十五日奉公于窆。"②

诸葛埴 宋理宗绍定五年—端平二年(1232—1235)

《漫塘文集》卷三二《故监江宁府粮料院诸葛承直墓志铭(端平二年十二月)》:"君讳埴,字子直……乃绍熙壬子方登名天府,晚岁特奏名,方授惠州文学,换授迪功郎、安丰军安丰县主簿,中间累更大霈,循承直郎,盖七选之首阶。……君生于绍兴丙子,没于端平乙未,享年八十。"③

3. 县尉

胡大年 宋孝宗淳熙五年前后(1178 前后)

《全宋文》卷六二五九蔡戡《故朝议大夫直宝文阁学士胡公墓志铭》:"公讳坚常,字秉彝,姓胡氏。……淳熙四年冬,召还,为户部郎中。明年……八月四日戊午,终于里第,享年六十有四。……子男五人……大年,安丰县尉;大椿、大钧,早卒。"④

丁　松 宋宁宗开禧三年(1207)

《宋会要辑稿·兵二〇·军赏》:"开禧三年五月一日……承节郎、前安丰军安丰县尉丁松,各特转一官。"⑤

李勤孙 宋度宗咸淳三年前后(1267 前后)

《后村先生大全集》卷一六四《李艮翁礼部墓志铭》:"先生名宗之,伯可字也。……初名钢,字汝砺。……遂卒,丁卯夏五戊子日也,年七十四。

---

① 曾枣庄、刘琳主编:《全宋文》,上海:上海辞书出版社,2006 年,第 283 册,第 340—343 页。

② (宋)程珌:《程端明公洺水集》,《宋集珍本丛刊 071—1》,北京:线装书局,2004 年,第 137—139 页。

③ (宋)刘宰:《漫塘文集》,《宋集珍本丛刊 072—2》,北京:线装书局,2004 年,第 506 页。

④ 曾枣庄、刘琳主编:《全宋文》,上海:上海辞书出版社,2006 年,第 276 册,第 327—330 页。

⑤ (清)徐松辑:《宋会要辑稿》,上海:上海古籍出版社,2014 年,第 9030 页。

……子济孙,登壬戌第,迪功郎、六安簿;次勤孙,父任迪功郎、安丰尉。”[①]《全宋文》卷七七四〇林希逸《湖南提举宫讲太史礼部李公行状》:“公讳丑父,字艮翁。……咸淳丁卯五月某日,以疾卒,享年七十四。……子二人:长济孙,登壬戌第,迪功郎、主六安簿;次勤孙,迪功郎、安丰尉。”[②]

(二)六安县

1.知县

陆子虚　宋光宗绍熙五年前后(1194前后)

《攻媿集》卷三七《淮西提举张同之奏修职郎安丰军六安县令陆子虚救活被水人一千四百余人循一资制》[③]。《水心先生文集》卷九《六安县新学记》:“六安,皋陶故国……会稽陆子虚为六安令,新立学……来请记。……绍熙五年二月。”[④]

杜　杲　约宋宁宗、理宗朝

《后村先生大全集》卷一四一《杜尚书神道碑》:“公讳杲,字子昕。……知六安县,新社坛、学宫,罢元夕灯。”[⑤]《宋史》卷四一二《杜杲传》:“杜杲字子昕,邵武人。……知六安县,民有嬖其妾者,治命与二字均分。”[⑥]

2.主簿

李济孙　宋度宗咸淳三年前后(1267前后)

《后村先生大全集》卷一六四《李艮翁礼部墓志铭》:“先生名宗之,伯可字也。……初名钢,字汝砺。……遂卒,丁卯夏五戊子日也,年七十四。……子济孙,登壬戌第,迪功郎、六安簿;次勤孙,父任迪功郎、安丰尉。”[⑦]《全宋文》卷七七四〇林希逸《湖南提举宫讲太史礼部李公行状》:“公讳丑父,字

---

① (宋)刘克庄:《后村先生大全集》,《宋集珍本丛刊082—1》,北京:线装书局,2004年,第652—654页。

② 曾枣庄、刘琳主编:《全宋文》,上海:上海辞书出版社,2006年,第336册,第55—58页。

③ (宋)楼钥:《攻媿集》,上海:商务印书馆,1935年,第516页。

④ (宋)叶适:《水心先生文集》,《宋集珍本丛刊067—2》,北京:线装书局,2004年,第190—191页。

⑤ (宋)刘克庄:《后村先生大全集》,《宋集珍本丛刊082—1》,北京:线装书局,2004年,第421—422页。

⑥ (元)脱脱等:《宋史》,北京:中华书局,1977年,第12381—12382页。

⑦ (宋)刘克庄:《后村先生大全集》,《宋集珍本丛刊082—1》,北京:线装书局,2004年,第652—654页。

艮翁。……咸淳丁卯五月某日,以疾卒,享年七十四。……子二人:长济孙,登壬戌第,迪功郎、主六安簿;次勤孙,迪功郎、安丰尉。"①此两篇墓主为一人,但是名讳有异,有待进一步考证。

3. **县尉**

顾士龙　宋宁宗开禧元年前后(1205 前后)

《重校鹤山先生大全文集》卷五九《跋六安县尉顾士龙诗卷》:"开禧初正,余以职事课诸生射于右庠。……顾为同僚语,会顾六安以一编诗求跋,因为书目前所见以赠。"②

(三)霍丘县

1. **知县**

汪　绎　宋宁宗嘉定中

《嘉庆黟县志》卷六《人物·宦业》:"汪绎,字仲成……擢知安丰霍邱(丘),就升倅,历滁州、建康府,迁知兴国军,未行,召对……知宁国府。"③

2. **县尉**

王元实　约宋孝宗淳熙十四年后(1187 后)

《漫塘文集》卷三〇《故王武德墓志铭(绍定二年正月)》:"君讳元实,字煇之……擢淳熙丁未甲科。……即退受安丰军霍丘尉。……秩满,调沣州石门令。"④

王遵度　宋光宗绍熙五年前(1194 前)

《重校鹤山先生大全文集》卷七六《宋故籍田令知信州王公墓志铭》:"淳熙十年,分水县令王公自中以中书舍人王公蔺特荐,诏赴都堂审察。……(绍熙)五年……然未几公亦病矣。……二子:长遵度,迪功郎、前安丰军霍丘县尉;次遵庾。"⑤

---

① 曾枣庄、刘琳主编:《全宋文》,上海:上海辞书出版社,2006 年,第 336 册,第 55—58 页。

② (宋)魏了翁:《鹤山先生大全文集》,《宋集珍本丛刊 077—1》,北京:线装书局,2004 年,第 292 页。

③ (清)吴甸华修,(清)程汝翼、俞正燮纂:《嘉庆黟县志》,《中国地方志集成·安徽府县志辑 56》,南京:江苏古籍出版社,1998 年,第 184 页。

④ (宋)刘宰:《漫塘文集》,《宋集珍本丛刊 072—2》,北京:线装书局,2004 年,第 484 页。

⑤ (宋)魏了翁:《鹤山先生大全文集》,《宋集珍本丛刊 077—1》,北京:线装书局,2004 年,第 436—440 页。

（四）寿春县

1. 知县

程　垧　宋理宗宝祐五年(1257)

《宋太常丞尚右郎官兼史馆校勘程公（垧）岁月记（咸淳五年三月）》："先君姓程氏，讳垧，字鲁仲……宝祐三年……五年，考举及格，改宣教郎。闰四月，差知安丰军寿春县事。八月，外祖庄肃公薨……十月，添差通判镇江府。"①

2. 主簿

陈师辙　宋宁宗开禧元年前后(1205 前后)

《攻媿集》卷九五《宝谟阁待制赠通议大夫陈公神道碑》："嘉泰三年，集英殿修撰陈公告老于朝。……子男二人：师辙，迪功郎、安丰军寿春县主簿……开禧元年三月庚申，二子奉公之丧合焉。"②

---

① 章国庆编著：《宁波历代碑碣墓志汇编》，上海：上海古籍出版社，2012 年，第 311—312 页。

② （宋）楼钥：《攻媿集》，上海：商务印书馆，1935 年，第 1322—1325 页。

卷八　濠州

濠州，又称钟离郡，团练州，曾领四县，州治钟离县（治今安徽省凤阳县东北）、定远县（治今安徽省定远县）、招信县[①]（治今安徽省明光市东北）在今皖淮地区境内。

一、州级官员

（一）知州

梁延嗣　宋太祖开宝四年（971）

《续资治通鉴长编》卷一二“宋太祖开宝四年六月”条：“复州防御使梁延嗣入朝，上慰抚之，曰：‘使高氏不失富贵，尔之力也。’戊子，改濠州防御。”[②]《宋史》卷四八三《荆南高氏》：“梁延嗣，京兆长安人。……改濠州防御使，有善政，诏书褒美。……开宝九年，卒，年八十一。”[③]

宋惟忠　约宋太祖开宝六年前（973 前）

《续资治通鉴长编》卷一四“宋太祖开宝六年秋七月”条：“通事舍人宋惟忠，决杖除籍为民，坐知濠州日不法，为人所诉，鞫得其实故也。”[④]

翟　美　宋太宗太平兴国元年（976）

《宋会要辑稿·职官四八·巡检》：“太宗太平兴国元年十二月，以前登

---

① 宋太宗太平兴国元年（976）改招义县置，属濠州。南宋时属天长军，后属招信军。

② （宋）李焘：《续资治通鉴长编》，北京：中华书局，2004 年，第 267 页。

③ （元）脱脱等：《宋史》，北京：中华书局，1977 年，第 13956—13957 页。

④ （宋）李焘：《续资治通鉴长编》，北京：中华书局，2004 年，第 305 页。

州刺史翟美为濠州刺史，兼江南诸州巡检使，枢密副承旨潘仁谦副之。”①

谢 佖 宋太宗端拱元年(988)

《徐铉集校注》卷二二《送谢著作之濠梁》②。

韩 丕 约宋太宗端拱初—淳化二年(988—991)

《宋史》卷二九六《韩丕传》：“韩丕字太简，华州郑人。……端拱初，拜右谏议大夫，赐金紫，知河阳、濠州。……淳化二年，召入为翰林学士，终以迟钝不敏于用。”③《大明一统志》卷七《中都 · 凤阳府》“名宦”条：“韩丕，端拱中知濠州……时称其长者。”④

范 杲 宋太宗淳化二年(991)

《续资治通鉴长编》卷三二“宋太宗淳化二年十一月”条：“刑部郎中、知制诰范杲数致书宰相……上恶其躁竞，终不使居内署，改右谏议大夫，出知濠州。”⑤《宋史》卷二四九《范质传》：“（范质兄子）杲字师回，父正，青州从事。……太宗恶其躁兢，改右谏议大夫、知濠州，复召为史馆修撰。”⑥

刘蒙叟 约宋太宗朝

《宋史》卷二六三《刘蒙叟传》：“（刘熙古子）蒙叟字道民，乾德中，进士甲科。……再迁屯田郎中，历知庐、濠、滁、汝四州，迁都官。咸平中，上疏曰……上嘉之，以本官直史馆。”⑦

李 著 宋真宗咸平二年前(999 前)

《续资治通鉴长编》卷四五“宋真宗咸平二年十一月”条：“戊申，以宰相李沆为东京留守，濠州刺史李著为大内都部署，权知开封府魏羽判留司三司，盐铁使陈恕为随驾转运使。”⑧《祠部集》卷三五《赠卫尉卿梁公夫人李氏墓志铭(熙宁四年九月)》：“户部侍郎梁公讳某之冢妇，姓李氏，其考讳著，有宠真宗朝，至濠州刺史。”⑨

---

① (清)徐松辑：《宋会要辑稿》，上海：上海古籍出版社，2014 年，第 4388 页。
② (宋)徐铉著，李振中校注：《徐铉集校注》，北京：中华书局，2018 年，第 1025 页。
③ (元)脱脱等：《宋史》，北京：中华书局，1977 年，第 9859—9860 页。
④ (明)李贤等：《大明一统志》，西安：三秦出版社，1990 年，第 137 页。
⑤ (宋)李焘：《续资治通鉴长编》，北京：中华书局，2004 年，第 725 页。
⑥ (元)脱脱等：《宋史》，北京：中华书局，1977 年，第 8797—8798 页。
⑦ (元)脱脱等：《宋史》，北京：中华书局，1977 年，第 9101—9102 页。
⑧ (宋)李焘：《续资治通鉴长编》，北京：中华书局，2004 年，第 969 页。
⑨ (宋)强至：《祠部集》，北京：中华书局，1985 年，第 537 页。

梅　询　宋真宗大中祥符二年(1009)

《续资治通鉴长编》卷七二“宋真宗大中祥符二年八月”条:“八月癸未朔,以祠部员外郎、直集贤院、主判三司开拆司梅询知濠州,度支判官、太常博士黄宗旦知衢州。”①《宋史》卷三〇一《梅询传》:“梅询字昌言,宣州宣城人。……坐议天书,出知濠州。”②

何　蒙　宋真宗大中祥符五—六年(1015—1016)

《宋史》卷二七七《何蒙传》:“何蒙字叔照,洪州人。……大中祥符初,转库部。四年,加太府少卿。未几,知太平州……俄徙濠州。六年,上表谢事,授光禄少卿致仕,命未下,卒,年七十七。”③

郑　向　宋真宗大中祥符中

《宋史》卷三〇一《郑向传》:“郑向字公明,开封陈留人。举进士中甲科,为大理评事、通判蔡州,累迁尚书屯田员外郎、知濠州,徙蔡州。”④

栾崇吉　宋真宗朝

《宋史》卷二七七《栾崇吉传》:“栾崇吉字世昌,开封封丘人。……真宗时,累擢为江南转运使。……以疾徙濠州,迁卫尉少卿,以将作监致仕。卒。”⑤

王博文　约宋真宗朝

《宋史》卷二九一《王博文传》:“王博文字仲明,曹州济阴人。……淳化三年,太宗亲试进士,以年少罢归。……陈尧咨荐之,试中书,赐进士第,擢知濠州,历真州。”⑥

王钦若　宋真宗乾兴元年(1022)

《续资治通鉴长编》卷九九“宋真宗乾兴元年十二月”条:“太常卿、知濠州王钦若为刑部尚书、知江宁府。”⑦《宋史》卷二八三《王钦若传》:“王钦若字定国,临江军新喻人。……仁宗即位,改秘书监,起为太常卿、知濠州,以

---

① (宋)李焘:《续资治通鉴长编》,北京:中华书局,2004年,第1626页。

② (元)脱脱等:《宋史》,北京:中华书局,1977年,第9984—9985页。

③ (元)脱脱等:《宋史》,北京:中华书局,1977年,第9444—9445页。

④ (元)脱脱等:《宋史》,北京:中华书局,1977年,第9998页。

⑤ (元)脱脱等:《宋史》,北京:中华书局,1977年,第9441页。

⑥ (元)脱脱等:《宋史》,北京:中华书局,1977年,第9743—9744页。

⑦ (宋)李焘:《续资治通鉴长编》,北京:中华书局,2004年,第2306页。

刑部尚书知江宁府。”①

周嘉正 宋仁宗天圣末

《王临川全集》卷九六《尚书刑部郎中周公墓志铭》：“公讳嘉正，字干之，……已而谓得罪，公坐出知金州，又知海州，又知濠州，而以工部郎中分司南京，归治疾于海陵之第。明道元年，以恩迁刑部。”②

赵 贺 宋仁宗景祐二年(1035)

《嘉泰会稽志》卷二《太守》：“赵贺，景祐二年七月以右谏议大夫知，十月移濠州。”③

崔 立 宋仁宗景祐末

《安阳集》卷五〇《故尚书工部侍郎致仕赠工部尚书崔公行状》：“本贯开封府鄢陵县仪凤乡凤凰里，名立，字本之，年七十五。……乃出知濠州事，转给事中。……而公神色不少变而终，君子以为达性命，时庆历三年十一月三日也。”④《宋史》卷四二六《崔立传》：“崔立字本之，开封鄢陵人。……以右谏议大夫知耀州，改知濠州，迁给事中。”⑤

王 洙 宋仁宗庆历四—七年(1044—1047)

《续资治通鉴长编》卷一五三“宋仁宗庆历四年十一月”条：“甲子……工部员外郎、直龙图阁兼天章阁侍讲、史馆检讨王洙落侍讲、检讨，知濠州。”⑥《宋史》卷二九四《王洙传》：“王洙字原叔，应天宋城人。……坐赴进奏院赛神与女妓杂坐，为御史劾奏，黜知濠州，徙襄州。”⑦《梅尧臣集编年校注》卷一七《送王龙图源叔之襄阳》⑧。《乾隆颍州府志》卷六《名宦志》：“王

---

① (元)脱脱等:《宋史》,北京:中华书局,1977年,第9559—9562页。

② (宋)王安石:《王临川全集》,上海:世界书局,1935年,第608—609页。

③ (宋)沈作宾等修,(清)施宿等纂:《嘉泰会稽志》,《宋元方志丛刊7》,北京:中华书局,1990年,第6753页。

④ (宋)韩琦:《安阳集》,《宋集珍本丛刊006—3》,北京:线装书局,2004年,第615—616页。

⑤ (元)脱脱等:《宋史》,北京:中华书局,1977年,第12697—12698页。

⑥ (宋)李焘:《续资治通鉴长编》,北京:中华书局,2004年,第3715页。

⑦ (元)脱脱等:《宋史》,北京:中华书局,1977年,第9814页。

⑧ (宋)梅尧臣撰,朱东润校注:《梅尧臣集编年校注》,上海:上海古籍出版社,2006年,第391页。

洙，仁宗朝由工部员外郎出知濠州，徙知亳州，复为天章阁待制。”①

陈 洎 宋仁宗庆历七年(1047)

《续资治通鉴长编》卷一六〇“宋仁宗庆历七年春正月”条：“壬午，降盐铁副使、礼部员外郎刘湜知沂州，度支副使、吏部员外郎陈洎知濠州，户部副使、户部员外郎梅挚知海州。”②《括异志》卷四《陈省副》：“庆历初，陈吏部洎自三司副使谪守钟离郡，比曹员外钱愚时为通倅。”③

张 昪 宋仁宗庆历八年(1048)

《续资治通鉴长编》卷一六五“宋仁宗庆历八年八月”条：“丁丑……兵部员外郎、兼侍御史知杂事张昪……并落职。……昪知濠州，综知袁州。”④

吴 秘 宋仁宗皇祐五年(1053)

《续资治通鉴长编》卷一七五“宋仁宗皇祐五年闰七月”条“壬辰……御史台吴秘知濠州。”⑤《华阳集》卷二九《降屯田员外郎知濠州吴秘可都官员外郎制》《侍御史知濠州吴秘可降授屯田员外郎制》⑥。

郭申锡 宋仁宗嘉祐三年(1058)

《续资治通鉴长编》卷一八七“宋仁宗嘉祐三年五月”条：“初，盐铁副使郭申锡受诏行河……申锡寻改知濠州。”⑦《宋史》卷三三〇《郭申锡传》：“郭申锡字延之，魏人。……相视决河，坐讼李参失实，黜知濠州。”⑧《涑水记闻》卷八《郭申锡黜知濠州》：“三年五月甲申，榜朝堂：‘敕：盐铁副使郭申锡属与李参讼失实，黜知濠州。’”⑨《全宋文》卷一六一七徐绩《代人与濠州郭右司启》⑩。《忠肃集》卷一一《天章阁待制郭公墓志铭》：“初，皇祐中，议开六塔，使河东行，公言其非是……公因疏参他过，坐知濠州。丁母丧，服除，

---

① (清)王敛福纂修：《乾隆颍州府志》，《中国地方志集成·安徽府县志辑24》，南京：江苏古籍出版社，1998年，第272页。

② (宋)李焘：《续资治通鉴长编》，北京：中华书局，2004年，第3859页。

③ (宋)张师正：《括异志》，《宋元笔记小说大观1》，上海：上海古籍出版社，2007年，第662页。

④ (宋)李焘：《续资治通鉴长编》，北京：中华书局，2004年，第3961页。

⑤ (宋)李焘：《续资治通鉴长编》，北京：中华书局，2004年，第4226页。

⑥ (宋)王珪：《华阳集》，北京：中华书局，1985年，第370页。

⑦ (宋)李焘：《续资治通鉴长编》，北京：中华书局，2004年，第4510—4511页。

⑧ (元)脱脱等：《宋史》，北京：中华书局，1977年，第10620页。

⑨ (宋)司马光：《涑水记闻》，北京：中华书局，1989年，第161页。

⑩ 曾枣庄、刘琳主编：《全宋文》，上海：上海辞书出版社，2006年，第74册，第158页。

知滑州。……英宗即位，迁户部。”①

范宽之 宋仁宗嘉祐四年(1059)

《续资治通鉴长编》卷一九〇“宋仁宗嘉祐四年八月”条：“戊寅……江南东路转运使、兵部郎中范宽之知濠州，礼宾副使王知和为均州都监，并坐前为两浙转运使、提点刑狱而失按知杭州孙沔也。”②《宋史》卷三〇四《范讽传》：“(范讽)子宽之，终尚书刑部郎中、知濠州。”③

赵良规 宋仁宗朝

《宋史》卷二八七《赵良规传》：“(赵安仁子)良规字元甫。……进太子宾客、权判殿中省，迁尚书工部侍郎、判本部、知濠州，卒。良规所至州郡，为政不甚力，然善委任佐属，禄赐多分赡族人，余皆输之酒家。”④

江　某 宋仁宗朝

《景文集》卷四九《回濠州江少卿书》⑤。

张　式 约宋仁宗朝

《光绪凤阳府志》卷一七《宦绩传》：“张式，字景则，建安人，天禧二年进士，知濠、寿二州，州人缢其妻而以自杀告狱，既具，诘之立服，举州以为明。”⑥

孙　沔 宋仁宗嘉祐七年(1062)

《宝庆四明志》卷八《郡志叙人上》：“孙郃，奉化人……远孙曰沔，字元规……宁国军节度副使、复光禄卿、分司南京，寻知濠州，请老……英宗皇帝即位，迁户部。”⑦《宋会要辑稿·职官四六·分司》：“(嘉祐)五年六月，以宁国军节度副使孙沔为光禄卿，分司南京。至七年十月，以知濠州。”⑧《宋史》卷二八八《孙沔传》：“孙沔字元规，越州会稽人。……其后复光禄卿，分司南

---

① (宋)刘挚：《忠肃集》，北京：中华书局，1985年，第154—156页。

② (宋)李焘：《续资治通鉴长编》，北京：中华书局，2004年，第4584页。

③ (元)脱脱等：《宋史》，北京：中华书局，1977年，第10064页。

④ (元)脱脱等：《宋史》，北京：中华书局，1977年，第9659—9660页。

⑤ (宋)宋祁：《景文集》，北京：中华书局，1936年，第639—640页。

⑥ (清)冯煦修，(清)魏家骅等纂：《光绪凤阳府志(二)》，《中国地方志集成·安徽府县志辑33》，南京：江苏古籍出版社，1998年，第57页。

⑦ (宋)胡榘修，(宋)方万里、罗濬纂：《宝庆四明志》，《宋元方志丛刊5》，北京：中华书局，1990年，第5076—5077页。

⑧ (清)徐松辑：《宋会要辑稿》，上海：上海古籍出版社，2014年，第4261页。

京，居宿州。会恩，知濠州，以尚书礼部侍郎致仕。”①

张　瑰　宋英宗治平二年（1065）

《宋会要辑稿·职官六五·黜降官二》：“（治平）二年正月二十四日，翰林侍读学士、左谏议大夫张瑰降左司郎中、知濠州，翰林侍读学士范镇罚铜三十斤。”②《宋史》卷三三〇《张瑰传》：“张瑰字唐公，洎之孙也。……英宗时……复出濠州。”③

孙　某　约宋神宗熙宁中？

《清江三孔集》卷三一孔平仲《与濠州孙守启》④。

苏　颂　宋神宗元丰二—三年（1079—1080）

《续资治通鉴长编》卷二九六“宋神宗元丰二年春正月”条：“降右谏议大夫苏颂为秘书监、集贤院学士、知濠州。”⑤卷三〇二“宋神宗元丰三年二月”条：“时颂已坐孙纯事谪知濠州，追还，参对得实。”⑥“诏知濠州、秘书监、集贤院学士苏颂归班……故罢濠州。”⑦《宋史》卷三四〇《苏颂传》：“苏颂字子容，泉州南安人。……元丰初……御史舒亶纠其故纵，贬秘书监、知濠州。……未几，知河阳，改知沧州。”⑧《苏魏公文集》卷三八《濠州谢上》⑨。《曾文昭公集》卷三《赠苏司空墓志铭（崇年元年十一月）》：“公讳颂，字子容，性警敏，甫能言，应对不类常儿。……降秘书监、知濠州。是时，公女新嫁李徽之子，纯盖李出，于徽之属疏，李族大，公实不知也。”⑩

王　临　宋神宗元丰七年（1084）

《续资治通鉴长编》卷三四五“宋神宗元丰七年夏四月”条：“知广州王

---

① （元）脱脱等：《宋史》，北京：中华书局，1977 年，第 9686—9690 页。

② （清）徐松辑：《宋会要辑稿》，上海：上海古籍出版社，2014 年，第 4811 页。

③ （元）脱脱等：《宋史》，北京：中华书局，1977 年，第 10625 页。

④ （宋）孔平仲等：《清江三孔集》，《宋集珍本丛刊 016—2》，北京：线装书局，2004 年，第 729 页。

⑤ （宋）李焘：《续资治通鉴长编》，北京：中华书局，2004 年，第 7198 页。

⑥ （宋）李焘：《续资治通鉴长编》，北京：中华书局，2004 年，第 7359 页。

⑦ （宋）李焘：《续资治通鉴长编》，北京：中华书局，2004 年，第 7360—7361 页。

⑧ （元）脱脱等：《宋史》，北京：中华书局，1977 年，第 10859—10864 页。

⑨ （宋）苏颂：《苏魏公文集》，北京：中华书局，1988 年，第 573 页。

⑩ （宋）曾肇：《曾文昭公集》，《宋集珍本丛刊 026—5》，北京：线装书局，2004 年，第 716—718 页。

临落宝文阁待制知濠州，通判毕居卿、管勾文字连希元并冲替。”①

吕公雅 宋神宗元丰八年(1085)

《续资治通鉴长编》卷三五六“宋神宗元丰八年五月”条：“庚子……同管勾京西路保马兼保甲吕公雅知濠州。”②《祠部集》卷三〇《代上濠州吕学士书》③，强至所指不知是否为吕公雅。

霍唐臣 宋哲宗元祐元年(1086)

《栾城集》卷二九《霍唐臣知濠州》④。

林 颜 宋哲宗元祐二年(1087)

《续资治通鉴长编》卷四〇五“宋哲宗元祐二年九月”条：“癸亥，知泉州林颜知濠州。”⑤《栾城集》卷三〇《林颜知濠州》⑥。

秦 定 宋哲宗元符元年(1098)

《续资治通鉴长编》卷五〇三“宋哲宗元符元年冬十月”条：“权殿中侍御史邓棐言：‘新除京东路转运判官秦定……’诏定知濠州。”⑦

朱 某 约宋哲宗朝

《全宋文》卷二八七七谢逸《朱德由墓志铭》：“金溪有两贤……其一曰朱德由……德由早孤，事季父甚谨，季父自省郎出守濠州，为时闻人，爱德由如己之子，闻其死，哭之甚哀。德由于大观元年某月某甲子卒，享年若干。”⑧

唐 某 约宋神宗？哲宗？徽宗初？

《清江三孔集》卷三二孔平仲《贺濠守唐朝请启》⑨。

刘 拯 宋徽宗建中靖国元年(1101)

《宋史》卷三五六《刘拯传》：“刘拯字彦修，宣州南陵人。……徽宗立

---

① （宋）李焘：《续资治通鉴长编》，北京：中华书局，2004年，第8276页。

② （宋）李焘：《续资治通鉴长编》，北京：中华书局，2004年，第8514页。

③ （宋）强至：《祠部集》，北京：中华书局，1985年，第447页。

④ （宋）苏辙：《苏辙集》，北京：中华书局，1990年，第494页。

⑤ （宋）李焘：《续资治通鉴长编》，北京：中华书局，2004年，第9869页。

⑥ （宋）苏辙：《苏辙集》，北京：中华书局，1990年，第515页。

⑦ （宋）李焘：《续资治通鉴长编》，北京：中华书局，2004年，第11982页。

⑧ 曾枣庄、刘琳主编：《全宋文》，上海：上海辞书出版社，2006年，第133册，第260—261页。

⑨ （宋）孔平仲等：《清江三孔集》，《宋集珍本丛刊016—2》，北京：线装书局，2004年，第733页。

……帝疑其阿私观望，黜知濠州。"[1]《宋大诏令集》卷二〇九《给事中刘拯罢给事中知濠州制(元符三年四月二十三日)》[2]。

邓　极　宋徽宗建中靖国元年(1101)

《宋会要辑稿·选举三三·特恩除职一》："(建中靖国元年十二月)二十三日，复朝请郎、知濠州邓极为集贤殿修撰、知潭州。"[3]

曾孝蕴　宋徽宗大观元年(1107)

《乾道临安志》卷三《牧守》："大观元年四月辛未，以显谟阁待制、淮南江浙荆湖等路发运使曾孝蕴知杭州，既而改知濠州。"[4]

朱献明　约宋徽宗政和元年前后(1111前后)

《全宋文》卷二九四五谢薖《朱夫人墓志铭》："夫人朱氏，抚州金溪人，赠宣德郎、讳彦国之孙，处士讳献可之女，同邑人陈荚君谟之妻。为职方员外郎、出守濠州、讳献明者，夫人之叔父也。夫人以大观四年七月戊申卒，享年三十有七，以政和元年十二月丙午葬于归政乡交龙原。"[5]

王汉之　宋徽宗政和六—八年(1116—1118)

《北山小集》卷三四《延康殿学士中大夫提举杭州洞霄宫信安郡开国侯食邑一千七百户食实封一百户赠正奉大夫王公行状》："公讳汉之，字彦昭。……时政和二年三月也。后三年，复集贤殿修撰。明年，复显莫阁直学士、知濠州。……七年，转中大夫，进封信安郡开国侯，加食邑三百户。八年夏秋，淮水暴涨，城不没者数尺。……重和元年……起公知江宁府事……加食邑三百户，食实封一百户。"[6]

游　酢　宋徽宗宣和二年前(1120前)

《杨龟山集》卷六《御史游公墓志铭(宣和六年)》："公讳酢，定夫其字也……上皇即位……丁太硕人忧，服除，除知舒州，移知濠州。不数月，会从官谪守卫罢归，寓历阳，因家焉。"[7]《宋史》卷四二八《游酢传》："游酢……晚得

---

① (元)脱脱等：《宋史》，北京：中华书局，1977年，第11199—112000页。

② (宋)佚名：《宋大诏令集》，北京：中华书局，1962年，第789页。

③ (清)徐松辑：《宋会要辑稿》，上海：上海古籍出版社，2014年，第5893页。

④ (宋)周淙：《乾道临安志》，上海：商务印书馆，1937年，第82页。

⑤ 曾枣庄、刘琳主编：《全宋文》，上海：上海辞书出版社，2006年，第136册，第369页。

⑥ (宋)程俱：《北山小集》，《宋集珍本丛刊033—4》，北京：线装书局，2004年，第599—601页。

⑦ (宋)杨时：《杨龟山集》，北京：中华书局，1985年，第117—118页。

监察御史,历知汉阳军、和舒濠三州而卒。"①

侯　益　宋徽宗宣和四年(1122)

《三朝北盟会编》卷七《政宣上帙》"起宣和四年五月十八日乙亥尽六月三日庚寅":"六月三日庚寅……侯益知濠州。"②

刘正彦　宋徽宗宣和中

《宋史》卷四七五《刘正彦传》:"有刘正彦者,不知何许人。……复为武德大夫、知濠州,擢御营右军副都统制,渊分精兵三千与之。"③

王衣(未之任)　宋徽宗宣和末

《全宋文》卷三六五九綦崇礼《故右中大夫充集英殿修撰提举江州太平观历城县开国男食邑五百户赐紫金鱼袋王公墓志铭》:"公讳衣,字子裳……徙知濠州,不行,入为尚书刑部员外郎,积官朝请大夫。渊圣受禅……又以岁劳进朝请大夫。"④《宋史》卷三七七《王衣传》:"王衣字子裳,济南历城人。……为陕西都转运司主管文字、详定一司敕令所删定官、通判袭庆府、知濠州,未行,召为刑部员外郎。建炎初,为司勋郎中,迁大理少卿。"⑤

蒋　圆　宋徽宗宣和中

《毗陵集》卷一三《左中奉大夫充秘阁修撰蒋公墓志铭(绍兴五年)》:"公讳圆,字粹仲。……中元祐六年进士第,调海州司理参军……迁润州丹徒令……丁内艰,终丧,除提举在京外诸司文字。……终更知普州,未行,徙知濠州。淮西大旱,濠为甚……未几,徙知沂州。……被旨鞫浙寇方腊,毕赐三品服。……实建炎四年七月十七日也,享年八十有八。"⑥

连南夫　宋徽宗宣和七年—高宗建炎三年(1125—1129)

《建炎以来系年要录》卷一〇"宋高宗建炎元年冬十月"条:"甲辰……至是知濠州、徽猷阁待制连南夫言……南夫,安陆人也。"⑦卷一五"宋高宗建炎二年夏四月"条:"甲戌,徽猷阁待制、知濠州连南夫请令诸路州县于近城

---

① (元)脱脱等:《宋史》,北京:中华书局,1977年,12732—12733页。

② (宋)徐梦莘:《三朝北盟会编》,上海:上海古籍出版社,1987年,第49—50页。

③ (元)脱脱等:《宋史》,北京:中华书局,1977年,第13802—13803页。

④ 曾枣庄、刘琳主编:《全宋文》,上海:上海辞书出版社,2006年,第168册,第37—38页。

⑤ (元)脱脱等:《宋史》,北京:中华书局,1977年,第11658—11659页。

⑥ (宋)张守:《毗陵集》,北京:中华书局,1985年,第189—191页。

⑦ (宋)李心传编撰:《建炎以来系年要录》,北京:中华书局,2013年,第275页。

十里内……后不行。”[①]卷二一“宋高宗建炎三年三月”条：“丁亥……徽猷阁待制、知濠州连南夫升显谟阁直学士、知江宁府。”[②]《南涧甲乙稿》卷一九韩元吉《连公墓碑》：“宣和五年，故宝文阁学士连公讳南夫……七年三月，遂拜中书舍人。……即改濠州，淮南小郡也。”[③]

王仲徽 约北宋末？

《大明一统志》卷七《中都·凤阳府》“宫室”条：“一品亭，在旧府城西南隅，宋王钦若父郁为郡判官，作亭。天圣初，钦若来典郡，亭尚存。钦若孙仲徽为守，因增大而名之。”[④]

刘正彦 宋高宗建炎二年(1128)

《建炎以来系年要录》卷一三“宋高宗建炎二年二月”条：“己卯……朝奉大夫、新通判虔州刘正彦为武德大夫、威州刺史、知濠州。”[⑤]

孙　逸 宋高宗建炎三年(1129)

《建炎以来系年要录》卷二八“宋高宗建炎三年九月”条：“乙亥……至濠州，守臣孙逸谓之曰：‘……不敢开门。’”[⑥]卷二九“宋高宗建炎三年十有一月”条：“乙巳朔……知濠州孙逸闻金兵已渡淮……即檄节制兵马刘位权知濠州。”[⑦]

王宗望 宋高宗建炎三年(1129)

《建炎以来系年要录》卷二九“建炎三年十有一月”条：“乙巳朔……知濠州孙逸闻金兵已渡淮，即声言往建康见杜充计事，遂以州印付淮西兵马都监王宗望而去，充闻之，即檄节制兵马刘位权知濠州。”[⑧]“是月……淮西兵马都监王宗望在濠州，以孤城难守，遂率官吏请降。”[⑨]

刘　位 宋高宗建炎三年(1129)

见上“孙逸”条。

---

① (宋)李心传编撰：《建炎以来系年要录》，北京：中华书局，2013年，第364页。
② (宋)李心传编撰：《建炎以来系年要录》，北京：中华书局，2013年，第493页。
③ (宋)韩元吉：《南涧甲乙稿》，北京：中华书局，1985年，第378—379页。
④ (明)李贤等：《大明一统志》，西安：三秦出版社，1990年，第132页。
⑤ (宋)李心传编撰：《建炎以来系年要录》，北京：中华书局，2013年，第336页。
⑥ (宋)李心传编撰：《建炎以来系年要录》，北京：中华书局，2013年，第654页。
⑦ (宋)李心传编撰：《建炎以来系年要录》，北京：中华书局，2013年，第667页。
⑧ (宋)李心传编撰：《建炎以来系年要录》，北京：中华书局，2013年，第667页。
⑨ (宋)李心传编撰：《建炎以来系年要录》，北京：中华书局，2013年，第680页。

李　玠　宋高宗绍兴元年(1131)

《三朝北盟会编》卷一四七《炎兴下帙四十七》“起绍兴元年四月二十一日丁亥尽八月八日壬申十六日”:“权知濠州李玠率家属去,令张德权知军州事。”①《建炎以来系年要录》卷四六“宋高宗绍兴元年秋七月”条:“是月……武翼大夫、知濠州李玠弃城去,以巡防官张德权知州事。”②卷四八“宋高宗绍兴元年冬十月”条:“庚辰……武显大夫、合门宣赞舍人、知滁州寇宏知濠州,武翼大夫、知濠州李玠为枢密院准备将领。”③

张　德　宋高宗绍兴元年(1131)

见上“李玠”条。

寇宏(一知)　宋高宗绍兴元年—五年(1131—1135)

《三朝北盟会编》卷一四九《炎兴下帙四十九》“起绍兴元年十月三日丙寅尽十二月二十七日庚寅二十日”:“权濠州张德牒请寇宏权知濠州。”④《建炎以来系年要录》卷四八“宋高宗绍兴元年冬十月”条:“庚辰……武显大夫、合门宣赞舍人、知滁州寇宏知濠州,武翼大夫、知濠州李玠为枢密院准备将领。”⑤卷六六“宋高宗绍兴三年六月”条:“丁酉,诏武显大夫、合门宣赞舍人、知濠州寇宏迁一官,再任,仍赐金带。”⑥卷八一“宋高宗绍兴四年冬十月”条:“丙申……是日,金人陷濠州。守臣合门宣赞舍人寇宏弃城走,右宣教郎、通判州事国奉卿为所杀。”⑦卷八四“宋高宗绍兴五年岁次条”:“丁巳……武功大夫、合门宣赞舍人寇宏依旧知濠州。”⑧

韩元傑　宋高宗绍兴五年(1135)

《建炎以来系年要录》卷九三“宋高宗绍兴五年九月”条:“癸酉,右奉议郎、淮西宣抚司干办公事韩元傑知濠州,用刘光世奏也。”⑨卷一一一“宋高宗绍兴七年六月”条:“壬辰,右承议郎、新知楚州韩元杰罢,坐前守濠州日,其

---

① (宋)徐梦莘:《三朝北盟会编》,上海:上海古籍出版社,1987年,第1071页。
② (宋)李心传编撰:《建炎以来系年要录》,北京:中华书局,2013年,第973页。
③ (宋)李心传编撰:《建炎以来系年要录》,北京:中华书局,2013年,第1011页。
④ (宋)徐梦莘:《三朝北盟会编》,上海:上海古籍出版社,1987年,第1081页。
⑤ (宋)李心传编撰:《建炎以来系年要录》,北京:中华书局,2013年,第1011页。
⑥ (宋)李心传编撰:《建炎以来系年要录》,北京:中华书局,2013年,第1296页。
⑦ (宋)李心传编撰:《建炎以来系年要录》,北京:中华书局,2013年,第1539页。
⑧ (宋)李心传编撰:《建炎以来系年要录》,北京:中华书局,2013年,第1592页。
⑨ (宋)李心传编撰:《建炎以来系年要录》,北京:中华书局,2013年,第1781页。

兄元英私往宿州，而不以闻也。”①

蔡延世　宋高宗绍兴六年（1136）

《建炎以来系年要录》卷一〇六“宋高宗绍兴六年冬十月”条：“壬寅……汝嘉等乞以右通直郎、新知濠州蔡延世等二人充参议官……皆从之。”②

杨　珪　宋高宗绍兴七—八年（1137—1138）

《建炎以来系年要录》卷一一〇“宋高宗绍兴七年夏四月”条：“庚子……武功大夫、忠州团练使、都督府干办公事杨珪知濠州。”③《宋会要辑稿·职官四七·通判诸州府军监》：“（绍兴八年九月）十五日，诏濠州复置通判一员。先是，知濠州杨珪言……故也。”④

王进（一知）　宋高宗绍兴十年（1140）

《建炎以来系年要录》卷一三八“宋高宗绍兴十年冬十月”条：“庚寅，武功大夫、忠州刺史、新知宿州王进改知濠州，武功大夫、贵州刺史王存知光州。”⑤

王　萃　宋高宗绍兴十一年（1141）

《建炎以来系年要录》卷一四一“绍兴十有一年九月”条：“庚戌……合门宣赞舍人、知濠州王萃罢，以枢密使张俊言萃并无措画故也。合门宣赞舍人寇宏知濠州。”⑥

寇宏（二知）　宋高宗绍兴十一年（1141）

见上“王萃”条。

张宗宜　宋高宗绍兴十二年（1142）

《建炎以来系年要录》卷一四五“宋高宗绍兴十有二年五月”条：“丁巳……武节大夫、新东南第四将张宗宜知濠州。”⑦

王进（二知）　宋高宗绍兴十三年（1143）

《建炎以来系年要录》卷一三九“宋高宗绍兴十有三年三月”条：“癸卯……是日，金人围濠州。初，金人自柘皋退军于紫金山也，濠州守臣王进发

---

① （宋）李心传编撰：《建炎以来系年要录》，北京：中华书局，2013年，第2083页。
② （宋）李心传编撰：《建炎以来系年要录》，北京：中华书局，2013年，第1986页。
③ （宋）李心传编撰：《建炎以来系年要录》，北京：中华书局，2013年，第2062页。
④ （清）徐松辑：《宋会要辑稿》，上海：上海古籍出版社，2014年，第4303页。
⑤ （宋）李心传编撰：《建炎以来系年要录》，北京：中华书局，2013年，第2599页。
⑥ （宋）李心传编撰：《建炎以来系年要录》，北京：中华书局，2013年，第2662页。
⑦ （宋）李心传编撰：《建炎以来系年要录》，北京：中华书局，2013年，第2735页。

书告急，日已再四，而通判州事张纲以边机事，请赴行朝，遂泛舟而去。”①“丁未……是日，金人陷濠州，武功大夫、忠州刺史、知州事王进为所执，兵马钤辖、武功郎、阁门宣赞舍人邵青巷战，死之。”②

李观民 宋高宗绍兴十四—十七年(1144—1147)

《建炎以来系年要录》卷一五二“宋高宗绍兴十有四年秋七月”条：“壬戌……右奉议郎李观民新知濠州，入见，上戒令毋招集流亡，恐致生事，仍命秦桧以此语之。”③卷一五六“宋高宗绍兴十有七年秋七月”条：“乙酉，左承议郎李观民知濠州代还，入见，言……’从之。”④

皇甫斌 宋高宗绍兴中

《光绪凤阳府志》卷六上《职官表》：“皇甫斌，绍兴中知濠州。”⑤

周 绂 宋高宗绍兴二十六年(1156)

《建炎以来系年要录》卷一七一“宋高宗绍兴二十有六年二月”条：“丁丑，右朝请大夫、新知濠州周绂言：‘监司、郡守听岁举部内官吏……庶几贤者知劝，不贤者知退。’”⑥

鲍 仔 宋高宗绍兴二十九年(1159)

《建炎以来系年要录》卷一八一“宋高宗绍兴二十九年夏四月”条：“辛亥……右朝请大夫、知濠州鲍仔移知南剑州，武功大夫刘光时知濠州。”⑦

刘光时(一知) 宋高宗绍兴二十九—三十一年(1159—1161)

《建炎以来系年要录》卷一八一“宋高宗绍兴二十九年夏四月”条：“辛亥……右朝请大夫、知濠州鲍仔移知南剑州，武功大夫刘光时知濠州。”⑧卷一八五“宋高宗绍兴三十年八月”条：“辛亥……武功大夫、知濠州刘光时领英州刺史。”⑨卷一八八“宋高宗绍兴三十有一年岁次”条：“庚子……武功大

---

① (宋)李心传编撰:《建炎以来系年要录》,北京:中华书局,2013年,第2620页。

② (宋)李心传编撰:《建炎以来系年要录》,北京:中华书局,2013年,第2622页。

③ (宋)李心传编撰:《建炎以来系年要录》,北京:中华书局,2013年,第2868页。

④ (宋)李心传编撰:《建炎以来系年要录》,北京:中华书局,2013年,第2965页。

⑤ (清)冯煦修,(清)魏家骅等纂:《光绪凤阳府志(一)》,《中国地方志集成·安徽府县志辑32》,南京:江苏古籍出版社,1998年,第165页。

⑥ (宋)李心传编撰:《建炎以来系年要录》,北京:中华书局,2013年,第3269页。

⑦ (宋)李心传编撰:《建炎以来系年要录》,北京:中华书局,2013年,第3487页。

⑧ (宋)李心传编撰:《建炎以来系年要录》,北京:中华书局,2013年,第3487页。

⑨ (宋)李心传编撰:《建炎以来系年要录》,北京:中华书局,2013年,第3592页。

夫、英州刺史、知濠州刘光时言……从之。”[①]卷一九〇“绍兴三十有一年五月”条：“己亥……初，北境有被逐将渡淮者，武功大夫、忠州团练使、知濠州刘光时疑寇至……事闻，光时坐贬秩。”[②]卷一九三“宋高宗绍兴三十一年冬十月”条：“壬戌……成忠郎、合门祗候、东南第二副将都遇知濠州，召降授武显大夫、吉州刺史、知濠州刘光时还行在。”[③]

都遇(一知)　宋高宗绍兴三十一—三十二年(1161—1162)

《建炎以来系年要录》卷一九三“宋高宗绍兴三十一年冬十月”条：“壬戌……成忠郎、合门祗候、东南第二副将都遇知濠州，召降授武显大夫、吉州刺史、知濠州刘光时还行在。”[④]卷一九八“宋高宗绍兴三十有二年闰二月”条：“癸未……成忠郎、合门祗候知濠州都遇添差淮南西路兵马副都监，濠州驻札。”[⑤]

冯荣叔　宋高宗绍兴三十二年(1162)

《建炎以来系年要录》卷一九八“宋高宗绍兴三十有二年闰二月”条：“癸未……降授右朝请郎冯荣叔知濠州。”[⑥]卷一九八“宋高宗绍兴三十有二年三月”条：“庚戌……右朝奉大夫、新知濠州冯荣叔移知黄州。合门祗候、淮南西路兵马都监都遇复知濠州。”[⑦]

都遇(二知)　宋高宗绍兴三十二年(1162)

见上“冯荣叔”条。

冯　湛　宋高宗绍兴三十二年(1162)

《全宋文》卷六三八二袁燮《武功大夫合门宣赞舍人鄂州江陵府驻扎御前诸军副都统制冯公行状》：“公讳湛，字莹中，秦州成纪人也。……三十一年……明年……权知濠州，改建康左军同统制。”[⑧]

周　淙　宋高宗绍兴末—孝宗隆兴中

---

① (宋)李心传编撰：《建炎以来系年要录》，北京：中华书局，2013年，第3648页。

② (宋)李心传编撰：《建炎以来系年要录》，北京：中华书局，2013年，第3689页。

③ (宋)李心传编撰：《建炎以来系年要录》，北京：中华书局，2013年，第3768页。

④ (宋)李心传编撰：《建炎以来系年要录》，北京：中华书局，2013年，第3768页。

⑤ (宋)李心传编撰：《建炎以来系年要录》，北京：中华书局，2013年，第3886页。

⑥ (宋)李心传编撰：《建炎以来系年要录》，北京：中华书局，2013年，第3886页。

⑦ (宋)李心传编撰：《建炎以来系年要录》，北京：中华书局，2013年，第3899页。

⑧ 曾枣庄、刘琳主编：《全宋文》，上海：上海辞书出版社，2006年，第281册，第340—343页。

《宋史》卷三九〇《周淙传》:“周淙字彦广,湖州长兴人。……绍兴三十年,金渝盟……移楚州,又徙濠梁。……除直秘阁,再任。孝宗受禅……帅维扬。”①《大明一统志》卷七《中都·凤阳府》“名宦”条:“周淙,绍兴末守濠梁……民赖以全活者不可胜计。”②

刘光时(二知) 宋孝宗乾道元年(1165)

《宋会要辑稿·食货一·农田二》:“(乾道元年)二月十七日,忠州团练使、知濠州刘光时言……诏令淮西总领所支钱二万贯,专充收买耕牛。”③

孔 福 宋孝宗隆兴二年(1164)

《宋会要辑稿·职官七一·黜降官八》:“(隆兴二年)十一月十三日,诏:‘知盱眙军郭淑可特勒停,送静江府编管;知濠州孔福可削夺官职,自身自效。’皆坐虏骑渡淮,望风逃遁故也。”④

向 渲 宋孝宗淳熙元年(1174)

《宋会要辑稿·职官七二·黜降官九》:“淳熙元年正月二十二日……同日,知濠州向渲放罢。以本路运判吴渊言其治郡不职故也。”⑤

张 某 宋孝宗淳熙元年(1174)

《全宋文》卷五八一三薛季宣《濠州双穗堂记》:“淳熙元年夏四月,得麦于濠梁近郊,一本而二岐,太守张公曰……凡州之人咸曰:‘维时穰哉,太守良哉!’”⑥

曾 昭 宋孝宗淳熙二年(1175)

《宋会要辑稿·职官七二·黜降官九》:“(淳熙二年三月)二十二日,新知鄂州曾昭放罢,永不得与知州军差遣。坐知濠州日任买马事……故有是命。”⑦

樊仁远 宋孝宗淳熙三年前后(1176前后)

《全宋文》卷五四〇八樊仁远《浮云居士曾公行状(淳熙三年十月)》:“居士姓曾氏,讳敏行,字达臣。……淳熙三年十月□日,奉议郎、权发遣濠

---

① (元)脱脱等:《宋史》,北京:中华书局,1977年,第11957—11958页。

② (明)李贤等:《大明一统志》,西安:三秦出版社,1990年,第138页。

③ (清)徐松辑:《宋会要辑稿》,上海:上海古籍出版社,2014年,第5975页。

④ (清)徐松辑:《宋会要辑稿》,上海:上海古籍出版社,2014年,第4951页。

⑤ (清)徐松辑:《宋会要辑稿》,上海:上海古籍出版社,2014年,第4972页。

⑥ 曾枣庄、刘琳主编:《全宋文》,上海:上海辞书出版社,2006年,第258册,第326页。

⑦ (清)徐松辑:《宋会要辑稿》,上海:上海古籍出版社,2014年,第4973页。

州军州、主管学事樊仁远谨状。"[①]又见《大明一统志》卷七《中都·凤阳府》"宫室"条[②]。

王　回　宋孝宗淳熙八年前后(1181前后)

《宋会要辑稿·职官七二·黜降官九》:"(淳熙八年八月)十七日,知濠州王回特降一官。坐濠州总首司宥同忠义人窜往外界故也。"[③]《杨万里集笺校》卷一二五《提刑徽猷检正王公墓志铭》:"公讳回,字亚夫……登绍兴甲戌第……出守濠州,除提举江西常平茶盐……享年七十有二,卒于正寝,实绍熙三年十二月二十有九日也。"[④]又见《大明一统志》卷七《中都》"宫室"条[⑤]。

刘杨廷　宋孝宗淳熙十年前后(1183前后)

《全宋文》卷五一一〇周必大《与刘濠州杨廷札子(淳熙十年)》[⑥]。

吴　褒　宋孝宗淳熙十一年(1184)

《宋会要辑稿·职官七二·黜降官九》:"(淳熙十一年七月)二十六日,知濠州吴褒放罢。以褒在任不法故也。"[⑦]《东塘集》卷二〇《故太淑人叶氏行状》:"淳熙十二年十一月初四日,敷文阁待制单夔之母叶氏终于里居之正寝,寿八十有二。……女六人……适……朝奉郎、前权知濠州吴褒。"[⑧]

韩同卿　宋孝宗淳熙十二年(1185)

《宋会要辑稿·帝系二·皇孙》:"(淳熙十二年)五月四日,诏:皇孙安庆军节度使、平阳郡王扩纳妇,已选定朝奉郎、新知濠州韩同卿次女为亲,札付承受所取旨施行。"[⑨]

彭仲刚(未之任)　宋光宗绍熙五年前(1194前)

《水心先生文集》卷一五《彭子复墓志铭》:"子复姓彭氏,名仲刚……服

---

① 曾枣庄、刘琳主编:《全宋文》,上海:上海辞书出版社,2006年,第242册,第120—122页。

② (明)李贤等:《大明一统志》,西安:三秦出版社,1990年,第132页。

③ (清)徐松辑:《宋会要辑稿》,上海:上海古籍出版社,2014年,第4984页。

④ (宋)杨万里撰,辛更儒笺校:《杨万里集笺校》,北京:中华书局,2007年,第4856页。

⑤ (明)李贤等:《大明一统志》,西安:三秦出版社,1990年,第132页。

⑥ 曾枣庄、刘琳主编:《全宋文》,上海:上海辞书出版社,2006年,第230册,第24页。

⑦ (清)徐松辑:《宋会要辑稿》,上海:上海古籍出版社,2014年,第4989页。

⑧ (宋)袁说友:《东塘集》,《宋集珍本丛刊064—3》,北京:中华书局,2004年,第477—480页。

⑨ (清)徐松辑:《宋会要辑稿》,上海:上海古籍出版社,2014年,第56页。

除，知濠州，未行。绍熙五年，明、越大饥，特令提举浙东常平，盖于是将用子复矣。”①

商廷昌 约宋宁宗庆元中

见下“张季樗”条。

张季樗 约宋宁宗庆元中—嘉泰元年（约庆元中—1201）

《水心先生文集》卷二六《宋故中散大夫提举武夷山冲佑观张公行状》：“公姓张氏，讳季樗，字延卿……既而与商廷昌两易濠州。濠人占地无顷亩之限，为后至冒耕，不较也。……嘉泰四年闰二月二十二日平旦……其日卒，年七十八。”②

王　阮 宋光宗绍熙中（1190—1194）

《宋史》卷三九五《王阮传》：“王阮字南卿，江州人。……绍熙中，知濠州，请复曹玮方田，修种世衡射法，日讲守备，与边民亲访北境事宜。终阮在濠，金不敢南侵。改知抚州。”③又见《大明一统志》卷七《中都·凤阳府》④。

黄万石 宋宁宗庆元元年前（1195 前）

《宋会要辑稿·职官七三·黜降官一〇》：“（庆元元年二月）二十五日……同日，黄万石不得与亲民差遣。以谏议大夫张叔椿言，万石前知濠州，率意妄作，狎妓贪污。”⑤

张致远 宋宁宗庆元元年（1195）

《宋会要辑稿·职官七三·黜降官一〇》：“（庆元元年）七月十四日……秉义郎、差知濠州张致远放罢。”⑥

钟　隶 约宋光宗绍熙末或宁宗庆元初

《漫塘文集》卷三〇《故通判滁州朝散钟大夫墓志铭（绍定元年）》：“朝散大夫、新通判隆兴军府事钟君隶……隶初以公恩出仕，后擢庆元二年进士

---

① （宋）叶适：《水心先生文集》，《宋集珍本丛刊 067—2》，北京：线装书局，2004 年，第 243—244 页。

② （宋）叶适：《水心先生文集》，《宋集珍本丛刊 067—2》，北京：线装书局，2004 年，第 349—350 页。

③ （元）脱脱等：《宋史》，北京：中华书局，1977 年，第 12053—12054 页。

④ （明）李贤等：《大明一统志》，西安：三秦出版社，1990 年，第 138 页。

⑤ （清）徐松辑：《宋会要辑稿》，上海：上海古籍出版社，2014 年，第 5036 页。

⑥ （清）徐松辑：《宋会要辑稿》，上海：上海古籍出版社，2014 年，第 5012 页。

第，假守濠梁，严饬武备。”①

刘仲光 宋宁宗庆元初

《晦菴先生文集》卷九三《宜人丁氏墓志铭》：“濠州使君刘侯仲光以书来曰……其季即仲光，今以朝散大夫权发遣濠州军州事。……濠州行笃厚，早以文学吏治著美称。”②《全宋文》卷六三七八袁燮《资政殿大学士赠少师楼公墓志铭》：“公讳钥，字大防，旧字启伯，姓楼氏……今将作监杨公简、故知濠州刘仲光、度之郎官郑肇之、宗正丞李兼之流，世皆贤之。”③

贺 锡 宋宁宗嘉泰二年(1202)

《宋会要辑稿·职官七四·黜降官一一》：“(嘉泰二年八月)十九日，知濠州贺锡放罢。以淮西安抚丁逢言锡守边非材。”④

田俊迈 宋宁宗开禧二年(1206)

《宋会要辑稿·兵九·讨叛三》：“(开禧二年五月)三日，马军司后军统制、知濠州田俊迈率所部兵渡淮。”⑤

周 用 宋宁宗开禧三年(1207)

《宋会要辑稿·职官七四·黜降官一一》：“(开禧三年八月)二十六日，知濠州周用追毁出身以来文字，除名勒停，送本军自效。”⑥

王大昌 宋宁宗嘉定元年(1208)

《宋会要辑稿·职官七四·黜降官一一》：“(嘉定元年)八月九日，权知濠州王大昌、新权知循州钟大猷并放罢。”⑦

徐 翦 约宋宁宗嘉定二年(1209)

《梅亭先生四六标准》卷二七《代回徐濠州翦》⑧。

---

① (宋)刘宰：《漫塘文集》，《宋集珍本丛刊 072—2》，北京：线装书局，2004 年，第 475—477 页。

② (宋)朱熹：《晦菴先生文集》，《宋集珍本丛刊 059—1》，北京：线装书局，2004 年，第 303 页。

③ 曾枣庄、刘琳主编：《全宋文》，上海：上海辞书出版社，2006 年，第 281 册，第 255—273 页。

④ (清)徐松辑：《宋会要辑稿》，上海：上海古籍出版社，2014 年，第 5048 页。

⑤ (清)徐松辑：《宋会要辑稿》，上海：上海古籍出版社，2014 年，第 8788 页。

⑥ (清)徐松辑：《宋会要辑稿》，上海：上海古籍出版社，2014 年，第 5056 页。

⑦ (清)徐松辑：《宋会要辑稿》，上海：上海古籍出版社，2014 年，第 5059 页。

⑧ (宋)李刘：《梅亭先生四六标准》，《宋集珍本丛刊 074—1》，北京：线装书局，2004 年，第 131 页。

何汝霖 宋宁宗嘉定二年(1210)

《宋会要辑稿·职官七四·黜降官一一》:"(嘉定三年五月)二十六日,建康副都统制兼知濠州何汝霖免知濠州,知南康军晁百谈放罢。"①又见《梅亭先生四六标准》卷四〇《代回濠州何都统汝霖冬》②。

陆 埈 宋宁宗嘉定三年(1210)

《漫塘文集》卷二八《故知和州陆秘书墓志铭(嘉定九年九月)》:"君讳埈,字子高……绍熙庚戌……濠梁阙守,制置使被命选才,以君摄事。"③

应纯之 宋宁宗嘉定七年(1214)

《宋会要辑稿·食货六三·营田杂录》:"(嘉定七年)八月二十六日,知濠州应纯之等言:……诏令江淮制置司于桩管会子内取拨五千五百贯文……毋得荒废。"④

赵伯熊 宋宁宗嘉定十一年(1218)

《宋会要辑稿·职官七五·黜降官一二》:"(嘉定十一年)八月七日,前知濠州赵伯熊赴行在奏事指挥寝罢。"⑤

柴叔达 宋宁宗嘉定十二年后(1219后)

《漫塘文集》卷二一《濠州新建石韩将军庙记》:"嘉定己卯秋,濠之士民无少长,咸会太守庭下……后守柴公叔达、今守杨公绍云复相继酌民言,克竟厥事。"⑥

杨绍云 宋宁宗嘉定十二年后(1219后)

见上"柴叔达"条。

杜 杲 宋宁宗嘉定末

《后村先生大全集》卷一四一《杜尚书神道碑》:"公讳杲,字子昕。……

① (清)徐松辑:《宋会要辑稿》,上海:上海古籍出版社,2014年,第5063页。

② (宋)李刘:《梅亭先生四六标准》,《宋集珍本丛刊074—1》,北京:线装书局,2004年,第231页。

③ (宋)刘宰:《漫塘文集》,《宋集珍本丛刊072—2》,北京:线装书局,2004年,第453—454页。

④ (清)徐松辑:《宋会要辑稿》,上海:上海古籍出版社,2014年,第7694—7695页。

⑤ (清)徐松辑:《宋会要辑稿》,上海:上海古籍出版社,2014年,第5082页。

⑥ (宋)刘宰:《漫塘文集》,《宋集珍本丛刊072—2》,北京:线装书局,2004年,第353—354页。

季公时已帅庐，辟公濠倅。上以公久习边事，擢知濠州。”[①]又见《宋史》卷四一二《杜杲传》[②]。

王　霆　宋理宗朝

《宋史》卷四〇八《王霆传》：“王霆字定叟，东阳人。……理宗即位，特差充浙西副都监、湖州驻扎。……升武功大夫，出知濠州，赐金带。至州，节浮费，籴粟买马，以备不虞。”[③]

王　鉴　宋理宗嘉熙四年—淳祐三年（1240—1243）

《景定建康志》卷二六《官守志三》：“王鉴：嘉熙元年四月十二日……四年九月兼知濠州，淳祐三年正月改除。”[④]

吕文德　宋理宗淳祐四年（1244）

《宋史》卷四三《理宗本纪三》：“（淳祐四年）六月庚午朔，吕文德依旧侍卫马军副都指挥使兼淮西招抚使、知濠州。”[⑤]《景定建康志》卷二六《官守志三》：“吕文德，淳祐三年……四年……六月除淮西招抚使、兼知濠州，五年四月十九日除枢密副都承旨，七年五月二十六日除左领军卫上将军。”[⑥]

李庭芝　南宋理宗宝祐末

《宋史》卷四二一《李庭芝传》：“李庭芝字祥甫。……继知濠州，复城刑山以备淮南。皆切中机会。开庆元年，似道宣抚京湖，留庭芝权扬州。”[⑦]《后村先生大全集》卷一六三《制置杜大卿墓志铭》：“合肥谋帅，魏公荐濠守应山李公及公，上许用公，擢直秘阁、淮西提刑，兼知庐州、淮西安抚副司公事。”[⑧]

吕文福（一知）　南宋理宗景定三年前后（1262 前后）

《宋史》卷四五《理宗本纪五》：“（景定三年三月）庚辰，吕文福依旧职差

---

① （宋）刘克庄：《后村先生大全集》，《宋集珍本丛刊 082—1》，北京：线装书局，2004 年，第 421—422 页。

② （元）脱脱等：《宋史》，北京：中华书局，1977 年，第 12381—12382 页。

③ （元）脱脱等：《宋史》，北京：中华书局，1977 年，第 12313—12314 页。

④ （宋）马光祖修、周应合纂：《景定建康志》，《宋元方志丛刊 2》，北京：中华书局，1990 年，第 1768 页。

⑤ （元）脱脱等：《宋史》，北京：中华书局，1977 年，第 830 页。

⑥ （宋）马光祖修、周应合纂：《景定建康志》，《宋元方志丛刊 2》，北京：中华书局，1990 年，第 1768 页。

⑦ （元）脱脱等：《宋史》，北京：中华书局，1977 年，第 12599—12600 页。

⑧ （宋）刘克庄：《后村先生大全集》，《宋集珍本丛刊 082—1》，北京：线装书局，2004 年，第 638—641 页。

知濠州兼淮西招抚使。”①

吕思望 宋理宗景定四年(1263)

《光绪凤阳府志》卷六上《职官表》:“吕思望,景定四年知濠州兼淮西安抚使。”②

徐敏予 宋理宗朝

《光绪凤阳府志》卷六上《职官表》:“徐敏予,理宗时知濠州兼淮西提刑。”③

刘雄飞 宋理宗朝

《光绪凤阳府志》卷六上《职官表》:“刘雄飞,理宗时知濠州。”④

吕文福(二知) 宋度宗咸淳五年(1269)

《宋史》卷四六《度宗本纪》:“(咸淳五年)六月庚辰,以吕文福为复州团练使、知濠州兼淮西安抚副使。”⑤

孙　立 南宋恭帝德祐元年(1275)

《宋史》卷四七《瀛国公》:“(德祐元年秋七月庚申)知濠州孙立右卫大将军,赏守边功”⑥。

(二)通判

王　旦 宋太宗端拱中

《宋史》卷二八二《王旦传》:“王旦字子明,大名莘人。……迁殿中丞、通判郑州。表请天下建常平仓,以塞兼并之路。徙濠州。淳化初,王禹偁荐其才,任转运使。”⑦《宋朝事实类苑》卷一二《名臣事迹》:“王旦,字子明,大名人。……端拱中,通判郑州事,月余,徙濠州,遭母丧去,诏复故任。”⑧

---

① (元)脱脱等:《宋史》,北京:中华书局,1977年,第880页。

② (清)冯煦修,(清)魏家骅等纂:《光绪凤阳府志(一)》,《中国地方志集成·安徽府县志辑32》,南京:江苏古籍出版社,1998年,第165页。

③ (清)冯煦修,(清)魏家骅等纂:《光绪凤阳府志(一)》,《中国地方志集成·安徽府县志辑32》,南京:江苏古籍出版社,1998年,第165页。

④ (清)冯煦修,(清)魏家骅等纂:《光绪凤阳府志(一)》,《中国地方志集成·安徽府县志辑32》,南京:江苏古籍出版社,1998年,第165页。

⑤ (元)脱脱等:《宋史》,北京:中华书局,1977年,第903页。

⑥ (元)脱脱等:《宋史》,北京:中华书局,1977年,第932页。

⑦ (元)脱脱等:《宋史》,北京:中华书局,1977年,第9542—9543页。

⑧ (宋)江少虞:《宋朝事实类苑》,上海:上海古籍出版社,1981年,第135—136页。

赵　况　宋真宗大中祥符二年前(1009 前)

《续资治通鉴长编》卷七二“宋真宗大中祥符二年冬十月”条:“知定远县王仲微,言通判、度支员外郎、直史馆赵况,受睿钱三百千,不以上闻,请重置其罪。”①

吕夷简　宋真宗大中祥符二年(1009)

《乐全先生文集》卷三六《故推诚保德宣忠亮节崇仁协恭守正翊戴功臣开府仪同三司守太尉致仕上柱国许国公食邑一万八千四百户食实封七千六百户赠太师中书令谥文靖吕公神道碑铭并序(庆历四年十一月)》:“公讳夷简,字坦夫,文穆公之从子。……出倅通、濠。”②《宋史》卷三一一《吕夷简传》:“吕夷简字坦夫,先世莱州人。……祥符中通判通州,徙濠州,再迁太常博士。”③又见《宋史》卷三〇一《梅询传》④。

杜惟则　宋真宗天禧中?

《公是集》卷五三《故尚书虞部员外郎分司南京赠光禄卿杜君墓志铭(嘉祐五年七月)》:“君讳惟则,字定国,姓杜氏,其先蜀人。……改太子中舍、通判濠州,赐绯衣、银章。……乾兴中,转国子博士、知处州。”⑤

叶　参　约宋真宗朝

《景文集》卷五九《故光禄卿叶府君墓志铭》:“庆历三年,岁舍鹑首,秋七月丁丑,光禄卿致仕南阳叶君齐终于京师,享年八十。……还朝,以都官员外郎通判濠州。……君名参,字次公。”⑥

朱文郁　约宋仁宗天圣初

《宋故尚书主客郎中朱君墓铭》:“庆历九年秋八月尚书主客郎中朱君终于河南府延福坊旧第,后二载葬偃师县义堂店之北原。君讳文郁,字从周,世为洛都大姓。……未几,通判濠州,以母丧去官。”⑦

---

① (宋)李焘:《续资治通鉴长编》,北京:中华书局,2004 年,第 1636 页。

② (宋)张方平:《乐全先生文集》,《宋集珍本丛刊 006—1》,北京:线装书局,2004 年,第 160 页。

③ (元)脱脱等:《宋史》,北京:中华书局,1977 年,第 10206 页。

④ (元)脱脱等:《宋史》,北京:中华书局,1977 年,第 9984—9985 页。

⑤ (宋)刘敞:《公是集》,《宋集珍本丛刊 009—3》,北京:线装书局,2004 年,第 783 页。

⑥ (宋)宋祁:《景文集》,北京:中华书局,1936 年,第 793—795 页。

⑦ 何新所、贾倩:《北宋理学家朱光庭祖父朱文郁墓志考释》,《语文知识》2013 年第 4 期,第 8—11 页。

韩　琚　宋仁宗天圣七年(1029)

《续资治通鉴长编》卷一〇七“宋仁宗天圣七年二月”条:“甲戌……群牧判官、太常丞韩琚同判濠州,太子中允、集贤校理李丕谅落职,同判和州。”①《河南先生文集》卷一六《故两浙转运使朝奉郎尚书司封员外郎护军赐紫金鱼袋韩公墓志铭并序(庆历五年二月)》:“公讳琚,字子温,相州安阳人……出通判濠州事,转太常博士……康定元年夏,出为两浙转运使,次润州,以疾终,年五十一。”②

尹　洙　宋仁宗庆历元年(1041)

《续资治通鉴长编》卷一三一“宋仁宗庆历元年二月”条:“始,朝廷既从陕西都部署司所上攻策,经略安抚判官尹洙……降通判濠州。”③《安阳集》卷四七《故崇信军节度副使检校尚书工部员外郎尹公墓表(至和元年十二月)》:“公讳洙,字师鲁,其先太原人。……夏公奏为专,徙通判濠州,又改秦州。”④又见《宋史》卷二九五《尹洙传》⑤。

钱　愚　宋仁宗庆历元年—二年(1041—1042)

《括异志》卷四《陈省副》:“庆历初,陈吏部洎自三司副使谪守钟离郡,比曹员外钱愚时为通倅。钱善数术……明年正月,如期而卒。月余,陈徙庐州,未半岁,复召为三司副使,数月病背疽而死。”⑥

王　雍　宋哲宗元祐中

《大明一统志》卷七《中都·凤阳府》“宫室”条:“翛然亭,在府旧濠州治倅厅,本名‘观澜’,宋元祐间王雍为通判,有言晋简文游华林园……雍喜,遂易此名。”⑦

周　逢　宋哲宗朝

---

①　(宋)李焘:《续资治通鉴长编》,北京:中华书局,2004年,第2497页。

②　(宋)尹洙:《河南先生文集》,《宋集珍本丛刊003—4》,北京:线装书局,2004年,第433—435页。

③　(宋)李焘:《续资治通鉴长编》,北京:中华书局,2004年,第3104页。

④　(宋)韩琦:《安阳集》,《宋集珍本丛刊006—3》,北京:线装书局,2004年,第594页。

⑤　(元)脱脱等:《宋史》,北京:中华书局,1977年,第9831—9834页。

⑥　(宋)张师正:《括异志》,《宋元笔记小说大观1》,上海:上海古籍出版社,2007年,第662页。

⑦　(明)李贤等:《大明一统志》,西安:三秦出版社,1990年,第132页。

《光绪凤阳府志》卷六上《职官表》:“周逢,哲宗时通判濠州。”①

程楫之 宋高宗绍兴二年后(1132 后)

《新安志》卷八《进士题名》:“程楫之,濠州通判。”②《嘉庆黟县志》卷五《选举·科第》“绍兴二年壬子张九成榜”:“程楫之,迈侄,濠州通判。”③

国奉卿 宋高宗绍兴四年(1134)

《建炎以来系年要录》卷八一“宋高宗绍兴四年冬十月”条:“丙申……是日,金人陷濠州。守臣合门宣赞舍人寇宏弃城走,右宣教郎、通判州事国奉卿为所杀。”④《大明一统志》卷七《中都·凤阳府》“名宦”条:“国凤(奉)卿,绍兴初通判濠州,金人围城,守弃城去,凤(奉)卿抗敌不屈而死。”⑤

张　纲 宋高宗绍兴十三年(1143)

《建炎以来系年要录》卷一三九“宋高宗绍兴十有三年三月”条:“癸卯……是日,金人围濠州。初,金人自柘皋退军于紫金山也,濠州守臣王进发书告急,日已再四,而通判州事张纲以边机事,请赴行朝,遂泛舟而去。”⑥

曾　恬 宋高宗绍兴十七年(1147)

《建炎以来系年要录》卷一五六“宋高宗绍兴十有七年十一月”条:“丁丑……左奉议郎洪适,右朝散郎、通判濠州曾恬并罢。”⑦《光绪凤阳府志》卷六上《职官表》:“曾括(恬),高宗时通判濠州。”⑧

龚　涛 宋高宗绍兴二十九年(1159)

《建炎以来系年要录》卷一八一“宋高宗绍兴二十有九年夏四月”条:“辛亥……右承议郎、通判濠州龚涛知蒋州。”⑨

---

① (清)冯煦修,(清)魏家骅等纂:《光绪凤阳府志(一)》,《中国地方志集成·安徽府县志辑 32》,南京:江苏古籍出版社,1998 年,第 164 页。

② (宋)罗愿撰,萧建新等校著:《〈新安志〉整理与研究》,合肥:黄山书社,2008 年,第 251 页。

③ (清)吴甸华修,(清)程汝翼、俞正燮纂:《嘉庆黟县志》,《中国地方志集成·安徽府县志辑 56》,南京:江苏古籍出版社,1998 年,第 92 页。

④ (宋)李心传编撰:《建炎以来系年要录》,北京:中华书局,2013 年,第 1539 页。

⑤ (明)李贤等:《大明一统志》,西安:三秦出版社,1990 年,第 138 页。

⑥ (宋)李心传编撰:《建炎以来系年要录》,北京:中华书局,2013 年,第 2620 页。

⑦ (宋)李心传编撰:《建炎以来系年要录》,北京:中华书局,2013 年,第 2973 页。

⑧ (清)冯煦修,(清)魏家骅等纂:《光绪凤阳府志(一)》,《中国地方志集成·安徽府县志辑 32》,南京:江苏古籍出版社,1998 年,第 164 页。

⑨ (宋)李心传编撰:《建炎以来系年要录》,北京:中华书局,2013 年,第 3487 页。

邴　辅　宋高宗绍兴三十一年(1161)

《建炎以来系年要录》卷一八九“宋高宗绍兴三十有一年三月”条:“丙午……右奉议郎、知袁州萍乡县邴辅通判濠州,并填复置阙。”①

曾　怀　宋高宗绍兴末

《重修琴川志》卷八《叙人》:“曾怀字钦道……浙西帅干知严州淳安县、濠州、太平州通判,提举两浙市舶、知江州。孝宗践祚,改真州、浙西提举。”②

鲜于广　宋孝宗隆兴元年前(1163 前)

《宋会要辑稿·职官六一·对换官》:“(隆兴元年)四月三十日,诏通判潦州鲜于广与通判扬州蒋该两易其任,其已差下吕企中改替鲜于广,通理成资阙。”③

蒋　该　宋孝宗隆兴元年(1163)

见上“鲜于广”条。

鲍　潚　约宋宁宗朝

《水心先生文集》卷一六《朝散大夫主管冲佑观鲍公墓志铭》:“清卿初病足……嘉定元年九月癸卯卒……清卿讳潚……中上第。……通判濠州,知潮州,自乞宫观,知融州,复乞冲佑观而终,累官朝散大夫。”④

钟　颖　宋宁宗嘉定十二年(1219)

《漫塘文集》卷二一《濠州新建石韩将军庙记》:“嘉定己卯秋,濠之士民无少长,咸会太守庭下……时通判州事丹阳钟颖实权州事……多其主议。”⑤卷三一《故知建昌军朝议钟开国墓志铭(绍定六年十一月)》:“君讳颖,字元达,姓钟氏,丹阳人。……擢通判濠州。……今上登极,改差通判隆兴府……擢守建昌军。”⑥

---

① (宋)李心传编撰:《建炎以来系年要录》,北京:中华书局,2013 年,第 3667 页。

② (宋)孙应时纂:《重修琴川志》,《宋元方志丛刊 2》,北京:中华书局,1990 年,第 1228—1229 页。

③ (清)徐松辑:《宋会要辑稿》,上海:上海古籍出版社,2014 年,第 4716 页。

④ (宋)叶适:《水心先生文集》,《宋集珍本丛刊 067—2》,北京:线装书局,2004 年,第 253 页。

⑤ (宋)刘宰:《漫塘文集》,《宋集珍本丛刊 072—2》,北京:线装书局,2004 年,第 353—354 页。

⑥ (宋)刘宰:《漫塘文集》,《宋集珍本丛刊 072—2》,北京:线装书局,2004 年,第 499—501 页。

杜　杲　宋宁宗嘉定末

《后村先生大全集》卷一四一《杜尚书神道碑》:"公讳杲,字子昕。……逆全范边,季公时已帅庐,辟公濠倅。"[①]又见《宋史》卷四一二《杜杲传》[②]。

许　焘　约宋孝宗或光宗、宁宗朝

《全宋文》卷六六六七曹彦约《致仕通政檀公圹中记(嘉定十五年十一月)》:"公讳涣,字元吉,姓檀氏。……生于绍兴乙卯之七月,终于嘉定壬午之三月,享年八十有八。娶许氏,濠州通判焘之女。"[③]

李曾伯　约宋理宗朝

《宋史》卷四二〇《李曾伯传》:"李曾伯字长孺,覃怀人,后居嘉兴。历官通判濠州……淳祐六年正月朔,日食。"[④]

赵希澥　宋理宗嘉熙元年(1237)

《后村先生大全文集》卷一五五《安抚殿撰赵公墓志铭》:"(公)讳希澥,字无垢。……嘉熙改元秋,鞑暴过濠,倅阙,制置陈公韡檄摄事。"[⑤]卷一四一《杜尚书神道碑》:"公讳杲,字子昕。……明年嘉熙改元……庚牌调盱眙守余公玠及赵东、夏皋赴援,濠倅赵希澥监夏、赵军,公以蜡书约夹攻。"[⑥]

(三)团练副使

刘永德　宋太宗雍熙四年(987)

《宋史》卷二五九《刘廷让传》:"刘廷让字光义,其先涿州范阳人。……雍熙三年,曹彬败于歧沟关,诸将失律,多坐黜免。……四年……又黜其子如京使永德为濠州团练副使,崇仪副使永和为唐州刺史。"[⑦]又见《咸平集》卷二八《如京副使刘永德可濠州团练副使崇仪副使刘永恭可颍州团练副使

---

① (宋)刘克庄:《后村先生大全集》,《宋集珍本丛刊 082—1》,北京:线装书局,2004 年,第 421—422 页。

② (元)脱脱等:《宋史》,北京:中华书局,1977 年,第 12381—12382 页。

③ 曾枣庄、刘琳主编:《全宋文》,上海:上海辞书出版社,2006 年,第 293 册,第 83 页。

④ (元)脱脱等:《宋史》,北京:中华书局,1977 年,第 12574 页。

⑤ (宋)刘克庄:《后村先生大全集》,《宋集珍本丛刊 082—1》,北京:线装书局,2004 年,第 560—561 页。

⑥ (宋)刘克庄:《后村先生大全集》,《宋集珍本丛刊 082—1》,北京:线装书局,2004 年,第 421—423 页。

⑦ (元)脱脱等:《宋史》,北京:中华书局,1977 年,第 9002—9003 页。

供奉官刘永和可武骑尉唐州长史制》①。

(四)录事参军

朱咸熙 宋真宗大中祥符三—五年(1010—1012)

《苏舜钦集》卷一四《歙州黟县令朱君墓志铭》:“先君讳咸熙,字某,其先宣城人也。……濠州录事、耀州淳化令,五任十有五年。”②

焦恭叔 约宋哲宗绍圣二年前(1095前)

《全宋文》卷二六一七李昭玘《宋故乐平郡君赵氏墓志铭(绍圣二年)》:“治平二年,乐平郡君得疾于京师,三月二十九日终于寝,享年三十有六。绍圣二年举葬于河南府洛阳县金谷乡南北张村之先茔,求志其墓。……年几及笄,归于焦氏。……四男……次恭叔,前濠州录事参军;次,明叔,左班殿直。”③又见《宋故宜春县主赵氏墓志铭(绍圣二年五月)》④。

薛朋龟 宋徽宗宣和中

《宋故左朝奉大夫薛公墓铭有序(绍兴十六年)》:“绍兴十六年春正月辛巳,左朝奉大夫、新知衡州军州主管学事兼内劝农营田事、借紫金鱼袋薛公卒于其家之正寝……公讳朋龟,字彦益。……获登政和六年进士第……授濠州司录。”⑤

杨寿亨 宋高宗绍兴五年(1135)

《建炎以来系年要录》卷八四“宋高宗绍兴五年岁次”条:“是日,金人去濠州。……以录事参军杨寿亨权知州事。”⑥

李　祥 宋孝宗隆兴中

《水心先生文集》卷二四《国子祭酒赠宝谟阁待制李公墓志铭》:“李公名祥,字元德……常州无锡人。隆兴元年,登进士第,主钱塘县簿。……调

① (宋)田锡:《咸平集》,成都:巴蜀书社,2008年,第326页。

② (宋)苏舜钦:《苏舜钦集》,上海:上海古籍出版社,1981年,第187—188页。

③ 曾枣庄、刘琳主编:《全宋文》,上海:上海辞书出版社,2006年,第121册,第268—269页。

④ 曾枣庄、刘琳主编:《全宋文》,上海:上海辞书出版社,2006年,第121册,第269—270页。

⑤ 章国庆编著:《宁波历代碑碣墓志汇编》,上海:上海古籍出版社,2012年,第152—153页。

⑥ (宋)李心传编撰:《建炎以来系年要录》,北京:中华书局,2013年,第1587页。

濠州录事参军。……未几，其人易守濠，换司理庐州。……庆元元年二月，丞相赵汝愚免。”①《宋史》卷四〇〇《李祥传》：“李祥字元德，常州无锡人。隆兴元年进士，为钱塘县主簿。……祥调濠州录事参军。”②

（五）参军事

祝　坦　约宋真宗大中祥符九年（1016）

《续资治通鉴长编》卷八六“宋真宗大中祥符九年三月”条：“壬子，给事中慎从吉削一任，翰林学士、给事中钱惟演罢学士。……从吉亟召军巡判官祝坦至厅事后询之……锐、坦、文质皆夺一官，坦贬濠州参军。”③

晁载之　宋哲宗绍圣二年前后（1095 前后）

《后山先生集》卷二〇《魏嘉州墓铭（绍圣二年二月）》：“……君……绍圣元年二月己未卒，年五十七。明年二月甲子，从葬寿春。……女嫁蔡州助教刁宝臣、濠州参军晁载之。”④

（六）判司

1. 司户参军

周　谔　约宋神宗末

《宝庆四明志》卷八《郡志叙人上》：“周师厚，鄞人……子谔字廉彦，中元丰二年乙科……神宗嘉之……自濠州户曹以至提点江淮荆浙福建等路坑冶铸钱公事，为政皆有纲要，居漕幕，则著《会稽录》。”⑤

吴　蒙　宋仁宗嘉祐三年前后（1058 前后）

《王临川全集》卷一〇〇《河东县太君曾氏墓志铭》：“尚书都官员外郎临川吴君讳某之夫人、河东太君南丰曾氏……嘉祐三年某月某甲子，年七十

---

① （宋）叶适：《水心先生文集》，《宋集珍本丛刊 067—2》，北京：线装书局，2004 年，第 328 页。

② （元）脱脱等：《宋史》，北京：中华书局，1977 年，第 12151—12152 页。

③ （宋）李焘：《续资治通鉴长编》，北京：中华书局，2004 年，第 1976—1977 页。

④ （宋）陈师道：《后山先生集》，《宋集珍本丛刊 029—1》，北京：线装书局，2004 年，第 10 页。

⑤ （宋）胡榘修，（宋）方万里、罗濬纂：《宝庆四明志》，《宋元方志丛刊 5》，北京：中华书局，1990 年，第 5080 页。

四，终于寝。有子四人……而蒙为濠州司户参军。”①

毕延寿 约宋英宗治平四年前后（1067 前后）

《全宋文》卷二四〇六毕仲游《孙威敏沔神道碑（代范纯礼作）》：“公讳沔，字元规，会稽山阴人也。……（治平）四年甲申薨于鄜州，年七十一。……孙男……延寿，为豪（濠）州司户参军；延宾……未仕。”②

周 六 宋徽宗朝

《张耒集》卷三〇《送周六赴濠州户曹二首》③。

2. 司法参军

丁 源 宋神宗熙宁中

《无为集》卷一二《故右谏议大夫赠工部侍郎沈公神道碑》：“沈氏之先，出于周文王之子聃季，食采于沈，因而命氏。……海州朐山令讳仁谅，公祖考也。赠工部尚书讳平，公烈考也。太夫人胡氏，封安定郡太君。自朐山令徙居历阳，今为历阳人。……公讳立，字立之……熙宁二年……公事三朝，白首一节。……女四人：长适进士朱延之，次适宣州旌德县尉曲师德，次适秘书丞裴维甫，次适濠州司法丁源，并早卒。”④

宋 靖 约宋徽宗崇宁中

《道乡先生邹忠公文集》卷三六《宋子直墓志铭（大观二年四月）》：“通直郎、知温州平阳县事宋君讳靖，字子直，以大观元年七月疾革……俄以其月二十六日卒。……未几，丁祖母河东县君姚氏忧，又丁母夫人刘氏忧。服除，调濠州司法、应天府虞城尉。”⑤

3. 司理参军

张知章 宋仁宗庆历末—皇祐初

《嘉定镇江续志》：“张知章，丹徒人，庆历六年学究及第，授将仕郎，守连

---

① （宋）王安石：《王临川全集》，上海：世界书局，1935 年，第 633 页。

② 曾枣庄、刘琳主编：《全宋文》，上海：上海辞书出版社，2006 年，第 111 册，第 177—183 页。

③ （宋）张耒：《张耒集》，北京：中华书局，1998 年，第 521 页。

④ （宋）杨傑：《无为集》，《宋集珍本丛刊 015—2》，北京：线装书局，2004 年，第 333—334 页。

⑤ （宋）邹浩：《道乡先生邹忠公文集》，《宋集珍本丛刊 031—1》，北京：线装书局，2004 年，第 269 页。

州桂阳尉，以捕杀人贼，功迁承务郎，守濠州司理参军，卒。”①

汪　位　宋高宗绍兴十五年前(1145前)

《建炎以来系年要录》卷一五四“宋高宗绍兴十五年秋七月”条：“甲子，故右迪功郎汪位赠右承务郎，官一子。位为濠州司理参军，死于难，故录之。”②

（七）判官

1. 团练判官

王　郁　约宋太宗朝

《文庄集》卷二八《赠太师中书令冀国王公行状》：“公之先，周王子晋之后，世家太原。……祖郑公，生而警悟。……归朝，终于濠州团练判官。”③卷二九《故守司徒兼门下侍郎同中书门下平章事充玉清昭应宫使昭文馆大学士兼修国史冀国公赠太师中书令谥文穆王公墓志铭并序（奉敕撰）》：“高祖讳遂……遂生遐……遐生郁……归朝，为怀、冀、濠三州判官。”④又见《宋史》卷二八三《王钦若传》⑤。

许安世　宋神宗熙宁八年(1075)

《续资治通鉴长编》卷二六六“宋神宗熙宁八年秋七月”条：“诏……持服人太子中允、集贤校理许安世俟服阕，与小处签书判官。……安世坐以鈒龙刀遗李士宁也，服除，签书濠州团练判官。”⑥

王舜臣　约宋神宗元丰三年—六年(1080前—1083)

《续资治通鉴长编》卷三三五“宋神宗元丰六年六月”条：“户部言：‘元丰三年诸路管勾官无优等，止有劣等三人：莱州通判郭概、权濠州团练判官王舜臣、镇戎军判官赵至。’诏并降一任。”⑦

2. 签书判官

---

① （宋）史弥坚修、卢宪纂：《嘉定镇江续志》，《宋元方志丛刊3》，北京：中华书局，1990年，第2561页。

② （宋）李心传编撰：《建炎以来系年要录》，北京：中华书局，2013年，第2906页。

③ （宋）夏竦：《文庄集》，《宋集珍本丛刊002—8》，北京：线装书局，2004年，第669页。

④ （宋）夏竦：《文庄集》，《宋集珍本丛刊002—8》，北京：线装书局，2004年，第682页。

⑤ （元）脱脱等：《宋史》，北京：中华书局，1977年，第9559页。

⑥ （宋）李焘：《续资治通鉴长编》，北京：中华书局，2004年，第6535—6536页。

⑦ （宋）李焘：《续资治通鉴长编》，北京：中华书局，2004年，第8074页。

包　绶　宋哲宗元祐三年(1088)

《续资治通鉴长编》卷四一七“宋哲宗元祐三年十一月”条:“宣义郎、签书濠州判官包绶为少府监丞。”[①]亦见《彭城集》卷二三《宣德郎濠州签判包绶可少府监臣制》[②]。

(八)推官

1. 团练推官

钱　易　宋真宗朝

《宋史》卷三一七《钱易传》:“(钱惟演从弟)易字希白。……真宗恶其无行,降第三。明年,第二人中第,补濠州团练推官。召试中书,改光禄寺丞、通判蕲州。”[③]

2. 军事推官

冯　硕　宋神宗熙宁五年前(1072前)

《宋故陈府君(辅)并俞氏夫人墓志铭并序(熙宁五年三月)》:“四明陈府君既葬十季矣,而夫人俞氏卒……府君讳辅,字鼎臣。……女五人:长适濠州军事推官冯硕,先夫人卒……次尚幼。”[④]

●具体判官名称不详者

孙祖德　约宋仁宗朝

《宋史》卷二九九《孙祖德传》:“孙祖德字延仲……祖德进士及第,调濠州推官、校勘馆阁书籍。时校勘官不为常职,满岁而去。”[⑤]

汪训义　宋高宗绍兴二十二年(1152)

《建炎以来系年要录》卷二二“宋高宗建炎三年夏四月”条:“己酉……徽州进士汪训义上疏……训义绍兴二十二年卒于濠州推官。当得其实。”[⑥]

---

① (宋)李焘:《续资治通鉴长编》,北京:中华书局,2004年,第10126页。

② (宋)刘攽:《彭城集》,北京:中华书局,1985年,第327页。

③ (元)脱脱等:《宋史》,北京:中华书局,1977年,第10343—10344页。

④ 章国庆编著:《宁波历代碑碣墓志汇编》,上海:上海古籍出版社,2012年,第78页。

⑤ (元)脱脱等:《宋史》,北京:中华书局,1977年,第9928页。

⑥ (宋)李心传编撰:《建炎以来系年要录》,北京:中华书局,2013年,第541页。

二、县级官员

(一)钟离县

1. 知县

陆　范　宋太宗太平兴国八年前(983前)

《续资治通鉴长编》卷二四“宋太宗太平兴国八年三月”:“殿中丞陆范前知濠州钟离县……范坐免官。”①

李　覃　宋仁宗朝

《全宋文》卷五五五余靖《濠州钟离令李覃可中舍致仕制》②。

张昆步　宋哲宗朝

《光绪凤阳府志》卷六上《职官表》:“张昆步,哲宗时钟离令。”③

翁彦深　宋徽宗崇宁中

《全宋文》卷四一九一胡寅《右朝奉大夫集英殿修撰翁公神道碑(绍兴十二年十二月)》:“公讳彦深,字养源……为濠州钟离令……令钟离时,崇宁间也……而钟离独赖麦以免饥。”④

臧师仁　宋高宗绍兴十一年前(1141前)

《三朝北盟会编》卷二〇五《炎兴下帙一百五》“起绍兴十一年正月尽三月九日戊申”条:“(三月)八日丁未……金人犯濠州……城遂陷,知钟离县事臧师仁者,乃前知州杨圭之党也,民皆切齿怨之。”⑤

姜　柄　宋宁宗庆元三年—嘉泰二年(1197—1202)

《攻媿集》卷一〇六《知钟离县姜君墓志铭》:“嘉泰元年春,姜君子谦赴钟离。……君讳柄,子谦其字也,家世汴京。……庆元三年,转宣教郎、知濠

---

① (宋)李焘:《续资治通鉴长编》,北京:中华书局,2004年,第539页。

② 曾枣庄、刘琳主编:《全宋文》,上海:上海辞书出版社,2006年,第26册,第196页。

③ (清)冯煦修,(清)魏家骅等纂:《光绪凤阳府志(一)》,《中国地方志集成·安徽府县志辑32》,南京:江苏古籍出版社,1998年,第164页。

④ 曾枣庄、刘琳主编:《全宋文》,上海:上海辞书出版社,2006年,第190册,第221—222页。

⑤ (宋)徐梦莘:《三朝北盟会编》,上海:上海古籍出版社,1987年,第1477页。

州钟离县。五年,转奉议郎,以疾卒于县治,十月四日也,享年四十有九。”①

刘三俊 宋理宗朝

《光绪凤阳府志》卷六上《职官表》:“刘三俊,理宗时钟离令。”②

汪 琳 任职时间不详

《嘉庆旌德县志》卷七《选举·仕宦》:“汪琳,新建人,知钟离。”③

2. 主簿

赵 思 宋高宗绍兴二十四年(1154)

《重修琴川志》卷八《叙人》:“赵思,字再可,本洛人,寓常熟,治春秋,登绍兴二十四年进士第,调濠州钟离簿,时相虞雍公力荐之,孝宗赐对便殿……除大府寺簿、太常丞、兼度支郎官。”④

潘大榀 宋恭帝德祐元年前后(1275前后)

《宋史》卷四七《瀛国公》:“(德祐元年四月)知金坛县李成大率义局官含山县尉胡传心、阳春主簿潘大同、濠梁主簿潘大榀、进士潘文孙潘应奎攻金坛县取之。”⑤

3. 县尉

吴 充 约宋仁宗朝

《全宋文》卷一七一八李清臣《吴正宪公墓志铭(元丰三年十一月)》:“谨按:有吴君子延陵季札之后,是生相国,字冲卿,其先为建州蒲城人。……明年中第,历濠州钟离县尉、应天府谷熟主簿……兼吴王宫教授。”⑥

吕应梦 宋理宗淳祐中

《嘉庆旌德县志》卷七《选举·进士》:“吕应梦,庙首人,淳祐丁未中,礼部、试濠州钟离县尉,迁招签郎。”⑦

---

① (宋)楼钥:《攻媿集》,上海:商务印书馆,1935年,第1505—1506页。

② (清)冯煦修,(清)魏家骅等纂:《光绪凤阳府志(一)》,《中国地方志集成·安徽府县志辑32》,南京:江苏古籍出版社,1998年,第165页。

③ (清)陈柄德修:《嘉庆旌德县志》,《中国地方志集成·安徽府县志辑53》,南京:江苏古籍出版社,1998年,第184页。

④ (宋)孙应时纂:《重修琴川志》,《宋元方志丛刊2》,北京:中华书局,1990年,第1232页。

⑤ (元)脱脱等:《宋史》,北京:中华书局,1977年,第929—930页。

⑥ 曾枣庄、刘琳主编:《全宋文》,上海:上海辞书出版社,2006年,第79册,第54—55页。

⑦ (清)陈柄德修:《嘉庆旌德县志》,《中国地方志集成·安徽府县志辑53》,南京:江苏古籍出版社,1998年第158页。

夏亢善　任职时间不详

《道光休宁县志》卷一一《仕宦·文官》："夏亢善，钟离县尉，见《进士》。"①

(二)定远县

1. 知县

杨延昭　宋太宗太平兴国中

《宋史》卷二七二《杨延昭传》："（杨业子）延昭本名延朗，后改焉。……太平兴国中，补供奉官。……改崇仪使，知定远军，徙保州缘边都巡检使，就加如京使。咸平二年冬，契丹扰边，延昭时在遂城。"②

马知节　宋太宗雍熙中

《宋史》卷二七八《马知节传》："（马全义子）知节，字子元，幼孤。……雍熙间，护兵博州。契丹入边……徙知定远军。……知深、庆二州，迁西京作坊使。"③

王仲微　宋真宗大中祥符二—四年前后(1009—1011 前后)

《续资治通鉴长编》卷七二"宋真宗大中祥符二年冬十月"条："知定远县王仲微，言通判、度支员外郎、直史馆赵况……请重置其罪。"④卷七六"宋真宗大中祥符四年秋七月"条："诏奖……知濠州定远县王仲微，以规画供修玉清昭应宫材木无阙故也。"⑤

江　泽　宋真宗天禧四年(1020)

《宋史》卷九六《河渠六·东南诸水上》："（天禧四年）知定远县江泽、知江阴军崔立率民修废塘，浚古港，以灌高仰之地。并赐诏奖焉。"⑥《续资治通鉴长编》卷九五"宋真宗天禧四年五月"条："丁卯……知定远县江择、知江阴军崔立率部民修废塘、浚石沟，以灌高仰之田。"⑦

---

① (清)何应松修，(清)方崇鼎纂：《道光休宁县志》，《中国地方志集成·安徽府县志辑52》，南京：江苏古籍出版社，1998 年，第 196 页。

② (元)脱脱等：《宋史》，北京：中华书局，1977 年，第 9306 页。

③ (元)脱脱等：《宋史》，北京：中华书局，1977 年，第 9450 页。

④ (宋)李焘：《续资治通鉴长编》，北京：中华书局，2004 年，第 1636 页。

⑤ (宋)李焘：《续资治通鉴长编》，北京：中华书局，2004 年，第 1728 页。

⑥ (元)脱脱等：《宋史》，北京：中华书局，1977 年，第 2380 页。

⑦ (宋)李焘：《续资治通鉴长编》，北京：中华书局，2004 年，第 2194 页。

杜　起　宋仁宗天圣初

《安阳集》卷四七《故尚书都官员外郎赠工部郎中杜公墓志铭(皇祐三年十一月)》:"公讳起,字齐贤,其先京兆杜陵人。……今上即位……徙知濠州定远县事。俄转太常博士、通判兴元府事。"①

包　拯　宋仁宗天圣中

《大明一统志》卷七《中都·凤阳府》"名宦"条:"包拯,定远令,政绩彰闻,又知天长县,有诉盗割牛舌者……遂引伏。"②《光绪凤阳府志》卷一七《宦绩传》:"包拯,字希仁,庐州合肥人,天圣五年进士第,为定远令……祀名宦。"③

常　溥　约仁宗末或英宗治平中

《全宋文》卷一六一三吕陶《尚书屯田郎中致仕常公墓志铭(熙宁十年三月)》:"尚书屯田郎中致仕常公,享年七十有八,熙宁丁巳岁正月朔日卒于成都孙男安民之官舍,即以三月壬申葬于大邑县多融乡安宁里先茔之次,从大夫礼也。公讳溥,字周用。……景祐五年始登第……改著作佐郎、知濠州定远县。……今天子即位……时年六十八矣。"④

贾　棠　宋神宗元丰六年(1083)

《宋会要辑稿·职官四八·县令》:"(元丰六年)六月八日,淮南转运、提点刑狱司言:'知濠州定远县贾棠……乞许令满任,除落差替。'从之。"⑤

陆　某　约宋神宗朝

《王临川全集》卷二二《次韵陆定远以谪往来求诗》⑥。

巩　焘　宋哲宗元符元年前后(1098前后)

《全宋文》卷二七四三晁补之《右朝议大夫梁公墓志铭(元符元年七月)》:"公梁氏,讳彦通,字贯之……绍圣五年四月十日卒于官舍,享年六十

---

① (宋)韩琦:《安阳集》,《宋集珍本丛刊006—3》,北京:线装书局,2004年,第600—601页。

② (明)李贤等:《大明一统志》,西安:三秦出版社,1990年,第137页。

③ (清)冯煦修,(清)魏家骅等纂:《光绪凤阳府志(二)》,《中国地方志集成·安徽府县志辑33》,南京:江苏古籍出版社,1998年,第58页。

④ 曾枣庄、刘琳主编:《全宋文》,上海:上海辞书出版社,2006年,第74册,第101—102页。

⑤ (清)徐松辑:《宋会要辑稿》,上海:上海古籍出版社,2014年,第4328页。

⑥ (宋)王安石:《王临川全集》,上海:世界书局,1935年,第119页。

八。……女……次适巩焘，濠州定远县令；次适王荛，瀛洲防御推官。”①

赵　倚　宋哲宗元符中

《光绪凤阳府志》卷六上《职官表》：“赵倚，元符间任。”②

魏孝友　宋高宗建炎三年前(1129 前)

《建炎以来系年要录》卷二三“宋高宗建炎三年五月”条：“溃卒朱海有众数千人，入定远县界，知县事魏孝友率兵至永康镇迓之。……海执孝友，至县杀之。”③

陈刚中　约宋高宗朝

《光绪凤阳府志》卷六上《职官表》：“陈刚中，建炎二年进士，忤秦桧，谪定远县。”④

杜　杲　宋理宗绍定中(1228—1233)

《宋史》卷四一二《杜杲传》：“杜杲字子昕，邵武人。……知定远县，会李全犯边，衍时为淮帅，辟通判濠州，朝廷以杲久习边事，擢知濠州。”⑤

2. 主簿

王　淮　约宋太宗淳化元年—三年(990—992)

《续资治通鉴长编》卷三二“宋太宗淳化二年三月”条：“先是，上召近臣问时政得失，枢密直学士寇准对曰：‘……顷者祖吉、王淮皆侮法受赇，赃数万计。……仍领定远主簿。’”⑥《宋会要辑稿·职官六四·黜降官一》：“淳化元年二月十八日……殿中丞王淮责濠州定远县主簿……鞫得钱二百七十六万故也。”⑦《宋史》卷二六六《王沔传》：“(王)沔弟淮，太平兴国五年进士，任殿中丞，尝掌香药榷易院，坐赃论当弃市。以沔故，诏杖一百，降定远主簿。”⑧

---

① 曾枣庄、刘琳主编：《全宋文》，上海：上海辞书出版社，2006 年，第 127 册，第 102—104 页。

② (清)冯煦修，(清)魏家骅等纂：《光绪凤阳府志(一)》，《中国地方志集成·安徽府县志辑 32》，南京：江苏古籍出版社，1998 年，第 166 页。

③ (宋)李心传编撰：《建炎以来系年要录》，北京：中华书局，2013 年，第 563 页。

④ (清)冯煦修，(清)魏家骅等纂：《光绪凤阳府志(一)》，《中国地方志集成·安徽府县志辑 32》，南京：江苏古籍出版社，1998 年，第 166 页。

⑤ (元)脱脱等：《宋史》，北京：中华书局，1977 年，第 12381—12382 页。

⑥ (宋)李焘：《续资治通鉴长编》，北京：中华书局，2004 年，第 713—714 页。

⑦ (清)徐松辑：《宋会要辑稿》，上海：上海古籍出版社，2014 年，第 4768 页。

⑧ (元)脱脱等：《宋史》，北京：中华书局，1977 年，第 9181—9182 页。

谢　平　约宋真宗大中祥符中

《宋史》卷三〇九《谢德权传》:"谢德权字士衡,福州人。……大中祥符元年……三年,出知泗州……至任,逾月卒,年五十八。以其子平为定远主簿,给奉终丧。"①

朱咸熙　宋真宗咸平三—六年(1000—1003)

《苏舜钦集》卷一四《歙州黟县令朱君墓志铭》:"先君讳咸熙,字某,其先宣城人也。……后六年,同至都下自论,敕赐同学究出身,时咸平三年冬十一月也。……乃侍奉赴调,授濠州定远主簿……五任十有五年。"②

王世臣　宋孝宗淳熙中

《光绪凤阳府志》卷六上《职官表》:"王世臣,淳熙中定远主簿。"③

成发藻　约宋宁宗嘉定中?理宗朝?

《全宋文》卷七三〇四高定子《迪功郎濠州定远县主簿成发藻昨居安丰军日兼本军节制司签厅往来监视诸砲获功特补四官循承直郎制》④。

卫　卿　任职时间不详

《全宋词·葛胜仲〈西江月·送卫卿弟赴定远簿〉》⑤。

3. 县尉

鲁宗道　宋真宗咸平二年(999)

《宋史》卷二八六《鲁宗道传》:"鲁宗道字贯之,亳州谯人。……举进士,为濠州定远尉,再调海盐令。"⑥

李　定　约宋神宗熙宁前

《宋史》卷三二九《李定传》:"李定字资深,扬州人。少受学于王安石,登进士第,为定远尉、秀州判官。熙宁二年,孙觉荐之,召至京师,谒谏官李常……立荐对。"⑦

贾　棠　宋神宗元丰六年前后(1083 前后)

---

① (元)脱脱等:《宋史》,北京:中华书局,1977 年,第 10164—10167 页。

② (宋)苏舜钦:《苏舜钦集》,上海:上海古籍出版社,1981 年,第 187—188 页。

③ (清)冯煦修,(清)魏家骅等纂:《光绪凤阳府志(一)》,《中国地方志集成·安徽府县志辑 32》,南京:江苏古籍出版社,1998 年,第 166 页。

④ 曾枣庄、刘琳主编:《全宋文》,上海:上海辞书出版社,2006 年,第 318 册,第 315 页。

⑤ 朱德才主编:《增订注释全宋词》(第 1 卷),北京:文化艺术出版社,1997 年,第 674 页。

⑥ (元)脱脱等:《宋史》,北京:中华书局,1977 年,第 9627 页。

⑦ (元)脱脱等:《宋史》,北京:中华书局,1977 年,第 10601 页。

《续资治通鉴长编》卷三三五“宋神宗元丰六年六月”条：“淮南转运、提点刑狱司言：‘濠州定远县尉贾棠……乞许令满任，除落差替。’从之。”①此条与知县贾堂记载有出入，姑且录之。

赵应龙　宋理宗端平、嘉熙中

《全宋文》卷八〇二四杨焕《承节郎赵君墓志（淳祐十二年十一月）》：“公讳应龙，字子云。……端平间鹤山魏公督视江、淮、荆、湖四州军马，公以兵机进摄濠州定远尉，以平寇劳补承信郎。嘉熙三年……特转承节郎，子泾补进义校尉。”②

---

① （宋）李焘：《续资治通鉴长编》，北京：中华书局，2004年，第8078—8079页。

② 曾枣庄、刘琳主编：《全宋文》，上海：上海辞书出版社，2006年，第347册，第229页。

卷九　泗州

泗州,又称临淮郡。宋太祖乾德元年(963),以楚州之盱眙、濠州之招信来属;建炎四年(1130),复属濠州。绍兴十二年(1142)入金,后复。泗州曾领四县,州治在临淮县(治今江苏省洪泽县西临淮乡),虹县(治今安徽省泗县)、招信县[①](治所在今安徽明光市东北六十里女山湖镇)在今皖淮地区境内。

一、州级官员

(一)知州

段思恭　宋太祖乾德三年—开宝二年(965—969)[②]

《宋史》卷二七〇《段思恭传》:"段思恭,泽州晋城人。……乾德初,平蜀,通判眉州。……丁母忧,起复,俄召为考功郎中,知泗州。"[③]《大明一统志》卷七《中都·凤阳府》:"段思恭知泗州,太祖尝面谕之,曰:'卿在泗州,百姓称仁。'"[④]

和　岘　宋太祖开宝初

《宋史》卷四三九《和岘传》:"和岘字晦仁,开封浚仪人。……开宝初,

---

① 初属濠州。宋太乾德元年(963),改隶泗州。太平兴国元年(976),因避宋太宗赵光义讳,改为招信县.

② 刘振海:《段思恭知灵州时的得与失》,周生俊主编:《灵武文史资料》第8辑(内部资料),宁新出管字〔2009〕第910号,第100—101页。

③ (元)脱脱等:《宋史》,北京:中华书局,1977年,第9271—9272页。

④ (明)李贤等:《大明一统志》,西安:三秦出版社,1990年,第137页。

迁司勋员外郎，权知泗州，判吏部南曹，历夔、晋二州通判。"[①]

朱　昂　约太祖开宝末

《文庄集》卷二八《故金紫光禄大夫尚书工部侍郎致仕上柱国彭城郡开国侯食邑一千三百户食实封四百户赠刑部侍郎朱公行状》："潭州衡山县紫盖乡云峰朱昂字举之，年八十三。……时宰相薛公居正谓公有断而识体，迁殿中丞，知泗州。太宗嗣位，江表初平。"[②]《宋史》卷四三九《朱昂传》："朱昂字举之，其先京兆人，世家渼陂，唐天复末，徙家南阳。……开宝中，拜太子洗马，知蓬州，徙广安军。……宰相薛居正称其能，迁殿中丞、知泗州。"[③]

吕龟图　约宋太祖朝

《东莱吕太史文集》卷一四《东莱公家传(乾道间)》："河南之吕，入国朝有为起居郎知泗州者曰龟图，生蒙正，相太宗、真宗，谥文穆。"[④]

李　觉　宋太宗太平兴国五年后(980后)

《宋史》卷四三一《李觉传》："李觉字仲明，本京兆长安人。……太平兴国五年举《九经》，起家将作监丞，通判建州，秩将满，州人借留，有诏褒之，就迁左赞善大夫、知泗州，转秘书丞。"[⑤]

钱　昱　宋太宗淳化元年(990)

《宋史》卷四八〇《吴越钱氏》："昱字就之，忠献王佐之长子。……太祖受禅，俶遣昱入贡……出知宋州，改工部侍郎，历典寿、泗、宿三州，率无善政。"[⑥]又见《徐铉集校注》卷二二《代书寄泗州钱侍郎》[⑦]。

冯继业　约北宋初

《光绪泗虹合志》卷八《文职表上》"冯继业"条[⑧]。

杨居简　宋真宗乾兴元年(1022)

---

① (元)脱脱等:《宋史》,北京:中华书局,1977年,第13012—13014页。

② (宋)夏竦:《文庄集》,《宋集珍本丛刊002—8》,北京:线装书局,2004年,第665—666页。

③ (元)脱脱等:《宋史》,北京:中华书局,1977年,第13005—13007页。

④ (宋)吕祖谦:《东莱吕太史文集》,《宋集珍本丛刊062—3》,北京:线装书局,2004年,第228页。

⑤ (元)脱脱等:《宋史》,北京:中华书局,1977年,第12820—12821页。

⑥ (元)脱脱等:《宋史》,北京:中华书局,1977年,第13915—13916页。

⑦ (宋)徐铉著,李振中校注:《徐铉集校注》,北京:中华书局2018年,第990页。

⑧ (清)方瑞兰修,(清)江殿飏、许湘甲纂:《光绪泗虹合志》,《中国地方志集成·安徽府县志辑30》,南京:江苏古籍出版社,1998年,第489页。

《续资治通鉴长编》卷九九“宋真宗乾兴元年七月”条：“诏国忌日听决杖罪，从知泗州杨居简之请也。”①

谢德权 宋真宗大中祥符三年(1010)

《宋史》卷三〇九《谢德权传》：“谢德权字士衡，福州人。……大中祥符元年，议东封……三年，出知泗州，占谢日……诏改西染院使遣之。”②

欧阳载 宋真宗天禧二年(1018)

《居士集》卷三四《尚书工部郎中欧阳公墓志铭〈嘉祐二年〉》：“淳化三年，修仲父府君始以进士中乙科，其后为御史，有能名。真宗尝自择御史，府君以秘书丞见。……天禧元年，入迁侍御史。二年，出知泗州。”③《居士外集》卷二四《欧阳氏序吉州庐陵县儒林乡欧桂里》：“工部府君讳载，字则之，淳化三年进士及第。……后知泗州，毁龟山佛寺，诛妖僧数十人。”④

蒋　堂 约宋仁宗初期

《文恭集》卷三九《宋故朝散大夫尚书礼部侍郎致仕上柱国乐安县开国侯食邑一千三百户赐紫金鱼袋赠吏部侍郎蒋公神道碑》：“尚书礼部侍郎致仕蒋公，以皇祐六年三月辛酉，考终于吴郡灵芝坊私第，以至和元年九月乙酉，葬于吴县尧峰之鲁坞，门人邵必志其圹。……公讳堂，字希鲁，常州宜兴人。……祥符五年，登进士甲科，授楚州团练推官。历眉、吉、楚三通判，改太常博士、知泗州。”⑤《宋史》卷二九八《蒋堂传》：“蒋堂字希鲁……历通判眉、许、吉、楚州，以太常博士知泗州，召为监察御史。”⑥

张　夏 宋仁宗景祐元年—二年(1034—1035)

《续资治通鉴长编》卷一一四“宋仁宗景祐元年闰六月”条：“甲戌，赐知泗州、都官员外郎张夏敕书奖谕。(明年七月，除江西漕。)”⑦《居士集》卷三九《泗州先春亭记(景祐三年)》：“景祐二年秋，清河张侯以殿中丞来守泗上……是岁秋，子贬夷陵，过泗上，于是知张侯之善为政也。”⑧《景文集》卷四

---

① (宋)李焘：《续资治通鉴长编》，北京：中华书局，2004 年，第 2294 页。

② (元)脱脱等：《宋史》，北京：中华书局，1977 年，第 10164—10167 页。

③ (宋)欧阳修：《欧阳修全集》，北京：中华书局，2001 年，第 205—504 页。

④ (宋)欧阳修：《欧阳修全集》，北京：中华书局，2001 年，第 1075 页。

⑤ (宋)胡宿：《文恭集》，北京：中华书局，1985 年，第 461—462 页。

⑥ (元)脱脱等：《宋史》，北京：中华书局，1977 年，第 9912 页。

⑦ (宋)李焘：《续资治通鉴长编》，北京：中华书局，2004 年，第 2682 页。

⑧ (宋)欧阳修：《欧阳修全集》，北京：中华书局，2001 年，第 561—562 页。

六《泗州重修水窦窗记》:"景祐二年,泗上守清河张君缮防成城。……明年为记,乃刊石云。"①

陈　某　约宋仁宗庆历—皇祐中

《全宋文》卷九三六祖无择《颍川陈君神道碑铭》:"(前阙)宣德节度判官,不行。……知新、抚、泗州,监光州酒税,知兴国军。……泗当水陆之会,政事实繁,君处之沛若有余刃。皇祐中诸路转运使承诏上列郡治状,而君在淮南为第一。……以嘉祐六年十月十四日,启手足于私第,享年七十有三。"②

乐　某　宋仁宗皇祐四年(1052)

梅尧臣《送乐职方知泗州》③。

张　述　宋仁宗嘉祐六年前(1061 前)

《宋史》卷三〇三《张述传》:"张述字绍明,遂州小溪人。……皇祐中,仁宗未有嗣,述上书曰……至和元年,复上疏曰……述前后七上疏,最后语尤激,仁宗终不以为罪。述慷慨喜论事,历通判延州,知泗州,皆有政迹。"④《续资治通鉴长编》卷一九三"宋仁宗嘉祐六年六月"条:"上既许弼终丧,弼以表谢,因言:'……伏缘张述前知泗州,绝无政举,臣在中书日,亦曾见其阙失事状。"⑤

王　璪　宋仁宗嘉祐六年(1061)

《续资治通鉴长编》卷一九四"宋仁宗嘉祐六年八月"条:"壬戌,江淮制置发运司言淮水坏泗州城,知州王璪、通判张师中能协力保完之,乞降诏奖谕。"⑥

苏　寿　约宋仁宗朝

《新安志》卷一〇《杂说》:"苏寿,易简长子也。知泗州,公用不足,往来

① (宋)宋祁:《景文集》,北京:中华书局,1936 年,第 584—585 页。

② 曾枣庄、刘琳主编:《全宋文》,上海:上海辞书出版社,2006 年,第 43 册,第 335—337 页。

③ 参见吴孟复:《梅尧臣年谱》,合肥:黄山书社,2006 年,第 205 页

④ (元)脱脱等:《宋史》,北京:中华书局,1977 年,第 10044 页。

⑤ (宋)李焘:《续资治通鉴长编》,北京:中华书局,2004 年,第 4674 页。

⑥ (宋)李焘:《续资治通鉴长编》,北京:中华书局,2004 年,第 4699 页。

憾之，寿为诗曰：‘戴笠披蓑军十万，饥嗔饱喜客三千。’”①

黄　隐　约宋仁宗朝

《彭城集》卷二一《朝奉郎守鸿胪少卿黄隐可权知泗州朝奉大夫宋彭年可权知邢州制》②。

孙　复　约宋仁宗朝

《光绪泗虹合志》卷八《文职表上》：“孙复，平阳人。”③

蔡　陟　约北宋初中期

《全宋文》卷二〇二六朱长文《宋故宣德郎守尚书屯田员外郎知永康军青城县赠尚书都官郎中蔡公墓志铭（代光禄作）（熙宁十年五月）》：“君讳拯，字仲仁，应天府下邑人也。……祖讳陟，位国子博士，知泗州。”④

吕大防　宋神宗熙宁元年—三年（1068—1070）⑤

《宋史》卷三四〇《吕大防传》：“吕大防字微仲，其先汲郡人。……神宗立，通判淄州。熙宁元年，知泗州，为河北转运副使。……四年，知延州。”⑥

陈知和　约宋神宗熙宁中

《全宋文》卷二七四二晁补之《朝请大夫致仕陈君墓志铭（元祐三年七月）》：“君陈氏，讳知和，字德时……丞相王安石雅知君可用……迁虞部郎中、擢知泗州事。……以疾卒，寿六十四，元祐二年五月丁巳也。”⑦

刘士彦　宋神宗元丰中

《曾巩集》卷二二《范谔知密州范子谅濮州刘士彦泗州制》⑧。

林　积　宋神宗朝

《演山先生文集》卷三三《中散大夫林公墓志铭（元祐七年十一月）》：“公讳积，字功济，其先比干之后，莫知其所由来。……庆历六年，公举进士，

---

① （宋）罗愿撰，萧建新等校著：《〈新安志〉整理与研究》，合肥：黄山书社，2008年，第325页。

② （宋）刘攽：《彭城集》，上海：商务印书馆，1937年，第292页。

③ （清）方瑞兰修，（清）江殿飏、许湘甲纂：《光绪泗虹合志》，《中国地方志集成·安徽府县志辑30》，南京：江苏古籍出版社，1998年，第489页。

④ 曾枣庄、刘琳主编：《全宋文》，上海：上海辞书出版社，2006年，第93册，第178—180页。

⑤ 参见胡波：《吕大防研究》，西安：西北大学硕士学位论文，2009年。

⑥ （元）脱脱等：《宋史》，北京：中华书局，1977年，第10839—10841页。

⑦ 曾枣庄、刘琳主编：《全宋文》，上海：上海辞书出版社，2006年，第127册，第76—79页。

⑧ （宋）曾巩：《曾巩集》，北京：中华书局，1984年，第354页。

中乙科。……未几，知齐州，寻移知泗州。……元祐六年六月七日得疾，卒于山羊之官舍，年七十有一。”[①]

程之邵 宋哲宗元祐元年(1086)

《宋史》卷三五三《程之邵传》：“程之邵字懿叔，眉州眉山人。……元祐初，提举利、梓路常平，周辅得罪，亦罢知祥符县。俄知泗州，为夔路转运判官。”[②]《续资治通鉴长编》卷五〇六“宋哲宗元符二年二月”条：“朝散郎、知郑州程之邵除都大管勾陕西路茶马公事。御史邓棐言：‘之邵顷在元丰，常为监司，至元祐初年……未几除知泗州，遂擢监司提举茶事。’”[③]

张　某 约宋哲宗绍圣元年前后(1094 前后)

《秦观集编年校注》卷一四《送酒与泗州太守张朝请》[④]。

王　英 宋哲宗绍圣四年前(1097 前)

《续资治通鉴长编》卷四九三“宋哲宗绍圣四年十一月”条：“丙寅，前知泗州王英言：‘官员在任，或赴任移替在路未到而身亡者，问其家口数并所归处，计程给仓券。’从之。”[⑤]

楼　异 宋哲宗元符二年后(1099 后)[⑥]

《宋史》卷三五四《楼异》：“楼异字试可，明州奉化人。……以养亲求知泗州……除直秘阁、知秀州。”[⑦]亦见《光绪泗虹合志》卷八《文职表上》“楼异”条[⑧]。

姚　孳 宋徽宗崇宁二年(1103)

《宋会要辑稿·刑法二·禁约一》：“(宋徽宗崇宁二年)七月十三日，知泗州姚孳状……从之。”[⑨]

---

① (宋)黄裳:《演山先生文集》,《宋集珍本丛刊 024—4》,北京:线装书局,2004 年,第 48—49 页。

② (元)脱脱等:《宋史》,北京:中华书局,1977 年,第 11150 页。

③ (宋)李焘:《续资治通鉴长编》,北京:中华书局,2004 年,第 12052 页。

④ (宋)秦观著,周义敢、程自信、周雷编注:《秦观集编年校注》,北京:人民文学出版社,2001 年,第 304 页。

⑤ (宋)李焘:《续资治通鉴长编》,北京:中华书局,2004 年,第 11697 页。

⑥ 孙玮、常松木主编:《历代名人与嵩山》,郑州:河南人民出版社,2009 年,第 235 页。

⑦ (元)脱脱等:《宋史》,北京:中华书局,1977 年,第 11163 页。

⑧ (清)方瑞兰修,(清)江殿飏、许湘甲纂:《光绪泗虹合志》,《中国地方志集成·安徽府县志辑 30》,南京:江苏古籍出版社,1998 年,第 490 页。

⑨ (清)徐松辑:《宋会要辑稿》,上海:上海古籍出版社,2014 年,第 8307 页。

李公素 宋徽宗大观中

《春渚纪闻》卷一《杂记》“李右辖抑神致雨二异”条:“李右辖公素……又大观间,公自工部郎中出典泗州,是岁淮甸久不雨……祷于僧伽之塔。”①

晁补之 宋徽宗大观四年(1110)

《宋史》卷四四四《晁补之传》:“晁补之字无咎,济州钜野人。……大观末,出党籍,起知达州,改泗州,卒,年五十八。”②《文献通考》卷二三六《经籍考六十三·晁无咎〈鸡肋编〉七十卷》:“晁氏曰:族父吏部公也。公讳补之,字无咎……后知泗州,终于官,大观四年也。”③《张耒集》卷六一《晁无咎墓志铭》:“公讳补之,字无咎。……大观四年,由近制诣部,授知达州,未行,擢知泗州。到官无几何,以疾卒,年五十八。”④

莫 磻 宋徽宗政和八年(1118)

《宋会要辑稿·选举三三·特恩除职一》:“(政和八年闰九月三日)中散大夫莫磻直秘阁、知泗州。”⑤

汪希旦 约宋徽宗宣和元年—七年间(约1119—1125间)

《新安志》卷七《先达·汪少卿》:“希旦字周佐,宣和初自虞部郎出知泗州,王师东南下众数万,糗粮驿传毕给。进秩除直秘阁,寻赐金紫,再任。”⑥《宋会要辑稿·职官六九·黜降官六》:“(宣和七年十一月二十三日)诏:‘汪希旦前降复职指挥更不施行,送吏部。’以臣僚论希旦贪污不法,狼藉有声。顷知泗州……故有是责。”⑦

何 某 约宋徽宗朝

《全宋文》卷二八二二苏元老《送何泗州序》:“未几,有以英州何公大夫《石桥》诗相示者,元老惊焉,问其庐,明日见之。……已而果出为泗州。”⑧

---

① (宋)何薳:《春渚纪闻》,北京:中华书局,1983年,第10页。

② (元)脱脱等:《宋史》,北京:中华书局,1977年,第13111—13112页。

③ (元)马端临:《文献通考》,北京:中华书局,1986年,第1883页。

④ (宋)张耒:《张耒集》,北京:中华书局,1998年,第900—902页。

⑤ (清)徐松辑:《宋会要辑稿》,上海:上海古籍出版社,2014年,第5899页。

⑥ (宋)罗愿撰,萧建新等校著:《〈新安志〉整理与研究》,合肥:黄山书社,2008年,第230页。

⑦ (清)徐松辑:《宋会要辑稿》,上海:上海古籍出版社,2014年,第4907页。

⑧ 曾枣庄、刘琳主编:《全宋文》,上海:上海辞书出版社,2006年,第130册,第385—386页。

袁　灼　宋钦宗靖康元年前(1126前)

《宝庆四明志》卷八《叙人上》:"袁毂字容直,一字公济。……子灼,字子烈……宣和末召为仓部郎,面对力劝上清心省事,安不忘危言甚切,直黜知泗州,终朝议大夫。"①《全宋文》卷六三八八袁燮《训武郎荆湖北路兵马都监顾君义先墓志铭(嘉定十五年十一月)》:"昔我曾大父,由仓部郎中出知泗州,待次于乡,屡与东湖顾君还往。"②《宋故舒君济彊(绩)墓志铭(靖康元年八月)》,由"朝请大夫前知泗州军州事兼管内劝农事借紫金鱼袋袁灼书"③。

陈彦恭　宋徽宗朝

《全宋文》卷三三九一汪藻《赠左大中大夫致仕陈君墓志铭》:"君讳彦恭,字子愿……中元祐某年乙科,调太平州司法参军…………语闻,除知寿春府,移泗州,复还寿春。会金人寇京师,王室来告难,君读诏书泣下,悉禁旅而西。……以疾终焉,春秋七十有二,建炎三年十月某甲子也。"④

刘仁譓　北宋朝

《光绪泗虹合志》卷八《文职表上》:"刘仁譓,永春人。"⑤

詹太和　约北宋末?

《全宋文》卷三三九三汪藻《詹太和墓志铭(绍兴十一年九月)》:"左朝请大夫、直显谟阁、知虔州詹君讳太和,字甄老。……君擢政和八年进士第……上皇幸东南,事出非常,泗州当孔道,守臣皆惶恐称病,君以监粮料院领州事。……上皇为之切责左右。"⑥

贾公望　宋高宗建炎元年前后(1127前后)

《建炎以来系年要录》卷二"宋高宗建炎元年二月"条:"戊寅……知泗州、朝请大夫贾公望见经制使翁彦国,切责之曰……公望,昌朝孙也。"⑦《光

---

① (宋)胡榘修,(宋)方万里、罗濬纂:《宝庆四明志》,《宋元方志丛刊5》,北京:中华书局,1990年,第5082—5083页。

② 曾枣庄、刘琳主编:《全宋文》,上海:上海辞书出版社,2006年,第282册,第1页。

③ 章国庆编著:《宁波历代碑碣墓志汇编》,上海:上海古籍出版社,2012年,第137页。

④ 曾枣庄、刘琳主编:《全宋文》,上海:上海辞书出版社,2006年,第157册,第345—347页。

⑤ (清)方瑞兰修,(清)江殿飏、许湘甲纂:《光绪泗虹合志》,《中国地方志集成·安徽府县志辑30》,南京:江苏古籍出版社,1998年,第489页。

⑥ 曾枣庄、刘琳主编:《全宋文》,上海:上海辞书出版社,2006年,第157页,第378—380页。

⑦ (宋)李心传编撰:《建炎以来系年要录》,北京:中华书局,2013年,第61页。

绪泗虹合志》卷八《文职表上》:“贾公望,韩城人。”①

吕　元　宋高宗建炎三年(1129)

《宋史》卷四五三《孙晖传》:“孙晖,为泗州招信县尉。建炎三年正月,金人陷泗州,州守吕元、阎瑾焚淮桥遁。”②

李　成　宋高宗建炎三年(1129)

《建炎以来系年要录》卷二三“宋高宗建炎三年五月”条:“时淮南盗贼踵起,右武大夫、忠州防御使李成自山东至泗上,甫就招,即以成知泗州,羁縻而已。”③卷二八“宋高宗建炎三年九月”条:“癸亥……右武大夫、忠州防御使、知泗州李成言……诏成所言忠能体国,令户部辍绢二万匹赐之。”④

刘纲(一知)　宋高宗建炎四年(1130)

《建炎以来系年要录》卷三四“宋高宗建炎四年六月”条:“戊寅……是日,滁濠镇抚使刘位为张文孝所杀。……事闻,诏其子武德郎、合门宣赞舍人、知泗州纲起复滁濠州镇抚使。”⑤

徐宗诚　宋高宗绍兴元年—四年(1131—1134)

《建炎以来系年要录》卷四三“宋高宗绍兴元年夏四月”条:“己卯……浙西安抚大使刘光世以泗州土豪徐宗诚为保义郎、知泗州。”⑥卷六七“宋高宗绍兴三年秋七月”条:“甲子……合门祗候、知泗州徐宗诚再任泗州。”⑦卷七五“宋高宗绍兴四年夏四月”条:“丙午……修武郎、合门祗候、知泗州徐宗诚添差婺州兵马钤辖。”⑧《江湖长翁文集》卷三五《臧子舆墓志铭》:“臧君子舆讳铿……大父翌,以承信郎当建炎兵乱,被命通判泗州,与权守徐宗诚死守……终武训郎。”⑨

孟　涓　宋高宗绍兴四年(1134)

---

① (清)方瑞兰修,(清)江殿飏、许湘甲纂:《光绪泗虹合志》,《中国地方志集成·安徽府县志辑30》,南京:江苏古籍出版社,1998年,第489—490页。

② (元)脱脱等:《宋史》,北京:中华书局,1977年,第13322页。

③ (宋)李心传编撰:《建炎以来系年要录》,北京:中华书局,2013年,第562页。

④ (宋)李心传编撰:《建炎以来系年要录》,北京:中华书局,2013年,第650页。

⑤ (宋)李心传编撰:《建炎以来系年要录》,北京:中华书局,2013年,第782页。

⑥ (宋)李心传编撰:《建炎以来系年要录》,北京:中华书局,2013年,第927页。

⑦ (宋)李心传编撰:《建炎以来系年要录》,北京:中华书局,2013年,第1306页。

⑧ (宋)李心传编撰:《建炎以来系年要录》,北京:中华书局,2013年,第1436页。

⑨ (宋)陈造:《江湖长翁文集》,《宋集珍本丛刊060—3》,北京:线装书局,2004年,第726页。

《建炎以来系年要录》卷七六“宋高宗绍兴四年五月”条:“丁巳……中卫大夫、济州防御使孟涓知泗州……先是,知泗州徐宗诚既罢去……而命涓等。”①

刘纲(二知) 宋高宗绍兴四—七年(1134—1137)

《全宋文》卷三九四五李弥逊《知泗州刘纲特除遥郡刺史制》②。《建炎以来系年要录》卷八二“宋高宗绍兴四年十一月”条:“绍兴四年十一月丙午……武德郎、合门宣赞舍人、淮南东路钤辖、权通判泗州刘纲就差知泗州。时泗州已为金所据。”③卷九七“宋高宗绍宋高宗绍兴六年岁次”条:“乙酉,武功大夫、合门宣赞舍人、知泗州刘纲丁祖母忧,乞解官承重,州人共留之,后五日,诏纲免持服。”④卷一〇三“宋高宗绍兴六年秋七月”条:“先是,刘豫揭榜山东,妄言益遣人收买飞鸽,因有不逊之语,知泗州刘纲得而上之。”⑤卷一一七“宋高宗绍兴七年十一月”条:“癸未……初,刘豫既废,左副元帅鲁国王昌乃送伦等归……前七日,知泗州刘纲奏伦归耗。”⑥

王安道 宋高宗绍兴九年(1139)

《建炎以来系年要录》卷一二六“宋高宗绍兴九年二月”条:“己巳……右朝奉郎王安道知泗州。”⑦

王伯路 宋高宗绍兴十年(1140)

《建炎以来系年要录》卷一三四“宋高宗绍兴十年二月”条:“泗州司法参军孙守信见而疑之,白守臣王伯路,请于朝。”⑧《清波杂志》卷九《关永坚》:“赵忠简公秉政日,使臣关永坚亦西人……永坚乞纳女,公却之。……嘱求良配,遂归监平江梅里镇宗室汝霖。……汝霖与知泗州王伯路厚,语其详。”⑨

李长民 宋高宗绍兴十年(1140)

---

① (宋)李心传编撰:《建炎以来系年要录》,北京:中华书局,2013年,第1444页。

② 曾枣庄、刘琳主编:《全宋文》,上海:上海辞书出版社,2006年,第180册,第165页。

③ (宋)李心传编撰:《建炎以来系年要录》,北京:中华书局,2013年,第1549页。

④ (宋)李心传编撰:《建炎以来系年要录》,北京:中华书局,2013年,第1854页。

⑤ (宋)李心传编撰:《建炎以来系年要录》,北京:中华书局,2013年,第1944—1945页。

⑥ (宋)李心传编撰:《建炎以来系年要录》,北京:中华书局,2013年,第2185页。

⑦ (宋)李心传编撰:《建炎以来系年要录》,北京:中华书局,2013年,第2384页。

⑧ (宋)李心传编撰:《建炎以来系年要录》,北京:中华书局,2013年,第2506页。

⑨ (宋)周煇:《清波杂志》,北京:中华书局,1994年,第391页。

《建炎以来系年要录》卷一三五“宋高宗绍兴十年夏四月”条:“壬午,左朝奉郎李长民知泗州。”[①]

刘纲(三知) 宋高宗绍兴十—十一年(1140—1141)

《建炎以来系年要录》卷一三六“宋高宗绍兴十年六月”条:“戊申……(刘)纲不能禁,乃改知泗州。”[②]卷一四一“宋高宗绍兴十一年八月”条:“武功大夫、荣州团练使、兼合门宣赞舍人、知泗州刘纲知扬州。”[③]

夏 俊 宋高宗绍兴三十一年(1161)

《建炎以来系年要录》卷一九二“宋高宗绍兴三十一年九月”条:“壬辰……是日,忠翊郎、监盱眙军、淮河渡夏俊复泗州。……江淮制置使刘锜以俊知泗州。”[④]卷一九三“宋高宗绍兴三十一年冬十月”条:“癸卯……武翼郎合门宣赞舍人夏俊知泗州。”[⑤]

刘 绎 宋高宗绍兴三十一—三十二年(1161—1162)

《建炎以来系年要录》卷一九五“宋高宗绍兴三十一年十二月”条:“丙辰……淮东制置使成闵至泗州。时土豪刘绎有众数百在横山,闵承制授绎修武郎、合门祗候、权知州事。”[⑥]卷一九六“宋高宗绍兴三十二年岁次”条:“戊子……权知泗州刘绎补正修武郎、合门祗候,从淮东制置使成闵请也。”[⑦]

陈 敏 宋孝宗朝初

《松隐文集》卷二四《与泗州陈太尉敏书》[⑧]。

孟 珙 宋理宗端平前

《平斋文集》卷一六《赐带御器械兼权主管马军行司公事兼知光州孟珙建康府都统制兼知泗州……》[⑨]。

许 浦 约宋理宗朝

《全宋文》卷七四一一郑起潜《降训武郎平江府许浦驻扎御前水军副都

---

① (宋)李心传编撰:《建炎以来系年要录》,北京:中华书局,2013 年,第 2520 页。
② (宋)李心传编撰:《建炎以来系年要录》,北京:中华书局,2013 年,第 2542 页。
③ (宋)李心传编撰:《建炎以来系年要录》,北京:中华书局,2013 年,第 2655 页。
④ (宋)李心传编撰:《建炎以来系年要录》,北京:中华书局,2013 年,第 3736 页。
⑤ (宋)李心传编撰:《建炎以来系年要录》,北京:中华书局,2013 年,第 3751 页。
⑥ (宋)李心传编撰:《建炎以来系年要录》,北京:中华书局,2013 年,第 3843 页。
⑦ (宋)李心传编撰:《建炎以来系年要录》,北京:中华书局,2013 年,第 3859 页。
⑧ (宋)曹勋:《松隐文集》,《宋集珍本丛刊 041—5》,北京:线装书局,2004 年,第 586 页。
⑨ (宋)洪咨夔:《平斋文集》,《宋集珍本丛刊 075—1》,北京:线装书局,2004 年,第 129 页。

统制兼知泗州赵东复武经郎制》[1]。

鲍　义　约宋理宗淳祐二—四年前后(1242—1244)

《全宋文》卷七八五八李曾伯《拟泰寿泗三郡筑城记(淳祐六年)》:“淳祐壬寅二月,予以尚书左司误恩授淮东阃,旋兼淮西,辞弗获命。……至四年七月晦而寿城成……既十月,招、泗守赵邦永、鲍义同上言:‘寿为西淮门户……今当视泗如寿。’”[2]《泗州普照寺重修大圣殿记(淳祐三年十二月)》:“鲍侯治泗之明年,五谷穰熟,边境用宁……侯名义,高密人。淳祐三年十二月庚寅。”[3]

夏　皋　约宋理宗朝?度宗朝?

《全宋文》卷七八四三李曾伯《淮阃申夏皋知泗州鲍义依旧总管制》[4]。

谭　兴　宋恭帝德祐元年(1275)

《宋史》卷四七《瀛国公》:“(德祐元年秋七月)庚申,加……知泗州谭兴合门宣赞舍人,知濠州孙立右卫大将军,赏守边功。”[5]

刘兴祖　宋恭帝德祐二年(1276)

《宋史》卷四二一《李庭芝传》:“已而知淮安州许文德、知盱眙军张思聪、知泗州刘兴祖皆以粮尽降。”[6]

张　侯　任职时间不详

《光绪泗虹合志》卷八《文职表上》:“张侯,清河人。”[7]

叶　点　任职时间不详

《光绪泗虹合志》卷八《文职表上》“叶点”条[8]。

---

① 曾枣庄、刘琳主编:《全宋文》,上海:上海辞书出版社,2006年,第323册,第10页。

② 曾枣庄、刘琳主编:《全宋文》,上海:上海辞书出版社,2006年,第340册,第333—334页。

③ 曾枣庄、刘琳主编:《全宋文》,上海:上海辞书出版社,2006年,第340册,第337—338页。

④ 曾枣庄、刘琳主编:《全宋文》,上海:上海辞书出版社,2006年,第340册,第90页。

⑤ (元)脱脱等:《宋史》,北京:中华书局,1977年,第932页。

⑥ (元)脱脱等:《宋史》,北京:中华书局,1977年,第12602页。

⑦ (清)方瑞兰修,(清)江殿飏、许湘甲纂:《光绪泗虹合志》,《中国地方志集成·安徽府县志辑30》,南京:江苏古籍出版社,1998年,第489页。

⑧ (清)方瑞兰修,(清)江殿飏、许湘甲纂:《光绪泗虹合志》,《中国地方志集成·安徽府县志辑30》,南京:江苏古籍出版社,1998年,第490页。

(二)通判

刘　兼　宋太祖乾德三年(965)

《宋会要辑稿·职官四九·都监》:"(宋太祖乾德三年五月)诏差起居舍人刘兼通判泗州,兼兵马都监。"①

卞　衮　约宋太宗太平兴国八年—淳化前(983—淳化前)

《宋史》卷二七七《卞衮传》:"卞衮,字垂象,益州成都人。……太平兴国八年,衮登进士第,累迁大理评事、知将乐县,改光禄寺丞,通判泗州。……淳化中……衮预焉。"②

傅　求　宋仁宗天圣二年(1024)

《全宋文》卷八二〇张方平《宋故龙图阁学士朝散大夫尚书工部侍郎提举南京鸿庆宫上柱国清河郡开国公食邑三千八百户实封八百户赐紫金鱼袋傅公神道碑铭并序(熙宁八年五月)》:"公讳某,字命之,世济阴人,今徙畿内考城。……通判泗州……诏书嘉奖。"③《宋史》卷三三〇《傅求传》:"傅求字命之,考城人。进士甲科,通判泗州。……徙大名府,府守吕夷简委以事。"④

朱文郁　约宋仁宗天圣初

《宋故尚书主客郎中朱君墓铭》:"庆历九年秋八月尚书主客郎中朱君终于河南府延福坊旧第,后二载葬偃师县义堂店之北原。君讳文郁,字从周,世为洛都大姓。……既罢,知济州巨野。通判泗州,进殿中丞,通判单州。"⑤

陈　恢　宋仁宗景祐三年前后(1036前后)

《续资治通鉴长编》卷一一八"宋仁宗景祐三年五月"条:"戊戌……西京留守推官仙游蔡襄作《四贤一不肖诗》,传于时。四贤指仲淹、靖、洙、修,不肖斥若讷也。泗州通判陈恢寻上章,乞根究作诗者罪。"⑥

---

① (清)徐松辑:《宋会要辑稿》,上海:上海古籍出版社,2014年,第4403页。

② (元)脱脱等:《宋史》,北京:中华书局,1977年,第9434页。

③ 曾枣庄、刘琳主编:《全宋文》,上海:上海辞书出版社,2006年,第38册,第198—202页。

④ (元)脱脱等:《宋史》,北京:中华书局,1977年,第10621页。

⑤ 何新所、贾倩:《北宋理学家朱光庭祖父朱文郁墓志考释》,《语文知识》2013年第4期,第8—11页。

⑥ (宋)李焘:《续资治通鉴长编》,北京:中华书局,2004年,第2787页。

赵　抃　宋仁宗皇祐中①

《宋史》卷三一六《赵抃传》:"赵抃字阅道,衢州西安人。进士及第,为武安军节度推官。……知崇安、海陵、江原三县,通判泗州。"②《苏轼文集》卷一七《赵清献公神道碑》:"泗守昏不事事,监司欲罢遣之。公(赵抃)独左右其政而晦其所以然,使若权不已出者,守得以善去。"③

张师中　宋仁宗嘉祐六年(1061)

《续资治通鉴长编》卷一九四"宋仁宗嘉祐六年八月"条:"壬戌,江淮制置发运司言淮水坏泗州城,知州王璪、通判张师中能协力保完之,乞降诏奖谕。从之。"④

勾龙某　约宋仁宗朝

《欧阳修全集》卷九五《表奏书启四六集》卷六《回泗州通判勾龙都官书》⑤。

高　觌　约宋仁宗朝

《嘉庆重修一统志》卷一三四《泗州》:"高觌,蕲人,通判泗州。诏定淮南场茶法。觌陈说利害,不报。"⑥

邵　刚　约宋神宗朝初?

《苏轼文集》卷三八《邵刚通判泗州制》⑦。

陆　琮　宋神宗熙宁八年前后(1075)

《续资治通鉴长编》卷二六九"宋神宗熙宁八年冬十月"条:"又诏:'闻泗州通判陆琮曾诣提点刑狱晁端彦首盐事司张靓配卖盐,端彦不受理,令根究公事所考实以闻。'"⑧

王纯中　宋神宗元丰四年前后(1081 前后)

《续资治通鉴长编》卷三一九"宋神宗元丰四年十一月"条:"己亥,淮南东路提点刑狱范镗言……通判泗州、奉议郎、权发遣州事王纯中亦言……诏

---

① 参见田苗华:《赵抃及其诗歌研究》,长春:吉林大学硕士学位论文,2013 年。

② (元)脱脱等:《宋史》,北京:中华书局,1977 年,第 10321—10322 页。

③ (宋)苏轼:《苏轼文集》,北京:中华书局,1986 年,第 517 页。

④ (宋)李焘:《续资治通鉴长编》,北京:中华书局,2004 年,第 4699 页。

⑤ (宋)欧阳修:《欧阳修全集》,北京:中华书局,2001 年,第 1453—1454 页。

⑥ (清)穆彰阿、潘锡恩等纂修:《嘉庆重修一统志》,北京:中华书局,1986 年,第 5933 页。

⑦ (宋)苏轼:《苏轼文集》,北京:中华书局,1986 年,第 1068 页。

⑧ (宋)李焘:《续资治通鉴长编》,北京:中华书局,2004 年,第 6606 页。

范镗借朝奉大夫,赐金紫;王纯中借金紫。"①《全宋文》卷二三三八黄庭坚《宋故朝奉郎知洺州军州兼管内劝农事上骑都尉借紫王君墓志铭》:"君讳纯中,字文叔,豫章艾城人。……改秘书丞,换奉议郎,通判泗州。……元祐元年闰月丙午,终于官所,得年六十有一。"②

戚舜臣 约宋神宗朝

《曾巩集》卷四二《虞部郎中戚公墓志铭》:"公讳舜臣,字世佐,司徒之少子也。……出通判泗州,能使转运使不得以暴敛侵其民,而民之养其父者得以其义贯死。"③

沈 衔 宋哲宗元符二年(1099)

《续资治通鉴长编》卷五一六"宋哲宗元符二年闰九月"条:"承议郎、知昌州文辂,奉议郎、通判泗州沈衔……各特冲替……以诉理所言辂等进状语涉讥讪故也。"④

贺 铸 宋徽宗建中靖国元年(1101)⑤

《宋史》卷四四三《贺铸传》:"贺铸字方回,卫州人,孝惠皇后之族孙。……元祐中,李清臣执政,奏换通直郎,通判泗州,又倅太平州。"⑥《全宋文》卷三三四五程俱《贺方回墓志铭(宣和七年九月)》:"元祐七年,学士清臣、百禄、轼荐于朝,改丞事郎,请监北狱庙、监鄂州宝泉监。丁母忧,服除,以宣德郎通判泗州。……年七十四,以宣和七年二月甲寅卒于常州之僧舍。"⑦

陈 兖 宋钦宗靖康中

《全宋文》卷三三八九汪藻《右中奉大夫直徽猷阁知潭州陈君墓志铭(绍兴十三年十月)》:"君讳兖,字景渊,姓陈氏……寻通判泗州。时金人寇京师,泗居东南咽喉地,邮传不通者百余日。……以绍兴十三年七月丁卯,卒

---

① (宋)李焘:《续资治通鉴长编》,北京:中华书局,2004年,第7716页。

② 曾枣庄、刘琳主编:《全宋文》,上海:上海辞书出版社,2006年,第108册,第147—148页。

③ (宋)曾巩:《曾巩集》,北京:中华书局,1984年,第565—566页。

④ (宋)李焘:《续资治通鉴长编》,北京:中华书局,2004年,第12264页。

⑤ 参见王梦隐:《贺铸年谱》,《河南师大学报(社会科学版)》1982年第5期,第94—103页。

⑥ (元)脱脱等:《宋史》,北京:中华书局,1977年,第13103—13104页。

⑦ 曾枣庄、刘琳主编:《全宋文》,上海:上海辞书出版社,2006年,第155册,第437页。

于官，年五十九。”①

臧　翌　宋高宗建炎中

《江湖长翁文集》卷三五《臧子舆墓志铭》：“臧君子舆讳铿，楚之淮阴人。臧氏郡大族。大父翌，以承信郎当建炎兵乱，被命通判泗州，与权守徐宗诚死守……终武训郎。”②

刘　纲　宋高宗绍兴四年前(1134 前)

《建炎以来系年要录》卷八二“宋高宗绍兴四年十一月”条：“绍兴四年十一月丙午……权通判泗州刘纲就差知泗州。时泗州已为金所据。”③

(三)长史

留仁谌　宋太宗淳化中

《宋史》卷四八三《漳泉留氏》：“漳泉留从效，泉州永春人。……从效再从弟仁谌，淳化中为泗州长史，有清节，官散奉薄，虽藜藿不充，未尝妄干人。太宗闻之，召赴阙，特迁扬州观察支使。”④

(四)录事参军事

徐　璧　宋太宗太平兴国三年前(978)

《宋史》卷四《太宗本纪一》：“(太平兴国三年二月)丙寅，泗州录事参军徐璧坐监仓受贿出虚券，弃市。”⑤《续资治通鉴长编》卷一九“宋太宗太平兴国三年二月”条：“丙寅，泗州录事参军徐璧弃市……以虚券给之。”⑥

吕士元　约宋仁宗朝

《居士集》卷二八《陇城县令赠太常博士吕君墓志铭〈庆历八年〉》：“君讳士元，字佐尧，江宁人也。咸平二年举明经……又为湖州司理、泗州录事

---

① 曾枣庄、刘琳主编：《全宋文》，上海：上海辞书出版社，2006 年，第 157 册，第 309—312 页。

② (宋)陈造：《江湖长翁文集》，《宋集珍本丛刊 060—3》，北京：线装书局，2004 年，第 726 页。

③ (宋)李心传编撰：《建炎以来系年要录》，北京：中华书局，2013 年，第 1549 页。

④ (元)脱脱等：《宋史》，北京：中华书局，1977 年，第 13957—13958 页。

⑤ (元)脱脱等：《宋史》，北京：中华书局，1977 年，第 58 页。

⑥ (宋)李焘：《续资治通鉴长编》，北京：中华书局，2004 年，第 423 页。

参军……享年六十有五。”①

程　炎　约宋仁宗朝

《欧阳修全集》卷七九《外制集》卷一《华州郑县尉程炎可泗州录事参军京兆府兴平县尉吕定可凤翔府左司理参军制》②。

李公麟　宋神宗元丰四年前后(1081 前后)③

《宋史》卷四四四《李公麟传》:“李公麟字伯时,舒州人。第进士,历南康、长垣尉,泗州录事参军,用陆佃荐为中书门后省删定官、御史检法。”④

魏　矞　约宋哲宗朝

《全宋文》卷三一一五许翰《朝请大夫提点信州太霞宫魏公墓志铭》:“公讳矞,字贯通……丁母忧,服除,调录事参军泗州……除通判广信军。……公自泗上用荐者改宣德郎,中更天子即位……享年七十,而卒于政和七年十二月丁卯。”⑤

周宪之　约宋徽宗政和中

《全宋文》卷二七〇〇杨时《周宪之墓志铭(建炎二年)》:“公讳某,字宪之,姓周氏。……绍圣四年登进士第……丁母忧,服除,授泗州录事参军。……政和七年,许公召还……几岁擢监察御史。”⑥

张　晬　宋徽宗大观四年前后(1110 前后)

《道乡先生邹忠公文集》卷三七《夫人葛氏墓志铭(大观四年九月)》:“夫人葛氏……大观三年冬得疾,十月十八日晏然而逝,享年七十一……卜以四年九月二十日葬于武进县……大夫属其甥文林郎、知泗州录事参军张晬状夫人行实,而以浩辱在亲好,属为之铭。”⑦

---

① (宋)欧阳修:《欧阳修全集》,北京:中华书局,2001 年,第 430—431 页。

② (宋)欧阳修:《欧阳修全集》,北京:中华书局,2001 年,第 1132 页。

③ 参见石以品:《李公麟的仕宦经历与交游考略》,《艺术探索》2014 年第 6 期,第 20—23 页。

④ (元)脱脱等:《宋史》,北京:中华书局,1977 年,第 13125 页。

⑤ 曾枣庄、刘琳主编:《全宋文》,上海:上海辞书出版社,2006 年,第 145 册,第 11—12 页。

⑥ 曾枣庄、刘琳主编:《全宋文》,上海:上海辞书出版社,2006 年,第 125 册,第 100—113 页。

⑦ (宋)邹浩:《道乡先生邹忠公文集》,《宋集珍本丛刊 031—1》,北京:线装书局,2004 年,第 280 页。

（五）判司

1. 司功参军

孙 畋 宋徽宗政和二年后—七年（1112 后—1117）

《南兰陵孙尚书大全文集》卷六〇《宋故左朝议大夫致仕孙公墓志铭》："左朝议大夫致仕孙公讳畋，字无逸，绍兴二十一年八月戊子感疾卒。……政和二年试上舍，第五人中第，授登仕郎、泗州司工（功）曹事。七年，升文林郎、除郑州州学教授。"①

2. 司户参军

杨 詠 约宋仁宗朝

《全宋文》卷三三九七权邦彦《宋通直郎通判洺州杨公墓志铭》："河间有笃善君子曰杨公，名詠，字乐道……绍圣三年十一月六日以疾终，享春秋六十有二。……公初除父丧，调淄州邹平县簿……再调泗州司户参军，荐者交章。……熙宁中……公训治兵民，精闻一路。"②

胡 昉 宋高宗绍兴三十一年（1161）

《建炎以来系年要录》卷一九三"宋高宗绍兴三十一年冬十月"条："庚申……盱眙军免解进士胡昉为右迪功郎、充泗州司户参军，用守臣夏俊请也。"③

3. 司法参军

张 煦 北宋初中期

《临川先生文集》卷九一《尚书祠部员外郎秘阁校理张君墓志铭（治平二年九月）》："滁全椒张君，讳瑗，字君玉。其先有司泗州法者，讳煦，于君为曾祖，尝曰：'吾施德于人多矣，后当有显者。'"④

应昭若 约宋神宗元丰六年前后（1083 前后）

《全宋文》卷二五六一刘弇《寿安县君张氏墓志铭（元丰六年）》："故朝

---

① （宋）孙觌：《南兰陵孙尚书大全文集》，《宋集珍本丛刊 035—3》，北京：线装书局，2004 年，第 707 页。

② 曾枣庄、刘琳主编：《全宋文》，上海：上海辞书出版社，2006 年，第 157 册，第 431—433 页。

③ （宋）李心传编撰：《建炎以来系年要录》，北京：中华书局，2013 年，第 3767 页。

④ （宋）王安石撰：《临川先生文集》，《宋集珍本丛刊 013—4》，北京：线装书局，2004 年，第 741 页。

请大夫、知吉州事吴兴姚府君之夫人张氏……寿六十有二,以元丰五年正月某甲子终于其夫官舍,盖先府君七月而亡。……五子女:适泗州司法参军应昭若……一女未嫁。”①

周彦霑 宋哲宗元符中

《丹阳集》卷一三《奉议郎致仕周公墓志铭》:“公讳某,字彦霑,姓周氏。……绍圣四年,公以进士解褐,调开封府鄢陵尉。……税三年之服……免丧,补泗州司法参军,持议平。”②

宋公睿 约宋徽宗宣和元年前后(1119 前后)

《全宋文》卷三一一六许翰《修职郎宋侯墓志铭》:“宋侯讳道方,字义叔,世河东人。……政和三年……迁修职郎。……长男公睿,为迪功郎、泗州法曹参军……义叔卒以八年八月甲寅,葬以九月丁卯……葬后二年,公睿乃乞余文表之”③。

孙守信 宋高宗绍兴十年(1140)

《建炎以来系年要录》卷一三四“宋高宗绍兴十年二月”条:“知单州、直秘阁叶夏卿遣赴行在,至泗州,司法参军孙守信见而疑之,白守臣王伯路,请于朝。”④

4. 司士参军

徐 济 约宋仁宗朝

《续资治通鉴长编》卷一九一“宋仁宗嘉祐五年三月”条:“戊戌……初,泗州司士参军徐济自陈,归明时八岁,今年四十八岁,不得注官。”⑤

李长民 宋徽宗宣和三年前(1121 前)

《宋会要辑稿·选举一二·宏词科》:“宣和元年三月,贡士举院言:试词学兼茂科……迪功郎、新泗州司士曹事李长民。……李长民除宗学博士。”⑥

5. 司理参军

强 至 宋仁宗庆历六年(1045)

《折狱龟鉴》卷四《议罪》“强至”条:“强至郎中,初为泗州司理参军,尝

---

① 曾枣庄、刘琳主编:《全宋文》,上海:上海辞书出版社,2006 年,第 119 册,第 85—86 页。

② (宋)葛胜仲:《丹阳集》,《宋集珍本丛刊 032—5》,北京:线装书局,2004 年,第 628 页。

③ 曾枣庄、刘琳主编:《全宋文》,上海:上海辞书出版社,2006 年,第 145 册,第 15—17 页。

④ (宋)李心传编撰:《建炎以来系年要录》,北京:中华书局,2013 年,第 2506 页。

⑤ (宋)李焘:《续资治通鉴长编》,北京:中华书局,2004 年,第 4615 页。

⑥ (清)徐松辑:《宋会要辑稿》,上海:上海古籍出版社,2014 年,第 5499 页。

摄司法事。”①

吕舜问 约宋哲宗元祐六年前后(1091 前后)

《太史范公文集》卷四二《左中散大夫守少府监吕公墓志铭(元祐六年六月)》:“公讳希道,字景纯。……元祐六年三月乙丑寝疾,终于京师兴宁坊之第,享年六十七。……子男九人:……舜问,泗州司理参军……次不及名。”②

郑　江 约宋理宗朝?

《全宋文》卷七三〇四高定子《迪功郎特差权泗州司理参军郑江乞推过淮到任赏循一资修职郎制》③。

(六)参军事

潘　阆 宋真宗大中祥符二年(1009)

《全宋文》卷二一〇钱易《潘阆墓志》:“逍遥与道士冯德之居钱塘,约归骨于天柱山。大中祥符二年为泗州参军,卒于官舍。德之遂囊其骨归吴中,葬于洞霄宫之右。”④《宋朝事实类苑》卷七一《诈妄谬误》“潘逍遥”条:“潘阆,字逍遥,疏荡有清才,最善诗。……其后会赦方出,以信州助教召,羁置信州久之,移泗州散参军而死。”⑤

张应岩 宋神宗熙宁三年前(1070 前)

《宋会要辑稿·职官六五·黜降官二》:“(熙宁三年七月二十五日)泗州参军张应岩追参军敕,明州编管。”⑥

(七)判官

1. 观察判官

尹构(未之任) 宋神宗熙宁八年

《范忠宣公文集》卷一五《尹判官墓志铭(元丰七年正月)》:“君姓尹氏,讳构,字嗣复,师鲁第三子也。……秩满,调泗州观察判官。未行,以熙宁八

---

① (宋)郑克:《折狱龟鉴》,上海:商务印书馆,1937 年,第 57 页。

② (宋)范祖禹:《太史范公文集》,《宋集珍本丛刊 024—2》,北京:线装书局,2004 年,第 412—414 页。

③ 曾枣庄、刘琳主编:《全宋文》,上海:上海辞书出版社,2006 年,第 318 册,第 318 页。

④ 曾枣庄、刘琳主编:《全宋文》,上海:上海辞书出版社,2006 年,第 10 册,第 313 页。

⑤ (宋)江少虞:《宋朝事实类苑》,上海:上海古籍出版社,1981 年,第 951—952 页。

⑥ (清)徐松辑:《宋会要辑稿》,上海:上海古籍出版社,2014 年,第 4816 页。

年六月十四日卒于许昌之长葛县，享年三十有一。”①

2. 军事判官

秦唐佐　宋真宗大中祥符四年前（1011 年前）

《宋会要辑稿·选举三一·召试一》：“（大中祥符四年七月四日）中书试著作佐郎李垂、前泗州军事判官秦唐佐……各一首，诏垂守本官，唐佐为著作郎，余并为大理评事，仍并充秘阁校理。”②

张公立　宋仁宗庆历八年前后（1048 前后）

《乐全先生集》卷三九《朝散大夫右谏议大夫知相州军州同群牧事上柱国赐紫金鱼袋赵郡李公墓志铭并序（庆历八年闰正月）》：“公讳宗詠，字某。……长女适殿中丞薛中儒而卒，次早夭，次适泗州军事判官张公立，二季在室。”③

邵公辅　宋哲宗绍圣三—五年（1096—1098）

《全宋文》卷二九二〇董询《宋故泗州军事判官邵君墓铭（崇年四年七月）》：“君讳公辅，字子正，潍州北海县人。……绍圣三年，授权泗州军事判官。五年四月……以五月二十四日卒于官舍……享年四十有六。”④

赵烈正　宋高宗绍兴五年（1135）

《建炎以来系年要录》卷八八“宋高宗绍兴五年夏四月”条：“戊辰……泗州军事判官赵烈正补下州文学。”⑤

●具体判官名称不详者

朱处仁　宋真宗天禧三年前后（1019 前后）

《苏舜钦集》卷一四《歙州黟县令朱君墓志铭》：“沛国朱处仁表臣，少从予游，长又同登进士第。……天禧三年秋，罢官淳化……四子：长即处仁，泗州判官，监楚州。”⑥

---

① （宋）范纯仁：《范忠宣公集》，《宋集珍本丛刊 015—3》，北京：线装书局，2004 年，第 486—487 页。

② （清）徐松辑：《宋会要辑稿》，上海：上海古籍出版社，2014 年，第 5853 页。

③ （宋）张方平：《乐全先生文集》，《宋集珍本丛刊 006—1》，北京：线装书局，2004 年，第 218—219 页。

④ 曾枣庄、刘琳主编：《全宋文》，上海：上海辞书出版社，2006 年，第 135 册，第 251—253 页。

⑤ （宋）李心传编撰：《建炎以来系年要录》，北京：中华书局，2013 年，第 1706 页。

⑥ （宋）苏舜钦：《苏舜钦集》，上海：上海古籍出版社，1981 年，第 187—188 页。

柳　永　约宋仁宗朝

《全宋文》卷一〇四五柳永其侄所作《宋故郎中柳公墓志铭》:“叔父讳永,博学善属文,尤精于音律,为泗州判官,改著作郎。”①

(八)推官

军事推官

侯　济　宋太祖开宝六年前(973 前)

《续资治通鉴长编》卷一四“宋太祖开宝六年五月”条:“泗州军事推官侯济决杖除名。济尝应拔萃科,当试判时,假手于人,至是为人所发故也。”②又见《宋史》卷三《太祖本纪三》③。

欧阳观　宋真宗咸平四年(999)

《江南野史》逸文:“欧阳观,本庐陵人。……咸平三年登第,授道州军州推官。考满,以前官迁于泗州。”④

杨　蟠　宋仁宗至和二年—嘉祐二年(1055—1057)⑤

《王文公文集》卷一〇〇《太常博士杨君夫人金华县君吴氏墓志铭并序》:“故太常博士、知婺州东阳县事杨君讳翶字翰之之夫人金华县君吴氏……夫人生男女十人,卒时,子辅国、子端、与其女子七人皆已卒,而蟠独在,为泗州军事推官。”⑥

蔡希言　约宋神宗熙宁二年以前(1069 年前)

《乐全先生文集》卷四〇《宋故枢密直学士朝散大夫尚书兵部郎中秦凤路驻泊马步军都总管经略安抚使兼知秦州军州事本路劝农史上骑都尉南阳县开国男食邑三百户赐紫金鱼袋赠尚书礼部侍郎蔡公墓志铭并序(熙宁二年四月)》:“公讳抗,字子直,宋人。……父某,泗州军事推官,累赠工部尚

---

① 曾枣庄、刘琳主编:《全宋文》,上海:上海辞书出版社,2006 年,第 48 册,第 235 页。

② (宋)李焘:《续资治通鉴长编》,北京:中华书局,2004 年,第 306 页。

③ (元)脱脱等:《宋史》,北京:中华书局,1977 年,第 40 页。

④ (宋)龙衮:《江南野史》,《全宋笔记第一编(三)》,郑州:大象出版社,2003 年,第 229 页。

⑤ 参见林家骊、杨东睿:《杨蟠生平与诗歌考论》,《文学遗产》2006 年第 6 期,第 131—134 页。

⑥ (宋)王安石:《王文公文集》,上海:上海人民出版社,1974 年,第 1014—1015 页。

书。"[①]《全宋文》卷二〇二六朱长文《宋故将仕郎守秘书省正字蔡君墓志铭(元丰二年八月)》:"君讳钦,字承辟,枢密直学士、知秦州蔡公之子也。……以元封元年二月二十九日卒,年十有九。蔡氏世家睢阳。……祖希言,泗州军事推官,赠太师。"[②]

练亨甫 宋神宗时

《涑水记闻》卷一六《引用新进》:"王介甫引用新进资浅者,多借以官……练亨甫以泗州军事推官为崇文院校书兼检正官……为漳州军事判官。"[③]

●具体推官名称不详者

蹇序辰 宋神宗熙宁八年前后(1075)

《宋史》卷三二九《蹇周辅传》:"(蹇周辅)子序辰。序辰字授之,登第后数年,以泗州推官主管广西常平。……哲宗立,改司封员外郎。"[④]《续资治通鉴长编》卷二七一"宋神宗熙宁八年十二月"条:"中书言:'……泗州推官蹇序辰计置荆湖南路米三万石……兼令及时收籴。'"[⑤]

王永年 约宋徽宗朝

《张耒集》卷二三《过泗州推官王永年致仕还乡王年四十而致仕士大夫所少也》[⑥]。

詹　至 宋徽宗崇宁中

《新刊南轩先生文集》卷三九《直秘阁詹公墓志》:"公讳至,字及甫,严州人。……公中崇宁元年进士乙科,授泗州推官、河州推官,徙士曹参军,改秩……通判永静军及巩州。"[⑦]

---

① (宋)张方平:《乐全先生文集》,《宋集珍本丛刊 006—1》,北京:线装书局,2004 年,第 242—243 页。

② 曾枣庄、刘琳主编:《全宋文》,上海:上海辞书出版社,2006 年,第 93 册,第 177—178 页。

③ (宋)司马光:《涑水记闻》,北京:中华书局,1989 年,第 309 页。

④ (元)脱脱等:《宋史》,北京:中华书局,1977 年,第 10605 页。

⑤ (宋)李焘:《续资治通鉴长编》,北京:中华书局,2004 年,第 6647 页。

⑥ (宋)张耒:《张耒集》,北京:中华书局,1998 年,第 409 页。

⑦ (宋)张栻:《新刊南轩先生文集》,《宋集珍本丛刊 060—1》,北京:线装书局,2004 年,第 225—226 页。

二、县级官员

招信县

（一）知县

张　景　宋真宗大中祥符中

《景文集》卷五九《故大理评事张公墓志铭》："有宋闻人张晦之之墓。晦之名景，江陵公安人。……改大理评事、知泗州昭信县……会构疾，终官下，年四十九，实天禧二年三月十日。"①

羊　某　约宋仁宗朝

《祠部集》卷二一《代答招信羊寺丞状》②。

赵舜臣（未之任）　宋神宗熙宁中

《全宋文》卷二六六二刘跂《国子博士赵公墓志铭（政和元年十月）》："府君讳舜臣，字和叔，少举进士不中。……擢大理寺丞、知泗州招信县，未赴，改济州巨野县。……熙宁八年八月二日以疾终，享年五十六。"③

莫表深　约宋哲宗元符中

《全宋文》卷二六九八杨时《莫中奉墓志铭（宣和五年十一月）》："公讳表深，字智行，邵武人也。……元丰二年登进士第……率同列交荐之，改宣德郎、知泗州昭信县事。……宣和五年六月丁未，以疾终于常州私第之正寝，享年七十有一。"④

（二）县丞

曾　纬　宋徽宗大观元年前后（1107 前后）

《杨龟山集》卷六《曾文昭公行述》："公讳肇……鲁公薨，翌日公亦不

---

① （宋）宋祁：《景文集》，北京：中华书局，1936 年，第 799—800 页。

② （宋）强至：《祠部集》，北京：中华书局，1985 年，第 300 页。

③ 曾枣庄、刘琳主编：《全宋文》，上海：上海辞书出版社，2006 年，第 123 册，第 250—251 页。

④ 曾枣庄、刘琳主编：《全宋文》，上海：上海辞书出版社，2006 年，第 125 册，第 70—72 页。

起，实大观元年八月丙辰，享年六十一。……有子八人：……纬，承务郎、权知泗州招信县丞事。”①

（三）主簿

马　某　约宋仁宗朝

《祠部集》卷三三《招信马主簿第一考词》《招信马主簿第三考词》②。

孙俊乂　约南宋朝

《全宋文》卷七七七六吴潜《孙守叔墓志铭》：“君讳梦观，守叔其字，雪窗其号也。曾大父俊乂，故登仕郎、泗州招信县主簿。”③

（四）县尉

吴中复　宋仁宗宝元二年（1039）

《湘山野录》卷中：“宝元己卯岁，予游泗州昭信县，时大龙胡公中复初筮尉此邑，因获谒之。”④又见《宋朝事实类苑》卷六八《神异幽怪》“昭信县尉厅”条⑤。

孙　晖　宋高宗建炎中

《宋史》卷四五三《薛庆传》：“薛庆……金人杀庆，承州陷。讣闻，孙晖，为泗州招信县尉。建炎三年正月，金人陷泗州，州守吕元、阎瑾焚淮桥遁。”⑥

---

① （宋）杨时：《杨龟山集》，北京：中华书局，1985 年，第 98—108 页。

② （宋）强至：《祠部集》，北京：中华书局，1985 年，第 516—517 页。

③ 曾枣庄、刘琳主编：《全宋文》，上海：上海辞书出版社，2006 年，第 337 册，第 260—261 页。

④ （宋）文莹：《湘山野录》，《宋元笔记小说大观 2》，上海：上海古籍出版社，2007 年，第 1406 页。

⑤ （宋）江少虞：《宋朝事实类苑》，上海：上海古籍出版社，1981 年，第 910 页。

⑥ （元）脱脱等：《宋史》，北京：中华书局，1977 年，第 13321—13322 页。

卷十　单州

单州，又称砀郡，宋太祖建隆元年(960)，升为团练州，领四县，州治在单父县(治今山东省单县南)，仅砀山县(治今安徽省砀山县东里许旧城基)在今皖淮地区境内。

一、州级官员

(一)知州

李　筠　宋太宗建隆元年(960)

《宋史》卷四八四《李筠传》："李筠，并州太原人。……太祖进伐上党，守节以城降，释其罪，赐袭衣、金带、银鞍勒马。是日宴从官，守节预焉，以为单州团练使。"①

刘延钦　宋太宗太平兴国二年(977)

《宋会要辑稿·职官四八·巡检》："(太宗太平兴国二年五月)以单州团练使刘延钦为两浙诸州巡检。"②

陈若拙　宋太宗太平兴国五年(980)

《宋史》卷二六一《陈思让传》："陈思让字后己，幽州卢龙人。……子钦祚，累迁至香药库使、长州刺史。钦祚子若拙。若拙字敏之。……太平兴国五年，进士甲科，解褐将作监丞、通判鄂州，改太子右赞善大夫、知单州。"③

---

① (元)脱脱等:《宋史》，北京:中华书局，1977 年，第 13970—13974 页。

② (清)徐松辑:《宋会要辑稿》，上海:上海古籍出版社，2014 年，第 4388 页。

③ (元)脱脱等:《宋史》，北京:中华书局，1977 年，第 9038—9040 页。

郑浚文 宋太宗太平兴国五年(980)

《续资治通鉴长编》卷二一“宋太宗太平兴国五年秋七月”条:“命知莱州、殿中丞郑浚文知单州,左赞善大夫刘原德并通判本州事,以刺史太原杨重进、卢汉斌赴本任故也。”①

刘厚德 宋太宗太平兴国五年前后(980 前后)

《宋会要辑稿·职官四七·通判诸州府军监》:“(太宗太平兴国五年七月)命知莱州、殿中丞郑濬文,知单州、左赞善大夫刘厚德,并通判本州事,以刺史赴本任故也。”②

卢汉斌 宋太宗太平兴国五年前后(980 前后)

《续资治通鉴长编》卷二一“宋太宗太平兴国五年冬十月”条:“戊寅,命……单州刺史卢汉斌屯镇州,备契丹也。”③

李克宪 宋太宗太平兴国七年—雍熙四年(982—987)

《续资治通鉴长编》卷二三“宋太宗太平兴国七年十一月”条:“己酉……先诏绥州刺史李克宪、银州刺史李克文皆赴阙,乃授克宪单州刺史,克文沣州刺史。”④《西夏书事》卷三:“(太平兴国七年)初,克宪恃略太原功,跋扈不顺命……授单州刺史,与克文并赐第京师。”⑤卷四:“(雍熙四年夏五月)单州刺史克宪为道州防御使,并遣之任。”⑥

侯莫陈利用 宋太宗雍熙三年(986)

《宋史》卷四七〇《侯莫陈利用传》:“侯莫陈利用,益州成都人……(雍熙)三年,诸将北征,以利用与王侁并为并州驻泊都监,擢单州刺史。四年,迁郑州团练使。”⑦

高　琼 宋太宗端拱元年(988)⑧

《华阳集》卷三六《高烈武王神道碑铭》:“王即冀国公中子也,讳琼,字宝臣。……端拱元年,与范廷召、王超、孔守正同时落权。王出为单州防御

① (宋)李焘:《续资治通鉴长编》,北京:中华书局,2004 年,第 477—478 页。
② (清)徐松辑:《宋会要辑稿》,上海:上海古籍出版社,2014 年,第 4297 页。
③ (宋)李焘:《续资治通鉴长编》,北京:中华书局,2004 年,第 479 页。
④ (宋)李焘:《续资治通鉴长编》,北京:中华书局,2004 年,第 530 页。
⑤ (清)吴广成:《西夏书事》,上海:上海古籍出版社,1995 年,第 313—316 页。
⑥ (清)吴广成:《西夏书事》,上海:上海古籍出版社,1995 年,第 323 页。
⑦ (元)脱脱等:《宋史》,北京:中华书局,1977 年,第 13678—13679 页。
⑧ 参见李鲜:《宋史高琼传考证》,《许昌学院学报》2014 年第 3 期,第 87—88 页。

史，徙贝州兵马总管。不数月，廷召等复进补军职，王引领忽忽，内恩所不及。”[1]《宋史》卷二八九《高琼传》：“高琼，家世燕人。……端拱初……是秋，出为单州防御使，改贝州部署。”[2]

钱守俊 宋太宗淳化三—四年(992—993)

《宋史》卷二八〇《钱守俊传》：“钱守俊，濮州雷泽人。……淳化三年，出为单州团练使。又明年，改迁齐州。”[3]

王禹偁 宋太宗淳化四年(993)[4]

《宋史》卷二九三《王禹偁传》：“王禹偁字元之，济州巨野人。……(淳化)四年……直昭文馆，丐外任以便奉养，得知单州，赐钱三十万。”[5]又见《王黄州小畜集》卷二一《单州谢上表》[6]。

杨 琼 约宋太宗淳化中、真宗咸平二年前后

《宋史》卷二八〇《杨琼传》：“杨琼，汾州西河人。……淳化中……诏书嘉奖，遣使即军中真拜单州刺史。至道初，召还供职。”[7]《宋会要辑稿·兵八·出师二》：“(真宗咸平二年七月)以……单州防御使杨琼为策先锋。”[8]。

沈继宗 宋太宗朝

《宋史》卷二六四《沈伦传》：“(沈伦子)继宗字世卿……出知单州。代归，命使京东计度财赋。……至道末，领淮南转运使。”[9]

许 骧 宋真宗咸平二年前(999前)

《宋史》卷二七七《许骧传》：“许骧字允升，世家蓟州。……真宗即位，改工部侍郎。屡求小郡养疾……命知单州。咸平二年，卒，年五十七。”[10]

田 敏 约宋真宗咸平中至景德二年后(约咸平中—1005后)

《续资治通鉴长编》卷五九“宋真宗景德二年三月”条：“辛亥……单州

---

① (宋)王珪：《华阳集》，北京：中华书局，1985年，第467—468页。

② (元)脱脱等：《宋史》，北京：中华书局，1977年，第9691—9692页。

③ (元)脱脱等：《宋史》，北京：中华书局，1977年，第9502—9503页。

④ 参见王东山等：《北宋政治家、文学家王禹偁》，《春秋》2009年第3期，第59—60页。

⑤ (元)脱脱等：《宋史》，北京：中华书局，1977年，第9793—9794页。

⑥ (宋)王禹偁：《王黄州小畜集》，《宋集珍本丛刊001—5》，北京：线装书局，2004年，第677页。

⑦ (元)脱脱等：《宋史》，北京：中华书局，1977年，第9501页。

⑧ (清)徐松辑：《宋会要辑稿》，上海：上海古籍出版社，2014年，第8759页。

⑨ (元)脱脱等：《宋史》，北京：中华书局，1977年，第9115—9116页。

⑩ (元)脱脱等：《宋史》，北京：中华书局，1977年，第9435—9436页。

刺史田敏为本州团练使……皆赏劳也。”[①]《宋史》卷三二六《田敏传》：“田敏字子俊，本易州牙吏。……咸平中，契丹复入寇，敏从王显为镇、定先锋，大败契丹于遂城西羊山，斩其酋长。真授单州刺史，后为邢州兵马钤辖。”[②]又见《宋史》卷四六六《周怀政传》[③]。

李从政 宋真宗大中祥符元年前后(1008 前后)

《宋会要辑稿·礼二二·封禅》：“(大中祥符元年十月十六日)诏……知单州李从政……并赴泰山陪位。”[④]

阎日新 宋真宗大中祥符后期

《宋史》卷三〇九《阎日新传》：“阎日新，宿州临涣人。……大中祥符初，改文思使。……代还，以足疾，改右领军卫大将军、昭州团练使、知单州。疾益甚，许还京师。天禧初，卒，年六十八。”[⑤]

王贻永 宋真宗天禧元年(1017)

《宋史》卷四六四《王贻永传》：“王贻永字季良，溥之孙也。……从封泰山，领高州刺史，再迁右监门卫大将军、奖州团练使。求外补，得知单州。”[⑥]《续资治通鉴长编》卷九〇“宋真宗天禧元年冬十月”条：“右监门卫大将军、奖州团练使、驸马都尉王贻贞(永)请补外试民事，甲申，命知单州。”[⑦]

高　觌 约宋真宗朝

《宋史》卷三〇一《高觌传》：“高觌字会之，宿州蕲人。进士起家，为嘉兴县主簿。……加集贤院学士，判尚书刑部，进给事中、知单州，卒。”[⑧]

高　弁 宋仁宗天圣四年前后(1026 前后)

《宋史》卷四三二《高弁传》：“高弁字公仪，濮州雷泽人。……至道中，以文谒王禹偁，禹偁奇之……稍复知单州邢州、盐铁判官。”[⑨]《全宋文》卷三一七张君平《乞差单州知州同判令佐管沟洫河道奏(天圣四年五月)》：“近

---

① (宋)李焘：《续资治通鉴长编》，北京：中华书局，2004 年，第 1321 页。
② (元)脱脱等：《宋史》，北京：中华书局，1977 年，第 10533 页。
③ (元)脱脱等：《宋史》，北京：中华书局，1977 年，第 13614—13615 页。
④ (清)徐松辑：《宋会要辑稿》，上海：上海古籍出版社，2014 年，第 1127 页。
⑤ (元)脱脱等：《宋史》，北京：中华书局，1977 年，第 10167—10168 页。
⑥ (元)脱脱等：《宋史》，北京：中华书局，1977 年，第 13561—13562 页。
⑦ (宋)李焘：《续资治通鉴长编》，北京：中华书局，2004 年，第 2084 页。
⑧ (元)脱脱等：《宋史》，北京：中华书局，1977 年，第 10001 页。
⑨ (元)脱脱等：《宋史》，北京：中华书局，1977 年，第 12832 页。

自徐州相度公事，窃闻知单州高弁搠画开治沟河，霖雨无淹田。”①

孔　勖　宋仁宗天圣八年(1030)

《全宋文》卷三五九张宗益《祖庙祝文》：“维天圣八年……新授知单州军州兼管内劝农及管勾开治沟洫河道事、上柱国、赐紫金鱼袋勖……敢致祭于圣祖至圣文宣王。”②

吕公著　宋仁宗皇祐五年前(1053前)

《宋会要辑稿·选举三三·特恩除职(上)》：“(皇祐)五年八月十六日，翰林侍读学士吕公绰言：‘弟都官员外郎、知单州公著，顷因先臣致仕恩例乞试，蒙俟得替取旨。后经三任十年，未尝有所干述。’”③

令狐挺　宋仁宗嘉祐三年前(1058年前)

《西台集》卷一二《司封员外郎令狐公墓志铭》：“公讳挺，字宪周，山阳人也。……迁司封员外郎、知单州，病益甚，遂致仕而卒矣。……公享年六十有七，其卒以嘉祐三年三月十二日，其葬以元符某年某月某日，其葬之地则某州某县某原也。”④

徐　起　宋仁宗嘉祐三年(1058)

《嘉泰吴兴志》卷一四《郡守题名》：“光禄卿，嘉祐二年六月到九月转秘书监，三年八月移知单州。”⑤

苏　寀　宋仁宗嘉祐三年(1058)

《宋史》卷三三一《苏寀传》：“苏寀字公佐，磁州滏阳人。……迁审刑院详议、御史台推直官，知单州，提点梓州益州路刑狱、利路转运使。”⑥《梅尧臣集编年校注》卷二八梅尧臣《送苏公佐屯田知单州》⑦。

郑　佾　约宋仁宗朝？

《彭城集》卷二一《新差知单州郑佾可知怀州朝散郎安宗奭可知单州

---

① 曾枣庄、刘琳主编：《全宋文》，上海：上海辞书出版社，2006年，第352页。

② 曾枣庄、刘琳主编：《全宋文》，上海：上海辞书出版社，2006年，第297页。

③ (清)徐松辑：《宋会要辑稿》，上海：上海古籍出版社，2014年，第5884页。

④ (宋)毕仲游：《西台集》，郑州：中州古籍出版社，2005年，第210—211页。

⑤ (宋)谈钥纂修：《嘉泰吴兴志》，《宋元方志丛刊5》，北京：中华书局，1990年，第4780页。

⑥ (元)脱脱等：《宋史》，北京：中华书局，1977年，第10650页。

⑦ (宋)梅尧臣撰，朱东润校注：《梅尧臣集编年校注》，上海：上海古籍出版社，2006年，第1015页。

制》①。

安宗奭 约宋仁宗朝?

见上“郑佾”条。

杜 䜣 宋英宗治平元年(1064)

《乐全先生文集》卷三九《秦国太夫人相里氏墓志铭并序(治平二年)》:“秦国太夫人相里氏,故相太子太师致仕、赠太师兼中书令祁国正献杜公之配也。……治平元年,子尚书都官员外郎䜣知单州,迎夫人就官。”②

史 炤 宋神宗熙宁元年(1068)

《宋会要辑稿·职官六五·黜降官二》:“(熙宁元年六月十六日)淮南转运使、光禄卿史炤降太常少卿,知单州。”③

孙思恭 宋神宗熙宁二—四年后(1069—1071后)④

《宋史》卷三二二《孙思恭传》:“孙思恭字彦先,登州人。……出知江宁府、邓州,以疾移单州,管干南京留司御史台。”⑤《续资治通鉴长编》卷二二八“宋神宗熙宁四年十一月”条:“戊戌,天章阁待制、知单州孙思恭许再任。思恭以衰疾愿守乡郡故也。”⑥《宋会要辑稿·职官四七·通判诸州府军监》:“(熙宁四年十一月十七日)诏:‘自今近臣因老疾得知州军者,其通判并择。’时天章阁待制、知单州孙思恭以疾乞任,许之,因有是诏。”⑦

郭源明 宋神宗熙宁九年前(1076前)

《苏魏公文集》卷五九《职方员外郎郭君墓志铭(元丰七年四月)》:“尚书职方员外郎、知单州军州事东平郭君,以熙宁九年三月己未被疾不起于州寝,享年五十有五。……君初名元赓,字永叔。后从进士,更名源明,字潜亮。”⑧《宋史》卷二九七《郭劝传》:“(郭劝子)源明,治平中,为太常博士。

---

① (宋)刘攽:《彭城集》,上海,商务印书馆,1937年,第296页。

② (宋)张方平:《乐全先生文集》,《宋集珍本丛刊006—1》,北京:线装书局,2004年,第232页。

③ (清)徐松辑:《宋会要辑稿》,上海:上海古籍出版社,2014年,第4814页。

④ 吴廷燮:《北宋经抚年表南宋制抚年表》,北京:中华书局,1984年,第107页。

⑤ (元)脱脱等:《宋史》,北京:中华书局,1977年,第10446页。

⑥ (宋)李焘:《续资治通鉴长编》,北京:中华书局,2004年,第5545页。

⑦ (清)徐松辑:《宋会要辑稿》,上海:上海古籍出版社,2014年,第4299页。

⑧ (宋)苏颂:《苏魏公文集》,北京:中华书局,1988年,第904—906页。

……后以职方员外郎知单州,卒。”[1]

梁　端　宋神宗元丰元年(1078)

《续资治通鉴长编》卷二八八“宋神宗元丰元年二月”条:“诏新知单州、都官郎中梁端与宫观差遣。”[2]

苏　澄　宋神宗元丰三年前后(1080 前后)

《范忠宣公集》卷一五《朝奉大夫知华州苏君墓志铭》:“君讳澄,字道渊,河南人也。……还朝,出知单州。会更官制,改朝请郎。……以元丰五年三月二十七日卒于位,年五十有二,华民为之罢市。”[3]

王克臣　宋神宗元丰五年(1082)

《续资治通鉴长编》卷三二六“宋神宗元丰五年五月”条:“朝散大夫、降天章阁待制王克臣知单州。……虽会赦免劾,特降之。”[4]卷三三〇“宋神宗元丰五年冬十月”条:“知单州、天章阁待制王克臣试工部侍郎。”[5]《宋史》卷二五〇《王克臣传》:“克臣字子难。……黜为单州。明年,拜工部侍郎。”[6]《宋会要辑稿·职官六六·黜降官三》:“(神宗元丰五年五月二十三日)降天章阁待制王克臣知单州。”[7]

吕惠卿　宋神宗元丰五—六年(1082—1083)

《宋史》卷一六《神宗三》:“(元丰五年冬十月)癸酉,贬知太原府、资政殿大学士吕惠卿知单州。”[8]卷四七一《吕惠卿传》:“吕惠卿字吉甫,泉州晋江人。……元丰五年,加大学士、知太原府。入见……帝曰……数其轻躁矫诬之罪,斥知单州,明年复知太原。”[9]《续资治通鉴长编》卷三三〇“宋神宗元丰五年冬十月”条:“新知太原府、资政殿大学士、通议大夫吕惠卿落职守本官知单州。”[10]卷三四一“宋神宗元丰六年冬十一月”条:“通议大夫、知单

---

① (元)脱脱等:《宋史》,北京:中华书局,1977 年,第 9894 页。

② (宋)李焘:《续资治通鉴长编》,北京:中华书局,2004 年,第 7045 页。

③ (宋)范纯仁:《范忠宣公集》,《宋集珍本丛刊 015—3》,北京:线装书局,2004 年,第 485—486 页。

④ (宋)李焘:《续资治通鉴长编》,北京:中华书局,2004 年,第 7855 页。

⑤ (宋)李焘:《续资治通鉴长编》,北京:中华书局,2004 年,第 7946 页。

⑥ (元)脱脱等:《宋史》,北京:中华书局,1977 年,第 8819—8820 页。

⑦ (清)徐松辑:《宋会要辑稿》,上海:上海古籍出版社,2014 年,第 4833 页。

⑧ (元)脱脱等:《宋史》,北京:中华书局,1977 年,第 308—309 页。

⑨ (元)脱脱等:《宋史》,北京:中华书局,1977 年,第 13705—13708 页。

⑩ (宋)李焘:《续资治通鉴长编》,北京:中华书局,2004 年,7960 页。

州吕惠卿为资政殿学士、知定州。”①《宋会要辑稿·职官六六·黜降官三》："（元丰五年十月二十六日）新知太原府、资政殿大学士、通议大夫吕惠卿落职，守本官知单州。”②

吕师简 约宋神宗朝

《临川先生文集》卷五二《光禄少卿知单州吕师简遗表次男昌宗试将作监主簿制》③。

王尧臣 约宋神宗朝

《曾巩集》卷二一《待制王尧臣知单州制》④。

李之纯 宋哲宗绍圣元年(1094)⑤

《宋史》卷三四四《李之纯传》："李之纯字端伯，沧州无棣人。……绍圣中，刘拯劾其阿附（苏）辙，出知单州。卒，年七十五。”⑥《宋会要辑稿·职官六七·黜降官四》："（绍圣元年闰四月十八日）工部尚书李之纯落宝文阁直学士，降授宝文阁待制、知单州。”⑦

吴 栻 宋徽宗崇宁四年(1105)

《宋会要辑稿·职官六八·黜降官五》："（崇宁四年三月二十一日）户部侍郎、兼侍读吴栻知单州。以知开封府日，宗邸诉家事，究治不实故也。”⑧

梁彦深 宋徽宗政和六年前(1116前)

《初寮集》卷八《南阳伯梁公神道碑》："政和六年五月某甲子，南阳伯梁公卒于东平之私第。……公讳彦深，字纯之……徙单州……徙邠州。”⑨

孙 鼛 宋徽宗朝后期

《宋史》卷三四七《孙鼛传》："孙鼛字叔静，钱塘人。……起知单州，遂致仕。靖康二年卒，年八十六。赠银青光禄大夫，谥曰通靖。”⑩

---

① （宋）李焘:《续资治通鉴长编》，北京:中华书局，2004年，第8200页。

② （清）徐松辑:《宋会要辑稿》，上海:上海古籍出版社，2014年，第4834页。

③ （宋）王安石:《临川先生文集》，《宋集珍本丛刊013—4》，北京:线装书局，2004年，第490页。

④ （宋）曾巩:《曾巩集》，北京:中华书局，1984年，第338页。

⑤ 参见苏轼著，张志烈等选注:《苏轼选集》，北京:人民文学出版社，2002年，第259页。

⑥ （元）脱脱等:《宋史》，北京:中华书局，1977年，第10940—10941页。

⑦ （清）徐松辑:《宋会要辑稿》，上海:上海古籍出版社，2014年，第4851页。

⑧ （清）徐松辑:《宋会要辑稿》，上海:上海古籍出版社，2014年，第4878页。

⑨ （宋）王安中:《初寮集》，《宋集珍本丛刊033—3》，北京:线装书局，2004年，第286页。

⑩ （元）脱脱等:《宋史》，北京:中华书局，1977年，第10995—10996页。

宋　升　约宋徽宗朝

《全宋文》卷三二〇六翟汝文《知单州宋升可徽猷阁待制知应天府制》①。

王　唤　宋钦宗靖康二年(1127)

《三朝北盟会编》卷九五《靖康中帙七十》"起靖康二年四月二十一日庚辰尽二十八日丁亥"条:"(四月二十二日)大元帅至单州,知军州事王唤来迎,何志同、赵子崧皆以兵来会。"②

邵　溥　宋高宗建炎元年(1127)

《建炎以来系年要录》卷五"宋高宗建炎元年五月"条:"戊午……会尚书户部侍郎邵溥乞赴行在……乃黜溥知单州,而更命望。"③

寇　庠　宋高宗建炎元年(1127)

《建炎以来系年要录》卷八"宋高宗建炎元年八月"条:"甲申……奉直大夫寇庠知单州。"④

高德仁　宋高宗建炎三年(1129)

《宋会要辑稿·职官六二·借补官》:"(建炎三年五月)二十八日,知单州高德仁言……从之。"⑤

柳　约　宋高宗绍兴九年(1139)

《建炎以来系年要录》卷一三一"宋高宗绍兴九年八月"条:"丙子……秘阁修撰、提举江州太平观柳约知单州。"⑥卷一三二"宋高宗绍兴九年九月"条:"戊子……秘阁修撰、新知单州柳约知蔡州,左朝奉郎叶夏卿复直秘阁,知单州。"⑦

叶夏卿　宋高宗绍兴九—十年(1139—1140)

《建炎以来系年要录》卷一三二"宋高宗绍兴九年九月"条:"戊子……左朝奉郎叶夏卿复直秘阁,知单州。"⑧卷一三四"宋高宗绍兴十年二月"条:

---

① 曾枣庄、刘琳主编:《全宋文》,上海:上海辞书出版社,2006年,第149册,第32—33页。
② (宋)徐梦莘:《三朝北盟会编》,上海:上海古籍出版社,1987年,第701页。
③ (宋)李心传编撰:《建炎以来系年要录》,北京:中华书局,2013年,第157页。
④ (宋)李心传编撰:《建炎以来系年要录》,北京:中华书局,2013年,第235页。
⑤ (清)徐松辑:《宋会要辑稿》,上海:上海古籍出版社,2014年,第4723页。
⑥ (宋)李心传编撰:《建炎以来系年要录》,北京:中华书局,2013年,第2458页。
⑦ (宋)李心传编撰:《建炎以来系年要录》,北京:中华书局,2013年,第2465页。
⑧ (宋)李心传编撰:《建炎以来系年要录》,北京:中华书局,2013年,第2465页。

“知单州、直秘阁叶夏卿遣赴行在，至泗州，司法参军孙守信见而疑之，白守臣王伯路，请于朝。”①

王　暎　宋高宗绍兴十一年(1141前)

《宋会要辑稿·选举三四·特恩除职二》：“绍兴十一年五月二十九日，诏：‘王暎昨知单州，应副元帅府钱粮，合转官。’”②

(二)通判

刘厚德　宋太宗太平兴国五年(980)

《宋会要辑稿·职官四七·通判诸州府军监》：“(太宗太平兴国五年七月)命知莱州、殿中丞郑濬文，知单州、左赞善大夫刘厚德，并通判本州事，以刺史赴本任故也。”③

刘　庆　宋真宗大中祥符六年前(1013前)

《宋会要辑稿·礼五一·朝谒太清宫》：“(真宗大中祥符六年八月八日)以殿中丞、通判单州刘庆知真源县。”④

朱文郁　约宋仁宗天圣初

《宋故尚书主客郎中朱君墓铭》：“庆历九年秋八月尚书主客郎中朱君终于河南府延福坊旧第，后二载葬偃师县义堂店之北原。君讳文郁，字从周，世为洛都大姓。……既罢，知济州巨野。通判泗州，进殿中丞、通判单州。”⑤

杨　伟　约宋仁宗朝

《宋史》卷三〇五《杨亿传》：“(杨亿弟)伟字子奇，幼学于亿。天禧元年献颂……用近臣荐，为集贤校理、通判单州。……徙知祥符县、提点开封府界诸县镇公事……累迁尚书兵部员外郎、同修起居注。”⑥

韩　亿　宋仁宗朝初

《乐全先生文集》卷三七《推诚保德功臣正奉大夫守太子少傅致仕上柱国昌黎郡开国公食邑三千三百户实封八百户赐紫金鱼袋累赠太师中书令尚

① (宋)李心传编撰：《建炎以来系年要录》，北京：中华书局，2013年，第2506页。

② (清)徐松辑：《宋会要辑稿》，上海：上海古籍出版社，2014年，第5910页。

③ (清)徐松辑：《宋会要辑稿》，上海：上海古籍出版社，2014年，第4297页。

④ (清)徐松辑：《宋会要辑稿》，上海：上海古籍出版社，2014年，第1880页。

⑤ 何新所、贾倩：《北宋理学家朱光庭祖父朱文郁墓志考释》，《语文知识》2013年第4期，第8—11页。

⑥ (元)脱脱等：《宋史》，北京：中华书局，1977年，第10084页。

书令许国公谥忠宪韩公神道碑铭并序》："公讳亿，字宗魏，真定灵寿人。……部司察举治状，迁大理寺丞、通判陈州。徙单州。丁信公艰去官。……庆历二年请老，授太子少傅致仕。"①

魏　宪　宋徽宗政和二—三年(1112—1113)

《丹阳集》卷一二《故显谟阁直学士魏公墓志铭》："公讳宪，字令则，世著籍吴郡。……政和二年春……犹坐不以闻罢为通判单州。明年除江西路学事，又改淮东。"②

张　焘　宋徽宗政和后

《宋史》卷三三三《张焘传》："张焘字景元，枢密直学士奎之子也。举进士，通判单州。州卒谋乱，期有日，焘得告者，徐诣营取首恶，置诸法。"③

(三)团练副使

田　锡　宋太宗淳化四年(993)④

《宋史》卷二九三《田锡传》："田锡字表圣，嘉州洪雅人。……端拱二年，京畿大旱，锡上章，有'调燮倒置'语，忤宰相，罢为户部郎中，出知陈州。坐稽留杀人狱，责授海州团练副使，后徙单州。……至道中，复旧官。"⑤

吴元载　宋太宗至道二—三年(996—997)

《宋史》卷二五七《吴廷祚传》："(吴廷祚子)元载，建隆初，授太子右春坊通事舍人……元载拒之，仕衡抗章疏其罪，坐责郢州团练副使。移单州，以疾授左卫将军致政。"⑥《全宋文》卷一七三张舜宾《金紫光禄大夫检校司空左卫将军致仕兼御史大夫上柱国南阳郡开国侯食邑一千户吴公墓志铭并序(咸平五年三月)》："公，大梁人也，讳元载，字咸熙。……至道二年，奉敕落责授，授单州团练副使。至道三年，授左卫将军，致仕。"⑦

---

① (宋)张方平：《乐全先生文集》，《宋集珍本丛刊006—1》，北京：线装书局，2004年，第177—180页。

② (宋)葛胜仲：《丹阳集》，《宋集珍本丛刊032—5》，北京：线装书局，2004年，第611页。

③ (元)脱脱等：《宋史》，北京：中华书局，1977年，第10700页。

④ (宋)田锡：《咸平集》，成都：巴蜀书社，2008年，第1页。

⑤ (元)脱脱等：《宋史》，北京：中华书局，1977年，第9787—9791页。

⑥ (元)脱脱等：《宋史》，北京：中华书局，1977年，第8949—8950页。

⑦ 曾枣庄、刘琳主编：《全宋文》，上海：上海辞书出版社，2006年，第8册，第417—420页。

（四）录事参军事

王　檻　宋哲宗元符二年（1099）

《全宋文》卷二七四五晁补之《刑部侍郎杜公墓志铭（元符二年四月）》："公杜氏，讳纮，字君章……感疾，卒，元符元年八月十二日也。以二年四月二十二日葬于开封府祥符县临黄村之原。……女……次适新单州录事参军王檻，次适承事郎、知韩城县事张秩。"①

（五）判司

1. 司户参军

阎德基　宋哲宗元祐三年前（1088 前）

《全宋文》卷二七四四晁补之《齐氏墓碣（元祐三年四月）》："齐氏，会稽萧山人，初嫁为同邑民妻，已而入故单州司户参军阎侯德基家，为乳其第二儿。……元祐三年三月二十四日，或欷歔如自知将尽者，遂卒。"②卷二七四六晁补之《夫人阎氏墓志铭（崇年二年七月）》："故大理寺丞、充刑部祥覆官晁君讳端本之夫人阎氏，济州巨野人也。考单州司户参军、赠宣德郎讳德基，蚤卒。"③

李弥逊　宋徽宗大观三年（1109）

《宋史》卷三八二《李弥逊传》："李弥逊字似之，苏州吴县人。弱冠以上舍登大观三年第，调单州司户，再调阳谷簿。"④《全宋文》卷二六九六杨时《李子约墓志铭（政和元年二月）》："公讳撰，字子约，姓李氏。……遽以疾终于正寝，实大观三年七月二十日也，享年六十有七。……生子男六人：弥性、弥伦、弥大、弥逊、弥中、弥正。……弥逊单州司户参军，余皆举进士。"⑤

---

① 曾枣庄、刘琳主编：《全宋文》，上海：上海辞书出版社，2006 年，第 127 册，第 134—138 页。

② 曾枣庄、刘琳主编：《全宋文》，上海：上海辞书出版社，2006 年，第 127 册，第 113—114 页。

③ 曾枣庄、刘琳主编：《全宋文》，上海：上海辞书出版社，2006 年，第 127 册，第 148 页。

④ （元）脱脱等：《宋史》，北京：中华书局，1977 年，第 11774 页。

⑤ 曾枣庄、刘琳主编：《全宋文》，上海：上海辞书出版社，2006 年，第 125 册，第 46—50 页。

2. 刑曹[①]

周　枢　约宋徽宗宣和末—高宗建炎初

《周益公文集》卷六二《中散大夫赐紫金鱼袋周公枢神道碑(庆元二年)》:"公讳枢,字仲应,姓周氏。……服除,试换迪功郎,调单州刑曹,数与守争疑狱。靖康二年,州募僚属奏表劝进康王,往往移疾,公独请行。建炎初,檄趣淮浙纲运,展转兵间。至山阳,值剧贼攻城,郡就委公守御,卒以无虞。士民德之,请公行郡事。"[②]

(六)推官

团练推官

张遵道　约宋仁宗时

《居士集》卷三一《太子太师致仕杜祁公墓志铭(嘉祐二年)》:"杜公讳衍,字世昌,越州山阴人也。……女……次适单州团练推官张遵道。公以嘉祐二年二月五日卒于家。"[③]

沈　泽　约宋仁宗朝

《文庄集》卷二《前权知单州团练推官厅公事沈泽秀州录事参军郑知白并可大理寺臣制》[④]。

范正民　宋徽宗建中靖国元年前后(1101 前后)

《曾文昭公集》卷三《范忠宣墓志铭(建中靖国元年四月)》:"元符三年……有司节惠,谥曰'忠宣'。……公讳纯仁,字尧夫。……五子:正民,单州团练推官;正平,忠武军节度推官;正思,宣德郎;正路、正国。"[⑤]

---

① 宋徽宗崇宁三年(1104),令开封府置。大观二年(1108),令天下州府皆置。职掌仿刑部。

② (宋)周必大:《周益公文集》,《宋集珍本丛刊 049—1》,北京:线装书局,2004 年,第 303 页。

③ (宋)欧阳修:《欧阳修全集》,北京:中华书局,2001 年,第 466—470 页。

④ (宋)夏竦:《文庄集》,《宋集珍本丛刊 002—8》,北京:线装书局,2004 年,第 444 页。

⑤ (宋)曾肇:《曾文昭公文集》,《宋集珍本丛刊 026—5》,北京:线装书局,2004 年,第 710—715 页。

二、县级官员

砀山县

(一)知县

王文英 约宋仁宗朝

《宋元宪集》卷二三《殿中丞知单州砀山县王文英可国子监博士太子中舍知真定府冯日宣可殿中丞制》①。

庄　徽 宋神宗元丰中

《全宋文》卷三三九〇汪藻《徽猷阁待制致仕赠少师谥僖简庄公墓志铭》:"宣和二年九月壬寅,通奉大夫徽猷阁待制致仕庄公卒于常州宜兴之里第。……君讳徽,字君猷……中元丰二年进士乙科,解褐调主江宁之上元簿。……蔡公确以故相守安,遇僚属简严,无许可者,独期公远大而首荐之。改宣德郎、知单州砀山县。"②

许　戡 宋徽宗政和中

《乾隆砀山县志》卷六《职官志》:"许戡,政和间知县。"③

(二)主簿

朱九龄 宋太宗太平兴国八年(983)④

《王黄州小畜集》卷七《寄砀山主簿朱九龄》⑤。

---

① (宋)宋庠:《宋元宪集》,北京:中华书局,1985年,第236页。

② 曾枣庄、刘琳主编:《全宋文》,上海:上海辞书出版社,2006年,第157册,第333—336页。

③ (清)刘壬瑗纂修:《乾隆砀山县志》,《中国地方志集成·安徽府县志辑29》,南京:江苏古籍出版社,1998年,第100页。

④ 参见潘守皎著:《王禹偁评传》,济南:齐鲁书社,2009年,第52页。

⑤ (宋)王禹偁:《王黄州小畜集》,《宋集珍本丛刊001—5》,北京:线装书局,2004年,第561页。

(三)县尉

董中孚　宋仁宗庆历二年(1042)

《续资治通鉴长编》卷一三七“宋仁宗庆历二年九月”条:“辛亥,录砀山尉董祺子中孚为砀山县尉,仍免持服,中立补郊社斋郎,以祺捕盗斗死也。”①

王存立　宋仁宗嘉祐中

《宋史》卷二〇〇《刑法二》:“熙宁二年……四年,王存立言:‘嘉祐中,同学究出身,为砀山县尉,尝纳官赎父配隶罪,请同举人法,得免丁徭。’帝悯之,复赐出身,仍与注官。”②《续资治通鉴长编》卷二二八“宋神宗熙宁四年十一月”条:“丁酉,赐前砀山县尉王存立同学究出身,仍注合入官。”③

---

① (宋)李焘:《续资治通鉴长编》,北京:中华书局,2004年,第3290页。

② (元)脱脱等:《宋史》,北京:中华书局,1977年,第4989—4990页。

③ (宋)李焘:《续资治通鉴长编》,北京:中华书局,2004年,第5545页。

卷十一　扬州

扬州，又称广陵郡，大都督府，淮南节度。扬州所领县中，仅天长县（治今安徽省天长市）在今皖淮地区境内。天长县在宋太宗至道二年（996）前为天长军，军废后入扬州，建炎中（1127—1130）天长复升军。高宗绍兴元年到绍兴十年（1131—1140），天长又入扬州。绍兴十一年后入招信军。

一、州级官员

由于天长县的归属变迁原因，本节辑汇的扬州州级官员主要依据天长县的归属时间来定，即为扬州属县时，辑汇其官员，反之则不辑汇。

（一）知州

王禹偁　宋太宗至道二—三年（996—997）

《续资治通鉴长编》卷四二“宋太宗至道三年十二月”条：“初，刑部郎中、知扬州王禹偁准诏上疏言五事：……翌日，命禹偁守本官，复知制诰，与兵部郎中、史馆修撰李若拙并命。”①《宋史》卷二九三《王禹偁传》：“王禹偁字元之，济州巨野人。……移知扬州。”②

魏　羽　宋太宗至道三年—真宗咸平二年（997—999）③

《宋史》卷二六七《魏羽传》：“魏羽者，字垂天，歙州婺源人。……真宗即位，迁工部侍郎，连徙杭、扬二州，召权知开封府。车驾北巡，判留司三司，

① （宋）李焘：《续资治通鉴长编》，北京：中华书局，2004 年，第 896—897 页。

② （元）脱脱等：《宋史》，北京：中华书局，1977 年，第 9793—9795 页。

③ 吴廷燮：《北宋经抚年表南宋制抚年表》，北京：中华书局，1984 年，第 309 页。

再为户部度支使。咸平四年，以疾解职，拜礼部侍郎。”①《宋朝事实》卷七《道释》：“真宗咸平间，知扬州魏羽上雩祀五龙祈雨法，诏颁诸路。”②

柴成务 宋真宗咸平二—四年(999—1001)

《武夷新集》卷一一《故大中大夫行给事中上柱国临汾郡开国侯食邑一千二百户赐紫金鱼袋柴公行状》：“柴成务，字宝臣，年七十一。……归朝，受诏同修《太宗实录》，十月而毕，劳赐策勋，宠数优渥。未几，以本官知扬州，入判尚书刑部。”③《北宋经抚年表》卷四：“给事中柴成务知扬州，入判刑部。景德元年五月，卒于判都省。”④

王化基 宋真宗咸平四年—景德元年(1001—1004)⑤

《宋史》卷二一〇《宰辅一》：“(咸平四年)三月辛卯，王化基自参知政事以工部尚书知扬州。”⑥《武夷新集》卷三《董温其赴淮南幕(工部王尚书知扬州)》⑦。

曾致尧 宋真宗景德元年—四年(1004—1007)⑧

《欧阳修全集》卷二〇《居士集》卷二〇《尚书户部郎中赠右谏议大夫曾公神道碑铭(庆历六年)》：“公讳致尧，字某，抚州南丰人也。……又徙知扬州。上疏论事，语斥大臣尤切，当时皆不悦，又徙知鄂州。……大中祥符五年五月某日，卒于官，享年六十有六。”⑨《王临川全集》卷九二《户部郎中赠谏议大夫曾公墓志铭》：“公讳致尧，字正臣。……至五日，移知扬州。……以祥符五年五月丁亥疾不起，年六十六。”⑩

许　逖 宋真宗大中祥符元年—三年(1008—1010)⑪

《续资治通鉴长编》卷七四“宋真宗大中祥符三年九月”条：“庚辰，知扬

---

① (元)脱脱等：《宋史》，北京：中华书局，1977年，第9204—9205页。

② (宋)李攸：《宋朝事实》，北京：中华书局，1955年，第121—122页。

③ (宋)杨亿：《武夷新集》，《宋集珍本丛刊002—6》，北京：线装书局，2004年，第301—302页。

④ 吴廷燮：《北宋经抚年表南宋制抚年表》，北京：中华书局，1984年，第309页。

⑤ 吴廷燮：《北宋经抚年表南宋制抚年表》，北京：中华书局，1984年，第309页。

⑥ (元)脱脱等：《宋史》，北京：中华书局，1977年，第5435—5436页。

⑦ (宋)杨亿：《武夷新集》，《宋集珍本丛刊002—6》，北京：线装书局，2004年，第220页。

⑧ 吴廷燮：《北宋经抚年表南宋制抚年表》，北京：中华书局，1984年，第309页。

⑨ (宋)欧阳修：《欧阳修全集》，北京：中华书局，2001年，第328—329页。

⑩ (宋)王安石：《王临川全集》，上海：世界书局，1935年，第580页。

⑪ 吴廷燮：《北宋经抚年表南宋制抚年表》，北京：中华书局，1984年，第309页。

州许逖请令两浙路权罢和雇船,所冀行商得载粮斛以济活旱民,从之。逖,歙县人也。”[①]《居士集》卷三八《司封员外郎许公行状(宝元二年)》:“君讳逖,字景山,世家歙州。……明年,选司封员外郎,赐金紫,徙知扬州。……岁满,在道得疾,卒于高邮。”[②]

凌　策　宋真宗大中祥符三—四年(1010—1011)[③]

《续资治通鉴长编》卷七六“宋真宗大中祥符四年六月”条:“知洪州李玄病,上与宰相历选朝士,将徙知扬州凌策代之。”[④]《宋史》卷三〇七《凌策传》:“凌策字子奇,宣州泾人。……出知扬州。……(大中祥符)五年,召拜右谏大夫、集贤殿学士,知益州。”[⑤]

冯元(一知)　宋真宗大中祥符五年(1012)

《北宋经抚年表》卷四:“冯元知,代薛映。”[⑥]薛映知扬州疑在后,此处有待商榷。

戚　纶　约宋真宗大中祥符六—七年(1013—1014)

《续资治通鉴长编》卷八二“宋真宗大中祥符七年三月”条:“江、淮制置发运使胡则,尝居杭州,肆纵无检,知州戚纶恶之。……癸卯,诏徙知扬州,维扬亦溥、则巡内,持之益急,纶求换僻郡,是冬又徙徐州。”[⑦]《乾道临安志》卷三《牧守》:“大中祥符三年九月壬午,以枢密直学士、户部郎中戚纶知杭州……七年三月癸卯,徙知扬州。”[⑧]《宋史》卷三〇六《戚纶传》:“戚纶字仲言,应天楚丘人。……(大中祥符)三年,擢枢密直学士,上作诗宠之。……徙知扬州。惟扬亦溥、则巡内,持之益急,求改僻郡,徙徐州。八年,与刘综并罢学士,授左谏议大夫。”[⑨]

薛　映　约宋真宗大中祥符八—九年(1015—1016)

《续资治通鉴长编》卷八五“宋真宗大中祥符八年秋七月”条:“庚午,徙

---

① (宋)李焘:《续资治通鉴长编》,北京:中华书局,2004年,第1688页。

② (宋)欧阳修:《欧阳修全集》,北京:中华书局,2001年,第558—559页。

③ 吴廷燮:《北宋经抚年表南宋制抚年表》,北京:中华书局,1984年,第309页。

④ (宋)李焘:《续资治通鉴长编》,北京:中华书局,2004年,第1727页。

⑤ (元)脱脱等:《宋史》,北京:中华书局,1977年,第10128—10129页。

⑥ 吴廷燮:《北宋经抚年表南宋制抚年表》,北京:中华书局,1984年,第310页。

⑦ (宋)李焘:《续资治通鉴长编》,北京:中华书局,2004年,第1868页。

⑧ (宋)周淙:《乾道临安志》,上海:商务印书馆,1937年,第64页。

⑨ (元)脱脱等:《宋史》,北京:中华书局,1977年,第10104—10106页。

知升州、枢密直学士、工部侍郎薛映知扬州，给事中马亮为工部侍郎、知升州，以吏部员外郎、知制诰李迪为右谏议大夫、集贤院学士、知永兴军。”[①]卷八六“宋真宗大中祥符九年二月”条：“壬寅，诏扬州公费钱每岁加给二十万，从知州薛映之请也。”[②]《宋史》卷三〇五《薛映传》：“薛映字景阳……历尚书左丞、知扬州。徙并州，又徙永兴军，拜工部尚书兼御史中丞。”[③]《景定建康志》卷一三《建康表九》：“（大中祥符）八年乙卯十月，（映）改差知扬州，以尚书工部侍郎（马亮）知州事，再至。”[④]

王　随　约宋真宗大中祥符九年(1016)

《续资治通鉴长编》卷八七“宋真宗大中祥符九年八月”条：“乙亥……刑部员外郎、知制诰王随为工部郎中、知制诰、知扬州。……会知扬州薛映求代，即以命之，仍令巽谕旨戒敕。”[⑤]《宋史》卷三一一《王随传》：“王随字子正，河南人。……真宗因赐诗宠行……改知扬州。”[⑥]《东轩笔录》卷一一：“王章惠公随知扬州，许元以举子上谒，自陈世家，乃唐许远之后。”[⑦]

马　亮　宋真宗大中祥符九年(1016)

《景定建康志》卷一三《建康表九》：“（大中祥符）九年丙辰，十月（亮）知扬州；十一月，保信军节度使丁谓知州事。”[⑧]

薛　颜　约宋真宗朝末

《彭城集》卷三六《宋故中大夫守光禄卿分司西京上柱国河东郡开国侯食邑一千三百户赐紫金鱼袋薛公神道碑》：“公讳颜，字彦回，姓薛氏，河东万泉人。……公自陕西徙河北，迁司封郎中，徙知河阳，更扬州。……天圣三年七月十五日，终于家，年七十三。”[⑨]

---

① （宋）李焘：《续资治通鉴长编》，北京：中华书局，2004 年，第 1941 页。

② （宋）李焘：《续资治通鉴长编》，北京：中华书局，2004 年，第 1974 页。

③ （元）脱脱等：《宋史》，北京：中华书局，1977 年，第 10089—10090 页。

④ （宋）马光祖修、周应合纂：《景定建康志》，《宋元方志丛刊 2》，北京：中华书局，1990 年，第 1481 页。

⑤ （宋）李焘：《续资治通鉴长编》，北京：中华书局，2004 年，第 2002—2003 页。

⑥ （元）脱脱等：《宋史》，北京：中华书局，1977 年，第 10202—10203 页。

⑦ （宋）魏泰：《东轩笔录》，《宋元笔记小说大观 3》，上海：上海古籍出版社，2007 年，第 2758 页。

⑧ （宋）马光祖修、周应合纂：《景定建康志》，《宋元方志丛刊 2》，北京：中华书局，1990 年，第 1481 页。

⑨ （宋）刘攽：《彭城集》，北京：中华书局，1985 年，第 483—485 页。

周　起　宋仁宗天圣元年(1023)

《续资治通鉴长编》卷一〇〇“宋仁宗天圣元年二月”条:“太常少卿、知光州周起为秘书监、知扬州,郢州团练副使王曙为光禄卿、知襄州。”①《宋史》卷二八八《周起传》:“周起字万卿,淄州邹平人。……稍迁秘书监,徙扬、杭二州,又徙应天府。”②《乾道临安志》卷三《牧守》:“天圣元年九月丁亥,徙知扬州、秘书监周起知杭州。”③

盛　京　宋仁宗天圣元年—五年(1023—1027)

《北宋经抚年表》卷四:“盛京知扬州。”④

杜　衍　约宋仁宗天圣五—六年(1027—1028)

《续资治通鉴长编》卷一〇六“宋仁宗天圣六年二月”条:“二月辛未,以知扬州、祠部员外郎杜衍为刑部员外郎。”⑤卷一〇六“宋仁宗天圣六年秋七月”条:“时杜衍在扬州,营护有劳,州人怀之。”⑥《宋史》卷三一〇《杜衍传》:“杜衍字世昌,越州山阴人。……擢进士甲科,补扬州观察推官,改秘书省著作佐郎、知平遥县。……徙京西路,又徙知扬州。”⑦

盛度(一知)　宋仁宗天圣七年(1029)

《宋史》卷二九二《盛度传》:“盛度字公量,世居应天府,后徙杭州余杭县。……乾兴初,再谪和州团练副使。丁谓贬……还知审刑院,以右谏议大夫知扬州,加集贤院学士。……景祐二年,拜参知政事。”⑧《北宋经抚年表》卷四:“苏州盛度知扬。”⑨

朱　巽　宋仁宗天圣八年(1030)

《乾道临安志》卷三《牧守》:“天圣七年,以左谏议大夫、给事中、新知河中府朱巽知杭州,八年四月甲申,为集贤院学士,五月乙丑,徙知扬州。”⑩

---

① (宋)李焘:《续资治通鉴长编》,北京:中华书局,2004年,第2316页。
② (元)脱脱等:《宋史》,北京:中华书局,1977年,第9672—9673页。
③ (宋)周淙:《乾道临安志》,上海:商务印书馆,1937年,第67页。
④ 吴廷燮:《北宋经抚年表南宋制抚年表》,北京:中华书局,1984年,第310页。
⑤ (宋)李焘:《续资治通鉴长编》,北京:中华书局,2004年,第2463页。
⑥ (宋)李焘:《续资治通鉴长编》,北京:中华书局,2004年,第2477页。
⑦ (元)脱脱等:《宋史》,北京:中华书局,1977年,第10189页。
⑧ (元)脱脱等:《宋史》,北京:中华书局,1977年,第9759—9760页。
⑨ 吴廷燮:《北宋经抚年表南宋制抚年表》,北京:中华书局,1984年,第310页。
⑩ (宋)周淙:《乾道临安志》,上海:商务印书馆,1937年,第67页。

冯元(二知)　宋仁宗天圣九年(1031)

《北宋经抚年表》卷四:“翰林学士冯元知扬。”①

王　立　宋仁宗明道元年(1032)

《续资治通鉴长编》卷一一一“宋仁宗明道元年冬十月”条:“乙巳……知扬州、兵部郎中王立兼淮南灾伤州军安抚使。”②《宋朝事实类苑》卷二三《官政治绩》“王立”条:“王立,字成之,维州北海人。咸平三年进士及第,补宁军判官。天圣四年,为夔州路转运使。……自河东徙知扬州。明道二年,以太常少卿为户部副使,寻以足疾出知庐州,迁右谏议大夫,徙知密州。秩满归,卒。”③

范　雍　宋仁宗明道二年(1033)

《续资治通鉴长编》卷一一二“宋仁宗明道二年夏四月”条:“枢密副使、礼部侍郎范雍罢为户部侍郎、知荆南府,寻改扬州,又改陕州。”④

李允及　宋仁宗朝初期

《河南先生文集》卷一二《故朝散大夫给事中知同州军州事兼管内劝农使上柱国陇西开国伯食邑五百户赐紫金鱼袋李公行状(景祐五年十月)》:“李允及,累赠尚书户部侍郎。……俄授右谏议大夫、知扬州,徙知潞州。……景祐五年十月日,责授崇信军节度掌书记、朝奉郎、试大理评事兼监察御史、前监唐州酒税尹某状。”⑤

李允元　宋仁宗景祐元年(1034)

《北宋经抚年表》卷四:“李允元知。”⑥

张若谷　宋仁宗景祐二年(1035)

《宋史》卷二九九《张若谷传》:“张若谷字德繇,南剑沙县人。……历知澶州、成德军、扬州、江宁府,入知审官院,纠察在京刑狱,知通进银台司、应

① 吴廷燮:《北宋经抚年表南宋制抚年表》,北京:中华书局,1984 年,第 311 页。

② (宋)李焘:《续资治通鉴长编》,北京:中华书局,2004 年,第 2590 页。

③ (宋)江少虞:《宋朝事实类苑》,上海:上海古籍出版社,1981 年,第 280—281 页。

④ (宋)李焘:《续资治通鉴长编》,北京:中华书局,2004 年,第 2612 页。

⑤ (宋)尹洙:《河南先生文集》,《宋集珍本丛刊 003—4》,北京:线装书局,2004 年,第 402—403 页。

⑥ 吴廷燮:《北宋经抚年表南宋制抚年表》,北京:中华书局,1984 年,第 311 页。

天府。”[①]《北宋经抚年表》卷四：“三月，成德张若谷知扬州，改江宁。”[②]

陈执中 约宋仁宗景祐二—四年(1035—1037)

《景定建康志》卷一三《建康表九》：“(景祐)二年乙亥：十二月二十一日执中移知扬州。”[③]《宋史》卷二八五《陈执中传》：“陈执中，字昭誉……明道中，安抚京东，进天章阁待制。使还，知应天府，徙江宁府、扬州，再迁工部郎中，改龙图阁直学士、知永兴军，拜右谏议大夫、同知枢密院事。”[④]《东轩笔录》卷一三：“范文正公仲淹自知开封落待制，以吏部员外郎知饶州……时陈恭公执中以龙图阁直学士知扬州，迎送问劳甚至，虽时宰好恶能移众人，而方正之士，亦不可变也。”[⑤]《乐全先生文集》卷三七《推诚保德崇仁守正忠亮翊戴功臣开府仪同三司守司徒致仕上柱国岐国公食邑一万九百户食实封三千九百户赠太师兼侍中谥曰恭颍川陈公神道碑铭并序(嘉祐四年七月)》：“公字昭誉，豫章南昌人。……天圣初还朝，迁殿中丞，复正言。……知应天府。徙江宁府。迁工部郎中、知扬州。召还……知永兴军。……庆历四年，召除参知政事……又逾二年，足疾增剧，求近藩。”[⑥]

陆若冲 宋仁宗景祐四年—宝元元年(1037—1038)

《北宋经抚年表》卷四：“五月，苏州陆若冲知扬。”[⑦]

盛度(二知) 宋仁宗宝元二年—康定元年(1039—1040)[⑧]

《续资治通鉴长编》卷一二五“宋仁宗宝元二年十一月”条：“丁酉，降武宁节度使、知枢密院事盛度为尚书右丞、知扬州……奉礼郎丁讽罚铜四斤。”[⑨]《宋史》卷二九二《盛度传》：“盛度字公量……复知扬州，加资政殿学

---

① (元)脱脱等：《宋史》，北京：中华书局，1977年，第9929页。

② 吴廷燮：《北宋经抚年表南宋制抚年表》，北京：中华书局，1984年，第311页。

③ (宋)马光祖修、周应合纂：《景定建康志》，《宋元方志丛刊2》，北京：中华书局，1990年，第1482页。

④ (元)脱脱等：《宋史》，北京：中华书局，1977年，第9601—9602页。

⑤ (宋)魏泰：《东轩笔录》，《宋元笔记小说大观3》，上海：上海古籍出版社，2007年，第2770页。

⑥ (宋)张方平：《乐全先生文集》，《宋集珍本丛刊006—1》，北京：线装书局，2004年，第174—176页。

⑦ 吴廷燮：《北宋经抚年表南宋制抚年表》，北京：中华书局，1984年，第312页。

⑧ 吴廷燮：《北宋经抚年表南宋制抚年表》，北京：中华书局，1984年，第312页。

⑨ (宋)李焘：《续资治通鉴长编》，北京：中华书局，2004年，第2939页。

士、知应天府。暴感风眩，以太子少傅致仕，卒。”[①]《宋史》卷二一一《宰辅二》：“（宝元二年）十月丁酉，盛度自武宁军节度使、知枢密院事坐冯士元事，夺节贬秩，以尚书右丞知扬州。”[②]

叶清臣 宋仁宗庆历元年（1041）

《景定建康志》卷一三《建康表九》：“庆历元年辛巳三月二十六日，清改知扬州；八月，龙图阁直学士、起居舍人叶清臣知府事。”[③]

郎 简 宋仁宗庆历元年（1041）

《宋史》卷二九九《郎简传》：“郎简字叔廉，杭州临安人。……入判大理寺，出知越州，复归判尚书刑部，出知江宁府，历右谏议大夫、给事中、知扬州，徙明州。”[④]《北宋经抚年表》卷四：“三月二十六日，（郎）简改扬。”[⑤]

宋 庠 约宋仁宗庆历元年—三年（1041—1043）[⑥]

《续资治通鉴长编》卷一三二“宋仁宗庆历元年五月”条：“辛未，右谏议大夫、参知政事宋庠守本官，知扬州。”[⑦]《宋史》卷二一一《宰辅二》：“（庆历元年）五月辛未，宋庠自参知政事守本官知扬州。”[⑧]卷二八四《宋庠传》：“宋庠字公序，安州安陆人，后徙开封之雍丘。……庠，天圣初，举进士……乃以庠知扬州。未几，以资政殿学士徙郓州，进给事中。”[⑨]《东轩笔录》卷一一：“宋元献公庠初罢参知政事知扬州，尝以双鹅赠梅尧臣。”[⑩]《旧闻证误》卷二：“庆历中……辛未，参知政事宋庠知扬州，枢密副使郑戬知杭州。”[⑪]《华阳集》卷三六《宋元宪公庠神道碑铭》：“公讳庠，字公序，开封雍丘人。……遂具罢，公得知扬州。逾年，为资政殿学士、知郓州、兼京东西路安抚使，进

---

① （元）脱脱等：《宋史》，北京：中华书局，1977年，第9759—9760页。

② （元）脱脱等：《宋史》，北京：中华书局，1977年，第5462—5463页。

③ （宋）马光祖修、周应合纂：《景定建康志》，《宋元方志丛刊2》，北京：中华书局，1990年，第1483页。

④ （元）脱脱等：《宋史》，北京：中华书局，1977年，第9926—9927页。

⑤ 吴廷燮：《北宋经抚年表南宋制抚年表》，北京：中华书局，1984年，第288页。

⑥ 吴廷燮：《北宋经抚年表南宋制抚年表》，北京：中华书局，1984年，第83页。

⑦ （宋）李焘：《续资治通鉴长编》，北京：中华书局，2004年，第3127页。

⑧ （元）脱脱等：《宋史》，北京：中华书局，1977年，第5465页。

⑨ （元）脱脱等：《宋史》，北京：中华书局，1977年，第9590—9592页。

⑩ （宋）魏泰：《东轩笔录》，《宋元笔记小说大观3》，上海：上海古籍出版社，2007年，第2760页。

⑪ （宋）李心传：《旧闻证误》，北京：中华书局，1981年，第21页。

给事中。”①

狄棐（未之任） 宋仁宗庆历三年（1043）

《王临川全集》卷八九《尚书工部侍郎枢密直学士狄公神道碑》：“狄氏故并人，唐武后时有以谅直至宰相者，有功中宗以及社稷，是为梁公。公，梁公之十四世孙也，讳棐，字辅之。……其知扬州，则不及赴而卒于京师，庆历三年二月十七日也，享年六十七。”②

苏　绅 宋仁宗庆历三年（1043）

《宋史》卷二九四《苏绅传》：“苏绅字仪甫，泉州晋江人。……谏官亦言绅举御史马端非其人，改龙图阁学士、知扬州，复为翰林学士、史馆修撰、权判尚书省。”③《宋会要辑稿·职官六四·黜降官一》：“（庆历三年）七月三日，翰林学士、礼部郎中、知制诰、史馆修撰苏绅为龙图阁学士、知扬州。”④

陈　商 宋仁宗庆历四年（1044）

《北宋经抚年表》卷四：“陈商知。”⑤

王　逵 宋仁宗庆历四年（1044）

《北宋经抚年表》卷四：“王逵知。”⑥《曾巩集》卷四二《刑部郎中致仕王公墓志铭》：“君讳逵，字仲达，家晋阳。……知虔州、池州、福州、扬州、江南西路转运按察使……改荆湖北路转运使。”⑦

韩　琦 宋仁宗庆历五—七年（1045—1047）

《宋史》卷二一一《宰辅二》：“（庆历五年）（韩）琦以资政殿学士出知扬州。”⑧《续资治通鉴长编》卷一五五“宋仁宗庆历五年三月”条：“杜衍、范仲淹、富弼既罢，枢密副使、右谏议大夫韩琦上疏言……辛酉，琦罢枢密副使，加资政殿学士，知扬州。”⑨卷一六〇“宋仁宗庆历七年五月”条：“壬午……

---

① （宋）王珪：《华阳集》，北京：中华书局，1985年，第463—465页。

② （宋）王安石：《王临川全集》，上海：世界书局，1935年，第561—562页。

③ （元）脱脱等：《宋史》，北京：中华书局，1977年，第9808—9813页。

④ （清）徐松辑：《宋会要辑稿》，上海：上海古籍出版社，2014年，第4789—4790页。

⑤ 吴廷燮：《北宋经抚年表南宋制抚年表》，北京：中华书局，1984年，第312页。

⑥ 吴廷燮：《北宋经抚年表南宋制抚年表》，北京：中华书局，1984年，第312页。

⑦ （宋）曾巩：《曾巩集》，北京：中华书局，1984年，第573—574页。

⑧ （元）脱脱等：《宋史》，北京：中华书局，1977年，第5469页。

⑨ （宋）李焘：《续资治通鉴长编》，北京：中华书局，2004年，第3758—3759页。

知扬州、资政殿学士、给事中韩琦为京西路安抚使、知郓州。”[①]《宋史》卷三一二《韩琦传》:“韩琦字稚圭,相州安阳人。……乃请外,以资政殿学士知扬州,徙郓州、成德军、定州。”[②]《东轩笔录》卷六:“韩魏公庆历中以资政殿学士知扬州,时王荆公初及第,为校书郎、签书判官厅事,议论多与魏公不合。”[③]《全宋文》卷一〇五二陈荐《宋故推忠宣德崇仁宝顺守正协恭赞治纯诚亮节佐连翊戴功臣永兴军节度管内观察处置等使开府仪同三司守正司徒检校太师兼侍中行京兆尹判相州军州事□□□□□□使上柱国魏国公食邑一万六千八百户食实封六千五百户赠尚书令谥忠献配享英宗朝廷韩公墓志铭并序》:“(庆历)五年,除资政殿学士、知扬州,迁给事中,徙郓州,又改成德军。八年,河朔始分四路,移定州路都总管兼安抚使,兼知定州。”[④]卷一七一七李清臣《韩忠献公琦行状(熙宁八年八月)》:“景祐三年,求外补,得知舒州。留不行,以右司谏供职。……故富公、杜公相继罢去,公亦恳求补外,除资政殿学士、知扬州,徙郓州,又知真定府、兼都总管。”[⑤]

张　奎　宋仁宗庆历七年(1047)

《涑水记闻》卷三:“庆历五年正月一日,见任两制以上官:龙图阁直学士知徐州张奎。”[⑥]《宋史》卷三二四《张奎传》:“(张亢兄)奎字仲野,先亢中进士。……加龙图阁直学士,知澶、青、徐、扬等州,再迁吏部郎中。”[⑦]《全宋文》卷六一〇富弼《张枢密奎墓志铭(皇祐五年闰七月)》:“清河张公,皇祐四年六月二十九日以疾终于天平之郡寝。……公讳奎,字仲野。……移徐州,又移扬州。”[⑧]《祠部集》卷一九《代上扬州张学士状》[⑨]。

欧阳修　宋仁宗庆历八年—皇祐元年(1048—1049)

---

① (宋)李焘:《续资治通鉴长编》,北京:中华书局,2004年,第3874页。

② (元)脱脱等:《宋史》,北京:中华书局,1977年,第10221—10224页。

③ (宋)魏泰:《东轩笔录》,《宋元笔记小说大观3》,上海:上海古籍出版社,2007年,第2718页。

④ 曾枣庄、刘琳主编:《全宋文》,上海:上海辞书出版社,2006年,第48册,第334—338页。

⑤ 曾枣庄、刘琳主编:《全宋文》,上海:上海辞书出版社,2006年,第79册,第38—43页。

⑥ (宋)司马光:《涑水记闻》,北京:中华书局,1989年,第53页。

⑦ (元)脱脱等:《宋史》,北京:中华书局,1977年,第10490—10491页。

⑧ 曾枣庄、刘琳主编:《全宋文》,上海:上海辞书出版社,2006年,第29册,第62—63页。

⑨ (宋)强至:《祠部集》,北京:中华书局,1985年,第272页。

《全宋文》卷四七七嵇颖《欧阳修知扬州制(庆历八年闰正月)》[①]。《欧阳修全集》卷九〇《表奏书启四六集》卷一《扬州谢上表(庆历八年二月)》[②]。《宋史》卷三一九《欧阳修传》:"欧阳修字永叔,庐陵人。……于是邪党益忌修,因其孤甥张氏狱傅致以罪,左迁知制诰、知滁州。居二年,徙扬州、颍州。"[③]《安阳集》卷五〇《故观文殿学士太子少师致仕赠太子太师欧阳公墓志铭》:"熙宁五年闰七月二十三日,观文殿学士、太子太师致仕欧阳公薨于汝阴之私第,年六十六。……公讳修,字永叔。……八年春,就改起居舍人、知扬州事。逾年,徙知颍州事。"[④]《全宋文》卷一六九八吴充《故推诚保德崇仁翊戴功臣观文殿学士特进太子少师致仕上柱国乐安郡开国公食邑四千三百户食实封一千二百户赠太子太师欧阳公行状》:"公讳修,字永叔……左迁知制诰、知滁州,改起居舍人、知扬州,徙知颍州。"[⑤]

苏舜元 宋仁宗皇祐元年(1049)

《北宋经抚年表》卷四:"苏舜元知。"[⑥]

杨 察 宋仁宗皇祐元年—二年(1049—1050)

《欧阳修全集》附录1《欧阳修年谱》之《皇祐元年己丑公年四十三》:"翰林侍读学士、朝散大夫、右谏议大夫、知扬州、骑都尉、岐山县开国子、食邑五百户、赐紫金鱼袋杨察:……依旧知扬州,散官、勋、封赐如故。"[⑦]《宋史》卷二九五《杨察传》:"杨察字隐甫。……徙扬州,复为翰林侍读学士,又兼龙图阁学士、知永兴军,加端明殿学士、知益州。"[⑧]

柳 植 宋仁宗皇祐二年(1050)[⑨]

《宋史》卷二九四《柳植传》:"柳植字子春,真州人。……既而以疾辞,改侍读学士、知邓州。迁给事中、移颍州。……历知寿、亳、蔡、扬四州,分司

---

① 曾枣庄、刘琳主编:《全宋文》,上海:上海辞书出版社,2006年,第22册,第410页。

② (宋)欧阳修:《欧阳修全集》,北京:中华书局,2001年,第1326页。

③ (元)脱脱等:《宋史》,北京:中华书局,1977年,第10375—10378页。

④ (宋)韩琦:《安阳集》,《宋集珍本丛刊006—3》,北京:线装书局,2004年,第610—611页。

⑤ 曾枣庄、刘琳主编:《全宋文》,上海:上海辞书出版社,2006年,第78册,第75—77页。

⑥ 吴廷燮:《北宋经抚年表南宋制抚年表》,北京:中华书局,1984年,第313页。

⑦ (宋)欧阳修:《欧阳修全集》,北京:中华书局,2001年,第2605—2606页。

⑧ (元)脱脱等:《宋史》,北京:中华书局,1977年,第9855—9856页。

⑨ 吴廷燮:《北宋经抚年表南宋制抚年表》,北京:中华书局,1984年,第313页。

西京，遂致仕。”[1]

包 拯 宋仁宗皇祐二—四年(1050—1052)[2]

《宋史》卷三一六《包拯传》：“包拯字希仁，庐州合肥人也。……以丧子乞便郡，知扬州，徙庐州，迁刑部郎中。”[3]《全宋文》卷九八五吴奎《宋故枢密副使朝散大夫给事中上轻车都尉东海郡开国侯食邑一千八百户食实封四百户赐紫金鱼袋赠礼部尚书谥孝肃包公墓志铭并序》：“公讳拯，字希仁，庐州合肥人。……以丧子，丐便郡，得知扬州，旋改庐州。”[4]

张昷之 宋仁宗皇祐四年(1052)

《嘉泰吴兴志》卷一四《郡守题名》：“张昷之，刑部郎中、天章阁待制，皇祐三年二月到任，四年九月移知扬州。”[5]《宋史》卷三〇三《张昷之传》：“张昷之字景山。……知汉阳军，稍迁刑部郎中，复待制、知湖州，徙扬州。”[6]《祠部集》卷一七《代贺张待制知扬州制》[7]、《代贺张待制移扬州状》[8]。

唐 介 宋仁宗至和元年(1054)

《忠肃集》卷一一《唐质肃神道碑》：“公讳介，字子芳，姓唐氏。……至和元年，知扬州。辞日，帝复谕曰：‘卿孤立不移所守，今虽在外，无忘规补。’赐服三品。俄徙江南东路转运使。嘉祐元年，侍御史吴中复请还官言路。”[9]案：《北宋经抚年表》卷四说：“昷之致仕，开封判官唐介知扬州。”[10]认为唐介知扬州时间为仁宗皇祐五年，疑有误。

许 元 宋仁宗至和元年—二年(1054—1055)

《续资治通鉴长编》卷一七七“宋仁宗至和元年十一月”条：“丙寅，徙淮南江浙荆湖制置发运使、工部郎中、天章阁待制许元知扬州。”[11]《宋史》卷二

---

① (元)脱脱等：《宋史》，北京：中华书局，1977 年，第 9819 页。

② 吴廷燮：《北宋经抚年表南宋制抚年表》，北京：中华书局，1984 年，第 313 页。

③ (元)脱脱等：《宋史》，北京：中华书局，1977 年，第 10315—10317 页。

④ 曾枣庄、刘琳主编：《全宋文》，上海：上海辞书出版社，2006 年，第 46 册，第 37—39 页。

⑤ (宋)谈钥纂修：《嘉泰吴兴志》，《宋元方志丛刊 5》，北京：中华书局，1990 年，第 4780 页。

⑥ (元)脱脱等：《宋史》，北京：中华书局，1977 年，第 10033—10034 页。

⑦ (宋)强至：《祠部集》，北京：中华书局，1985 年，第 239 页。

⑧ (宋)强至：《祠部集》，北京：中华书局，1985 年，第 243 页。

⑨ (宋)刘挚：《忠肃集》，北京：中华书局，1985 年，第 150—152 页。

⑩ 吴廷燮：《北宋经抚年表南宋制抚年表》，北京：中华书局，1984 年，第 313 页。

⑪ (宋)李焘：《续资治通鉴长编》，北京：中华书局，2004 年，第 4290 页。

九九《许元传》:“许元字子春,宣州宣城人。……历知扬、越、秦州,卒。”[1]《居士集》卷三三《尚书工部郎中充天章阁待制许公墓志铭(嘉祐二年)》:“公讳元,字子春,姓许氏,宣州宣城人也。……乃以知扬州。居岁余,徙知越州。公益病,又徙泰州。至州,未视事,以嘉祐二年四月某日卒于家,享年六十有九。”[2]《新安志》卷六《先达》:“许待制元,字子春……凡在职十三年,乞郡至八九,乃以知扬州。岁余徙越州、泰州。”[3]

刘　敞　宋仁宗至和二年—嘉祐二年(1055—1057)

《续资治通鉴长编》卷一八二“宋仁宗嘉祐元年闰三月”条:“辛卯……知制诰刘敞知扬州。”[4]《宋史》卷三一九《刘敞传》:“刘敞字原父,临江新喻人。……使还,求知扬州。”[5]《居士集》卷七《奉酬扬州刘舍人见寄之作(原父〔嘉祐二年〕)》[6],卷三五《集贤院学士刘公墓志铭(熙宁二年)》:“公讳敞,字仲原父,姓刘氏,世为吉州临江人。……在扬州,夺发运使冒占雷塘田数百顷予民,民至今以为德。”[7]《公是集》卷三四《扬州谢上表》[8]、卷四五《扬州到任谢上启》[9]。《彭城集》卷三五《故朝散大夫给事中集贤院学士权判南京留司御史台刘公行状》:“公字某,尚书中子……(至和)二年三月,王文安公迁参知政事,公自列亲嫌,求知扬州,诏许之。”[10]

冯　京　宋仁宗嘉祐三—四年(1058—1059)

《续资治通鉴长编》卷一八九“宋仁宗嘉祐四年三月”条:“壬子,徙知扬州冯京知庐州。”[11]《无为集》卷一一《贺冯待制知扬州启》[12]。《梅尧臣集编

---

① (元)脱脱等:《宋史》,北京:中华书局,1977年,第9944页。

② (宋)欧阳修:《欧阳修全集》,北京:中华书局,2001年,第476—477页。

③ (宋)罗愿撰,萧建新等校著:《〈新安志〉整理与研究》,合肥:黄山书社,2008年,第200—202页。

④ (宋)李焘:《续资治通鉴长编》,北京:中华书局,2004年,第4399页。

⑤ (元)脱脱等:《宋史》,北京:中华书局,1977年,第10383—10385页。

⑥ (宋)欧阳修:《欧阳修全集》,北京:中华书局,2001年,第108页。

⑦ (宋)欧阳修:《欧阳修全集》,北京:中华书局,2001年,第524—526页。

⑧ (宋)刘敞:《公是集》,《宋集珍本丛刊009—3》,北京:线装书局,2004年,第614页。

⑨ (宋)刘敞:《公是集》,《宋集珍本丛刊009—3》,北京:线装书局,2004年,第709页。

⑩ (宋)刘攽:《彭城集》,北京:中华书局,1985年,第465—469页。

⑪ (宋)李焘:《续资治通鉴长编》,北京:中华书局,2004年,第4554页。

⑫ (宋)杨傑:《无为集》,《宋集珍本丛刊015—2》,北京:线装书局,2004年,第327页。

年校注》卷二八《杂言送当世待制知杨(扬)州(原注:冯)》[①]。《宋史》卷三一七《冯京传》:"冯京字当世,鄂州江夏人。……避妇父富弼当国嫌,拜龙图阁待制、知扬州。改江宁府,以翰林侍读学士召还,纠察在京刑狱。"[②]《温公日记》:"(嘉祐四年)壬子,徙知扬州冯京知庐州。"[③]

张子宪 宋仁宗嘉祐四年(1059)

《宋史》卷二六五《张宗诲传》:"(张宗诲子)子宪字彦章……复为光禄卿,加直秘阁、知庐州,迁秘书监,累职徙扬州,卒。"[④]《北宋经抚年表》卷四:"三月壬子,京改庐州。庐州张子宪知扬州,卒。"[⑤]

王琪(一知) 宋仁宗嘉祐六年(1061)[⑥]

《宋史》卷三一二《王琪传》:"(王珪从兄)琪字君玉……仁宗嘉之……复知制诰,加枢密直学士、知邓州、徙扬州,入判太常寺,又出知杭州,复为扬州、润州。"[⑦]

沈 构 宋仁宗嘉祐七年(1062)

《嘉泰会稽志》卷二:"沈构,嘉祐六年十二月,以右正言知制诰知,七年七月,转起居舍人,依前知制诰,移扬州。"[⑧]

刁 约 宋仁宗嘉祐八年—英宗治平二年(1063—1065)

《沈括全集》卷九《扬州重修平山堂记》:"扬州常节制淮南十一郡之地。……嘉祐八年,直史馆丹阳刁公自工部郎中领府事……公至逾年之后,悉撤而新之。"[⑨]《扬州九曲池新亭记(治平二年)》:"嘉祐八年,诏以直史馆丹阳刁公守扬州……治平二年二月之晦,工徒告休,公将劳成,于是属其参军事沈某考词于碑,而继之以诗曰:昔在建隆……我公之思。"[⑩]《北宋经抚年表》

---

① (宋)梅尧臣撰,朱东润校注:《梅尧臣集编年校注》,上海:上海古籍出版社,2006年,第1015页。

② (元)脱脱等:《宋史》,北京:中华书局,1977年,第10338—10339页。

③ (宋)司马光:《涑水记闻》,北京:中华书局,1989年,第360页。

④ (元)脱脱等:《宋史》,北京:中华书局,1977年,第9160页。

⑤ 吴廷燮:《北宋经抚年表南宋制抚年表》,北京:中华书局,1984年,第313页。

⑥ 吴廷燮:《北宋经抚年表南宋制抚年表》,北京:中华书局,1984年,第106页。

⑦ (元)脱脱等:《宋史》,北京:中华书局,1977年,第10245—10246页。

⑧ (宋)沈作宾等修,(清)施宿等纂:《嘉泰会稽志》,《宋元方志丛刊7》,北京:中华书局,1990年,第6754页。

⑨ (宋)沈括:《沈括全集》,杭州:浙江大学出版社,2011年,第1册,第61—62页。

⑩ (宋)沈括:《沈括全集》,杭州:浙江大学出版社,2011年,第1册,第62—63页。

卷四:“工部郎中刁约知扬。”①

张　瑰　宋仁宗朝

《宋史》卷三三〇《张瑰传》:“张瑰字唐公,洎之孙也。……徙两浙转运使,加直史馆,知颍州、扬州,即拜淮南转运使。……英宗时,论第在先朝乞蚤定储副者,进左谏议大夫、翰林侍读学士。”②

钱明逸　约宋仁宗朝

《大明一统志》卷一二《扬州府》“名宦”条:“钱明逸,知扬州,居官独立,守绳墨,为政简静有条理。”③

王琪(二知)　宋英宗治平二年(1065)

《宋史》卷三一二《王珪传》:“(王珪从兄)琪字君玉……仁宗嘉之……复知制诰,加枢密直学士、知邓州,徙扬州,入判太常寺,又出知杭州,复为扬州、润州。”④《乾道临安志》卷三《牧守》:“治平元年九月甲戌,以枢密直学士、同判太常寺王琪知杭州,十一月己亥,转右谏议大夫,二年,徙知扬州。”⑤

裴　煜　宋神宗熙宁元年(1068)

《能改斋漫录》卷一八《虎啸之祥金石台文昌堰之谶》:“裴煜,临川人。……熙宁初,煜知扬州,以老而死。”⑥

徐　绶　宋神宗熙宁元年(1068)

《北宋经抚年表》卷四:“徐绶知扬州,《通考职官》十五。”⑦

朱寿隆　宋神宗熙宁二年(1069)⑧

《宋史》卷三三三《朱寿隆传》:“朱寿隆字仲山,密州诸城人。……以少府监知扬州,卒,年六十八。”⑨

彭思永　约宋神宗熙宁三年前(1070前)

《全宋文》卷一七三六程颢《故户部侍郎致仕彭公行状(熙宁四年)》:

---

① 吴廷燮:《北宋经抚年表南宋制抚年表》,北京:中华书局,1984年,第314页。

② (元)脱脱等:《宋史》,北京:中华书局,1977年,第10625页。

③ (明)李贤等:《大明一统志》,西安:三秦出版社,1990年,第201页。

④ (元)脱脱等:《宋史》,北京:中华书局,1977年,第10245—10246页。

⑤ (宋)周淙:《乾道临安志》,上海:商务印书馆,1937年,第74页。

⑥ (宋)吴曾:《能改斋漫录》,上海:上海古籍出版社,1979年,第528页。

⑦ 吴廷燮:《北宋经抚年表南宋制抚年表》,北京:中华书局,1984年,第314页。

⑧ 吴廷燮:《北宋经抚年表南宋制抚年表》,北京:中华书局,1984年,第314页。

⑨ (元)脱脱等:《宋史》,北京:中华书局,1977年,第10712—10713页。

“公讳思永，字季长。……郊祀推恩，复工部侍郎，知亳州。未满岁，移扬州。熙宁三年，上书告老，迁户部侍郎，致仕。”①

马仲甫（一知） 宋神宗熙宁三—四年（1070—1071）

《宋史》卷三三一《马仲甫传》：“马仲甫字子山，庐江人，太子少保亮之子也。……熙宁初，守亳、许、扬三州，纠察在京刑狱，知通进、银台司，复为扬州，提举崇禧观，卒。”②《续资治通鉴长编》卷二二三“宋神宗熙宁四年五月”条：“戊戌，天章阁待制、知扬州马仲甫判都水监，知制诰、知江宁府钱公辅知扬州。”③

钱公辅 宋神宗熙宁四年（1071）

《续资治通鉴长编》卷二二三“宋神宗熙宁四年五月”条：“戊戌，天章阁待制、知扬州马仲甫判都水监，知制诰、知江宁府钱公辅知扬州。”④《宋史》卷三二一《钱公辅传》：“钱公辅字君倚，常州武进人。……但徙扬州。以病乞越，改提举崇福观，卒，年五十二。”⑤《景定建康志》卷一三《建康表九》：“（熙宁）四年辛亥，公辅移知扬州，六月八日，以尚书工部郎中充集贤殿修撰沈起知府事。”⑥

田　谅 宋神宗熙宁四年（1071）

《北宋经抚年表》卷四：“《志》：田谅知。”⑦

马仲甫（二知） 宋神宗熙宁五年（1072）

《宋史》卷三三一《马仲甫传》：“马仲甫字子山，庐江人，太子少保亮之子也。……熙宁初，守亳、许、扬三州，纠察在京刑狱，知通进、银台司，复为扬州，提举崇禧观，卒。”⑧

王居卿 宋神宗熙宁七年（1074）⑨

---

① 曾枣庄、刘琳主编：《全宋文》，上海：上海辞书出版社，2006年，第79册，第347—350页。

② （元）脱脱等：《宋史》，北京：中华书局，1977年，第10646页。

③ （宋）李焘：《续资治通鉴长编》，北京：中华书局，2004年，第5425页。

④ （宋）李焘：《续资治通鉴长编》，北京：中华书局，2004年，第5425页。

⑤ （元）脱脱等：《宋史》，北京：中华书局，1977年，第10421—10422页。

⑥ （宋）马光祖修、周应合纂：《景定建康志》，《宋元方志丛刊2》，北京：中华书局，1990年，第1485页。

⑦ 吴廷燮：《北宋经抚年表南宋制抚年表》，北京：中华书局，1984年，第314页。

⑧ （元）脱脱等：《宋史》，北京：中华书局，1977年，第10646页。

⑨ 吴廷燮：《北宋经抚年表南宋制抚年表》，北京：中华书局，1984年，第315页。

《宋史》卷三三一《王居卿传》:“王居卿字寿明,登州蓬莱人。……出知扬州,改京东转运使。”①

章　岵　宋神宗熙宁七年(1074)

《北宋经抚年表》卷四:“东漕章岵知。”②

陈升之　宋神宗熙宁八—十年(1075—1077)

《续资治通鉴长编》卷二六三“宋神宗熙宁八年闰四月”条:“乙未,枢密使、礼部尚书、同平章事陈升之罢为镇江军节度使、同平章事、判扬州,大敕列衔曹佾下,出入如二府仪。”③卷二八五“宋神宗熙宁十年冬十月”条:“诏判扬州陈升之刺配年小贼人罪,特释之。”④《宋史》卷一五《神宗本纪二》:“(熙宁八年夏四月)闰月乙未,陈升之罢为镇江军节度使,判扬州。”⑤卷三一二《陈升之传》:“陈升之字旸叔,建州建阳人。……(熙宁)七年,冬祀,又不能相礼。拜镇江军节度使、同平章事、判扬州,封秀国公。”⑥卷二一一《宰辅二》载:“(熙宁八年)闰四月乙未,陈旭自礼部尚书、同平章事、枢密使以检校太尉、镇江军节度使、同平章事判扬州。”⑦案:陈升之初名旭。

王寿朋　约宋仁宗?神宗熙宁中?

《祠部集》卷二八《回知扬州王寿朋职方书》⑧。

王　玉　约宋神宗熙宁中

《全宋文》卷二八一九晁说之《宋故赠承议郎陈公墓志铭(宣和四年)》:“丞相文忠陈公……生子造,字公甫,其生四月而孤。……王君玉侍郎知扬州,以声誉老成自高,待公忘年,每与读《新唐书》牴牾,而不吏之也。韩丞相玉汝以员外郎,年甫三十余,来知州事,风棱,人不敢喘息。”⑨

韩玉汝　约宋神宗熙宁十年前(1077前)

---

① (元)脱脱等:《宋史》,北京:中华书局,1977年,第10647页。

② 吴廷燮:《北宋经抚年表南宋制抚年表》,北京:中华书局,1984年,第315页。

③ (宋)李焘:《续资治通鉴长编》,北京:中华书局,2004年,第6425页。

④ (宋)李焘:《续资治通鉴长编》,北京:中华书局,2004年,第6977页。

⑤ (元)脱脱等:《宋史》,北京:中华书局,1977年,第288页。

⑥ (元)脱脱等:《宋史》,北京:中华书局,1977年,第10236—10238页。

⑦ (元)脱脱等:《宋史》,北京:中华书局,1977年,第5489页。

⑧ (宋)强至:《祠部集》,北京:中华书局,1985年,第406页。

⑨ 曾枣庄、刘琳主编:《全宋文》,上海:上海辞书出版社,2006年,第130册,第332—333页。

《苏魏公文集》卷五九苏颂《国子博士陆君墓志铭(熙宁十年九月)》:“国子博士山阴陆君,讳珪,字廉叔。……以熙宁九年五月癸酉卒于濠梁之官舍……知明州奉化、扬州天长二县……情几夺矣,又下天长。君尽索架阁远岁案牍阅之,得庆历中州帖有其弟之名者上之州,是时州倅吕君希道适治其事……太守韩玉汝亦称之为‘有君子之刚’,而邑人谓其政包孝肃公。”①

朱　某　约宋神宗熙宁十年前后(1077前后)

见上“王玉”条。

鲜于侁　宋神宗元丰元年—四年(1078—1081)

《续资治通鉴长编》卷二九四“宋神宗元丰元年十一月”条:“诏知扬州鲜于侁……各罚铜二十斤……并坐尝建此议故也。”②卷二九八“宋神宗元丰二年六月”条:“甲子,改权发遣淮南东路提点刑狱、金部员外郎范百禄权知唐州。百禄与知扬州于侁避亲也。”③卷三一二“宋神宗元丰四年夏四月”条:“诏……朝请大夫、知扬州鲜于侁追一官,降授朝散大夫,冲替。”④《宋史》卷三四四《鲜于侁传》:“鲜于侁字子骏,阆州人。……元丰二年召对,命知扬州。”⑤《全宋文》卷八七三范镇《鲜于谏议侁墓志铭(元祐二年八月)》:“公讳侁,字子骏。……后知扬州。官制行,换朝请大夫,坐所举吏授赇免,降朝请大夫。”⑥

许将(一知)　宋神宗元丰四年(1081)

《宋史》卷三四三《许将传》:“许将字冲元,福州闽人。……神宗召对,除集贤校理、同知礼院,编修书条例。……明年,以龙图阁待制起知秦州,改扬州。”⑦

孙　觉　宋神宗元丰四年(1081)⑧

---

① (宋)苏颂:《苏魏公文集》,北京:中华书局,1988年,第908—909页。

② (宋)李焘:《续资治通鉴长编》,北京:中华书局,2004年,第7169页。

③ (宋)李焘:《续资治通鉴长编》,北京:中华书局,2004年,第7260页。

④ (宋)李焘:《续资治通鉴长编》,北京:中华书局,2004年,第7567页。

⑤ (元)脱脱等:《宋史》,北京:中华书局,1977年,第10936—10938页。

⑥ 曾枣庄、刘琳主编:《全宋文》,上海:上海辞书出版社,2006年,第40册,第320—321页。

⑦ (元)脱脱等:《宋史》,北京:中华书局,1977年,第10907—10908页。

⑧ 吴廷燮:《北宋经抚年表南宋制抚年表》,北京:中华书局,1984年,第315页。

《宋史》卷三四四《孙觉传》:“孙觉字莘老,高邮人。……连徙亳、扬、徐州。”①

范镗(一知) 宋神宗元丰五年(1082)

《北宋经抚年表》卷四:“十一月乙亥,淮东提刑范镗权扬州。”②

王益柔 宋神宗元丰五年(1082)

《宋史》卷二八六《王益柔传》:“(王曙子)益柔字胜之。……迁龙图阁直学士、秘书监,知蔡扬亳州、江宁、应天府。卒,七十二。”③《忠肃集》卷九《上扬州王密监启》④,疑所指王益柔。

孔宗翰 宋神宗元丰五年(1082)

《宋史》卷二九七《孔宗翰传》:“(孔道辅子)宗翰字周翰。……历陕、扬、洪、兖州,皆以治闻。哲宗初立求言,吏民上书以千数,诏司马光采阅其可用者十五人,独称奖其二,乃宗翰与王巩也。”⑤

吕公著 宋神宗元丰六—八年(1083—1085)

《续资治通鉴长编》卷三四一“宋神宗元丰六年冬十一月”条:“资政殿学士、降授正议大夫吕公著知扬州,从所乞也。”⑥卷三四二“宋神宗元丰七年春正月”条:“吕公著自定州徙扬州,请觐,许之。”⑦卷三五三“宋神宗元丰八年三月”条:“诏以登位,赐……知扬州吕公著……宽衣、金带、银、帛有差。”⑧卷三五四“宋神宗元丰八年夏四月”条:“丁丑,资政殿大学士、银青光禄大夫吕公著兼侍读。公著时知扬州,召用之,遵先帝意也。”⑨《宋史》卷三三六《吕公著传》:“吕公著字晦叔……元丰五年,以疾丐去位,除资政殿学士、安州安抚使。……徙扬州,加大学士。”⑩《全宋文》卷二六四六华镇《上扬州知府钤辖吕大资书》⑪。

---

① (元)脱脱等:《宋史》,北京:中华书局,1977年,第10925—10927页。

② 吴廷燮:《北宋经抚年表南宋制抚年表》,北京:中华书局,1984年,第315页。

③ (元)脱脱等:《宋史》,北京:中华书局,1977年,第9634—9635页。

④ (宋)刘挚:《忠肃集》,北京:中华书局,1985年,第123页。

⑤ (元)脱脱等:《宋史》,北京:中华书局,1977年,第9885—9886页。

⑥ (宋)李焘:《续资治通鉴长编》,北京:中华书局,2004年,第8200页。

⑦ (宋)李焘:《续资治通鉴长编》,北京:中华书局,2004年,第8225页。

⑧ (宋)李焘:《续资治通鉴长编》,北京:中华书局,2004年,第8464—8465页。

⑨ (宋)李焘:《续资治通鉴长编》,北京:中华书局,2004年,第8476页。

⑩ (元)脱脱等:《宋史》,北京:中华书局,1977年,第10772—10775页。

⑪ 曾枣庄、刘琳主编:《全宋文》,上海:上海辞书出版社,2006年,第122册,第357页。

蒲宗孟 宋神宗元丰八年(1085)

《乾道临安志》卷三《牧守》:“元丰八年七月庚戌,以新知扬州、太中大夫资政殿学士蒲宗孟知杭州。”①

吕惠卿(一知) 宋哲宗元祐元年(1086)

《续资治通鉴长编》卷三六八“宋哲宗元祐元年闰二月”条:“资政殿大学士、正议大夫、知太原府吕惠卿知扬州,正议大夫、知瀛州谢景温为宝文阁直学士,知太原府。”②卷三七三“宋哲宗元祐元年三月”条:“资正殿大学士、正议大夫、新差知扬州吕惠卿提举崇福宫,并以引疾,从其请也。”③

杨景略(二度之任) 宋哲宗元祐元年(1086)

《续资治通鉴长编》卷三七七“宋哲宗元祐元年五月”条:“殿中侍御史吕陶言……又言……‘又如近日特起张诜知苏州,却迁韩维之婿杨景略知扬州,亦此类也。’”④卷三八六“宋哲宗元祐元年八月”条:“龙图阁待制、知扬州杨景略卒。”⑤《苏魏公文集》卷五六《龙图阁待制知扬州杨公墓志铭(元祐元年)》:“公讳景略,字康功。……元丰六年……明年,避亲嫌换龙图阁待制、知扬州,移苏州,复徙维扬。元祐元年八月构疾,丁未终于州寝。”⑥

滕元发(一知) 宋哲宗元祐元年(1086)

《宋史》卷三三二《滕元发传》:“滕元发初名甫,字元发。……哲宗登位,徙苏、扬二州,除龙图阁直学士,复知郓州。”⑦

邓绾(未之任) 宋哲宗元祐元年(1086)

《续资治通鉴长编》卷三七四“宋哲宗元祐元年夏四月”条:“资政殿学士、知颍昌府曾孝宽知邓州,龙图阁直学士、知邓州邓绾知扬州。”⑧卷三七五“宋哲宗元祐元年四月”条:“林旦言:‘前御史中丞邓绾……今绾复待制,又复龙图阁直学士,自邓徙扬,而顽然无知,尚怀不足。伏望特出圣断,重行诛

---

① (宋)周淙:《乾道临安志》,上海:商务印书馆,1937年,第78页。
② (宋)李焘:《续资治通鉴长编》,北京:中华书局,2004年,第8855页。
③ (宋)李焘:《续资治通鉴长编》,北京:中华书局,2004年,第9024页。
④ (宋)李焘:《续资治通鉴长编》,北京:中华书局,2004年,第9153—9154页。
⑤ (宋)李焘:《续资治通鉴长编》,北京:中华书局,2004年,第9397页。
⑥ (宋)苏颂:《苏魏公文集》,北京:中华书局,1988年,第849—851页。
⑦ (元)脱脱等:《宋史》,北京:中华书局,1977年,第10673—10675页。
⑧ (宋)李焘:《续资治通鉴长编》,北京:中华书局,2004年,第9063页。

殛。'诏以绾知滁州。……绾未去邓州,寻卒。"[①]《宋史》卷三二九《邓绾传》:"邓绾字文约,成都双流人。……元祐初,徙扬州。言者论其奸,改滁州,未去邓而卒,年五十九。"[②]

章惇(未之任) 宋哲宗元祐元年(1086)

《续资治通鉴长编》卷三八九"宋哲宗元祐元年十月"条:"庚寅,知汝州、正议大夫章惇知扬州。"[③]卷三九〇"宋哲宗元祐元年十月"条:"壬寅,十八日。诏章惇依旧知汝州。"[④]《全宋文》卷二〇一一朱光庭《乞罢章惇扬州新除奏(元祐元年十月)》[⑤]。

王安礼 宋哲宗元祐元年—二年(1086—1087)

《续资治通鉴长编》卷三九一"宋哲宗元祐元年十一月"条:"资政殿学士、知江宁府王安礼知扬州,龙图阁待制、知宣州蔡卞知江宁府。"[⑥]卷四〇二"宋哲宗元祐二年六月"条:"己酉,资政殿学士、知扬州王安礼知成都府,宝文阁直学士、新差知成都府谢景温知扬州。"[⑦]《宋史》卷三二七《王安礼传》:"王安礼字和甫,安石之弟也。……元祐中,加资政殿学士,历扬、青、蔡三州。"[⑧]《景定建康志》卷一三《建康表九》:"元祐元年丙寅十二月七日,安礼移知扬州。"[⑨]《王魏公集》卷五《扬州谢上表》[⑩]。

谢景温(一知) 宋哲宗元祐二—三年(1087—1088)

《续资治通鉴长编》卷四〇二"宋哲宗元祐二年六月"条:"己酉,资政殿学士、知扬州王安礼知成都府,宝文阁直学士、新差知成都府谢景温知扬州。"[⑪]卷四一九"宋哲宗元祐三年闰十二月"条:"宝文阁直学士、知扬州谢

---

① (宋)李焘:《续资治通鉴长编》,北京:中华书局,2004年,第9101—9102页。

② (元)脱脱等:《宋史》,北京:中华书局,1977年,第10579—10599页。

③ (宋)李焘:《续资治通鉴长编》,北京:中华书局,2004年,第9455页。

④ (宋)李焘:《续资治通鉴长编》,北京:中华书局,2004年,第9478页。

⑤ 曾枣庄、刘琳主编:《全宋文》,上海:上海辞书出版社,2006年,第92册,第381页。

⑥ (宋)李焘:《续资治通鉴长编》,北京:中华书局,2004年,第9513页。

⑦ (宋)李焘:《续资治通鉴长编》,北京:中华书局,2004年,第9794页。

⑧ (元)脱脱等:《宋史》,北京:中华书局,1977年,第10553—10557页。

⑨ (宋)马光祖修、周应合纂:《景定建康志》,《宋元方志丛刊2》,北京:中华书局,1990年,第1772页。

⑩ (宋)王安礼:《王魏公集》,《宋集珍本丛刊017—2》,北京:线装书局,2004年,第205页。

⑪ (宋)李焘:《续资治通鉴长编》,北京:中华书局,2004年,第9794页。

景温为权刑部尚书，龙图阁待制、知江宁府蔡卞知扬州。”①

蔡　卞　宋哲宗元祐三年—四年(1088—1089)

《续资治通鉴长编》卷四一九“宋哲宗元祐三年闰十二月”条：“宝文阁直学士、知扬州谢景温为权刑部尚书，龙图阁待制、知江宁府蔡卞知扬州。”②卷四三〇“宋哲宗元祐四年秋七月”条：“丙申……龙图阁待制、知扬州蔡卞知广州。”③《宋史》卷四七二《蔡卞传》：“(蔡京弟)卞字元度……哲宗立，迁礼部侍郎。……历扬、广、越、润、陈五州。”④

蔡　京　宋哲宗元祐四—五年(1089—1090)

《续资治通鉴长编》卷四三〇“宋哲宗元祐四年秋七月”条：“丙申……新江、淮、荆、浙等路制置发运使、龙图阁待制蔡京知扬州。”⑤卷四四二“宋哲宗元祐五年五月”条：“知太原府、龙图阁直学士滕元发为龙图阁学士、知扬州，知扬州、龙图阁待制蔡京知颍昌府。”⑥《宋史》卷四七二《蔡京传》：“蔡京字元长，兴化仙游人。……乃改江、淮、荆、浙发运使，又改知扬州。”⑦

滕元发(未之任)　宋哲宗元祐五年(1090)

《续资治通鉴长编》卷四四二“宋哲宗元祐五年五月”条：“知太原府、龙图阁直学士滕元发为龙图阁学士、知扬州，知扬州、龙图阁待制蔡京知颍昌府。”⑧《宋史》卷三三二《滕元发传》：“滕元发初名甫，字元发。……以老力求淮南，乃为龙图阁学士，复知扬州，未至而卒……谥曰章敏。”⑨

王　存　宋哲宗元祐五—六年(1090—1091)

《续资治通鉴长编》卷四四九“宋哲宗元祐五年冬十月”条：“壬子，新知青州王存改知扬州。”⑩卷四六五“宋哲宗元祐六年闰八月”条：“壬申……资政殿学士、知扬州王存为吏部尚书。”⑪《宋史》卷三四一《王存传》：“王存字

---

① (宋)李焘:《续资治通鉴长编》,北京:中华书局,2004年,第10159页。
② (宋)李焘:《续资治通鉴长编》,北京:中华书局,2004年,第10159页。
③ (宋)李焘:《续资治通鉴长编》,北京:中华书局,2004年,第10396—10397页。
④ (元)脱脱等:《宋史》,北京:中华书局,1977年,第13728页。
⑤ (宋)李焘:《续资治通鉴长编》,北京:中华书局,2004年,第10396—10397页。
⑥ (宋)李焘:《续资治通鉴长编》,北京:中华书局,2004年,第10631页。
⑦ (元)脱脱等:《宋史》,北京:中华书局,1977年,第13721页。
⑧ (宋)李焘:《续资治通鉴长编》,北京:中华书局,2004年,第10631页。
⑨ (元)脱脱等:《宋史》,北京:中华书局,1977年,第10673—10676页。
⑩ (宋)李焘:《续资治通鉴长编》,北京:中华书局,2004年,第10797页。
⑪ (宋)李焘:《续资治通鉴长编》,北京:中华书局,2004年,第11111页。

正仲，润州丹阳人。……岁余，加资政殿学士，知扬州。”[①]《全宋文》卷二三八四曾肇《王学士存墓志铭（建中靖国元年九月）》[②]、《全宋文》卷二七二〇晁补之《赴扬州上太守王资政正仲启》[③]、《上扬守王正仲启》[④]。

谢景温（二知） 宋哲宗元祐六年（1091）

《续资治通鉴长编》卷四六五“宋哲宗元祐六年闰八月”条：“壬申……宝文阁直学士、知成德军谢景温知扬州。”[⑤]卷四六八“宋哲宗元祐六年十一月”条：“宝文阁直学士、知扬州谢景温知寿州。景温坐荐前通判王巩，及明其在官无过，故责之。”[⑥]

李承之 宋哲宗元祐六年（1091）

《续资治通鉴长编》卷四六八“宋哲宗元祐六年十二月”条：“枢密直学士、朝请大夫、知扬州李承之卒。”[⑦]《宋史》卷三一〇《李承之传》：“（李迪子）承之字奉世，性严重，有忠节。……历应天府、河阳、陈郓扬州而卒。”[⑧]

苏 轼 宋哲宗元祐七年（1092）

《续资治通鉴长编》卷四六九“宋哲宗元祐七年春正月”条：“丁未，知郓州、观文殿学士刘挚知大名府。知大名府、资政殿学士张璪知扬州。……璪与挚皆不迁，苏轼亦改扬州。”[⑨]卷四七三“宋哲宗元祐七年五月”条：“知扬州苏轼言：……臣顷知杭州，又知颍州，今知扬州……所至麻麦如云。”[⑩]卷四七五“宋哲宗元祐七年秋七月”条：“是月，龙图阁学士、知扬州苏轼言：……所获商税必倍，此必然之理也。”[⑪]《宋史》卷三三八《苏轼传》：“苏轼字子瞻，眉州眉山人。……（元祐）七年，徙扬州。”[⑫]

---

① （元）脱脱等：《宋史》，北京：中华书局，1977 年，第 10871—10873 页。

② 曾枣庄、刘琳主编：《全宋文》，上海：上海辞书出版社，2006 年，第 110 册，第 126—129 页。

③ 曾枣庄、刘琳主编：《全宋文》，上海：上海辞书出版社，2006 年，第 126 册，第 76 页。

④ 曾枣庄、刘琳主编：《全宋文》，上海：上海辞书出版社，2006 年，第 126 册，第 79 页。

⑤ （宋）李焘：《续资治通鉴长编》，北京：中华书局，2004 年，第 11111 页。

⑥ （宋）李焘：《续资治通鉴长编》，北京：中华书局，2004 年，第 11170 页。

⑦ （宋）李焘：《续资治通鉴长编》，北京：中华书局，2004 年，第 11183 页。

⑧ （元）脱脱等：《宋史》，北京：中华书局，1977 年，第 10177—10178 页。

⑨ （宋）李焘：《续资治通鉴长编》，北京：中华书局，2004 年，第 11204—11205 页。

⑩ （宋）李焘：《续资治通鉴长编》，北京：中华书局，2004 年，第 11289—11291 页。

⑪ （宋）李焘：《续资治通鉴长编》，北京：中华书局，2004 年，第 11324—11333 页。

⑫ （元）脱脱等：《宋史》，北京：中华书局，1977 年，第 10801—10815 页。

张　璪　宋哲宗元祐七—八年(1092—1093)

《续资治通鉴长编》卷四六九“宋哲宗元祐七年春正月”条:“丁未……知大名府、资政殿学士张璪知扬州。”①卷四七六“宋哲宗元祐七年八月”条:“乙卯,知大名府、资政殿学士张璪为资政殿大学士、知扬州。”②卷四八四“宋哲宗元祐八年六月”条:“辛酉,资政殿大学士、右光禄大夫、知扬州张璪卒。”③《全宋文》卷一七七九韦骧《故资政殿大学士右光禄大夫知扬州军州事兼管内劝农使充淮南东路兵马钤辖上柱国冯翊郡开国公食邑三千六百户食实封九百户赠右金紫光禄大夫张公行状》④。《宋史》卷三二八《张璪传》:“张璪初名琥,字邃明……哲宗立……知扬州以卒。”⑤

许将(二知)　宋哲宗元祐八年(1093)⑥

《续资治通鉴长编》卷四八二“宋哲宗元祐八年三月”条:“壬寅,资政殿学士、知扬州许将知大名府。”⑦《宋史》卷三四三《许将传》:“许将字冲元,福州闽人。……元祐三年,再为翰林学士。四年,拜尚书右丞。……罢为资政殿学士、知定州,移扬州,又移大名府。”⑧

苏　颂　宋哲宗元祐八年—绍圣元年(1093—1094)

《曾文昭公集》卷三《赠苏司空墓志铭(崇年元年十一月)》:“公讳颂,字子容……(元祐)八年三月……九月,出知扬州。明年,除知河南府,公力辞,行复知扬州。三上书还政,授中太一宫使。”⑨《宋史》卷三四〇《苏颂传》:“苏颂字子容,泉州南安人。……罢为观文殿大学士、集禧观使,继出知扬州。徙河南,辞不行,告老,以中太一宫使居京口。绍圣四年,拜太子少师致

---

① (宋)李焘:《续资治通鉴长编》,北京:中华书局,2004年,第11204—11205页。

② (宋)李焘:《续资治通鉴长编》,北京:中华书局,2004年,第11337页。

③ (宋)李焘:《续资治通鉴长编》,北京:中华书局,2004年,第11513页。

④ 曾枣庄、刘琳主编:《全宋文》,上海:上海辞书出版社,2006年,第82册,第58页。

⑤ (元)脱脱等:《宋史》,北京:中华书局,1977年,第10568—10570页。

⑥ 吴廷燮:《北宋经抚年表南宋制抚年表》,北京:中华书局,1984年,第147页。

⑦ (宋)李焘:《续资治通鉴长编》,北京:中华书局,2004年,第11473页。

⑧ (元)脱脱等:《宋史》,北京:中华书局,1977年,第1907—10909页。

⑨ (宋)曾肇:《曾文昭公集》,《宋集珍本丛刊026—5》,北京:线装书局,2004年,第716—720页。

仕。”[①]《苏魏公文集》卷四二《扬州谢上》[②]、《扬州再任谢上》[③]。

杨　汲　宋哲宗绍圣元年(1094)

《嘉泰会稽志》卷二:“杨汲,元祐八年六月以左朝散大夫、充集贤院学士知,绍圣元年十一月复宝文阁待制,移扬州。”[④]

章　衡　宋哲宗绍圣二年(1095)

《嘉泰会稽志》卷二:“章衡,绍圣元年七月以左朝议大夫、集贤院学士知,二年十一月复宝文阁待制,移扬州。”[⑤]《宋史》卷三四七《章衡传》:“章衡字子平,浦城人。……元祐中,历秀、襄、河阳、曹、苏州,加集贤院学士,复以待制知扬、庐、宣、颍州,卒,七十五。”[⑥]

程嗣恭　宋哲宗绍圣四年(1097)

《续资治通鉴长编》卷四八九“宋哲宗绍圣四年七月”条:“光禄卿程嗣恭为直秘阁、知扬州。”[⑦]卷四九一“宋哲宗绍圣四年九月”条:“新知扬州程嗣恭言乞今后吏部差遣县令,遇有以资考入而无主簿处,不许流外人充尉。诏都司立法。”[⑧]

蹇序辰　宋哲宗元符二年(1099)

《续资治通鉴长编》卷五一七“宋哲宗元符二年冬十月”条:“己酉,降授朝散郎、知黄州蹇序辰特复龙图阁待制、知扬州。”[⑨]《宋史》卷三二九《蹇序辰传》:“序辰字授之……阅四月,除龙图阁待制、知扬州。徽宗立,中书言序辰类元祐章牍,傅致语言,指为谤讪。”[⑩]《丹阳集》卷三《上扬州蹇尚书》[⑪]。

林　希　宋哲宗元符三年—建中靖国元年(1100—1101)

---

① (元)脱脱等:《宋史》,北京:中华书局,1977年,第10859—10867页。

② (宋)苏颂:《苏魏公文集》,北京:中华书局,1988年,第625页。

③ (宋)苏颂:《苏魏公文集》,北京:中华书局,1988年,第630页。

④ (宋)沈作宾等修,(清)施宿等纂:《嘉泰会稽志》,《宋元方志丛刊7》,北京:中华书局,1990年,第6755页。

⑤ (宋)沈作宾等修,(清)施宿等纂:《嘉泰会稽志》,《宋元方志丛刊7》,北京:中华书局,1990年,第6755页。

⑥ (元)脱脱等:《宋史》,北京:中华书局,1977年,第11007—11008页。

⑦ (宋)李焘:《续资治通鉴长编》,北京:中华书局,2004年,第11614页。

⑧ (宋)李焘:《续资治通鉴长编》,北京:中华书局,2004年,第11653页。

⑨ (宋)李焘:《续资治通鉴长编》,北京:中华书局,2004年,第12297页。

⑩ (元)脱脱等:《宋史》,北京:中华书局,1977年,第10605—10606页。

⑪ (宋)葛胜仲:《丹阳集》,《宋集珍本丛刊032—5》,北京:线装书局,2004年,第524页。

《宋会要辑稿·职官六七·黜降官四》:“(元符三年十月)二十二日,资政殿学士、知大名府林希降端明殿学士知扬州……其后言者不已,希又自通议大夫降太中大夫。”[①]“(建中靖国元年)二月二十二日,通议大夫、知扬州林希降知舒州。”[②]《宋史》卷三四三《林希传》:“林希字子中,福州人。……徽宗立,徙大名。上河东边计三策,朝廷以其词命丑正之罪,夺职知扬州,徙舒州。”[③]《宋史》卷三四六《陈祐传》:“陈祐字纯益,仙井人。……希再降知舒州。”[④]《宋大诏令集》卷二一〇《林希降职知扬州制》[⑤]、《林希落职知扬州制》[⑥]。

张　耒　宋徽宗建中靖国元年(1101)

《宋会要辑稿·选举三三·特恩除职一》:“徽宗建中靖国元年三月十九日,朝奉郎、新除秘书少监张耒直龙图阁、知扬州。”[⑦]《道乡先生邹忠公文集》卷一五《张耒直龙图阁知扬州制》[⑧]。

龚　原　宋徽宗建中靖国元年(1101)

《乾道临安志》卷三《牧守》:“建中靖国元年三月癸亥,以承议郎、知寿州龚原为宝文阁待制、知杭州。是月戊子,为集贤殿修撰、知扬州。”[⑨]《道乡先生邹忠公文集》卷一五《龚原除集贤殿修撰知扬州制》[⑩]。《宋会要辑稿·职官六七·黜降官四》:“(崇宁元年四月)二十七日,诏降宝文阁待制、知杭州龚原为集贤殿修撰知扬州,以谏议大夫陈次升论其降授不厌人望故也。”[⑪]《宋史》卷三五三《龚原传》:“龚原字深之,处州遂昌人。……徽宗初……知

---

① (清)徐松辑:《宋会要辑稿》,上海:上海古籍出版社,2014年,第4865页。

② (清)徐松辑:《宋会要辑稿》,上海:上海古籍出版社,2014年,第4866页。

③ (元)脱脱等:《宋史》,北京:中华书局,1977年,第10913—10914页。

④ (元)脱脱等:《宋史》,北京:中华书局,1977年,第10987—10988页。

⑤ (宋)佚名:《宋大诏令集》,北京:中华书局,1962年,第792页。

⑥ (宋)佚名:《宋大诏令集》,北京:中华书局,1962年,第792页。

⑦ (清)徐松辑:《宋会要辑稿》,上海:上海古籍出版社,2014年,第5893页。

⑧ (宋)邹浩:《道乡先生邹忠公文集》,《宋集珍本丛刊031—1》,北京:线装书局,2004年,第111页。

⑨ (宋)周淙:《乾道临安志》,上海:商务印书馆,1937年,第81页。

⑩ (宋)邹浩:《道乡先生邹忠公文集》,《宋集珍本丛刊031—1》,北京:线装书局,2004年,第113页。

⑪ (清)徐松辑:《宋会要辑稿》,上海:上海古籍出版社,2014年,第4868—4869页。

扬州。"[①]

陈　轩　宋徽宗建中靖国元年(1101)

《乾道临安志》卷三《牧守》:"建中靖国元年三月戊子,以龙图阁直学士、新知扬州陈轩知杭州。崇宁元年四月癸卯,徙知福州。"[②]

曾　肇　宋徽宗朝崇宁元年(1102)[③]

《杨龟山集》卷六《曾文昭公行述》:"公讳肇,字子开,建昌军南丰人。……徙知扬州兼淮南东路兵马钤辖,到官一日,徙知定州路安抚使。"[④]《宋史》卷三一九《曾肇传》:"(曾肇)兄布在相位,引故事避禁职,拜龙图阁学士、提举中太一宫。未几,出知陈州,历太原、应天府、扬定二州。崇宁初……安置汀州。"[⑤]《全宋文》卷一八三六曾布《宋朝散郎飞骑尉赐绯鱼袋陈君墓志铭有序(龙图阁学士朝请大夫知扬州军州事兼管内劝农使上护军曲阜县开国子赐紫金鱼袋曾肇篆盖)》:"君讳恺,字济公,婺州之永康人。……以崇宁元年三月十七日壬申,葬于龙山之北原。"[⑥]

蔡卞(一知)　宋徽宗崇年元年(1102)

《北宋经抚年表》卷而:"崇宁元年二月改扬州。"[⑦]

吴伯厚　宋徽宗崇宁元年(1102)

《北宋经抚年表》卷四:"伯厚知。"[⑧]

吕惠卿(二知)　宋徽宗崇宁元年(1102)

《乾道临安志》卷三《牧守》:"崇宁元年闰六月己未,以右银青光禄大夫、提举杭州洞霄宫吕惠卿为观文殿学士、知杭州,八月移知扬州。"[⑨]

蒋之奇　宋徽宗崇宁元年(1102)

《宋史》卷二一二《宰辅三》:"(崇宁元年)十月癸亥,蒋之奇自知枢密院

---

① (元)脱脱等:《宋史》,北京:中华书局,1977年,第11151—11152页。

② (宋)周淙:《乾道临安志》,上海:商务印书馆,1937年,第81页。

③ 吴廷燮:《北宋经抚年表南宋制抚年表》,北京:中华书局,1984年,第148页。

④ (宋)杨时:《杨龟山集》,北京:中华书局,1985年,第98—106页。

⑤ (元)脱脱等:《宋史》,北京:中华书局,1977年,第10395页。

⑥ 曾枣庄、刘琳主编:《全宋文》,上海:上海辞书出版社,2006年,第84册,第288—289页。

⑦ 吴廷燮:《北宋经抚年表南宋制抚年表》,北京:中华书局,1984年,第123页。

⑧ 吴廷燮:《北宋经抚年表南宋制抚年表》,北京:中华书局,1984年,第317页。

⑨ (宋)周淙:《乾道临安志》,上海:商务印书馆,1937年,第81页。

事依前右正议大夫,以观文殿学士出知扬州。”①

王资深　宋徽宗崇宁二年(1103)

《北宋经抚年表》卷四:“资深知。”②

章　綡　宋徽宗崇宁三年(1104)

《宋史》卷三二八《章楶传》:“(章楶子)綡繇推官为户部员外郎、提点淮南东路刑狱、权知扬州兼提举香盐事。……上怒罢綡,降两官。”③

管师仁　宋徽宗崇宁四—五年(1105—1106)

《北宋经抚年表》卷四:“新除邓州管师仁知扬州,改定州,张询代。”④

刘　拯　宋徽宗大观元年(1107)

《宋会要辑稿·职官六八·黜降官五》:“(大观元年五月)九日……显谟阁直学士、知扬州刘拯落职,提举南京鸿庆宫。”⑤《北宋经抚年表》卷四:“刘拯知。”⑥

范镗(二知)　宋徽宗大观元年(1107)

《北宋经抚年表》卷四:“范镗知。”⑦

彭汝霖　宋徽宗大观元年(1107)

《北宋经抚年表》卷四:“《志》:大观元年。”⑧

范　坦　宋徽宗大观元年(1107)⑨

《宋史》卷二八八《范坦传》:“(范雍曾孙)坦字伯履……徽宗怒,责舒州团练副使,稍复集贤殿修撰,知江宁府、洪扬二州。”⑩

周　穜　宋徽宗大观元年(1107)

《北宋经抚年表》卷四:“周穜,《志》。”⑪

吴执中　宋徽宗大观三年(1109)

---

① (元)脱脱等:《宋史》,北京:中华书局,1977年,第5513页。

② 吴廷燮:《北宋经抚年表南宋制抚年表》,北京:中华书局,1984年,第317页。

③ (元)脱脱等:《宋史》,北京:中华书局,1977年,第10590—10591页。

④ 吴廷燮:《北宋经抚年表南宋制抚年表》,北京:中华书局,1984年,第318页。

⑤ (清)徐松辑:《宋会要辑稿》,上海:上海古籍出版社,2014年,第4880页。

⑥ 吴廷燮:《北宋经抚年表南宋制抚年表》,北京:中华书局,1984年,第318页。

⑦ 吴廷燮:《北宋经抚年表南宋制抚年表》,北京:中华书局,1984年,第318页。

⑧ 吴廷燮:《北宋经抚年表南宋制抚年表》,北京:中华书局,1984年,第318页。

⑨ 吴廷燮:《北宋经抚年表南宋制抚年表》,北京:中华书局,1984年,第318页。

⑩ (元)脱脱等:《宋史》,北京:中华书局,1977年,第9680页。

⑪ 吴廷燮:《北宋经抚年表南宋制抚年表》,北京:中华书局,1984年,第318页。

《宋史》卷三五六《吴执中传》:"吴执中字子权,建州松溪人。……大观初,擢兵部侍郎。二年……未几,徙越州。……改提举洞霄宫,以集贤殿修撰知扬州,加显谟阁待制、知河南府。"①《宋会要辑稿·选举三三·特恩除职一》:"(大观)三年七月五日,中大夫、新知越州吴执中知扬州……并除集贤殿修撰。"②

王涣之 宋徽宗大观三—四年(1109—1110)③

《宋史》卷三四七《王汉之传》:"(王汉之弟)涣之字彦舟。……崇宁初,进给事中、吏部侍郎,以宝文阁待制知广州。……改滁州,历潭、杭、扬三州。"④

张商英 宋徽宗大观四年(1110)

《北宋经抚年表》卷四:"六月,商英相,涣之自扬入为给事中。"⑤

石公弼 宋徽宗大观四年(1110)⑥

《宋史》卷三四八《石公弼传》:"石公弼字国佐,越州新昌人。……张商英入相,欲引为执政,何执中、吴居厚交沮之。以枢密直学士知扬州。"⑦

蔡卞(二知) 宋徽宗政和四年(1114)

《北宋经抚年表》卷四:"大名蔡卞知扬州,召为中太一宫使,迁开府。五年七月甲申,开府。"⑧

许光凝 宋徽宗政和四年(1114)

《北宋经抚年表》卷四:"许光凝。"⑨

吴益柔 宋徽宗政和五年(1115)

《宋会要辑稿·职官六八·黜降官五》:"(政和)五年正月八日,显谟阁待制、知扬州吕益柔,宣议郎曹公年,勒停人朝散大夫卫孚,各降一官。"⑩《北

---

① (元)脱脱等:《宋史》,北京:中华书局,1977年,第11204—11205页。
② (清)徐松辑:《宋会要辑稿》,上海:上海古籍出版社,2014年,第5895页。
③ 吴廷燮:《北宋经抚年表南宋制抚年表》,北京:中华书局,1984年,第318页。
④ (元)脱脱等:《宋史》,北京:中华书局,1977年,第11001页。
⑤ 吴廷燮:《北宋经抚年表南宋制抚年表》,北京:中华书局,1984年,第318页。
⑥ 吴廷燮:《北宋经抚年表南宋制抚年表》,北京:中华书局,1984年,第318页。
⑦ (元)脱脱等:《宋史》,北京:中华书局,1977年,第11030—11032页。
⑧ 吴廷燮:《北宋经抚年表南宋制抚年表》,北京:中华书局,1984年,第318页。
⑨ 吴廷燮:《北宋经抚年表南宋制抚年表》,北京:中华书局,1984年,第319页。
⑩ (清)徐松辑:《宋会要辑稿》,上海:上海古籍出版社,2014年,第4891页。

宋经抚年表》卷四:“吴益柔知。《志》:十一月,自越州知。”①

林　摅　宋徽宗政和七年(1117)②

《宋史》卷三五一《林摅传》:“林摅字彦振,福州人,徙苏。……徽宗喜曰……拜端明殿学士,久之,知扬州……下不敢欺。”③

唐　恪　宋徽宗政和七年(1117)④

《宋史》卷三五二《唐恪传》:“唐恪字钦叟,杭州钱塘人。……大观中……进龙图阁待制、知扬州,召拜户部侍郎。……宣和初,迁尚书,帝许以二府。”⑤《宋会要辑稿·礼一三·神御殿》:“重和元年十一月二十四日……先是,知扬州唐恪言……故有是诏,仍令淮南漕司管干应副。”⑥

周　焘　宋徽宗重和元年(1118)

《北宋经抚年表》卷四:“周焘知。《志》。”⑦

徐处仁　宋徽宗重和二年—宣和元年(1119)

《宋会要辑稿·选举三三·特恩除职一》:“(重和二年正月)二十七日……徐处仁奏:‘诏差知扬州,臣长男宣义郎庾见任秘书省校书郎,伏望改授庾一淮浙差遣。’”⑧《职官三·裕民局》:“宣和元年正月六日御笔:徐处仁差知扬州。”⑨《宋史》卷三七一《徐处仁传》:“徐处仁字择之,应天府谷熟县人。……徽宗访以天下事,处仁对曰……出处仁知扬州。未几,以疾奉祠归南都。”⑩《全宋文》卷三三九四汪藻《吴国夫人陈氏墓志铭(建炎二年七月)》:“丞相彭城郡徐公处仁之夫人陈氏,以宣和五年正月己卯,薨于北都公府之正寝。……或以是为公荣,夫人愀然曰:‘忌者至矣,其能久乎!’果坐谗出知扬州,其先见如此。”⑪

洪中孚　宋徽宗宣和元年(1119)

---

① 吴廷燮:《北宋经抚年表南宋制抚年表》,北京:中华书局,1984年,第319页。

② 吴廷燮:《北宋经抚年表南宋制抚年表》,北京:中华书局,1984年,第319页。

③ (元)脱脱等:《宋史》,北京:中华书局,1977年,第11110—11111页。

④ 吴廷燮:《北宋经抚年表南宋制抚年表》,北京:中华书局,1984年,第319页。

⑤ (元)脱脱等:《宋史》,北京:中华书局,1977年,第11117—11118页。

⑥ (清)徐松辑:《宋会要辑稿》,上海:上海古籍出版社,2014年,第723—724页。

⑦ 吴廷燮:《北宋经抚年表南宋制抚年表》,北京:中华书局,1984年,第319页。

⑧ (清)徐松辑:《宋会要辑稿》,上海:上海古籍出版社,2014年,第5900页。

⑨ (清)徐松辑:《宋会要辑稿》,上海:上海古籍出版社,2014年,第3067页。

⑩ (元)脱脱等:《宋史》,北京:中华书局,1977年,第11518—11519页。

⑪ 曾枣庄、刘琳主编:《全宋文》,上海:上海辞书出版社,2006年,第157册,第389页。

《全宋文》卷三八八四王洋《宋故中大夫龙图阁待制致仕丹阳县开国子食邑六百户赠光禄大夫少师洪公中孚神道碑(乾道二年)》:“时政和六年也。后四年,复待制、知扬州。岁大旱,飞蝗蔽空,公来之夕雨。……俄以直学士提举南京鸿庆宫,归许昌。”①

薛嗣昌 宋徽宗宣和二—三年(1120—1121)

《北宋经抚年表》卷三:“宣和二年,知扬州。”②

徐 铸 宋徽宗宣和四—五年(1122—1123)

《北宋经抚年表》卷四:“宣和四年,拨扬州,从守臣徐铸之请。”③

毛 友 宋徽宗宣和五年(1123)

《北宋经抚年表》卷四:“毛友。”④

王 本 宋徽宗宣和五年(1123)

《北宋经抚年表》卷四:“王本。”⑤

许份(一知) 宋徽宗宣和六—钦宗靖康元年(1124—1126)

《北宋经抚年表》卷四:“蔡州许份知扬州。……份再任。”⑥《李纲全集》卷一六六《宋故龙图阁直学士许公神道碑》:“公讳份,字子大……是时维扬帅臣相继以劾罢,州事不治,上皇念无以易公者,除知扬州兼淮南东路兵马钤辖,中大夫,加食邑二百户。……渊圣知之,降诏褒谕,除公龙图阁直学士,再任。”⑦

吴 敏 宋钦宗靖康元年(1126)

《宋史》卷三五二《吴敏传》:“吴敏字元中,真州人。……钦宗既立……出知扬州,再贬崇信军节度副使,涪州安置。”⑧《宋史》卷二三《钦宗本纪》:“(钦宗靖康元年八月己未)少宰吴敏罢知扬州。”⑨《全宋文》卷四二二一宋

---

① 曾枣庄、刘琳主编:《全宋文》,上海:上海辞书出版社,2006年,第177册,第327页。

② 吴廷燮:《北宋经抚年表南宋制抚年表》,北京:中华书局,1984年,第178页。

③ 吴廷燮:《北宋经抚年表南宋制抚年表》,北京:中华书局,1984年,第319页。

④ 吴廷燮:《北宋经抚年表南宋制抚年表》,北京:中华书局,1984年,第319页。

⑤ 吴廷燮:《北宋经抚年表南宋制抚年表》,北京:中华书局,1984年,第319页。

⑥ 吴廷燮:《北宋经抚年表南宋制抚年表》,北京:中华书局,1984年,第319—320页。

⑦ (宋)李纲:《李纲全集》,长沙:岳麓书社,2004年,第1536—1538页。

⑧ (元)脱脱等:《宋史》,北京:中华书局,1977年,第11123—11124页。

⑨ (元)脱脱等:《宋史》,北京:中华书局,1977年,第430页。

钦宗《徐处仁知东平府吴敏知扬州制(靖康元年八月二十七日)》[1]。

李　纲　宋钦宗靖康元年(1126)

《三朝北盟会编》卷五五《靖康中帙三十》“起靖康元年九月十五日戊寅尽十九日壬午”条:“十九日壬午李纲罢宣抚使除观文殿学士知扬州。”[2]《宋史》卷三五八《李纲传上》:“李纲字伯纪,邵武人也,自其祖始居无锡。……靖康元年……寻除观文殿学士、知扬州,纲具奏辞免。未几,以纲专主战议,丧师费财,落职提举亳州明道宫……再谪宁江。”[3]《宋史》卷二一二《宰辅三》:“(靖康元年)九月丁丑,李纲自知枢密院事以观文殿学士出知扬州。”[4]《李纲全集》卷四九《辞免除观文殿学士知扬州札子(靖康元年九月)》[5]。

许份(二知)　宋钦宗靖康二年(1127)

《三朝北盟会编》卷九五《靖康中帙七十》“起靖康二年四月二十一日庚辰尽二十八日丁亥”:“二十五日,知扬州许份等状请大元帅即位于扬州。”[6]

建炎元年—四年,天长县升为天长军,不归扬州管辖,故不辑汇扬州知府。下列所辑为绍兴元年—十年(1131—1140)扬州知府。

李怀忠　宋高宗绍兴元年(1131)

《建炎以来系年要录》卷四四“宋高宗绍兴元年五月”条:“丙午……是日,真扬镇抚使郭仲威为刘光世所执。初,仲威闻敌退,乃以其将李怀忠知扬州,而自往真州屯驻。”[7]

史康民　宋高宗绍兴元年—三年(1131—1133)

《建炎以来系年要录》卷四六“宋高宗绍兴元年秋七月”条:“壬子,武功大夫、明州观察使、知真州史康民移知扬州。”[8]卷六二“宋高宗绍兴三年岁次”条:“癸酉……武功大夫、明州观察使、知扬州史康民改充浙西路马步军副总管,以所部屯镇江。”[9]

---

① 曾枣庄、刘琳主编:《全宋文》,上海:上海辞书出版社,2006年,第191册,第337页。
② (宋)徐梦莘:《三朝北盟会编》,上海:上海古籍出版社,1987年,第412页。
③ (元)脱脱等:《宋史》,北京:中华书局,1977年,第11241—11250页。
④ (元)脱脱等:《宋史》,北京:中华书局,1977年,第5533页。
⑤ (宋)李纲:《李纲全集》,长沙:岳麓书社,2004年,第568页。
⑥ (宋)徐梦莘:《三朝北盟会编》,上海:上海古籍出版社,1987年,第704页。
⑦ (宋)李心传编撰:《建炎以来系年要录》,北京:中华书局,2013年,第941页。
⑧ (宋)李心传编撰:《建炎以来系年要录》,北京:中华书局,2013年,第969页。
⑨ (宋)李心传编撰:《建炎以来系年要录》,北京:中华书局,2013年,第1229页。

李易直 宋高宗绍兴三年(1133)

《南宋制抚年表》卷上:“四月丙寅,由常州知扬州。”①

汤东野 宋高宗绍兴三—四年(1133—1134)

《建炎以来系年要录》卷七五“宋高宗绍兴四年夏四月”条:“甲午……徽猷阁直学士、知扬州汤东野落职,提举台州崇道观,坐在职日久,治状无闻,不能抚绥,一方受毙故也。”②《全宋文》卷三六四六綦崇礼《赐新除知扬州充淮南东路安抚使汤东野辞免恩命不允诏》③。

宋孝先 宋高宗绍兴四年(1134)

《建炎以来系年要录》卷七五“宋高宗绍兴四年夏四月”条:“甲午……持服人朱(宋)孝先起复左中奉大夫、直秘阁、知扬州。”④卷七六“宋高宗绍兴四年五月”条:“丙辰……起复左中奉大夫、直秘阁、知扬州宋孝先……刘彦适各贬秩二等。”⑤卷七九“宋高宗绍兴四年八月”条:“壬辰……徽猷阁待制、知衢州宋伯友与降授右朝请大夫、直秘阁知扬州宋孝先两易,仍命伯友兼程之镇。孝先乞解官终丧,许之。”⑥《全宋文》卷三六六五张纲《宋孝先起复知扬州制》⑦。

宋伯友 宋高宗绍兴四年(1134)

《建炎以来系年要录》卷七九“宋高宗绍兴四年八月”条:“壬辰……徽猷阁待制、知衢州宋伯友与降授右朝请大夫、直秘阁知扬州宋孝先两易,仍命伯友兼程之镇,孝先乞解官终丧,许之。”⑧卷八一“宋高宗绍兴四年冬十月”条:“乙酉……徽猷阁待制、新知扬州宋伯友至镇江,奏言:‘孤独一身,委实前去未得。乞那兵万人,与韩世忠同赴敌迎战。’……伯友十二月丙子提举江州太平观。”⑨

叶 焕 宋高宗绍兴五—六年(1135—1136)

---

① 吴廷燮:《北宋经抚年表南宋制抚年表》,北京:中华书局,1984年,第464页。

② (宋)李心传编撰:《建炎以来系年要录》,北京:中华书局,2013年,第1431页。

③ 曾枣庄、刘琳主编:《全宋文》,上海:上海辞书出版社,2006年,第167册,第278页。

④ (宋)李心传编撰:《建炎以来系年要录》,北京:中华书局,2013年,第1431页。

⑤ (宋)李心传编撰:《建炎以来系年要录》,北京:中华书局,2013年,第1443页。

⑥ (宋)李心传编撰:《建炎以来系年要录》,北京:中华书局,2013年,第1493页。

⑦ 曾枣庄、刘琳主编:《全宋文》,上海:上海辞书出版社,2006年,第168册,第167页。

⑧ (宋)李心传编撰:《建炎以来系年要录》,北京:中华书局,2013年,第1493页。

⑨ (宋)李心传编撰:《建炎以来系年要录》,北京:中华书局,2013年,第1529页。

《建炎以来系年要录》卷八五“宋高宗绍兴五年二月”条：“丙子……左朝请大夫、提举亳州明道宫叶焕复右文殿修撰、知扬州。”①卷九二“宋高宗绍兴五年八月”条：“壬子，右文殿修撰、知扬州叶焕复徽猷阁待制。”②卷九九“宋高宗绍兴六年三月”条：“戊辰，徽猷阁待制、知扬州叶焕引疾乞奉祠，以焕提举江州太平观。焕守扬才一年。”③又见《毗陵集》卷一〇《回贺扬州叶待制启》④。

刘洪道　宋高宗绍兴六年(1136)

《建炎以来系年要录》卷一〇〇“宋高宗绍兴六年夏四月”条：“壬寅……宝文阁直学士刘洪道知扬州。”⑤“己未……宝文阁直学士、新知扬州刘洪道为宝文阁学士、知襄阳府，赐银帛三百匹两。”⑥

折彦质　宋高宗绍兴八年(1138)

《宋会要辑稿·兵一·乡兵》：“(绍兴)八年三月二十六日，知扬州折彦质言‘诸州起发弓弩手，先行拨回。’”⑦

蒋　璨　宋高宗绍兴八年(1138)

《建炎以来系年要录》卷一一九“宋高宗绍兴八年夏四月”条：“庚子，直徽猷阁、淮南东路转运副使蒋璨升直宝文阁、知扬州。”⑧

俞　俟　宋高宗绍兴九年(1139)

《建炎以来系年要录》卷一二七“宋高宗绍兴九年夏四月”条：“戊辰……直秘阁、江南东路转运副使俞俟知扬州。”⑨卷一三七“宋高宗绍兴十年九月”条：“壬戌……直秘阁、知扬州俞俟知临安府。”⑩《乾道临安志》卷三《牧守》：“绍兴十年九月二十六日，右朝请大夫、直秘阁、知扬州俞俟除秘阁修撰、知临安府。十二年十一月初四日，除敷文阁直学士、提举江州太平

---

① (宋)李心传编撰：《建炎以来系年要录》，北京：中华书局，2013年，第1609页。
② (宋)李心传编撰：《建炎以来系年要录》，北京：中华书局，2013年，第1769页。
③ (宋)李心传编撰：《建炎以来系年要录》，北京：中华书局，2013年，第1875页。
④ (宋)张守：《毗陵集》，北京：中华书局，1985年，第142页。
⑤ (宋)李心传编撰：《建炎以来系年要录》，北京：中华书局，2013年，第1895页。
⑥ (宋)李心传编撰：《建炎以来系年要录》，北京：中华书局，2013年，第1902页。
⑦ (清)徐松辑：《宋会要辑稿》，上海：上海古籍出版社，2014年，第8612页。
⑧ (宋)李心传编撰：《建炎以来系年要录》，北京：中华书局，2013年，第2321页。
⑨ (宋)李心传编撰：《建炎以来系年要录》，北京：中华书局，2013年，第2404页。
⑩ (宋)李心传编撰：《建炎以来系年要录》，北京：中华书局，2013年，第2590页。

观。”[①]又见《苕溪集》卷四二《俞俟知扬州制》[②]。

刘光远 宋高宗绍兴十年(1140)

《南宋制抚年表》卷上:“八月戊戌,由真州知扬州。”[③]

(二)通判

范正辞 宋太宗淳化、至道中?

《宋史》卷三〇四《范正辞传》:“范正辞字直道,齐州人。……端拱二年,代归,与洛苑副使綦仁泽、西京作坊副使尹宗谔同监折中仓。……通判定、扬、杭三州。真宗即位,迁膳部郎中,召判三司勾院,俄复为盐铁判官。”[④]

叶　参 约宋真宗朝

《景文集》卷五九《故光禄卿叶府君墓志铭》:“庆历三年,岁舍鹑首,秋七月丁丑,光禄卿致仕南阳叶君齐终于京师,享年八十。……以屯田员外郎通判扬州……君名参,字次公。”[⑤]

吴待问 宋仁宗朝初

《文庄集》卷二《……太常博士同判扬州吴待问可屯田员外郎余如故……》[⑥]。

魏　庄 宋仁宗宝元元年(1038)

《续资治通鉴长编》卷一二二“宋仁宗宝元元年秋七月”条:“都官员外郎魏庄自陕西催市籴粮草还……戊午,降庄通判扬州。”[⑦]

王　珪 宋仁宗庆历二年(1042)

《全宋文》卷一七一八李清臣《王文恭公珪神道碑(元丰八年)》:“元丰八年四月,丞相王公珪感疾……五月己酉,薨于位。……公字禹玉,幼警悟力学,日诵数千言,识者奇之。十二能文辞,二十四举进士,名在第二,授大理评事,通判扬州。”[⑧]《宋史》卷三一二《王珪传》:“王珪字禹玉,成都华阳

---

① (宋)周淙:《乾道临安志》,上海:商务印书馆,1937年,第90页。
② (宋)刘一止:《苕溪集》,《宋集珍本丛刊034—2》,北京:线装书局,2004年,第304页。
③ 吴廷燮:《北宋经抚年表南宋制抚年表》,北京:中华书局,1984年,第464页。
④ (元)脱脱等:《宋史》,北京:中华书局,1977年,第10059—10060页。
⑤ (宋)宋祁:《景文集》,北京:中华书局,1936年,第793—795页。
⑥ (宋)夏竦:《文庄集》,《宋集珍本丛刊002—8》,北京:线装书局,2004年,第448页。
⑦ (宋)李焘:《续资治通鉴长编》,北京:中华书局,2004年,第2876页。
⑧ 曾枣庄、刘琳主编:《全宋文》,上海:上海辞书出版社,2006年,第79册,第63—65页。

人，后徙舒。……举进士甲科，通判扬州。”①

苏　绅　宋仁宗庆历三年(1043)②

《宋史》卷二九四《苏绅传》：“苏绅字仪甫，泉州晋江人。……再迁太常博士，举贤良方正科，擢尚书祠部员外郎、通判洪州，徙扬州。”③

王纯臣　宋仁宗至和元年(1054)

《续资治通鉴长编》卷一七六“宋仁宗至和元年五月”条：“丁丑，祠部员外郎、秘阁校理王纯臣通判扬州。其兄尧臣时为枢密副使，有以纯臣多纳馈遗闻上者，故出之。”④

张　苕　约宋仁宗嘉祐中

《沈括全集》卷一七《故朝散大夫右谏议大夫知应天府兼南京留守司公事畿内劝农使上护军清河县开国男食邑三百户赐紫金鱼袋张公墓志铭》：“公讳苕，字圣民。……至熙宁中，梅山竟复为县，而公未尝以言也。岁余，徙通判扬州。……元丰三年九月丙戌暴疾，终于官，年六十有六。”⑤

吕希道　约宋神宗熙宁初

《苏魏公文集》卷五九《国子博士陆君墓志铭(熙宁十年九月)》：“国子博士山阴陆君，讳珪，字廉叔。……以熙宁九年五月癸酉卒于濠梁之官舍……知明州奉化、扬州天长二县……是时州倅吕君希道适治其事，尝谓余曰：‘十年滞讼，用是以决之，非有健令，安能办此？’”⑥《太史范公文集》卷四二《左中散大夫守少府监吕公墓志铭(元祐六年六月)》：“公讳希道，字景纯。……庆历六年，献所为文二十卷，召试学士院，赐进士出身。……通判扬州。……元祐六年三月乙丑寝疾，终于京师兴宁坊之第，享年六十七。”⑦

杨　构　约宋仁宗末、英宗朝

《沈括全集》卷一六《尚书职方郎中通判西京留守司兼畿内牧劝农事专

---

① (元)脱脱等：《宋史》，北京：中华书局，1977年，第10241页。

② 任职时间参见刘波、姜维公：《苏绅行年事迹考》，《长春师范大学学报》2018年第1期，第53—55页。

③ (元)脱脱等：《宋史》，北京：中华书局，1977年，第9808页。

④ (宋)李焘：《续资治通鉴长编》，北京：中华书局，2004年，第4262页。

⑤ (宋)沈括：《沈括全集》，杭州：浙江大学出版社，2011年，第1册，第129—130页。

⑥ (宋)苏颂：《苏魏公文集》，北京：中华书局，1988年，第908—909页。

⑦ (宋)范祖禹：《太史范公文集》，《宋集珍本丛刊024—2》，北京：线装书局，2004年，第412—414页。

切提举西京内园司课等事上护军赐绯鱼袋杨君墓志铭》:“君讳构,字起宗。……出通判扬州,以亲丧去。”①

傅　宬　宋神宗元丰四年(1081)

《续资治通鉴长编》卷三二一“宋神宗元丰四年十二月”条:“乙卯,诏……通判扬州、太子中舍傅宬……各展磨勘二年;右班殿直张岁闰罚铜二斤。”②

陈　辅　约宋神宗元丰末

《全宋文》卷二七四五晁补之《朝奉郎致仕陈君墓志铭》:“君讳辅,字安国……中嘉祐二年进士第……丞相苏公颂方尹开封,引以知左军巡判官事。又差通判扬州。……会君以疾致仕。元祐四年十一月庚午卒,以某年某月葬于某县某原。”③

陈安仁　约宋神宗朝

《范忠宣公集》卷一四《朝请大夫陈公墓志铭》:“公讳安仁,字公寿,其先安阳人。……历通判泾州、扬州、河南府,知邛州,权管勾西京留司御史台,罢官归乡里,某年某月某日终于某里之第,享年六十有七。”④

王　巩　宋哲宗元祐元年—三年(1086—1088)

《续资治通鉴长编》卷四五九“宋哲宗元祐六年六月”条:“右朝奉郎王巩罢知宿州,仍旧管勾太平观。”⑤卷四六四“宋哲宗元祐六年八月”条:“壬子,右正言姚勔言:‘臣窃闻朝奉郎王巩昨任扬州通判日……委为心腹。’”⑥卷四八四“宋哲宗元祐八年五月”条:“庆基言轼曰:‘昨荐王巩,既除宗正寺丞,又通判扬州,竟以不持行检败。’”⑦

晁补之　宋哲宗元祐五年(1090)

《张耒集》卷六一《晁无咎墓志铭》:“公讳补之,字无咎。……哲宗即位

① (宋)沈括:《沈括全集》,杭州:浙江大学出版社,2011年,第1册,第117—118页。

② (宋)李焘:《续资治通鉴长编》,北京:中华书局,2004年,第7736页。

③ 曾枣庄、刘琳主编:《全宋文》,上海:上海辞书出版社,2006年,第127册,第127—129页。

④ (宋)范纯仁:《范忠宣公集》,《宋集珍本丛刊015—3》,北京:线装书局,2004年,第475—476页。

⑤ (宋)李焘:《续资治通鉴长编》,北京:中华书局,2004年,第10985页。

⑥ (宋)李焘:《续资治通鉴长编》,北京:中华书局,2004年,第11090页。

⑦ (宋)李焘:《续资治通鉴长编》,北京:中华书局,2004年,第11495页。

……通判扬州。"[①]《续资治通鉴长编》卷四五三"宋哲宗元祐五年十二月"条："校书郎晁补之通判扬州。"[②]《宋史》卷四四四《晁补之传》："晁补之字无咎，济州巨野人……元祐初……以秘阁校理通判扬州，召还，为著作佐郎。"[③]

葛师望 约宋徽宗朝

《丹阳集》卷一四《中奉大夫葛公墓志铭》："公讳师望，字兴周，江阴军人。……绍圣元年中第……通判筠、汀、扬、曹四州……绍兴二年……五月甲子日终，神明不乱于死生之变，春秋八十。"[④]

喻　齐 宋徽宗大观三年前后（1109 前后）

《全宋文》卷二八一八晁说之《宋故朝请大夫管句舒州灵仙观骑都尉段公墓志铭（大观三年六月）》："公讳舆言，字彦昌。……大观三年三月己巳暴得疾，卒于郑，年七十岁。……三女，长适承议郎、通判扬州军州事喻齐，次适奉议郎、知开封府咸平县陈天锡，次适假将仕郎张褫。"[⑤]

钟离濬 宋高宗绍兴三年（1133）

《建炎以来系年要录》卷六二"宋高宗绍兴三年岁次"条："癸酉……右承务郎钟离濬尝任高邮县丞，熟知本路利害，特迁一官，通判扬州，仍命神武右军授汤东野兵千人以行。"[⑥]

毛　逢 宋高宗绍兴五年（1135）

《建炎以来系年要录》卷九五"宋高宗绍兴五年十有一月"条："甲戌……左从事郎、充西外敦宗院教授毛逢特改左承务郎，与淮南沿边近见阙通判。……遂以逢通判扬州。"[⑦]

刘　时 宋高宗绍兴六年（1136）

《宋会要辑稿·食货二·营田杂录》："（绍兴六年七月）十六日，通判扬

---

① （宋）张耒：《张耒集》，北京：中华书局，1998 年，第 900—902 页。

② （宋）李焘：《续资治通鉴长编》，北京：中华书局，2004 年，第 10861 页。

③ （元）脱脱等：《宋史》，北京：中华书局，1977 年，第 13111 页。

④ （宋）葛胜仲：《丹阳集》，《宋集珍本丛刊 032—5》，北京：线装书局，2004 年，第 634—636 页。

⑤ 曾枣庄、刘琳主编：《全宋文》，上海：上海辞书出版社，2006 年，第 130 册，第 316—317 页。

⑥ （宋）李心传编撰：《建炎以来系年要录》，北京：中华书局，2013 年，第 1229 页。

⑦ （宋）李心传编撰：《建炎以来系年要录》，北京：中华书局，2013 年，第 1816 页。

州兼管内劝农屯田事刘时言……诏常平司空闲田土，亦合拨充官庄。”①

蔡　材　宋高宗绍兴九年(1139)

《宋会要辑稿·职官四四·经制司》：“(绍兴九年)二月二十日，梁汝嘉言‘诸路干办常平官系每路各置一员……东路乞差右承议郎、新差权扬州通判蔡材管干施行。’从之。”②

(三)录事参军事

石宗寿　约宋哲宗元祐八年前后(1093前后)

《全宋文》卷二七四二晁补之《太常少卿分司西京石君墓志铭(元祐八年十月)》：“君石氏，讳辂，字君乘……熙宁二年七月十八日卒，年六十二。……四男子……而叔宗寿，扬州录事参军……宗寿卜以元祐八年十月十七日，葬君河南府渑池县大坞乡凤皇山之原，属补之铭。”③

胡　集　宋徽宗政和二年前(1112前)

《南兰陵孙尚书大全文集》卷六七《和州通判胡公墓志铭》：“公讳集，字子美。……秩满，升文林郎、扬州录事参军。用荐者改宣德郎、知应天府下邑县丞，是岁政和二年也。”④

(四)判司

1. 司户参军

徐　积　宋哲宗元祐元年—绍圣三年(1086—1096)

《宋史》卷四五九《徐积传》：“徐积字仲车，楚州山阳人。……元祐初……乃以扬州司户参军为楚州教授。”⑤《续资治通鉴长编》卷三七五“宋哲宗元祐元年四月”条：“进士出身徐积为扬州司户参军，充楚州州学教授。”⑥《全宋文》卷二五九四王资深《节孝先生行状》：“先生讳积，字仲车，姓徐氏，世为楚州山阴人。……元祐元年，朝廷以便就除扬州司户参军，楚州教授。

---

① (清)徐松辑：《宋会要辑稿》，上海：上海古籍出版社，2014年，第5999页。

② (清)徐松辑：《宋会要辑稿》，上海：上海古籍出版社，2014年，第4228页。

③ 曾枣庄、刘琳主编：《全宋文》，上海：上海辞书出版社，2006年，第127册，第80—82页。

④ (宋)孙觌：《南兰陵孙尚书大全文集》，《宋集珍本丛刊035—3》，北京：线装书局，2004年，第767页。

⑤ (元)脱脱等：《宋史》，北京：中华书局，1977年，第13473页。

⑥ (宋)李焘：《续资治通鉴长编》，北京：中华书局，2004年，第9101页。

绍圣三年，特改和州防御推官。”①

傅楫 约宋哲宗元祐初

《宋史》卷三四八《傅楫传》：“傅楫字元通，兴化军仙游人。……第进士，调扬州司户参军，摄天长令，发擿隐伏，奸猾屏迹。”②《全宋文》卷三三九〇汪藻《朝请郎龙图阁待制知亳州赠少师傅公墓志铭（绍兴九年）》：“公讳楫，字元通，姓傅氏。……擢治平四年进士第，调扬州司户参军。”③

胡缥 宋徽宗政和七年（1117）

《宋会要辑稿·职官六八·黜降官五》：“（政和七年）二月十八日，淮南转运副使李祉、转运使张根各降一官。以妄举发扬州户曹胡缥擅载蕲州纲米一千二十余石，应副两浙直达纲不当故也。”④

2. 司法参军

时汝贤 宋仁宗嘉祐四年前（1059前）

《宋故朝请大夫尚书屯田郎中知阆州军州事上护军借紫时公墓志铭并序》：“公讳旦，字慕周。……构疾于兴国寺多宝浮屠舍以终，享年六十八，时天禧辛酉八月十二日也。……男三人：长曰汝贤，字舜举，以公荫补太庙斋郎，调授扬州司法参军……以至和三年二月廿六日，葬公于滕县礼教乡曲尘里、先公都官茔之次，晋陵县君焉。”⑤《乐全先生文集》卷三九《将仕郎扬州司法参军时府君墓志铭并序（治平四年）》：“府君讳□，字舜举，世著籍彭城之滕县。……嘉祐四年五月三日卒，年七十有八。”⑥

上官垲 约宋仁宗朝

《古灵先生文集》卷二五《殿中御史陈公墓志铭》：“嘉祐六年九月十五日，殿中侍御史里行陈君卒……君讳洙，字师道……一女适扬州司法参军上

---

① 曾枣庄、刘琳主编：《全宋文》，上海：上海辞书出版社，2006年，第120册，第271—274页。

② （元）脱脱等：《宋史》，北京：中华书局，1977年，第11021页。

③ 曾枣庄、刘琳主编：《全宋文》，上海：上海辞书出版社，2006年，第157册，第327—328页。

④ （清）徐松辑：《宋会要辑稿》，上海：上海古籍出版社，2014年，第4893页。

⑤ 李祥麟：《北宋时旦墓志之文史价值》，《山东师大学报（社会科学版）》1997年第2期，第52—53页。

⑥ （宋）张方平：《乐全先生文集》，《宋集珍本丛刊006—1》，北京：线装书局，2004年，第230—231页。

官垲。卜嘉祐七年月日,葬于建阳考亭乡聚星里之原。”①

张国安 宋神宗熙宁八年前(1075前)

《续资治通鉴长编》卷二六六“宋神宗熙宁八年秋七月”条:“前扬州司法参军张国安为光禄寺丞、权检正中书刑房公事。”②

晁詠之(未之任) 宋哲宗元祐元年(1086)

《宋史》卷四四四《晁詠之传》:“(晁补之从弟)詠之字之道,少有异材,以荫入官。调扬州司法参军,未上。……为河中教授,元符末,应诏上书论事,罢官。”③

3. 司士参军

施 埏 约宋钦宗靖康元年前后(1126前后)

《丹阳集》卷一二《朝议大夫施公墓志铭》:“公讳大任,字和叟,姓施氏。……靖康元年,年数七十有六,某月甲子终于里第。……子五人:……次曰文林郎、扬州司士曹事埏……具以器能自见。”④

4. 司理参军

江 规 宋初

《太史范公文集》卷四五《右武卫大将军康州团练使妻安平县君江氏墓志铭(元祐九年二月)》:“君江氏,开封人。曾祖文溥,仪鸾副使。祖规,扬州司理参军。”⑤

沈 括 宋英宗治平元年—二年(1064—1065)

《宋会要辑稿·选举三三·特恩除职(上)》:“(治平二年)九月二十五日,宣州泾县主簿林希编校集贤院书籍,扬州司理参军沈括编校昭文馆书籍。”⑥张荫麟《沈括编年事辑》指出英宗治平元年为扬州司理参军⑦。

---

① (宋)陈襄:《古灵先生文集》,《宋集珍本丛刊009—1》,北京:线装书局,2004年,第62—63页。

② (宋)李焘:《续资治通鉴长编》,北京:中华书局,2004年,第6524页。

③ (元)脱脱等:《宋史》,北京:中华书局,1977年,第13112页。

④ (宋)葛胜仲:《丹阳集》,《宋集珍本丛刊032—5》,北京:线装书局,2004年,第618—620页。

⑤ (宋)范祖禹:《太史范公文集》,《宋集珍本丛刊024—2》,北京:线装书局,2004年,第435页。

⑥ (清)徐松辑:《宋会要辑稿》,上海:上海古籍出版社,2014年,第5885页。

⑦ 张荫麟:《沈括编年事辑》,《清华大学学报(自然科学版)》1936年第2期,第323—358页。

5. 仪曹

吕好问　宋徽宗崇宁元年(1102)

《东莱吕太史文集》卷一四《东莱公家传(乾道间)》:“吕氏系出神农……公讳好问,字舜徒,荥阳公之冢子也。……复调真州春料船场,司扬州仪曹事。”①《宋史》卷三六二《吕好问传》:“吕好问字舜徒,侍讲希哲子也。以荫补官。崇宁初……两监东岳庙,司扬州仪曹。”②

(五)判官

签书判官

沈季长　约宋仁宗朝

《彭城集》卷二三《通直郎新差通判兴国军沈季长可差充扬州签判制》③。

王安石　约宋仁宗朝

《大明一统志》卷一二《扬州府》“名宦”条:“王安石,扬州签判,读书达旦……至和间又为海门令,甚有治声。”④

●具体判官名称不详者

赵　某　约宋哲宗朝

《全宋文》卷二七二〇晁补之《答扬州判官赵奉议启》⑤。

(六)推官

1. 节度推官

杜　衍　宋真宗大中祥符元年(1008)

《乐全先生文集》卷三九张方平《秦国太夫人相里氏墓志铭并序(治平二年)》:“秦国太夫人相里氏,故相太子太师致仕、赠太师兼中书令、祁国正献杜公之配也。……祁公一命扬州节度推官,乃迎母夫人就官,即某国太夫人

---

① (宋)吕祖谦:《东莱吕太史文集》,《宋集珍本丛刊 062—3》,北京:线装书局,2004 年,第 228—229 页。

② (元)脱脱等:《宋史》,北京:中华书局,1977 年,第 11329 页。

③ (宋)刘攽:《彭城集》,北京:中华书局,1985 年,第 325 页。

④ (明)李贤等:《大明一统志》,西安:三秦出版社,1990 年,第 201 页。

⑤ 曾枣庄、刘琳主编:《全宋文》,上海:上海辞书出版社,2006 年,第 126 册,第 80 页。

某氏也。”[1]《宋史》卷三一〇《杜衍传》载其为观察推官[2]。

陈　造　约宋神宗熙宁中

《全宋文》卷二八一九晁说之《宋故赠承议郎陈公墓志铭(宣和四年)》:“丞相文忠陈公……生子造,字公甫,其生四月而孤。……夫人疾愈,去为扬州节度推官。……公在扬州四年,晚权江都……非他县比。”[3]

2. 观察推官

边　珣　约宋神宗元丰末

《全宋文》卷二二〇九陆佃《通直郎边公墓志铭(绍圣二年十一月)》:“公讳珣,字仲宝,姓边氏。……公以父荫补太庙斋郎……扬州观察推官,遂以宣德郎致仕,赐五品服。今上即位,迁通直郎。”[4]

宋　堂　北宋朝

《全宋文》卷四六五七林光朝《敷文阁待制开国宋公墓志铭》:“故敷文阁待制、莆田县开国伯宋公年七十八,以疾终。……公于宣德郎、扬州观察推官讳堂为曾大父,赠中奉大夫讳琳为大父,赠通议大夫讳现为父。”[5]

二、县级官员

天长县

(一)知县

张　弇　宋真宗中期

《河南先生文集》卷一六《故朝散大夫尚书兵部郎中知蕲州军州事兼管内劝农事护军赐紫金鱼袋张公墓志铭并序(庆历四年十二月)》:“公讳弇,字汉臣,其先魏郡人。……景德二年,再举进士,中第。……知并州榆次、扬州

---

① (宋)张方平:《乐全先生文集》,《宋集珍本丛刊006—1》,北京:线装书局,2004年,第232页。

② (元)脱脱等:《宋史》,北京:中华书局,1977年,第10189—10190页。

③ 曾枣庄、刘琳主编:《全宋文》,上海:上海辞书出版社,2006年,第130册,第332—333页。

④ 曾枣庄、刘琳主编:《全宋文》,上海:上海辞书出版社,2006年,第101册,第228页。

⑤ 曾枣庄、刘琳主编:《全宋文》,上海:上海辞书出版社,2006年,第210册,第101页。

天长二县，通判杭州事。”①

雷孝先 宋真宗朝

《宋史》卷二七八《雷孝先传》：“（雷德骧孙）孝先，字子思，有邻子也。举进士，试秘书省校书郎，知天长县。以卫濯讼其内乱，除籍配均州。……契丹内寇，真宗幸大名，孝先以部刍粮河北，首至行在，擢太常寺奉礼郎。”②

徐善宝 宋仁宗朝初

《文庄集》卷二《……太子中舍知扬州天长县事徐善宝可殿中丞余如故……》③。

包　拯 宋仁宗景祐四年—宝元二年（1037—1039）④

《宋史》卷三一六《包拯传》：“包拯字希仁，庐州合肥人也。……久之，赴调，知天长县。”⑤《续资治通鉴长编》卷一四五“宋仁宗庆历三年十一月”条：“景祐初……（包）拯，合淝人，事父母以孝闻。尝知天长县，有诉盗割牛舌者，拯使归屠其牛鬻之。”⑥《全宋文》卷九八五吴奎《宋故枢密副使朝散大夫给事中上轻车都尉东海郡开国侯食邑一千八百户食实封四百户赐紫金鱼袋赠礼部尚书谥孝肃包公墓志铭并序》：“公讳拯，字希仁，庐州合肥人。……方调知扬州天长县（下缺三十二字）割牛舌，盗即款服。”⑦

江休复 宋仁宗庆历元年（1041）⑧

《居士集》卷三四《江邻几墓志铭（嘉祐六年）》：“君讳休复，字邻几。……天圣中，与尹师鲁、苏子美游，知名当时。……以母丧去职，服除，知天长县事，迁殿中丞。……当庆历时，小人不便大臣执政者，欲累以事去之。”⑨

邵先特 宋仁宗庆历四年（1044）

《宋会要辑稿·职官六四·黜降官一》：“（庆历四年正月）十一日……

---

① （宋）尹洙：《河南先生文集》，《宋集珍本丛刊 003—4》，北京：线装书局，2004 年，第 430 页。

② （元）脱脱等：《宋史》，北京：中华书局，1977 年，第 9463 页。

③ （宋）夏竦：《文庄集》，《宋集珍本丛刊 002—8》，北京：线装书局，2004 年，第 449 页。

④ 齐涛：《包拯年谱》，《安徽史学》1985 年第 6 期，第 61—70 页。

⑤ （元）脱脱等：《宋史》，北京：中华书局，1977 年，第 10315 页。

⑥ （宋）李焘：《续资治通鉴长编》，北京：中华书局，2004 年，第 3495—3496 页。

⑦ 曾枣庄、刘琳主编：《全宋文》，上海：上海辞书出版社，2006 年，第 46 册，第 37—39 页。

⑧ 董乐宁：《北宋诗评家江休复事迹考述》，《湖北科技学院学报》2015 年第 2 期，第 39—40 页。

⑨ （宋）欧阳修：《欧阳修全集》，北京：中华书局，2001 年，第 500—502 页。

知天长县、大理寺丞邵先特追两任官,道州编管。”①

曾　绾　宋神宗元丰七年前后(1084 前后)

《全宋文》卷一〇七一韩维《朝散郎试中书舍人轻车都尉赐紫金鱼袋曾公神道碑》:“公姓曾氏,讳巩,字子固。……(元丰)七年六月丁酉,葬于南丰从周乡之源头。……子男三人:绾,瀛洲防御推官,知扬州天长县事……纲,右承务郎,监常州税务。”②

陆　珪　约宋神宗朝

《苏魏公文集》卷五九《国子博士陆君墓志铭(熙宁十年九月)》:“国子博士山阴陆君,讳珪,字廉叔。……以熙宁九年五月癸酉卒于濠梁之官舍……考课,擢大理寺丞,知明州奉化、扬州天长二县,皆以严著称,辨析奸隐如己亲见之。”③

傅　楫　约宋哲宗元祐中

《全宋文》卷三三九〇汪藻《朝请郎龙图阁待制知亳州赠少师傅公墓志铭(绍兴九年)》:“公讳楫,字元通,姓傅氏。……擢治平四年进士第,调扬州司户参军。……会天长令缺,檄公摄承。”④《宋史》卷三四八《傅楫传》:“傅楫字元通,兴化军仙游人。……第进士,调扬州司户参军,摄天长令,发擿隐伏,奸猾屏迹。”⑤

吴师礼　约宋哲宗朝

《宋史》卷三四七《吴师礼传》:“吴师礼字安仲,杭州钱塘人。太学上舍赐第,调泾县主簿,知天长县。召太学博士、秘书省正字,预饯邹浩,免。徽宗初,为开封府推官。”⑥

(二)县丞

曾　绲　约宋徽宗大观元年前后(1107 前后)

---

① (清)徐松辑:《宋会要辑稿》,上海:上海古籍出版社,2014 年,第 4790 页。

② 曾枣庄、刘琳主编:《全宋文》,上海:上海辞书出版社,2006 年,第 49 册,第 240—243 页。

③ (宋)苏颂:《苏魏公文集》,北京:中华书局,1988 年,第 908—909 页。

④ 曾枣庄、刘琳主编:《全宋文》,上海:上海辞书出版社,2006 年,第 157 册,第 327—328 页。

⑤ (元)脱脱等:《宋史》,北京:中华书局,1977 年,第 11021 页。

⑥ (元)脱脱等:《宋史》,北京:中华书局,1977 年,第 10999 页。

《杨龟山集》卷六《曾文昭公行述》："公讳肇，字子开，建昌军南丰人。……翌日公亦不起，实大观元年八月丙辰，享年六十一。……有子八人：长曰绲，通直郎、知扬州天长县丞事。"①

(三)主簿

黄　莘　宋仁宗皇祐五年后(1053 后)

《无为集》卷一四《故朝奉郎知汝州黄府君行状》："府君讳某，字任道。……皇祐五年进士及第，调扬州天长主簿，移恩州清河令。"②又见《忠肃集》卷一四《朝奉郎致仕黄君墓志铭》③。

张康伯　宋神宗元丰七—八年前后(1084—1085 前后)

《苏魏公文集》卷六一《万寿县令张君夫人苏氏墓志铭(元丰八年正月)》："西出广陵故城……集贤张公之所宅也。……元丰八年春正月，集贤之孙天长县主簿、充南京国子监教授康伯昆弟，将葬其偏亲彭城县君钱夫人，得吉卜矣。"④卷六二《彭城县君钱氏墓志铭(元丰八年正月)》："元丰七年二月，扬州天长县主簿、充南京国子监教授康伯昆弟，既终其母彭城县君钱氏之丧……子五人：长即康伯也；次康孙，泰州司户参军；次康道、康广。"⑤

(四)县尉

舒安易　宋仁宗庆历四年(1044)

《宋会要辑稿·职官六四·黜降官一》："(庆历四年正月)十一日……天长县尉舒安易追见任官，泰州编管。"⑥

鲁　詹　约宋徽宗大观中

《毗陵集》卷一三《枢密院检详文字鲁公墓志铭(绍兴三年十二月)》："公讳詹，字巨山。……中崇宁五年进士第，授将仕郎、扬州天长尉。用荐者升通仕郎，以劳迁文林郎，移苏州常熟丞。"⑦

---

① (宋)杨时:《杨龟山集》，北京:中华书局，1985 年，第 98—108 页。

② (宋)杨傑:《无为集》，《宋集珍本丛刊 015—2》，北京:线装书局，2004 年，第 350 页。

③ (宋)刘挚:《忠肃集》，北京:中华书局，1985 年，第 192—193 页。

④ (宋)苏颂:《苏魏公文集》，北京:中华书局，1988 年，第 951—952 页。

⑤ (宋)苏颂:《苏魏公文集》，北京:中华书局，1988 年，第 952—954 页。

⑥ (清)徐松辑:《宋会要辑稿》，上海:上海古籍出版社，2014 年，第 4790 页。

⑦ (宋)张守:《毗陵集》，北京:中华书局，1985 年，第 191—192 页。

卷十二　天长军

天长县（治今安徽省天长市），南唐升为天长军，宋太宗至道二年（996）军废，复为天长县，改属扬州。建炎元年（1127）十月天长县又升为天长军。绍兴元年（1131）降为县，绍兴十一年（1141）复升为军，次年（1142）仍为天长县，改属招信军，属淮南东路。后入金，绍定四年（1231）为南宋收复，仍属淮南东路招信军。天长军曾领天长、招信（治今安徽明光市东北六十里女山湖镇）二县在今皖淮地区境内。

一、州级官员

宋太祖建隆元年—太宗至道元年（960—995），天长县属天长军管辖，故下列所辑汇为这一时段的天长军知军。

知军

杜汉徽　宋太祖建隆三年（962）

《宋史》卷二七一《杜汉徽传》："杜汉徽，京兆长安人。……建隆三年，出为天长军使，移雄武军使，知屯田事。"①

潘昭纬　宋太宗太平兴国六年（981）

《续资治通鉴长编》卷二二"宋太宗太平兴国六年五月"条："太子中允潘昭纬知天长军，擅增价鬻官茶，为商人所诉。乙丑，昭纬坐除籍为民。"②

宋高宗建炎元年—四年（1127—1130），天长县又升为军，故下列所辑汇为这一时段的天长军知军。

---

① （元）脱脱等：《宋史》，北京：中华书局，1977年，第9284—9285页。

② （宋）李焘：《续资治通鉴长编》，北京：中华书局，2004年，第492页。

杨晟惇　宋高宗建炎二—三年(1128—1129)

《建炎以来系年要录》卷一八"宋高宗建炎二年十一月"条:"甲申,朝奉郎、知天长军杨晟惇言……晟惇,麻阳人也。"①卷二〇"宋高宗建炎三年二月"条:"庚戌朔,上驾御舟泊河岸,都人惶怖,莫知所为。知天长军杨晟惇奏已拆浮桥,始诏士民从便避敌,官司毋得禁。"②

绍兴十一—十二年(1141—1142)四月,天长县又升为军,以下所辑汇为此时段天长知军。

刘　通　宋高宗绍兴十二年(1142)

《建炎以来系年要录》卷一四四"宋高宗绍兴十有二年岁次"条:"辛亥……武经大夫、御前忠锐第五将、兼枢密院提辖军兵刘通知天长军。通当是刘实之弟。"③

二、县级官员

招信县

主簿

吕　浩　宋高宗绍兴十一年前(1141 前)

《三朝北盟会编》卷二〇六《炎兴下帙一百六》"起绍兴十一年四月尽十一月二十八日壬戌"条:"金人陷濠州:是时,濠州境内人烟稀少,渡江之贫民往往在横山涧许家旧寨,有前招信县主簿吕浩者主其寨,金人虽得濠州,但空城而已。"④

---

① (宋)李心传编撰:《建炎以来系年要录》,北京:中华书局,2013 年,第 423 页。

② (宋)李心传编撰:《建炎以来系年要录》,北京:中华书局,2013 年,第 453 页。

③ (宋)李心传编撰:《建炎以来系年要录》,北京:中华书局,2013 年,第 2709 页。

④ (宋)徐梦莘:《三朝北盟会编》,上海:上海古籍出版社,1987 年,第 1488 页。

卷十三　招信军

招信军,本是盱眙军。宋钦宗建炎三年(1129),泗州盱眙县升为盱眙军,四年(1130)降为县隶濠州。高宗绍兴二年(1132),复隶泗州。十一年(1141)隶天长军。十二年(1142)复升军,以天长县来属,辖天长(治今安徽省天长市)、招信(治今安徽明光市东北六十里女山湖镇)二县。宝庆三年(1227)入于金。绍定四年(1231)复,仍为招信军。绍定五年(1232)改名为招信军。

一、州级官员

(一)知军①

沈该(一知)　宋高宗绍兴十二年(1142)

《建炎以来系年要录》卷一四五"宋高宗绍兴十二年五月"条:"乙巳,军器监主簿沈该直秘阁、知盱眙军,措置榷场之法。"②卷一四七"宋高宗绍兴十二年十一月"条:"丁酉,左朝散大夫、直秘阁、知盱眙军沈诏(该)贬秩一等,坐擅报北牒故也。诏(该)寻以忧去。"③

向子固　宋高宗绍兴十三—十四年(1143—1144)

《宋会要辑稿·崇儒四·求书》:"(绍兴十三年十二月)二十五日,权发

---

① 招信军在宋高宗绍兴十二年(1142)之前仅下属盱眙一县,之后,天长县、招信县纳入其中。因此,本节仅辑汇1142年之后的招信军州县官员信息。

② (宋)李心传编撰:《建炎以来系年要录》,北京:中华书局,2013年,第2733页。

③ (宋)李心传编撰:《建炎以来系年要录》,北京:中华书局,2013年,第2781页。

遣盱眙军向子固言……从之。”[①]《建炎以来系年要录》卷一五二“宋高宗绍兴十四年秋七月”条：“壬申……直秘阁、知盱眙军向子固知扬州；持服人沈该依前直秘阁、知盱眙军。”[②]《全宋文》卷三八三九刘才邵《知盱眙军向子固转官制》[③]。

沈该(二知) 宋高宗绍兴十四—十五年(1144—1145)

《建炎以来系年要录》卷一五二“宋高宗绍兴十四年秋七月”条：“壬申……持服人沈该依前直秘阁、知盱眙军。”[④]卷一五四“宋高宗绍兴十五年八月”条：“己亥……直秘阁、知盱眙军沈该为淮南路转运判官、兼淮南路提点刑狱公事。”[⑤]

毕良史 宋高宗绍兴十五—二十年(1145—1150)

《建炎以来系年要录》卷一五四“宋高宗绍兴十五年八月”条：“己亥……右宣义郎、干办行在诸军粮料院毕良史知盱眙军。”[⑥]卷一五六“宋高宗绍兴十七年冬十月”条：“癸巳……直秘阁、知盱眙军毕良史升直敷文阁，再任。”[⑦]卷一六一“宋高宗绍兴二十年八月”条：“丁未，直敷文阁、知盱眙军毕良史卒。”[⑧]

龚　鉴 宋高宗绍兴二十二—二十五年(1152—1155)

《建炎以来系年要录》卷一六三“宋高宗绍兴二十二年冬十月”条：“壬午，左朝散大夫、知盱眙军龚鉴直秘阁再任。”[⑨]卷一六七“宋高宗绍兴二十四年九月”条：“己巳……直秘阁、知盱眙军龚鉴升直徽猷阁，令再任。”[⑩]卷一六八“宋高宗绍兴二十五年三月”条：“辛酉，直徽猷阁、知盱眙军龚鉴为淮南路转运判官、兼淮南东路提点刑狱公事。”[⑪]

吴　说 宋高宗绍兴二十五—二十六年(1155—1156)

---

① (清)徐松辑：《宋会要辑稿》，上海：上海古籍出版社，2014年，第2830页。
② (宋)李心传编撰：《建炎以来系年要录》，北京：中华书局，2013年，第2869页。
③ 曾枣庄、刘琳主编：《全宋文》，上海：上海辞书出版社，2006年，第175册，第297页。
④ (宋)李心传编撰：《建炎以来系年要录》，北京：中华书局，2013年，第2869页。
⑤ (宋)李心传编撰：《建炎以来系年要录》，北京：中华书局，2013年，第2909页。
⑥ (宋)李心传编撰：《建炎以来系年要录》，北京：中华书局，2013年，第2909页。
⑦ (宋)李心传编撰：《建炎以来系年要录》，北京：中华书局，2013年，第2969页。
⑧ (宋)李心传编撰：《建炎以来系年要录》，北京：中华书局，2013年，第3055页。
⑨ (宋)李心传编撰：《建炎以来系年要录》，北京：中华书局，2013年，第3110页。
⑩ (宋)李心传编撰：《建炎以来系年要录》，北京：中华书局，2013年，第3171页。
⑪ (宋)李心传编撰：《建炎以来系年要录》，北京：中华书局，2013年，第3188页。

《建炎以来系年要录》卷一六八“宋高宗绍兴二十五年三月”条:“辛酉……右奉直大夫、新知安丰军吴说改知盱眙军。”①卷一七五“宋高宗绍兴二十六年冬十月”条:“甲申,诏右朝请大夫、知盱眙军吴说累乞奉祠,可差主管台州崇道观。”②

杨 抗 宋高宗绍兴二十六—三十年(1156—1160)

《建炎以来系年要录》卷一七五“宋高宗绍兴二十六年冬十月”条:“丙申……右朝请大夫、知盱眙军杨抗直秘阁。”③卷一八〇“宋高宗绍兴二十八年九月”条:“丁丑……赐直秘阁、知盱眙军杨抗三品服。”④卷一八一“宋高宗绍兴二十九年岁次”条:“丁丑……直敷文阁、知盱眙军杨抗升直徽猷阁再任。”⑤卷一八四“宋高宗绍兴三十年三月”条:“戊子……直徽猷阁、知盱眙军杨抗落职放罢。”⑥

周 淙 宋高宗绍兴三十—孝宗隆兴元年(1160—1163)

《建炎以来系年要录》卷一八六“宋高宗绍兴三十年九月”条:“壬午……右朝散郎、知楚州周淙移知盱眙军。”⑦卷一九二“宋高宗绍兴三十一年八月”条:“乙巳……诏右朝散郎、知盱眙军周淙特降二官。”⑧卷一九九“宋高宗绍兴三十二年夏四月”条:“乙未……右朝请郎、知盱眙军周淙直秘阁再任。”⑨《宋会要辑稿·职官一一·审官西院》:“隆兴元年正月七日,臣寮言:‘权知盱眙军周淙乞通理转官,有旨特依。’”⑩《全宋文》卷四二九九胡铨《知盱眙军周淙除直徽猷阁制》⑪。

郭 淑 宋孝宗隆兴二年(1164)

《宋会要辑稿·职官七一·黜降官八》:“(隆兴二年)十一月十三日,诏:‘知盱眙军郭淑可特勒停,送静江府编管;知濠州孔福可削夺官职,白身

---

① (宋)李心传编撰:《建炎以来系年要录》,北京:中华书局,2013年,第3188页。
② (宋)李心传编撰:《建炎以来系年要录》,北京:中华书局,2013年,第3345页。
③ (宋)李心传编撰:《建炎以来系年要录》,北京:中华书局,2013年,第3347页。
④ (宋)李心传编撰:《建炎以来系年要录》,北京:中华书局,2013年,第3456页。
⑤ (宋)李心传编撰:《建炎以来系年要录》,北京:中华书局,2013年,第3471页。
⑥ (宋)李心传编撰:《建炎以来系年要录》,北京:中华书局,2013年,第3566页。
⑦ (宋)李心传编撰:《建炎以来系年要录》,北京:中华书局,2013年,第3602页。
⑧ (宋)李心传编撰:《建炎以来系年要录》,北京:中华书局,2013年,第3721页。
⑨ (宋)李心传编撰:《建炎以来系年要录》,北京:中华书局,2013年,第3924页。
⑩ (清)徐松辑:《宋会要辑稿》,上海:上海古籍出版社,2014年,第3335页。
⑪ 曾枣庄、刘琳主编:《全宋文》,上海:上海辞书出版社,2006年,第195册,第41页。

自效。’皆坐虏骑渡淮,望风逃遁故也。”[①]《宋会要辑稿·选举三四·特恩除职二》:“(隆兴二年九月)十五日,诏权发遣盱眙军郭淑究心职事,可除直秘阁。”[②]又见《盘洲文集》卷一九《知盱眙军郭淑直秘阁制》[③]。

胡　昉　宋孝宗隆兴二年(1164)

《宋会要辑稿·选举三四·特恩除职二》:“(隆兴二年十二月)十一日,诏右通直郎胡昉除直秘阁,差知盱盱眙军。”[④]又见《盘洲文集》卷二三《胡昉直秘阁知盱眙军制》[⑤]。

俞长吉　宋孝宗乾道元年(1165)

《宋会要辑稿·选举三四·特恩除职二》:“(乾道元年三月四日)同日,诏大理正俞长吉除直秘阁、知盱眙军。”[⑥]《夷坚志》乙卷一七《钱瑞反魂》:“乾道元年六月,秀州大疫,吏人钱瑞亦病旬余。……仰视见大理正俞长吉朝服坐殿上。瑞尝为棘寺吏,识之,即趋拜拱立。……时长吉知盱眙军方死。”[⑦]

胡坚常　宋孝宗乾道元年—三年(1165—1167)

《宋会要辑稿·选举三四·特恩除职二》:“(乾道元年四月)十九日,诏权通判临安府胡坚常除直秘阁、知盱眙军。”[⑧]“(乾道三年)二月六日,诏直秘阁、权发遣盱眙军胡坚常除直敷文阁、知滁州。”[⑨]兵五《屯戍上》:“(乾道元年)十一月十九日,执政进呈知盱眙军胡坚常乞免白直人一次交替。”[⑩]《全宋文》卷六二五九蔡戡《故朝议大夫直宝文阁学士胡公墓志铭》:“公讳坚常,字秉彝,姓胡氏。……擢直秘阁、知盱眙军。”[⑪]

吕企中　宋孝宗乾道三年(1167)

---

① (清)徐松辑:《宋会要辑稿》,上海:上海古籍出版社,2014 年,第 4951 页。

② (清)徐松辑:《宋会要辑稿》,上海:上海古籍出版社,2014 年,第 5915 页。

③ (宋)洪适:《盘洲文集》,《宋集珍本丛刊 045—2》,北京:线装书局,2004 年,第 159 页。

④ (清)徐松辑:《宋会要辑稿》,上海:上海古籍出版社,2014 年,第 5915—5916 页。

⑤ (宋)洪适:《盘洲文集》,《宋集珍本丛刊 045—2》,北京:线装书局,2004 年,第 189 页。

⑥ (清)徐松辑:《宋会要辑稿》,上海:上海古籍出版社,2014 年,第 5916 页。

⑦ (宋)洪迈:《夷坚志》,北京:中华书局,1981 年,第 333—334 页。

⑧ (清)徐松辑:《宋会要辑稿》,上海:上海古籍出版社,2014 年,第 5916 页。

⑨ (清)徐松辑:《宋会要辑稿》,上海:上海古籍出版社,2014 年,第 5918 页。

⑩ (清)徐松辑:《宋会要辑稿》,上海:上海古籍出版社,2014 年,第 8711 页。

⑪ 曾枣庄、刘琳主编:《全宋文》,上海:上海辞书出版社,2006 年,第 276 册,第 327—328 页。

《宋会要辑稿·选举三四·特恩除职二》:“(乾道三年十一月)十六日,诏右通直郎、权知盱眙军吕企中除直秘阁。”①

龚　鋈　宋孝宗乾道六年(1170)

《宋会要辑稿·刑法二·禁约四》:“(乾道六年)十月二十八日,权发遣盱眙军龚鋈言……诏依,今后仍有违犯人,具姓名申取朝廷指挥。”②《宋会要辑稿·选举三四·特恩除职二》:“(乾道六年十月)十四日,诏权发遣盱眙军、兼沿边巡检使措置榷阳场龚鋈除直秘阁。”③《庐陵周益国文忠公集》卷七〇《和州防御史赠少师赵公伯骕神道碑(嘉泰四年)》:“(乾道)七年正月……先是盱眙守龚次金禁止骑兵作过人,犯者必斩。”④案:龚鋈,疑次金为其字。

元居实　宋孝宗淳熙六年前(1179前)

《宋会要辑稿·崇儒七·却贡》:“淳熙六年正月二十四日,宰臣赵雄等奏……上曰:‘……记得元居实知盱眙军……卿等可取观之。’”⑤

高　震　宋孝宗淳熙十二—十四年(1185—1187)

《宋会要辑稿·职官七七·起复》:“(淳熙十二年)七月十二日,诏持服前武翼郎、权发遣盱眙军高震起复。”⑥《职官五二·奉使》:“(淳熙十四年十月)二十一日,诏……武翼郎、前权发遣盱眙军高震假福州观察使、知合门事、兼客省四方馆事副之。”⑦

葛　掞　宋孝宗淳熙十五—十六年(1188—1189)

《宋会要辑稿·职官四四·市舶司》:“(淳熙十五年)十一月二十二日,知盱眙军葛掞言……从之。”⑧《职官七二·黜降官九》:“(淳熙十六年)三月六日,诏知盱眙军葛掞降两官,及漕臣朱佺并放罢。”⑨又见《杨万里集笺校》

---

① (清)徐松辑:《宋会要辑稿》,上海:上海古籍出版社,2014年,第5919页。

② (清)徐松辑:《宋会要辑稿》,上海:上海古籍出版社,2014年,第8386页。

③ (清)徐松辑:《宋会要辑稿》,上海:上海古籍出版社,2014年,第5922页。

④ (宋)周必大:《庐陵周益国文忠公集》,《宋集珍本丛刊051—2》,北京:线装书局,2004年,第671—672页。

⑤ (清)徐松辑:《宋会要辑稿》,上海:上海古籍出版社,2014年,第2913页。

⑥ (清)徐松辑:《宋会要辑稿》,上海:上海古籍出版社,2014年,第5152页。

⑦ (清)徐松辑:《宋会要辑稿》,上海:上海古籍出版社,2014年,第4447页。

⑧ (清)徐松辑:《宋会要辑稿》,上海:上海古籍出版社,2014年,第4220页。

⑨ (清)徐松辑:《宋会要辑稿》,上海:上海古籍出版社,2014年,第4995页。

卷五五《与前盱眙军葛寺丞启》①。

霍 箎 宋孝宗淳熙十六年—光宗绍熙二年(1189—1191)

《宋会要辑稿·职官四七·判知州府军监》:“(淳熙十六年十一月)十七日,宰执进呈盱眙守臣霍箎捕获赵兴等透漏银两甚多,不可不略与旌赏。”②《职官七三·黜降官一〇》:“(绍熙二年正月)二十五日,诏知盱眙军霍箎与祠禄。”③又见《全宋文》卷五七一六霍箎《盱眙军到任谢表》④。

汪 梓 宋光宗绍熙二年(1191)

《庐陵周益国文忠公集》卷三〇《枢密使赠金紫光禄大夫汪公澈神道碑(绍熙二年十一月)》:“公讳澈,字明远,姓汪氏……子男四人,皆通敏。……梓,朝请郎、知盱眙军。”⑤《全宋文》卷六三九二徐谊《盱眙第一山题名》:“绍熙壬子十有二月四日,永嘉徐谊、崆峒郭正□被命迓客至此。使者浚仪胡师罼、郡太守番易汪梓相携同登。”⑥

刘 荀 宋宁宗庆元元年(1195)

《宋会要辑稿·职官七三·黜降官一〇》:“(庆元元年三月)二十六日,知盱眙军刘荀放罢。以臣僚言其为守盱眙,郡境大旱,辄以丰熟妄申,致民窜虏境。”⑦

鲍信叔 宋宁宗庆元二年(1196)

《宋会要辑稿·食货六一·官田杂录》“(庆元)二年十二月五日,诏……从知盱眙军鲍信叔请也。”⑧

施 宿 宋宁宗开禧元年(1205)

《渭南文集》卷二〇《盱眙军翠屏堂记(开禧元年正月)》:“则盱眙实梁、宋、吴、楚之冲,为天下重地,尚矣。……及吴兴施侯之来为知军事也,政成

---

① (宋)杨万里撰,辛更儒笺校:《杨万里集笺校》,北京:中华书局,2007年,第2519页。

② (清)徐松辑:《宋会要辑稿》,上海:上海古籍出版社,2014年,第4289页。

③ (清)徐松辑:《宋会要辑稿》,上海:上海古籍出版社,2014年,第5003页。

④ 曾枣庄、刘琳主编:《全宋文》,上海:上海辞书出版社,2006年,第254册,第305页。

⑤ (宋)周必大:《庐陵周益国文忠公集》,《宋集珍本丛刊051—2》,北京:线装书局,2004年,第364—366页。

⑥ 曾枣庄、刘琳主编:《全宋文》,上海:上海辞书出版社,2006年,第282册,第82页。

⑦ (清)徐松辑:《宋会要辑稿》,上海:上海古籍出版社,2014年,第5036页。

⑧ (清)徐松辑:《宋会要辑稿》,上海:上海古籍出版社,2014年,第7456页。

俗阜。……侯名宿，于是为朝散郎直秘阁。开禧元年春正月癸酉记。”①

常　褚　宋宁宗开禧元年—二年(1205—1206)

《宋会要辑稿·职官四八·提举兵甲巡检事》：“开禧二年正月二十九日，知盱眙军常褚奏……诏减罢沿淮巡检一员，更不差人，增置盱眙县主簿一员。”②《全宋文》卷六六四八八孟猷《盱眙县第一山题名(开禧元年十月)》：“汲郡孟猷良父、钱塘吴衡子公奉命肃客此来，部使者云川叶籈叔推、郡太守临邛褚叔度，相拉来游，题名于石。开禧改元十月廿八日。”③卷六七〇七丁常任《盱眙县第一山题名(开禧二年正月)》：“晋陵丁常任卿季、开封杨文昌少鲁，被旨肃客至都梁。既竣事，郡守常褚叔度留款□夕。翌日约登山，阻雪，解舟遂行。……开禧二年正月二十四日。”④

吴　衡　宋宁宗开禧二年(1206)

《宋会要辑稿·兵二〇·军赏》：“(开禧二年九月二十八日)同日，诏秉义郎、山东京东路招抚使司参议官吴衡特转两官。”⑤

何汝霖　宋宁宗嘉定元年(1208)

《景定建康志》卷二六《官守志三》：“何汝霖，武功大夫、殿前司选锋军统制、兼知盱眙军，嘉定元年二月十二日差充建康府驻札、御前诸军副都统制，三月初一到任。”⑥

葛　洪　宋宁宗嘉定二年前后(1209前后)

《全宋文》卷六三七六袁燮《盱眙军新学记》：“盱眙之学，创于绍兴之癸亥岁，迨今辛巳，戎马南牧，墟焉。乾道二年再建，而开禧以兵毁。嘉定二年更造，既累岁矣。会太守葛侯洪徙郡治于山城，学宫亦将从之。……夏季经始，孟秋告具。”⑦

王大昌　宋宁宗嘉定三年(1210)

---

① (宋)陆游：《渭南文集》，《宋集珍本丛刊 047—3》，北京：线装书局，2004 年，第 535—536 页。

② (清)徐松辑：《宋会要辑稿》，上海：上海古籍出版社，2014 年，第 4396 页。

③ 曾枣庄、刘琳主编：《全宋文》，上海：上海辞书出版社，2006 年，第 292 册，第 201 页。

④ 曾枣庄、刘琳主编：《全宋文》，上海：上海辞书出版社，2006 年，第 294 册，第 363 页。

⑤ (清)徐松辑：《宋会要辑稿》，上海：上海古籍出版社，2014 年，第 9028 页。

⑥ (宋)马光祖修、周应合纂：《景定建康志》，《宋元方志丛刊 2》，北京：中华书局，1990 年，第 1772 页。

⑦ 曾枣庄、刘琳主编：《全宋文》，上海：上海辞书出版社，2006 年，第 281 册，第 223 页。

《全宋文》卷六八八五赵汝涧《盱眙县第一山题名(嘉定三年十二月)》:“开封赵汝涧、贾浚明□旨肃客,郡守池阳王大昌载酒同游,见蔡元长刻题,感叹久之。嘉定庚午腊八日。”①又见《全宋文》卷六九三七桂卓《盱眙县第一山题名(嘉定三年十一月)》②、卷六九三九钱仲彪《盱眙县第一山题名(嘉定三年十一月)》③。

陈师文 宋宁宗嘉定六年(1213)

《宋会要辑稿·职官七四·黜降官一一》:“(嘉定六年七月)二十五日,知真州徐景、知盱眙军陈师文并放罢。”④

王　驹 宋宁宗嘉定六年(1213)

《宋会要辑稿·职官七五·黜降官一二》:“(嘉定六年)九月一日,王驹差知盱眙军指挥寝罢。”⑤

李　骏 宋宁宗嘉定九年(1216)

《宋会要辑稿·职官七五·黜降官一二》:“(嘉定九年十二月)二十七日,新知泰州李骏、知安丰军孫泾并放罢。以殿中侍御史李楠言:‘骏比守盱眙,筑城一事略不介意……气喂多惧。’”⑥

孙　泾 宋宁宗嘉定九年(1216)

见上“李骏”条。

贾　涉 宋宁宗嘉定十年后(1217后)

《宋史》卷四〇三《贾涉传》:“贾涉字济川,天台人。……金人犯光州,起涉竟前役。通判真州,改大理司直、知盱眙军。”⑦

余　玠 宋理宗嘉熙元年—三年(1237—1239)

《后村先生大全集》卷一四一《杜尚书神道碑》:“公讳杲,字子昕。……杜氏本京兆万年,至提举公始居邵武。……明年嘉熙改元……庚牌调盱眙

---

① 曾枣庄、刘琳主编:《全宋文》,上海:上海辞书出版社,2006年,第301册,第418页。
② 曾枣庄、刘琳主编:《全宋文》,上海:上海辞书出版社,2006年,第304册,第33页。
③ 曾枣庄、刘琳主编:《全宋文》,上海:上海辞书出版社,2006年,第304册,第80页。
④ (清)徐松辑:《宋会要辑稿》,上海:上海古籍出版社,2014年,第5069页。
⑤ (清)徐松辑:《宋会要辑稿》,上海:上海古籍出版社,2014年,第5071页。
⑥ (清)徐松辑:《宋会要辑稿》,上海:上海古籍出版社,2014年,第5078页。
⑦ (元)脱脱等:《宋史》,北京:中华书局,1977年,第12207页。

守余公玠及赵东、夏皋赴援，濠倅赵希瀞监夏、赵军，公以蜡书约夹攻。"①《全宋文》卷八二四〇余如孙《玠府君墓志》："先公讳玠，字义夫……嘉熙改元三月，以将作监簿守招信军，节制本军戍军马、淮东制参。……三年十一月，迁尚书工部。"②《宋史》卷四二《理宗本纪二》："（嘉熙二年春正月）余玠知招信军兼淮东制置司参议官，进三秩。"③

刘琸(倬)　宋理宗嘉熙四年(1240)

《宋史》卷四七六《李全传(上)》："刘琸久在盱贻(眙)……九月，以琸知楚州兼淮东制置使，(彭)忔代知盱眙，晞稷不知也。"④《漫塘文集》卷一一《回盱眙刘帅琸札子》⑤、卷一六《回知盱眙刘都统倬贺除司令启》⑥。

彭　忔　宋理宗嘉熙四年后(1240后)

见上"刘琸"条。

赵邦永　约宋理宗淳祐四年前后(1244前后)

《全宋文》卷七八五八李曾伯《拟泰寿泗三郡筑城记(淳祐六年)》："淳祐壬寅二月，予以尚书左司误恩授淮东阃，旋兼淮西，辞弗获命。……至四年七月晦而寿城成……既十月，招、泗守赵邦永、鲍义同上言：'寿为西淮门户……今当视泗如寿。'"⑦

孙　琦　宋理宗淳祐十年(1250)

《景定建康志》卷二六《官守志三》："孙琦……淳祐十年五月空日，枢密院札子，五月十五日奉圣旨差知招信军。"⑧

余汝强　宋度宗咸淳三年(1267)

《全宋文》卷八二四〇曹镇《盱眙守余汝强碑记(咸淳三年三月)》："庆元左揆余忠肃公曾宣命……后五十七年，曾孙汝强适守是邦，赞□余日，领

---

① (宋)刘克庄：《后村先生大全集》，《宋集珍本丛刊082—1》，北京：线装书局，2004年，第421—423页。

② 曾枣庄、刘琳主编：《全宋文》，上海：上海辞书出版社，2006年，第356册，第54—55页。

③ (元)脱脱等：《宋史》，北京：中华书局，1977年，第815页。

④ (元)脱脱等：《宋史》，北京：中华书局，1977年，第13831页。

⑤ (宋)刘宰：《漫塘文集》，《宋集珍本丛刊072—2》，北京：线装书局，2004年，第215页。

⑥ (宋)刘宰：《漫塘文集》，《宋集珍本丛刊072—2》，北京：线装书局，2004年，第278页。

⑦ 曾枣庄、刘琳主编：《全宋文》，上海：上海辞书出版社，2006年，第340册，第333—334页。

⑧ (宋)马光祖修、周应合纂：《景定建康志》，《宋元方志丛刊2》，北京：中华书局，1990年，第1775页。

僚友金陵朱□□□□□□□□泗之摄倅□山曹镇游□□□□名□其子弟宾客从。……咸淳丁卯清明日，曹镇□□。”①

张思聪　宋度宗咸淳六年(1270)

《宋史》卷四二一《李庭芝传》：“(咸淳六年三月)已而知淮安州许文德、知盱眙军张思聪、知泗州刘兴祖皆以粮尽降。”②

陈　岩　宋度宗咸淳九年前(1273 前)

《宋史》卷四六《度宗本纪》：“(咸淳九年夏四月)癸巳，知招信军陈岩乞祠禄。”③

(二)通判

祝　闵　宋高宗绍兴二十二—二十五年(1152—1155)

《建炎以来系年要录》卷一七〇“宋高宗绍兴二十五年十二月”条：“丙申……左承议郎、通判盱眙军祝闵行宗正寺主簿，左承议郎朱夏卿行司农寺主簿。闵，德兴人；夏卿，胜非子，皆用近臣荐，故有是命。闵二十二年十一月戊戌除盱眙倅，其后言者论闵知海盐县，作将觉堂，由此除宗簿。”④

孙延直　约宋高宗绍兴中

《渭南文集》卷三五《夫人孙氏墓志铭》：“夫人孙氏，会稽山阴人。……祖彦直，通判盱眙军，赠朝散郎。”⑤

刘敏士　宋高宗绍兴三十二年(1162)

《建炎以来系年要录》卷一九六“宋高宗绍兴三十二年岁次”条：“丙子……右朝散郎、新通判盱眙军刘敏士知楚州。”⑥

孙　质　宋宁宗庆元元年(1195)

《宋会要辑稿·职官七三·黜降官一〇》：“(庆元元年八月)二十七日，盱眙军通判孙质永不得与亲民差遣，添差严州通判任清叟放罢。”⑦《全宋

① 曾枣庄、刘琳主编：《全宋文》，上海：上海辞书出版社，2006 年，第 356 册，第 71—72 页。

② (元)脱脱等：《宋史》，北京：中华书局，1977 年，第 12602 页。

③ (元)脱脱等：《宋史》，北京：中华书局，1977 年，第 912 页。

④ (宋)李心传编撰：《建炎以来系年要录》，北京：中华书局，2013 年，第 3247 页。

⑤ (宋)陆游：《渭南文集》，《宋集珍本丛刊 047—3》，北京：线装书局，2004 年，第 626 页。

⑥ (宋)李心传编撰：《建炎以来系年要录》，北京：中华书局，2013 年，第 3852 页。

⑦ (清)徐松辑：《宋会要辑稿》，上海：上海古籍出版社，2014 年，第 5037 页。

文》卷六一五七黄黼《劾盱眙军通判孙质严州通判任清叟奏(庆元元年八月)》①。

尤　爚　宋宁宗嘉定十二年(1219)

《宋会要辑稿·职官七五·黜降官一二》:“(嘉定十二年)八月九日,前通判盱眙军尤爚罢祠禄。”②

陈天泽　宋理宗淳祐前

《东涧集》卷六《陈天泽通判招信军转一官制》③。

李　节　约宋理宗淳祐四年前后(1244 前后)

《全宋文》卷七八五八李曾伯《拟泰寿泗三郡筑城记(淳祐六年)》:“淳祐壬寅二月,予以尚书左司误恩授淮东阃,旋兼淮西,辞弗获命。……至四年七月晦而寿城成……既十月……以掌钱粮与审视工载,则盱眙通判李节也。”④

曹　镇　宋度宗咸淳三年(1267)

见上知军“余汝强”条。

(三)录事参军事

孙守信　宋高宗绍兴十二年(1142)

《建炎以来系年要录》卷一四六“宋高宗绍兴十二年九月”条:“甲寅……先是,金人求真珠鞁靸等物,秦桧以誓书不遣泛使,乃谕盱眙军,令录事参军孙守信往泗州谕守将周金,令具奏达,俟遣彦良出使附行。”⑤

蔡　翚　宋高宗绍兴二十三年前(1153 前)

《建炎以来系年要录》卷一六四“宋高宗绍兴二十三年六月”条:“甲子,诏每岁交割岁币官员虽多,止以十三年分六员所得减年细计分受。以前盱眙军录事参军蔡翚言其泛滥故也。”⑥

郭　江　约宋宁宗朝

---

① 曾枣庄、刘琳主编:《全宋文》,上海:上海辞书出版社,2006 年,第 272 册,第 286 页。

② (清)徐松辑:《宋会要辑稿》,上海:上海古籍出版社,2014 年,第 5084 页。

③ (宋)许应龙:《东涧集》,《宋集珍本丛刊 073—2》,北京:线装书局,2004 年,第 214 页。

④ 曾枣庄、刘琳主编:《全宋文》,上海:上海辞书出版社,2006 年,第 340 册,第 333—335 页。

⑤ (宋)李心传编撰:《建炎以来系年要录》,北京:中华书局,2013 年,第 2770 页。

⑥ (宋)李心传编撰:《建炎以来系年要录》,北京:中华书局,2013 年,第 3126 页。

《水心先生文集》卷二三《郭伯山墓志铭》:"君东阳郭氏,名江,字伯山。……然余卧病不出十余年,闻君管押三江袋盐,监穿山破盐场,盱眙军录事参军,又于其间监泰州支盐仓,车辂院,乌江舒城令,辟书四来,君不暇答也。……而以嘉定十年十一月十九日卒,年六十五。"①

(四)判司

司法参军

洪　琰　宋宁宗嘉定中

《漫塘文集》卷二九《故仙都隐吏知县洪朝散墓志铭(嘉定十七年八月)》:"庆元初奉诏选士,余与洪君叔毅实会上饶。……别十有五年,君为盱眙法曹,幸过余。……君讳琰,字叔毅。……盱眙兵荒之余,饥羸仰哺,而公廨悉荡于劫灰,外广赈赡,内新缔建,皆受成于君。"②

二、县级官员

(一)招信县

知县

刘　偁　宋孝宗乾道二—五年后(1166—1169后)

《宋会要辑稿·职官六〇·久任官》:"(乾道)五年正月二十六日,诏:'添差权发遣淮南东路兵马副都监、兼知招信县令刘偁特转一官再任';以偁乾道二年权知招信县,得旨职事修举,转一官再任。继被旨,久任边邑,弹压有劳,故有是命。"③

俞　灏　约宋宁宗嘉泰末或开禧中

《平斋文集》卷三二《提举俞太中行状(绍定四年)》:"公讳灏,字商卿。

---

① (宋)叶适:《水心先生文集》,《宋集珍本丛刊067—2》,北京:线装书局,2004年,第323页。

② (宋)刘宰:《漫塘文集》,《宋集珍本丛刊072—2》,北京:线装书局,2004年,第468—469页。

③ (清)徐松辑:《宋会要辑稿》,上海:上海古籍出版社,2014年,第4683页。

……登绍熙癸丑乙科，授吴县尉。秩满，辟户部犒赏武康酒库，以格知宁国府宣城县。未上，辟知盱眙军招信县，逾年改辟镇江都统司主管机宜文字。嘉定初元，充淮东安抚司参议官。”①

曹　镇　宋度宗咸淳七—九年(1271—1273)

《全宋文》卷八二四〇曹镇《盱眙县第一山题名(咸淳九年九月)》：“□□曹镇试招信令，以县廨未营，寓治兹山者三阅岁。奉汰浮归，时咸淳癸酉重阳前七日也。”②

(二)天长县

知县

项　桩　宋宁宗嘉定元年(1208)

《宋会要辑稿·方域一八·雁门寨》：“天长寨：嘉定元年三月二十八日，诏令镇江府于桩管真州卖钞司钱内支拨交子六千贯，付盱眙军天长县令项桩管，专充修盖天长寨屋。”③

贾余庆　南宋末

《嘉庆备修天长县志稿》卷六上《职官》：“贾余庆，字善夫，临淮人，天长令。”④

---

① (宋)洪咨夔：《平斋文集》，《宋集珍本丛刊075—1》，北京：线装书局，2004年，第304—305页。

② 曾枣庄、刘琳主编：《全宋文》，上海：上海辞书出版社，2006年，第356册，第72页。

③ (清)徐松辑：《宋会要辑稿》，上海：上海古籍出版社，2014年，第9640页。

④ (清)张宗泰纂：《嘉庆备修天长县志稿》，《中国地方志集成·安徽府县志辑34》，南京：江苏古籍出版社，1998年，第90页。

卷十四　怀远军

怀远军，宋理宗宝祐五年（1257）五月置，领荆山（治今安徽怀远县北三里）一县。宋恭帝德祐二年（1276）二月怀远军归元朝。元世祖至元二十八年（1291）正月，废怀远军入荆山县，称怀远县，隶属安丰路濠州。

州级官员

知军

夏贵正　宋理宗宝祐五年（1257）

《宋史》卷四四《理宗本纪四》：“（宝祐五年）五月……壬午，夏贵正任吉州刺史、带御器械、镇江驻扎都统制、知怀远军。”①

金之才　宋恭帝德祐元年前后（1275 前后）

《宋史》卷四七《瀛国公》：“（德祐元年）秋七月……庚申，加知高邮军褚一正阁门宣赞舍人，知怀远军金之才带御器械，知安淮军高福阁门祗候，知泗州谭兴阁宣赞舍人，知濠州孙立右卫大将军，赏守边功。”②

① （元）脱脱等：《宋史》，北京：中华书局，1977 年，第 860 页。

② （元）脱脱等：《宋史》，北京：中华书局，1977 年，第 932 页。

附录　隋唐五代两宋地方州县职官沿革概述

中国古代官制历史悠久、名称繁杂，有些时候为了读懂一些文献，不得不对这些官职名称进行了解。本文主要从地方官员的名称及其职责演变和沿革进行了简要的梳理介绍，方便本书的阅读和理解。

一、州级官员

（一）刺史（知州、府）

西汉时期，刺史制业已形成，并被历代所继承和发展，刺史也就成为地方的重要长官，掌管着一州郡的军政大权。

隋代的刺史制经历了系列的复杂变化。隋文帝开皇三年（583），"罢郡，以州统县"①，地方行政区划又回归二级制。《通典》评价隋文帝的这一举措称："自是刺史之名存而职废。后虽有刺史，皆太守之互名，理一郡而已，非旧刺史之职。"②其实，刺史和太守虽然名称不同，其实质无异。隋文帝时，"州，置总管者，列为上中下三等。总管刺史加使持节"③。不过，隋炀帝即位后，又废除总管。大业三年（607），隋炀帝"罢州置郡，郡置太守。上郡从三品，中郡正四品，下郡从四品。京兆、河南则具为尹，并正三品。罢长史、司马，置赞务一人以贰之。次置东西曹掾，主簿，司功、仓、户、兵、法、士曹等书

① （唐）魏徵等：《隋书》，北京：中华书局，1973 年，第 792 页。

② （唐）杜佑：《通典》，北京：中华书局，1988 年，第 888 页，

③ （唐）魏徵等：《隋书》，北京：中华书局，1973 年，第 784 页。

佐,各因郡之大小而为增减。……其后诸郡各加置通守一人,位次太守,京兆、河南,则谓之内史。”①

唐代基本沿袭隋代的刺史制。按照赖瑞和先生的观点,刺史是地方官,也属于高层文官级别的。《旧唐书》卷四九下《百官四下》载:“武德元年,改太守曰刺史,加使持节……天宝元年,改刺史曰太守。”②至德二载(757),又改太守为刺史。可见,在唐代,刺史和太守均指一个官,即刺史。到了宋代以后,刺史又与知州的职责等同。因而,宋代所谓的知州实质上就是隋唐时期的刺史。那么刺史到底有什么样的职责呢?《唐六典》卷三〇《三府都护州县官吏》载:“刺史掌清肃邦畿,考核官吏,宣布德化,抚和齐人,劝课农桑,敦谕五教。每岁一巡属县,观风俗,问百姓,录囚徒,恤鳏寡,阅丁口,务知百姓之疾苦。部内有笃学异能闻于乡闾者,举而进之;有不孝悌,悖礼乱常,不率法令者,纠而绳之。其吏在官公廉正己清直守节者,必察之;其贪秽谄谀求名徇私者,亦谨而察之,皆附于考课,以为褒贬。若善恶殊尤者,随即奏闻。若狱讼之枉疑,兵甲之征遣,兴造之便宜,符瑞之尤异,亦以上闻。其常则申于尚书省而已。若孝子顺孙,义夫节妇,志行闻于乡闾者,亦随实申奏,表其门闾;若精诚感通,则加优赏。其孝悌力田者,考使集日,具以名闻。其所部有须改更,得以便宜从事。若亲王典州及边州都督、刺史不可离州局者,应巡属县,皆委上佐行焉。”③由此可见,刺史的职责范围比较广泛,基本上涉及州的全部事宜,责任非常重大,是替中央管理地方的重要职权机构④。赖瑞和先生以更为简洁的语言描述了刺史的职责:“唐代刺史是一州的长官。州内的大小事务,他当然都要掌握。有些突发性的,临时性的事,比如州内发生叛乱,或遭到蛮夷掠夺,他可能还要带兵作战。”⑤当然,在对刺史进

---

① (唐)魏徵等:《隋书》,北京:中华书局,1973年,第802页。

② (后晋)刘昫等:《旧唐书》,北京:中华书局,1975年,第1317页。

③ (唐)李林甫等:《唐六典》,北京:中华书局1992年,第747页。

④ 关于刺史的职能研究可以参见朱华:《唐代刺史考课制度初探》,《四川师范学院学报(哲学社会科学版)》1999年第4期,第15—17页;夏炎:《唐代刺史的军事职掌与州级军事职能》,《南开学报(哲学社会科学版)》2006年第4期,第58—65页;张卫东;《唐代刺史与旌表制度》,《江西社会科学》2009年第7期,第146—152页;张卫东、刘勇:《论唐代刺史的教化职能》,《江海学刊》2010年第5期,第168—176页;刘勇:《唐代刺史与灾荒》,《江汉论坛》2011年第7期,第90—94页;赖瑞和:《唐代刺史的税官角色》,《史学集刊》2015年第5期,第43—51页,等等。

⑤ 赖瑞和:《唐代刺史的税官角色》,《史学集刊》2015年第5期,第43—51页。

行考核的时候,也主要围绕上述职责展开。归纳起来主要围绕以下几个方面进行:首先是以户口、垦田增减为标准。其次以赋税增损为标准。此外,唐朝廷还常常根据当时政治、经济情况的需要,临时规定一些考课刺史的标准①,因时因地而异。五代也是基本沿袭唐制。

宋代,刺史制稍有变化。《宋代官制辞典》指出:宋代的州"依户口数分雄、望、紧、上、中、中下、下七等。按格,又有都督州、节度州、观察州、防御州、团练州、军事州(刺史州)之分。州格有升降,如防御州升节度州,或降为团练州。……宋初沿唐制,节度使、观察使、防御使、团练使、刺史等,为实官,赴州任职"②。上述官职为州一级的最高长官。府,实质上与州平级,但在实际地位上略高于州,因为府原本就是由州而升。京府、次府设府尹、少尹或府牧。其他府的长官即为知府。此外还有军、监,这些都和州本质是处在同一个等级上。"各府州军监实行军制,由朝廷委派京、朝官管理州郡事,称'权知某州军州(府、监)事',表示全权管辖一州的军政和民政。各州可以直接向朝廷奏事。二品以上和带两府职事者,称'判某州(或某府)'。"③

关于宋代知州的任职,较为复杂,具体可分为如下这些说法:

(1)"知某州军州事":知州的全称为"知某州军州事",编制为每州1人。《宋代官制辞典》云其简称与别名有:"知州事、知州""某州""郡守、守、太守""节镇郡守""知郡、守臣""二千石""刺史""州牧、牧""一麾、州麾、拥麾、把麾、建麾、麾节、麾""使君、史君、五马""州家、郡家""郡寄""一障""二天""左符""州将、郡将、提将""专城""连帅、师帅、知州帅""候、假候""方伯""外任监当""铃阁、铃下""分野""邦君""大府"④。

(2)同知某州军州事:宋朝还在边远州郡设同知州以副知州,称为"同知某州军州事",别称"同知""郡副"。同知资序低于知州,或以诸司副使(武臣)差充⑤。

---

① 朱华:《唐代刺史考课制度初探》,《四川师范学院学报(哲学社会科学版)》1999年第4期,第15—17页。

② 龚延明:《宋代官制辞典》,北京:中华书局,1997年,第23页。一般认为,宋太祖、太宗朝,防御使、团练使、刺史等依然拥有实权,在地方上掌管军政大权。因此,本书在统计宋代皖北的地方州级官员时予以纳入。

③ 白钢主编:《中国政治制度史》,北京:社会科学文献出版社,2007年,第450页。

④ 龚延明:《宋代官制辞典》,北京:中华书局,1997年,第531—533页。

⑤ 龚延明:《宋代官制辞典》,北京:中华书局,1997年,第533页。

(3)知某州军府事:如是都督州,其知州全称为"知某州军府事",而不称"知某州军州事"①。

(4)判某州军州事:宋制,如差充知州人的官品与所任之州同品②,则称"知",如隔品(高一品或二品)称判,简称"判州"③。

(5)权知某州军州事:北宋时,文臣资任差一任(或品未及)而任州守者,带"权"字,又称"权知州、假守"④。

(6)权发遣某州军州事:文臣资任差二任(或官品隔二品)知州者,带"权发遣",又称"权发遣州事、假守"⑤。

(7)州牧:宋朝冀、兖、青、徐、扬、荆、豫、梁、雍九州置牧,州牧除为亲王加官外,实不除人;或临时差官权摄而已⑥。

(8)"知某府军府事":宋代以知府事为府之长官。《宋史》卷一六七《职官七·府州军监》云"知某府军府事":"掌总理郡政,宣布条教,导民以善而纠其奸慝;岁时勤课农桑,旌别孝悌;其赋役、钱谷、狱讼之事,兵民之政皆总焉。"⑦"知某府军府事"又称"知府事、知府""太守、守""府公、明公""府尹、府守、使君""知郡""候""铃斋"。知府须文臣朝官以上、武臣刺史(从五品)以上差任,位稍尊于州⑧。

与"判某州军州事"类似,府有"判某府军府事",宋代,官至尚书左、右仆射及使相以上领州、府则称判。"判某府军府事"简称"判府"⑨。知州职责主要:"掌本州军、民之政,举凡户口、赋役、钱谷、狱讼听断之事,绳法以总领之;至于宣布条教,岁时劝课农桑,旌别孝悌,考察郡吏;遇水旱,以法赈济,安集流亡,均负其职。"⑩

---

① 龚延明:《宋代官制辞典》,北京:中华书局,1997年,第533页。

② 宋初,按州按格分为都督州、节度州、观察州、防御州、团练州、刺史州,各州品位依诸使官品而定,如节度州为三品、观察州为四品、刺史州为五品。

③ 龚延明:《宋代官制辞典》,北京:中华书局,1997年,第534页。

④ 龚延明:《宋代官制辞典》,北京:中华书局,1997年,第534页。

⑤ 龚延明:《宋代官制辞典》,北京:中华书局,1997年,第534页。

⑥ 龚延明:《宋代官制辞典》,北京:中华书局,1997年,第534页。

⑦ (元)脱脱等:《宋史》,北京:中华书局,1977年,第3972—3973页。

⑧ 龚延明:《宋代官制辞典》,北京:中华书局,1997年,第536页。

⑨ 龚延明:《宋代官制辞典》,北京:中华书局,1997年,第537页。

⑩ (清)徐松辑:《宋会要辑稿》,上海:上海古籍出版社,2014年,第4265页。

（二）防御使与团练使

1. 防御使

防御使，全称“防御守捉使”，又称防御、兵防、军防、领防郡。防御使出现于武后圣历元年（698），《事物纪原》卷六《节钺帅曹部・防御》云：“武后圣历元年，以夏州领防御使，禄山犯顺，当冲诸郡皆置之，则是防御使自则天始也。”①可见，防御使的设置是与当时的政治军事形势大有关系。安史之乱后，防御使的任命较为频繁，表明唐后期国家的形势比较复杂。防御使分为道州两级，道防御使辖数州，州防御使仅辖一州，我们所讨论的仅为州防御使这一层面。

州级防御使往往是由刺史兼任，其最初的主要职能是军事防御，可掌本州兵马，但由于和刺史兼任，因而也慢慢掌握了一州的地方军政权力，同时也拥有辟僚属的权力，不过这种辟僚属的权力只能在本州任官中选择。随着政治形势的变化，防御使的职能又有了新的附加、演化、延伸和变更，权力也越来越大。

五代时期，防御使沿用唐代，但也有自己的创新和变化。防御使作为藩镇中的重要的军政长官，地位显赫尊崇，中央也高度重视。后唐明宗时还将防御使的任免权收归中央。“防御、团练使、刺史、行军司马、节度副使，自尽皆自朝廷除之，诸道无得奏荐。”②能够出任防御使的自然是军功至高者，出任后也主要以军事职能为主。除了军事职能外，防御使也有该州的行政职能，刺史可以兼任防御使，往往导致军政合二为一。五代时期，防御使继续拥有在本州辟僚属的权力。“诸州防御、团练判、推官，并请本州奏辟，中书不更除授。”③同时还有荐举权，向朝廷推荐优秀人才。五代时期，防御使的遥领现象较为突出，是防御使虚衔化的趋势。

2. 团练使

关于唐代团练使的设置时间尚不明确。《文献通考》说：“唐肃宗乾元初，置团练使、守捉使，大领十州，小者三、五州。代宗时，元载当国，令刺史悉带团练。大率团练皆隶所治州，岁以八月考其治否，以安民为上考，惩奸

---

① （宋）高承：《事物纪原》，北京：中华书局，1989 年，第 307 页。

② （宋）司马光编著：《资治通鉴》，北京：中华书局，1956 年，第 9043 页。

③ （宋）薛居正等：《旧五代史》，北京：中华书局，1976 年，第 2003 页。

为中考，得情为下考。"[1]《事物纪原》卷六《节钺帅曹部·团练》云："肃宗乾元元年置防御团练使，冯鉴曰：至德中，观风使并领都团练，其后上州亦有其号。唐百官志曰：元载秉政，恩结人心，刺史皆兼得团练使。元载传曰：载用事授刺史者，悉带团练使，以悦人心。"[2]从文献可知，唐代州级团练使也大多是由刺史兼任。唐代的团练使也分为藩道一级的团练使（都团练使）和州级团练使。团练使的设置也以军事职能为主，但也逐渐掌握了地方的军政大权，设有僚属，"团练使、副使、判官、推官、巡官、衙推，各一人"[3]。

五代时期，团练使的发展路径与防御使类似，中央朝廷也很重视，任免权收归朝廷。与唐后期类似，团练使也逐渐掌控了地方的军政大权，有史为证："以前密州刺史张实为颍州刺史，充本州团练使。"[4]当然，无论是防御使，还是团练使，他们都受观察使的节制。同时，州级团练使也有举荐人才的权力，可自行在本州内辟僚属。不过，后唐明宗时还有规定，刺史兼任防御使、团练使时，可为防御、团练辟防御判官、团练判官等僚属，但不可有录事参军事。

五代时期的防御使和团练使作为地方藩镇长吏，要对中央履行一些义务。如定期要陈表起居、进献、在皇帝举行重大祭祀活动时上缴助礼钱等。当然防御使和团练使也有酬劳可领，有俸禄可拿，子孙还可以荫补为官。但是，随着防御使和团练使虚衔化的发展，防御使和团练使在中央的权力争夺中逐渐丧失时机，为宋代的地方权力的回归提供了准备和条件。

（三）通判

通判全称为"通判某州军事"，北宋太祖乾德元年（963）四月四日始置。宋太祖初置时，既非知州副贰，又非属官，寓有"监郡"之意，知州举动为其所制。乾德四年（964）十一月，通判之权予以限制，不得单独签书文移行下，凡本州公事，须与知州共同签署。元丰新制后，明令通判为副贰，入则贰政，出则按县；凡本州兵民、钱谷、户口、赋役、狱讼听断之事可否裁决，与知州通签书施行；所辖官属有善、否，及职事修举、废弛，得按刺以闻。就通判品位来

---

① （元）马端临：《文献通考》，北京：中华书局，1986年，第1776页。

② （宋）高承：《事物纪原》，北京：中华书局，1989年，第308页。

③ （宋）欧阳修、宋祁：《新唐书》，北京：中华书局，1975年，第1310页。

④ （宋）薛居正等：《旧五代史》，北京：中华书局，1976年，第130页。

说,上州正七品,中、下州从七品。每州一名通判(不及万户之州不置,以武臣为知州者例外),大郡(帅府州)二员。“通判某州军事”又称“通判、通州、通判州事、通州军州”“州判”“州倅、倅、郡倅”“监郡、监州官、州监”“佐守、贰守事、郡佐、州佐”“半刺”“治中、别驾、郡丞”“府判”“泥轼”“贰车”“倅贰”①。

“通判某府军府事”,又称“通判某府”“府判、府通判”,京府、次府、府均置,为知府之副贰,与知府同签书本府公事。每府一员,大府二员②。

(四)上佐官

上佐主要指别驾、司马和长史,其中长史和别驾多不并置,皆为五品官。通常情况下,上佐没有具体事务,掌贰州事。张国刚研究称:“在刺史阙或由亲王兼领时,上佐可代主州政。但在实际上,司马、别驾基本上只是优游禄位的闲职,因其品高俸厚而无职事,所以一般用以安排贬退大臣和宗室、武将。”③隋唐宋大致如是。

1. 别驾。别驾为高层文官,据《唐六典》卷三〇《三府都护州县官吏》载:“尹、少尹、别驾、长史、司马掌贰府、州之事,以纪纲众务,通判列曹;岁终则更入奏计。”④关于别驾、长史和司马等上佐官员,有学者指出:“尽管上佐在唐前期就有赋闲的趋势,到后期基本上丧失职权,但由于政治斗争的需要,上佐,特别是中、下州的司马、长史(别驾有待进一步研究)到唐晚期依然存在于唐朝官制中,并未因其丧失职权而在晚唐的官制中消失。”⑤可见,别驾、长史和司马一直是处于不得志的状态,但是依然存在于唐代的官职中,并没有废弃。

2. 长史。职责同别驾。汪家华在其博士学位论文《唐代长史述考——以唐代典籍和墓志文献为基本面》中对唐代长史有过重点研究。他认为,唐代长史从所属机构上大体可以分为四大类,一是王府长史;二是军队机构中的长史,包括南衙十六卫、折冲府长史,北衙六军长史,以及太子诸率府长

---

① 龚延明:《宋代官制辞典》,北京:中华书局,1997 年,第 535 页。

② 龚延明:《宋代官制辞典》,北京:中华书局,1997 年,第 537 页。

③ 张国刚:《唐代官制》,西安:三秦出版社,1987 年,第 122 页。

④ (唐)李林甫等:《唐六典》,北京:中华书局 1992 年,第 747 页。

⑤ 李志生:《关于唐代晚期府、州上佐(长史、司马、别驾)的几点意见》,《河北学刊》1991 年第 4 期,第 90—94 页。

史,此外还有唐朝在地方边要之地设置的诸镇长史;三是行军长史;四是地方州郡长史,包括雍、洛二京长史,大都督府长史,以及普通州郡的长史。各类长史的地位、品秩、职掌,因所属系统及时、地的不同而存在差异。汪家华重点对一般州郡的长史做了充分的分析和研究,得出以下两点结论:一是在唐代州郡三上佐(别驾、长史、司马)中,长史的建置最为稳定;二是州郡长史的职掌,总体上虽为"通判列曹",但在实际事务中亦有相对的侧重,具有一定的实权,同时对刺史(都督)具有一定的钳制力①。

3. 司马。职责同别驾、长史。同时,按照唐官制规定,只有上州才有司马一职,品级为从五品下。白居易《琵琶行》诗中有"座中泣下谁最多?江州司马青衫湿"句,白居易就是于元和九年(815)被贬为江州司马,而江州为上州。

(五)录事参军事

录事参军事、司录参军事:隋初,以录事参军事为州官,唐宋沿置,州、军为录事参军事,府为司录参军事。掌州、军监狱众务,并有纠察诸曹官之职。又称之为"录事""录事参军、大录、录参""都曹""录曹""督邮""参军""纠司、纠曹""纠曹掾、掾""录事参、录参军"②。

录事参军事为中层文官,地位高于判司,即高于诸曹参军。录事参军事掌"付事勾稽,省署杪目。纠正非违,监守符印。若列曹事有异同,得以闻奏。"③州的录事参军,其作用相当于县的主簿,唐中叶以后,录事参军的职权越来越大,再加上别驾、长史和司马等"上佐"官的闲置,录事参军所起的作用就很关键了。有学者指出:"身为州府僚佐的录事参军之于地方政治和监察,均饰演着极为'剧要'的角色。录事参军的主要职权即为监察权,不仅涉及对州府内部官员的行政监督,同时又深入到州府财政、户口、粮食等多重领域的监察之中。"④可见,录事参军一职极其重要。关于唐宋时期录事参军的职能及其演变,有学者这样分析指出:"盛唐时期,录事参军主要以监督为

---

① 汪家华:《唐代长史述考——以唐代典籍和墓志文献为基本面》,上海:华东师范大学博士学位论文,2011年。

② 龚延明:《宋代官制辞典》,北京:中华书局,1997年,第546页。

③ (唐)李林甫等:《唐六典》,北京:中华书局1992年,第748页。

④ 杨孟哲:《唐代地方监察体系的核心:州府录事参军研究》,《江西社会科学》2016年第2期,第106—115页。

职。安史之乱后,录事参军逐渐获得了参与政务的职权。北宋时期,录事参军的政务官尤其是司法官身份不断强化,而传统的监督官身份在淡化;到南宋时期,录事参军终于演变成以断狱为职的专职司法官。"①

(六)判司

即诸州、军、监司理参军、司法参军、司户参军,诸府司录参军、户曹参军、法曹参军、士曹参军、仓曹参军等。诸曹官为州郡僚佐之属,分掌户籍、赋税、仓库出纳、议法断刑等事。诸曹官又称"曹官""曹掾官、掾""州掾"②。赖瑞和先生指出,判司(诸曹官)分布较广泛,官职比参军高一级,通常在七八品之间。判司的月俸也比县尉高,判司本身也有高低之别,主要看所任职的官州府或官署而定③。

1. 司理参军事:北宋太宗太平兴国四年十二月二十一日,司理参军始置,掌狱讼勘鞫公事,主持司理院。又称"司理""司理参军"④。

2. 司法参军事、法曹参军事:司法参军事掌"律、令、格、式,鞫狱定刑,督捕盗贼,纠逖奸非之事,以究其情伪,而制其文法。赦从重而罚从轻,使人知所避而迁善远罪。"⑤主要掌刑法、断狱,又称"司法""司法参军""法曹""法掾"⑥。

3. 司户参军事、户曹参军事:司户参军事掌"户籍、计帐,道路、逆旅,田畴、六畜、过所、蠲符之事,而剖断人之诉竞。凡男女婚姻之合,必辨其族姓,以举其逢。凡井田利害之宜,必止其争讼,以从其顺。凡官人不得于部内请射田地及造碾□,与人争利。"⑦主要掌户籍赋税、仓库受纳,又称"司户、司户参军""户掾""措大官"⑧。

4. 司士参军事:散官名。唐开元后置司士参军,宋代诸州司士参军,存

---

① 汪庆红:《唐宋录事参军法定职能演变探究》,《宁波大学学报(人文科学版)》2012 年第 1 期,第 96—100 页。

② 龚延明:《宋代官制辞典》,北京:中华书局,1997 年,第 546 页。

③ 赖瑞和:《唐代基层文官》,北京:中华书局 2008 年,第 155 页。

④ 龚延明:《宋代官制辞典》,北京:中华书局,1997 年,第 547 页。

⑤ (唐)李林甫等:《唐六典》,北京:中华书局 1992 年,第 749 页。

⑥ 龚延明:《宋代官制辞典》,北京:中华书局,1997 年,第 548 页。

⑦ (唐)李林甫等:《唐六典》,北京:中华书局 1992 年,第 749 页。

⑧ 龚延明:《宋代官制辞典》,北京:中华书局,1997 年,第 547 页。

其名，但为散官，非特许签署不得掌事，给俸，从九品[①]。司士参军事掌“津梁、舟车、舍宅、百工众艺之事。启塞必从其时，役使不夺其力，通山泽之利以赡贫人，（凡州界内有出铜、铁处，官未采者，听百姓私采。若铸得铜及白铁，官为市取；如欲折充课役，亦听之。其四边，无问公私，不得置铁冶及采铜。自余山川薮泽之利，公私共之。）致环异之货以备国用，是以官无禁利，人无稽市。（凡知山泽有异宝、异木及金、玉、铜、铁、彩色杂物处堪供国用者，奏闻。）”[②]

5. 司仓参军事。司仓参军事掌“公廨、度量、庖厨、仓库、租赋、征收、田园、市肆之事。每岁据青苗征税，亩别二升，以为义仓，以备凶年；将为赈贷，先申尚书，待报，然后分给。又，岁丰，则出钱加时价而罗之；不熟，则出粟减时价而耀之，谓之常平仓，常与正、义仓帐具本利申尚书省”[③]。

6. 司功参军事。司功参军事掌“官吏考课、假使、选举、祭祀、祯祥、道佛、学校、表疏、书启、医药、陈设之事。凡差使，先差州官；不充，取县官，率一半已上；不充，取前资官。其上佐、录事参军、县令不得充使出境”[④]。

7. 司兵参军事。司兵参军事掌“武官选举，兵甲器仗，门户管钥，烽候传驿之事。（凡驿马以‘驿’字印印左肘，以州名印印项左。）每岁贡武举人有智勇谋略强力悍材者，举而送之。试长垛、马枪、翘关、擎重，以为等第之上下，为之升黜，从文举行乡饮酒之礼，然后申送”[⑤]。

8. 司田参军事。

（七）参军事

参军事若干员，秩九品。参军事“掌出使检校及导引之事”[⑥]，一般用作士人初仕起家之官。

（八）幕职官

幕职官主要协办郡（州、府、军、监）政，总理诸案文移，斟酌可受理、可施

---

① 龚延明：《宋代官制辞典》，北京：中华书局，1997 年，第 548 页。

② （唐）李林甫等：《唐六典》，北京：中华书局 1992 年，第 749 页。

③ （唐）李林甫等：《唐六典》，北京：中华书局 1992 年，第 748—749 页。

④ （唐）李林甫等：《唐六典》，北京：中华书局 1992 年，第 748 页。

⑤ （唐）李林甫等：《唐六典》，北京：中华书局 1992 年，第 749 页。

⑥ （唐）李林甫等：《唐六典》，北京：中华书局 1992 年，第 749 页。

行或可转发、可奏上与否,以告禀本郡(州、府、军、监)长官最后裁定。幕职官又称"幕官、职官、幕属""佐使府""从事、州从事""幕职、幕府""宾幕""红莲幕"。宋代,幕职官主要有签判官,留守推判官,节度、观察推、判官,节度掌书记,观察支使及防御、团练、军事(刺史)、军、监判官,防御、团练、军事推官等①。

1. 判官

(1)节度判官:又称"节判""节度州判官""从事""某军节度判官""镇判官"。北宋的节度判官,冒称"节度"、"观察"诸使判官之名,实与节度、观察使无关,止为州郡属官而已,主要协理郡事②。

(2)观察判官:全称为"观察使判官",始设于唐睿宗景云后,宋沿置,为州府属官,协理州、府事③。

(3)防御判官:防御判官为州属官,非防御使属官,在本州协理州事④。

(4)团练判官:唐睿宗景云后始有团练判官,为州职官,与防御使无缘。协理州事⑤

(5)军事判官:五代后唐同光二年见置,天成二年又规定刺史州不当有防御判官,改为军判官,即军事判官。宋代沿用,为州郡属官,协理本州事务⑥。

2. 推官

(1)节度推官:节度推官衔冠以节度军名头,又称为"节推"⑦。

(2)观察推官:观察推官衔冠以州、府名,又称为"察推"⑧。

(3)防御推官:防御推官衔冠以所在州名。

(4)团练推官:团练推官冠以所在州名。

(5)军事推官:军事推官冠以所在州名。

(6)节度掌书记:掌书记始置于曹魏。唐中宗景龙中,元帅府置掌书记;

---

① 龚延明:《宋代官制辞典》,北京:中华书局,1997年,第541页。
② 龚延明:《宋代官制辞典》,北京:中华书局,1997年,第543页。
③ 龚延明:《宋代官制辞典》,北京:中华书局,1997年,第543页。
④ 龚延明:《宋代官制辞典》,北京:中华书局,1997年,第543页。
⑤ 龚延明:《宋代官制辞典》,北京:中华书局,1997年,第543页。
⑥ 龚延明:《宋代官制辞典》,北京:中华书局,1997年,第544页。
⑦ 龚延明:《宋代官制辞典》,北京:中华书局,1997年,第544页。
⑧ 龚延明:《宋代官制辞典》,北京:中华书局,1997年,第544页。

开元元年,节度使始置掌书记。宋沿置。节度掌书记为节度州属官,与节度推官共掌本州节度使印,有关本州军事文书,与节度推官共同签署、用印,协助长吏治理本州事务。又称为“掌书记”“书记”“管记”等①。

3. **观察支使**

唐肃宗至德初,改采访使为观察使,置支使,宋沿置。观察支使为州属官,与观察判官、观察推官共掌观察使印,有关本州田赋文书,连署文状与用印,协助长吏分治本州公事,简称“支使”②。

<table>
<tr><th colspan="2">幕职官</th></tr>
<tr><td rowspan="4">两使职官</td><td>属官名</td></tr>
<tr><td>节度判官、观察判官</td></tr>
<tr><td>节度掌书记、观察支使、防御判官、团练判官</td></tr>
<tr><td>节度推官、观察推官、军事判官</td></tr>
<tr><td>初等职官</td><td>防御推官、团练推官、军事推官</td></tr>
</table>

二、县级官员

县是隋唐五代两宋路、州、县三级行政区划下的最低一级。唐代按照县的人口数量及地理位置重要程度分为赤县、畿县、望县、紧县、上县、中县和下县等7个等级。不过,在职官的设置上,两《唐书》并不是严格按照上述等级来划分和制定的。宋将全国的县分为赤、次赤、畿、次畿、望(4000户以上)、紧(3000户以上)、上(2000户以上)、中(1000户以上)、下(低于1000户)、下下(500户以下)十等。截止宋代的县官主要有知县(县令)、县丞、主簿、县尉,宋代的县官被称为“亲民官”。

不同等级的县,在县官的配备上也有所不同。依据《唐六典》卷三〇《三府都护州县官吏》以及《旧唐书》卷四九下《百官四下》中所规定的县的等级

① 龚延明:《宋代官制辞典》,北京:中华书局,1997年,第545页。

② 龚延明:《宋代官制辞典》,北京:中华书局,1997年,第545页。

名称①,现将唐代县官配备及品级情况列表如下:

唐代不同等级县的官员配置及品级情况表

县等级	县令	县丞	主簿	县尉	录事
京县	1人、正五品上	2人、从七品上	2人、从八品上	6人、从八品下	2人、从九品下
畿县	1人、正六品上	1人、正八品下	1人、正九品上	2人、正九品下	
上县	1人、从六品上	1人、从八品下	1人、正九品下	2人、从九品上	
中县	1人、正七品上	1人、从八品下	1人、从九品上	1人、从九品下	
中下县	1人、从七品上	1人、正九品上	1人、从九品上	1人、从九品下	
下县	1人、从七品下	1人、正九品下	1人、从九品上	1人、从九品下	
资料来源:《唐六典》卷三〇《三府都护州县官吏》、《旧唐书》卷四九下《百官四下》					

(一)县令

县令属于中层文官,是一县的最高长官,别称"明府"。除了京府县令在正五品以上,其他均为六、七品官。关于县令的职责,《唐六典》卷三〇《三府都护州县官吏》载:"京畿及天下诸县令之职,皆掌导扬风化,抚字黎氓,敦四人之业,崇五土之利,养鳏寡,恤孤穷,审察冤屈,躬亲狱讼,务知百姓之疾苦。所管之户,量其资产,类其强弱,定为九等。其户皆三年一定,以入籍帐。若五九(谓十九、四十九、五十九、七十九、八十九)三疾(谓残疾、废疾、笃疾)及中、丁多少,贫富强弱,虫霜旱涝,年收耗实,过貌形状及差科簿,皆亲自注定,务均齐焉。若应收授之田,皆起十月,里正勘造簿历;十一月,县令亲自给授,十二月内毕。至于课役之先后,诉讼之曲直,必尽其情理。每岁季冬之月,行乡饮酒之礼,六十已上坐堂上,五十已下立侍于堂下,使人知尊卑长幼之节。若籍帐、传驿、仓库、盗贼、河堤、道路,虽有专当官,皆县令兼综焉。县丞为之贰。"②

① 《旧唐书》卷三八《地理志二》载:颍州汝阴县为紧县、颍上县尉上县、下蔡县为上县、沈丘县尉中县,宋州砀山县为上县,徐州萧县为上县,宿州符离县不详、虹县为中县、蕲县为上县、临涣县为紧县,亳州谯县为紧县、城父县为上县、蒙城县为上县。《宋史》卷八五《地理志一》、卷八八《地理志四》载:单州砀郡砀山县为望县,颍州顺昌府汝阴县为望县、泰和县为望县、颍上县为紧县、沈丘县为紧县,徐州彭城郡萧县为望县,亳州谯县为望县、城父县为望县、蒙城县尉望县,宿州符离县尉望县、蕲县为望县、临涣县为紧县,四洲虹县为中县。宋代皖北地区除了虹县等级不高外,其他县的等级都比较高,说明县的发展水平不低。

② (唐)李林甫等:《唐六典》,北京:中华书局1992年,第753页。

宋代称知县或县令。朝廷任命京、朝官领县，称“知县”；任命选人领县，则称为“县令”。“宋代知县、县令的选任，以按资格注拟为主，荐举制发挥着重要的补充作用。宋朝按照县望等级、事务繁简和地理位置等，划分京朝官阙位、选人阙位和武臣阙位，分别选用符合条件的文、武官员担任知县、县令。随着时代的变迁，京朝官和选人之间、文臣和武臣之间不断地进行着调整。”①关于知县与县令的职责范围，与唐代大同小异，但在某些方面较唐更甚。大致来说有如下这些：第一，实户口、征赋税、均差役；第二，兴修水利，劝课农桑；第三，兼领一县兵政、维持一县社会治安；第四，惩恶扬善，以德化民，兴办学校；第五，安抚水旱流亡及赈济贫民；第六，平决狱讼②。宋代，知县又有“上官、百里之官”“县尹”“作尹、邑长、邑宰、县宰”“县家”“宰”“县令”“宰字”等称呼，县令又有“令”“赤令”“邑令”“长官”“明府”“令尹、宰”等称呼③。

（二）县丞

《唐六典》卷三〇《三府都护州县官吏》载：“京畿及天下诸县令之职……县丞为之贰。”④县丞属唐代基层文官，是县令的副手，通判县事，别号“赞府”“赞公”。唐前期县丞的设置比较稳定，后期由于众多原因，表现出官职设置不稳定的特点，经常被裁撤，导致县丞在县中的地位下降。县丞的职责几乎与县令完全一致，这样一来县丞主要负责带有监督性质的工作，独立负责的工作并不明显。但县丞的地位低于县令，却要起到制约县令的作用，而制度保障却不配套，这使得县丞所处的地位十分尴尬，不仅得不到县令的信任，也得不到其他佐官的支持和尊重⑤。

宋仁宗初年，县始设“丞”，作为一县的副长官，委派选人任职，县丞相对稳定。后来以京、朝官充丞，称“知县丞”；选人充丞，带“权”字，仍称县丞。县丞又称之为“丞”“邑丞”“贰令”等⑥。县丞主管常平、坑冶、农田水利等事务。大体来说，宋代县丞大致就是知县或县令的副手，协助一县之长完成工

---

① 李换平：《宋代知县、县令选任和迁转研究》，开封：河南大学硕士学位论文，2012年。

② 邢琳：《宋代知县、县令的职能》，《中州学刊》2008年第2期，第187—189页。

③ 龚延明：《宋代官制辞典》，北京：中华书局，1997年，第553—554页。

④ （唐）李林甫等：《唐六典》，北京：中华书局1992年，第753页。

⑤ 王妍妍：《论唐代的县丞》，北京：首都师范大学硕士学位论文，2007年。

⑥ 龚延明：《宋代官制辞典》，北京：中华书局，1997年，第555页。

作任务。不过,宋代的县丞也有对知县或县令的监督的职责。入宋以后,县丞废省不定,视情况而定。考虑废省的标准主要有:一是与一县人口增长、事务繁忙与否有关;二是根据具体政事及其多寡而定;三是根据县级政府机构调整需要;四是因县级区划调整,辖区扩大而设。宋代县丞的职责主要有负责常平免役、掌管农田水利、主管坑冶、征督赋税、推决狱事、被檄差出①。

(三)主簿

主簿属隋唐宋代基层文官,作为县令的佐官,掌"付事勾稽,省署抄目,纠正非违,监印,给纸笔、杂用之事"②。唐前期主簿的设置比较稳定,唐后期变化较大,废省频繁。有学者指出,唐后期主簿废置频繁,主要是由于两大原因:一是"唐后期经过安史之乱的打击,地方独立化倾向加剧,唐中央的权威逐步丧失,中央政府对地方的控制削弱,致使各地上交的赋税锐减,唐政府难以维持庞大的官费开支,不得不减少官员的设置以减低经费。……县主簿一职也难逃厄运"。二是"唐后期的削藩斗争以及藩镇之间为争夺人口与土地而进行的不断的军事冲突,也造成了战争地区州县的残破、户口的减少,使得该地区的政务减少,原先的官员设置显得相对较冗,这也是县中主要官员——主簿减少的一个重要原因"③。

宋代,关于主簿的设置也有过明确的规定。宋太祖开宝三年(970)七月下诏省西川州县官,诏曰:"吏员猥多,难以求其治,俸禄鲜薄,未可责以廉。与其冗员而重费,不若省官而益俸。西川管内州县官,宜以户口为率,差减其员,旧俸月增给五千。……县千户以上,依旧置令、尉、主簿,凡三员;户不满千,止置令、尉各一员,县令兼主簿事;不满四百,止置主簿、县尉,以主簿兼知县事;不满二百,止置主簿,兼县尉事。"④当然,在实际情况中并没有完全严格按照这一原则来,有时候根据实际情况而定。关于宋代县主簿的职掌,朱熹在乾道八年(1172)八月所作《建宁府建阳县主簿厅记》中对主簿职责有过详细描述:"县之属有主簿,秩从九品,县一人,掌县之簿书,凡户租之版,出内之会、符檄之委、狱讼之成,皆总而治之,勾检其事之稽违,与其财用

---

① 陆敏珍:《宋代县丞初探》,《史学月刊》2003年第11期,第31—37页。

② (唐)李林甫等:《唐六典》,北京:中华书局1992年,第753页。

③ 张玉兴:《唐代县主簿初探》,《史学月刊》2005年第3期,第40—46页。

④ (宋)李焘:《续资治通鉴长编》,北京:中华书局,2004年,第247页。

之亡失，以赞令治，盖主簿之为职如此。”[①]用通俗的话来说，宋代主簿的主要职责是：首先是控制户口、征督赋税；其次是出纳官物；第三是被符檄差出；第四是审理案件。宋代，县主簿有又称之为“县簿、簿、主簿”“主县簿”“邑簿”[②]。

（四）县尉

县尉的设置历史可以追溯到西汉时期。就其设置人员说，每县一人，大县、极边县二人，分东、西尉，县尉又称之为“尉”“邑尉”“赤尉”“少府”“户尉”“尉曹”“尉察、尉督”[③]。县尉的职位居于主簿之下，主要掌管训练弓手，维持治安。

县尉亦属唐代基层文官。县尉“亲理庶务，分判众曹，割断追催。收率课调”[④]。赖瑞和先生指出，“唐县有六曹，对应中央的尚书六部，或州的六判司。县尉即分判此六曹事：功（掌官吏考课、礼乐、学校等）、仓（掌租赋、仓库、市肆等）、户（掌户籍、婚嫁等）、兵（掌武官、军防、传驿等）、法（掌刑法、盗贼等）、士（掌桥梁、舟车、舍宅等）”[⑤]。很多学者认为县尉的主要职责是捕捉盗贼，这种观点不够准确。与县丞、主簿类似，唐前期县尉设置比较稳定，唐后期发生变动现象较为频繁，废置不一。县尉的来源主要有三：一是贬降官，二是其他低品秩或同一品秩的官，三是通过科举者[⑥]。

宋代，县尉一职有了新的改革和变化。王钟杰在其博士学位论文《宋代县尉研究》中指出：首先，县尉的职能从宋代开始，逐步走向专业化、单一化，从其他部门中分离出来，其职能主要包括缉捕盗贼、刑事案件侦查、法医检验以及押运官物、保护商旅、水务管理等。县尉是打击地方盗贼的主要力量之一，同时肩负着刑事侦查之重任，其水平较以前诸朝代，大为提高，证据意识增强，特别是法医检验，对后世影响很大。其次，奖赏制度规范化，首创

---

① （宋）朱熹：《晦菴先生文集》，《宋集珍本丛刊 058—1》，北京：线装书局，2004 年，第 791 页。

② 龚延明：《宋代官制辞典》，北京：中华书局，1997 年，第 555 页。

③ 龚延明：《宋代官制辞典》，北京：中华书局，1997 年，第 556 页。

④ （唐）李林甫等：《唐六典》，北京：中华书局 1992 年，第 753 页。

⑤ 赖瑞和：《唐代基层文官》，北京：中华书局 2008 年，第 155 页。

⑥ 张玉兴：《唐代县主要僚佐考论——县丞、县主簿、县尉研究》，天津：天津师范大学硕士学位论文，2005 年。

“捕盗改官”之政策。再次，纪律要求严密化、细致化，责任明确化，逐步趋于完善合理。但是，宋代县尉的俸禄较低，由此影响到其积极性，这也是宋代地方治安一直较差的因素之一[①]。

① 王钟杰：《宋代县尉研究》，石家庄：河北大学博士学位论文，2006年。

主要参考文献

一、基本古典文献

(唐)魏徵等:《隋书》,北京:中华书局,1973 年。
(后晋)刘昫等:《旧唐书》,北京:中华书局,1975 年。
(宋)欧阳修、宋祁:《新唐书》,北京:中华书局,1975 年。
(宋)薛居正等:《旧五代史》,北京:中华书局,1976 年。
(宋)欧阳修:《新五代史》,北京:中华书局,1974 年。
(宋)马令:《南唐书》,南京:南京出版社,2010 年。
(宋)陆游:《南唐书》,南京:南京出版社,2010 年。
(元)脱脱等:《宋史》,北京:中华书局,1977 年。
(宋)佚名:《宋大诏令集》,北京:中华书局,1962 年。
(宋)王钦若等:《册府元龟》,南京:凤凰出版社,2006 年。
(宋)李昉等:《太平广记》,北京:中华书局,1961 年。
(元)马端临:《文献通考》,北京:中华书局,1986 年。
(清)徐松辑:《宋会要辑稿》,上海:上海古籍出版社,2014 年。
(宋)司马光:《资治通鉴》,北京:中华书局,1956 年
(宋)李焘:《续资治通鉴长编》,北京:中华书局,2004 年。
(宋)徐梦莘:《三朝北盟会编》,上海:上海古籍出版社,1987 年。
(宋)李心传:《建炎以来系年要录》,北京:中华书局,2013 年。
(清)董诰等:《全唐文》,北京:中华书局,1983 年。
(清)彭定球等:《全唐诗》,北京:中华书局,1999 年
曾枣庄、刘琳主编:《全宋文》,上海:上海辞书出版社,2006 年。

傅璇琮等:《全宋诗》,北京:北京大学出版社,1995 年。

吴钢:《全唐文补遗》(第一辑、第二辑、第三辑、第四辑、第五辑、第六辑、第七辑、第八辑、第九辑),西安:三秦出版社,1994 年、1995 年、1996 年、1997 年、1998 年、1999 年、2000 年、2005 年、2007 年。

吴钢:《全唐文补遗(千唐志斋新藏专辑)》,西安:三秦出版社,2006 年。

(唐)杜牧:《樊川文集》,上海:上海古籍出版社,1978 年。

(唐)柳宗元:《柳宗元集》,北京:中华书局,1979 年。

(唐)李白撰,瞿蜕园、朱金城校注:《李白集校注》,上海:上海古籍出版社,1980 年。

(唐)韩愈著,马其昶校注:《韩昌黎文集校注》,上海:上海古籍出版社,1986 年。

(唐)白居易:《白居易集》,北京:中华书局,1999 年。

(唐)刘禹锡撰,瞿蜕园笺证:《刘禹锡集笺证》,上海:上海古籍出版社,1989 年。

(唐)孟浩然著,佟培基笺注:《孟浩然诗集笺注》,上海:上海古籍出版社,2000 年。

(宋)王安石:《王临川全集》,上海:世界书局,1935 年。

(宋)王安石:《王安石全集》,长春:吉林人民出版社,1996 年。

(宋)苏舜钦:《苏舜钦集》,上海:上海古籍出版社,1981 年。

(宋)苏轼:《苏轼文集》,北京:中华书局,1986 年。

(宋)苏颂:《苏魏公文集》,北京:中华书局,1988 年。

(宋)张耒:《张耒集》,北京:中华书局,1998 年。

(宋)欧阳修:《欧阳修全集》,北京:中华书局,2001 年。

(宋)梅尧臣撰,朱东润校注:《梅尧臣集编年校注》,上海:上海古籍出版社,2006 年。

(宋)曾巩:《曾巩集》,北京:中华书局,1984 年。

(宋)徐铉著,李振中校注:《徐铉集校注》,北京:中华书局 2018 年。

(宋)杨亿:《武夷新集》,北京:线装书局,2004 年。

(宋)张方平:《乐全先生文集》,北京:线装书局,2004 年。

(宋)曾肇:《曾文昭公集》,北京:线装书局,2004 年。

(宋)周必大:《庐陵周益国文忠公集》,北京:线装书局,2004 年。

(宋)范仲淹:《范仲淹全集》,成都:四川大学出版社,2007 年。

二、墓志文献

王其炜、周晓薇:《隋代墓志铭汇考》,北京:线装书局,2007 年。

刘文:《陕西新见隋朝墓志》,西安:三秦出版社,2018 年。

周绍良:《唐代墓志汇编》,上海:上海古籍出版社,1992 年。

周绍良、赵超:《唐代墓志汇编续集》,上海:上海古籍出版社,2001 年。

赵君平、赵文成:《河洛墓刻拾零》,北京:北京图书馆出版社,2007 年。

赵文成、赵君平:《新出唐墓志百种》,杭州:西泠印社出版社,2010 年。

毛阳光、余扶危:《洛阳流散唐代墓志汇编》,北京:国家图书馆出版社,2013 年。

毛阳光:《洛阳流散唐代墓志汇编续集》,北京:国家图书馆出版社,2018 年。

周阿根:《五代墓志汇考》,合肥:黄山书社,2011 年。

章红梅校注:《五代石刻校注》,南京:凤凰出版社,2017 年。

章国庆:《宁波历代碑碣墓志汇编》,上海:上海古籍出版社,2012 年。

赵力光:《西安碑林博物馆新藏墓志汇编》,北京:线装书局,2007 年。

赵力光:《西安碑林博物馆新藏墓志续编》,北京:线装书局,2014 年。

李明等:《长安高阳原新出土隋唐墓志》,北京:文物出版社,2016 年。

齐运通、杨建锋:《洛阳新获墓志(二〇一五)》,北京:中华书局,2017 年。

毛远明:《西南大学新藏墓志集释》,南京:凤凰出版社,2018 年。

陕西省考古研究院:《陕西省考古研究院新入藏墓志》,上海:上海古籍出版社,2019 年。

三、地理方志

(明)李贤等:《大明一统志》,西安:三秦出版社,1990 年。

(清)穆彰阿、潘锡恩等纂修:《嘉庆重修一统志》,北京:中华书局,1986 年。

（清）曾道唯等修，（清）葛荫南等纂：《光绪寿州志》，《中国地方志集成·安徽府县志辑 21》，南京：江苏古籍出版社，1998 年。

（清）刘虎文、周天虎修，（清）李复庆等纂：《道光阜阳县志》，《中国地方志集成·安徽府县志辑 23》，南京：江苏古籍出版社，1998 年。

（清）王敛福纂修：《乾隆颍州府志》，《中国地方志集成·安徽府县志辑 24》，南京：江苏古籍出版社，1998 年。

（清）钟泰、宗能征纂修：《光绪亳州志》，《中国地方志集成·安徽府县志辑 25》，南京：江苏古籍出版社，1998 年。

丁炳烺修，吴承志纂：《民国太和县志》，《中国地方志集成·安徽府县志辑 27》，南京：江苏古籍出版社，1998 年。

（清）何庆钊修、（清）丁逊之等纂：《光绪宿州志》，《中国地方志集成·安徽府县志辑 28》，南京：江苏古籍出版社，1998 年。

（清）潘镕修，（清）沈学渊、顾翰纂：《嘉庆萧县志》，《中国地方志集成·安徽府县志辑 29》，南京：江苏古籍出版社，1998 年。

（清）方瑞兰修，（清）江殿飏、许湘甲纂：《光绪泗虹合志》，《中国地方志集成·安徽府县志辑 30》，南京：江苏古籍出版社，1998 年。

（清）冯煦修，（清）魏家骅等纂：《光绪凤阳府志》，《中国地方志集成·安徽府县志辑 32—33》，南京：江苏古籍出版社，1998 年。

（清）朱忻修、刘痒纂：《同治徐州府志》，《中国地方志集成·江苏府县志辑 61》，南京：江苏古籍出版社，1991 年。

（宋）周淙：《乾道临安志》，上海：商务印书馆，1937 年。

（宋）潜说友：《咸淳临安志》，台北：成文出版社，1970 年。

（宋）马光祖修、周应合纂：《景定建康志》，北京：中华书局，1990 年。

（宋）孙应时纂：《重修琴川志》，北京：中华书局，1990 年。

（宋）胡榘修，（宋）方万里、罗濬纂：《宝庆四明志》，北京：中华书局，1990 年。

（宋）史弥坚修、卢宪纂：《嘉定镇江续志》，北京：中华书局，1990 年。

（宋）谈钥纂修：《嘉泰吴兴志》，北京：中华书局，1990 年。

（宋）沈作宾等修，（清）施宿等纂：《嘉泰会稽志》，北京：中华书局，1990 年。

四、今人论著

岑仲勉:《隋书求是》,北京:商务印书馆,1958 年。

吴廷燮:《北宋经抚年表南宋制抚年表》,北京:中华书局,1984 年。

郁贤皓:《唐刺史考全编》,合肥:安徽大学出版社,2000 年。

吴孟复:《梅尧臣年谱》,合肥:黄山书社,2006 年。

方健:《范仲淹评传》,南京:南京大学出版社,2001 年。

朱玉龙编著:《五代十国方镇年表》,北京:中华书局,1997 年。

(日)池泽滋子:《丁谓年谱》,《宋代文化研究》(第六辑),成都:四川大学出版社,1996 年。

刘小磊:《河南博物院新藏唐代墓志》,《中原文物》2000 年第 6 期。

郁贤皓:《〈唐刺史考全编〉订补》,《南京师大学报(社会科学版)》,2001 年第 3 期。

赵振华:《杨元卿墓志与唐平定淮西》,《考古与文物》2002 年第 4 期。

王团战:《大周沙州刺史李无亏墓及征集到的三方唐代墓志》,《考古与文物》2004 年第 1 期。

毛阳光:《〈唐刺史考全编〉新补订》,《文献》2006 年第 1 期。

毛阳光:《河南灵宝新出土〈张须陀墓志〉》,《中原文物》2011 年第 1 期

刘建、任秀珍:《唐魏舟济律师墓志考释》,《书法丛刊》2006 年第 5 期。

柯卓英、岳连建:《唐京兆府功曹参军庾承欢墓志考释》,《考古与文物》2006 年第 3 期。

郭茂育、赵振华:《唐〈史孝章墓志〉研究》,《中国边疆史地研究》2007 年第 4 期。

赵振华:《洛阳出土唐代裴向、卢氏墓志研究》,《洛阳师范学院学报》2009 年第 1 期。

付兵兵:《唐乞扶令和墓志铭考释》,《中国历史文物》2009 年第 4 期。

张应桥:《唐名相姚崇五世孙姚勖自撰墓志简释》,《河南科技大学学报(社会科学版)》2010 年第 5 期。

龚静:《反映唐代义商与唐人财富观的三方墓志》,《考古与文物》2010 年第 2 期。

赵望秦:《〈唐刺史考全编〉补遗》,《碑林集刊》(2010 年),西安:陕西人民美术出版社,2011 年。

魏秋萍:《长安新出土唐武德八年〈裴眺墓志铭〉疏证》,《文博》2012 年第 3 期。

杨晓、吴炯炯:《〈唐刺史考全编〉补证(三)》,《敦煌研究》2012 年第 3 期。

陈翔:《〈唐刺史考全编〉拾遗、订正》,《唐史论丛》第十四辑,西安:陕西师范大学出版社,2012 年。

吴鹏:《开元二十九年内举县令考实——以三方唐人墓志为中心》,《唐史论丛》第十四辑,西安:陕西师范大学出版社,2012 年。

牛红广:《唐卢士玫墓志及相关问题考释》,《中国国家博物馆馆刊》2012 年第 6 期。

倪广龙:《隋代刺史辑补》,《碑林集刊》(十九),西安:三秦出版社,2013 年。

杨勇:《从陆搢撰〈隋齐士幹墓志〉一窥隋代墓志之体例》,《书法》2014 年第 12 期。

黄楼:《〈唐刺史考全编〉订补——以〈大唐西市博物馆藏墓志〉为中心》,《吐鲁番学研究》2014 年第 1 期。

郭永淇:《新出土郭子仪五代孙郭在岩墓志考》,《文博》2014 年第 2 期。

刘向阳、李小勇:《新见〈唐高惠墓志〉考释》,《文博》2014 年第 1 期。

郑旭东:《唐韦玄晞墓志释读》,《文博》2016 年第 2 期。

李森:《新出土的唐代张抱麟墓志》,《北方文物》2016 年第 2 期。

柳金福:《王琦墓志考释》,《洛阳理工学院学报(社会科学版)》2016 年第 4 期。

马志祥:《〈唐令狐览墓志〉考释——兼谈令狐氏之衍变》,《中国国家博物馆馆刊》2016 年第 9 期。

王智杰:《新出土唐扶风强君墓志》,《中国书法》2016 年第 4 期。

容轩:《唐王缙撰〈崔茂宗墓志〉》,《书法》2017 年第 3 期。

五、学位论文

潘殊闲:《叶梦得研究》,成都:四川大学博士学位论文,2005 年。

王钟杰:《宋代县尉研究》,石家庄:河北大学博士学位论文,2006 年。

汪家华:《唐代长史述考——以唐代典籍和墓志文献为基本面》,上海:华东师范大学博士学位论文,2011 年。

张玉兴:《唐代县主要僚佐考论——县丞、县主簿、县尉研究》,天津:天津师范大学硕士学位论文,2005 年。

王妍妍:《论唐代的县丞》,北京:首都师范大学硕士学位论文,2007 年。

程彩利:《宋代司理参军制度研究》,开封:河南大学硕士学位论文,2009 年。

陈英哲:《隋代县令辑存》,西安:陕西师范大学硕士学位论文,2008 年。

刘丽:《吕夏卿与〈唐书直笔〉》,上海:上海师范大学硕士学位论文,2008 年。

胡波:《吕大防研究》,西安:西北大学硕士学位论文,2009 年。

李换平:《宋代知县、县令选任和迁转研究》,开封:河南大学硕士学位论文,2012 年。

毕琳琳:《郑文宝及所著南唐二史研究》,上海:复旦大学硕士学位论文,2012 年。

田苗华:《赵抃及其诗歌研究》,长春:吉林大学硕士学位论文,2013 年。

权雪琴:《刘筠及其诗文研究》,西安:西北大学硕士学位论文,2014 年。

辛毅:《陶谷研究》,沈阳:辽宁大学硕士学位论文,2015 年。

后　记

到2019年，我的人生已经迈入了第四十二个年头，中年危机由此而来。面对前辈们的功成名就、后辈们的风华正茂，我除了体重增加、华发多生、愁绪颇多外，似乎收获很少，想想真是汗颜。

随着《隋唐五代两宋安徽州县官员辑汇（皖淮区）》这本小书的编辑、排版和印刷工作的有序进行，我也如释重负，总算对我博士毕业三年来的科研履历生涯有个交代了，高度紧绷的神经也终于可以暂时放了下来。这是我人生中的第二本小书，就像“二宝”一样，让我既欣喜又劳苦。从本书撰写的起初，到课题的申报立项，再到资料收集整理、辑汇和出版，都凝聚了诸多心血。

本书得以成功出版，首先要感谢那些我不认识的评委专家们，是你们让她有了露脸的机会，获得项目立项批准。其次要感谢我的爱人马修兰女士，在她紧张工作的同时还要承担做家务、带孩子的重任，使得我有充足时间来伏案写作，你是我最大的坚强后盾。同时也要感谢阜阳师范大学“中古至近代皖淮地区研究”校级科研创新团队成员们的大力支持，让我有了出版她的底气和信心。特别感谢课题组成员的辛苦付出，尤其是马克思主义学院徐涛老师，近2万字的隋唐五代两宋寿州卷资料收集和书稿撰写由其完成，同时承担了全书的文字校对工作，替我减轻了许多压力。当然，由于能力有限、知识欠缺和视野局限，书中还有许多问题和疏漏，敬请各位专家批评指正。